Medidas de Correção em Abuso de Posição Dominante

Medidas de Correção em Abuso de Posição Dominante

SEUS LIMITES E DIREÇÕES

2023

Rita Leandro Vasconcelos
Advogada

ALMEDINA

MEDIDAS DE CORREÇÃO EM ABUSO DE POSIÇÃO DOMINANTE
Seus Limites e Direções
AUTORA
Rita Leandro Vasconcelos
EDITOR
EDIÇÕES ALMEDINA, S.A.
Avenida Emídio Navarro, 81, 3D
3000-151 Coimbra
Tel.: 239 851 904 · Fax: 239 851 901
www.almedina.net · editora@almedina.net
DESIGN DE CAPA
FBA.
PRÉ-IMPRESSÃO
EDIÇÕES ALMEDINA, S.A.
IMPRESSÃO E ACABAMENTO
ARTIPOL - www.artipol.net
Julho, 2023

ISBN
978-989-40-0308-3

DEPÓSITO LEGAL
517824/23

ALMEDINA | GRUPOALMEDINA

Aos meus filhos,
Catarina, Luísa e José Maria

"Competition policy is a work in progress."
William Kovacic, *Using Ex Post Evaluations to Improve Competition Policy Authorities* (2006)

AGRADECIMENTOS

Gostaria de conseguir agradecer a todos os que me acompanharam e apoiaram nesta viagem.

Não sendo capaz de indicar cada um dos seus nomes, não posso deixar de referir aqueles que caminharam comigo mais de perto, o Carlos, os meus pais, as minhas irmãs. Agradeço, ainda, à Filipa e à Leonor o apoio imprescindível.

Deixo um agradecimento especial à minha orientadora, a Prof. Doutora Sofia Oliveira Pais, que me mostrou o caminho.

RESUMO

A presente tese analisa o tema das medidas de correção que podem ser adotadas pela Comissão Europeia ao abrigo dos arts. 7º e 9º do Regulamento 1/2003 em casos de infração ao art. 102º do Tratado sobre o Funcionamento da União Europeia – abuso de posição dominante. O nosso objetivo foi o de identificar os limites aos quais a Comissão se encontra vinculada e as direções que pode tomar quando adota estas medidas em casos de abuso de posição dominante. Para tal, analisámos os objetivos e as funções das medidas de correção, os princípios que estão presentes na sua adoção e a natureza da decisão pela qual podem ser adotadas. Também analisámos casos concretos de adoção de medidas de correção para avaliar se estas estariam dependentes do tipo de abuso, do tipo de mercado e do tipo de procedimento. Concluímos que ainda não existe uma teoria estruturada para a adoção de medidas de correção e que estas são dirigidas pelos seus objetivos e funções, adotadas caso a caso e dependentes do tipo de abuso, tipo de mercado e tipo de decisão.

Palavras-chave: concorrência, posição dominante, abuso, medidas de correção, medidas corretivas

ABSTRACT

This thesis analyses the subject matter of (structural and behavioural) remedies that may be adopted by the European Commission on the basis of Articles 7 and 9 of Regulation 1/2003 in cases of infringement to Article 102 of the Treaty on the Functioning of the European Union – abuse of a dominant position. The purpose of the thesis is to identify the limits to the Commission's activity and the paths it may take when adopting remedies in abuse of dominance cases. With this purpose in mind, we analysed the objectives and functions of remedies, the principles to which they abide and the nature of the decision for its adoption. We have also analysed specific cases of remedies in order to evaluate whether its adoption depends on the type of abuse, the type of market and the type of procedure. We came to the conclusion that there is no structured theory of adoption of behavioural and structural remedies yet. Its adoption is oriented by its objectives and functions, on a case-by-case basis and is dependent on the type of abuse, type of market and type of decision.

Keywords: competition, antitrust, dominant position, abuse, remedies

ÍNDICE

ABREVIATURAS E SIGLAS

AAVV	Autores vários
ACCC	*Australian Competition and Consumer Commission*
AdC	Autoridade da Concorrência
AG	Advogado Geral
ANC	Autoridade(s) Nacional(ais) de Concorrência
APA	American Phsycological Association
API	*Application Programming Interface* (Interface de Programação de Aplicações)
ARN	Autoridade(s) Nacional(ais) de Regulação
Art.	Artigo
Arts.	Artigos
CDFUE	Carta dos Direitos Fundamentais da União Europeia
CECA	Comunidade Europeia do Carvão e do Aço
CEDH	Convenção Europeia dos Direitos Humanos
CMA	*Competition and Markets Authority*
CNMC	*Comisión Nacional de los Mercados y de la Competencia*
CO	Comunicação de Objeções
DoJ	*Department of Justice*
DPI	Direito(s) de Propriedade Intelectual
EAGCP	*Economic Advisory Group for Competition Policy*
ECN	*European Competition Network* (Rede Europeia da Concorrência)
EM	Estados(s)-membro(s)
ETSI	*European Telecommunications Standars Institute* (Instituto Europeu de Normalização das Telecomunicações)
EUA	Estados Unidos da América
FRAND	*Fair, Reasonable and Non Discriminatory*

FTC	*Federal Trade Commission*
ICN	*International Competition Network* (Rede Internacional de Concorrência)
I&D	Investigação e Desenvolvimento
i.e.	isto é
JO	Jornal Oficial da União Europeia
NI	Nota de ilicitude
Nr	Nota de rodapé
OCDE	Organização para a Cooperação e o Desenvolvimento Económico
OEM	*Original Equipment Manufacturer(s)* (Fabricante de Equipamento Original)
OMC	Organização Mundial do Comércio
p.	página
pp.	páginas
PI	Propriedade Intelectual
PME	Pequenas e médias empresas
RJC	Regime Jurídico da Concorrência
SCP	*Structure-Conduct-Performance* (Estrutura-Conduta-Desempenho)
TCEE	Tratado que institui a Comunidade Económica Europeia
TCE	Tratado que institui a Comunidade Europeia
TCL	Tribunal de Comércio de Lisboa
TCRS	Tribunal da Concorrência, Regulação e Supervisão
TEDH	Tribunal Europeu dos Direitos Humanos
TFUE	Tratado sobre o Funcionamento da União Europeia
TG	Tribunal Geral
TI	Tecnologias da Informação
TJ	Tribunal de Justiça
TJUE	Tribunal de Justiça da União Europeia
TPI	Tribunal de Primeira Instância
TUE	Tratado da União Europeia
SEP	*Standard Essential Patents* (Patentes Essenciais a uma Norma)
ss	seguintes
UE	União Europeia

Introdução

Esta tese constitui uma reflexão sobre o enquadramento jusconcorrencial das medidas corretivas[1] no âmbito das consequências pelo abuso de posição dominante no direito da UE.

A figura do abuso de posição dominante, prevista no art. 102º TFUE, tem sido amplamente tratada na doutrina[2]. Estes estudos têm focado, sobretudo, a definição dos conceitos de posição dominante e abuso, a interpretação dos seus elementos constitutivos, a oposição entre uma abordagem formal e uma abordagem baseada nos efeitos do abuso, bem

[1] Ao longo deste documento usaremos os conceitos "medidas corretivas" e "medidas de correção" com o mesmo significado. A expressão "medidas corretivas" foi usada no acórdão do TPI de 17 de setembro de 2007, *Microsoft Corp. c Comissão,* T-201/04, EU:T:2007:289, nºs 1248 e 1250. A expressão "medidas de correção" é frequentemente usada nas decisões da Comissão. Ver, por exemplo, o sumário publicado no JO em língua portuguesa da decisão da Comissão, de 24 de março de 2004, COMP/C-3/37.792, *Microsoft,* (JO L 32, 6/2/2007, p. 23), p. 32.

[2] O'Donoghue e Padilla (2020, pp. 262 a 354), Jones, Sufrin e Dunne (2019, pp. 277 a 583), Kellerbauer (2019, p. 1037 a 1058), Lianos, Korah e Siciliani (2019, pp. 811 a 1245), Cabral de Moncada (2018, pp. 464 a 467), Moura e Silva (2018, pp. 873 a 1156), Thompson, Brown e Gibson (2018, pp. 859 a 970), Lopes Porto (2017, pp. 249 e 250), Reis (2017, p. 812), Sousa Ferro (2015, pp. 54 a 74), Chalmers, Davies e Monti (2014, pp. 1031 a 1048), De la Mano, Nazzini e Zenger (2014, pp. 329 a 538), Santos, Gonçalves e Leitão Marques (2014, pp. 342 a 353), Coscelli e Edwards (2013, pp. 350 a 384), Gal (2013, pp. 385 a 422), Jones e Lovdahl Gormsen (2013, pp. 423 a 472), Nazzini (2013, pp. 473 a 516), Geradin, Layne-Farrar e Petit (2012, pp. 175 a 320), Greaves (2012, pp. xii a xix e 277 a 452 ss), Oliveira Pais (2011a, pp. 449 a 597), Buttigieg (2009, pp. 153 a 161), Morais (2006, pp. 587 a 604).

como o alcance da obrigação de especial responsabilidade das empresas em posição dominante em preservar a concorrência[3].

Contudo, a matéria das consequências pela prática de abusos de posição dominante não tem sido objeto do mesmo tipo de atenção por parte da doutrina[4], notando-se, a este respeito, alguma falta de desenvolvimento dos conceitos, não estando perfeitamente estabelecida uma teoria das medidas corretivas que podem ser impostas pela Comissão ou propostas pelas empresas para fazer cessar a infração, incluindo os seus efeitos, e, em consequência, restaurar a concorrência[5] e cumprir os restantes objetivos da aplicação coerciva do direito da concorrência. Não obstante – mais do que da necessária correção da análise substantiva das situações que dão origem à verificação de responsabilidade das empresas – o cumprimento dos objetivos e funções da aplicação coerciva do direito da concorrência depende da adequação das suas soluções[6].

Tendo em conta as diferentes vozes que se ouvem no sentido de mais ou menos intervenção[7], cremos que nos encontramos num momento do direito da concorrência em que, sem estarem findas as batalhas pelo objetivo protegido pelo direito da concorrência e pelo art. 102º TFUE (capítulo 3.1.2), ou mesmo pelos conceitos integrantes da norma (capítulo 6.2.1), uma outra batalha se trava, embora menos visível, pela extensão das consequências da infração. Será esta a verdadeira batalha pela

[3] Lianos (2012b, p. 180).

[4] Maier-Rigaud (2016, p. 222), Fenton (2009, p. 1).

[5] Niels, Jenkins e Kavanagh (2016, p. 359).

[6] Maier-Rigaud (2016, p. 207).

[7] Por exemplo, note-se que, em 2020, somos confrontadas com a posição conjunta de quatro EM (Alemanha, França, Itália e Polónia), conforme carta aberta de 6.2.2020, insistindo na alteração das regras da concorrência para que seja permitido criar "campeões europeus" (https://www.politico.eu/article/eu-big-four-france-germany-italy-poland-press-executive-vice-president-margrethe-vestager-to-clear-path-for-champions/). Em 2019, assistimos à adoção de vários estudos de peritos sobre os desafios da aplicação do direito da concorrência no setor digital e nos últimos três anos à adoção de várias decisões visando empresas neste setor, discutindo-se mais ou menos intervenção. Alguns destes estudos culminaram com a adoção da proposta de Regulamento do Parlamento Europeu e do Conselho relativo à disponibilidade e equidade dos mercados no setor digital (Regulamento Mercados Digitais), COM(2020)842 final, em 15.12.2020. Estes acontecimentos são exemplos do papel central da concorrência na sociedade e na economia.

alma do art. 102º TFUE[8]? Foi a falta de visibilidade e atenção da comunidade científica para esta dimensão da aplicação do direito da concorrência, que é absolutamente essencial, que nos levou a escolher este tema.

Nos últimos anos, na UE, assistiu-se ao aumento dos casos de abuso de posição dominante envolvendo grandes empresas multinacionais e coimas muito elevadas, bem como a adoção de medidas de caráter comportamental ou estrutural relevantes. Isto levou a que a doutrina tenha começado a debruçar-se sobre o tema[9].

Foi o caso *Microsoft*, nos EUA[10] e na UE[11], que fez despertar este interesse recente na UE[12]. Seguiram-se outros processos com desfechos igualmente severos de assunção de medidas corretivas estruturais, embora em decisões de compromissos, nos termos do art. 9º do Regulamento 1/2003[13], no setor da energia, por exemplo, *ENI*[14], *GDF*[15]

[8] Frase adaptada de Fox "*The battle for the soul of antitrust*". Ver, Fox (1987, p. 917).

[9] Barnett (2009, pp. 31 ss), Fox e Sirkis (2005, pp. 12 a 15), Hellström, Maier-Rigaud e Bulst (2009, pp. 43 ss), Sullivan (2003, pp. 377 ss), Waller (2008, pp. 1 a 22) entre muitos outros.

[10] *United States Court of Appeals, District of Columbia Circuit*, Jun 28, 2001253 F.3d 34 (D.C. Cir. 2001).

[11] Decisão da Comissão, de 24 de março de 2004, COMP/C-3/37.792, *Microsoft*, (JO L 32, 6/2/2007, p. 23). A Comissão aplicou uma coima de €497 milhões e ainda impôs medidas corretivas. Acórdão *Microsoft I*, T-201/04, e Decisão da Comissão de 16 de dezembro de 2010, COMP/39.530, Microsoft, (JO C 36, 13/2/2010, p. 7), na qual a Comissão aceitou compromissos.

[12] Sobre o tema ver, entre muitos outros Oliveira Pais (2011a, p. 577 ss), Economides e Lianos (2010b, p. 393 ss), Heiner (2009, p. 872), Hylton (2009, pp. 773 ss) e Shapiro (2009, p. 739 ss). Nos EUA a discussão já é antiga, nomeadamente tendo em conta que as próprias raízes do *antitrust law* estão ligadas ao caso *Standard Oil Co v United States*, 221 US 1 (1911), no qual se ordenou a cisão de uma empresa em situação de monopólio. Ver O'Donoghue e Padilla (2020, p. 1197).

[13] Regulamento do Conselho (CE) nº 1/2003, de 16 de dezembro de 2002 relativo à execução das regras de concorrência estabelecidas nos artigos 81º e 82º do Tratado (JO L 1, de 4.1.2003, p. 1).

[14] Decisão da Comissão de 29 de outubro de 2010, *ENI*, COMP/39.315, (JO C 352, 23.12.2010, pp. 8-10).

[15] Decisão da Comissão de 17 de novembro de 2009, *GDF Foreclosure*, COMP/39.316, (JO C 57, 9.3.2010, p. 13).

e *E.ON*[16-17]. Ainda não se verificou, contudo, a adoção de uma decisão da Comissão[18], nos termos do art. 7º do Regulamento 1/2003, impondo medidas corretivas de desinvestimento em casos de abuso de posição dominante[19]. Mais recentemente, os casos *Google*[20] e, de um modo geral, a aplicação de medidas de correção no setor digital, têm suscitado muita discussão[21].

Nesta tese vamos partir de uma questão central: quais são os limites de direito da concorrência e as direções para a adoção de medidas de correção por parte da Comissão?

Esta questão leva-nos a colocar várias questões subsequentes. Quais as funções das medidas de correção no sistema de aplicação coerciva do direito da concorrência? As medidas de correção têm características distintas consoante o tipo de abuso, os mercados e o tipo de decisão em causa? Deve ou não haver nexo estreito entre a medida de correção e a infração? As medidas comportamentais, estruturais ou quase-estruturais são mais adequadas a alguns tipos de abuso? Estará a segurança jurídica das empresas suficientemente protegida? Ou deveria haver conformação prévia da atuação (e de que forma)?

16 Decisões da Comissão de 26 de novembro de 2008, *German Electricity Wholesale Market*, COMP/39.388, e *German Electricity Balancing Market*, COMP/39.389 (*E.ON gas foreclosure*), (JO C 36, 13.2.2009, p. 8).

17 Tapia e Mantzari (2013, pp. 611 a 618).

18 O nosso estudo versa sobre o direito da UE pelo que estaremos a analisar a atividade da Comissão na sua função de autoridade responsável pela aplicação do direito da concorrência na UE. Por vezes, referir-nos-emos também às ANC e às ARC. Haverá ocasiões em que nos referimos a "autoridade(s) de concorrência", porque entendemos que grande parte da discussão que aqui levamos a cabo se aplica, *mutatis mutandis*, à atuação de qualquer autoridade responsável pela aplicação do direito da concorrência.

19 Comunicação da Comissão ao Parlamento Europeu e ao Conselho de 29 de abril de 2009, Relatório sobre a aplicação do Regulamento nº 1/2003, COM(2009) 2016 final, disponível em https://eur-lex.europa.eu/legal-content/PT/TXT/HTML/?uri=CELEX:52009DC0206&from=EN, consultada em 20.10.2018.

20 Decisão da Comissão de 27 de junho de 2017, *Google Search (Shopping)*, AT.39740, (JO C 9, 12.1.2018, pp. 11-14), Decisão da Comissão de 18 de julho de 2018, *Google Android*, AT.40099, (JO C 402, 28.11.2019, pp. 19-22) e Decisão da Comissão de 20 de março de 2019, *Google Search (AdSense)*, AT. 40411, cujo resumo ainda não foi publicado.

21 Crémer, Montjoye e Schweitzer (2019, pp. 30 a 35), Cruz Vilaça (2018a, p. 193).

Na resposta às questões colocadas, devemos ter em conta que não é possível identificar um parâmetro único ou coerente[22] de aplicação do art. 102º TFUE a práticas das empresas. Desde logo, discute-se o que é que o art. 102º visa proteger: consumidores, concorrentes ou concorrência. Em segundo lugar, discute-se se um abuso de posição dominante deve ser apenas declarado quando se verifiquem efeitos da conduta (atuais ou potenciais) ou se tal não é necessário. Acresce que a aplicação do art. 102º TFUE a casos concretos exige um grande esforço de interpretação. Por um lado, encontra-se ausente da norma a definição dos conceitos de abuso e posição dominante. Por outro lado, a norma apresenta um elenco exemplificativo de abusos, que são, igualmente, indeterminados, não sendo possível retirar dos mesmos um "*único, incontroverso conceito de dano*"[23]. Tal afigura-se problemático por dois motivos. Em primeiro lugar, a violação das regras de concorrência acarreta consequências severas, pelo que a indefinição dos seus termos gera insegurança para os intervenientes no mercado. Em segundo lugar, uma indefinição da posição dominante e do abuso dificulta a decisão sobre a correta e eficaz medida de correção a adotar, que, defendemos nesta tese, está intimamente ligada à infração.

Algumas palavras de contexto são necessárias. A posição dominante não é proibida, mas apenas o seu abuso. No entanto, o abuso de posição dominante assenta em conceitos indeterminados[24], que são interpretados com recurso ao pensamento económico[25]. Esta realidade pode causar alguma insegurança jurídica às empresas e espelha-se, igualmente, nas medidas corretivas escolhidas para fazer face à situação de abuso, que não estão previamente definidas na lei. De facto, por um lado, a adoção de medidas demasiado amplas pode pôr em causa a concorrência pelo mérito, correndo-se o risco de dissuadir as empresas de adotar decisões pró-competitivas, tais como investir na qualidade do produto ou em inovação, etc.[26]. Por outro lado, medidas que ficam aquém do

[22] Vestager (2016).

[23] Akman (2009a, p. 75).

[24] No sentido de que em direito da concorrência em geral imperam conceitos indeterminados, Costeira (2018, p. 22).

[25] Greaves (2012, p. xiii).

[26] Saint-Esteben (2013, p. 14)

benefício alcançado com a prática da infração podem não ser suficientemente dissuasoras[27].

Para responder à questão de investigação colocada, proporemos uma classificação de medidas de correção de acordo com a sua natureza e as suas características essenciais: estruturais ou comportamentais (e ainda "quase" estruturais); dirigidas à oferta ou à procura; adotadas ao abrigo do art. 7º ou do art. 9º do Regulamento 1/2003.

Após este passo, tentaremos identificar quais os objetivos das medidas de correção. Esta questão vai levar-nos a embarcar na viagem pela procura dos objetivos do direito da concorrência (que consideramos serem os objetivos mediatos ou o fim último das medidas de correção, pois se encontram transversalmente presentes em toda a aplicação coerciva do direito da concorrência). De seguida, procuraremos identificar os objetivos imediatos do direito da concorrência, que faremos corresponder às funções da aplicação coerciva do direito da concorrência (declarativa, punitiva, compensatória, restauradora da concorrência e questionaremos a regulatória) e, neste âmbito, distinguir as medidas de correção dos restantes tipos de sanções previstos na lei para fazer face a situações de abuso de posição dominante. Por fim, referiremos os objetivos específicos, que se subsumem aos objetivos de cada medida de correção em particular, pelo que remeteremos a sua análise para quando analisarmos a adoção de medidas de correção no caso concreto.

A identificação e a análise dos princípios e requisitos que enformam a adoção das medidas de correção (eficácia, proporcionalidade, tempestividade e segurança jurídica) e a verificação do modo em que esses princípios conformam a própria escolha da medida, tomarão a nossa atenção de seguida.

Logo após, discutiremos se as autoridades que impõem ou aceitam medidas corretivas são livres de adotar uma decisão de declarar uma infração (decisão de proibição, nos termos do art. 7º do Regulamento 1/2003) ou uma decisão tornando obrigatórios compromissos por parte da empresa (decisão de compromissos, nos termos do art. 9º do Regulamento 1/2003).

Por fim, chegaremos ao âmago da questão que é a definição concreta das medidas corretivas em situações de abuso de posição dominante.

[27] Posner (2001a, p. 267).

Faremos uma curta incursão pelos conceitos de posição dominante e abuso, bem como pela problemática entre as abordagens formal ou baseada nos efeitos e sua consequência na identificação das medidas de correção. Procuraremos sistematizar a atuação da Comissão em matéria de adoção de medidas de correção e demonstrar que as medidas corretivas aplicadas a um caso concreto estão de algum modo dependentes de determinados pressupostos, como o tipo de abuso, o tipo de mercado e o tipo de decisão. Logo após, tentaremos desvendar se, por razões de segurança jurídica, é possível parametrizar certos critérios no âmbito do poder de adoção de medidas de correção por parte da Comissão e, em caso afirmativo, qual a melhor forma de o fazer. Para tal, faremos um balanço das medidas de correção estudadas, de modo a retirar conclusões sobre a determinação das medidas de correção no caso concreto, e proporemos soluções.

Devemos deixar clara a delimitação do nosso trabalho.

A tese não vai versar sobre as noções de posição dominante e abuso, antes assumir e descrever, de forma crítica, estes conceitos, tais como desenvolvidos pela jurisprudência e pela doutrina[28]. Do mesmo modo, não analisaremos em detalhe as sanções aplicadas a empresas em posição dominante, como coimas ou sanções pecuniárias compulsórias, nem nos ateremos às medidas provisórias, nem às ações de indemnização. Todas estas figuras apresentam relação com as medidas de correção pelo facto de fazerem parte do leque de consequências por abuso de posição dominante. No entanto, as regras aplicáveis a este trabalho impõem a limitação temporal da investigação e a extensão da própria tese. Uma vez que a doutrina está mais desenvolvida em relação à matéria das coimas (e esta não difere grandemente na aplicação a cartéis ou a abusos de posição dominante, ao contrário das medidas corretivas[29]) e das ações de indemnização, e dado que as medidas provisórias são instrumentos de

[28] A investigação jurídica pode partir de pressupostos de um modo geral paradigmáticos ("verdades") num determinado sistema jurídico ou sistemas jurídicos comparados. Esta opção é metodologicamente aceite ainda que os conceitos possam ser debatidos. É o que retiramos de Van Hoecke quando refere que o investigador pode partir de pressupostos menos óbvios, caso em que deve explicitá-los – o que faremos – sem, no entanto, necessitar de se justificar. Ver Van Hoecke (2011b, p. vii).

[29] Como o abuso de posição dominante proíbe conduta, as "suas" medidas de correção regulam diretamente o comportamento da empresa no mercado. Não nos estamos a referir

cariz distinto, decidimos escolher esta delimitação, para analisar o tema em profundidade.

É inegável que a temática das medidas de correção é relevante para outras figuras do direito da concorrência, como controlo de concentrações, acordos horizontais e restrições verticais[30]. No entanto, e mais uma vez, tendo em conta as regras aplicáveis à elaboração deste estudo, foi necessário fazer uma escolha do tema a investigar. Já que as questões que se suscitam a propósito das medidas de correção se colocam em relação ao abuso de posição dominante com particular acuidade e novidade, optámos por desenvolver esta matéria.

A análise que faremos aos princípios da eficácia, proporcionalidade, segurança jurídica e requisito da tempestividade, bem como as conclusões que retiramos da análise das decisões de medidas de correção, é funcional, partindo da lei, da jurisprudência em matéria de direito da concorrência e da prática da Comissão.

Não iremos detalhar os tipos de abuso de posição dominante, antes os identificaremos com o único propósito de avaliar a sua influência na adoção de medidas corretivas. Do mesmo modo, a nossa tese não versa sobre mercados em particular. Contudo, colocámos a questão de saber se as medidas de correção também dependem do tipo de mercado. Para a analisar, escolhemos o setor da energia e os mercados dinâmicos tecnológicos ou digitais, por serem aqueles onde as medidas de correção têm sido aplicadas com mais frequência e de onde podemos retirar mais conclusões.

No que respeita à escolha das decisões da Comissão analisadas, focámo-nos nas decisões de aplicação do art. 102º TFUE adotadas após a entrada em vigor do Regulamento 1/2003 em que, na nossa ótica, se verificaram medidas de correção. Para comparar e demonstrar alguns argumentos, utilizámos decisões anteriores à entrada em vigor daquele Regulamento, bem como decisões onde não foram adotadas medidas de correção, de acordo com a sua relevância.

O propósito do nosso trabalho é o de discutir os objetivos e as funções das medidas de correção e o caminho para lá chegar: os limites e

a medidas regulatórias, mas sim ao inevitável impacto da medida na estratégia concorrencial das empresas no mercado. Ver Hjelmeng (2013, p. 1012) e Hylton (2009, p. 773).

[30] Hoeg (2014, pp. 3, 4).

as direções na adoção de medidas corretivas. Assim, não avaliaremos a eficácia de cada medida de correção (aliás, tratar-se-ia sempre, em substância, de uma análise económica e estatística, e a análise jurídica apenas poderia versar sobre estudos já realizados), nem trataremos cada medida de correção em particular de uma forma autónoma, porque defendemos que não existe um catálogo prévio de medidas de correção. Ao focar a nossa análise em cada medida em particular (mesmo que escolhêssemos de entre as mais significativas), estaríamos a repetir as questões, pois os grandes problemas se colocam em relação a todas elas ou por grandes categorias.

Pelos mesmos motivos, devido às limitações de um trabalho deste tipo, não podemos explorar autonomamente outras matérias que se relacionam com a adoção de medidas de correção, tais como, a relação entre a Comissão e as ANC e os tribunais nacionais na aplicação de medidas de correção e o impacto internacional da adoção deste tipo de medidas em relação a empresas multinacionais, bem como as limitações decorrentes da jurisdição da Comissão. O nosso estudo também não versa sobre o equilíbrio entre regulação e concorrência. Contudo, tendo em conta que ambos os instrumentos servem para intervir no mercado e que as medidas de correção contêm, elas próprias, elementos de regulação, será inevitável abordar o tema dos pontos de vista da tomada de decisão de intervenção por parte da Comissão e da consequência dessa intervenção no mercado, apenas para distinguir as medidas de correção.

Devemos abordar, brevemente, a metodologia usada. Para alcançar a resposta às questões que colocámos, empreendemos uma análise das fontes de direito tradicionais[31] – princípios fundamentais de direito, lei, jurisprudência e prática administrativa – e doutrina relevante como instrumento integrador, analítico e crítico[32].

Uma vez que nos propomos tentar saber como deve a Comissão atuar em face de situações de abuso de posição dominante no sentido de fazer cessar a infração e, em consequência, restaurar a concorrência, realizámos uma análise crítica das principais decisões publicadas de abuso de posição dominante após a entrada em vigor do Regulamento

[31] Baptista Machado (2013, p. 157 ss), Santos Justo (2011, pp. 189, 190), Castanheira Neves (1993, p. 157).

[32] Posner (2007, p. 437). No mesmo sentido Siems (2011, p. 79).

1/2003, que deram origem a procedimento formal, e que foram encerradas com recurso aos arts. 7º e 9º do Regulamento 1/2003 e mecanismo de cooperação, e que, pelo seu conteúdo inovador, levaram ao desenvolvimento do direito da concorrência, do abuso de posição dominante e da teoria de medidas de correção. Ainda recorremos pontualmente a algumas decisões anteriores ao Regulamento 1/2003 onde foram adotadas medidas de correção para salientar as diferenças de abordagem. A lista das decisões analisadas encontra-se no final. Não analisámos a eficácia de medidas de correção individuais, como mencionámos, não só porque não é o objetivo deste trabalho, como também por não dispormos das informações necessárias (por exemplo, seria necessário avaliar em detalhe a evolução dos mercados após a execução das medidas corretivas). Para avaliar, pontualmente, a eficácia de determinadas medidas de correção socorremo-nos da doutrina, de estudos e comentários já realizados, e, quando disponíveis, de dados estatísticos, numa tentativa de avaliar as consequências práticas da atuação das autoridades.

A nossa tese adota, principalmente, uma abordagem que parte da prática para construir a teoria. Sendo o direito da concorrência caracterizado por normas vagas e conceitos indeterminados, estes conceitos só tomam forma quando aplicados a casos concretos. De igual modo, sendo o direito da concorrência um direito construído a partir da sua aplicação prática, será esta, também, a nossa abordagem.

Uma vez que ainda não existe, no direito da UE, uma prática assente e coerente de adoção de medidas corretivas em abuso de posição dominante, atendemos a outras fontes. Porque a análise que se faz em sede de controlo de concentrações é muitas vezes parecida com análise que se realiza em casos de abuso de posição dominante[33] e, principalmente, porque a prática decisória das autoridades de concorrência nesta matéria é muito rica, inclusive no que toca a medidas corretivas[34], recorremos a esta experiência no nosso estudo[35]. Quando relevante, olhámos para a prática em matéria de art. 101º TFUE.

[33] Pappalardo (2018, p. 461).

[34] Alexiadis e Sependa (2013, p. 21), Hoeg (2014, p. 1). No mesmo sentido, a posição da Comissão na decisão *ENI*, nº 114, e na Decisão da Comissão de 18 de março de 2009, *RWE gas foreclosure*, COMP/39.402, (JO C 133, 12.6.2009, pp. 10-11), nº 53.

[35] A Comissão aceita esta metodologia, como se pode ver nas palavras de um antigo Diretor-Geral da Concorrência Italianer (2012, p. 2).

A investigação que levámos a cabo foi realizada numa perspetiva jurídica, de direito da concorrência, tendo por base os métodos próprios da ciência jurídica. Foi, portanto, empírico-descritiva[36] numa primeira fase, na qual recolhemos o material relevante (legislação, jurisprudência, prática decisória e doutrina) e descrevemos a realidade jurídica. Numa segunda fase, procurámos interpretar o material recolhido e construir as teorias adequadas, capazes de se aplicar a um número elevado de hipóteses, dentro de uma sistematização coerente[37]. Utilizámos, portanto, os métodos de interpretação jurídica[38], sem esquecer os princípios do primado, da uniformidade na aplicação e da interpretação conforme no âmbito do contexto da União[39]. Após a descrição da realidade jurídica atual, tentámos determinar se as normas existentes e a sua aplicação prática se adequam ao sistema jurídico da UE e respondem à nossa questão de investigação[40].

É sabido que o direito não é totalmente autónomo de outras ciências, como a económica, ou de outro tipo de pensamentos, como o político e o filosófico[41]. Assim, tendo em conta que o direito da concorrência não pode ser analisado fora do seu enquadramento económico[42], debatemos as teorias económicas em confronto e utilizámos os conceitos económicos adequados, previamente determinados e delimitados pela teoria económica. Utilizámos estes elementos numa metodologia essencial-

[36] Westerman (2011, p. 110).

[37] Van Hoecke (2011a, pp. 11, 15 e 17). A este respeito lembramos que um "*ordenamento jurídico constitui uma unidade, um universo de ordem e de sentido cujas partes componentes (as normas) não podem ser tomadas e entendidas por forma avulsa, isoladas dessa unidade de que fazem parte, sob pena de se lhes deturpar o sentido*", Baptista Machado (2013, p. 19).

[38] Ver, entre muitos Castanheira Neves (2010), Ferreira da Cunha (2009) e Duarte D'Almeida (2001).

[39] Sobre os princípios ver, entre muitos, Fontaine Campos (2014a, p. 198 ss), Fontaine Campos (2014b, p. 179 ss), Fragoso Martins (2014, p. 47), Hartley (2014, p. 2014), Oliveira Pais (2014, p. 97), Fausto de Quadros (2013, p. 510 ss e p. 563 ss) e Gorjão-Henriques (2010. P. 405 ss).

[40] Nas palavras de Hage, "*legal Science would then be a normative Science, aiming at the collective pursuit and systematisation of normative knowledge, in particular knowledge which rules should (here and now) be enforced collectively*" (2011, p. 28).

[41] Larenz refere-se à necessidade de interpretar o direito no seu contexto, afirmando que "o jurista tem que atender aos factos sociais a que se refere uma norma e tomá-los em conta quando a interpreta" (1997, p. 263).

[42] Greaves (2012, p. xiii).

mente argumentativa como suporte da interpretação das normas, da prática decisória e da jurisprudência[43]. Não esquecemos, no entanto, que as soluções jurídicas devem ser soluções justas[44].

Ainda recorremos, esporadicamente, à prática estrangeira, em particular a dos EUA e do RU, sem prejuízo de, em casos pontuais, recorrermos à experiência de EM da UE, como Alemanha, Espanha, França, Itália e Portugal. A escolha dos ordenamentos jurídicos norte-americano e britânico assenta em pressupostos objetivos. Quanto aos EUA, trata-se do ordenamento jurídico onde o direito da concorrência é aplicado há mais tempo e onde, portanto, existe mais experiência[45], nomeadamente, no que respeita à imposição de medidas estruturais a empresas em posição dominante[46]. Tendo em conta a posição que o direito "*antitrust*" norte-americano ocupa na cena internacional[47] e o facto de neste ordenamento jurídico se ter experimentado medidas de correção estruturais profundas[48], entendemos que devemos utilizar a sua experiência quando necessário. O ordenamento jurídico do RU contém uma particularidade, que é a da imposição de medidas corretivas com origem numa investigação de mercado[49] e não fundamentadas numa infração das empresas.

[43] Van Hoecke (2011a, p. 4).

[44] Ferreira da Cunha (2009, p. 86).

[45] Gerber (2006, p. 1201). Posner descreve alguns exemplos de medidas de correção de desinvestimento, como *Standard Oil* (1991), *Alcoa* (1950), *AT&T* (1980), ver Posner (2001a, p. 107 ss). Ver, ainda, Adams (1951, p. 2 ss) e Crandall (2001, p. 6 ss).

[46] Por exemplo, o caso *Microsoft*. Sentença do *District Court of Colombia* de junho de 2000. A sentença foi revertida em sede de recurso (*Court of Appeals* junho 2001), que remeteu o processo ao *District Court of Colombia* no âmbito do qual houve transação entre a Microsoft e o DOJ em novembro de 2002, não tendo procedido a cisão. Ver, *United States District Court, D. Columbia, May 12, 2003, Civil Action No. 98-1233 (CKK) (D.D.C. May. 12, 2003)*, disponível em: http://cyber.law.harvard.edu/msdoj/2002/Lit11-1.pdf. Ver, ainda, Motta (2004, p. 511 ss), Oliveira Pais (2011a, p. 583 ss).

[47] Embora o ordenamento jurídico europeu esteja a tomar a liderança na influência no desenho dos sistemas de concorrência a nível mundial, ver Kovacic (2015, p. 1167).

[48] Wu (2018, pp. 45 a 77).

[49] Section 134 do Enterprise Act de 2002, com a última alteração dada pelo Enterprise and Regulatory Reform Act de 2013, aplicável não a infrações aos arts 101º e 102º TFUE e normas britânicas equivalentes, mas sim a situações em que a autoridade investiga falhas de mercado (http://www.legislation.gov.uk/ukpga/2002/40/section/134), e Sections 32 e 33 do Competition Act de 1998, com a última alteração dada pelo Enterprise and Regulatory

Por fim, uma nota quanto à forma de citar e referências à lei, à jurisprudência e à prática decisória. Nas citações de obras utilizámos como base a norma APA [autor (data, página)]. Caso a obra tenha sido preparada por dois autores, citaremos a obra usando sempre o nome de ambos. Quando a obra é elaborada por três ou mais autores, usaremos o nome de todos no texto, mas, nas notas de rodapé, apenas nos referiremos a todos os autores na primeira citação da obra. A citação completa de cada obra encontra-se, no final, na bibliografia. Todas as obras são citadas pela respetiva data de edição ou, no caso de reimpressões, pela data da reimpressão, consultadas. A ordem pela qual as obras são mencionadas em nota de rodapé é cronológica (partindo da mais recente para a mais antiga) e, no caso de obras do mesmo ano, alfabética (pelo nome do autor). No caso de nos estarmos a referir a uma obra em particular e, logo após, indicarmos outras obras a corroborar, aquela será indicada em primeiro lugar, e não seguirá os princípios agora referidos. Noutros casos, outros motivos podem levar à adoção de uma ordem diferente.

Quando nos referimos ao art. 102º, queremos referir-nos ao art. 102º TFUE. O mesmo sistema usamos para o art. 101º TFUE. Quando nos referimos aos arts. 7º ou 9º, queremos referir-nos aos arts 7º e 9º do Regulamento 1/2003.

A jurisprudência dos tribunais da UE será citada de acordo com o método de citação oficial. A citação será completa na primeira referência, após o que usaremos o nome abreviado do acórdão, convencionalmente utilizado na doutrina. Quando haja mais do que um acórdão com o mesmo nome será usada a numeração romana I e II, o número do acórdão, ou a indicação se o acórdão foi proferido pelo TJ ou pelo TG, consoante os casos. A jurisprudência foi consultada no *website* oficial do TJUE (https://curia.europa.eu). Ainda quanto à forma de referir o tribunal, referir-nos-emos a cada tribunal, TJ ou TG (e a referência a este abrange o antigo TPI), a menos que queiramos abranger toda a instituição, caso em que podemos referir TJUE ou tribunais.

As decisões da Comissão serão citadas por data, nome das empresas e número de processo. O texto integral das decisões (na maioria das vezes

Reform Act de 2013 (http://www.legislation.gov.uk/ukpga/1998/41/contents). Ver Frese (2016, p. 191) e Kinsella e Went (2013, p. 30).

não disponível em língua portuguesa) pode ser encontrado no *website* da Comissão (https://ec.europa.eu) e, no caso das mais antigas, no JO. Sempre que uma decisão ou o seu resumo tenham sido publicados no JO é dada essa indicação na primeira citação. Nas citações subsequentes utilizar-se-á apenas o nome convencional da decisão, aplicando-se, *mutatis mutandis*, as regras que acabámos de descrever para a jurisprudência.

A jurisprudência, as decisões e a legislação estrangeiras, salvo indicação em contrário, foram consultadas nos *websites* oficiais e são citadas com indicação da entidade (tribunal ou autoridade), data e nome convencional.

As traduções são da nossa responsabilidade.

Foram, essencialmente, tidos em conta elementos publicados até 1 de novembro de 2019, com exceção de alguns elementos posteriores de curta dimensão cuja relevância não deveria ser ignorada. Para efeitos de publicação, foram tidos em conta alguns desenvolvimentos de jurisprudência, prática decisória e propostas legislativas, ocorridos entre a entrega da tese e o final de 2021, que, pela sua importância para o tema, justificaram uma atualização da tese. Foram, ainda, pontualmente, tidas em conta algumas obras bibliográficas e novas edições publicadas após a entrega da tese.

1. As medidas corretivas

As medidas corretivas são quaisquer medidas, estruturais ou comportamentais, adotadas nos termos dos arts. 7º e 9º do Regulamento 1/2003, que servem para fazer cessar a infração e os seus efeitos em toda a sua plenitude[50]. As medidas de correção previstas no Regulamento 1/2003 podem aplicar-se no contexto de infrações aos arts. 101º e 102º TFUE. O primeiro proíbe os acordos entre empresas, práticas concertadas ou decisões de associações de empresas que tenham como objeto ou por efeito restringir a concorrência no mercado interno e sejam suscetíveis de afetar o comércio entre EM[51]. O art. 102º TFUE proíbe conduta unilateral levada a cabo por empresas em posição dominante que constitua um abuso da mesma no mercado interno e que, igualmente, seja suscetível de afetar o comércio entre EM. Apesar de o art. 102º conter uma lista exemplificativa de abusos e de tipicamente se distinguirem grandes categorias, como abusos de exploração (dirigidos a clientes) e de exclusão (dirigidos a concorrentes)[52], não existe um catálogo predefinido de abusos.

Como avançámos na introdução, defendemos que as medidas de correção aplicadas a abusos de posição dominante são orientadas por três níveis de objetivos: mediatos (objetivos do direito da concorrência e do art. 102º TFUE), imediatos (objetivos da aplicação coerciva do direito da concorrência) e específicos (objetivos de cada medida de correção em

[50] Monti (2016, p. 187).

[51] Por todos, Jones *et al.* (2019, pp. 137 a 358).

[52] Por todos, Jones *et al.* (2019, pp. 277 a 577).

cada caso concreto). Esta ideia é transversal à nossa tese. Assim sendo, embora a discussão sobre cada nível de objetivo seja realizada no seu local próprio, nunca podemos deixar de ter presente esta ideia à medida que avançamos na apresentação da nossa tese.

A noção de medida corretiva ou medida de correção não é unívoca. Alguns autores consideram que as medidas de correção são um tipo de sanção[53], outros colocam a questão de saber se as medidas corretivas são verdadeiras sanções ou se são, na verdade, mecanismos para alcançar um fim essencialmente de interesse público, alheio ao objetivo de punição do infrator[54]. Em nossa opinião, não obstante as medidas corretivas se incluírem nas consequências pela violação do direito da concorrência[55], uma vez que também contribuem para alcançar os fins da aplicação coerciva do direito da concorrência, pensamos que medidas corretivas se distinguem de sanções em sentido estrito (como as coimas e sanções pecuniárias compulsórias), porque os principais objetivos prosseguidos pelas primeiras são distintos. As medidas corretivas visam em primeira linha fazer cessar a infração e restaurar a concorrência no mercado, ao passo que as sanções em sentido estrito, em particular as coimas, prosseguem essencialmente objetivos de prevenção geral e especial de penalização do ofensor[56].

Nesta parte introdutória, vamos definir e classificar as medidas de correção. Mais tarde, a propósito da análise das funções das medidas de

[53] Economides e Lianos (2010a, p. 351), Lianos (2010b), Posner (2001a, p. 266).

[54] Moura e Silva (2018, p. 356), Hjelmeng (2013, p. 1007), Hellström *et al.* (2009, p. 43), Lowe e Maier-Rigaud (2008, p. 600), Moura e Silva (2008, p. 140).

[55] Esta dificuldade também pode derivar do conceito de "*remedies*", em língua inglesa, que alguns autores entendem no mesmo sentido amplo. Ver, por exemplo, Leandro Vasconcelos (2015, p. 377), Hjelmeng, E. J. (2013, p. 1007) e Fox (2005, p. 573). Ainda pode discutir-se se medidas de correção são apenas as adotadas ao abrigo do art. 7º do Regulamento 1/2003 ou também as adotadas ao abrigo do seu art. 9º, comummente designadas de "compromissos", porque são voluntariamente propostas pelas empresas. Em nossa opinião, também estas correspondem a medidas de correção. Esta opinião é consistente com a liguagem usada pela Comissão. Ver, por exemplo, em controlo de concentrações, onde as medidas são propostas pelas empresas, a Comunicação da Comissão sobre as medidas de correcção passíveis de serem aceites nos termos do Regulamento (CE) nº 139/2004 do Conselho e do Regulamento (CE) nº 802/2004 da Comissão, JO C 267, de 22.10.2008. No mesmo sentido, na doutrina, ver, por exemplo, Loertscher e Maier-Rigaud (2020, p. 54).

[56] OCDE (2006, p. 7). Ver também Forrester (2008, pp. 562 e 569).

corretivas, vamos distingui-las dos restantes instrumentos de aplicação coerciva do direito da concorrência.

1.1. As medidas corretivas no contexto do Regulamento 17/62

O Regulamento 17/62[57] não fazia alusão específica a medidas corretivas. O seu art. 3º limitava-se a determinar que, quando a Comissão adotava uma decisão de infração às regras de concorrência, as empresas deveriam cessar a infração. A jurisprudência do TJ também não elaborava muito sobre estes conceitos. Utilizava-se a expressão "fazer cessar uma infração" quer para a declaração de incompatibilidade de uma prática com o direito da UE quer para as proibições ou obrigações impostas pela Comissão. No contexto do Regulamento 17/62, a prática de aplicação de medidas corretivas baseava-se, portanto, nos princípios gerais de direito da União[58].

Foi no acórdão *Commercial Solvents*[59] que o TJ admitiu interpretar de forma ampla o nº 1 do art. 3º do Regulamento 17/62 no sentido de que a Comissão podia ordenar a adoção de comportamentos, justificando a amplitude do nº 1 do art. 3º com o facto de as infrações aos próprios arts. 101º e 102º TFUE (na altura arts. 85º e 86º TCEE) poderem tomar variadíssimas formas e de ser impossível elencar numa só norma todas as medidas que pudessem vir a ser necessárias para fazer cessar a infração[60]. No caso concreto, o TJ confirmou a decisão da Comissão de ordenar o fornecimento de um concorrente para contrariar o objetivo de uma recusa ilícita de fornecimento, que era exatamente o de afastar a

[57] Regulamento nº 17, do Conselho, de 6 de fevereiro de 1962, primeiro regulamento de execução dos arts. 85º e 86º do Tratado (JO 13, de 21.2.1962, p. 5), revogado pelo Regulamento 1/2003.

[58] Neste sentido, a propósito de decisões de compromissos, ver Wils (2006b, p. 347). Os princípios gerais do direito da União são um conjunto de princípios não escritos usado pelo TJUE como fonte de direito para colmatar as lacunas dos Tratados e assegurar que o direito da União se baseia nos valores jurídicos dos EM. Ver, Arnull (2006, p. 335).

[59] Acórdão do TJ de 6 de março de 1974, *Istituto Chemioterapico Italiano S.p.A. e Commercial Solvents Corporation c. Comissão*, 6/73 e 7/73, EU:C:1974:18.

[60] Acórdão *Commercial Solvents*, 6/73 e 7/73, nºs 45 e 46, Conclusões do AG Jean-Pierre Warner, apresentadas em 22 de janeiro de 1974, 6/73 e 7/73, EU:C:1974:5, pp. 155 e 156. Ver, também, O'Donoghue e Padilla (2020, p. 1127).

concorrência[61]. Em *AKZO*[62] a Comissão verificou que a empresa levava a cabo uma estratégia de exclusão do seu rival ECS, nomeadamente através da concessão de descontos adicionais aos clientes desta. Em vez de apenas adotar uma decisão de proibição da conduta, a Comissão impôs, na prática, medidas positivas relacionadas com o preço[63]. O TJ confirmou a decisão da Comissão argumentando que a medida era legítima, uma vez que se destinava a prevenir a repetição da infração e a eliminar as suas consequências, nomeadamente a permitir à ECS voltar a angariar aqueles clientes[64]. Em *Magill* a obrigação de autorizar a publicação das listas semanais de programação por terceiros foi vista como a forma de fazer cessar a infração[65]. No âmbito do Regulamento 17/62, a Comissão ainda tentou utilizar a ideia de medidas de correção para, na ausência de regulamentação sobre controlo de concentrações, fazer face a concentrações de empresas que davam origem a uma posição dominante[66].

O conceito de medidas corretivas foi desenvolvido pelo TG no acórdão *Microsoft I*. No acórdão, o TG distingue as decisões da Comissão que impõem uma obrigação de "parar e desistir" (fazer cessar a infração), em relação às quais a empresa infratora deve adotar todas as medidas necessárias a "*adequar o seu comportamento a essa disposição*", das decisões em que a Comissão impõe medidas corretivas, caso em que as empresas são obrigadas a executá-las sem demora, sob pena de poder ser-lhes aplicada uma sanção pecuniária compulsória nos termos do, aplicável ao caso, art. 16º do Regulamento 17/62[67].

Apesar de o Regulamento 17/62 não fazer expressa menção a medidas corretivas, tal não impediu o TJUE de interpretar de forma ampla a legislação no sentido de dar efeito útil à missão da Comissão de velar

[61] Nºs 42 e 49.

[62] Acórdão do TJ de 3 de julho de 1991, *AKZO Chemie c. Comissão*, C-62/86, EU:C:1991:286.

[63] Decisão da Comissão *ECS/Akzo*, IV/30.698, (JO L374, 1985, p. 1), arts. 3º e 4º.

[64] Acórdão *AKZO*, C-62/86, nºs 155 e 157.

[65] Acórdão do TJ de 6 de abril de 1995, *Radio Telefis Eireann (RTE) e Independent Television Publications Ltd (ITP) c. Comissão (Magill)*, C-241/91 P e C-242/91 P, nºs 91-94.

[66] Decisão da Comissão de 10 de novembro de 1992, *Warner Lambert/Gillette et al., e BIC/Gillette et al.*, IV/33.440 e IV/33.486 (JO L 116, de 12.5.1993, p. 21). Decisão da Comissão de 9 de dezembro de 1971 relativa a um processo de execução do artigo 86º do Tratado, *Europemballage Corporation*, IV/26 811 (JO L 7 de 8.1.1972, p. 25-39).

[67] Acórdão *Microsoft I*, nº 1256.

pela concorrência e aos poderes sancionatórios conferidos pelo Regulamento 17/62[68].

1.2. As medidas corretivas no contexto do Regulamento 1/2003

O Regulamento 1/2003 executou a chamada modernização do direito da concorrência europeu iniciada em 1999 com o *Livro Branco sobre a Modernização das Regras de Aplicação dos Artigos 81º e 82º do Tratado CE*[69]. As principais reformas levadas a cabo através deste instrumento foram, na vertente institucional, a descentralização da aplicação do direito da concorrência e o reforço do papel das ANC e dos tribunais nacionais na aplicação coerciva do direito da concorrência europeu, a consequente abolição do regime de notificação de acordos potencialmente restritivos da concorrência à Comissão para obtenção de uma isenção individual; na vertente processual, a introdução formal da possibilidade de imposição de medidas corretivas (arts. 7º) e de medidas provisórias (art. 8º do Regulamento 1/2003)[70], bem como o mecanismo de aceitação de compromissos (art. 9º); e, na vertente substantiva, a transição da análise jusconcorrencial de uma abordagem formal para uma abordagem baseada nos efeitos[71].

Com o Regulamento 1/2003 foi, portanto, introduzida explicitamente a possibilidade de a Comissão adotar medidas corretivas[72]. O nº 1 do art. 7º do Regulamento 1/2003 estabelece que, na sequência da veri-

[68] O'Donoghue e Padilla (2020, pp. 1197 e 1198).

[69] *Livro Branco sobre a Modernização das Regras de Aplicação dos Artigos 81º e 82º do Tratado CE*, JO, C 132, de 12.05.1999.

[70] O art. 8º do Regulamento 1/2003 permite que a Comissão utilize medidas provisórias em caso de urgência devido ao risco de um prejuízo grave e irreparável para a concorrência. Já no âmbito do Regulamento 17/62 o TJ, em *Camera Care*, admitiu que a Comissão tinha poderes para adotar medidas provisórias, em caso de urgência, para evitar situações que causassem um prejuízo grave e irreparável (acórdão do TJ de 17 de janeiro de 1980, *Camera Care Ltd. c. Comissão*, 792/79, EU:C:1980:18, nºs 17 e 19). Até à data, a Comissão só adotou medidas provisórias com a base jurídica do art. 8º do Regulamento 1/2003 em 2019 em *Broadcom* [ver comunicados de imprensa Comissão Europeia (2019b e 2019c)].

[71] Gerard (2016 p. 141).

[72] Gavil e First (2014, p. 250) questionam os poderes da Comissão para adotar medidas estruturais antes do Regulamento 1/2003, mas, como vimos de explicar no capítulo anterior, entendemos que o TJ já havia confirmado os poderes da Comissão para adotar medidas de correção. Neste sentido, O'Donoghue e Padilla (2020, pp. 1197 e 1198).

ficação de uma infração às regras da concorrência do TFUE, a Comissão pode obrigar as empresas a pôr termo à mesma impondo-lhes soluções de conduta ou de caráter estrutural proporcionadas à infração cometida e necessárias para lhe pôr efetivamente termo. A norma ainda determina que "*as soluções de caráter estrutural só podem ser impostas quando não houver qualquer solução de conduta igualmente eficaz ou quando qualquer solução de conduta igualmente eficaz for mais onerosa para a empresa do que a solução de caráter estrutural*". O art. 7º é complementado pelo considerando nº 12, que esclarece que "*as soluções de caráter estrutural só devem ser impostas quando não houver qualquer solução de conduta igualmente eficaz ou quando qualquer solução de conduta igualmente eficaz for mais onerosa para a empresa em questão do que a solução de caráter estrutural. As alterações de caráter estrutural exigidas a uma empresa de forma a repor a estrutura que existia antes de ser cometida a infração só serão proporcionais quando existir um risco significativo de infração persistente ou repetida que derive da própria estrutura da empresa*". Esta norma prevê, então, os princípios da eficácia e da proporcionalidade na imposição das soluções de conduta e estruturais e ainda a relação de subsidiariedade das medidas estruturais em relação às de conduta.

O art. 9º do Regulamento 1/2003 estabelece que a Comissão pode aceitar idênticas medidas às que cabem no art. 7º, mas desta vez quando propostas pelas próprias empresas para fazer cessar um processo, respondendo às preocupações jusconcorrenciais suscitadas pela Comissão. A norma dispõe que "*quando a Comissão tencione aprovar uma decisão que exija a cessação de uma infração e as empresas em causa assumirem compromissos suscetíveis de dar resposta às objeções expressas pela Comissão na sua apreciação preliminar, esta pode, mediante decisão, tornar estes compromissos obrigatórios para as empresas.*" Esta norma é complementada, por sua vez, pelo considerando nº 13 do mesmo Regulamento, que confirma que o processo do art. 9º não conduz à declaração de existência de uma infração.

Os âmbitos de aplicação dos arts. 7º e 9º do Regulamento 1/2003 distinguem-se pelo grau de envolvimento da empresa em causa e pelo caráter consensual das medidas adotadas ao abrigo do último artigo. Esta diferença terá uma influência determinante no tipo de medidas a aceitar, grau do princípio da proporcionalidade e intensidade de escrutínio por parte do TJUE[73], como veremos nos capítulos 4.2.3, 5.1 e 5.2.

[73] Leandro Vasconcelos (2017, pp. 209 e 210).

2. Classificação das medidas corretivas

O Regulamento 1/2003 distingue entre medidas corretivas de caráter estrutural e de caráter comportamental. No entanto, o Regulamento não elabora muito sobre esta distinção. A própria prática decisória da Comissão e a diminuta jurisprudência existente, como veremos, ainda não apresentam uma teoria sólida de medidas corretivas.

Assim sendo, podem ser exploradas várias classificações de medidas corretivas. Desde logo, o Regulamento 1/2003 distingue as medidas de correção pela sua natureza: estruturais e comportamentais. No âmbito desta classificação, verificamos[74] que, por vezes, a medida em causa não pode ser qualificada de estrutural no sentido de que não provoca uma alteração à estrutura da empresa, mas que, apesar disso, acaba por ter um efeito equivalente, como a concessão de licenças exclusivas. Em nossa opinião, este tipo de medidas de correção deve ser autonomizado como quase-estrutural e deve ser-lhe dado o tratamento dado às medidas estruturais.

Podemos, também, classificar as medidas de correção consoante o seu objetivo. Lévêque propõe a seguinte distinção de medidas corretivas: as que incidem sobre a produção, a organização ou os direitos de propriedade, por um lado, e as que têm a função de alterar os incentivos das empresas ou de obrigar a uma certa conduta, por outro[75]. Nesta linha, Fletcher distingue entre medidas de correção destinadas a alterar os incentivos do lado da oferta e medidas de correção destinadas

[74] Do estudo levado a cabo no capítulo 7.

[75] Lévêque (2000a, p. 3), Lévêque (2000b, p. 5).

a alterar os incentivos do lado da procura, consoante o seu enfoque[76]. A própria Comissão adotou uma classificação baseada no objetivo das medidas no *Merger Remedies Study*[77], a saber, transferência de uma posição no mercado (medidas de correção estruturais, que se subdividem em alienação de uma participação de controlo em empresa, de uma unidade de negócio, de ativos variados, e de licença, incluindo aqui a concessão de licença por um período longo), alienação de participação numa empresa-comum, concessão de acesso (acesso a infraestrutura ou plataformas, acesso a tecnologia através do licenciamento de direitos de propriedade industrial, e cessação de acordos verticais exclusivos) e outros[78]. Esta classificação foi criticada por alguns autores por não ser conforme à adotada na Comunicação sobre medidas de correção em controlo de concentrações em vigor naquela data[79] e por não seguir a classificação normalmente adotada em teorias económicas, que distingue as medidas corretivas de acordo com o seu impacto nos direitos de propriedade, entre as que têm por finalidade realocar o direito de propriedade (estruturais) e as que têm por finalidade restringir o exercício desse direito (comportamentais)[80].

Apesar de as classificações baseadas no objetivo da medida corretiva terem o mérito de poder ajudar as autoridades na escolha da medida concreta, para assegurar que a medida realiza os corretos objetivos específicos, vamos optar pela tradicional, uma vez que é a distinção que resulta do próprio texto do Regulamento 1/2003 e porque assenta na natureza da medida corretiva e não no seu objetivo específico. De facto, o objetivo específico de uma medida de correção será ditado caso a caso (consoante os factos e a infração). Como tal, o núcleo de objetivos prosseguidos pelas mesmas não tem contornos limitados, o que dificulta a classificação. Excecionaremos, contudo, o tratamento dado às medidas destinadas a alterar os incentivos do lado da procura ou da oferta, que

[76] Fletcher (2016).

[77] *Merger Remedies Study*, disponível em: https://ec.europa.eu/competition/mergers/legislation/remedies_study.pdf, consultado pela última vez em 20.12.2019.

[78] *Merger Remedies Study*, nºs 17 a 19, 32, 36, 138, e 139.

[79] Comunicação da Comissão sobre as soluções passíveis de serem aceites nos termos do Regulamento (CEE) nº 4064/89 do Conselho e do Regulamento (CE) nº 447/98 da Comissão, JO C 068 de 2.3.2001 pp. 3-11.

[80] Papandropoulos e Tajana (2006, p. 444).

são uma subespécie de medidas comportamentais, e que, devido ao seu enfoque particular, devemos considerar identificar de forma autónoma.

No entanto, apesar de não classificarmos as medidas de correção pelo seu objetivo, consideramos que o objetivo específico das medidas de correção é um elemento fundamental da sua determinação concreta, como temos vindo a afirmar. O facto de a própria Comissão adotar uma classificação das medidas de correção consoante o objetivo serve para demonstrar a nossa posição.

Ainda podemos distinguir entre medidas de correção de cariz positivo e negativo[81], dependendo se implicam uma atuação por parte da empresa (como a concessão de acesso) ou impedem a empresa de atuar de determinada forma (como a proibição de contratar)[82]. As medidas são de caráter positivo ou negativo consoante o que for necessário para fazer cessar a infração. As medidas de cariz negativo podem ser mais difíceis de monitorizar, pois é genericamente mais difícil demonstrar um facto negativo.

Melamed ainda distingue entre medidas de correção preventivas e medidas de correção de restauração, estando as primeiras vocacionadas para impedir a ocorrência de efeitos de novas violações no futuro e sendo as segundas destinadas a impedir o prejuízo futuro de violações ocorridas no passado[83]. Não faremos esta distinção, porque entendemos que os dois objetivos estão presentes em qualquer medida de correção.

Por fim, podemos distinguir as medidas consoante são oferecidas voluntariamente pela empresa, ao abrigo do art. 9º do Regulamento 1/2003, ou não, nos termos do art. 7º do mesmo Regulamento. Esta distinção, sim, acarreta grandes consequências que serão discutidas oportunamente.

Entendemos, ainda, que se devem distinguir as medidas de correção das condições impostas para assegurar o seu cumprimento, pela sua diferente natureza jurídica. Estas condições distinguem-se das medidas de correção pelo seu objetivo instrumental e limitado a manter o efeito útil destas últimas. Neste âmbito, encontramos a obrigação de reportar o

[81] Frese (2014, p. 170).

[82] Shelanski e Sidak (2001, p. 15).

[83] Melamed (2009, p. 364).

cumprimento das medidas corretivas à autoridade em causa[84] ou a obrigação de informar os clientes da alteração de condições comerciais em virtude da adoção de uma decisão que inclui medidas corretivas[85], o que pode vir acompanhado da possibilidade de os clientes cessarem a relação contratual[86]. Se estivermos perante medidas estruturais, essas condições tipicamente incluem a manutenção da viabilidade de ativos a ser vendidos, financiamento, colaboradores e gestão separada, o perfil do adquirente, os prazos e a proibição de reaquisição[87]. Não detalharemos este tema, pois nos focaremos nas medidas de correção.

Ademais, se a empresa não der cumprimento às medidas corretivas adotadas na decisão, a Comissão pode, mediante decisão, aplicar sanções pecuniárias compulsórias até 5 % do volume de negócios diário médio realizado durante o exercício precedente, por cada dia de atraso, a contar da data fixada na decisão, até efetivo e integral cumprimento das medidas corretivas adotadas ao abrigo do art. 7º e do art. 9º (alíneas a) e c) do art. 24º do Regulamento 1/2003)[88].

2.1. Medidas corretivas de natureza estrutural

As medidas de caráter estrutural são definidas pelo considerando nº 12 do Regulamento 1/2003 como aquelas que provocam alterações à estrutura de uma empresa. Na sua proposta para um regulamento de execução dos arts. 101º e 102º TFUE, a Comissão indicava que deveria ter "*poderes para impor todas as soluções necessárias para pôr termo à infração, incluindo soluções estruturais, que poderão ser indispensáveis (...). Poderá tratar-*

[84] Decisão da Comissão de 19 de dezembro de 2007, *Mastercard*, COMP/34.579, (JO C 264, 6.11.2009, pp. 8-11), e decisão da Comissão de 16 de julho de 2008, *CISAC*, COMP/C2/38.698, (JO C 323, 18.12.2008, pp. 12-13).

[85] Foi o que ocorreu nos casos de *garantias automóveis* da AdC, nos processos PRC/2013/5, PRC/2015/2, PRC/2015/3 e PRC/2015/5.

[86] Decisão da Comissão *Mastercard*, Decisão da Comissão de 23 de dezembro de 1992, *Astra*, IV/32.745, (JO L 20, 28.1.1993, pp. 23-39), Decisão da Comissão de 11 de março de 1998, *Van den Bergh Foods*, processos apensos IV/34.073, IV/34.395 e IV/35.436 (JO L 246, 4.9.1998, pp. 1-50).

[87] Comunicação sobre medidas de correção em controlo de concentrações nºs 19 e 20. *Merger Remedies Study*, pp. 56 ss.

[88] A sanção pode ser imposta enquanto a empresa não cumpriu a medida corretiva ou após o seu cumprimento. Discutiremos abaixo o caso *Microsof I* onde a Comissão aplicou uma pesada sanção pecuniária compulsória pelo incumprimento.

-se, em especial, de determinados acordos de cooperação e abusos de posição dominante, em que se poderá revelar necessária a alienação de determinados ativos"[89]. O Regulamento 1/2003 não manteve a redação da proposta, mas não deixou de manter o seu espírito.

Para definir este tipo de medidas corretivas, a doutrina tem tentado apresentar soluções baseadas nas características das medidas estruturais. Em primeiro lugar, nota-se que estas medidas de correção têm impacto no direito de propriedade. De Smijter e Sinclair admitem que o termo "estrutural" cobre um conjunto vasto de medidas de correção, mas todas devem afetar os ativos de uma empresa[90]. Ritter entende que medidas estruturais são aquelas que limitam ou restringem o direito de propriedade (definindo-as por comparação com as comportamentais, que limitam a liberdade de contratar)[91]. Em segundo lugar, o enfoque encontra-se na estrutura, embora não haja unanimidade sobre se as medidas de correção estrutural visam a estrutura da empresa ou a estrutura do mercado. Wang define medidas estruturais como aquelas que, através de alterações à estrutura das empresas, são capazes de alterar a estrutura do mercado[92]. Para Lowe e Maier-Rigaud as medidas estruturais são aquelas que modificam diretamente os incentivos das empresas e deixam o resultado para as forças de mercado, pelo que são particularmente adequadas para resolver situações em que a conduta anticompetitiva advém da própria estrutura da empresa[93]. Shelanski e Sidak definem as medidas estruturais como aquelas que alteram a estrutura de mercado através da redistribuição dos ativos pela cisão da empresa em várias partes e reorganização dos seus ativos entre várias novas empresas ou venda a concorrentes[94]. Em terceiro lugar, vem a forma de execu-

[89] Art. 7º da Proposta de Regulamento do Conselho relativo à execução das regras de concorrência aplicáveis às empresas previstas nos artigos 81º e 82º do Tratado e que altera os Regulamentos (CEE) nº 1017/68, (CEE) nº 2988/74, (CEE) nº 4056/86 e (CEE) nº 3975/87 ("Regulamento de execução dos artigos 81º e 82º do Tratado CE"), JO de 19.12.2000, C 365, p. 284.

[90] De Smijter e Sinclair (2014, p. 124).

[91] Ritter (2016a, p. 596). Apesar de apresentarmos definições separadamente, é impossível definir medidas estruturais sem as comparar com as comportamentais e vice-versa.

[92] Wang (2011, p. 573).

[93] Lowe e Maier-Rigaud (2008, p. 604).

[94] Shelanski e Sidak (2001, p. 15). No mesmo sentido, Capobianco e Orgawa (2016, p. 11).

ção da medida, sendo as medidas estruturais aquelas que não implicam a manutenção de uma relação entre as partes (o destinatário da decisão e terceiros) após a adoção da decisão e não necessitam de monitorização por parte da Comissão ou de uma ANC ("*clean break principle*")[95]. Neste sentido encontramos a posição do *Merger Working Group* da ICN, que descreve medidas estruturais como aquelas que ocorrem uma vez ("*one-off*") e que, após a sua execução, não implicam monitorização por parte da Comissão ou de uma ANC[96]. A Comissão apresentou uma definição abrangente, neste contexto, sugerindo que uma medida estrutural seja definida como aquela que tem efeitos efetivos através da transferência de direitos de propriedade sobre ativos tangíveis e intangíveis, incluindo a transferência de uma unidade de negócio, e que não exige a manutenção de relações entre o proprietário anterior e o futuro proprietário[97].

Destas tentativas de definição podemos retirar que as principais características distintivas das medidas de caráter estrutural são: implicam a dissociação de ativos da empresa; têm caráter definitivo e autoexecutório; e caracterizam-se pela ausência de manutenção de relações jurídicas duradouras entre o destinatário da decisão e terceiros.

Há duas grandes categorias de medidas estruturais: por um lado, a alteração à estrutura da empresa tal como existe em resultado da infração; por outro, a alteração à estrutura da empresa tal como existia antes da infração (considerando nº 12 do Regulamento 1/2003)[98]. Estas últimas são as chamadas medidas de "*break-up*"[99] (como uma cisão). A diferença reside no facto de, no primeiro caso, a infração ser um resultado direto da conduta (por exemplo, a aquisição de participações sociais[100]), ao passo que no segundo, é a própria estrutura da empresa que leva a

[95] Comissão Europeia (2006, p. 185). No mesmo sentido, Ezrachi (2006, p. 460).

[96] ICN Merger Working Group (2005, p. 7).

[97] Comissão Europeia (2006, p. 186).

[98] De Smijter e Sinclair (2014, p. 124). Também, Ritter (2016b, p. 7).

[99] De Smijter e Sinclair (2014, p. 124).

[100] Acórdão do TJ de 21 de fevereiro de 1973, *Europemballage Corporation e Continental Can Company Inc c. Comissão das Comunidades Europeias*, 6/72, EU:C:1973:22, nº 18. Neste caso não deve constituir uma operação de concentração, ou então esta não deve estar sujeita a notificação obrigatória.

que possa ser cometido o abuso (por exemplo, uma empresa verticalmente integrada)[101].

Quanto aos ativos a transferir, estes podem ser de natureza muito diversa. Defendemos que as medidas de correção estruturais existem para além da alienação de participações sociais (na sociedade principal ou desinvestimento de uma subsidiária), podendo incluir o desinvestimento de um negócio que não seja subsumível a uma sociedade comercial, ativos tangíveis, DPI, entre outros. Também defendemos que há vários níveis de separação: horizontal ou vertical, separação da propriedade, funcional ou contabilística[102]. São consideradas medidas de correção estruturais por importarem uma alteração à estrutura da empresa (mas o seu impacto em relação à empresa será diferente). A alienação de ativos, como contratos de fornecimento de clientes a terceiros, também pode corresponder a uma medida corretiva de caráter estrutural, pela natureza de desinvestimento definitivo[103].

Há autores que entendem que a proibição de levar a cabo determinada atividade é, igualmente, uma medida de correção estrutural[104] porque se assemelha mais a uma separação (no sentido de que não depende de relação jurídica com terceiros) do que à limitação do exercício da atividade. Podemos exemplificar com o acórdão *Raso*[105]. No caso, tinha sido atribuído a uma empresa o direito exclusivo de fornecimento de trabalho temporário de estivadores a empresas que prestavam serviços no porto de *La Spezia*. No entanto, a empresa a quem tinha sido atribuído o direito exclusivo era, ela própria, prestadora de serviços no mercado a jusante. Tal significava que podia controlar os custos dos rivais cobrando-lhes tarifas elevadas ou fornecendo-lhes mão de obra menos adequada. No entender do TJ, o direito exclusivo violava o art. 106º TFUE em conjunto com o art. 102º TFUE[106]. De acordo com Lowe e Maier-Rigaud, como, para fazer cessar a infração, o EM tinha de abolir o direito exclusivo ou assegurar que a empresa não atuava no mercado

[101] Ritter (2016a, p. 597).

[102] O'Donoghue e Padilla (2020, p. 1197), Montagnani (2007, p. 634).

[103] Ritter (2016a, p. 596). Porém, a obrigação de celebrar tais contratos já constitui uma medida comportamental.

[104] Crandall (2001, p. 120).

[105] Acórdão do TJ de 12 de fevereiro de 1998, *Silvano Raso*, C-163/96, EU:C:1998:54.

[106] Acórdão *Raso*, nºs 30 e 32.

a jusante, tal assemelhava-se a uma medida corretiva estrutural[107]. De facto, esta consequência vai para além de uma alteração de comportamento da empresa, obrigando a um verdadeiro desinvestimento de atividades, que não pode, ou dificilmente pode, ser revertido.

Do mesmo modo, há autores que consideram que a divulgação de informação em mercados tecnológicos e relacionados com informação ou a concessão de acesso são medidas estruturais[108]. Pela nossa parte, defendemos que as medidas de correção estruturais têm caráter definitivo e que o ativo não deve ser partilhado. Portanto, cremos que as medidas estruturais devem distinguir-se daquelas que podem ser revertidas ou partilhadas. Assim sendo, as obrigações de conceder acesso ou de divulgação de informação não se qualificam como verdadeiras medidas de correção estruturais. Contudo, também admitimos que pelo seu caráter intrusivo se devem distinguir de medidas de correção comportamentais e por isso cremos que deve autonomizar-se a categoria de medidas de correção quase-estruturais, como veremos em 2.3.

Quanto ao objetivo a prosseguir com a adoção das medidas, apesar de não distinguirmos as medidas de correção com base no seu objetivo específico, consideramos fundamental a identificação desses objetivos na determinação concreta de cada medida de correção[109]. No estudo que realizamos no capítulo 7, vamos concluir que as medidas estruturais prosseguem, entre outros, os objetivos específicos de eliminar preocupações jusconcorrenciais de natureza estrutural[110], eliminar conflitos de interesse e promover diversidade. É geralmente aceite que as medidas de correção estruturais são particularmente eficazes para eliminar poder

107 Lowe e Maier-Rigaud (2008, p. 605)

108 Waller (2009, p. 26). Também Marsden (2009, 358) apenas em relação às medidas de divulgação da informação. Outros consideram as obrigações de acesso como comportamentais. Por exemplo, Ibañez Colomo (2010, p. 273 a 276).

109 A consagração da importância dos objetivos específicos pode encontrar-se, desde logo, no acórdão do TG de 13 de maio de 2015, *Niki Luftfahrt GmbH c Comissão*, T-162/10, EU:T:2015:283, nº 296. Khan (2019, pp. 1049 e ss.) discute os objetivos funcionais da medida de correção de separação. Cremos que, embora a diferente expressão utilizada, adota a mesma ideia de que as medidas de correção prosseguem objetivos específicos.

110 *Merger Remedies Study*, pp. 23, 30 e 24.

de mercado rapidamente e criar concorrentes fortes[111] (no caso de cisão, por exemplo).

A adoção de medidas de correção estruturais é, contudo, desafiante, devido à ingerência nos direitos das empresas, nomeadamente, no direito de propriedade e na liberdade de empresa[112]. Como temos vindo a afirmar, a adoção de qualquer medida de correção depende de diversos fatores que iremos discutir ao longo deste estudo. Em primeiro lugar, deve ser bem determinada a infração. Em segundo lugar, deverão ser bem definidos os objetivos específicos da medida, o que vai depender das características do mercado e exigir uma conexão com a infração. Em terceiro lugar, devem ser definidos os destinatários e beneficiários da medida. Nesta fase, devem ser tidos em conta os interesses da própria empresa, dos acionistas da empresa, no sentido de que uma separação de atividades pode levar a uma perda do valor da mesma, e de eventuais terceiros. Em quarto lugar, a adoção de medidas corretivas deve obedecer a determinados princípios, nomeadamente, o da proporcionalidade, sendo a adoção de medidas estruturais mais exigente deste ponto de vista e, portanto, subsidiária, pois se entende que estas medidas serão, em princípio, mais onerosas que as comportamentais. A medida de proporcionalidade diverge, porém, consoante as medidas de correção são adotadas ao abrigo do art. 7º ou o do art. 9º do Regulamento 1/2003.

Encontramos doutrina no sentido de que as medidas estruturais devem ser adotadas com muita cautela. Waller chama a atenção para as dificuldades práticas e teóricas de um processo de desinvestimento de uma entidade totalmente integrada, bem como para a necessidade de ter em conta o prejuízo resultante de uma medida de correção deste tipo para a empresa, os acionistas, os trabalhadores, entre outros[113]. O'Barnett considera que as medidas estruturais requerem uma conexão mais estreita entre a conduta e a infração[114]. Sullivan, um pouco crítico, entende que as medidas de correção estruturais devem ser cuidadosamente equacionadas se forem aptas a restaurar a concorrência, quando

[111] Allendesalazar (2008, p. 515).

[112] Arts. 17º e 16º da CDFUE, respetivamente. Ver, a este respeito, por exemplo Andreangeli (2012), p. 30 e Tridimas (2006), p. 313.

[113] Waller (2009, p. 15).

[114] O'Barnett (2008, p. 552).

a infração produz um efeito negativo no mercado e desde que se traduzam num resultado que acresce ao resultado natural da evolução do mercado, o que é particularmente importante em mercados dinâmicos[115]. Forrester defende que as medidas estruturais só devem ser adotadas em circunstâncias excecionais e que devem deixar intacto o modelo de negócio das empresas, a menos que o abuso derive precisamente do modelo de negócio[116]. O'Donoghue e Padilla entendem que a sua aplicação deve ser adotada como medida de última instância porque pode levar à perda de eficiências[117]. Em nossa opinião, também, tendo em conta os objetivos de eficiência do direito da concorrência (ver capítulo 3.1.2), entendemos que a consideração de eficiências deve fazer, igualmente, parte da decisão de adoção de medidas de correção[118].

Já Maier-Rigaud, no entanto, chama a atenção para o facto de, em face das circunstâncias concretas, as medidas estruturais poderem adaptar-se melhor às dinâmicas dos mercados e, como tal, serem mais aptas a eliminar os incentivos para a prática de infrações no futuro, permitindo que a empresa continue o seu negócio livre dos constrangimentos de medidas comportamentais, que, por natureza, limitam a sua atuação[119], não havendo, portanto, uma relação de subsidiariedade das medidas estruturais em relação às comportamentais. Entendemos que esta posição é difícil de sustentar. É um facto que as medidas estruturais estão previstas na lei e são um instrumento à disposição da Comissão, mas é a própria lei que consagra a subsidiariedade das medidas estruturais em relação às comportamentais[120]. Note-se, aliás, a manutenção desta ideia na lei, plasmada na recente Diretiva ECN+[121] – que serve para harmoni-

[115] Sullivan (2002, pp. 598 e 606).

[116] Forrester (2009b, p. 335).

[117] O'Donoghue e Padilla (2020, pp. 1199 a 1201). No mesmo sentido, Forrester (2009b, p. 335).

[118] De Smijter e Sinclair (2014, p. 126).

[119] Maier-Rigaud (2016, pp. 211 e 212). No mesmo sentido, Lowe e Maier-Rigaud (2008, p. 604).

[120] Art. 7º do Regulamento 1/2003. No mesmo sentido, Gorjão-Henriques (2017, p. 681).

[121] Diretiva (UE) 2019/1 do Parlamento Europeu e do Conselho, de 11 de dezembro de 2018, que visa atribuir às autoridades da concorrência dos Estados-Membros competência para aplicarem a lei de forma mais eficaz e garantir o bom funcionamento do mercado interno, JO L 11, de 14.1.2019, p. 3. Apesar de a Diretiva ECN+ se dirigir à atividade das ANC, serve como elemento interpretativo, já que o seu objetivo é, precisamente, o de contribuir para harmonizar a aplicação do direito de concorrência na UE.

zar a atuação das ANC – que no seu considerando nº 37 especifica que "*medidas estruturais, designadamente obrigações de alienar uma participação numa empresa concorrente ou desinvestir numa unidade empresarial, afetam o património das empresas, podendo considerar-se presumivelmente mais onerosas do que as medidas de conduta.*"

Efetivamente, a adoção de medidas estruturais acarreta riscos elevados. Se realizarmos uma separação por linhas de negócio, arriscamos perder os benefícios da integração vertical[122], pois as empresas ficam impedidas de explorar a plenitude do potencial de inovação que deriva da oferta combinada de produtos que pertencem a setores adjacentes – sendo que muitos dos produtos que hoje conhecemos resultaram da combinação de diferentes produtos (como computadores) – e podem perder incentivos para inovar. Se realizamos uma separação em várias empresas verticalmente integradas, teremos provavelmente empresas com custos mais elevados. A estes riscos acresce o facto de uma medida de correção estrutural (*maxime* separação de propriedade) ser muito mais difícil de reverter do que uma medida de correção comportamental[123]. É nesta medida, cremos, que o considerando nº 12 do Regulamento 1/2003 indica que as medidas estruturais do tipo cisão só devem ser impostas quando não houver solução comportamental igualmente eficaz ou esta for mais onerosa. Como veremos a propósito do princípio da proporcionalidade, não cremos que exista um teste diferente por tipo de medida, mas reconhecemos que, como defendemos que se exige nexo estreito entre infração e medida de correção[124], as medidas estruturais serão mais difíceis de justificar. Esta consideração é tecida a propósito de uma decisão adotada ao abrigo do art. 7º do Regulamento 1/2003. A situação será distinta caso a decisão seja tomada ao abrigo do art. 9º do mesmo Regulamento, em que a Comissão fica obrigada a adequar a medida de correção às objeções expressas na sua apreciação preliminar.

[122] O'Donogue e Padilla (2020, pp. 1199 a 1201). No mesmo sentido, Forrester (2009b, p. 335). Sobre integração vertical, também, Morais (2006, pp. 1613 a 1615).

[123] Montagnani (2007, pp. 635 e 636).

[124] Sauter (2016, p. 96) *a contrario*, quando afirma que, em contraste com o direito da concorrência, as medidas de correção na regulação não têm os mesmos requisitos.

Após a decisão sobre a adoção de uma medida de correção estrutural, a sua definição e colocação em prática também não são isentas de dificuldades e podem levar a que a medida não seja eficaz. Se usarmos os princípios que a Comissão tem desenvolvido a propósito do controlo de concentrações, a adoção de uma medida estrutural depende de se definir uma atividade passível de ser segmentada (no sentido de poder mais facilmente operar como uma empresa autónoma) de forma horizontal, vertical ou entre atividades reguladas e atividades não reguladas[125], e de se encontrar um comprador adequado, capaz de prosseguir a atividade, para que o negócio autonomizado possa constituir pressão jusconcorrencial duradoura[126]. A atividade pode consistir numa entidade autónoma, mas também pode ser o resultado da dissociação de atividades e alienação de ativos, nomeadamente, marcas e licenças, embora nesta situação os riscos associados à sua viabilidade sejam muito maiores[127]. Nestes casos, deve ficar provado que as relações entre o negócio a alienar e a empresa mãe são efetivamente terminadas, mas também que, caso necessário, se mantêm relações de suporte[128]. Contudo, no cenário de controlo de concentrações, aplicado *ex ante*, as fronteiras entre os ativos podem ser muito mais claras do que num processo de abuso de posição dominante, em que a empresa pode estar integrada há muitos anos, com a consequente partilha de recursos, cuja separação pode não ser facilmente identificável[129]. A autonomização pode ser facilitada se a atividade em causa operar sob uma gestão autónoma e detiver uma organização diferente[130]. De acordo com o *Merger Remedies Study* da Comissão a principal causa de ineficácia das medidas de correção estruturais é a deficiente construção dos ativos a desinvestir em termos de dependência a montante e a jusante (integração vertical), limitações geográficas da atividade (quando se dissocia uma atividade circunscrita a um

[125] Waller (2009, p. 26).

[126] Comunicação da Comissão sobre as medidas de correção passíveis de serem aceites nos termos do Regulamento (CE) n. o 139/2004 do Conselho e do Regulamento (CE) nº 802/2004 da Comissão (JO C 267 de 22.10.2008, p. 1-27), nºs 22 a 57.

[127] Comunicação sobre medidas de correção em controlo de concentrações, nºs 32 a 38.

[128] Hoeg (2014, p. 82).

[129] Wang (2011, p. 579).

[130] Economides e Lianos (2010b, p. 455) a propósito da medida estrutural aplicada no caso *AT&T*.

âmbito nacional, não incluindo um mercado vizinho, pode verificar-se um efeito negativo pelo facto de o comprador não poder vender a marca em mercados vizinhos e, portanto, não poder beneficiar de sinergias geográficas), necessidade de uma certa dimensão e massa crítica para o desenvolvimento da atividade, necessidade de ter em conta o efeito do ciclo do produto (se se estão a transferir os produtos mais inovadores e com maior probabilidade de sucesso futuro ou os produtos com maior risco de se tornarem obsoletos) e definição do âmbito dos DPI que tiverem necessariamente de ser incluídos no pacote de ativos a transferir para viabilizar a atividade (o que pode implicar a necessidade de celebrar novos contratos para utilização dos direitos)[131]. Significa, portanto, que as medidas de correção de caráter estrutural só podem considerar-se eficazes havendo uma clara identificação e divisão dos elementos a separar[132]. Na nossa análise ainda encontrámos outras causas que podem ter impacto na eficácia das medidas de correção estruturais em abuso de posição dominante, tais como, a necessidade de ter em conta a informação de interoperabilidade para a viabilidade de operação do ativo ou a obrigação de manter a viabilidade dos ativos, separação de atividades ou proteção de informação durante o processo de desinvestimento[133].

Uma das grandes vantagens das medidas de correção estruturais é requererem menos monitorização e controlo por parte das autoridades, e, como tal, serem menos sujeitas a ser contornadas ou controladas estrategicamente pelas empresas. No entanto, podem criar algumas ineficiências imediatas, por exemplo, cessando as sinergias de uma empresa verticalmente integrada, que poderia poupar em alguns recursos comuns às várias atividades[134]. Quando tratamos de medidas de correção que implicam separação vertical, coloca-se a questão de saber onde, na cadeia de valor, realizar a separação. Cremos que poderá fazer sentido

[131] *Merger Remedies Study*, pp. 23 a 27.

[132] Montagnani (2007, p. 641).

[133] *Best Practice Guidelines: The Commission's Model Texts for Divestiture Commitments and the Trustee Mandate under the EC Merger Regulation*, nºs 21 a 23, disponível em https://ec.europa.eu/competition/mergers/legislation/best_practice_commitments_trustee_en.pdf, consultado pela última vez em 20.9.2019.

[134] Marsden (2009, p 355).

separar os monopólios naturais dos mercados onde pode haver concorrência, à semelhança da regulação[135].

Uma vez que as medidas estruturais podem ser mais intrusivas que as medidas comportamentais, o art. 7º do Regulamento 1/2003 não é o instrumento preferencial para a sua imposição. Ao abrigo do Regulamento 17/62, a Comissão impôs medidas de caráter estrutural algumas vezes, no caso *Continental Can* (depois anulado pelo TJ), no caso *Gillette* e no caso *Deutsche Post*. Nos primeiros casos tratava-se de colmatar a lacuna de não existir um procedimento de controlo prévio de concentrações[136]. No terceiro caso exigiu-se a separação jurídica de atividades no âmbito de uma empresa verticalmente integrada[137]. Como vimos acima, pode discutir-se a natureza estrutural da medida[138]. Tendo em conta que se exigiu a separação das atividades, o que leva a uma alteração da estrutura da empresa, entendemos que sim[139]. As medidas de caráter estrutural, que implicam desinvestimento e alienação de negócios ou ativos têm sido raramente usadas e, até agora (no contexto do Regulamento 1/2003), foram usadas pela Comissão sobretudo no setor da energia e através do mecanismo de tornar obrigatórios compromissos do art. 9º (i.e., voluntariamente oferecidas pelas empresas e não impostas pela Comissão)[140]. São exemplos os casos *E.ON*, *RWE*, *ENI*[141], *CEZ*[142] e *BEH*[143], que discutiremos em 7.2.2. Há, ainda, que mencionar o caso *ARA*[144], que veremos em pormenor em 5.3.

135 Niels *et al.* (2016, p. 372).

136 No mesmo sentido, Allendesalazar (2008, p. 515).

137 Decisão da Comissão de 20 de março de 2001, *Deutsche Post AG*, COMP/35.141 (JO L 125, 5.5.2001, pp. 27-44), nºs 3 e 18.

138 Ibañez Colomo (2010, p. 274) parece considerar medidas semelhantes no setor das comunicações eletrónicas como comportamentais.

139 Neste sentido, Allendesalazar (2008, p. 515).

140 Talus (2011, p. 1595), Scholz e Purps (2010, p. 51).

141 Citadas as três.

142 Decisão da Comissão de 10 de abril de 2013, *CEZ*, COMP/39.727 (JO C 251, 31/8/2013, p. 4).

143 Decisão da Comissão de 17 de dezembro de 2018, *BEH*, AT.39849 (JO C 121, 1.4.2019).

144 Decisão da Comissão de 20 de setembro de 2016, *ARA*,COMP/39759 (JO C 432 de 23.11.2016, p. 6).

Esta prática parece contrastar com a prática em controlo de concentrações em que a Comissão prefere, claramente, medidas estruturais a comportamentais[145]. A diferença encontra-se justificada porque em controlo de concentrações são as próprias empresas que tomam a iniciativa (legalmente imposta) de colocar a escrutínio da Comissão os projetos de concentração, que ainda não estão concluídos e cuja análise e avaliação é realizada *ex ante*. Acresce que uma operação de concentração constitui, exatamente, uma alteração estrutural, ao passo que o abuso de posição dominante é levado a cabo através de comportamentos (apesar de poder estar apoiado numa certa estrutura)[146].

2.2. Medidas corretivas de natureza comportamental

As medidas corretivas de caráter comportamental são normalmente definidas, pela doutrina, como aquelas que incidem e limitam a conduta futura da empresa em posição dominante. Neste sentido, Ritter já tentou definir medidas corretivas de caráter comportamental como aquelas que limitam a liberdade de contratar[147]. Shelanski e Sidak também colocam o enfoque na limitação da atividade da empresa, com a obrigação de atuar de uma determinada forma e adotar um determinado comportamento (de cariz positivo) ou a proibição de levar a cabo uma determinada atuação (de cariz negativo)[148]. Hoeg considera que se caracterizam pela imposição de uma obrigação de a empresa se comportar de uma determinada forma e tipicamente resultam na manutenção de relações contratuais entre a empresa e terceiros[149]. Para Lowe e Maier-Rigaud, as medidas comportamentais são aquelas que não modificam os incentivos das empresas, por exemplo, não alteram as condições para se deixar de verificar um conflito de interesses, mas restringem-nos de uma forma essencialmente regulatória[150].

[145] Comunicação consolidada da Comissão em matéria de competência ao abrigo do Regulamento (CE) nº 139/2004 do Conselho relativo ao controlo das concentrações de empresas, (JO C 95, 16.4.2008, p. 1-48). No mesmo sentido, Cook, Frisch e Novak (2019, p. 394).

[146] Ritter (2016a, p. 596).

[147] Ritter (2016a, p. 596).

[148] Shelanski e Sidak (2001, p. 15).

[149] Hoeg (2014, p. 44) para concentrações mas igualmente aplicável.

[150] Lowe e Maier-Rigaud (2008, p. 604).

Em nossa opinião, para além da limitação da atividade da empresa, ainda caracterizam as medidas comportamentais o seu caráter reversível, a necessidade de cumprimento ao longo do tempo e de manutenção de relações contratuais com terceiros[151]. Efetivamente, as medidas comportamentais não são definitivas por natureza e o seu cumprimento implica a obediência a um guião de princípios através de um certo período de tempo, durante o qual várias relações contratuais podem surgir.

As medidas corretivas de caráter comportamental podem subdividir-se entre medidas relacionadas com a conduta das empresas, aquelas que determinam ou proíbem certas condutas, e medidas orientadas para o resultado, aquelas que proíbem ou levam a que se alcance um determinado resultado no mercado[152]. As medidas corretivas de caráter comportamental relacionadas com a conduta das empresas constituem a categoria com maior amplitude. Estas medidas levam a que o destinatário de uma decisão atue de uma determinada forma ou omita um determinado tipo de conduta, mas não impõem um certo resultado[153], como a manutenção de uma determinada quota de mercado.

As medidas corretivas de caráter comportamental relacionadas com a conduta das empresas podem ser tantas quantas a conduta identificada como abusiva. No capítulo 7 faremos uma análise das medidas corretivas adotadas pela Comissão[154]. Neste momento, podemos apresentar como exemplos de medidas corretivas de caráter comportamental relacionadas com a conduta das empresas, a obrigação de fornecimento de terceiros, a obrigação de se comportar de determinada forma ou de se abster de determinado comportamento, a obrigação de não aumentar o preço acima de um limite, a obrigação de erigir medidas de separação do acesso a informação dentro da empresa[155], entre outras.

As medidas corretivas de caráter comportamental relacionadas com um determinado resultado no mercado têm um escopo de aplicação diferente, aproximando-se mais de medidas regulatórias. Por este motivo, não deve ser o tipo de medida corretiva mais usado por auto-

[151] Ezrachi (2006, p. 460).

[152] Maier-Rigaud (2016, pp. 211 e 212).

[153] Comissão Europeia (2006, p. 186).

[154] Quando relevante apresentaremos exemplos de casos de outros ordenamentos jurídicos.

[155] Ezrachi (2006, pp. 460 e 472 a 474).

ridades de concorrência[156], embora em alguns casos a Comissão tenha, como veremos em mais pormenor no capítulo 7.2.2, usado a figura das medidas corretivas para obter resultados de cariz regulatório, muito em particular nos mercados da energia[157]. Um exemplo deste tipo de medidas noutro tipo de mercados pode ser a instituição de um mecanismo de normalização, ou mesmo a criação de uma estrutura institucional para o pôr em prática e monitorizar, em mercados dinâmicos e sujeitos a efeitos de rede, onde em vez de se esperar pela norma "vencedora" (o "*standard*"), este mecanismo permite atingir o mesmo resultado através de negociação entre os intervenientes[158]. Para além do cariz regulatório, uma medida de correção como esta pode limitar a inovação. De facto, a medida pode levar a que os intervenientes no mercado estejam mais concentrados em criar produtos compatíveis com uma determinada norma, do que em criar novas e melhores normas através da inovação. Este tipo de medidas também acarreta maiores riscos de cartelização, pelo facto de serem os intervenientes no mercado a negociar (embora mediados) as condições do mercado e a sua evolução futura[159]. Outro exemplo digno de nota pode ser a decisão de entidades públicas não utilizarem certo produto dominante ou usarem um determinado tipo de produto capaz de combater a preponderância de outro. Esta posição foi adotada pela administração brasileira, que, em 2005, determinou o uso de "*software*" de código aberto ("*open source*") gratuito para travar o uso proliferado do sistema operativo Windows, conter o orçamento e promover a inclusão digital[160]. Esta atuação, contudo, não nos parece razoável, e, como Crane, entendemos que não deve ser adotada como consequência de uma violação das regras da concorrência[161]. Uma

[156] Veja-se a posição apresentada pela Comissão Europeia (2006, p. 186).

[157] Jones *et al.* (2019, p. 942), Gerard (2016, pp. 161 a 165), Lianos (2016, p. 129), Dunne (2015, pp. 322 e ss.), De Smijter e Sinclair (2014, p. 124 nr 121), Dunne (2014, p. 408), Kølbye (2012, p. 213), Cengiz (2011, p. 138), Ibañez Colomo (2010, pp. 298 e ss.), Scholz e Purps (2010, p. 51), Chauve, Godfried, Kovács, Langus, Nagy e Siebert (2009, p. 54).

[158] Economides e Lianos (2010b, p. 458).

[159] *Idem*, p. 459.

[160] Ver, por exemplo, http://news.bbc.co.uk/2/hi/business/4602325.stm, consultado em 3.8.2019. Para uma visão aprofundada das causas e efeitos ver Birkinbine (2016, pp. 3898 ss).

[161] Crane (2007a, p. 1205).

decisão deste tipo pode ser tomada por motivos de gestão, totalmente não relacionados com uma infração.

As medidas de correção de caráter comportamental ainda podem ser ou não relacionadas com o preço. Entre as medidas relacionadas com o preço encontram-se as limitações do preço a praticar pela venda de bens ou pela prestação de serviços[162] ou as proibições de discriminação de preço. Estas medidas são muito intrusivas. Em primeiro lugar, não devem ser as autoridades de concorrência a tomar decisões em relação aos preços praticados pelas empresas. Em segundo lugar, as medidas de correção diretamente relacionadas com o preço acarretam os riscos de prejudicar os incentivos de investimento das empresas e mesmo de prejudicar a obtenção de preços mais baixos por parte de (alguns) consumidores[163]. Não existem muitos estudos sobre a eficácia das medidas de correção na UE[164], mas numa investigação de mercado sobre o setor da energia levada a cabo pela CMA, cujo relatório final foi publicado em 2016, esta autoridade chegou à conclusão de que a proibição de discriminação geográfica de preço ordenada pelo regulador Ofgem[165] (no âmbito dos seus poderes regulatórios) tinha impedido o surgimento de tarifas flexíveis e inovadoras, o que contribuiu para a manutenção de preços elevados[166].

As medidas corretivas de caráter comportamental são mais frequentemente utilizadas do que as estruturais. As razões são várias. Em primeiro lugar, uma vez que os abusos de posição dominante tendem a ser, por natureza, infrações de caráter comportamental, não é de estranhar que as medidas corretivas impostas sejam maioritariamente deste tipo[167], como por exemplo obrigações de contratar, obrigações de incluir determinadas cláusulas contratuais, entre outras (ao contrário do que

[162] Ver, por exemplo, adotada depois da entrega desta tese, a decisão da Comissão de 10.2.2021, *Aspen*, 40.394, onde a Comissão tornou vinculativo o compromisso de reduzir o preço (ver, nºs 237 a 245).

[163] Littlechild (2019, p. 131).

[164] Por exemplo, O'Donoghue e Padilla (2020, p. 1201).

[165] Office of Gas and Electricity Markets.

[166] CMA, *Energy Market Investigation, Final Report*, 24 de junho de 2016, disponível em https://assets.publishing.service.gov.uk/media/5773de34e5274a0da3000113/final-report-energy-market-investigation.pdf, consultado pela última vez em 24.9.2019.

[167] O'Donoghue e Padilla (2020, p. 1126), Comissão Europeia (2006, p. 185).

ocorre em controlo de concentrações em que, precisamente, as empresas pretendem realizar uma alteração estrutural no mercado). Também, em particular nos mercados dinâmicos, as medidas de correção comportamentais adaptam-se com mais facilidade à evolução do mercado pelo seu caráter não definitivo.

Repare-se que, ao contrário do controlo de concentrações, em abuso de posição dominante (por um lado, por motivos profundamente relacionados com o princípio da proporcionalidade, que em controlo de concentrações se manifesta de forma diferente, uma vez que a Comissão tem competência para proibir *ex ante* concentrações suscetíveis de impedir a concorrência efetiva, e por outro, pela própria natureza da operação de concentração que se define como uma alteração estrutural), o Regulamento 1/2003 não estabelece uma preferência de medidas estruturais às comportamentais, pelo que soluções tipicamente utilizadas em controlo de concentrações, como "*fix it first*" ou "*up-front buyer/licence*"[168] podem não ser adequadas e proporcionais.

Como já notámos na introdução, a determinação do abuso de posição dominante desperta muitas questões de ordem jurídica e económica e, por diversas vezes, pode questionar-se se um determinado comportamento deve ou não recair no conceito de abuso. Efetivamente, existem comportamentos adotados por empresas em posição dominante que afetam negativamente a concorrência, mas que podem resultar da maior eficiência dessa empresa[169]. Em casos em que o comportamento da empresa apresenta efeitos ambíguos, pode ser desproporcionado adotar medidas de correção, especialmente as estruturais. As medidas comportamentais têm a vantagem de serem mais fáceis de reverter[170] e, portanto, mais adequadas a mercados em evolução[171]. Abaixo discutiremos o princípio da proporcionalidade na adoção de medidas de correção, mas, por ora, podemos adiantar que, apesar de parecer que as medidas comportamentais estão mais aptas a respeitar esse princípio, em certos casos também podem ser extremamente invasivas. Um exemplo conhecido é

[168] São situações em que a aprovação da concentração depende de se alcançar uma solução previamente.

[169] Moura e Silva (2010a, p. 274).

[170] Dunne (2014, p. 433), Ezrachi (2006, p. 463).

[171] Ezrachi (2006, p. 463).

o caso *De Beers*, cujas medidas de caráter comportamental de cessação absoluta de relações contratuais foram muito controversas (esta discussão será levada a cabo no capítulo 7.1.2).

Alguns autores entendem que o próprio Regulamento 1/2003 privilegia as medidas comportamentais[172] e que se expressa no sentido de que as medidas estruturais são quase sempre desproporcionadas[173]. Porém, por vezes as medidas corretivas de caráter comportamental podem ser muito onerosas para as empresas, nomeadamente, no caso de controlo de preços com obrigações de monitorização[174]. Para Maier-Rigaud, como já afirmámos, não existe uma verdadeira subsidiariedade entre medidas de correção estruturais e comportamentais[175]. Em nossa opinião, cremos que, no âmbito do art. 7º, em face de medidas igualmente eficazes e onerosas, a lei manda aplicar a medida comportamental[176]. A situação é diversa quando a decisão é adotada ao abrigo do art. 9º do Regulamento 1/2003.

As medidas de correção comportamentais acarretam consigo grandes custos relacionados com a sua definição e a sua execução[177]. Em primeiro lugar, requerem cuidadosa definição para serem eficazes e não produzirem efeitos de distorção do mercado. Desde logo, uma medida corretiva de caráter comportamental não deve proibir uma conduta que em si não é proibida pelo direito da concorrência[178]. Uma forma de assegurar este e outros riscos é retirar lições dos princípios económicos de preço ("*rate of return*", "*price cap*" ou "*revenue cap*") e regulação de acesso da teoria de regulação[179]. Em segundo lugar, encontramos a necessidade de monito-

[172] Allendesalazar (2008, p. 515).

[173] O'Donoghue e Padilla (2020, p. 1134).

[174] Ritter (2016a, p. 596).

[175] Maier-Rigaud (2016, p. 220).

[176] Gorjão-Henriques (2017, p. 681).

[177] Monti (2007, p. 242).

[178] Ver acórdão do TPI de 13 de maio de 1998, *Sarrió SA c. Comissão*, T-334/94, EU:T:1998:97, nº 280; acórdão do TPI de 14 de maio de 1998, *Gruber + Weber GmbH & Co. KG c. Comissão*, T-310/94, EU:T:1998:92, nºs 174 e 178 e acórdão do TPI de 8 de junho de 1995, *Langnese-Iglo GmbH c. Comissão*, T-7/93, EU:T:1995:98, nºs 205-2010. Apesar de se referirem a processos nos termos do art. 101º TFUE, a conclusão é válida para os processos de abuso de posição dominante.

[179] Niels *et al.* (2016, p. 373 a 377) para os aspetos económicos destes métodos regulatórios, cuja análise escapa ao escopo do nosso trabalho.

rização e acompanhamento para garantir o seu cumprimento[180], pois as medidas de correção comportamentais não se esgotam num momento e podem, inclusive, levar à criação de relações jurídicas e económicas duradouras (entre o destinatário da decisão e terceiros que usem a medida), o que até pode acarretar litígios em torno da execução das medidas. Em terceiro lugar, encontramos o risco de as empresas conseguirem contornar as medidas de correção ou estrategicamente alterar o seu efeito[181]. Por este motivo, Niels, Jenkins e Kavanah, e nós acompanhamos, admitem que as autoridades de concorrência acabam por assumir alguma função regulatória com a adoção de medidas comportamentais, porque as medidas de correção estruturais, que levam a menor necessidade de monitorização, podem não ser proporcionadas[182]. Por fim, apesar de, em princípio, serem mais flexíveis, as medidas de correção comportamentais podem prejudicar a possibilidade de uma empresa se adaptar efetivamente às condições de mercado em evolução, por se encontrar limitada a sua liberdade de atuação[183].

Apesar das maiores dificuldades de monitorização, as medidas de correção comportamentais são mais flexíveis e fáceis de reverter do que as estruturais, o que as coloca numa posição privilegiada em relação às estruturais (em particular em mercados dinâmicos devido à rapidez da sua evolução)[184].

2.3. Medidas corretivas "quase-estruturais"

Cremos que a classificação tradicional (comportamental/estrutural) não abrange um terceiro tipo de medidas de correção que são as quase-estruturais. Efetivamente, defendemos que existe um conjunto de medidas de correção que, pela sua abrangência e significado para as empresas, vão além das medidas comportamentais, embora, formalmente, fiquem aquém do desinvestimento ou da separação de atividades. Estas medidas quase-estruturais são, as mais das vezes, limitações

[180] Comissão Europeia (2006, p. 187).

[181] Khan (2019, p.1070), Allendesalazar (2008, p. 514), *Antitrust Division Policy Guide to Merger Remedies* (2004, pp. 8 e 9), disponível em https://www.justice.gov/atr/page/file/1175136/download, consultado em 13.9.2019.

[182] Niels *et al.* (2016, p. 362).

[183] Ezrachi (2006, p. 461).

[184] Montagnani (2007, p. 636).

à liberdade de contratar, como as obrigações de conceder acesso a uma tecnologia ou ativo ou a partilha de informação de interoperabilidade com "*software*" da sua propriedade, em condições razoáveis e não discriminatórias, e permissão do seu uso para o desenvolvimento de produtos concorrentes[185], que têm sido usadas, principalmente, em mercados de tecnologias de informação, como o caso *Microsoft*[186]. Nas palavras de Waller, "*disclosure is divestiture*" na economia baseada na informação, alta tecnologia e propriedade intelectual[187], o que sugere que não existe uma lista previamente definida deste tipo de medidas de correção, podendo incluir-se aqui, também, em nossa opinião, as medidas de correção de interoperabilidade, licenciamento compulsivo e acesso a infraestrutura essencial[188].

Quando nos referimos a medidas assentes em licenciamento podemos estar perante vários tipos de licenciamento. Um licenciamento exclusivo e irrevogável é o mais próximo de uma medida de caráter estrutural, pois se destina a transferir uma posição de mercado para uma designada entidade. Embora não acarrete uma alteração da estrutura da empresa em sentido estrito, não deixa de ter, na prática, um efeito equivalente. É exemplo deste tipo de medidas a obrigação de conceder uma licença exclusiva, irrevogável e não limitada paga de uma vez só[189]. O mesmo pode ser dito no que respeita a obrigações de concessão de acesso a terceiros, de forma irrevogável. A diferença entre este tipo de licenciamento e a transferência de um contrato de fornecimento (medida estrutural) radica no facto de esta última ocorrer de uma vez e de não implicar a manutenção de relações com o alienante.

Em apoio da nossa posição, o *Merger Remedies Study* da Comissão, sem distinguir esta terceira categoria, trata de forma autónoma as medidas de correção de concessão de acesso descrevendo-as como aquelas que se destinam a manter a concorrência atual e potencial no mercado, impedindo a exclusão do acesso a ativos críticos, infraestrutura ou tecnologia

[185] Alexiadis e Sependa (2013, p. 22).

[186] Decisão *Microsoft I*, art. 5º.

[187] Waller (2009, p. 26).

[188] Neste sentido, Shelanski e Sidak (2001, pp. 16 e 55) que consideram o acesso uma medida estrutural e o licenciamento quase-estrutural.

[189] Neste sentido, *Comissão Europeia* (2006, p. 185).

(patentes, saber-fazer, outros DPI)[190] e matérias-primas fundamentais. De facto, as medidas de correção quase-estruturais são, essencialmente, destinadas a eliminar problemas relacionados com barreiras à entrada e estão muitas das vezes relacionadas com DPI, podendo consistir em acordos de licenciamento de tecnologia, de patentes e marcas, ou são adotadas para determinar o acesso a uma infraestrutura física.

No entanto, a consagração desta terceira categoria não é unanimemente aceite na doutrina. Marsden advoga fortemente contra esta categorização argumentando que todas as medidas de correção podem ser segmentadas entre estruturais ou comportamentais, dependendo de poderem ou não ser revertidas. Por exemplo, na sua opinião, a obrigação de fornecer informação de interoperabilidade é uma medida estrutural, porque uma vez fornecido esse acesso não se pode retirar a informação conhecida, ao passo que a obrigação de fornecer acesso a uma infraestrutura física é, na sua opinião, uma medida comportamental, porque o acesso pode ser descontinuado[191].

Da nossa parte, entendemos que se deve distinguir esta terceira categoria.

As medidas de correção quase-estruturais distinguem-se das comportamentais pelo facto de aquelas, à semelhança das estruturais, implicarem uma disposição com caráter definitivo ou quase definitivo de um ativo, tangível ou intangível, do destinatário da decisão. O que distingue medidas corretivas quase-estruturais das estruturais é o facto de as primeiras assentarem na manutenção de uma relação jurídica e económica entre o destinatário da decisão e o terceiro[192].

As medidas de correção quase-estruturais também apresentam dificuldades de colocação em prática, podem causar alguma insegurança e dar origem a questões de definição (por exemplo, o custo do acesso ou da licença)[193] e monitorização[194]. A manutenção de um relacionamento entre o licenciador e o licenciado, ou entre o concedente de acesso e o requerente, pode permitir certa influência do primeiro sobre o segundo

[190] *Merger Remedies Study*, p. 114.

[191] Marsden (2009, p. 358).

[192] Alexiadis e Sependa (2013, p. 22).

[193] *Merger Remedies Study*, p. 118.

[194] Hoeg (2014, pp. 86, 87 e 92).

ou dar origem a disputas sobre os termos e condições do licenciamento[195]. Uma forma de contrariar a insegurança e a incerteza é a de estabelecer, claramente, *ab initio*, que as licenças não contêm quaisquer limitações à atividade dos licenciados, a nível geográfico ou de domínio de utilização[196]. De igual modo, muitas das medidas de correção quase estruturais relacionadas com obrigações de conceder acesso acarretam obrigações acessórias que limitam os direitos de propriedade (intelectual) das empresas, como a obrigação de não exercer coercivamente os DPI.

O *Merger Remedies Study* ainda revelou que as medidas de correção de concessão de acesso necessitam de um conjunto de atributos para se revelarem eficazes, tais como, o número de potenciais licenciados tem de ser definido (a menos que seja apenas um ou um número limitado, caso em que têm de ser bem determinados), os termos de uso têm de ser alargados (âmbito material, geográfico e temporal), o custo deve ser atrativo, não devem ser onerados por direitos de terceiros, não devem facilitar a coordenação de comportamento entre licenciante e licenciado(s), nem a troca de informações sensíveis[197].

A questão que se coloca a seguir é saber que regime aplicar a este tipo de medidas de correção: o estrutural ou o comportamental. Tendo em conta o grau de ingerência no direito de propriedade da empresa neste tipo de medidas de correção, defendemos que se deve optar pelo regime das medidas estruturais. Contudo, como veremos em sede própria, consideramos que a diferença de regimes não é fundamental, exceto no caso de haver medidas igualmente eficazes, sendo mais determinantes o tipo de abuso, o tipo de mercado e o tipo de decisão adotada.

2.4. Medidas corretivas focadas nos incentivos do lado da oferta ou do lado da procura

Geralmente, o enfoque das medidas de correção centra-se no lado da oferta (as empresas). Contudo alguns casos podem estar relacionados

[195] Comunicação sobre medidas de correção em controlo de concentrações, nº 38.

[196] *Idem*. Se a licença for exclusiva dá-se, na prática, uma transferência da posição de mercado do licenciador para o licenciado (ver *Merger Remedies Study*, p. 117), mas uma licença não exclusiva permitirá mais entrada no mercado (Decisão da Comissão de 12 de dezembro de 2006, *Metso/Aker Kvaerner*, COMP/M.4187, JO C 153, 01.07.2006).

[197] *Merger Remedies Study*, p. 120.

com as características da procura num determinado mercado, levando à necessidade de adoção de medidas corretivas que se destinam a incentivar alterações comportamentais do lado da procura, em particular os consumidores[198].

Podem identificar-se três grandes categorias de medidas corretivas da procura. As primeiras são as informativas, que correspondem à obrigação de os fornecedores prestarem informação sobre os seus produtos e serviços, preços e condições de venda, reduzindo, assim, as assimetrias de informação para que os consumidores ou clientes possam tomar decisões informadas[199]. As segundas são as medidas de comparação, que se destinam a incentivar os clientes e consumidores a comparar produtos e serviços de diferentes fornecedores (como um website de comparação de preços). Por fim, temos as medidas de mudança, que têm como objetivo facilitar ou tornar menos custosa a mudança de fornecedor (como por exemplo uma alteração contratual que faça terminar uma obrigação de permanência junto de determinado fornecedor ou que permita que a mudança de fornecedor se faça sem custos)[200].

Este tipo de medidas encontra-se, muitas vezes, presente em diversos tipos de legislação de proteção de consumidores. Na verdade, o seu principal objetivo é influenciar o comportamento dos consumidores de modo a torná-lo mais racional. Estas medidas baseiam-se em teorias de psicologia cognitiva e social (influenciando a economia comportamental/"*behavioural economics*"), segundo as quais cada indivíduo apresenta dois tipos de processo de decisão, "*o intuitivo Sistema 1, que executa o pensamento rápido, e o esforçado Sistema 2, que executa o pensamento lento, monitoriza o Sistema 1 e mantém o controlo*"[201]. Se na maioria das

[198] Lianos (2013, p. 121).

[199] Niels *et al.* (2016, p. 385) nomeadamente, simplificando a informação. Esta ideia também está presente no conceito de "paternalismo libertário", nas palavras de Thaler e Sunstein (2003, p. 179), que entendem ser possível manter a possibilidade de escolha dos consumidores, permitindo que as instituições, nomeadamente, públicas adotem políticas tendentes a conduzir os consumidores em direções que promovam o seu bem-estar.

[200] Fletcher (2016, pp. 4, 5). A autora distingue os seguintes tipos de medidas corretivas da procura ("*demand-side remedies*"): "*disclosure remedies*", "*shopping around remedies*" e "*swi tching remedies*". Seguiremos maioritariamente a sua posição ao longo deste ponto. Também OCDE (2019, p. 3).

[201] Kahneman (2012, p. 537).

vezes a decisão é tomada recorrendo ao Sistema 1, as medidas destinadas a alterar os incentivos do lado da procura podem ajudar a desenvolver o Sistema 2, para que os consumidores tomem decisões mais informadas e racionais, e, portanto, melhores[202].

Pode ainda haver uma quarta categoria, a das medidas de controlo do resultado (por exemplo, aquelas que limitam onde, quando, como e a quem são vendidos os produtos, a proibição de discriminação, ou a regulação direta do preço). Estas não se dirigem aos consumidores e ao incentivo à mudança do seu perfil aquisitivo, mas sim à oferta. Contudo, como são motivadas por ideias de equidade e tratamento justo dos consumidores, há autores que as colocam neste ponto[203]. Entendemos que as medidas de controlo direto do resultado, para além de não serem – como bem notado – dependentes dos consumidores, e nessa medida não são verdadeiras medidas de correção da procura, acabam por ser adotadas em função de outras considerações, que não puramente os objetivos de concorrência, e através de regulação setorial. Este tipo de medidas cabe melhor no sistema jurídico do RU, que prevê a figura da investigação de mercado, que pode dar origem à imposição de medidas corretivas na ausência da identificação de um comportamento ilícito por parte das empresas[204], o que se assemelha mais a uma função regulatória do que à aplicação coerciva do direito da concorrência.

É necessário ter algum cuidado com as medidas de correção do lado da procura, pois, apesar de bem-intencionadas, se houver deficiência na sua determinação concreta, correm o risco de produzir um efeito contrário[205]. Por exemplo, podem tornar o processo de decisão mais confuso para o consumidor se apresentarem demasiadas opções ou informações, pois os consumidores não gastam tanto tempo no processo de escolha. Os fornecedores também podem ter uma reação adversa, como por exemplo, focarem-se, apenas, nos consumidores fiéis, que estão dispostos a pagar o preço mais elevado, em vez de inovarem para concorrerem também pelos consumidores mais informados[206]. Por fim, as medidas de

[202] Fletcher (2016, pp. 17, 18).

[203] Fletcher (2016, p. 69). Também OCDE (2019, p. 3).

[204] Lianos, *et al.* (2019, p. 1466), Colino (2019, pp. 408 a 419).

[205] OCDE (2019, p. 3) advogando a necessidade de testar as medidas previamente à sua colocação em prática.

[206] Fletcher (2016, pp. 20 a 23).

correção do lado da procura também podem acarretar riscos de concorrência regulatória uma vez que se destinam a formar condições de concorrência no mercado[207].

A Comissão adotou medidas corretivas destinadas a influenciar a procura nos casos *Microsoft I* e *II*[208], quando obrigou a empresa a comercializar uma versão do Windows sem WMP (*Windows N*) e a colocar um ecrã de escolha para que os consumidores pudessem optar por outro "*browser*" por defeito, para além do *Internet Explorer*. Estas medidas foram criticadas por não terem sido eficazes (no sentido de que a Microsoft não diminuiu a quota de mercado imediatamente[209]-[210]) e não terem tido suficientemente em conta os ensinamentos de economia comportamental[211]. As medidas corretivas apresentadas em *Google Search (Shopping)* (alteração da forma de apresentação dos resultados de pesquisa[212]) também correspondem a medidas corretivas destinadas a alterar o comportamento do lado da procura, especificamente dirigidas aos consumidores. A AdC também adotou este tipo de medidas nos casos garantias automóveis[213]. As empresas assumiram os compromissos de comunicar aos clientes e publicitar no seu site a possibilidade de usarem outras oficinas para além das da rede, sem que a garantia automóvel ficasse automaticamente comprometida.

207 Lianos (2016, p. 121).

208 Decisão *Microsoft I*, citada. Decisão da Comissão, de 16 de dezembro de 2009, relativa a um procedimento nos termos do art. 102º do Tratado sobre o Funcionamento da União Europeia e do art. 54º do Acordo EEE, COMP/39.530 – Microsoft (JO C 36 de 13.2.2010, p. 7-8) (*Microsoft II*).

209 Economides e Lianos (2010a, p. 369).

210 Mas não cremos que a eficácia deva ser medida pela diminuição da quota de mercado da empresa em posição dominante. No mesmo sentido, pode inferir-se de O'Barnett (2008, p. 551).

211 Niels *et al.* (2016, p. 389). Os autores sugerem que a medida de correção em *Microsoft I* teria sido mais eficaz se o sistema operativo fosse acompanhado de um CD com vários "*media players*" para o consumidor escolher, tendo sido mais eficaz a medida adotada na decisão de 2009, que teve mais em consideração os ensinamentos de "*behavioural economics*". *Idem*.

212 Decisão *Google Search (Shopping)*, citada.

213 Casos *garantias automóveis* da AdC, nos processos PRC/2013/5, PRC/2015/2, PRC/2015/3 e PRC/2015/5.

As medidas corretivas da procura são, muitas vezes colocadas em prática através da regulação (que a nós não nos atém) e, no RU, com recurso à figura da investigação de mercado[214], que também acaba por se aproximar mais de uma função regulatória[215] do que de aplicação coerciva do direito da concorrência. No direito da UE, não existindo o mecanismo da investigação de mercado, que pode dar origem a medidas corretivas sem que seja necessário provar uma infração ou acordar compromissos com a empresa com base numa avaliação preliminar, ou existe fundamento para encetar uma investigação contra a empresa ou empresas envolvidas ou as medidas serão tomadas através de regulação setorial ou de medidas legislativas[216].

Este tipo de aplicação do direito da concorrência, que dá origem a medidas especialmente dirigidas ao consumidor, tem vindo a crescer ultimamente. Tal está relacionado com o uso acrescido da ideia da equidade na aplicação coerciva do direito da concorrência por parte da Comissão e de algumas ANC (no próximo capítulo discutiremos os objetivos do direito da concorrência). Efetivamente, se entendermos o parâmetro do bem-estar dos consumidores como abrangendo a oportunidade de os consumidores não só obterem os resultados económicos de uma concorrência efetiva como preços baixos, qualidade, quantidade e inovação, mas também o "*fair deal*" e o melhor "*value for money*", e a consequente ascensão da atenção dada aos abusos de exploração, as medidas destinadas a incentivar a alteração de comportamento aquisitivo por parte daqueles serão cada vez mais utilizadas pelas autoridades de concorrência. Vejam-se os exemplos de crescente uso da figura do abuso de posição dominante para proteção direta dos consumidores, como são os casos de preços excessivos (*Aspen Pharma*, em Itália[217], e junto da Comis-

[214] Lianos, *et al.* (2019, p. 1466).

[215] Fletcher (2016, p. 24). Esta autora dá vários exemplos aplicados no RU.

[216] Note-se que após a entrega da tese de doutoramento a Comissão adotou a Proposta de Regulamento do Parlamento Europeu e do Conselho relativo à disputabilidade e equidade dos mercados no setor digital (Regulamento Mercados Digitais), COM/2020/842 final. Esta proposta introduz a possibilidade de a Comissão realizar investigações de mercado. Contudo, esta proposta é limitada ao setor digital.

[217] *Autoritá Garante del Mercato e della Concorrenza* italiana com o caso *Aspen* que em 2016 condenaram duas empresas farmacêuticas após estas terem subido consideravelmente os preços de certos medicamentos (até 2.600% após a alteração da marca no caso britânico

são[218]), o caso alemão *Facebook*,[219] em que o *Bundeskartellamt* condenou a Facebook, porque considerou que a empresa se encontrava em posição dominante no mercado das redes sociais e que abusava dessa posição ao recolher, fundir e usar os dados dos utilizadores das contas que gere. De acordo com a entidade, a Facebook recolhe dados dos utilizadores de fontes terceiras parte do mesmo grupo de empresas, como Instagram e WhatsApp, mas também de outras entidades, através do uso das funcionalidades de "gosto" ou "partilha", e associa-os aos dados da conta de cada utilizador, após o que os usa para vários fins. Tal é feito através do "*software*" *Facebook Analytics* cujo uso por entidades terceiras pode nem sequer ser conhecido dos utilizadores[220]. A medida de correção adotada foi a de obrigar a Facebook a submeter propostas de alteração dos seus termos e condições de recolha e uso dos dados, ordenando, no fundo, à empresa que erigisse mecanismos de controlo e monitorização para dar cumprimento a regras de proteção dos consumidores que têm por objetivo primordial a privacidade. Desta forma, dá-se ao consumidor a possibilidade de, voluntariamente, escolher uma recolha e um tratamento de dados mais profundo, ou seja, serve para alterar os incentivos do lado da procura, de modo a criar, no consumidor, consciência do uso dos dados.

Em nossa opinião, este tipo de medidas de correção são essencialmente medidas comportamentais e vamos tratá-las como tal. Não é de estranhar, dado que nestes casos estamos muitas vezes perante abusos de exploração, embora possamos encontrar medidas de correção dirigidas ao lado da procura em casos de abusos de exclusão, como as medidas de "*open banking*" no RU[221].

e até 1.500% no caso italiano, após o momento em que os preços deixaram de ser regulados). Ver decisão da AGMC de 29 de setembro de 2016, http://www.agcm.it/component/joomdoc/allegati-news/A480_chiusura.pdf/download.html, consultada em 7.7.2017.

[218] Decisão da Comissão de 10 de fevereiro de 2021, *Aspen Pharma*, AT. 40394.

[219] Decisão do *Bundeskartellamt* de 6 de fevereiro 2019, B6-22/16, *Facebook*, disponível em https://www.bundeskartellamt.de/SharedDocs/Entscheidung/EN/Entscheidungen/Missbrauchsaufsicht/2019/B6-22-16.pdf?__blob=publicationFile&v=5, consultada em 6.3.2019.

[220] Ver comunicado de imprensa do Bundeskartellamt (2019).

[221] Ver *Retail Banking Market Investigation Order 2017* (Competition and Markets Authority), disponível em https://www.gov.uk/cma-cases/review-of-banking-for-small-and-medium-sized-businesses-smes-in-the-uk, consultado em 25.6.2018. Note-se que estas medidas foram o resultado de uma investigação de mercado e não de um processo de abuso de posição dominante.

3. Os objetivos e funções das medidas de correção

Após descrevermos e classificarmos as medidas corretivas, para identificarmos, claramente, o foco do nosso trabalho, vamos discorrer sobre os objetivos das mesmas: mediatos, imediatos e específicos. Os primeiros são transversais a toda a aplicação do direito da concorrência e correspondem à finalidade da proteção deste. Uma vez que não existe consenso sobre fim último do direito da concorrência, vamos começar por analisar as suas origens, para, então, procurar o seu propósito. Os objetivos imediatos correspondem às funções da aplicação coerciva do direito da concorrência e não são exclusivamente prosseguidos pelas medidas de correção, mas também pelos restantes instrumentos jurídicos à disposição das autoridades e de particulares para o efeito. Os objetivos específicos das medidas de correção vão depender do caso concreto e apenas os analisaremos no final, enquanto discutimos as medidas de correção aplicadas a empresas que abusam de uma posição dominante e as suas circunstâncias.

3.1. Os fundamentos e objetivos do direito da concorrência e a sua relevância como objetivos mediatos das medidas de correção

3.1.1. A influência das doutrinas económicas no direito da concorrência

Whish e Bailey apresentam uma definição abrangente de concorrência. Para os autores, esta é definida como a luta pela superioridade num processo de rivalidade entre empresas[222]. O resultado do processo é uma

[222] Whish e Bailey (2018, p. 4). No mesmo sentido, Moura e Silva (2018, p. 29), Melícias (2017a, p. 97), Confraria (2011, p. 46).

certa ideia de eficiência ou benefício para um determinado conjunto de destinatários. Concorrência é um termo polissémico, com interpretações diversas, cuja definição económica e jurídica – um estado ideal ou um processo dinâmico – depende das premissas de cada tentativa de definição[223], muito em particular dos objetivos prosseguidos pelo direito da concorrência (que, defendemos, correspondem aos objetivos mediatos das medidas de correção), como discutiremos no capítulo 3.1.2.

Em economia de mercado[224] o papel do direito da concorrência na UE tem sido o de controlar o exercício do poder de mercado pelas empresas, atuando individualmente (monopólios) ou em conjunto (cartéis[225], oligopólios), ou a sua criação (concentrações), para que uma empresa não use o seu poder de mercado para impedir a entrada a outros agentes[226].

O direito da concorrência pode ser definido, então, como o conjunto de regras instituídas para assegurar que as empresas operam numa economia de mercado livre e não impedem o ótimo funcionamento do mercado através de comportamento anticompetitivo[227]. O direito da concorrência dá cumprimento aos objetivos de política de concorrência, que assentam em conceitos económicos[228], que não são imutáveis, antes desenvolvidos e reinventados pelas várias escolas de pensamento[229]. Porém, é difícil transformar estes conceitos económicos em regras certas, suscetíveis de aplicação precisa, como acontece noutros ramos do

[223] Dunne (2015, pp. 26 e ss.), Stucke (2012, p. 28).

[224] Jones *et al.* (2019, p. 2) definem economia de mercado como o sistema económico onde a afetação de recursos é determinada livremente no mercado através da interação entre a oferta e a procura e não dirigida pelo Estado. Ver, também, Lianos, Korah e Siciliani (2019, pp. 90 a 92), Norman (2018, p. 12), Stucke (2013, p. 196).

[225] Smith (1999, p. 15)

[226] Os cartéis e as concentrações podem servir para alcançar os mesmos propósitos do monopólio, como aumentar os preços, limitar a produção a inovação ou a escolha ou degradar a qualidade dos produtos e serviços. Por exemplo, Rodger e MacCulloch (2015, p. 4).

[227] Jones *et al.* (2019, p. 1).

[228] Horspool, Humphreys e Wells-Greco (2016, p. 414), Cranc (2007b, p. 51 e 52), Kovacic e Shapiro (2000, p. 43) e Kovacic (1992, p. 294).

[229] Melícias (2017a, p. 97), Etro e Kokkoris (2010b, p. 8), Fox (2008, p. 88), Schweitzer (2008b, pp. 124-128), Crane (2007a, p. 1212), Kovacic e Shapiro (2000, p. 43).

direito[230], pois, de facto, a análise concreta das situações envolve a avaliação económica do poder de mercado das empresas: o direito da concorrência é, também, a análise económica dos mercados no âmbito de um processo jurídico[231].

Assim sendo, o direito da concorrência é profundamente marcado pelo pensamento da ciência económica vigente em cada momento e em cada Estado e pelo contexto político, económico e histórico-social[232]. Houve um entendimento que o direito da concorrência europeu teve na sua génese, ou, pelo menos, sofreu uma influência determinante do pensamento ordoliberal germânico[233]. Tal estaria refletido na importância das quotas de mercado para a análise do direito da concorrência, na especial responsabilidade da empresa em posição dominante em relação ao processo competitivo e numa abordagem formal a certos tipos de abuso[234]. Outros estudos, porém, vieram tentar demonstrar que o art. 102º TFUE não encontra a sua génese no pensamento ordoliberal, justificando, com base na análise dos trabalhos preparatórios, que a principal preocupação dos autores do Tratado era a proteção dos clientes das empresas em posição dominante, e, por esse motivo, a redação do artigo é tão focada em comportamentos de exploração[235]. No entanto, hoje em dia é medianamente consensual que a influência ordoliberal, é um dos elementos na génese do art. 102º TFUE e da sua interpretação[236].

230 Mostrando a dificuldade e a divisão de ideias entre quem considera ser de privilegiar um conjunto de regras que reforcem a previsibilidade e coloquem limites à atuação das autoridades e aqueles que entendem que o principal objetivo é o de não cometer erros na condenação, pelo que as autoridades devem ter mais liberdade de decisão, ver Ibañez Colomo (2018a), Khan (2017, p. 737) e Markovits (2016, pp. 214 a 215).

231 Whish e Bailey (2018, p. 2).

232 Ezrachi (2017, pp. 51 e 59), Lamadrid de Pablo (2017, p. 147), Oliveira Pais (2011a, pp. 62 e 63), Axinn e Kalir (2008, p. 523 a 529), Gavil, Kovacic e Baker (2008, p. 4).

233 Esta afirmação foi enfatizada por Gerber (1998, p 261).

234 O'Donoghue e Padilla (2020, p. 79). Aliás, o próprio termo "posição dominante" em vez de "monopolização", típico do direito norte-americano, é uma escolha do direito da concorrência alemão. *Verordenung Gegen Missbrauch Wirtschaftlicher Machstellung*, 1923, *Reichsbesetzblatt*, [R6B.1] I, 1067, 2.11.1923. Ver Etro e Kokkoris, (2010b, p. 3).

235 Akman (2012, p. 103).

236 O'Donoghue e Padilla (2020, pp. 77 a 80), Behrens (2018, pp. 7 ss.), Ezrachi (2017, p. 52), Zenger e Walker (2012, p. 201 e 202), Rousseva (2010, p. 26), Buxbaum (2005, pp. 487 a 481), Cseres (2005, pp. 92 a 94).

A esta conclusão chegaram vários autores através do estudo dos trabalhos preparatórios, que demonstram que aquando da adoção do Tratado de Roma, não só foram debatidas várias visões[237], como também as ideias ordoliberais sobre abuso de posição dominante não se encontravam totalmente formadas[238] e o pensamento da escola não era unívoco[239].

As escolas de pensamento económico norte-americanas também deixaram (e deixam) a sua marca no desenvolvimento da jurisprudência e da prática decisória das instituições europeias, em particular a escola de Harvard[240] e a escola de Chicago. Ultimamente, assistimos a uma nova mudança de paradigma, ecoada pela escola Nova Brandeis, observando uma crescente preocupação por considerações de equidade e lealdade na aplicação do direito da concorrência.

Deste modo, torna-se indispensável refletir muito brevemente sobre as várias escolas de pensamento económico que influenciaram e influenciam a política e o direito da concorrência da UE e, como tal, a sua aplicação coerciva, e, no que nos atém, a adoção das medidas de correção.

a) Pensamento inicial

O pensamento económico clássico do século XVIII teve início com os escritos de Adam Smith[241]. Este via a concorrência como um processo baseado no comportamento individual dos atores, que atuam para benefício próprio. A soma desses comportamentos de algum modo egoístas levava, contudo, a um resultado positivo, que, por sua vez, trazia benefícios para a sociedade, tais como produtos novos e melhores[242]. Adam Smith concluiu que uma estrutura de mercado com mais operadores, atuando de forma independente, aumentava a concorrência[243]. O preço dos produtos atingia, então, o "preço natural", i.e., o preço competitivo,

[237] Schweitzer (2008, pp. 128 a 138).

[238] Schweitzer (2008b, p. 133), notando que tendo em conta a indústria alemã fortemente cartelizada, a principal preocupação dos ordoliberais era a de lidar com cartéis.

[239] Lianos *et al.* (2019, p. 814), Behrens (2018, pp. 7 e 8), Marquis (2008, p. xxxi, nr 16), Schweitzer (2008, pp. 134 e 135).

[240] Rousseva (2010, p. 26).

[241] Smith (1999).

[242] Budzinski (2003, p. 3).

[243] Stigler (1957, p. 2).

que se situava próximo dos custos de produção[244]. De acordo com esta visão, os mercados eram guiados pela "mão invisível", autorregulando-se, e a intervenção do Estado não era necessária a não ser para regular alguma eventual falha de mercado[245].

As teorias neoclássicas de meados do século XIX assentaram as bases matemáticas dos conceitos de concorrência e lançaram as bases da microeconomia moderna. Foram construídos dois modelos teóricos antagónicos[246] – o da concorrência perfeita[247] e o do monopólio[248] – baseados no pressuposto de que se alcança o bem-estar social[249], gerando a maior eficiência na afetação de recursos[250], quando se atinge um estado de concorrência perfeita.

Economistas do século XX concluíram que o modelo de concorrência perfeita, contudo, era essencialmente teórico e demasiado simplista, pois assentava em pressupostos que são difíceis de se verificar na prática[251]. Chegaram, ainda, à conclusão de que os resultados seriam diferentes se fossem assumidos nos seus modelos mais pressupostos do que os da concorrência perfeita, tais como, a diferenciação dos produtos e a

[244] Smith (1999, pp. 135 a 141).

[245] Smith (1999, pp. 717 a 823).

[246] Peeperkorn e Verouden (2014, p. 5).

[247] Caracterizada, tipicamente, pela existência de produtos homogéneos, um grande número de compradores e vendedores com informação perfeita, ausência de barreiras à entrada e à saída, mobilidade dos fatores de produção. Neste modelo o produtor é "*price-taker*", porque os operadores são tão pequenos, comparados com a produção total, que não têm qualquer possibilidade de influenciar o preço. Sobre esta noção, pressupostos, forças e fragilidades, ver, por exemplo, Clark (1940, pp. 244, 245) ou Edgeworth (1881, pp. 17 a 19). Na doutrina recente, ver, por exemplo, Jones *et al.* (2019, pp. 7 e 8), Hovenkamp (2017, pp. 2 a 12), Rodger e MacCulloch (2015, p. 8), Geradin *et al.* (2012, pp. 62 e 65), Carlton e Perloff (2005, pp. 57 a 58) e Scherer e Ross (1990, pp. 16 ss.).

[248] Existe apenas um produtor, o produto é diferenciado, no sentido que de que não há substitutos, e existem barreiras à entrada. Uma vez que o monopolista controla a produção, tem possibilidade de controlar o preço ("*price-maker*") e goza das rendas monopolistas. Scherer e Ross (1990, p. 17 a 21). Sobre o conceito ver, ainda Jones *et al.* (2019, pp. 9 e 10) e Hovenkamp (2017, pp. 13 a 19).

[249] Carlton e Perloff (2005, pp. 70 a 73).

[250] Scherer e Ross (1990, p. 20) e Wood (1999, p. 85).

[251] Clark (1940, p. 241). Ver, em geral, Hildebrand (2016, p. 94 a 102).

publicidade[252] ou a existência de barreias à entrada[253]. Esta ideia deu origem à conceção de concorrência não tanto como o processo entre operadores em busca do interesse próprio, mas sim como o resultado desse processo[254], tendo sido desenvolvidos modelos de concorrência imperfeita[255], monopolística[256] e praticável[257], que se situam entre aqueles dois extremos e descrevem melhor o funcionamento dos mercados. Ao contrário do que era apanágio das teorias clássicas, entendeu-se que a concorrência perfeita era a exceção[258].

Apesar de estas teorias assentarem, essencialmente, em pressupostos teóricos e de, como se veio a demonstrar, não corresponderem, sempre, à realidade, o facto é que tiveram e continuam a ter influência na política de concorrência, pois os conceitos de "concorrência perfeita", "concorrência imperfeita" e "concorrência monopolística" continuam a ser utilizados.

b) À procura da alma da concorrência: escolas de pensamento em confronto e mudanças de paradigma

Nas décadas seguintes, observámos o surgimento de duas grandes escolas de pensamento, caracterizadas pela divisão ideológica Harvard/Chicago sobre a essência da política de concorrência, que Fox apelidou de "alma da concorrência"[259]. De um lado, estão os que entendem que a intervenção no mercado é necessária para prevenir o abuso de poder de mercado ou salvaguardar a inovação de longo termo, e, de outro, os que advogam que os mercados se corrigem a si próprios[260].

Os autores da escola de Harvard chegaram à conclusão de que a forma como se desenvolvia a relação entre as empresas e o seu comportamento no mercado dependia da estrutura do mercado[261]. Muito em

[252] Peeperkorn e Verouden (2014, p. 5).
[253] Budzinski (2003, p. 4).
[254] Budzinski (2003, p. 5).
[255] Robinson (1933, p. 4).
[256] Chamberlin (1950, p. 6 e 272 ss.), Robinson (1953, p. 584, e 1934, p. 120).
[257] Clark (1940, pp. 246 a 256).
[258] Robinson (1933, p. 307). Ver, também, Kovacic e Shapiro (2000, p. 52).
[259] Fox (1987, p. 917).
[260] Ezrachi e Stucke (2018, p. 1).
[261] Castro Marques (2019, p. 101).

particular, nos mercados oligopolísticos era mais difícil alcançar uma concorrência praticável[262]. A escola de Harvard é conhecida por ter introduzido o paradigma SCP[263]. Em particular, esta escola defende que a estrutura do mercado (número de concorrentes, barreiras à entrada) é a grande condicionante do seu funcionamento[264].

Os economistas defensores deste pensamento levaram a cabo estudos empíricos para os quais recolheram dados de várias indústrias, índices de concentração e barreiras à entrada e chegaram à conclusão de que os mercados mais concentrados com barreiras à entrada apresentavam níveis de rentabilidade superiores à média[265]. Ou seja, os mercados eram mais concentrados do que o necessário, o que aumentava o risco de comportamentos anticoncorrenciais do tipo oligopolístico ou cartelístico[266]. Portanto, defendiam que mercados concentrados eram propensos a um funcionamento económico menos eficiente, com menor oferta e preços mais elevados do que em situação de concorrência.

Outros notáveis autores da escola de Harvard advogavam que a limitação do poder de mercado devia ser a peça central do direito da concorrência[267] propugnando pela desconcentração do mercado e defendendo uma aplicação do direito da concorrência baseada em medidas de correção de caráter mais estrutural e em presunções de ilegalidade, servindo de base a algum intervencionismo[268].

A concorrência era um bem em si mesmo e não uma ferramenta para atingir os resultados desejados e, por isso, a aplicação coerciva do direito da concorrência devia preocupar-se, fundamentalmente, em alterar as estruturas monopolistas ou oligopolistas[269].

[262] Bain (1950, p. 38).

[263] Bain (2013, pp. 320 a 337). Ver, ainda, Andriychuk (2017, p. 50) e Crane (2007a, p. 1194).

[264] Carlton e Perloff (2005, p. 2), Scherer e Ross (1990, p. 352).

[265] Peeperkorn e Verouden (2014, p. 6).

[266] Bain (2013, pp. 322 a 332).

[267] Areeda e Turner (1978, pp. 614 a 623). Note-se que Turner já tinha feito esta proposta com um anterior coautor, Carl Kaysen, em obra de 1959. Ver Kaysen e Turner (2013, pp. 337 a 360).

[268] Cfr. Jones *et al.* (2019, p. 22), Schweitzer (2008, pp. 124 a 126).

[269] Akman (2012, p. 26).

A escola de Harvard, que, entretanto, evoluiu no sentido de não ser tão estrita quanto à defesa de um maior intervencionismo[270], mantém uma grande influência no pensamento atual, nomeadamente no estudo da definição de mercado, noção de barreiras à entrada e prova de poder de mercado[271]. Repare-se, em nota de atualidade, que hoje em dia ainda se discute se a aplicação do direito da concorrência deve basear-se numa abordagem formal, i.e., dando mais peso a elementos de estrutura e de mais fácil observação, ou se deve centrar-se na análise dos efeitos da conduta das empresas.

A escola de Chicago surgiu nos anos 60 na Universidade de Chicago e teve o seu apogeu nos anos 70 e 80. Esta escola de pensamento pôs em causa o paradigma SCP e a conclusão genérica de que mercados concentrados dão origem a rendas monopolistas. No entender dos seus membros, a política de concorrência devia concentrar-se no conceito de eficiência económica ou bem-estar total (social), e não tanto na estrutura de mercado[272]. A maximização do lucro que guia a análise da escola de Chicago, considera eficiente uma política quando os ganhos totais excedem as perdas totais, independentemente da identidade de quem ganha ou perde e, portanto, quando se alcança o bem-estar total[273].

Uma vez que é o processo de concorrência que torna as empresas mais eficientes, o facto de o resultado desse processo levar a mercados concentrados – porque as empresas menos eficientes acabam por abandonar o mercado – e a lucros superiores à regra, não é necessariamente

[270] Hovenkamp (2008, p. 38). Hovenkamp chama-lhe "new Harvard school" e admite que existem poucas diferenças com pós-Chicago. Ver Crane (2019a, p. 1194).

[271] Witt (2016, pp. 80 e 81), Elhauge (2007, p. 59), Hovenkamp (2011, p. 45), Kovacic (2007, pp. 33 a 80) e Motta (2004, p. 9).

[272] Bork (1993, pp. 90 e 91). Note-se, contudo, que o autor se refere a "*consumer welfare*" definindo-o como "*wealth of the nation*", pelo que se entende que Bork efetivamente advogava a eficiência no sentido de bem-estar total. Neste sentido, Hovenkamp (2019, p. 101), Dunne (2015, p. 28), Peeperkorn e Verouden (2014, p. 6), Orbach (2011, p. 144 a 148).

[273] O princípio do ótimo de Pareto refere-se a uma situação em que a alocação dos bens é realizada de forma a que a situação de um indivíduo melhora sem que seja prejudicada a de outro. A eficiência de Kaldor-Hicks é aquela em que os objetivos de eficiência não são consistentes uns com os outros e como tal haverá vencedores e perdedores. Um resultado é eficiente se a situação de alguns melhora de modo a compensar o prejuízo dos outros. Para discussão e análise ver Jones *et al.* (2019, p. 12), Geradin *et al.* (2012, p. 66), Morais (2009, pp. 59 a 70), Van den Bergh e Camesasca (2006, pp. 29 e 30), Hovenkamp (1985, p. 231).

nefasto de um ponto de vista de política de concorrência e as empresas acabam por se comportar de uma forma mais competitiva do que anteriormente pensado. Na verdade, de acordo com estes autores, as rendas monopolistas, i.e., os lucros superiores aos de uma situação de concorrência, nunca seriam duradouras, porque a existência de rendas elevadas levaria a que outras empresas entrassem no mercado[274] e as barreiras à entrada seriam ultrapassadas com o tempo[275].

A escola de Chicago funda-se, então, na crença em mercados livres e na sua autocorreção, propugnando por uma intervenção mínima do Estado nos mercados[276]. O recurso ao pensamento de Chicago levou a que o enfoque da aplicação do direito da concorrência não assentasse tanto em regras *per se,* mas numa análise de razoabilidade baseada nos efeitos da prática ("*rule of reason*")[277]. Assim, a política de concorrência devia focar-se essencialmente em cartéis e concentrações horizontais que acarretassem verdadeiras questões jusconcorrenciais[278]. A maioria dos autores desta escola tinha uma ideia "*laissez-faire*" em relação a concentrações e práticas de exclusão[279], considerando os efeitos da conduta das empresas em causa[280].

A influência da escola de Chicago no direito e na política de concorrência também é notória[281]. Embora na aplicação do direito da concorrência na Europa ainda se considere a estrutura dos mercados, um efeito da influência da escola de Chicago foi a mudança de paradigma da análise jusconcorrencial e a construção dos alicerces para a abordagem mais económica.

[274] Chalmers *et al.* (2014, p. 947).

[275] Marco Colino (2019, p. 13), Stigler (2013, pp. 393 a 396).

[276] Chalmers *et al.* (2014, pp. 946 e 947). Ver, também, Baker (2006, p. 508) notando que a aplicação da política de concorrência nos EUA na "era Chicago" advogava uma intervenção mínima e o afastamento de algumas proibições, especialmente no tema das restrições verticais.

[277] Edwards e Wright (2012, p. 1222), Kovacic e Shapiro (2000, p. 53).

[278] Gavil *et al.* (2008, p. 67).

[279] Etro e Kokkoris (2010b, p. 8).

[280] Metodologicamente, esta escola fundava-se nas seguintes premissas: aplicação rigorosa da teoria de preços e da análise empírica, para minimizar o custo social dos erros jurídicos. Wright (2012, p. 245).

[281] Fox (2008, pp. 81 a 86), Schweitzer (2008, pp. 126 e ss.)

A escola Pós-Chicago desenvolveu-se em meados dos anos 80[282]. Esta escola desenvolve as teorias anteriores e foca-se no comportamento estratégico das empresas[283], assentando na premissa de que os mercados funcionam de forma imperfeita[284]. Este movimento analisa a estrutura dos setores da economia e o comportamento das empresas e dos indivíduos e defende uma política de concorrência focada nas eficiências, usando, para tal, modelos microeconómicos mais rigorosos e a teoria de jogos[285] – o que já foi criticado por assentar em modelos excessivamente complexos e altamente estilizados, que produzem demasiados equilíbrios para poder obter resultados em casos concretos[286]. Estes modelos demonstraram que a probabilidade de ocorrência de comportamentos e práticas anticoncorrenciais depende essencialmente dos factos do caso, contribuindo para o desenvolvimento de uma política de concorrência mais moderada e menos ideológica[287]. Assim sendo, embora defendam um direito da concorrência essencialmente baseado em ideias de eficiência, admitem mais intervenção das autoridades que a escola de Chicago[288].

Uma vez que defendia a análise do caso concreto, a escola deparou-se com dois tipos de dificuldades fundamentais. Por um lado, a ausência de modelos teóricos para estudar os mercados onde impera uma concorrência imperfeita, e por outro, a ausência de dados fidedignos[289]. Deste modo, especialmente a partir dos anos 90, foram apuradas as técnicas empíricas para analisar, em diferentes setores, a existência de poder de mercado e de restrições à concorrência (Nova Organização Industrial Empírica ou Neo Chicago)[290]. Outro reflexo recente da importância da

[282] Etro e Kokkoris (2010b, p. 10), Rousseva (2010, p. 41).

[283] Jacobs (1995, p. 223), notando que as empresas podem tirar partido das imperfeições, como as assimetrias de informação e os custos afundados de concorrentes.

[284] Rousseva (2010, p. 42).

[285] Jones *et al.* (2019, p. 23). A teoria de jogos resulta da obra de Neumann e Morgenstern (1944, pp. 44 ss.).

[286] Kobayashi e Muris (2012, p. 15), Wright (2009, p. 9).

[287] Peeperkorn e Verouden (2014, p. 8).

[288] Crane (2009, p. 1927). Sobre as escolas de Chicago e Pós-Chicago, ver Hildebrand (2016, pp. 128 a 138).

[289] Einav e Levin (2010, p. 146).

[290] *Idem*, p. 157.

conduta no processo de concorrência é o que se chama de economia comportamental ("*behavioural economics*"). Esta tendência critica a ideia de que os agentes económicos estão sempre dispostos a maximizar a sua utilidade, de uma forma racional, e introduz ideias de irracionalidade no processo de decisão[291]. Esta constatação leva a que se tenha concluído que é necessária prova mais sofisticada, usando outros campos do conhecimento, como a psicologia, para verificar as conclusões do mercado[292].

Hoje em dia, há autores que afirmam que as diferenças entre Harvard, Chicago e Pós-Chicago não se encontram tão acentuadas, residindo as diferenças sobretudo na forma (testes, uso de presunções e modelos económicos aplicados)[293].

Por fim, uma tendência que se encontra muito discutida neste momento é a chamada escola Nova Brandeis[294] ou "*hipster antitrust*". Este movimento assenta no pensamento de Louis Brandeis (que foi juiz no *Supreme Court* norte-americano) e advoga uma aplicação coerciva do direito da concorrência de forma interventiva, baseando-se na premissa de que o direito da concorrência é uma disciplina que absorve os valores da sociedade e que, portanto, deve servir para protegê-los, para além dos puros objetivos de eficiência[295], tais como, proteção dos consumidores, proteção social, saúde pública, investimento, transportes ou desenvolvimento regional[296]. Este movimento desconfia das forças naturais do mercado, não crendo na sua autocorreção, e acredita que são a lei e as políticas públicas, focando-se na estrutura e no processo concorrencial e não nos resultados, que estruturam a economia política[297]. Deste movimento vêm, também, ideias de equidade que ultimamente têm ganhado

[291] Marco Colino (2019, p. 15), Lianos (2013b, pp. 12 e 13), Crane (2007a, p. 1211), Walker (2017, pp. 4 a 12, 21 e 24 a 27).

[292] Tor (2002, p. 564). Note-se, contudo, a crítica de Wright e Stone (2012, p. 1535 a 1545), que afirmam que economia comportamental não é uma ferramenta adaptada ao direito da concorrência, porque, por exemplo, se foca apenas no comportamento irracional de alguns agentes.

[293] Wright (2012, pp. 270 a 271), Crane (2007a, p. 1194).

[294] Ezrachi e Stucke (2018, p. 1), Khan (2018, p. 131).

[295] Marco Colino (2019, p. 15).

[296] Ezrachi (2017, p. 53).

[297] Khan (2018, p. 132).

algum fôlego[298]. Devido à intenção abrangente e intervencionista desta nova escola, vários têm sido os autores a manifestar-se contra a utilização do direito da concorrência para apoiar tantos tipos de políticas sociais e económicas[299] e a colocar em causa as ideias deste movimento "*big is bad*" sem apresentarem soluções económicas concretas para os problemas que levantam[300].

c) Entretanto, deste lado do Atlântico: uma influência específica do direito da concorrência da UE?

Durante a década de 1930 os autores da Escola de Friburgo[301] desenvolveram o pensamento ordoliberal[302]. Esta escola assentava em dois princípios basilares das ideias clássico-liberais: que a concorrência é necessária para a prosperidade económica; e que a liberdade económica constitui uma componente essencial da liberdade política[303]. No entanto, não acreditavam na "mão invisível" do mercado no sentido de que este se autocorrige sem que haja um conjunto de regras claras[304]. Defendiam que as instituições políticas não deviam interferir demasiado na liberdade dos indivíduos, concluindo, contudo, que a economia devia ser guiada por um conjunto de regras jurídicas capazes de impedir o aparecimento e desenvolvimento de cartéis[305] ou monopólios e o uso desleal do poder económico privado[306]. Os princípios da igualdade e da autonomia privada eram, portanto, parâmetros normativos que deveriam guiar a ordem económica[307] e o papel do Estado era, de algum modo, ambi-

[298] Khan (2018, pp. 131 a 132)

[299] Por todos, em tom jocoso em formato de poema, Marsden (2018).

[300] Hovenkamp (2019, pp. 34 a 37).

[301] Note-se que esta escola de pensamento foi influenciada pela doutrina austríaca do final do Séc. XIX, nomeadamente, no que respeita ao papel da liberdade económica que se assume como central. Para uma análise e discussão do pensamento austríaco ver Oliveira Pais (2011a, pp. 148 a 167).

[302] Como Eucken, Böhm, Grossmann-Doerth. Crane e Hovenkamp (2013, pp. 252 e 253).

[303] Gerber (1998, p. 240).

[304] Gerber (1994, p. 33).

[305] O'Donoghue e Padilla (2020, p. 77).

[306] Gerber (1998, p. 240).

[307] Castro Marques (2019, p. 39), Vanberg (2004, p. 10).

valente – ou uma "terceira via"[308] –, pois, por um lado, defendiam um Estado capaz de deixar florescer a liberdade económica privada e, portanto, menos interventivo, mas, por outro lado, também defendiam que o Estado devia ser capaz de proteger os operadores económicos do uso indevido do poder privado[309].

Tendo por base este pensamento, os ordoliberais de Friburgo atribuíam um papel fundamental à política de concorrência na preservação de uma sociedade livre[310]. Para estes autores, os efeitos positivos que derivavam da concorrência no mercado eram específicos da chamada "*Leistungswettbewerb*", que significa concorrer através de uma melhor atuação no mercado, prestando um melhor serviço ou fornecendo um melhor produto (concorrência completa[311]), e não da "*Behinderingswettbewerb*", que significa concorrência através de meios destinados a restringir a atuação de outros produtores[312].

Durante muito tempo foi entendido que, para estes autores, tidos como um conjunto, o objetivo do direito da concorrência assentava em ideias de liberdade económica e de proteção do processo de concorrência, e que as empresas com poder económico deviam atuar, sempre, "como se" estivessem em concorrência e não deviam limitar o acesso dos seus concorrentes aos mercados e à produção[313]. Entendia-se que os ordoliberais defendiam a condenação dos monopólios *per se*, exceto aqueles considerados inevitáveis, como os monopólios naturais, ou os que resultassem do facto de um concorrente ser muito mais eficiente que os outros, ganhando, portanto, poder de mercado[314]. Nestes casos, o papel da política de concorrência seria o de supervisionar e controlar esses monopólios[315], para que atuassem "como se" estivessem em concorrência.

[308] Ahlborn e Grave (2006, p. 198).

[309] Rousseva (2010, p. 28).

[310] Maier-Rigaud (2012, p. 136). O autor chama a atenção para a diferença entre "sociedade livre" e "liberdade de concorrência", que crê já ser a visão neoliberal do pensamento ordoliberal.

[311] Lianos *et al.* (2019, p. 115 e 814).

[312] Vanberg (2004, p. 13) citando Eucken e Böhm.

[313] Gerber (1998, p. 241).

[314] Rousseva (2010, p. 29), Ahlborn e Grave (2006, p. 204).

[315] Gerber (1998, pp. 250, 251).

No entanto, estudos mais recentes mostram que, não só os ordoliberais valoravam principalmente a liberdade na sociedade e não tanto a económica[316], como também nem todos os autores ordoliberais defendiam o mesmo exato conjunto de ideias, pelo que não podemos atribuir esta ideia à escola de uma forma generalizada[317]. Estes estudos demonstram que havia uma ideia de não comungar do pensamento clássico "*laissez-faire*"[318] (baseada na experiência que demonstrava que monopólios e cartéis ocorriam) e de ver a concorrência como um processo assente na liberdade individual dos operadores que ao Estado competia assegurar através da definição de regras, mas não demonstram que os ordoliberais em geral defendiam mais intervenção[319]. Apesar dos estudos em confronto, é comummente aceite, como veremos no próximo capítulo, que a escola ordoliberal, como a recebemos hoje em dia, também teve influência na aplicação do direito da concorrência na UE[320-321].

3.1.2. Os objetivos do direito da concorrência e a sua relevância como objetivos mediatos das medidas de correção

a) Multifacetismo

A discussão sobre os objetivos da política de defesa da concorrência e do direito da concorrência releva para o nosso estudo, pois na aplicação do direito da concorrência por parte das autoridades responsáveis e no desenvolvimento da política de concorrência está subjacente a ideia de proteção de um bem jurídico. A identidade desse bem jurídico deter-

[316] Maier-Rigaud (2012, p. 139).

[317] Lianos *et al.* (2019, p. 814) referindo-se à "*received ordoliberal approach*", Marquis (2008, p. xxxi nr 16).

[318] Por todos, Eucken (2006, p. 220 a 224).

[319] Behrens (2018, pp. 7 a 9) que afasta contundentemente a visão de Gerber (1998, p. 247) sobre a característica intervencionista do pensamento ordoliberal. Também neste sentido, Lianos (2013b, p. 36).

[320] Castro Marques (2019, p. 41).

[321] Outras influências notáveis vindas de Menger (finais do séc. XIX), Mises e Hayek (a partir dos anos 70), assentavam numa ideia de um Estado minimalista, respeitador do individualismo económico (que a longo prazo era capaz de beneficiar toda a sociedade partilhando a riqueza em troca de estabilidade económica e paz social) pelo que eram mais tolerantes com o aparecimento de monopólios e consideravam que a concorrência devia ser protegida como um processo de descoberta. Ver Hildebrand (2016, pp. 139 a 144), Andriyuchk (2010, pp. 581 a 583), Fontaine Campos (2000, p. 92).

mina o rumo da política de concorrência e o modo de aplicação do direito[322]. No que respeita ao art. 102º TFUE, a identidade do bem jurídico influencia a escolha do critério operacional a adotar para distinguir conduta anticoncorrencial de conduta permitida. Também a adoção de medidas de correção será influenciada por esta escolha. No entanto, ao contrário do art. 101º TFUE que proíbe práticas "*que tenham por objetivo ou efeito impedir, restringir ou falsear a concorrência no mercado interno*" o art. 102º não nos elucida quanto ao seu objeto de proteção[323], apresentando, para tal, apenas, uma lista exemplificativa de práticas abusivas.

Os objetivos da política de defesa da concorrência da UE – que também se subsumem, em larga medida, aos objetivos de aplicação do art. 102º do TFUE, tal como afirmado pelo TJ em *Continental Can*[324] – têm sido alvo de discussão doutrinária[325]. As teorias vão desde a maximização do bem-estar do consumidor ou do bem-estar total a uma ideia de lealdade na concorrência; da proteção do processo de rivalidade em si mesmo à proteção deste processo como ferramenta para alcançar objetivos mais abrangentes, como a integração europeia e o mercado interno[326].

A maximização do bem-estar do consumidor[327] é um dos principais objetivos da política de defesa da concorrência europeia. Tal pode ser

[322] Neste sentido, Parret (2012, p. 61). Confronte-se, no entanto, a crítica de Ibañez Colomo (2018a), nº 8.

[323] Neste sentido, Rousseva (2014, p. 5), Akman (2009a, p. 73).

[324] Acórdão *Continental Can*, nº 25.

[325] Entre muitos Akman (2009a, pp. 73 e 74).

[326] Faull, Kjølbye, Leupold e Nikpay (2014, p. 229). Ver, por exemplo, o Relatório sobre os objetivos da legislação que proíbe conduta unilateral da ICN, no qual são identificados 10 objetivos: assegurar um processo de concorrência eficiente, promover o bem-estar do consumidor, aumentar a eficiência, assegurar liberdade económica, assegurar um *level playing field* para PME, promover equidade e igualdade, promover a escolha do consumidor, alcançar a integração dos mercados, facilitar as privatizações e a liberalização dos mercados e promover a competitividade nos mercados internacionais (ICN, *Unilateral Conduct Group, Report on the Objectives of Unilateral Conduct Laws, Assessment of Dominance/Substantial Market Power, and State-Created Monopolies*, 2007). No entanto, como bem nota Maier-Rigaud (2012, p. 133), muitos destes objetivos podem subsumir-se ao conceito de eficiência.

[327] O'Donoghue e Padilla (2020, pp. 6 e 335), Parret (2012, p. 66).

alcançado através da proteção do processo competitivo[328], ou seja, protege-se o processo para proteger o bem-estar dos consumidores e é o foco no bem-estar dos consumidores que orienta e torna coerente a aplicação do direito da concorrência[329]. De facto, por um lado, a menos que exista prejuízo para os consumidores, não podemos afirmar que haja um verdadeiro prejuízo para a concorrência, sob pena de estarmos a proteger os concorrentes[330]. No entanto, por outro, as regras de defesa da concorrência têm um escopo diverso das regras de proteção dos consumidores e nem todas as práticas prejudiciais aos últimos são suscetíveis de surtir impacto na concorrência.

Contudo, também é sabido que a política europeia de concorrência protege outros valores necessários à integração europeia, como a concretização do mercado interno[331] e a aproximação das políticas económicas dos Estados-membros da UE, que servem de base à estabilidade económica e social da Europa[332]. Também é verdade que a política de concorrência acaba por ser utilizada para prosseguir outros objetivos da UE[333], tais como, proteção do consumidor[334], proteção social, saúde pública, questões ambientais[335] ou proteção de

[328] Jones *et al.* (2019, pp. 28, 29 e 45), Kneepkens (2018, p. 42), Whish e Bailey (2018, pp. 19 e 203), Lamadrid de Pablo (2017, p. 148), Peeperkorn (2016, p. 392), Rousseva (2014, p. 5), Akman (2012, p. 300, 2009a, p. 89), Etro e Kokkoris (2010b, p. 1).

[329] Peeperkorn (2016, p. 397). Ver, acórdãos *Hoffmann-LaRoche*, 85/76, nº 125 e *Irish Sugar*, T-228/97, nº 232, e decisão *Google Android*, nº 749.

[330] Vickers (2005, p. 159).

[331] Ibañez Colomo (2018c, p. 33), Sauter (2016, p. 75).

[332] Ezrachi (2017, p. 52). Ver, também, Vestager (2015b) lembrando os objetivos variados da política de concorrência.

[333] Ezrachi (2017, p. 53), Lianos (2013b, p. 2). Ver Acórdão do TJ de 25 de outubro de 1977, *Metro SB-Großmärkte GmbH & Co. KG c. Comissão*, 26-76, EU:C:1977:167 nº 21 e acórdão do TPI de 11 de julho de 1996, *Metropole télévision SA e Reti Televisive Italiane SpA e Gestevisión Telecinco SA e Antena 3 de Televisión c. Comissão*, T-528/93, T-542/93, T-543/93 e T-546/93, EU:T:1996:99., T-538,542, 543 e 546/93, nº 118.

[334] Muito ilustrativo é o art. 38º CDFUE quando dispõe que "*as políticas da União devem assegurar um elevado nível de defesa dos consumidores*".

[335] Kingston (2012). Veja-se, a título de exemplo, a decisão da Comissão CECED, de 24 de janeiro de 1999, 2000/475/CE, IV.F.1/36.178 (JO L 187/47 de 26.7.2000). Neste caso, a Comissão adotou uma decisão de isenção de um acordo entre fabricantes e importadores de máquinas de lavar para cessarem o fabrico e a importação de máquinas menos eficientes do ponto de vista energético, no sentido de reduzir a poluição, ainda que estas máqui-

PME[336], com base em normas como os arts. 9º, 11º e 12º TFUE e arts. 35º, 37º e 38º CDFUE, que estabelecem objetivos gerais para as políticas e ações da União. Esta posição não é, no entanto, unívoca, havendo vários autores a posicionar-se contra uma tendência para utilizar o direito da concorrência para prosseguir objetivos que excedem a eficiência ou o processo competitivo, não apenas por motivos de convicção, mas também porque torna a análise dos casos mais complexa, especialmente no contexto da descentralização do direito europeu da concorrência e da sua aplicação pelos tribunais nacionais que, inevitavelmente, têm em conta o impacto das práticas a nível local, mais do que na afetação do comércio entre EM[337].

Em nosso entender, e como veremos nos capítulos 7.2.2 e 7.2.3, é um facto que a aplicação do direito da concorrência – incluindo no que respeita a medidas corretivas – não é alheia a considerações de outras políticas, sobretudo, no que toca a mercados regulados e recentemente liberalizados[338]. Contudo, no momento da consagração dos objetivos do direito e da política de concorrência e da sua aplicação ao caso concreto, nomeadamente na adoção de medidas corretivas, cremos que deve haver muita cautela quanto à tomada em consideração de objetivos de diferente natureza, quer seja ao nível político-legislativo, quer seja ao nível da decisão do caso concreto. Efetivamente, entendemos que o direito da concorrência não deve proteger concorrentes, pois é pouco prová-

nas fossem mais caras. No sentido de que a política da concorrência pode ser usada para atingir objetivos de natureza ambiental quando outras não conseguem alcançar o objetivo, desde que não introduza restrições adicionais, ver Motta (2004, p. 28). O autor, contudo, não defende a utilização da política de concorrência para outros fins de forma generalizada e é, aliás, um defensor da prossecução de objetivos de eficiência.

[336] Oliveira Pais (2018, p. 127, nr 14), que nota a proteção conferida pela Diretiva 2014/104/UE do Parlamento Europeu e do Conselho, de 26 de novembro de 2014, relativa a certas regras que regem as ações de indemnização no âmbito do direito nacional por infração às disposições do direito da concorrência dos Estados-Membros e da União Europeia, JO L 349, de 5.12.2014, p. 1 (Diretiva *private enforcement*) e O'Donoghue e Padilla (2020, p. 6). Parret (2012, p. 75) chama a atenção para a Comunicação relativa aos acordos de pequena importância que não restringem sensivelmente a concorrência nos termos do artigo 101º, nº 1, do Tratado sobre o Funcionamento da União Europeia (Comunicação *de minimis*) JO C, 291, de 30.8.2014, p. 1).

[337] Lianos *et al.* (2019, pp. 126 e 127), Sauter (2016, pp. 69 a 72).

[338] Parret (2012, p. 70).

vel que as empresas possam crescer de forma saudável num ambiente protegido da concorrência[339]. Acresce que a inclusão destes temas na agenda das autoridades pode levar à atribuição de muito poder às autoridades de concorrência, contribuindo para insegurança jurídica[340] e interferência política[341].

Por fim, não podemos olvidar que os objetivos do direito da concorrência têm de decorrer dos Tratados[342]. No entanto, apesar de previstos nos Tratados, não é evidente a sua identificação, muito menos a sua relevância relativa, já que a regras dos arts. 101º e 102º TFUE foram redigidas de forma ampla e abstrata e a interpretação das normas e dos conceitos nelas incluídos está sujeita às conceções político-económicas vigentes e das do próprio aplicador na norma[343]. Esta opção permite que as regras sejam interpretadas e aplicadas de uma forma capaz de acomodar a sua evolução[344]. Tal não significa, no entanto, que entendamos que a interpretação das regras dos Tratados possa variar sem quaisquer constrangimentos[345]. Pelo contrário, pensamos que apesar de a interpretação das regras jurídicas poder evoluir, essa interpretação tem de ser realizada com recurso aos métodos comummente utilizados, nomeadamente, o histórico, o literal, o funcional e o teleológico[346], pelo que

[339] Jones *et al.* (2019, p. 31), Motta (2004, p. 29).

[340] Marco Colino (2018, p. 16).

[341] Sokol (2015, p. 1248).

[342] Wils (2014, p. 416).

[343] Oliveira Pais (2011a, p. 63).

[344] Rousseva (2010, p. 79). A ideia de que a aplicação do direito da concorrência é realizada num contexto político, económico e social também foi afirmada pela Comissão, nomeadamente no seu XXII Relatório sobre Política de Concorrência de 1992. Comissão Europeia (1992, p. 13).

[345] Neste sentido, Nazzini (2011, p. 11), embora nos pareça que o autor considera que só pode existir uma interpretação das normas, ao passo que nós entendemos, com a maioria da doutrina, que a interpretação, sujeita aos métodos interpretativos comummente utilizados, pode evoluir. Neste sentido, Brisimi (2016, p. 28).

[346] Witt (2016, pp. 77 e 78), Rousseva (2010, p. 53) quanto aos métodos interpretativos usados pelo TJ. Por exemplo, acórdão do TJ de 6 de outubro de 1982, *Srl CILFIT e Lanificio di Gavardo SpA c. Ministero della Sanità*, 283/81, EU:C:1982:335, nº 20, afirmando que cada disposição de direito da UE deve ser colocada em contexto e interpretada à luz do conjunto das disposições desse direito, das suas finalidades e do seu grau de evolução na data em que a disposição é aplicada. Ver, ainda, van der Esch (1991, p. 395) notando a necessidade de

se torna importante encontrar os objetivos de política de concorrência ínsitos nos Tratados.

Nos capítulos 3.1.2.b), c) e d) realizaremos uma discussão sobre os grandes tipos de objetivos de direito da concorrência: económicos e políticos[347]. Nos económicos encontramos considerações de eficiência económica e bem-estar total ou dos consumidores[348]. Nos políticos incluímos considerações de lealdade na concorrência, liberdade económica, proteção do verdadeiro processo de concorrência e do mercado interno[349]. Em 3.1.2.e) veremos qual a posição das instituições na sua prática. Concluiremos em 3.1.2.f).

b) Objetivos de eficiência: dois pesos uma medida?

Um dos objetivos de qualquer sistema de concorrência é a promoção da eficiência como forma de aumentar o bem-estar[350]. Esta posição deriva dos ideais neoclássicos de crença nos mercados e menor intervenção do Estado na economia[351] e dos ensinamentos da escola de Chicago propulsora da aplicação do direito da concorrência para alcançar o bem-estar total[352]. Podemos distinguir entre bem-estar social (ou total), que é a soma dos excedentes do consumidor e do produtor num determinado mercado, bem-estar ou excedente do produtor, que corresponde ao lucro do produtor, e bem-estar ou excedente do consumidor, que é a diferença entre o que o consumidor está disposto a pagar por um produto e o que efetivamente pagou[353]. A sociedade maximiza o seu bem-estar (riqueza) quando todos os recursos dessa sociedade estão dis-

reconhecer que as regras de concorrência fazem parte da ordem jurídica europeia e que, como tal, devem ser interpretadas em coerência com as outras normas dos Tratados.

347 Seguimos nesta distinção Geradin *et al.* (2012, pp. 20 a 24). No mesmo sentido, Van den Bergh e Camesasca (2006, pp. 4 e 5)

348 No sentido de que eficiência é um parâmetro pelo qual se pode medir o bem-estar, ver Posner (2001a, p. 23).

349 Marco Colino (2019, p. 1).

350 Dunne (2015, p. 6), Craig e De Búrca (2015, pp. 1001 a 1002).

351 Lianos *et al.* (2019, p. 59), Gerber (2008, p. 1251).

352 Posner (1980, pp. 496, 506 a 507), Posner (1979, pp. 288 a 295).

353 Motta (2004, p. 18).

tribuídos de forma a que a soma da valoração individual de cada um seja a máxima possível[354].

Já o conceito de eficiência económica, que é um parâmetro de medição do bem-estar social, no sentido de alcançar a maior riqueza ou a riqueza total[355], pode refletir-se em várias vertentes. Eficiência na afetação dos recursos corresponde ao uso eficiente dos recursos quando estes são escassos e a sua utilização na produção de um produto implica que não podem ser utilizados na produção de outro produto. Existe eficiência na afetação de recursos quando estes são utilizados para produzir o que é mais valorizado pela sociedade[356] e a produção não pode ser aumentada sem que necessariamente se deixe de produzir outro bem mais valioso. Eficiência na afetação de recursos é maximizada quando o preço iguala o custo marginal, o que corresponde ao ponto de equilíbrio em concorrência perfeita[357]. Em situação de monopólio, o preço será mais elevado porque o monopolista, teoricamente, produzirá até à quantidade em que o rendimento marginal iguala o custo marginal[358]. De acordo com teoria económica assente, esta figura de mercado leva à chamada "*deadweight loss*" em que se perde o excedente do consumidor sem que seja transformado em excedente do produtor[359], levando à conclusão – contestada por alguns autores[360] – de que um monopólio é menos eficiente do que um mercado em concorrência perfeita[361]. Conceito diferente é o de eficiência na produção. Este refere-se à produção ao menor custo possível[362]. Se a indústria consegue reduzir os custos de produção para o mínimo custo possível (tendo em conta a tecnologia existente), então, alcançamos eficiência na produção, o que leva, igual-

354 O'Donoghue e Padilla (2020, p. 6), Dworkin (1980, p. 192).

355 Salop (2005, p. 14), Posner (2001a, p. 23).

356 Shelanski e Sidak (2001, p. 18).

357 Jones *et al.* (2019, p. 8).

358 Jones *et al.* (2019, p. 9).

359 Hovenkamp (2017, p. 21).

360 Posner (2001b, p. 931 e 936). Por exemplo, Schumpeter afirma que a situação de monopólio é a mais eficiente para alcançar inovação (porque o monopolista está mais disposto a correr riscos) e que as empresas competem constantemente pela inovação como forma de ganhar mercado. Schumpeter (1976, pp. 72, 91 e 396).

361 Motta (2004, p. 89).

362 Fox (2008, p. 78).

mente, ao aumento dos excedentes do produtor e do consumidor[363]. Ainda podemos introduzir o conceito de eficiência dinâmica. Enquanto os anteriores descrevem situações estáticas, eficiência dinâmica refere-se à forma como os mercados se comportam em relação a inovação e progresso tecnológico. Através da introdução de nova tecnologia, ou do desenvolvimento dos produtos, pode ser possível aumentar a produção, e, portanto, a oferta, com a correspondente queda do preço (se a procura se mantiver constante). Também é possível melhorar o produto de modo a que os consumidores o valorizem mais e o preço possa ser aumentado. Este efeito chama-se inovação. De uma forma ou de outra, aumentam os excedentes do produtor e do consumidor[364]. Então, eficiência dinâmica refere-se às condições existentes através do tempo, incluindo os incentivos necessários, capazes de fazer aumentar a produtividade e levar a cabo a atividade de inovação. No futuro, espera-se que haja produtos mais baratos ou melhores ou novos produtos, que tragam maior satisfação dos consumidores[365]. A relação entre a concorrência perfeita e a eficiência dinâmica não é evidente, pois a ideia de que se consegue alcançar poder de mercado é um importante incentivo para investir em inovação[366].

Se é assente que a eficiência é um parâmetro (ou parâmetros) de medição do bem-estar como objetivo do direito da concorrência, há um grande debate para precisar este último: se é bem-estar dos consumidores ou total (social)[367], com alguns autores afirmando categoricamente que o bem-estar social é o objetivo das regras da concorrência[368] e

[363] Nazzini (2011, p. 36).

[364] Nazzini (2011, p. 37).

[365] De la Mano (2002, p. 9), Shelanski e Sidak (2001, p. 19). Para uma explicação detalhada, ver, entre muitos, Peeperkorn e Verouden (2014, pp. 11 a 24, 37 e 38), Carlton e Perloff (2005, pp. 28 a 72), Motta (2004, pp. 39 a 64).

[366] Sobre estes conceitos ver, por exemplo, Elhauge (2018, pp. 1 a 11).

[367] O'Donoghue e Padilla (2020, p. 6), Maier-Rigaud (2012, p. 133).

[368] Trebilcock e Ducci (2017, p. 2), Nazzini (2011, pp. 32 a 50), que tem uma posição mitigada pois aceita que o critério do bem-estar do consumidor pode ser mais fácil de aplicar, Evans e Hylton (2008, p. 205), Farell e Katz (2006, p. 8), temperando com a aceitação do processo de concorrência como objetivo concomitante, Motta (2001, p. 21), Bork (1993, p. 90), Posner (2001a, p. 23). Apresentamos autores norte-americanos porque a discussão, embora com efeitos diversos, é transversal.

outros com preferência pelo bem-estar do consumidor[369]. Efetivamente, pode acontecer que o aumento da eficiência produtiva não seja acompanhado de um aumento do excedente do consumidor, mas, como um todo, aumente o bem-estar social[370], pelo que os dois tipos de bem-estar não são totalmente coincidentes. No entanto, ambos os parâmetros de proteção apresentam vantagens e desvantagens[371].

Os objetivos de eficiência económica no sentido da proteção do bem-estar social baseiam-se no pensamento da Escola de Chicago[372]. Se, de um modo geral a eficiência aumentar, o comportamento em causa deve ser aceite[373]. Assim, uma situação que poderia ser proibida pelo abuso de posição dominante é tolerada, se a quantidade de produto fornecida no mercado aumentar ou os custos com a sua produção diminuírem em consequência de economias de escala[374].

As vantagens de usar o critério do bem-estar social foram sumariadas por Motta da seguinte forma. Em primeiro lugar, os consumidores também são acionistas ou proprietários de unidades de participação em fundos, e, nessa capacidade, pertencem ao grupo dos produtores. Em segundo lugar, e parece-nos ser o argumento mais convincente deste grupo de autores, se o bem-estar do consumidor é o parâmetro a seguir, então, as autoridades de concorrência sempre estariam dispostas a fazer com que as empresas praticassem preços ao nível dos custos marginais,

[369] Dolmans e Lin (2017, pp. 8 e 20), Baker e Salop (2015, p. 16 e 17), Dunne (2015, p. 28), Lianos (2013b, pp. 9 a 16), Oliveira Pais (2011b, pp. 587 a 627), Kirkwood e Lande (2008, pp. 90, 97), Salop (2005, p. 26), Lande (1982, pp. 93 a 106 e 151), que também entende que outros objetivos, como lealdade e proteção de empresas foram tidos em conta na elaboração do Sherman Act. Para Bogus na elaboração do Sherman Act estava, também, em causa a preocupação de evitar o prejuízo do preço de monopólio e, portanto, a concentração. Ver Bogus (2015, p. 46). No mesmo sentido, Hovenkamp (2017, p. 37).

[370] Por exemplo, no caso de uma concentração em que os custos da empresa beneficiam de grandes sinergias e, portanto, baixam, mas o poder de mercado da empresa que resulta da concentração aumenta dando mais liberdade à empresa para determinar os preços ou o caso de discriminação de preços. Niels *et al.* (2016, p. 18).

[371] Baker (2016, p. 522).

[372] Posner (2001a, p. 29).

[373] Defendendo a eficiência como o objetivo do direito da concorrência, mas admitindo que eficiência não é um conceito unívoco e que, consoante as convicções do aplicador pode variar (e referindo-se, sobretudo, à realidade norte-americana), ver Fox (2018, p. 88).

[374] Geradin *et al.* (2012, p. 22).

pois essa é a forma de maximizar o bem-estar dos consumidores. Contudo, desta forma, as empresas não teriam os incentivos necessários para inovar e investir ou mesmo para se manter no mercado a longo prazo (a menos que fossem subsidiadas), o que, no futuro, levaria ao detrimento do bem-estar dos consumidores[375].

Os autores que defendem esta posição também argumentam que a escolha do bem-estar do consumidor como objetivo primordial do direito da concorrência tem em si objetivos distributivos da riqueza, que não devem ser prosseguidos pela aplicação de uma política de concorrência, mas sim por outras políticas[376], porque, por exemplo, o direito da concorrência não distingue entre consumidores ricos ou pobres tratando todos da mesma forma[377] ou porque os tribunais (mas entendemos que também podemos incluir aqui as autoridades de concorrência) não têm instrumentos de redistribuição de riqueza[378]. E outros acrescentam que o critério resulta de uma mistura de preocupações distributivas dificilmente definidas, que pode favorecer pequenas empresas menos eficientes[379].

De acordo com a visão da proteção do bem-estar do consumidor como objetivo do direito da concorrência, o mero aumento da riqueza não é suficiente para declarar uma prática compatível com o direito da concorrência. É necessário que haja transferência da riqueza para os consumidores[380]. Estes autores defendem que o objetivo das regras da concorrência também é redistributivo[381], pois, por exemplo, na UE as empresas mais poderosas (os maiores produtores) não se encontram

[375] Motta (2004, p. 21).

[376] Kaplow (2012, p. 26), Posner (2001a, p. 2), Motta (2004, p. 21).

[377] Farrell e Katz (2006, p. 11), mas os autores admitem que o objetivo do bem estar social deve ser conjugado com um critério baseado no processo, no sentido de que a concorrência como processo também deve ser protegida (*idem*, p. 7).

[378] Posner (1979a, pp. 288 a 295).

[379] Trebilcock e Ducci (2017, pp. 3 e 4).

[380] Dunne (2015, p. 28), Geradin *et al.* (2012, p. 22).

[381] Akman (2012, p. 31), Lande (1982, p. 96). Lianos (2013b, pp. 27 a 30) apresenta três justificações para defender o parâmetro do bem-estar do consumidor com base em considerações de justiça distributiva: (i) o princípio da diferença de John Rawls que assenta na melhoria das condições do grupo menos afortunado, que adapta ao conceito de consumidor final, (ii) a ideia de redistribuição igualitária de bens, que pode levar à proteção de PME e (iii) a função do bem-estar social prioritário, que é sensível a considerações de

geograficamente bem distribuídas e a desconsideração do bem-estar do consumidor pode agravar essas diferenças[382]. A utilização do critério do bem-estar do consumidor, ao invés, leva a menos desigualdade[383]. Deste modo, para alguns, o objetivo da aplicação da política de concorrência deveria ser maximizar a riqueza total, se os consumidores e as empresas partilhassem, em média, os ganhos de eficiência[384]. Outros motivos se podem apresentar para privilegiar o critério do bem-estar do consumidor sobre o do bem-estar social, tais como, o aumento da produção poder não ser uma melhoria (por exemplo, o aumento de resíduos)[385], ou dever privilegiar-se o grupo de agentes que tipicamente tem menos representação junto dos decisores políticos[386]. Bertin ainda considera que o critério do bem-estar do consumidor (restrito) é uma ferramenta analítica mais simples de pôr em prática porque depende de menos variáveis (apenas a variação dos preços e quantidades) contrariamente ao critério do bem-estar total (que implica a consideração de eficiências), pelo que, devido às assimetrias de informação, aquele deve ser usado pelas autoridades da concorrência[387].

Apesar das vantagens apresentadas, tomar o bem-estar do consumidor como objetivo de direito da concorrência não é isento de dificuldades. Desde logo, discutem-se os conceitos de consumidor e de bem-estar do consumidor[388]. De facto, o direito originário da UE (em concreto o art. 101º, 3, TFUE) faz referência não só a consumidores, como também a "utilizadores", entendendo-se, aqui, não só os consumi-

equidade dando mais peso às alterações de utilidade que afastam os indivíduos de menor rendimento.

382 McDonnell e Farber (2003, p. 825), notando que a UE não dispõe dos instrumentos fiscais adequados.

383 Baker e Salop (2015, p. 17) notando, no entanto, que a aplicação do critério pode levar a mais desigualdade quando estamos perante consumidores (no sentido de utilizadores) ricos de um lado e pequenas empresas do outro, o que acontece no caso de produção de bens de luxo, mas estas situações tendem a ser raras.

384 Baker (2016, p. 518). O autor também admite que o principal foco de proteção seja o consumidor, a menos que o custo total (em termos de eficiência) de o proteger seja mais abrangente (*idem*, p. 522).

385 Lianos (2013b, p. 12).

386 Neven e Röller (2005, pp. 829 a 848).

387 Bertin (2019, p. 4).

388 Orbach (2011, p. 163).

dores finais, mas também elementos intermédios na cadeia de produção de um bem[389], como os distribuidores. Esta observação merece a crítica de, quando estão em causa empresas, o critério do bem-estar do consumidor privilegiar o comprador em detrimento do vendedor[390]. Esta distinção releva para a discussão porque, muitas vezes, os interesses de uns e de outros não são perfeitamente coincidentes, podendo, até, um eventual prejuízo acabar por ser repercutido, total ou parcialmente, nos consumidores finais, mas não nos intermédios. Note-se, aliás, que esta questão não foi ignorada pelas instituições europeias na altura da adoção da Diretiva *private enforcement*, onde especificamente foi regulada a posição dos adquirentes indiretos[391].

Quando focamos no consumidor final, coloca-se nova questão. Havendo uma miríade de consumidores, quem deve ser tido em conta? Aqui parece estar em causa o consumidor médio, pois o direito da concorrência não distingue entre os vários tipos de consumidores e esta posição parece resultar do acórdão do TJ *Asnef-Equifax*[392], onde se afirma que são os efeitos em todos os consumidores e não apenas numa categoria deles que devem ser tidos em conta[393].

Em segundo lugar, discute-se o conceito de bem-estar. Podemos focar-nos num conceito economicamente mais restrito de preço (incluindo apenas o excedente do consumidor, ou o "retângulo")[394] ou alargado, incluindo as transferências de riqueza em consequência da prática restritiva, que pode não ser apenas relacionada com preços mais

[389] Lianos (2018a, p. 11), Nazzini (2011, p. 49).

[390] Akman (2010, p. 315), Farell e Katz (2006, pp. 11 e 12).

[391] Diretiva 2014/104/UE, do Parlamento Europeu e do Conselho, de 26 de novembro de 2014, relativa a certas regras que regem as ações de indemnização no âmbito do direito nacional por infração às disposições do direito da concorrência dos Estados-Membros e da União Europeia (Diretiva *Private Enforcement*), JO L 349, 5.12.2014, pp. 1-19.

[392] Acórdão do TJ de 23 de novembro de 2006, *Asnef-Equifax, Servicios de Información sobre Solvencia y Crédito, SL c. Asociación de Usuarios de Servicios Bancarios (Ausbanc)*, C-238/05, EU:C:2006:734, nº 70.

[393] Se contrapusermos conceitos de *behavioural economics*, vemos que as decisões sobre preferências não são sempre tomadas com racionalidade [Bennett, Fingleton, Fletcher, Hurley e Ruk (2010, p. 213)] nem são necessariamente justas ou as mesmas para todos os consumidores [Adler e Posner (2006, p. 33)].

[394] Orbach (2011, pp. 140 e 141) afirma que só é possível medir o excedente do consumidor e não o bem-estar do consumidor.

elevados, mas sim com os outros parâmetros[395], como qualidade, escolha e inovação[396]. O critério do bem-estar do consumidor restrito não compatibiliza bem com a eficiência dinâmica, porque assenta em produzir o máximo com os recursos existentes e distribuir o mais eficientemente possível (eficiências produtiva e na afetação de recursos)[397] sem equacionar a dinâmica de longo prazo. A consagração de outros parâmetros permite ter em conta ideias de eficiência dinâmica (longo prazo) e não apenas estática (curto prazo), pelo que é preferida por vários autores[398], pois, se acrescentarmos uma ideia de eficiência dinâmica, podemos facilmente antecipar que os consumidores podem auferir ganhos de longo prazo e podemos ter em conta parâmetros como qualidade, escolha e inovação[399], e não apenas preço[400]. Contudo, numa ótica de eficiência na afetação de recursos, os preços a curto prazo podem não ser os mais baixos[401] e a utilização de critérios a longo prazo é mais difícil de mensurar e causa mais insegurança jurídica[402].

Em terceiro lugar, ainda que se aceite que o bem-estar do consumidor é um parâmetro do direito da concorrência, não encontramos, quer nos documentos interpretativos da Comissão, quer na prática das instituições, uma forma clara de determinação de como se realiza a avaliação do impacto da conduta nos consumidores[403], tendo o TJ aceitado que

[395] Lianos (2013b, p. 21).

[396] Dolmans e Lin (2017, p. 8), Lindsay (2003, p. 360, 361).

[397] Foer e Durst (2018, pp. 494-508). Os autores apresentam uma solução alternativa baseada num conjunto de valores desde a eficiência económica, à justiça, passando pelo estímulo à inovação, a escolha, organizadas num conjunto de regras para obter segurança jurídica. Em nossa opinião, a solução, apesar do mérito de tentar conciliar o dificilmente conciliável – os vários objetivos – não apresenta muita segurança jurídica.

[398] Jones *et al.* (2019, p. 49).

[399] Caves e Singer (2018, pp. 400 e 410), Wu (2018a, pp. 1 e 5).

[400] Dolmans e Lin (2017, p. 8).

[401] Lianos (2013b, p. 23). Por exemplo, uma empresa farmacêutica com custos fixos elevados e custo marginal baixo pratica preços acima do custo marginal, mas a rentabilidade leva a mais inovação (eficiência) o que beneficia o consumidor a longo prazo.

[402] Oliveira Pais (2018, p. 127).

[403] Akman (2009a, p. 80).

o teste do concorrente tão eficiente é um dos possíveis testes a aplicar, entre outros elementos[404].

Outros autores tentaram conciliar ambas as posições. Nazzini defende que a utilização do conceito de prejuízo para os consumidores[405] como teste para distinguir condutas abusivas de condutas permitidas é uma boa aproximação ("*proxy*") de efeitos anticoncorrenciais, pelo que a utilização deste parâmetro é compatível com uma abordagem de proteção do bem-estar social, e uma ideia que se sustenta mais facilmente a nível político[406]. Ainda nesta linha de pensamento, há autores que colocam a tónica na escolha do consumidor, no sentido de que o mercado deve permanecer competitivo para que se mantenha a produção de opções válidas e estas estejam disponíveis para os consumidores[407].

Se a escolha de eficiência como bem-estar social ou bem-estar do consumidor pode não ser líquida, na verdade estes autores aproximam-se na ideia de que o direito da concorrência (com o foco no art. 102º TFUE) deve assentar na demonstração dos efeitos da prática (ou, pelo menos, na capacidade para os produzir)[408] e entendem que a prossecução de objetivos de eficiência torna o direito da concorrência mais tecnocrático e, portanto, previsível e menos volátil às conceções políticas do momento[409].

c) *Justifica-se ter em conta objetivos para além de eficiência económica?*

Para além dos objetivos de eficiência económica, o direito da concorrência pode prosseguir um conjunto de objetivos políticos. O princípio da

[404] Acórdão do TJ de 6 de outubro de 2015, *Post Danmark A/S c. Konkurrencerådet, (Post Danmark II)*, C-23/14, EU:C:2015:651, nº 38.

[405] Existe alguma pluralidade de conceitos (bem-estar do consumidor ou prejuízo para o consumidor). Note-se que a Comissão não é imune a esta dificuldade usando as expressões de "*bem-estar dos consumidores*", "*prejuízo para o consumidor*" e "*em detrimento dos consumidores*". Ver Orientação sobre o art. 102º TFUE, nºs 19, 22, 30, 31 e 86.

[406] Nazzini (2011, pp. 42 a 45 e p. 49). Note-se, contudo, que este autor defende que o objetivo prosseguido pelo direito da concorrência da UE é o bem-estar social.

[407] Lande (2001, p. 503). Ver também Nihoul (2012, pp. 68 e 69).

[408] Peeperkorn e Viertiö (2009, p. 1), Papandropoulos (2008, p. 3), Cseres (2007, pp. 146, 147 e 153).

[409] Lamadrid de Pablo (2017, p. 147), Sokol (2017, p. 3).

economia de mercado e da livre concorrência (liberdade económica)[410] tem mantido a sua posição neste pódio. Para um conjunto de autores, os operadores devem ser livres de atuar no mercado, pelo que a concorrência deve ser protegida de quaisquer obstáculos, quer por parte de empresas, quer por parte do Estado. O poder privado deve ser, portanto, protegido de abusos através do direito da concorrência[411]. Este objetivo de concorrência assenta na ideia de que a pluralidade de operadores num mercado contribui para o bem-estar social, próxima das ideias ordoliberais e da Escola de Harvard[412].

Levada ao extremo, esta posição pode acarretar o risco de se proteger demasiado os operadores do mercado e não apenas um sistema que permita a liberdade de concorrência num mercado, pelo que é criticada por servir de base à proteção de concorrentes não eficientes (se entendermos que há um direito de qualquer agente concorrer no mercado)[413] e a uma abordagem formal do direito da concorrência[414]. No que diz respeito ao abuso de posição dominante, esta visão advoga uma posição de suspeição em relação a empresas dominantes, que têm uma especial responsabilidade de atuação em relação à concorrência no mercado, no sentido de que determinado comportamento lhes pode ser vedado, embora perfeitamente aceite no caso de a empresa não se encontrar em posição dominante[415].

Lamadrid de Pablo, contudo, contrapõe que a ideia de liberdade económica das empresas em participar no processo de concorrência, assim assegurando-se a concorrência pelo mérito, não é incompatível com uma abordagem baseada nos efeitos e a proteção do bem-estar do consumidor[416]. De facto, aquela ideia assenta no estabelecimento de um conjunto de regras para o mercado, que têm as preferências do consumidor como ponto cardinal do processo de produção. Acresce que todos

[410] Previsto nos arts. 119º e 120º TFUE. Apesar de estas normas se referirem à política económica e monetária da União, há autores, como Geradin *et al.* (2012, p. 20), que consideram que podem ser aplicadas às regras de concorrência.

[411] Amato (1997, pp. 2 e ss.)

[412] Jones *et al.* (2019, p. 30), Gerber (1998, pp. 36 e 37),

[413] Sauter (2016, pp. 68 e 69), Dunne (2015, p. 29).

[414] Jones *et al.* (2019, p. 31), Oliveira Pais (2018, p. 126), Geradin *et al.* (2012, p. 21).

[415] Geradin *et al.* (2012, p. 21).

[416] Lamadrid de Pablo (2017, p. 148).

os produtores são consumidores em algum momento e, portanto, haverá uma compensação geral[417].

Relacionado com o objetivo de proteção da liberdade de concorrência encontra-se a proteção do processo de concorrência[418]. De acordo com estes autores, o direito da concorrência existe não só para proteger o bem-estar total ou de um grupo da sociedade, mas também para garantir o direito das empresas de conduzir os seus negócios "*num ambiente comercial justo e razoável*" assegurando as regras para um "*level playing field*"[419]. O direito da concorrência impede que as empresas prejudiquem consumidores ou o bem-estar social através de uma atuação anticoncorrencial: não é o resultado, mas principalmente o processo, que é protegido[420]. A dignidade da concorrência como processo, independentemente do resultado que gera, foi defendida com base no art. 2º TUE em conjunto com o art. 119º, 1, TFUE, no sentido de que protegem uma democracia liberal[421]. A sua defesa também se baseia no Protocolo 27, relacionado com a proteção do mercado interno[422] (ver capítulo 3.1.2.d).

Entendem estes autores que se justifica proteger o processo competitivo porque este recompensa a eficiência e a inovação, afastando os operadores menos preparados e induzindo a produção de melhores bens e serviços a preços mais baixos, servindo melhor os consumidores[423]. Opiniões advogando a proteção do processo de concorrência criticam a visão utilitarista[424] do direito da concorrência e a sua monopolização pela economia, afirmando que há valores que devem ser medidos com recurso a outras ciências sociais e defendendo que a proteção do pro-

[417] Vanberg (2009, p. 15 e 17).

[418] Wu (2018a, p. 2), Khan (2017, p. 738), Moura e Silva (2012, p. 106), Mestmäcker (2008, pp. 29 a 31), Hayek (1978, p. 180), que defende que o resultado da concorrência como processo é necessariamente imprevisível.

[419] Marco Colino (2019, p. 2), Farrell e Katz (2006, p. 7), Schweitzer (2006, p. 161), Fox e Sullivan (1987, p. 959).

[420] Jones *et al.* (2019, p. 31), Farrell e Katz (2006, pp. 5 e 8). No mesmo sentido, Akman (2012, pp. 46 e 47).

[421] Andryiuchk (2010, pp. 583 a 586).

[422] Wils (2014, pp. 417 e 418).

[423] Fox e Gerard (2017, p. 1), Wils (2014, p. 418), Schweitzer (2008, p. 162), Zimmer (2008, p. 106).

[424] Como explica Oliveira Pais (2011, pp. 54 e ss).

cesso independentemente do resultado (como no desporto) é a forma de incluir na análise uma multiplicidade de valores que não podem ser reduzidos a um denominador comum[425]. Tal está em linha com o afirmado por outros autores quando defendem que não são apenas os consumidores, mas também os produtores, os sujeitos da proteção[426], pois não os proteger equivaleria a deixá-los ser como que "expropriados" no seu direito de propriedade através de práticas abusivas ou cartéis.

Outros autores, como Nazzini, contudo, posicionam-se contra a consideração do processo de concorrência como um objetivo de direito da concorrência *per se*, porque a proteção de um processo competitivo seria em si um objetivo indeterminado, que sempre precisaria de densificação e – mesmo a definição do processo de concorrência como um processo de rivalidade entre empresas – não nos ajudaria a distinguir comportamentos anticoncorrenciais, de comportamento baseado no mérito[427]. A proteção do processo de concorrência só poderia ser aceite como um meio de proteção do objetivo último, que pode ser o bem-estar social ou do consumidor[428]. Aliás, outros autores questionam se a proteção do processo de concorrência é tão diferente da aplicação do critério do bem-estar do consumidor, que também visa a proibição de conduta que não constitui concorrência pelo mérito[429]. Nesta medida, este conjunto de autores defende que o processo de concorrência só deve ser protegido na sua vertente negativa – a liberdade de os agentes económicos não serem limitados na sua atividade económica por atuação anticoncorrencial – e não na sua vertente positiva – a liberdade como direito de participar no mercado[430]. O processo não deve ser protegido por si só porque tal equivaleria à proteção dos concorrentes *per se*, ainda que não

[425] Hildebrand (2016, pp. 7 e 8), Andriychuk (2012, p. 365 a 368).

[426] Khan (2017, p. 718). A autora acrescenta os trabalhadores à lista de entidades a proteger e afirma a importância do processo e da preservação da estrutura de concorrência, no sentido de que, se seguimos um critério do bem-estar do consumidor restrito (preços baixos e quantidade), as autoridades não intervêm a tempo de evitar que o poder de mercado seja exercido (*Idem*, pp. 738, 744 a 746).

[427] Nazzini (2011, pp. 14 a 17). O autor, contudo, admite a importância da proteção do processo como forma de atingir o fim último.

[428] *Idem*.

[429] Melamed e Petit (2018, p. 8).

[430] Nazzini (2011, p. 49).

fossem tão eficientes como a empresa em posição dominante[431]. A esta crítica responde Schweitzer contrapondo que a proteção do consumidor e a proteção de um processo competitivo levam necessariamente à proteção de concorrentes *vis-a-vis* a empresa em posição dominante. No entanto, esta constatação não implica reconhecer que o direito da concorrência protege concorrentes em vez da concorrência, pois a proteção dos concorrentes é colateral no sentido de que sendo a concorrência pelo mérito protegida, os concorrentes acabam por beneficiar[432].

A lealdade na concorrência ou equidade[433] encontra o seu fundamento no preâmbulo do próprio TFUE ("*reconhecendo que a eliminação dos obstáculos existentes requer uma ação concertada tendo em vista garantir a estabilidade na expansão económica, o equilíbrio nas trocas comerciais e a lealdade na concorrência*"), e abraça a visão ordoliberal[434] de que as regras de concorrência devem ser idênticas para todas as empresas, já que a ausência dessas mesmas regras poderia dissuadir a sua participação no mercado. Esta ideia não é totalmente estranha ao Tratado e à jurisprudência do TJUE. Repare-se que a alínea a) do art. 102º fala expressamente na proibição de "*impor, de forma direta ou indireta, preços de compra ou de venda ou outras condições de transação não equitativas*". A própria jurisprudência, especialmente a inicial, tratou de situações que envolviam condições contratuais menos equilibradas (por exemplo, acórdão *Tetra Pak II*[435]).

Nestes objetivos podemos, cremos, encontrar ideias de que as regras de direito da concorrência existem, também, para se alcançar uma socie-

[431] Nazzini (2011, p. 153) referindo-se a equidade. Acresce que a proteção do processo de concorrência pouco justifica a existência de abuso de posição dominante pela prática de preços excessivos dirigidos a consumidores. A direta proteção dos consumidores foi aceite na decisão da Comissão de 20 de julho de 1999, *Campeonato Mundial de Futebol de 1998*, IV/36.888 (JO L 5, 8.1.2000, p. 55-74), nº 100.

[432] Schweitzer (2008b, p. 162). A autora defende que o objetivo último do direito da concorrência deve ser a proteção do processo competitivo (*idem*). Schweitzer (2012, p. 180 e 181).

[433] Usaremos os termos lealdade e equidade como sinónimos, tendo em conta o facto de serem as expressões vertidas no preâmbulo do TFUE ("lealdade na concorrência") e no art. 102º, a), TFUE ("transações não equitativas"). Neste sentido, Oliveira Pais (2018, p. 131).

[434] Geradin *et al.* (2012, p. 20).

[435] Acórdão do TPI de 6 de Outubro de 1994, *Tetra Pak International SA c. Comissão das Comunidades Europeias*, T-83/91, EU:T:1994:755.

dade justa[436], onde a liberdade económica é apoiada, mas controlada externamente, para se garantir o cumprimento de um certo número de regras. Muitos autores advogam contra esta ideia de incluir equidade e lealdade na concorrência entre os objetivos do direito da concorrência[437] apresentando argumentos como a dificuldade em calcular os efeitos da aplicação do direito da concorrência na igualdade e sobretudo afirmando que o papel do direito da concorrência não é "ajudar"[438], mas sim "não prejudicar"[439].

Contudo – particularmente depois da crise como a que assolou a Europa e os EUA a partir de 2008 – cada vez mais se têm ouvido vozes no sentido contrário e preparado estudos que demonstram que a concentração persistente do poder económico pode não ser temporária[440], pode ser causa de desigualdade[441], sobretudo nos setores chave da economia, como saúde, agricultura e alimentação, telecomunicações, transportes aéreos, energia[442], e reduzir os incentivos de investimento, o que pode justificar uma política de concorrência mais interventiva[443].

Independentemente da prova destas conclusões, temos a questão de saber se o direito da concorrência deve acomodar estas ideias e perseguir qualquer forma de desigualdade, ainda que esta resulte de concorrência pelo mérito. Vários autores advogam pela afirmativa. Para uns, como o poder de mercado (por exemplo, o alcançado através de fortes efeitos de rede e direitos de PI, como se observa nos mercados tecnológicos) contribui para aumentar desigualdades e manter as posições de poder económico, pode haver mais intervenção por parte das autoridades de concorrência[444]. A maior intervenção pode ser efetivada através

[436] Oliveira Pais (2011a, p. 72), embora a autora inclua este objetivo no núcleo dos objetivos político-sociais.

[437] Kaplow e Shavell (2004, p. 5 e 6), criticando a utilização de considerações de *fairness* em relação à generalidade das políticas sociais,

[438] Posner (2001a, pp. 25 e 26) afasta expressamente os ideais de limitação da atuação das grandes empresas para proteção das mais pequenas.

[439] Crane (2016, p. 1174 a 1176).

[440] Stiglitz (2016).

[441] Stiglitz (2017, p. 16).

[442] Khan e Vaheesan (p. 246 a 265)

[443] Philippon (2018, p. 7 a 9), Gutierrez e Philippon (2017, pp. 1, 22 e 27)

[444] Baker e Salop (2015, pp. 11, 13 e 14). Os autores não rejeitam contudo o critério do bem-estar do consumidor, pois admitem que este (ao contrário da adoção de um parâmetro de

da utilização de um critério do bem-estar do consumidor "temperado", para dar prioridade à aplicação do direito da concorrência que tem em conta a posição dos menos afortunados e da classe média (por exemplo, através da prossecução de casos de preços excessivos)[445] ou o interesse dos cidadãos (visto como a proteção dos consumidores e das pequenas empresas, a abertura dos mercados e a dispersão do poder económico e político)[446]. Também se obtém mais intervenção simplificando a atuação das autoridades de concorrência, nomeadamente: seguindo regras formais ou baseadas em presunções; evitando adotar medidas de correção comportamentais complexas; privilegiando as medidas estruturais; aumentando o orçamento das autoridades de concorrência; ou preservando a abertura dos mercados, para que outras empresas tenham a oportunidade de entrar[447]. Ainda se argumenta que, para se alcançar o objetivo de eficiência, tem de haver lealdade para com os concorrentes potenciais e novos operadores no mercado e o direito e a política de concorrência não devem assentar demasiado na autocorreção dos mercados[448].

O respeito pelo processo e pelo princípio da legalidade é outra forma de assegurar a equidade em direito da concorrência[449]. Hildebrand defende uma abordagem em dois passos: adoção de um conjunto de regras que protegem o processo competitivo como tal, para criar riqueza, de forma a que a empresa dominante atue "como se" estivesse em concorrência, e a regulação dos resultados desse processo para que haja distribuição de forma justa, de acordo com as utilidades dos consumidores que devem partilhar dos ganhos dos produtores. A autora intro-

bem-estar social) também serve para abordar a questão da desigualdade, porque não permite conduta que beneficie a empresa prejudicando o consumidor, notando, contudo, que não distingue entre consumidores mais ou menos ricos (*idem*, p. 16 e nº 59). Em defesa de mais intervenção, ver Vaheesan (2014, p. 409 a 414). Defendendo que intervenção orientada ao consumidor promove a distribuição da riqueza, Stiglitz (2012, p. 338).

445 Gal (2017, p. 19), Stiglitz (2017, p. 17).

446 Khan e Vaheesan (2017, p. 276).

447 Khan e Vaheesan (2017, pp. 279 a 285). Baker e Salop (2015, pp. 18 a 21) defendem a utilização de medidas estruturais e a colocação de tetos de preços, bem como a aplicação de coimas mais altas no caso de práticas que afetem consumidores com menor rendimento e o reconhecimento.

448 Fox (2018, p. 6), Khan e Vaheesan (2017, p. 279).

449 Dolmans e Lins (2017, p. 17).

duz a equidade, no primeiro passo, como igualdade de oportunidades (e daí a especial responsabilidade da empresa em posição dominante) e, no segundo, como igualdade na distribuição da riqueza e inclusão de valores não económicos[450]. Outros autores propõem abordagens alternativas às utilitaristas, baseadas nas capacidades de cada um (como por exemplo, capacidade de deter propriedade e de contratar, estado de saúde, etc.) para funcionar de determinada forma (o que é ou o que pode fazer), que permitem avaliar melhor a qualidade de vida e progresso económico[451]. Da parte da Comissão e das ANC também se ouvem vozes no sentido de incluir considerações de equidade no foco da atuação das autoridades de concorrência[452].

Estas novas tendências (não unívocas, pois os autores citados não podem ser entendidos como um grupo que partilha um único e mesmo entendimento, agrupámo-los no sentido de mostrar a magnitude da literatura que entende que considerações de equidade e lealdade podem ou devem fazer parte da análise concorrencial) não são isentas de críticas e as suas propostas tampouco são livres de dificuldades de execução. Por exemplo, a noção de equidade é polissémica e difícil de medir[453]. Pode ter mais de uma vertente, processual (direito a um processo justo e equitativo) ou substantiva, e nesta conter elementos de justiça distributiva (na escolha do critério operacional), justiça corretiva (acesso à aplicação coerciva privada), pode ser horizontal ou vertical consoante se trate de relações entre consumidores (procura) ou entre produtores (oferta) ou entre ambos os grupos[454]. Pode significar, no contexto do mercado,

[450] Hildebrand (2016, pp. 3 a 8, 32 e ss. e 92).

[451] Claassen e Gerbrandy (2016, p. 5 a 10) baseados em Nussbaum e Sen.

[452] Por exemplo, discurso da Comissária para a concorrência sublinhando que na UE o objetivo é manter os mercados abertos de modo a que as empresas em posição dominante continuem a lutar pelo seu lugar no mercado servindo melhor os consumidores e que estes tenham no fim um resultado justo ("*fair deal*"), ver Vestager (2019b). Ver, também, o discurso do anterior Diretor-Geral para a concorrência Laitenberger (2019b).

[453] Dolmans e Lin (2017, p. 3 e 4), que, entre outros, acrescentam que o conceito é permeável a visões sociais, culturais e pessoais. No mesmo sentido, Lamadrid de Pablo (2017, pp. 147 e 148), sendo que o autor aceita que o conceito de *fairness* não vai contra os objetivos do direito da concorrência quando se protege o processo.

[454] Trebilcock e Ducci (2017, p. 2 a 5), os autores são favoráveis à escolha do critério do bem-estar social e apenas aceitam considerações de igualdade de oportunidade no acesso aos mercados (consistente com eficiência) e a lealdade processual.

igualdade na repartição dos resultados (meios) ou de oportunidades de entrar e manter-se no mercado[455]. Já foi, também, avançado que, no que respeita à igualdade de oportunidades, equidade corresponde a concorrência pelo mérito, no sentido de que se se proíbe a empresa em posição dominante de adotar práticas que não estão vedadas às empresas não dominantes (neste caso, tem-se em conta igualdade de oportunidades[456]).

Devido à possibilidade de ter muitas vertentes, muitos autores consideram, a nosso ver corretamente, que a equidade não deve ser um objetivo de direito da concorrência[457]. Neste sentido, levantam-se vozes que, aceitando a inclusão de considerações de equidade e justiça distributiva na análise jusconcorrencial, pedem que sejam bem esclarecidos os limites da aplicação do direito da concorrência para que este não se transforme numa ferramenta de regulação. Nomeadamente, deve aceitar-se alguma desigualdade se for o resultado de concorrência pelo mérito[458]. Oliveira Pais chama a atenção para a dificuldade em encontrar um critério operacional baseado em considerações de lealdade e equidade para distinguir conduta lícita de ilícita, o que pode resultar em insegurança jurídica[459]. Contudo, reconhece que é um valor plasmado em normas concretas de direito da concorrência[460]. Aqui, vemos, não apenas, o preâmbulo do TFUE (*"lealdade na concorrência"*) e a alínea a) do art. 102º,

[455] Gal (2017, p. 7).

[456] Lianos *et al.* (2019, pp. 113 a 115).

[457] Fox (2017, pp. 15 e 16). A autora afirma, contudo, que, em certos contextos, como nos países em vias de desenvolvimento, as considerações de equidade e justiça distributiva podem fazer parte da avaliação concorrencial, porque geralmente os mercados não funcionam e a concorrência não pode executar o seu mandato de corrigir falhas de mercado, ver Fox (2016, pp. 71 e 72).

[458] Lianos (2018b, pp. 95 e 96). Também Gal (2017, p. 8) defende que uma vantagem que seja resultado do esforço não é desigual.

[459] Neste sentido também Dolmans e Lin (2017, p. 15).

[460] Oliveira Pais (2018, pp. 131, 132, 142 e 143). Apresentando ideias semelhantes de necessidade de contrabalançar segurança jurídica e considerações de equidade para evitar a má utilização do direito da concorrência, ver Marco Colino (2018, pp. 18 a 21). No sentido de que a explicitação por parte da Comissão de que considerações de equidade fazem parte do seu leque de preocupações, nomeadamente, no que respeita ao estabelecimento das prioridades, leva, pelo contrário, a um incremento de segurança jurídica, ver Gerard (2018, p. 212).

mas outros textos mais recentes como o considerando nº 1 da Diretiva ECN+ que dispõe que "*é necessária uma aplicação eficaz dos artigos 101º e 102º do TFUE para garantir mercados concorrenciais mais abertos e mais justos na União*". Mais recentemente, ainda, a Proposta da Comissão de Regulamento dos Mercados Digitais, expressamente declara que é necessário fazer face à falta de disputabilidade dos mercados[461].

De acordo com outra visão, a emergência destas tendências, que apelidam de populistas, é o resultado de uma aparente dissociação entre a aplicação do direito da concorrência de forma tecnocrática, baseada em ideias de eficiência, e os ambientes políticos onde este se aplica, o que pode levar a um défice de controlo democrático, que fragiliza a possibilidade de controlar o poder corporativo[462].

Em nossa opinião, consideramos que, na verdade, o objetivo de proteger o processo de concorrência está relacionado com os objetivos de liberdade económica e lealdade na concorrência, entendidos como igualdade de oportunidades[463]. Ao proteger o processo de concorrência, está-se a criar um ambiente favorável à concorrência (o chamado "*level playing field*"), não se negando os fundamentos económicos, mas conciliando o direito da concorrência com a sociedade[464]. Parece-nos que o processo de concorrência (bem como os valores de liberdade económica e lealdade na concorrência) não será um fim autónomo em si mesmo. No entanto, a sua proteção não é negligenciável[465] para assegurar outros objetivos do direito da concorrência, como o bem-estar do consumidor. Se entendemos que a proteção de um processo competitivo é importante para alcançar os resultados desejados, já rejeitamos que o direito da concorrência sirva para proteger concorrentes, ainda que empresas mais pequenas. Não estamos com os autores que rejeitam por completo a relevância da lealdade na concorrência e da liberdade económica para

[461] Ver página informativa da Comissão Europeia, Lei dos Serviços Digitais: garantir um ambiente em linha seguro e responsável | Comissão Europeia, disponível em europa.eu, consultada em 27 de outubro de 2021.

[462] First e Waller (2013, p. 2545 e 2546). Os autores não defendem uma mudança radical de paradigma, mas sim um regresso às instituições democráticas para manter mercados livres e uma sociedade livre em geral (*idem*, p. 2574).

[463] No mesmo sentido, Lamadrid de Pablo (2017, p. 148), Parret (2012, p. 74).

[464] Lamadrid de Pablo (2017, p. 148).

[465] Nazzini (2011, p. 17).

o direito e da política de concorrência[466], mas acompanhamos a visão que entende que para distinguir comportamento concorrencial de anticoncorrencial é necessário encontrar um padrão mais objetivo, baseado no bem-estar económico, e ter em conta que o direito da concorrência apenas protege a liberdade económica como processo para proteger o seu objetivo último de bem-estar[467].

d) Construção do mercado interno

A política europeia de concorrência prossegue, ainda, um objetivo muito particular e específico, o de integração europeia e desenvolvimento do mercado interno[468], considerado um verdadeiro objetivo constitucional[469]. O objetivo de integração europeia consta do Tratado desde a constituição da CEE. Neste momento, encontra-se plasmado no art. 3º, nº 3, TUE. Note-se que o Tratado de Lisboa retirou dos objetivos previstos no Tratado a "concorrência não falseada" e a "liberdade de concorrência" (antigos arts. 3º, 1, g), e 3ºA TCE), que ligavam o objetivo de uma concorrência não falseada ao mercado interno. Esta referência encontra-se, agora, no Protocolo 27 relativo ao mercado interno e à concorrência, anexo ao Tratado de Lisboa, onde se dispõe que "*o mercado interno, tal como previsto no art. 3º do TUE, inclui um sistema que garante que a concorrência não seja distorcida*". A maioria da doutrina considera que apesar desta "despromoção" a concorrência continua a ser um meio para a prossecução dos objetivos do Tratado podendo os tribunais da União continuar a fazer uso do seu "efeito útil"[470]. A posição foi confirmada pelo TJ em *TeliaSonera*[471].

De facto, as regras de liberdade de circulação do Tratado seriam postas em causa se as empresas pudessem erigir obstáculos de índole

[466] Tais como, por exemplo, Ahlborn e Padilla (2008, p. 55).

[467] Nazzini (2011, p. 32).

[468] Hoffmann (2018, pp. 1, 2), Melícias (2017a, p. 99). O art. 26º, 2, TFUE define mercado interno como um espaço livre de fronteiras onde a livre circulação é assegurada.

[469] Oliveira Pais (2011a, p. 64).

[470] Neste sentido, Jones *et al.* (2019, p. 42), Lianos *et al.* (2019, p. 123), Oliveira Pais (2018, p. 125, nr 6), Sauter (2016, p. 32), Lianos (2013b, pp. 49 a 55), Anastácio (2012, p. 496 a 497), Parret (2012, pp. 63 e 64), Andriychuk (2010, p. 584).

[471] Acórdão do TJ de 17 de fevereiro de 2011, *Konkurrensverket c. TeliaSonera Sverige AB*, C-52/09, EU:C:2011:83, nºs 20 e 21.

privada à concorrência. Historicamente, os redatores dos Tratados preocupavam-se com a possibilidade de as grandes empresas nacionais tentarem proteger o "seu" mercado e, com isso, criassem barreiras intransponíveis à entrada, o que não contrariava as preocupações, também manifestadas, de eficiência dos mercados (vistas as fronteiras nacionais como motivo de ineficiência dos mesmos)[472]. Assim sendo, no âmbito da UE, a política e o direito da concorrência fazem parte de um projeto de integração europeia, assumindo um papel fundamental em relação a essa integração. O propósito da consagração de um objetivo deste tipo é que os consumidores em toda a UE possam beneficiar das mesmas vantagens e que um mercado comum leve à unificação política[473].

Contudo, a consagração deste objetivo não é isenta de dificuldades. Sobretudo em casos de empresas em posição dominante, a proibição das restrições às importações paralelas pode levar a que os consumidores não possam beneficiar de vantagens decorrentes de discriminação de preços, já que, se for necessário, a empresa em posição dominante pode nivelar o preço por cima ou mesmo deixar de comercializar o bem ou serviço em causa nalguns Estados-membros[474]. Na verdade, quando analisamos o objetivo da integração europeia, devemos ter em conta que no direito da concorrência existem regras que se aplicam aos EM, como as regras relativas aos auxílios de Estado e as que regulam a concessão de direitos especiais ou exclusivos, e as regras que se aplicam às empresas. Se o objetivo da integração europeia deve estar presente nas regras aplicáveis aos EM, que não devem, com a sua atuação, adotar regras que distorçam a concorrência, já é mais problemática a sua assunção em relação às empresas privadas, pois, nem todas as restrições ao comércio são verdadeiras restrições da concorrência[475].

Apesar de se ouvirem algumas críticas a esta posição[476], a verdade é que se mantém a necessidade de continuar a construir o mercado

[472] Schweitzer (2008b, p. 137).

[473] Lianos (2013b, p. 18).

[474] Oliveira Pais (2011a, p. 66).

[475] Nazzini (2011, pp. 28 e 29).

[476] Forrester (2004, p. 926), afirmando que "*the cult of parallel trade is akin to a civil religion*".

interno, que ainda não é uma completa realidade[477], pelo que este é indubitavelmente um dos objetivos do direito da concorrência. Acresce que, a integração europeia, contribuindo para a redução das barreiras ao comércio e facilitando a concorrência através da proibição de restrições às importações paralelas, pode aumentar a eficiência económica, em particular a eficiência na afetação de recursos[478].

e) Os Tratados e o papel do TJUE na procura do objetivo do art. 102º TFUE

Chegados a este ponto, devemos discutir quais os objetivos efetivamente prosseguidos pelos Tratados e pela prática das instituições. Para Nazzini, os criadores do Tratado atribuíram um peso especial ao objetivo da eficiência aquando da elaboração da proibição do abuso de posição dominante do art. 102º[479-480]. Uma das justificações pode ser encontrada na interpretação conjugada do art. 3º, nº 3, TUE e do Protocolo 27 sobre o mercado interno e a concorrência, pois, tendo em conta que as regras de concorrência servem para alcançar o mercado interno e que têm natureza económica, o que é necessário é determinar o objetivo económico do mercado interno, que, de acordo com o texto do art. 3º TUE – "*economia social de mercado altamente competitiva que tenha como meta o pleno emprego e o progresso social*" –, pode ser a maximização do bem-estar social a longo prazo[481]. No entanto, já foi defendido por Wils que o Pro-

[477] Schweitzer (2008b, pp. 162 e 163) notando as diferenças com o mercado unificado nos EUA.

[478] Oliveira Pais (2011a, p. 65), Buttigieg (2005, pp. 695 e ss.).

[479] Nazzini (2011, p. 153) advogando claramente pelo bem-estar social. Ver também Akman (2012, p. 109), que, não obstante, não valora relativamente ao bem-estar total e o bem-estar do consumidor.

[480] Nos termos do art. 2º do Tratado CECA (o Tratado CECA, assinado a 18.4.1951, entrou em vigor em 23.7.1952 e expirou em 23.7.2002, pelo que os setores do carvão e do aço se encontram sujeitos aos arts. 101º e 102º TFUE) o objetivo desta organização era já o de contribuir, através do mercado comum do carvão e do aço, para a expansão económica, o emprego e para um melhor nível de vida na Europa. Este Tratado continha regras destinadas a limitar distorções à concorrência oriundas de subsídios estatais, concentração de empresas e abuso de posição dominante (art. 66º do Tratado CECA). Desde o início da constituição da CEE se teve em conta a necessidade de preservar uma concorrência não falseada no mercado interno (à época, os arts. 85º e 86º do TCEE) como meio de crescimento económico e para alcançar a solidez social e política.

[481] Nazzini (2011, p. 153).

tocolo 27 vem vincar que o sistema de direito da concorrência é parte de um objetivo mais alargado, que é o mercado interno, e que, portanto, o único objetivo do art. 102º TFUE e das outras normas de concorrência é o de proteger um sistema de concorrência não distorcida, como parte do mercado interno[482]. Lianos clarifica que, como a integração do mercado é um objetivo específico do direito da concorrência da UE, em caso de conflito, o objetivo do mercado interno tem prioridade sobre os outros objetivos[483].

O bem-estar dos consumidores tem sido preconizado como um dos objetivos preferenciais da política de concorrência da UE[484], principalmente em resultado da chamada modernização substantiva do direito da concorrência[485]. Esta visão advém da letra de algumas normas de direito da concorrência da UE. O art. 101º, nº 3, TFUE manda reservar aos utilizadores (no qual se inclui o conceito de consumidores)[486] uma parte dos benefícios dos acordos entre empresas como condição da legalidade desses mesmos acordos. Assim, parece que esta norma não faz corresponder os objetivos de eficiência económica ao bem-estar social[487]. Ainda, no que a nós nos atém em particular, veja-se a alínea b) do art. 102º TFUE nos termos da qual são proibidos os abusos de posição dominante capazes de "*limitar a produção, a distribuição ou o desenvolvimento técnico em prejuízo dos consumidores*". E continua a Comissão, na sua Orientação sobre o art. 102º, afirmando que na aplicação coerciva do art. 102º a instituição "*irá privilegiar os tipos de conduta mais prejudiciais para os consumidores*"[488]. O art. 2º, 1, b) do Regulamento 139/

[482] Wils (2014, p. 417).

[483] Lianos (2012a, p. 264).

[484] Ver Relatório EAGCP, nº 8. Ver, também, Jones *et al.* (2019, p. 45), Whish e Bailey (2018, p. 19), Chalmers *et al.* (2014, p. 944), Oliveira Pais (2011a, p.81), Oliveira Pais (2011b, pp. 587 a 627), Cseres (2007, p. 124).

[485] Lianos (2013b, p. 4), Parret (2012, p. 76), Gerber (2008, p. 1247).

[486] Por exemplo, Comunicação da Comissão Orientações relativas às Restrições Verticais (JO C130, 19.5.2010, p. 14), nº 56.

[487] Lianos (2013b, p. 9).

[488] Comunicação da Comissão Orientação sobre as prioridades da Comissão na aplicação do art. 82º do Tratado CE a comportamentos de exclusão abusivos por parte de empresas em posição dominante (JO C45, 24.2.2009, p. 7), nºs 5 e 19 (Orientação sobre o art. 102º). Jones *et al.* (2019, p. 50), Cruz Vilaça (2018b, p. 184).

/2004[489] dispõe que a avaliação das operações de concentração será feita, nomeadamente, tendo em conta "*(...) os interesses dos consumidores intermédios e finais, bem como a evolução do progresso técnico e económico, desde que tal evolução seja vantajosa para os consumidores e não constitua um obstáculo à concorrência*".

Nos últimos anos, o TJUE tem mostrado alguma abertura à ótica do bem-estar do consumidor[490]. Veja-se, a título de exemplo, o acórdão *Post Danmark I*, no qual o TJ considerou que os interesses dos consumidores eram o parâmetro em relação ao qual seria medida a capacidade de uma prática ser anticoncorrencial[491], e também o acórdão *Tomra*, no qual o TJ comparou os "*efeitos anticoncorrenciais produzidos nos consumidores*" aos ganhos de eficiência da prática para entender que estes não compensavam aquele prejuízo[492]. Em *Intel*, o TJ afirmou que não é objetivo do art. 102º TFUE proteger os concorrentes, que podem ser excluídos quando menos eficientes, e que para se considerar que um sistema de descontos é desvantajoso para a concorrência é necessário contrabalançar as vantagens em termos de eficiência que também beneficiem o consumidor[493-494].

Contudo, parece-nos que o TJUE também coloca a tónica na proteção da concorrência pelo mérito[495]. De facto, a jurisprudência não tem mostrado uma teoria totalmente consistente no que respeita a considerar que o bem-estar dos consumidores seja o único parâmetro de concorrência a ser usado. Na verdade, pode notar-se que o TJUE ainda

[489] Regulamento (CE) nº 139/2004 do Conselho, de 20/1/2004, relativo ao controlo das concentrações entre empresas (JO L 24, 29/1/2004, p. 1) ("Regulamento 139/2004 ou das concentrações").

[490] Ver Acórdão TPI de 7 de junho de 2006, *Österreichische Postsparkasse AG e Bank für Arbeit und Wirtschaft AG c. Comissão*, T-213/01 e T-214/01, EU:T:2006:151, nº 115, onde se pode ler "*as normas que se destinam a garantir que a concorrência não seja falseada no mercado interno têm por finalidade última aumentar o bem-estar do consumidor*".

[491] Acórdão *Post Danmark I*, C-20/10, nº 44, e, também, acórdão *Post Danmark II*, C-23/14, nºs 68 e 69.

[492] Acórdão do TJ de 18 de abril de 2012, *Tomra Systems ASA c. Comissão*, C-549/10 P, EU:C:2012:221, nºs 16 e 75.

[493] Acórdão *Intel*, C-413-14 P, nºs 133 134 e 140. Ver, também, conclusões do AG Wahl, 20 de outubro de 2016, C-413/14 P, EU:C:2016:788, nºs 41 e 42

[494] Lianos *et al.* (2019, p. 120).

[495] Acórdão *Intel* do TJ, nº 136.

atribui um peso especial à proteção da concorrência como um processo[496]. A primeira jurisprudência do TJ sobre o art. 102º TFUE, *Continental Can*, veio mostrar que, no entender do Tribunal, por um lado, o papel do artigo era o de manter uma estrutura de concorrência no mercado que não tornasse impossível qualquer possibilidade de concorrência e que, por outro, a norma abrangia não apenas as práticas indicadas, como também aquelas que fossem diretamente prejudiciais para o consumidor e outras que causassem prejuízo ao consumidor através do seu impacto numa estrutura de concorrência efetiva[497]. Em *Hoffmann-La Roche* e *Michelin I*, o TJ introduziu a noção de "conceito objetivo de abuso", no sentido de que um abuso de posição dominante não dependia de intenção, porque o grau de concorrência já estava enfraquecido[498]. Introduziu, também, a noção de "especial responsabilidade" da empresa em posição dominante na manutenção do processo competitivo, no sentido de que uma conduta levada a cabo por uma empresa em posição dominante acabava por ter efeitos nocivos na concorrência, que não existiriam caso fosse adotada por uma empresa não dominante[499-500].

Em *GlaxoSmithKline*[501], o TJ chegou mesmo a anular o acórdão do TG que consagrava o critério da redução do bem-estar do consumidor[502], afirmando que o direito da concorrência também protege a estrutura do

[496] Kneepkens (2018, p. 29), Sauter (2016, pp. 666 e 67).

[497] Acórdão *Continental Can*, nºs 25 e 26.

[498] Mariano Pego (2007, pp. 365 e 364).

[499] Acórdão do TJ de 13 de fevereiro de 1979, *Hoffmann-La Roche & Co. AG c. Comissão*, 85/76, EU:C:1979:36, nº 91, e acórdão do TJ de 9 de novembro de 1983, *NV Nederlandsche Banden Industrie Michelin c. Comissão, (Michelin I)*, 322/81, EU:C:1983:313, nº 57. Também, acórdão do TG de 16 de dezembro de 2015, *British Airways plc c. Comissão*, T-48/11, EU:T:2015:988, nº 264.

[500] Lianos (2013b, p. 44).

[501] Acórdão do TJ (Terceira Secção) de 6 de outubro de 2009, *GlaxoSmithKline Services Unlimited e Outros c. Comissão das Comunidades Europeias e Outros*, C-501/06 P, C-513/06 P, C-515/06 P e C-519/06 P, EU:C:2008:738. O acórdão é relativo ao art. 101º TFUE, mas as normas devem ter o mesmo objetivo.

[502] Acórdão do TPI (Quarta Secção alargada) de 27 de setembro de 2006, *GlaxoSmithKline services unlimited c. Comissão Europeia*, T-168/01, EU:T:2006:265, nº 118.

mercado[503]. Mesmo a posição em *TeliaSonera*[504], considerada como uma aproximação aos objetivos de eficiência, ficou aquém, em nossa opinião, desse passo de dissociar totalmente o direito da concorrência da UE da proteção de um processo competitivo. Em *TeliaSonera*, baseando-se exatamente no Protocolo 27 o TJ pareceu, efetivamente, aproximar o objetivo das regras ínsitas no art. 102º ao bem-estar social quando afirmou que "*essas regras têm precisamente por finalidade evitar que a concorrência seja falseada em detrimento do interesse geral, das empresas individuais e dos consumidores, contribuindo, deste modo, para o bem-estar na União*"[505], o que levou a que se defendesse que o objetivo do art. 102º TFUE era o da proteção do bem-estar social[506]. Mas logo notou o mesmo acórdão que o artigo devia ser interpretado como se referindo não apenas às práticas que pudessem causar dano aos consumidores diretamente, mas também àquelas que os prejudicassem através do seu impacto na concorrência[507], fazendo com que o acórdão fosse utilizado para demonstrar que a proteção da liberdade de atuação é a base de um processo competitivo[508]. Esta interpretação do acórdão foi, contudo, posta em causa por Jones, Suffrin e Dunne, que consideram que não estamos perante uma manifestação sobre os objetivos da norma, mas sim uma referência clara ao bem-estar da União, tal como estabelecido no art. 3º, 1, TUE[509]. Acórdãos, todos do

[503] Acórdão *GlaxoSmithKline* do TJ, nº 63.

[504] A proteção do processo competitivo também é evidente em vários outros acórdãos, tais como despacho do Presidente do TPI de 26 de outubro de 2001, *IMS Health Inc. c. Comissão*, T-184/01 R, EU:T:2001:259, nº 145, despacho do Presidente do TJ de 11 de abril de 2002, *NDC Health GmbH & Co. E NDC Health Corporation c. Comissão e IMS Health Inc.*, C-481/01 P, EU:C:2002:223, nº 84, acórdão do TPI de 30 de janeiro de 2007, *France Télécom SA c. Comissão*, T-340/03, EU:T:2007:22, nº 266, acórdão *France Télécom* do TJ, acórdão *Microsoft I*, nº 229 e 561, Ver, ainda, acórdão *GlaxoSmithKline* do TJ, nº 63, no qual o Tribunal afirmou que o direito da concorrência da UE pretende, não apenas, proteger os interesses dos concorrentes e dos consumidores, mas também a estrutura do mercado e, como tal, a concorrência.

[505] Acórdão *TeliaSonera*, C-52/09, nº 22.

[506] Neste sentido, Nazzini (2011, p. 44 e 45).

[507] Acórdão *TeliaSonera*, C-52/09, nºs 24, 26 e 28.

[508] Neste sentido Behrens (2018, p. 14), Lianos *et al.* (2019, p. 118).

[509] Jones *et al.* (2019, p. 49).

TJ, *Deutsche Telekom*[510], *T-Mobile*[511], *Post Danmark I*[512] e *Intel*[513], apesar de paulatinamente se aproximarem de uma ideia de eficiência, não excluem a relevância do processo de concorrência.

A Orientação sobre o art. 102º TFUE da Comissão (apesar de não ter força de lei) também demonstra a posição desta instituição quanto ao objetivo da norma, tomando-o como a "*proteção de um verdadeiro processo de concorrência e não a mera proteção dos consumidores*"[514]. Parece-nos, portanto, que mesmo num documento tão orientado para a eficiência económica, a Comissão não deixou de atribuir algum peso ao processo de concorrência. E esta conclusão é verificada na decisão *Google Search (Shopping)* onde se pode ler que a Comissão teve em consideração os riscos da prática para o prejuízo da estrutura de concorrência[515].

A este propósito muitos autores chamam à colação as origens ordoliberais do art. 102º TFUE[516]. Outros autores, contudo, criticam esta visão do art. 102º TFUE[517] afirmando que os redatores do artigo aquando da sua adoção tinham especialmente em mente a proteção dos clientes das empresas em posição dominante e não os seus concorrentes[518] e, por este motivo, a redação do art. 102º é tão focada em abusos de exploração[519], acrescentando que esta norma não proíbe o abuso de posição dominante (o que conjuga mal com a ideia ordoliberal de evitar monopólios)[520]. Se alguns autores rejeitam as ideias ordoliberais no momento da redação do art. 102º TFUE, a posição já parece consensual a respeito da influência desta doutrina na aplicação da norma

[510] Nº 177.

[511] Acórdão do TJ de 4 de junho de 2009, *T-Mobile Netherlands BV, KPN Mobile NV, Orange Nederland NV e Vodafone Libertel NV c. Raad van bestuur van de Nederlandse Mededingingsautoriteit*, C-8/08, EU:C:2009:343, nº 38, relativo ao art. 101º TFUE.

[512] Nº 20.

[513] Nº 140.

[514] Orientação sobre o art. 102º TFUE, nº 6.

[515] Decisão *Google Search (Shopping)*, nº 600.

[516] Chalmers *et al.* (2014, p. 951), Kallaugher e Sher (2004, p. 268), Venit (2004, p. 1178), Ahlborn e Padilla (2008, p. 56).

[517] Nazzini (2011, pp. 131 e 132).

[518] Akman (2009b, p. 279).

[519] Akman (2009b, p. 271).

[520] Akman (2012, p. 103).

pela Comissão e pelos Tribunais, em particular na jurisprudência mais antiga[521].

Outras preocupações foram manifestadas. A Comissão pareceu demonstrar particular atenção a questões de equidade, nos casos de preços excessivos, uma prática que, até recentemente, não era uma prioridade da Comissão[522], e o TJ deu ênfase à igualdade de oportunidades[523] e ao justo equilíbrio dos interesses em causa[524]. Mais paradigmático, ainda, é o caso *Facebook* prosseguido pelo Bundeskartellamt, que condenou as alegadas condições injustas em relação à política de privacidade da empresa[525].

O mercado interno não deixa de ser uma preocupação fundamental das instituições. Foi no sentido de que as regras de concorrência dos Tratados constituem regras essenciais para alcançar os objetivos da União e, em particular, para o funcionamento do mercado interno que o TJ decidiu no famoso acórdão *Consten/Grundig*[526]. Após esta decisão seguiram-se muitas outras[527], das quais destacamos casos como *Expedia*[528] e *GlaxoSmithKline*[529].

521 Jones *et al.* (2019, p. 45), Witt (2916, p. 85), Parret (2012, p. 67), Lowe (2007, p. 2).

522 Decisão da Comissão de 24 de maio de 2018, *Gazprom*, 39.816, (JO C 258 de 23.7.2018, pp. 6-8), encerrado com compromissos, e decisão *Aspen Pharma*.

523 Acórdão do TJ de 1 de julho de 2008, *Motosykletistiki Omospondia Ellados NPID (MOTOE) c Elliniko Dimosio*, C-49/07, EU:C:2008:376, nº 51.

524 Acórdão do TJ de 16 de julho de 2015, *Huawei Technologies Co. Ltd c. ZTE Corp. e ZTE Deutschland GmbH*, C-170/13, EU:C:2015:477, nº 77.

525 Decisão do *Bundeskartellamt* de 6.2.2019, *Facebook*, B6-22/16, citada.

526 Acórdão do TJ de 13 de julho de 1966, *Établissements Consten S.à.R.L. and Grundig-Verkaufs-GmbH. c. Comissão*, 56 e 58/64, EU:C:1966:41, p. 423.

527 Acórdão do TJ de 1 de junho de 1999, *Eco Swiss China Time Ltd c. Benetton International NV*, C-126/97, EU:C:1999:269, nº 36, acórdão do TJ de 11 de novembro de 1986, *British Leyland Public Limited Company c. Comissão*, 226/84, EU:C:1986:421, no qual se discutia uma taxa excessiva exigida por uma empresa em posição dominante para um documento que era necessário para importar automóveis do continente para o RU; acórdão do TJ de 14 de fevereiro de 1978, *United Brands Company e United Brands Continentaal BV c. Comissão*, 27/76, EU:C:1978:22, no qual se discutia impedimentos ao comércio intraeuropeu de bananas; acórdão *Metro*, em particular nº 20.

528 Acórdão do TJ de 13 de dezembro de 2012, *Expedia Inc. c. Autorité de la concurrence e o.*, C-226/11, EU:C:2012:795, nº 37.

529 Acórdão *GlaxoSmithKline* do TJ, nºs 59, 62 a 64.

A Comissão, por sua vez, assume que o objetivo de integração europeia é um objetivo central na política de concorrência dando prioridade à investigação de condutas que o põem em causa[530]. São inúmeras as decisões da Comissão referentes à punição da proibição das importações paralelas, normalmente no âmbito da aplicação do art. 101º TFUE[531]. Já o primeiro relatório da Comissão Europeia sobre política de concorrência de 1972 esclarecia que a política de concorrência tinha como objetivo manter ou criar condições efetivas de concorrência através de regras aplicáveis a empresas nos setores privado e público, nomeadamente, em benefício do consumidor[532]. No entanto, continuava o referido relatório, as infrações que pusessem em causa a integração europeia e o mercado interno seriam perseguidas vigorosamente, já que as regras também prosseguem um objetivo de uma concorrência justa onde as empresas beneficiam de igualdade de oportunidade de entrar no mercado[533].

O art. 102º TFUE também foi aplicado no contexto de restrições a importações paralelas. No caso *Sot Lélos*[534], o Tribunal considerou que as importações paralelas, acrescentando escolha, eram uma fonte alternativa de abastecimento dos mesmos produtos a um preço mais baixo, o que necessariamente acarretava benefícios para os consumidores[535]. Por este motivo, uma empresa em posição dominante podia defender-se de uma acusação de restrições a importações paralelas, quando o EM de onde proviessem tais importações tivesse um sistema de preços regulados ou fixados, pois uma interpretação diferente do art. 102º levaria a que a única alternativa possível a tal restrição fosse a empresa deixar de fornecer medicamentos nesse EM[536]. No entanto, o Tribunal pareceu limitar a justificação objetiva merecendo a crítica de Rousseva no

[530] Por exemplo, Orientações relativas às Restrições Verticais, nº 7.

[531] Decisão da Comissão de 8 de maio de 2001, *GSK Spain*, 2001/791/EC (JO L 302 de 17.11.2001, pp. 1-43); decisão da Comissão de 19 de julho de 2006, *AstraZeneca*, COMP/A37.507/F3, (JO L 332 de 30.11.2006, pp. 24-25).

[532] Comissão Europeia (1972, p. 14 e 16).

[533] *Idem* (pp. 13 e 15).

[534] Acórdão do Tribunal de Justiça (Grande Secção) de 16 de setembro de 2008, *Sot. Lélos kai Sia EE e outros c. GlaxoSmithKline AEVE Farmakeftikon Proïonton, anteriormente Glaxowellcome AEVE*, Processos apensos C-468/06 a C-478/06, EU:C:2008:504.

[535] Acórdão *Sot Lélos kai Sia*, nºs 54 a 56.

[536] Acórdão *Sot Lélos kai Sia*, nºs 67 e 68. Lianos (2013b, p. 19).

sentido de questionar como se articula o interesse comercial legítimo de uma empresa em posição dominante com o interesse dos consumidores: se está apenas em causa a possibilidade de a empresa sobreviver no mercado ou a possibilidade de levar a cabo uma estratégia de mercado orientada ao lucro[537]. A necessidade de intervir no caso *Interligação Sueca*[538], que terminou com a adoção de medidas de correção através da aceitação de compromissos, foi a proteção do mercado interno[539]. Em *Gazprom*, outro caso em que foram tornados vinculativos compromissos propostos pela empresa, a Comissão tentou estabelecer um princípio abrangente de que restrições territoriais diretas ou indiretas podem infringir o art. 102º TFUE[540]. Este objetivo, aliás, esteve presente em várias decisões da Comissão no setor da energia, conforme discutiremos (ver 7.2.2).

Até meados dos anos 90, aceitava-se que a política de concorrência devia ser desenvolvida para a prossecução de objetivos de outra natureza, que também contribuíssem para a construção de um mercado interno[541]. De facto, as versões iniciais dos artigos relevantes no TCE levavam a crer que a política de concorrência era mais um instrumento de desenvolvimento de outras políticas económico-sociais da União. Como exemplo, temos o art. 3º do Tratado CE, de acordo com o qual a Comissão tinha a obrigação de garantir uma concorrência não falseada no mercado para que fossem alcançados os fins previstos no Tratado e o art. 157º TCE, que dispunha que a, então, Comunidade devia desenvolver políticas capazes de incentivar o desenvolvimento de PME, a adaptação da indústria às alterações estruturais, o desenvolvimento tecnológico e a inovação, entre outras[542]. A Comissão Europeia também parecia admitir esta influência. Veja-se, por exemplo, os casos *Fibras Sintéticas*[543]

537 Rousseva (2006, pp. 33 e 34).

538 Decisão da Comissão de 14 de abril de 2010, *Swedish Interconnectors*, 39.351, (JO L 385 de 31.12.1981, p. 27), nº 26.

539 No mesmo sentido, Jones *et al.* (2019, p. 44).

540 O'Donoghue e Padilla (2020, p. 10). Decisão *Gazprom*, nºs 48-50.

541 Wesseling (2000, p. 48).

542 Oliveira Pais (2011b, p. 69).

543 Decisão da Comissão de 4 de julho de 1984, *Fibras Sintéticas*, IV/30.810, (JO L 207 de 2.8.1984, pp. 17-25), nºs 32 a 38.

e *Enichem/ICI*[544] onde interesses de natureza não puramente económicos foram tidos em conta nas decisões. Mesmo pelos Tribunais da UE foram aceites outro tipo de interesses, como, por exemplo, no acórdão *Métropole*[545].

Mais recentemente, a nova redação do art. 173º TFUE sobre a política industrial da UE que estabelece que "*a União não pode invocar o presente título para introduzir quaisquer medidas que possam conduzir a distorções de concorrência*", a Orientação sobre o art. 102º TFUE (e os documentos preparatórios como o Relatório EAGCP e o *Discussion Paper*[546]), bem como as declarações da Comissária para a concorrência Margrethe Vestager[547] sustentam a posição de que o enfoque da política de concorrência da Comissão se distancia de uma política industrial.

No entanto, apesar de uma paulatina evolução para uma abordagem mais económica, a Comissão ainda continua a usar a política de concorrência para o desenvolvimento de outras políticas da União, especialmente aquelas que deram origem a mercados recentemente liberalizados, como é o caso da energia, onde a Comissão privilegia a via dos compromissos[548], como será oportunamente discutido (ver 7.2.2) e, nos últimos tempos vimos emergir considerações de equidade nos discursos da comissária para a concorrência[549].

[544] Decisão da Comissão de 22 de dezembro de 1987, *Enichem/ICI*, IV/31.846, (JO L 50 de 24.2.1988, p. 18-28), nºs 51 a 56.

[545] Ver acórdão *Métropole*.

[546] Relatório do "*Economic Advisory Group on Competition Policy*" – EAGCP, em 2005, pp. 8 e 9, e o "*DG Competition discussion paper on the application of Article 82 of the Treaty to exclusionary abuses*" (*Discussion Paper*) em 2005. Disponíveis em https://ec.europa.eu/dgs/competition/economist/eagcp_july_21_05.pdf e https://ec.europa.eu/competition/antitrust/art82/discpaper2005.pdf, respetivamente, consultados pela última vez em 5.9.2019.

[547] Veja-se a título de exemplo os seguintes discursos: Vestager (2019a), Vestager (2018).

[548] Para uma avaliação desta prática ver Leandro Vasconcelos (2016, pp. 185 a 192). Ver decisão *RWE gas foreclosure*, decisão *E.ON gas foreclosure*, decisão *CEZ*, decisão da Comissão de 20 de dezembro de 2012, *Rio Tinto Alcan*, COMP/39.230, (JO C 89 de 27.3.2013, pp. 5-6), e decisão da Comissão de 9 de dezembro de 2009, *Rambus*, COMP/38.636, (JO C 30 de 6.2.2010, pp. 17-18).

[549] É de notar a posição pública de quatro EM (Alemanha, França, Itália e Polónia) em relação à inclusão de argumentos de política industrial em controlo de concentrações. Leali (2020).

Na verdade, o TJ e o TG têm favorecido a interpretação de que o art. 102º TFUE prossegue uma multiplicidade de objetivos, tal como descrito nos pontos anteriores[550]. Da análise realizada, concluímos que ainda subsiste alguma falta de consenso entre as declarações da Comissão Europeia, muitas no sentido de encontrar no bem-estar do consumidor o parâmetro de concorrência, e a sua prática e, sobretudo, a dos tribunais[551]. As preocupações relacionadas com a proteção do processo de concorrência[552] e integração europeia são comuns e ultimamente têm surgido preocupações de equidade (também como forma de alcançar o bem-estar dos consumidores).

f) Conclusão quanto aos objetivos prosseguidos pelo direito da concorrência e pelo art. 102º TFUE e sua relevância como objetivos mediatos das medidas de correção

O direito da concorrência pode proteger uma multiplicidade de objetivos[553] e a posição sobre o objetivo último do direito da concorrência, como vimos nos pontos anteriores, não é unívoca. A discussão sobre os objetivos do direito da concorrência assume relevância para a decisão político-legislativa aquando da adoção das normas e para a decisão do caso concreto[554]. Fox, aliás, afirma que o mais importante na discussão dos objetivos do direito da concorrência é o modo como este é aplicado, de forma mais ou menos interventiva, e não tanto a discussão político-legislativa, pois existe consenso de que mercados robustos (eficientes) são o resultado pretendido por qualquer sistema de concorrência[555]. Assim, a discussão sobre os objetivos prosseguidos pelo art. 102º TFUE é relevante para a consagração de um teste que nos permita distinguir conduta concorrencial de conduta anticoncorrencial e para a determinação das medidas de correção a adotar.

550 Neste sentido, Lianos *et al.* (2019, p. 116), Akman (2012, p. 109).

551 Akman (2009a, pp. 86 e 89).

552 Haracoglou (2007, pp. 180-181), que argumenta que o teste seguido pelas jurisprudência e prática é o do prejuízo (impedimento) da concorrência e não dos consumidores, sendo o prejuízo dos consumidores uma consequência natural de um prejuízo para a concorrência.

553 Parret (2012, p. 64).

554 Farrell e Katz (2006, p. 32).

555 Fox (2013, p. 2160). Aliás, Farrell e Katz também acrescentam um primeiro nível, que é o da decisão política de o Estado intervir ou não na sociedade (2006, p. 32).

O art. 102º TFUE não enumera os seus objetivos. A norma dá cumprimento aos objetivos do direito da concorrência que vimos de discutir, o que significa, por um lado, que são variados e, por outro, que não há muito consenso sobre qual o primordial. Não estando assentes quais são estes objetivos, maior insegurança jurídica existe para as empresas[556].

Se entendemos que a eficiência deve estar na charneira, temos de admitir que existem argumentos para favorecer a proteção do bem-estar social e outros para privilegiar o bem-estar do consumidor. A discussão não é tão-somente económica, mas principalmente política, pelo que não podemos esperar que haja uma solução matematicamente perfeita[557]. Parece convincente afirmar que o bem-estar do consumidor é uma aproximação ao bem-estar social, pois, se o consumidor resultar beneficiado, a eficiência aumenta, em particular a eficiência na afetação de recursos. Também não podemos deixar de ter em conta que seja qual for o objetivo ou sejam quais forem os objetivos político-legislativos do direito da concorrência, este tem de ser aplicado aos casos concretos, pelo que as regras têm de ser suscetíveis de interpretação clara pelos vários intervenientes (autoridades, tribunais, empresas, consumidores)[558], não só para se alcançar resultados eficientes, como também para proteger a segurança jurídica das empresas. O foco das autoridades responsáveis pela aplicação do direito da concorrência no bem-estar do consumidor como um dos objetivos do direito da concorrência da UE[559] ajuda a alcançar este aspeto e constitui, também por este motivo, um objetivo de aplicação da política de concorrência coerente[560] e adequado, quer de um ponto de vista jurídico, quer político[561].

Porém, há cada vez mais ensinamentos no sentido de que o direito da concorrência não prossegue, apenas, objetivos de eficiência económica e que o processo de concorrência, a liberdade de concorrer, a equidade e a lealdade na concorrência devem ser objetivos autónomos (abrangendo a proteção de pequenas empresas) ou pelo menos protegidos de forma imediata como meio de proteger o bem-estar do consumidor.

[556] Geradin *et al.* (2012, p. 24).

[557] Baker (2016, p. 522).

[558] Chalmers *et al.* (2014, p. 950), Kovacic (2007, p. 36).

[559] Sauter (2016, p. 67).

[560] Peeperkorn (2016, p. 397).

[561] Dunne (2015, p. 28), Cseres (2007, p. 170).

Como vimos, parece que a jurisprudência considera importante ter em conta que o direito da concorrência não serve apenas para proteger um determinado resultado, mas sim também um processo[562]. No entanto, não é unívoca a posição de que o processo de uma concorrência não falseada seja um objetivo do direito da concorrência e do art. 102º TFUE em particular. Alguns autores entendem que ao se proteger o processo de concorrência se evita o prejuízo para os consumidores[563]. Outros entendem que o processo de concorrência não é um objetivo em si mesmo, mas que a sua proteção não é despicienda, porque a realização de certo comportamento por parte de empresas em posição dominante conduz, com probabilidade, à redução do bem-estar social de longo termo[564]. Outros, ainda, rejeitam a ideia de que o direito da concorrência deve proteger o processo competitivo (e, portanto, garantir equidade, liberdade de concorrência e um "*level playing field*"), como forma de proteger concorrentes ineficientes[565]. Em nossa opinião, embora não rejeitemos a importância da proteção de um processo de concorrência, cremos que é difícil considerar o processo como objetivo em si[566]. Em primeiro lugar, entendemos que aquelas normas não devem proteger os concorrentes por si, mas só e na medida em que estes sejam tão eficientes quanto a empresa em posição dominante e o comportamento desta cause prejuízo para a concorrência, medida em termos do bem-estar do consumidor. Em segundo lugar, defendemos esta posição por motivos de segurança jurídica. A existência de um objetivo de proteção único ou,

[562] Entre muitos, acórdão *GlaxoSmithKline* do TJ, nº 63.

[563] Vide Marco Colino (2019, p. 2), Wu (2018a, p. 2), Monti (2017, p. 50), Fox e Gerard (2017, p. 1), Khan (2017, p. 738), Hildebrand (2016, pp. 7 e 8), Andriychuk (2012, p. 365 a 368), Wils (2014, p. 418), Fuchs (2012, p. 59), Lowe e Maier-Rigaud (2008, p. 604), Mestmäcker (2008, pp. 29 a 31), Zimmer (2008, p. 106), Farrell e Katz (2006, p. 7), Schweitzer (2006, p. 161), Fox e Sullivan (1987, p. 959) e Hayek (1978, p. 180).

[564] Nazzini (2011, p. 49).

[565] Vide Jones *et al.* (2019, pp. 28, 29 e 45), Cruz Vilaça (2018b, p. 184), Kneepkens (2018, p. 42), Melamed e Petit (2018, p. 8), Whish e Bailey (2018, pp. 19 e 203), Lamadrid de Pablo (2017, p. 148), Peeperkorn (2016, p. 392), Sauter (2016, p. 75), Rousseva (2014, p. 5), Akman (2012, p. 300), Etro e Kokkoris (2010b, p. 1), Akman (2009a, p. 89).

[566] Neste sentido, Chalmers *et al.* (2014, p. 952).

pelo menos, principal torna a prática das autoridades mais previsível e transparente[567].

Por fim, não podemos deixar de considerar o objetivo de integração europeia[568]. Tal manifesta-se, por exemplo, na forma como o direito da concorrência é aplicado a concentrações (prevenção profilática de poder de mercado), acordos verticais e abuso de posição dominante e mesmo a política de cartéis (quando empresas em conjunto se coordenam com o intuito de obter, dessa forma, poder de mercado), bem como nos regulamentos de isenção por categoria e orientações da Comissão[569].

Os objetivos protegidos pelo direito da concorrência são uma peça fundamental no momento da adoção de medidas de correção. Se aceitamos que o direito da concorrência prossegue mais objetivos, então aceitamos uma política mais interventiva, se nos restringimos aos objetivos de eficiência económica como o bem-estar total, aceitamos menos intervenção. Defendemos que os objetivos do direito da concorrência também norteiam a adoção de medidas de correção. Nesta medida, constituem os objetivos mediatos das medidas adotadas, e, para coerência de todo o sistema, devem estar bem definidos *a priori*. Nesta tese, assumimos como objetivos do direito da concorrência o bem-estar do consumidor alargado, que pode ser alcançado através da proteção do processo de concorrência, e a prossecução do mercado interno[570].

3.2. As funções das medidas corretivas e sua relevância como objetivos imediatos da sua adoção

Uma das questões às quais nos propusemos responder é a de saber quais as funções das medidas de correção no sistema de aplicação coerciva do direito da concorrência. A decisão sobre as funções das medidas de cor-

[567] Neste sentido, Fuchs (2012, p. 59). O autor defende, porém, a proteção do processo de concorrência (*idem*, p. 58).

[568] Witt (2016, p. 109) considera que a proteção do bem-estar do consumidor e a integração dos mercados são os dois únicos objetivos compatíveis com a abordagem mais económica. Ver, por exemplo, a recente decisão da Comissão de 9 de setembro de 2019, *Sanrio*, AT.40432, nºs 75 a 78.

[569] Odudu (2015, pp. 614 e 615).

[570] Neste sentido, Lamadrid de Pablo (2017, p. 148), Peeperkorn (2016, p. 397), Sauter (2016, p. 75), Nazzini (2011, pp. 14 a 17 e 153), também aceitam o bem-estar do consumidor e a proteção do mercado interno.

reção é um passo fundamental no nosso estudo, pois defendemos que correspondem aos seus objetivos e, portanto, contribuem para definir a sua adoção.

A violação das regras de direito da concorrência origina a sua aplicação coerciva. A aplicação coerciva do direito da concorrência pode ser levada a cabo pelas autoridades responsáveis pela aplicação do direito da concorrência, como a Comissão ou a AdC, ("*public enforcement*") ou por iniciativa dos privados que tenham sido lesados pelas infrações perante os tribunais nacionais ("*private enforcement*"). A aplicação coerciva do direito da concorrência, quer a pública, quer a levada a cabo pelos privados junto dos tribunais, prossegue determinados objetivos-funções, tais como, fazer cessar a infração e reparar aquele particular problema de concorrência, ou realinhar os incentivos e colocá-los na posição correta[571] para evitar ou reduzir a ocorrência de novas infrações[572]. Estes objetivos-funções servem para cumprir os objetivos do direito da concorrência e do art. 102º TFUE em particular, que vimos de discutir, e, em geral, para alcançar um grau razoável de cumprimento da lei[573]. Se a aplicação pública prossegue objetivos mais vocacionados para a prevenção geral e especial e a levada a cabo pelos privados se dirige, particularmente, à compensação dos lesados, ambas as formas de aplicação coerciva do direito da concorrência fazem parte do mesmo sistema e servem o mesmo propósito amplo – prevenir a ocorrência de práticas restritivas da concorrência e proteger consumidores e empresas destas práticas e dos seus prejuízos[574]. Como tal, influenciam-se mutuamente. Por um lado, a aplicação pública incentiva a propositura de ações de indemnização, em particular no caso de ações de seguimento. Por outro lado, as ações de indemnização e as quantias pagas às vítimas também concorrem para a prevenção de infrações[575].

[571] Posner (2001a, p. 266) e Lianos (2013a, p. 376) falam em objetivos "micro" e "macro".

[572] Economides e Lianos (2010b, p. 395).

[573] Westerman (2011, pp. 98, 99).

[574] Comunicação da Comissão "*Livro Verde da Comissão sobre ações de indemnização devido à violação das regras comunitárias no domínio antitrust*", COM(2005) 672 final, 19.12.2005, p. 4, nº 1.1.

[575] Witt (2016, p. 141).

Existe algum consenso na doutrina quanto aos objetivos da aplicação coerciva do direito da concorrência[576]. A maioria da doutrina enuncia estas funções-objetivo como: (i) declarativa ou proibitiva, i.e., fazer cessar a infração, o que engloba não somente ordenar a cessação da infração, como também a adoção de medidas negativas (abstenção de adoção de práticas idênticas) e positivas (imposição de determinada conduta); (ii) restauradora da concorrência, que corresponde ao objetivo de restabelecer a concorrência nos mercados afetados e manter uma política de concorrência eficiente[577]; (iii) compensatória, no sentido de compensar as vítimas[578]; e (iv) punitiva e desincentivadora, no sentido de aplicar coimas à empresa infratora e ordenar medidas de alteração dos incentivos, assim, prevenindo e desincentivando a adoção de comportamentos violadores futuros, quer por parte daquela (prevenção especial), como de outras empresas (prevenção geral[579])[580]. Outros autores[581] classificam de forma diferente os objetivos da aplicação coerciva do direito da concorrência distinguindo entre: prevenção da violação das regras da concorrência através da punição dos infratores; compensação das vítimas e "*disgorgement*"[582]; e clarificação e desenvolvimento do conteúdo das proibições, ou seja, adotar precedentes que, embora sem força de lei, sirvam de orientação a outras empresas[583]. Os dois primeiros objetivos-funções

[576] Moura e Silva (2018, p. 312), Frese (2016, pp. 122 a 242), Gavil e First (2014, pp. 260 a 269), Hjelmeng (2013, p. 1007), Forrester (2008, pp. 562 e 569), Wils (2008, pp. 56 a 59), Hylton (2003, pp. 43 a 44).

[577] Fox (2005, p. 573), Hellström *et al.* (2009, p. 43), Melamed (2009, p. 364).

[578] OCDE (2008, p. 2).

[579] Em *Deutsche Post* a Comissão reconheceu que a empresa já tinha terminado a infração e que não havia razões para temer que voltasse a adotar o mesmo comportamento; contudo, para deter comportamentos futuros de outros operadores, a Comissão adotou uma decisão de proibição (Decisão *Deutsche Post AG*, nº 48).

[580] Hjelmeng (2013, p. 1007), Komninos (2013, pp. 230 a 232), Economides e Lianos (2010b, p. 397), Hylton (2009, p. 777), Barnett (2008, p. 550), Komninos (2008, p. 7), Pitofsky (2002, pp. 169, 170).

[581] Fox (2005, p. 573).

[582] *Disgorgement* corresponde, genericamente, a perder o que se locupletou à custa de um enriquecimento sem causa. Ver Wils (2009a, pp. 4 a 11). No âmbito dos objetivos sancionatórios do direito da concorrência este objetivo também é alcançado através de um sistema equilibrado de coimas.

[583] Wils (2006a, p. 185).

correspondem a parte dos descritos acima. Quanto ao último, entendemos que é muito pouco provável que uma decisão de condenação possa ser adotada apenas com este objetivo[584], mas parece-nos que esta preocupação está claramente presente aquando da adoção de uma decisão e que este objetivo pode ser englobado na prevenção geral.

A Comissão, para além do dever de perseguir e punir comportamentos que infrinjam as regras da concorrência, nos termos do Regulamento 1/2003, tem o dever de prosseguir uma política destinada a aplicar os princípios estabelecidos pelo TUE e pelo TFUE. Por isso, no âmbito das sanções por abuso de posição dominante é, ainda, muito frequente discutir-se se as autoridades de concorrência podem prosseguir outros objetivos, como os de política industrial ou os regulatórios[585] (sabendo que o objetivo de completar o mercado interno faz parte dos objetivos de direito da concorrência da UE[586]). Esta questão coloca-se com particular acuidade a propósito do nosso tema, onde severas medidas corretivas já foram impostas ou aceites[587] e se discute o alcance das medidas de correção: deve ou não haver nexo estreito entre a medida de correção e a infração? Vamos tentar dar resposta a esta questão.

Para alcançar estes resultados, as autoridades responsáveis pela aplicação coerciva do direito da concorrência têm ao seu dispor alguns instrumentos, que no direito da UE se encontram explicitados no Regulamento 1/2003. A Comissão pode, tipicamente, obrigar as empresas a cessar a infração, aplicar coimas, impor ou aceitar medidas corretivas, ordenar medidas provisórias e impor sanções pecuniárias compulsórias.

Em nosso entender, o conjunto de instrumentos ao dispor das autoridades responsáveis pela aplicação do direito da concorrência tendentes a fazer cessar a infração, a impedir a sua repetição e a restaurar a concorrência constituem as consequências pela violação do direito da concorrência (podendo falar-se de sanções em sentido lato ou amplo, no sentido da expressão em inglês "*remedies*", mas não consideramos tão

[584] Elhauge (2009, p. 501).

[585] Ibañez Colomo (2010, pp. 277 a 279).

[586] Hoffman (2018, pp. 1, 2) e Melícias (2017b, p. 99).

[587] Gerard (2013b, p. 191), Chauve *et al.* (2009, p. 51), Koch, Nagy, Pucinskaite-Kubik e Tretton (2009, p. 33), Forrester (2004, p. 920).

correto), que, no seu todo, prosseguem as funções que identificamos nos próximos capítulos.

Podemos distinguir entre consequências do tipo substitutivo, quando o seu objetivo é fazer operar transferências financeiras em substituição do direito que foi lesado e do benefício auferido, como as indemnizações e as coimas; consequências cujo principal propósito é o de restaurar a concorrência, onde se incluem as medidas corretivas; e consequências do tipo declarativo, cujo objetivo é emitir uma decisão relativamente a certos direitos e obrigações[588], como a obrigação de fazer cessar a infração. Um estudo de 2012, que ainda se mantém atual, afirmou que as coimas são a forma mais frequente de aplicar coercivamente o direito da concorrência, seguidas das medidas de correção comportamentais, tendo as estruturais só sido aceites num número menor de casos, como abaixo veremos[589]. É uma observação natural, porque as sanções substitutivas, como as coimas, são mais fáceis de aplicar. No entanto, no nosso estudo, pudemos observar que, exceto nos casos em que adota uma decisão de compromissos, a Comissão impõe coimas e medidas corretivas concomitantemente. Por fim, também se verificaram casos em que não foram impostas quaisquer coimas, devido à novidade do tipo de abuso, o que demonstra a interação dinâmica entre a consequência e a natureza da infração[590].

Coloca-se, portanto, a questão de saber se as medidas de correção devem ser consideradas verdadeiras sanções ou se devem ser consideradas uma categoria distinta. Em nossa opinião, as medidas de correção devem ser consideradas uma categoria distinta das coimas[591]. Para o demonstrar, vamos distinguir cada tipo de consequência pela infração ao direito da concorrência de medidas de correção. Para tal vamos adotar uma abordagem funcional, pois, não cabe no objeto da nossa tese alongarmo-nos sobre os diversos tipos de consequências por abuso de posição dominante. Assim, neste capítulo iremos discorrer sobre as fun-

[588] Lianos (2012b, p. 189).

[589] Lianos (2012b, p. 191).

[590] Decisão do *Bundeskartellamt*, *Facebook*, citada, decisão da Comissão de 29 de abril de 2014, *Motorola*, AT.39985, (JO C 344 de 2.10.2014, pp. 6-8).

[591] No mesmo sentido, Frese (2016, p. 170), que distingue sanções punitivas (coimas e sanções pecuniárias compulsórias) de sanções reparadoras (obrigações de fazer cessar a infração e medidas de correção).

ções das medidas de correção, enunciar os tipos de consequências que se encontram à disposição de autoridades e particulares no direito europeu da concorrência, com o único objetivo de as distinguir de medidas de correção.

3.2.1. A função declarativa ou proibitiva

A função declarativa ou proibitiva (função proibitiva) corresponde ao objetivo de fazer cessar a conduta ilegal, incluindo os seus efeitos, e impedir a sua repetição. Fazer cessar uma conduta ilegal é o primeiro objetivo da aplicação coerciva do direito da concorrência (previsto no nº 1 do art. 7º do Regulamento 1/2003). O objetivo de impedir que a empresa repita a conduta ilegal em geral (relacionado com a prevenção especial), capaz de prejudicar vítimas diferentes, é normalmente um objetivo da aplicação coerciva pública, pois a aplicação coerciva por iniciativa de particulares encontra-se principalmente relacionada com o objetivo de impedir a ocorrência repetida de infrações capazes de prejudicar a mesma vítima[592].

A função proibitiva ou declarativa atinge-se, normalmente, através de: declaração de que uma infração foi cometida (quer esteja em curso ou já terminada); obrigação dirigida a uma empresa de fazer cessar uma infração (as típicas obrigações de "*cease and desist*"); e declaração de nulidade dos instrumentos jurídicos que enformam a infração[593]. Esta função prossegue os objetivos de prevenção geral e especial. Deste modo, se a Comissão tiver razões legítimas, nomeadamente quando exista risco de repetição da infração[594] ou quando seja necessário para desenvolver a prática decisória[595], pode declarar verificada uma infração que já cessou.

592 Scholz e Purps (2010, pp. 50, 51).

593 Que pretende reduzir a efetividade dos acordos anticoncorrenciais, desencorajando os infratores de levarem a cabo acordos semelhantes e evitando que o sistema de justiça seja utilizado para aplicar coercivamente atividade ilegal. Ver Ritter (2016a, p. 588). Por exemplo, no caso *OTOC*, a AdC declarou a nulidade do Regulamento de formação de créditos. Ver decisão da AdC de 7 de maio de 2010, PRC/2009/3, *Ordem dos Técnicos Oficiais de Contas*.

594 Acórdão do Tribunal de Justiça (Terceira Secção) de 14 de julho de 2005, *Lagardère Active Broadcast c. Société pour la perception de la rémunération équitable (SPRE) e Gesellschaft zur Verwertung von Leistungsschutzrechten mbH, (GVL)*, Processo C-192/04, EU:C:2005:475, nº 27.

595 Allendesalazar (2008, p. 517).

Estas consequências decorrem dos arts. 101º e 102º TFUE, que, em virtude do seu efeito direto, fundamentam a obrigação de a empresa cessar o comportamento ou a nulidade dos instrumentos jurídicos[596]. A parte dispositiva da decisão é suficiente para, uma vez verificada a infração, a empresa retirar daí o comportamento adequado necessário[597]. Como afirmou o TG no acórdão *Microsoft I*, "*quando a Comissão declara, numa decisão, que uma empresa violou o artigo [102º TFUE], esta última deve adotar, sem demora, todas as medidas necessárias para adequar o seu comportamento a essa disposição, mesmo que a Comissão não tenha prescrito medidas específicas nessa decisão*"[598].

Para o efeito de identificar os objetivos e a função das medidas corretivas é necessário esclarecer que quando a primeira frase do nº 1 do art. 7º do Regulamento 1/2003 se refere a "*pôr efetivamente termo à infração*" devemos entender que "infração" inclui quer a conduta quer os seus efeitos[599]. Por vezes, os efeitos da conduta esgotam-se com ela, como, por exemplo, um caso de cartel[600]. Outros casos existem em que a conduta nem sequer chega a produzir efeitos. Nestas situações uma ordem de "*cease and desist*" pode ser suficiente para pôr termo à infração, entendida como conduta e efeitos. No entanto, podem existir situações em que a conduta cessou, mas os seus efeitos perduram, como a recusa de fornecimento que se mantém para além da recusa inicial enquanto o bem não for vendido[601]. Nestes casos, a empresa deve adotar[602] ou omitir comportamentos tendentes a pôr termo aos efeitos da sua conduta.

596 Chow e Schoenbaum, (2015, p. 465). Ver art. 101º, nº 2, TFUE.

597 Ritter (2016a, p.590).

598 Acórdão *Microsoft I*, nº 1256.

599 Neste sentido, ver acórdão do TJ de 15 de junho de 1976, *EMI Records Limited c. CBS United Kingdom Limited*, 51-75, EU:C:1976:85, nº 30; acórdão do TJ de 3 de julho de 1985, *SA Binon & Cie c. SA Agence et messageries de la presse*, 243/83, EU:C:1985:284, nº 17; acórdão do TJ (Quinta Secção) de 4 de março de 1999, *Union française de l'express (Ufex), anteriormente Syndicat français de l'express international (SFEI), DHL International e Service CRIE c. Comissão das Comunidades Europeias e May Courier*, C-119/97 P, EU:C:1999:116, nº 94; e acórdão do TPI (Terceira Secção) de 18 de julho de 2005, *Scandinavian Airlines System AB c. Comissão das Comunidades Europeias*, T-241/01, EU:T:2005:296, nºs 184-186.

600 Ritter (2016b, pp. 6 e 7), notando que, tipicamente, as infrações ao art. 102º TFUE apresentam maior complexidade.

601 Ritter (2016b, p. 6).

602 Ritter (2016a, p. 588).

É nestas situações que as medidas corretivas são particularmente apropriadas, pelo que consideramos que as medidas corretivas também prosseguem uma função proibitiva.

As medidas corretivas contribuem igualmente para evitar a repetição da infração (prevenção especial). Tal decorre da jurisprudência[603] e do próprio Regulamento 1/2003, que no seu considerando nº 12 menciona que as medidas de correção existem para eliminar o "*risco significativo de infração persistente ou repetida*". Apesar de esta frase se referir às soluções de caráter estrutural que levam à desintegração da empresa tal como existia antes de cometida a infração, nada na frase nos leva a concluir que as medidas de natureza comportamental não podem ter como objetivo evitar a repetição da infração[604].

Outra questão que se coloca é a de saber se devemos distinguir medidas corretivas de obrigações de fazer cessar a infração. Allendesalazar e Lowe e Maier-Rigaud[605] consideram que as obrigações de "*cease and desist*" são o primeiro exemplo de medidas corretivas de caráter comportamental de cariz negativo. Frese coloca-as lado a lado como consequências restauradoras da concorrência[606]. Efetivamente, a obrigação de fazer cessar a infração implica que a empresa deixe de poder levar a cabo determinado comportamento. No entanto, defendemos que a obrigação de fazer cessar a infração se distingue da exigência de adoção de medidas permanentes por parte das empresas que a façam alterar a forma de conduzir o seu negócio. São os exemplos da proibição de preços excessivos, que exige a determinação de um preço razoável e a monitorização da política de preço da empresa[607], ou da recusa em contratar, que também compele a empresa a adotar uma atitude positiva e não se limita a proibir[608]. Nestes casos estamos perante verdadeiras medidas de correção.

[603] Ver acórdãos *Commercial Solvents*, nº 46, *Akzo*, nº 155 e acórdão do TPI de 7 de outubro de 1999, *Irish Sugar plc contra Comissão das Comunidades Europeias*, T-228/97, EU:T:1999:246, nº 299.

[604] Neste sentido também Monti (2016, p. 189).

[605] Allendesalazar (2008, p. 513), Lowe e Maier-Rigaud (2008, p. 604).

[606] Frese (2014, p. 170).

[607] Dunne (2014, p. 427).

[608] Monti (2007, pp. 216, 217).

As medidas corretivas podem, então, distinguir-se da obrigação de cessar a infração[609]. Esta última tem um caráter puramente declarativo e é a consequência imediata da verificação da infração, ou seja, declara a obrigação de a empresa não violar a lei, algo que se retira diretamente do art. 102º TFUE. Não pode implicar, por natureza, uma atuação por parte da empresa para além da mera abstenção de manter ou voltar a realizar a conduta anticompetitiva e da atuação positiva mínima indispensável para cumprir a obrigação de não voltar a levar a cabo a conduta anticoncorrencial. Este será o caso, por exemplo, de uma declaração que ordene a cessação da concessão de um pagamento a troco de exclusividade[610]. Pelo contrário, as medidas de correção constituem obrigações adicionais e requerem uma atitude ativa positiva (por exemplo, encetar uma relação contratual após uma recusa de fornecimento) ou negativa (por exemplo, não contratar com determinada entidade, como ocorreu no caso *De Beers*).

As medidas corretivas ainda se distinguem das obrigações de fazer cessar a infração pelo seu objetivo de restaurar a concorrência no mercado (capítulo 3.2.4), o que pode não ser possível alcançar com uma mera obrigação de fazer cessar a infração (voltamos ao exemplo da recusa em contratar). Pelo contrário, quando uma decisão impõe ou torna obrigatórias medidas corretivas, estas são aplicadas para futuro, para se poder repor a concorrência no mercado, que foi limitada pela atitude da empresa infratora[611]. Assim sendo, as medidas corretivas implicam, sempre, uma maior intromissão na gestão das empresas, o que

[609] Apoiando a ideia da distinção De Smijter e Sinclair (2014, p. 123). Cremos que Ritter (2016a, p. 587) inclui as obrigações de cessar a infração e de não voltar a cometer a infração no futuro no quadro das sanções porque distingue esta categoria de coimas, medidas provisórias e ações de responsabilidade civil. Este autor também reserva o termo "*remedies*" para as imposições ao abrigo do art. 7º do Regulamento 1/2003, distinguindo estas medidas, portanto, dos compromissos adotados ao abrigo do art. 9º do mesmo Regulamento. Ver Ritter (2016a, p. 592). Em nossa opinião os compromissos são sempre medidas de correção (estruturais ou comportamentais) alcançados de uma forma consensual. Esta mesma ideia retira-se da Comunicação da Comissão sobre medidas passíveis de serem aceites em controlo de concentrações, onde se usa o termo medidas corretivas.

[610] Por exemplo, decisão da Comissão de 13 de maio de 2009, *Intel*, COMP/37.990, (JO C 227, 22.9.2009, pp. 13-17), nº 240.

[611] De Smijter e Sinclair (2014, p. 123), Comissão Europeia (2006).

também contribui para distinguir medidas de correção da obrigação de fazer cessar a infração.

As obrigações de "*cease and desist*" são relativamente fáceis de impor. Contudo, nos últimos anos tem-se verificado que a obrigação de fazer cessar as práticas abusivas pode revelar alguma dificuldade de aplicação e pode fazer com que a fronteira entre esta e as medidas corretivas se encontre menos definida. Vejamos alguns casos para exemplificar. No caso *Intel*, onde estava em causa a concessão de descontos ou a realização de pagamentos condicionais à obtenção de exclusividade por parte dos clientes, a Comissão adotou uma obrigação de cessar a infração. Efetivamente, com a cessação da prática era possível terminar o seu efeito. As obrigações de exclusividade são aquele tipo de abusos menos propensos à exigência de medidas corretivas, porque a cessação da infração pode ser realizada de forma imediata, sem pôr em perigo o fornecimento uma vez que a empresa em posição dominante tem sempre interesse em fornecer[612]. Para além do mais, a situação factual de abuso era relativamente simples de reverter. De igual modo, nos casos *Qualcomm*, ao concluir pelo abuso de posição dominante por preços predatórios seletivos e exclusividade de facto, a Comissão apenas viu necessidade de emitir uma obrigação de cessar a infração.[613]

Já nos casos *Google*, a Comissão declarou que a empresa devia cessar a sua conduta, mas não pretendeu determinar o modo como a empresa o deveria fazer. Por este motivo, não apresentou uma forma específica de atuação, antes tendo definido os princípios que deviam nortear a atuação da empresa e dado um prazo para esta apresentar soluções. Efetivamente, os casos *Google* eram distintos e mais complexos (discriminação a favor de sociedade do grupo em empresa verticalmente integrada, vendas subordinadas associadas ao facto de o sistema operativo Android ser distribuído gratuitamente e de existirem algumas obrigações de exclusividade[614]) e o tipo de relações contratuais era mais complicado do que no caso *Intel* ou nos casos *Qualcomm*, tornando os primeiros mais pro-

612 Temple Lang, (1979b, p. 5).

613 Decisão da Comissão, de 24 de janeiro de 2018, *Qualcomm (preços predatórios)*, AT.40220 (JO C 269 de 31.7.2018, p. 25-26), decisão da Comissão de 18 de julho de 2019, *Qualcomm (exclusividade)*, AT.39711 (JO C 375 de 6.11.2019, p. 25-287). Ver também acórdão do TG de 9 de abril de 2019, *Qualcomm e Qualcomm Europe c. Comissão Europeia*, T-371/17, EU:T:2019:232.

614 Decisão *Google Android*.

pensos à necessidade de medidas de correção[615-616]. Como veremos em sede própria (ver 7.2.3) nos casos *Google* foram impostas verdadeiras medidas corretivas, para além da obrigação de fazer cessar a infração, apesar de a Comissão não ter detalhado essa atuação.

Apesar de defendermos que existe uma diferença teórica e funcional entre a obrigação de fazer cessar a infração e as medidas corretivas, na prática, é, muitas vezes, difícil distinguir uma obrigação de fazer cessar a infração de uma medida de correção, especialmente as negativas. Por exemplo, pode ser discutível que a obrigação de fazer cessar a exclusividade, que é uma imposição que espelha a infração, seja ou não uma medida de correção. Acresce que, o exercício pode nem ser necessário, porque qualquer uma destas opções se encontra no âmbito dos poderes da Comissão e obedece aos mesmos princípios, sendo as obrigações de fazer cessar a infração, em princípio, sempre proporcionadas.

3.2.2. A função punitiva e desincentivadora

A aplicação coerciva do direito da concorrência também tem uma função punitiva e desincentivadora. É possível segmentar esta função entre função punitiva *stricto sensu*, por um lado, correspondendo à vertente sancionadora do comportamento passado da empresa, e função desincentivadora, por outro, correspondendo ao objetivo de evitar que a empresa em causa volte a cometer infrações semelhantes e que outras empresas cometam infrações do mesmo tipo (objetivos de prevenção especial e geral). Em nossa opinião, estas duas vertentes caminham lado a lado. De uma parte, o caráter punitivo desincentiva a empresa de vol-

[615] Na Decisão *Google AdSense*, os factos parecem ser mais simples, i.e., parece haver um conjunto de condições contratuais que podem ser, pura e simplesmente, terminadas. Neste caso, parece que uma obrigação de cessar a infração é suficiente.

[616] Nestes casos estão em causa mercados de dois lados (as plataformas) o que tem necessariamente impacto na medida de correção a adotar. Não cabe no escopo deste trabalho a análise das implicações jusconcorrenciais de *two-sided* markets. Para uma boa visão, ver Rochet e Tirole (2018, pp. 543 a 582), Weyl e White (2014, pp. 29 a 51). Também não cabe no escopo deste trabalho uma análise detalhada das plataformas digitais. Para tal ver, por exemplo, Khan (2019, pp. 983 a 1013). Usaremos, no entanto, estes conceitos como dados para enformar a nossa teoria sobre medidas de correção, na medida em que entendemos que as medidas dependem de características concretas do mercado, do tipo de abuso e dos factos dos casos.

tar a cometer o ilícito, o que está relacionado com o objetivo de prevenção especial. De outra, prossegue o intuito de mostrar ao mercado que as sanções aplicadas são severas, levando a que outras empresas também se sintam desincentivadas de cometer ilícitos, ou seja, objetivo de prevenção geral.

A função desincentivadora é uma das mais importantes e delicadas[617]. Na verdade, uma sanção pouco desincentivadora (por exemplo, uma coima baixa) não será eficaz no sentido de que a empresa pode concluir que a prática da infração compensa o risco de lhe ser aplicada uma sanção. O mesmo podem concluir outras empresas que não a que cometeu a infração. No entanto, uma atitude demasiado agressiva pode levar à inibição do comportamento pró-concorrencial das empresas[618].

As coimas prosseguem a função punitiva[619] e desincentivadora (de prevenção geral e especial[620])[621]. O considerando nº 29 do Regulamento 1/2003 declara que "*o respeito pelos artigos [101º] e [102º] do Tratado e o cumprimento das obrigações impostas às empresas e às associações de empresas em aplicação do presente regulamento devem poder ser garantidos através de coimas e sanções pecuniárias compulsórias.*" Dando cumprimento a este princípio, o nº 2 do art. 23º do Regulamento 1/2003 prevê a imposição de coima pela violação dos arts. 101º e 102º TFUE, que pode ter como limite máximo 10% do volume de negócios da empresa infratora no exercício ante-

[617] Hellström, Maier-Rigaud e Bulst (2009, pp. 46 e 48), Melamed, (2009, pp. 360 a 362).

[618] Gavil e First (2014, p. 261), Connor e Lande (2006, pp. 984 a 985), Wils, (2006a, p. 202), Page (1990, p. 2160).

[619] Frese (2014, pp. 170, 186 e 187).

[620] Monti (2016, p. 190), Gilliams (2014, p. 437), Allendesalazar (2008, p. 5112), Montagnani (2007, p. 634), Wils (2006, pp. 185 a 187).

[621] Ainda podemos acrescentar as sanções pecuniárias compulsórias, até 5% do volume de negócios diário médio realizado durante o exercício precedente, por cada dia de atraso no cumprimento (art. 24º do Regulamento 1/2003). Em nossa opinião, as sanções pecuniárias compulsórias, apesar de sancionarem uma infração diferente, que é o incumprimento da decisão, não são verdadeiramente autónomas, porque só podem ocorrer depois de decretada uma decisão sobre outra infração ou obrigação (por exemplo, de executar determinadas medidas corretivas ou prestar informações).

rior[622]. A determinação do montante da coima deve ter em conta a gravidade e a duração da infração, nos termos do nº 3 do art. 23º.[623]

As coimas são relativamente fáceis de impor e de monitorizar, pois, à partida, cingem-se ao pagamento. As coimas, quando corretamente determinadas, também têm a vantagem de, com eficácia, contribuírem para desincentivar a prática de infrações ao direito da concorrência. O advento da abordagem mais económica também trouxe uma evolução na forma de cálculo das coimas assente na ideia de que estas devem ser calculadas de forma a reduzir eficazmente os benefícios esperados com a violação do direito da concorrência[624].

O nosso estudo não versa sobre as coimas. No entanto, deixamos a nota de que as coimas, tal como as restantes consequências pela infração aos arts. 101º e 102º TFUE, devem obedecer aos mesmos princípios da proporcionalidade e da eficácia, de modo a que o efeito na atividade das empresas e no comportamento competitivo não seja contrário ao esperado[625]. Como a conduta que leva ao abuso de posição dominante pode, muitas vezes, distinguir-se dificilmente de concorrência pelo mérito, existe um risco acrescido de a coima desincentivar comportamento positivo, como a inovação[626].

Se entendemos que as medidas de correção também contribuem para que a autoridade que as aplica exerça a sua função de prevenção geral e especial, já afastamos a ideia de que estas possam ter uma função punitiva *stricto sensu*[627]. Esta é uma das características que distinguem as medidas de correção das coimas, pois aquelas, ao invés, caracterizam-se, em primeira linha, pela sua natureza de correção dos efeitos de uma conduta e não de sanção de um comportamento passado[628]. Outras

[622] Também pelo desrespeito por uma decisão adotada ao abrigo dos arts. 8º e 9º do Regulamento 1/2003.

[623] A este respeito devemos ter em consideração a Comunicação da Comissão "*Orientações para o cálculo das coimas aplicadas por força do nº 2, alínea a), do artigo 23º do Regulamento (CE) nº 1/2003*", JO C 210, de 1.9.2006, p. 2.

[624] Lianos (2012b, pp. 189-191).

[625] Ver, em geral, Gilliams (2014, pp. 438 ss.), Wils (2006a, pp. 183 ss.).

[626] Allendesalazar (2008, p. 516).

[627] Moura e Silva (2018, p. 356), Ritter (2016b, p. 5), De Smijter e Sinclair (2014, p. 123).

[628] Frese (2014, p. 170).

características distinguem coimas[629] de medidas de correção. Sistematicamente, uma decisão dispõe sobre a coima e sobre a medida corretiva em artigos diferentes. O controlo jurisdicional sobre a coima é diferente, porque o tribunal pode alterar o montante de coima aplicada pela Comissão, mesmo aumentando-o[630].

3.2.3. A função reparadora ou compensatória

A função reparadora ou compensatória encontra-se essencialmente presente na aplicação coerciva do direito da concorrência por iniciativa dos particulares[631]. Recordemos que uma das consequências da violação do direito da concorrência é a possibilidade de os lesados proporem ações de responsabilidade civil contra as empresas infratoras reclamando os danos que entendem ter sofrido. A importância das ações de indemnização pela violação do direito da concorrência foi evidenciada no acórdão do TJ *Courage c. Crehan*[632]. Neste acórdão, o TJ declarou que o efeito útil dos arts. 101º e 102º TFUE só poderia ser plenamente alcançado se os particulares pudessem pedir a reparação dos prejuízos sofridos em virtude de violações do direito da concorrência. No acórdão *Manfredi*[633], o TJ manteve a sua jurisprudência e determinou que a medida dos prejuízos devia incluir pelo menos o lucro cessante e os danos emergentes.

O Regulamento 1/2003, no âmbito da modernização do direito da concorrência, preparou caminho para o reforço do chamado "*private enforcement*" através do reconhecimento da importância dos tribunais nacionais na aplicação do direito da concorrência da União e da pro-

[629] E sanções pecuniárias compulsórias.

[630] Art. 261º TFUE e art. 31º do Regulamento 1/2003. Sobre controlo jurisdicional em situações económicas complexas em matéria de concorrência, ver, entre muitos, Costeira (2018), Cruz Vilaça (2018a, 2018b), Martins Ribeiro (2018), Lenaerts, Maselis e Gutman (2015), Lenaerts (2013), Moura Ramos (2013, p. 22), Schweitzer (2013), Ortiz Blanco e Jörgens (2013b), Forrester (2011a, 2011b, 2009a), Forwood (2011), Jaeger (2011), Van Bael (2011), Wils (2010, 2004), Vesterdorf (2005).

[631] Allendesalazar (2008, p. 511).

[632] Acórdão do TJ de 20 de setembro de 2001, *Courage Ltd contra Bernard Crehan e Bernard Crehan c. Courage Ltd e outros*, C-453/99, EU:C:2001:465.

[633] Acórdão do TJ de 13 de julho de 2006, *Vincenzo Manfredi c. Lloyd Adriatico Assicurazioni SpA, Antonio Cannito c. Fondiaria Sai SpA e Nicolò Tricarico e Pasqualina Murgolo c. Assitalia SpA.*, C-295/04 a C-298/04, EU:C:2006:461, entre vários outros.

teção dos direitos subjetivos que daí derivam[634]; da expressa consagração da aplicação dos arts. 101º e 102º TFUE pelos tribunais nacionais[635]; e da possibilidade de cooperação entre a Comissão e esses tribunais[636]. No entanto, o nível de proteção dos lesados na UE não era uniforme[637]. Não só as ações de indemnização eram escassas (quer de seguimento – "*follow on*" – quer independentes de uma decisão de condenação por parte da Comissão ou de uma ANC[638] – "*stand alone*"), como se encontravam concentradas em alguns países da UE (Reino Unido, Alemanha e Holanda)[639]. Posteriormente, veio a ser adotada a Diretiva 2014/104[640] com o objetivo de harmonizar algumas das regras que dificultavam o surgimento de uma cultura de "*private enforcement*" e aprovada a Recomendação sobre tutela coletiva[641]. Quer a Diretiva do *private enforcement* quer a Recomendação da Comissão sobre tutela coletiva contêm um conjunto de recomendações que vão no sentido de definir compensações justas e não sobrestimadas e limitadas ao lucro cessante e ao dano emergente, afastando danos punitivos (como o dobro ou triplo do prejuízo sofrido) como é típico dos ordenamentos jurídicos continentais[642]. A razão de ser da limitação é não incentivar um contencioso extremo[643].

Pode sustentar-se que as ações de indemnização propostas pelas vítimas das práticas restritivas da concorrência fazem parte do leque de

[634] Considerando nº 7 do Regulamento 1/2003.

[635] Art. 6º do Regulamento 1/2003.

[636] Art. 15º, nº 3 do Regulamento 1/2003 e Comunicação da Comissão sobre a cooperação entre a Comissão e os tribunais dos Estados-Membros da UE na aplicação dos artigos 81º e 82º do Tratado CE (JO C 101, de 27.4.2004, 54-64), nº 17.

[637] Allendesalazar (2008, p. 516).

[638] Leandro Vasconcelos (2015, p. 378), Pitofsky (2002, p. 170).

[639] Ashton, Henry, Maier-Rigaud e Schwalbe (2013, pp. 95 a 101), Komninos (2008, p. 102).

[640] Diretiva do *private enforcement*. Em Portugal a Diretiva foi transposta pela Lei nº 23/2018, de 5 de junho de 2018 (Diário da República nº 107/2018, Série I de 5.6.2018, pp. 2368 a 2376).

[641] Recomendação da Comissão, 11 de junho 2013, sobre os princípios comuns que devem reger os mecanismos de tutela coletiva inibitórios e indemnizatórios dos Estados-Membros aplicáveis às violações de direitos garantidos pelo direito da União (2013/396/UE) (JO L 201/60, 26.7.2013).

[642] Diretiva do *private enforcement*, considerando nº 13 e Recomendação da Comissão sobre tutela coletiva, nº 31.

[643] Allendesalazar (2008, p. 512).

consequências pela violação do direito da concorrência, pois, para além do objetivo evidente e principal de compensar as vítimas, também são uma forma de punir os infratores, servindo o propósito da prevenção e do desincentivo à prática de infrações[644]. Em apoio desta posição encontram-se autores que entendem que a aplicação coerciva do direito da concorrência ainda serve o objetivo de justiça corretiva[645] de reverter a transferência da riqueza resultante do comportamento anticoncorrencial da empresa em posição dominante para os consumidores afetados.

Apesar da reconhecida complementaridade entre a aplicação do direito da concorrência por parte das autoridades públicas (Comissão e ANC) e entidades privadas, alguns dos objetivos prosseguidos pelas ações privadas e a sua motivação são seguramente diferentes e não cabem no escopo da nossa investigação. Assim, o nosso trabalho não versará sobre o tema das ações de indemnização nem sobre a possibilidade de a sua natureza ser, ou não, sancionatória. Não poderemos, contudo, deixar de notar que, no âmbito alargado dos objetivos a prosseguir pela aplicação coerciva pública do direito da concorrência, a Comissão não ordena a compensação das vítimas da infração, mas pode determinar, na própria decisão, o montante dos danos causados e auxiliar os tribunais em ações de responsabilidade civil. Ainda assim, nos casos *Deutsche Bahn*[646], a Comissão ordenou o pagamento de uma quantia única de compensação a empresas de transporte ferroviário, demonstrando que, apesar de as medidas de correção não prosseguirem normalmente a função compensatória, é possível utilizá-las com este propósito[647].

3.2.4. A função de restaurar a concorrência

A função de restaurar a concorrência decorre da obrigação de fazer cessar a infração e os seus efeitos[648]. Esta função é sobretudo levada a cabo

[644] Bourgeois e Strievi (2010, p. 242), Economides e Lianos (2010b, p. 395). Nebbia (2008, p. 24) sugere que a compensação das vítimas deveria ser tida em conta na discussão de compromissos e numa eventual redução das coimas.

[645] Diemer (2006, pp. 310, 311).

[646] Decisão da Comissão de 18 de dezembro de 2013, *Deutsche Bahn I*, COMP/39.678, (JO C 86 de 25.3.2014, pp. 4-5), nºs 90 a 93.

[647] Ioannidou (2018, p. 152).

[648] Ver, Allendesalazar (2008, p. 513), Lowe e Maier-Rigaud (2008, p. 597).

pelas medidas corretivas[649], que não se limitam a ordenar a cessação da infração, mas concorrem para restabelecer as condições do mercado[650].

O objetivo de restaurar a concorrência é, seguramente, o mais difícil de alcançar na aplicação coerciva pública do direito da concorrência, uma vez que requer a realização de um juízo de prognose comparativo da situação que *provavelmente* existirá caso se mantenham as restrições à concorrência e a situação que *provavelmente* existirá na ausência dessas restrições. Requer, ainda, a construção de uma medida de correção eficaz para corrigir a situação no futuro. Esta dificuldade é acrescida em casos de indústrias complexas e mercados dinâmicos[651] onde os efeitos são mais difíceis de mensurar e prever. Estas dificuldades serão discutidas em pormenor no capítulo 7 (ver 7.2.3).

No prosseguimento desta função, a autoridade responsável pela aplicação do direito da concorrência deve respeitar os direitos das empresas de organizarem o seu negócio da melhor forma e de procurarem maximizar o lucro, pelo que a função de restaurar a concorrência (objetivo imediato das medidas corretivas), deve orientar a atuação da autoridade no sentido de procurar eliminar e corrigir os efeitos da infração (os objetivos específicos das medidas de correção), ao mesmo tempo que não proíbe comportamentos pró-competitivos e benéficos para o consumidor (os objetivos mediatos) nem diminui os incentivos das empresas em adotarem esses comportamentos. Este equilíbrio é alcançado através da observância dos princípios da eficácia, da proporcionalidade e da segurança jurídica, como discutiremos no capítulo 4[652].

A propósito da função reparadora da concorrência, deve discutir-se se as medidas de correção têm de ter, ou não, um nexo estreito com a infração. Esta questão deve ser analisada de dois prismas. Em primeiro lugar, saber se as medidas corretivas devem ter como objetivo alterar os incentivos das empresas para a sua atuação futura ou limitar-se a corrigir o específico dano provocado pela conduta. Em segundo lugar, saber se as medidas de correção devem limitar-se a restaurar a concorrência

[649] Lianos e Andreangeli (2013, p. 423).

[650] Acórdão *Akzo*, nºs 155 e 157.

[651] Gavil e First (2014, p. 247), Economides e Lianos (2010b, p. 397).

[652] Realizando um raciocínio semelhante para a adoção de medidas de correção em controlo de concentrações, Hoeg (2014, p. 28).

preexistente ou devem recriar a concorrência que teria existido se não tivesse ocorrido a infração.

Quanto ao primeiro prisma, encontramos várias posições. Wang afasta a possibilidade de as medidas de correção poderem alterar os incentivos das empresas e apresenta esta função como a característica distintiva entre as medidas de correção (que não têm como objetivo a alteração dos incentivos futuros das empresas) e os compromissos aceites em matéria de controlo de concentrações[653]. Lianos entende que medidas profiláticas (preventivas) têm por objetivo afetar a capacidade, mas não os incentivos, de a empresa cometer práticas equivalentes[654]. Já para Fletcher ou Dunne as medidas de correção em processos de práticas restritivas têm precisamente por objetivo (entre outros) a alteração dos incentivos futuros das empresas no seu comportamento no mercado[655]. Esta posição parece-nos mais consentânea com a que defendemos de que as medidas de correção têm três níveis de objetivos, pelo que, no respeito do princípio da proporcionalidade, as medidas podem ter de alterar os incentivos das empresas, para alcançarem o objetivo mediato das medidas de correção[656]. Por exemplo, uma medida de correção que ordene a separação entre as atividades de uma empresa verticalmente integrada para fazer face a um abuso de posição dominante que derive desse facto, tem como objetivo eliminar o inerente conflito de interesses da empresa dominante entre aumentar as vendas no mercado a montante e excluir os concorrentes a jusante. Aí, a escolha de uma medida mais ou menos forte depende dos factos do caso e da aplicação dos princípios da eficácia e da proporcionalidade. Porém, apesar de aceitarmos que as medidas de correção também podem alterar os incentivos das empresas, advogamos que deve existir nexo estreito entre a medida e a infração e que a Comissão se encontra limitada por vários fatores, tais

[653] Wang (2011, p. 577).

[654] Lianos (2016, p. 113).

[655] Fletcher (2016, pp. 4 ss.), Dunne (2014, p. 433).

[656] No sentido de que se as decisões, sistematicamente, prosseguirem os objetivos das normas se alcança coerência na aplicação do direito da concorrência, ver, Peeperkorn (2016, p. 390). No sentido de que as autoridades de concorrência devem prosseguir objetivos claros e económicos e não outras políticas sob pena, entre outros, de incoerência na decisão, ver Melícias (2017b, pp. 188 e 189).

como o princípio da proporcionalidade, o tipo de abuso e os direitos das empresas[657], que discutiremos ao longo deste trabalho.

Quanto ao segundo prisma, coloca-se a questão de saber se o objetivo de restaurar a concorrência pode justificar a adoção de medidas tendentes a colocar o mercado mais competitivo do que aquele que existia previamente à ocorrência da infração ou que teria existido não fora a infração[658]. Em caso afirmativo, a medida intervém no mercado de forma mais profunda, para que os concorrentes, clientes ou consumidores afetados pelo abuso de posição dominante possam retirar todos os benefícios de um ambiente competitivo, e não precisa de apresentar um nexo estreito com a infração.

De um lado, encontramos autores que advogam uma solução mais interventiva. Melamed entende que, para alcançar a situação que teria existido não fora o comportamento abusivo, a medida não precisa de estar relacionada com a infração cometida[659]. O autor justifica a sua posição afirmando que a exigência de um nexo estreito entre a infração e a medida de correção limita a flexibilidade de atuação das autoridades e torna-a menos interventiva[660]. Ritter defende que pode ser necessário a medida de correção ir para além da concorrência que existia no mercado e tentar alcançar a situação que existiria hoje se não tivesse sido praticada a infração (o contrafactual)[661]. Em sua opinião, a autolimitação da medida tem consequências não só a nível da eliminação dos efeitos da infração como também a nível de prevenção[662].

Outros autores defendem que tem sempre de haver um nexo estreito entre a medida de correção e a infração[663]. Wang, aliás, sublinha a necessidade de as medidas corretivas, ao solucionar os problemas de concorrência, não restringirem desnecessariamente a capacidade e os

[657] Não cabe no escopo deste trabalho discutir a aplicabilidade dos direitos fundamentais às empresas, mas notamos que já têm sido reconhecidos na jurisprudência. Ver, também, Jones *et al.* (2019, p. 532), Lock (2019, pp. 2147 a 2152), Andreangeli (2010, pp. 229 a 235).

[658] Lianos (2012b, p. 190).

[659] Melamed (2009, p. 365).

[660] *Idem.*

[661] Ritter (2016a, p. 589). O autor não refere expressamente que não deve haver nexo, mas abraça a ideia de colocar o mercado na situação contrafactual.

[662] *Idem.*

[663] Monti (2016, p. 189), Wang (2011, p. 576), O'Barnett (2008, p. 551).

incentivos das empresas de procurarem alcançar ganhos de eficiência e oportunidades lucrativas[664].

Parece-nos que existe necessidade de relacionar a medida de correção com a infração e a teoria do dano[665]. Em primeiro lugar, como já observámos, os valores da concorrência não podem limitar direitos das empresas, como, o direito de propriedade[666] e a liberdade de empresa[667], sem respeitar o princípio da proporcionalidade. Nesta medida, a adoção de medidas de correção sem qualquer relação com a infração deve ser afastada. Aliás, a Diretiva ECN+, que visa harmonizar certas regras de aplicação do direito da concorrência na UE, afirma, no seu considerando nº 14, a necessidade de "*conciliar o respeito dos direitos fundamentais das empresas e a obrigação de assegurar a aplicação eficaz dos artigos 101º e 102º do TFUE*". Esse respeito passa pela obediência aos princípios gerais do direito da União e da CDFUE, em conformidade com a jurisprudência dos tribunais europeus[668]. Em particular está aqui em causa o direito a uma boa administração[669] e o respeito pelos direitos de defesa das empresas[670].

[664] Wang (2011, p. 573).

[665] A teoria do dano explica como uma particular conduta constitui uma infração ao direito da concorrência por referência aos testes desenvolvidos. Uma teoria do dano bem desenvolvida deve articular como a concorrência e os consumidores são prejudicados em relação a uma situação contrafactual bem definida, deve ser intrinsecamente consistente, deve ser consistente com os incentivos dos vários atores e com a prova económica disponível (ou pelo menos não deve ser inconsistente com esta). Quanto a estas características das teorias do dano, Zenger e Walker (2012, p. 185). Também, Lianos (2013b, p. 25).

[666] Art. 17º CDFUE, art. 1º, Protocolo 1 CEDH. Em propriedade podem encontrar-se DPI e outros direitos intangíveis. Ver Andreangeli (2010, p. 238).

[667] Art. 16º da CDFUE.

[668] Castro Marques (2019, p. 344).

[669] Art. 41º CDFUE. Ver acórdão do TPI de 22 de outubro de 1997, *Stichting Certificatie Kraanverhuurbedrijf (SCK) e Federatie van Nederlandse Kraanbedrijven (FNK) c. Comissão das Comunidades Europeia*, T-213/95 e T-1 8/96, EU:T:1997:157, nºs 55 e 56; acórdão do TPI de 20 de abril de 1999, *Limburgse Vinyl Maatschappij NV, Elf Atochem SA, BASF AG, Shell International Chemical Company Ltd, DSM NV, DSM Kunststoffen BV, Wacker-Chemie GmbH, Hoechst AG, Société artésienne de vinyle, Montedison SpA, Imperial Chemical Industries plc, Hüls AG e Enichem SpA c Comissão*, T-305/94, T-306/94, T-307/94, T-313/94 a T-316/94, T-318/94, T-325/94, T-328/94, T-329/94 e T-335/94, EU:T:1999:80, nº 122; acórdão do TPI de 14 de fevereiro de 2001, *Société de distribution de mécaniques et d'automobiles (Sodima) c. Comissão das Comunidades Europeias*, T-62/99, EU:T:2001:53, nº 94; acórdão do TJ de 21 de setembro de 2006, *Nederlan-*

Em segundo lugar, em casos de abuso de posição dominante não podemos conhecer com toda a certeza o contrafactual, i.e. saber com toda a certeza como estariam concorrentes, clientes ou consumidores se não tivesse havido abuso. Exemplifiquemos. No caso de um abuso de exclusão, nunca podemos ter a certeza de que o concorrente estaria presente no mercado, caso não tivesse existido o comportamento de exclusão, ainda que se realizasse uma análise exaustiva aos planos, estrutura de custos e contas do próprio concorrente. Ora, se aceitássemos esta amplitude de atuação da Comissão, estaríamos a permitir que a Comissão adotasse uma atitude muito interventiva. Acresce que, construir uma medida que seja capaz de recriar a situação que teria existido caso não tivesse sido praticada a infração é uma tarefa difícil de realizar.

Porém, uma vez que as medidas de correção são prospetivas por natureza e não existe certeza absoluta sobre qual vai ser o seu impacto no futuro, não podemos excluir que, após a sua execução, o resultado no mercado venha a ser mais positivo. Não obstante, esta observação não limita a necessidade de, no momento da sua adoção, a medida manter um nexo estreito com a infração.

Em nossa opinião, a possibilidade de colocar o mercado mais concorrencial do que aquele que existia antes de praticada a infração vai depender de vários fatores, desde a aplicação dos princípios a que obedece a determinação da medida corretiva ao próprio caminho seguido para a sua adoção. De facto, se estivermos perante duas medidas corretivas igualmente eficazes e respeitadoras do nexo estreito com a infração e uma delas for menos onerosa, deve ser esta a medida escolhida, ainda que o resultado da sua aplicação leve a que o mercado venha a ser mais competitivo do que era antes de cometida a infração. Vejamos. Em casos de posição dominante, é muito possível que o desenvolvimento do mercado seja condicionado pela própria existência de uma empresa preponderante, ainda que esta não se encontre a abusar da sua

dse Federatieve Vereniging voor de Groothandel op Elektrotechnisch Gebied and Technische Unie BV c. Comissão, C-105/04 P, EU:C:2008:8, nºs 42 a 44; acórdão do TG de 25 de junho de 2010, *Imperial Chemical Industries Ltd c. Comissão Europeia*. T-66/01, EU:T:2010:255, nº 109. Sobre o tema ver, Chalmers *et al.* (2014, pp. 437 a 439).

[670] Art. 47º CDFUE. Ver acórdão do TJ de 7 de junho de 1983, *S.A. Musique Diffusion française(pioneer) c. Comissão*, C-100 a 103/88, EU:C:1983:158 nºs 10 e 14; acórdão do TPI de 8 de julho de 2008, *Lafarge AS c. Comissão*, T-54/03, EU:T:2008:255 nº 37.

posição (por exemplo, pode ser mais oneroso para um novo concorrente entrar num mercado onde existe uma marca muito forte, sendo que a empresa detentora da mesma não abusa de uma posição dominante por ter desenvolvido uma marca forte). Assim, em caso de abuso dessa posição dominante (por exemplo, por exigir exclusividade), pode acontecer que a única medida de correção possível dê origem a um mercado com menos barreiras à entrada do que o que existia anteriormente (por exemplo, a limitação da exposição dos produtos dessa mesma marca forte).

De facto, uma das grandes limitações da atuação da Comissão quando impõe sanções em geral (e medidas corretivas em especial) são os princípios que regem a sua adoção, e não o eventual nível de concorrência preexistente. Em primeiro lugar, é muito difícil precisar com todo o rigor o exato nível de concorrência que existe num mercado[671]. Em segundo lugar, ainda que seja possível determinar esse nível de concorrência, será difícil prever, com toda a precisão, as consequências da aplicação da medida corretiva no mercado. Usando estudos económicos, será provavelmente possível prever esses efeitos com elevado grau de probabilidade, mas não com toda a exatidão[672].

Ainda neste prisma, outra questão pode ser levantada. O tipo de decisão de adoção da medida corretiva tem uma grande influência ao nível da função restauradora, pois a exigência do princípio da proporcionalidade é maior quando se adota uma decisão ao abrigo do art. 7º do Regulamento 1/2003 (imposição da medida) do que quando se adota uma decisão ao abrigo do art. 9º do Regulamento 1/2003 (compromissos)[673]. Pode até entender-se que, no segundo caso, a Comissão não se encontra limitada pelo nível de concorrência no mercado anterior à infração. Se a medida for apresentada voluntariamente como compromisso da empresa, não se exige o nexo estreito entre infração (que não é estabelecida) e medida. Ao invés, a medida deve ter um nexo estreito com as objeções apresentadas pela Comissão[674].

671 Economides e Lianos (2010b, p. 397).

672 Ashton, Henry, Maier-Rigaug e Schwalbe (2013, pp. 244 a 246).

673 No mesmo sentido, Sadowska (2011, p. 8).

674 Sadowska (2011, p. 8).

Já referimos que as medidas de correção são prospetivas por natureza não sendo possível prever com exatidão os seus efeitos futuros[675], pelo que não podemos afastar que a adoção de uma medida de correção dê origem, na prática, a um resultado no mercado mais competitivo. Com o que não concordamos é que, no âmbito da função reparadora da concorrência, a Comissão possa almejar objetivos mais ambiciosos, o que discutiremos em seguida a propósito da função regulatória.

Em nossa opinião, e como demonstraremos abaixo, entendemos que a liberdade da Comissão em impor medidas corretivas se encontra limitada, entre outros, pela teoria do dano adotada, e que não deve ir para além dos objetivos prosseguidos pelo direito da concorrência, do objetivo de restaurar a concorrência e dos objetivos específicos das medidas de correção (legitimamente fixados), sob pena de violar a exigência de nexo estreito entre a infração e a medida de correção e o princípio da proporcionalidade. Cremos que esta posição é corroborada pela jurisprudência do TJ, que no acórdão *Akzo* afirma como objetivo das medidas de correção o restabelecimento da situação que existia antes da infração[676]. No entanto, apesar de não dever procurar ativamente um nível de concorrência mais competitivo do que o que existia, a Comissão não deve ficar limitada ao nível de concorrência que existia antes de cometida a infração[677], pois as medidas de correção são prospetivas e não é possível prever com exatidão os seus efeitos. Quando estamos perante a aceitação de compromissos, os requisitos não são os mesmos nem tão exigentes, o que pode colocar em perigo a fronteira entre concorrência e regulação[678], como veremos, também, ao longo deste estudo.

3.2.5. A função regulatória

Apesar de haver claramente alguma aproximação nas finalidades levadas a cabo pela regulação e pelo direito da concorrência a nível "macro", ou seja, no resultado a alcançar e nas falhas de mercado a corrigir, na verdade, regulação e direito da concorrência são duas realidades distintas,

[675] Gavil e First (2014, pp. 246 e 247).

[676] Acórdão *Akzo*, nº 157.

[677] Neste sentido, Niels *et al.* (2016, p. 361).

[678] Davies e Lyons (2007, p. 39) defendem que a virtude está em conjugar os diferentes objetivos.

quer quanto aos objetivos a prosseguir quer quanto aos mecanismos utilizados para atingir o resultado proposto.

Há diferenças fundamentais entre regulação e concorrência[679]. Em primeiro lugar, o âmbito de aplicação objetivo é diferente. Enquanto que o direito da concorrência é aplicável de forma transversal e residual a todos os setores da economia, a regulação é tipicamente setorial e preocupa-se em limitar a posição do incumbente através da alteração da estrutura do mercado[680]. Em segundo lugar, o direito da concorrência das práticas restritivas ("*antitrust*") aplica-se *ex post* após a ocorrência do facto, de forma reativa e dependente de uma infração[681], e a regulação aplica-se *ex ante*, com a criação de um quadro estrutural destinado a fazer face a falhas de mercado, previamente identificadas. A regulação fundamenta-se na necessidade de promover a emergência de concorrência efetiva, e o direito da concorrência corrige uma restrição da concorrência[682]. Em terceiro lugar, os objetivos a alcançar com a regulação e o direito da concorrência são distintos. A regulação, para além de objetivos de eficiência, também prossegue objetivos redistributivos, como o serviço universal. Já o direito da concorrência encontra-se mais focado – como vimos – em alcançar a eficiência dos mercados com enfoque no bem-estar do consumidor. Em quarto lugar, as obrigações que a regulação e o direito da concorrência impõem aos atores no mercado são diferentes. Ao passo que o direito da concorrência proíbe certas grandes categorias de comportamento anticoncorrencial (sendo que os restantes comportamentos não são proibidos e o mercado evolui e adapta-se, autocorrigindo-se), a regulação determina, com pormenor, a atuação das empresas no mercado. Por fim, o direito da concorrência é, em consequência das diferenças apontadas, uma ferramenta dinâmica que assenta no funcionamento do mercado para solucionar falhas de mercado. Pelo contrário, a regulação é um conjunto de regras de cariz mais estático, que se destinam a solucionar específicas questões e que, como tal, não se adaptam com facilidade ao evoluir do mercado. Assim,

[679] Nesta distinção seguiremos de perto Allendesalazar (2008, p. 512 e 513). Também Confraria (2010, p. 99 e 100).

[680] Ibañez Colomo (2010, p. 284).

[681] Azevedo (2018, p. 157), Ibañez Colomo (2010, p. 264).

[682] Sauter (2016, p. 96).

apesar de a regulação pretender endereçar falhas de mercado que não são solucionáveis através do seu normal funcionamento, à medida que o mercado evolui, aquelas regras podem tornar-se obsoletas e causar mais ineficiência do que eficiência[683].

Quanto ao direito da concorrência, o facto de as suas soluções terem impacto no mercado acaba por lhes atribuir uma certa finalidade regulatória. Essa finalidade pode encontrar-se em algumas medidas de correção para fazer face a particulares tipos de abuso, como a recusa de venda (incluindo a doutrina das infraestruturas essenciais) e a proibição de preços excessivos. No primeiro caso, a solução não se limita a proibir uma determinada conduta, mas impõe-na, pois a consequência lógica de uma recusa de fornecimento de um bem ou serviço, licença ou de acesso é a obrigação desse mesmo fornecimento, licenciamento ou concessão de acesso. No segundo caso, a solução material é semelhante à determinação de tetos de preço, função tradicional da regulação. Estas soluções coartam a liberdade da empresa em posição dominante, obrigando-a a fazer concessões a concorrentes, e também se encontram na regulação[684].

Ainda pode apontar-se o crescimento de um direito da concorrência "regulatório", levado a cabo nas decisões adotadas ao abrigo do art. 9º do Regulamento 1/2003[685]. Em casos relativos a abusos de posição dominante no setor da energia, a Comissão usou as medidas corretivas para alcançar resultados de mercado que não tinha conseguido obter através das diretivas de liberalização, sendo acusada – justamente – de utilizar o direito da concorrência (em particular o mecanismo das medidas corretivas alcançadas através de compromissos) como forma de regulação[686].

[683] Dunne (2014, p. 413).

[684] Ibañez Colomo (2019, p. 435), Dunne (2014, p. 419). Ver acórdão do TJ de 26 de novembro de 1998, *Oscar Bronner GmbH & Co. KG c. Mediaprint Zeitungs- und Zeitschriftenverlag GmbH & Co. KG, Mediaprint Zeitungsvertriebsgesellschaft mbH & Co. KG e Mediaprint Anzeigengesellschaft mbH & Co.* KG, C-7/97, EU:C:1998:569, nº 41, ou acórdão do TPI de 24 de maio de 2007, *Der Grüne Punkt - Duales System Deutschland GmbH c. Comissão das Comunidades Europeias*, T-289/01, EU:T:2007:155, nº 194, por exemplo.

[685] Dunne (2014, pp. 411 a 415), Varney (2011, p. 780), Geradin e Kerf (2003, p. 15), Larouche (2000, pp. 127 e 128), Waller (1998, pp. 1400 a 1408).

[686] Ioannidou (2018, p. 141), Dunne (2015, p. 325), Ibañez Colomo (2010, p. 298).

A ideia de uma função regulatória do direito da concorrência é muito debatida e encontra-se relacionada com a questão que vimos de discutir de saber se a adoção das medidas de correção deve encontrar-se limitada pela concorrência que existia antes de praticada a infração ou se pode ir para além daquela. Vamos desenvolver esta questão de uma perspetiva funcional ao longo deste estudo, em particular a propósito da adoção de medidas de correção através de compromissos e no setor da energia. Neste momento, interessa enunciar e apresentar as principais ideias. Ioannidou aceita que as medidas de correção levem a uma alteração da estrutura do mercado, pois considera que – exemplificando com o caso da energia – a aplicação do direito da concorrência de um modo regulatório tem sido uma forma eficaz de obter soluções que de outra forma seriam difíceis de alcançar (até, por exemplo, por alguma falta de vontade política). A autora entende, contudo, que, nesta situação, é necessário reforçar a transparência do procedimento[687], muito em particular tendo em atenção os direitos de terceiros através da realização do teste de mercado e tendo em devida conta as suas objeções[688]. Ibañez Colomo não afasta totalmente a possibilidade de aplicação do direito da concorrência de forma regulatória, porque existe alguma semelhança na aplicação *ex ante* da regulação e das medidas de correção, e porque existe prática e jurisprudência nesse sentido. Para o autor, a grande questão reside na proporcionalidade da intervenção, que se observa quando o comportamento da autoridade não se afasta do que seria legitimamente esperado, tendo em conta os precedentes da jurisprudência e da prática decisória[689]. No entanto, o autor considera muito controversas as decisões de criar um "*level playing field*" através do direito da concorrência, porque entende que os objetivos da regulação justificam a existência de padrões de intervenção menos exigentes que o direito da concorrência, e que tal não deve ser transposto, sem mais, para este campo, nomeadamente, sem as necessárias garantias processuais[690]. Considera, portanto,

687 Ioannidou (2018, pp. 150 a 152).

688 Inspirando-se no acórdão do CAT *Skyscanner Limited v CMA* [2014] CAT 16, que considerou que o processo de consulta do OFT (depois CMA) sofria de deficiências por não ter tido devidamente em conta as objeções da Skyscanner, um terceiro que não era denunciante no processo (nºs 86 a 93).

689 Ibañez Colomo (2010, pp. 277 a 282).

690 Ibañez Colomo (2010, pp. 300 a 303).

que é possível aceitar alguma função regulatória desde que se respeitem determinados limites. Primeiro, se o objetivo da medida de correção num caso em particular for o de alterar o processo competitivo (e como tal ter uma função regulatória), deve ocorrer para proteção do mercado tal como existia previamente e não para procurar soluções mais ambiciosas. Em segundo lugar, as características do mercado em causa têm de suportar a fragmentação do número de empresas. Dunne, numa posição próxima desta, chama a atenção para o facto de ser difícil contrabalançar interesses conflituantes (o desejo de intervir *versus* a necessidade de proteger os direitos das empresas). A autora entende, e acompanhamos, que se a natureza do problema do mercado não é adequada a uma intervenção do direito da concorrência, então, deve ser usada a regulação, que prossegue objetivos mais abrangentes[691].

Entendemos que as medidas de correção acabam por ter uma componente regulatória pelo facto de se aplicarem para futuro e constituírem prescrições dirigidas às empresas que terão também impacto no mercado. Afastam-se, portanto, da consequência típica dos processos de condenação da empresa com a imposição de uma coima. No entanto, o uso do direito da concorrência para alcançar objetivos que não puderam ser alcançados pela via da regulação, por falta de vontade política dos EM, pode levantar questões de separação de poderes e de politização do direito da concorrência[692]. Assim sendo, e como temos vindo a defender, as medidas corretivas – mormente as aplicadas através de compromissos – não devem servir para alargar o âmbito do direito da concorrência de forma desmesurada. Existe uma fronteira entre regulação e aplicação de medidas de correção profiláticas e prospetivas, que consiste no respeito pela relação entre a infração e a medida de correção, no sentido de que as medidas devem corrigir o dano e não ir – conscientemente – para além do necessário[693-694]. Este respeito alcança-se pela aplicação crite-

[691] Dunne (2015, pp. 328 e 329). Georgiev até nos mostra porque é que os "*consent decrees*" nos EUA são mais suscetíveis de conter verdadeira regulação. De acordo com o autor, é mais difícil aprovar legislação nos EUA do que na UE. Ver, Georgiev (2007, p. 993). Sendo assim, parece que mais um argumento concorre no sentido de que cada instrumento deve ser utilizado para levar a cabo a sua função.

[692] Dunne (2014, pp. 435 e ss.).

[693] Lianos (2016, p. 121).

[694] Ressalve-se a situação da aceitação de compromissos.

riosa dos princípios da eficácia e da proporcionalidade, tendo em consideração os objetivos específicos legítimos que as medidas de correção pretendem alcançar[695].

3.3. Os objetivos específicos: remissão

Como já adiantámos, os objetivos específicos de cada medida de correção servem para eliminar e corrigir os efeitos da infração. Uma vez que se encontram profundamente ligados aos factos de cada caso concreto, não existe um catálogo de objetivos específicos. Será a propósito das medidas de correção concretamente aplicadas às empresas que abusam de uma posição dominante que iremos discutir os objetivos específicos, remetendo, portanto, para o capítulo 7.

[695] Neste sentido também Lianos (2016, p. 123).

4. Os princípios que enformam adoção de medidas corretivas

Neste capítulo iremos estudar e discorrer sobre os princípios e requisitos que presidem à correta identificação e adoção de medidas de correção. Recordemos que a adoção de medidas de correção põe em causa direitos das empresas[696], tais como, o direito de propriedade privada[697] e a liberdade de empresa[698]. É, portanto, indiscutível, que a adoção de medidas corretivas esteja sujeita a determinados limites[699]. O TEDH também já admitiu que o direito a gozar de forma pacífica do direito de propriedade pode sofrer limitações[700], mas estas têm de ter uma base legal expressa, prosseguir um objetivo legítimo de interesse público e obedecer a um juízo de proporcionalidade entre a necessidade do público e a proteção das empresas[701].

[696] Geradin e Petit (2011, p. 12), Andreangeli (2010, p. 230), Lowe e Maier-Rigaud (2008, p. 606), Tridimas (2006, p. 313).

[697] Art. 17º da CDFUE e art. 62º da CRP e art. 1º, Protocolo I CEDH.

[698] Art. 16º da CDFUE e art. 61º da CRP.

[699] Conclusões do AG Wathelet apresentadas em 20 de novembro de 2014, *Huawei Technologies Co. Ltd c. ZTE Corp. e ZTE Deutschland GmbH*, C-170/13, EU:C:2014:2391, nºs 54 e ss.. Ver também, Oliver e Bombois (2015, p. 603), Andreangeli (2010, pp. 225 a 257). Ver, também, Vieira de Andrade (2019), Reis Novais (2019), Aragão Homem (2019), Miranda (2017), Alexandrino (2007). Não cabe no escopo deste trabalho a discussão sobre o tema, pelo que o damos por assente.

[700] Ver, por exemplo, acórdão de 23 de janeiro de 2008, *Balan c. Moldávia*, App. nº 19247/03, 45 e 46.

[701] Andreangeli (2012, p. 30).

O nº 1 do art. 7º do Regulamento 1/2003 estabelece que, na sequência da verificação de uma infração ao art. 102º TFUE, a Comissão pode obrigar as empresas a pôr termo à mesma impondo-lhes soluções de conduta ou de caráter estrutural proporcionadas à infração cometida e necessárias para lhe pôr efetivamente termo. A norma ainda determina que "*as soluções de caráter estrutural só podem ser impostas quando não houver qualquer solução de conduta igualmente eficaz ou quando qualquer solução de conduta igualmente eficaz for mais onerosa para a empresa do que a solução de caráter estrutural*". Esta norma prevê, então, os princípios da eficácia e da proporcionalidade na imposição de medidas de correção.

Relacionado com estes está, cremos, a tempestividade. A tempestividade deriva do princípio da eficácia, no sentido de que uma medida eficaz também tem de ser tempestiva.

Por fim, tendo em conta a ingerência na atividade das empresas, a segurança jurídica tem de estar presente na adoção de medidas de correção.

Estes princípios aplicam-se para além de todos os direitos de defesa das empresas durante o procedimento, que, como não são específicos do tema que tratamos, não vamos aqui explorar.

4.1. O princípio da eficácia

O TJ reconheceu, expressamente, em despacho de 17 de janeiro de 1980, que a Comissão deve poder exercer, do modo mais eficaz e mais adequado às circunstâncias de cada situação concreta, o poder de decisão que lhe conferia, à data, o art. 3º do Regulamento 17/62[702]. Este reconhecimento foi reforçado no acórdão *Magill* do TG[703]. Com a modernização do direito da concorrência da UE, o princípio da eficácia foi reconhecido no nº 1 do art. 7º do Regulamento 1/2003.

O princípio da eficácia é fundamental na adoção de medidas de correção, pois a atuação da Comissão deve estar orientada para alcançar a medida mais eficaz para fazer cessar efetivamente a infração (incluindo

[702] Despacho *Camera Care*, nº 17. No despacho, o TJ expressamente admitiu que a decisão pode ser tomada em fases sucessivas, incluindo a possibilidade de adotar medidas preventivas. Cremos que o princípio é aplicável à adoção de medidas corretivas também.

[703] Acórdão *Magill* do TG, nº 97.

os seus efeitos)[704]. O princípio da eficácia refere-se, então, à capacidade da medida de correção para salvaguardar o efeito útil das regras do direito da concorrência[705-706].

O princípio da eficácia não é o único princípio a ser tido em conta aquando da adoção das medidas de correção. A ponderação do princípio da proporcionalidade será fundamental[707]. Aliás, a eficácia das medidas de correção não é muito distinta da vertente da adequação do princípio da proporcionalidade. Em nossa opinião justifica-se a autonomização por dois motivos que já referimos acima. Em primeiro lugar, decorre do art. 7º, nº 1, do Regulamento 1/2003. Em segundo lugar, o princípio da eficácia prende-se principalmente com a necessidade de assegurar o efeito útil da decisão. Assim, em caso de decisão ao abrigo do art. 7º do Regulamento 1/2003, havendo várias soluções, a Comissão deve tentar encontrar a mais eficaz[708]. A eficácia, porém, não pode justificar qualquer solução. A medida deve ser eficaz em função do problema jusconcorrencial a resolver. A atuação da Comissão deve estar orientada para fazer cessar a infração e restaurar a concorrência tal como existia antes

[704] Lowe e Maier-Rigaud (2008, pp. 599 e 600). Ver, também neste sentido, Marsden (2020, p. 554).

[705] Maier-Rigaud (2016, p. 216) defende a autonomização do princípio da eficácia.

[706] Como o princípio da efetividade (segundo o qual os direitos nacionais dos EM não devem tornar praticamente impossível ou excessivamente difícil o exercício dos direitos conferidos pelo direito da UE) serve para garantir o efeito útil das regras de direito da UE. Lianos (2016, pp. 108 a 111), Chalmers (2014, pp. 407, 412, 446, 663). Acórdão *Vincenzo Manfredi*, nºs 60 a 62 e 95. Também já foi aceite pelo TJ o princípio da eficácia no sentido de salvaguardar o efeito útil das decisões (acórdão de 10 de julho de 2003, *Comissão c. Conselho*, C-87/01 P, EU:C:2003:400, nºs 37 e 63) e pelo TG para garantir a boa gestão financeira (acórdão de 18 de outubro de 2018, *Terna – Rete elettrica nazionale SpA c. Comissão*, T-387/16, EU:T:2018:699, nº 72, e acórdão de 3 de julho de 2018, *Transtec c. Comissão*, T-616/15, EU:T:2018:399, nº 109). Na verdade, tendo em conta que na língua inglesa se usa sempre a expressão "*effectiveness*", existe alguma jurisprudência que se refere ao princípio da efetividade do direito da UE como "princípio da eficácia". Deste modo, cremos que, no nosso contexto, as duas expressões poderiam ser utilizadas. Contudo, como em língua portuguesa se tem reservado a expressão "princípio da efetividade" do direito da União para o sentido que demos acima, e que o Regulamento 1/2003 fala em medidas "eficazes", entendemos melhor usar, na nossa sede, a expressão "eficácia".

[707] Lianos (2016, pp. 112 a 115).

[708] Considerando nº 12 do Regulamento 1/2003. Maier-Rigaud (2016, pp. 2018 a 220), De Smijter e Sinclair (2014, p. 124).

de cometida a infração. Portanto, estará, na nossa opinião, limitada pela existência de um nexo estreito entre a infração e a medida de correção. Caso contrário, a Comissão teria autorização para adotar qualquer solução para alterar o mercado. Se houver várias medidas igualmente eficazes, a empresa deve escolher qual deve ser aplicada[709], por aplicação do princípio da proporcionalidade. No caso de a decisão ser adotada ao abrigo do art. 9º do Regulamento 1/2003, como veremos, a situação não será a mesma.

Estas reflexões levam-nos a revisitar um aspeto fundamental do princípio da eficácia na adoção de medidas de correção: o de saber se a Comissão se encontra limitada pelo grau de concorrência preexistente no mercado ou se pode adotar medidas de correção que ultrapassem este limite (note-se que a Comissão não pode ficar limitada ao exato nível de concorrência que existia antes de cometida a infração[710], pois as medidas de correção são prospetivas e não é possível prever com exatidão os seus efeitos; o que defendemos é que não o deve procurar ativamente). Esta discussão está profundamente relacionada com a função regulatória das medidas de correção que vimos de analisar e onde defendemos que, apesar de as medidas de correção conterem, inevitavelmente, características de intervenção[711] (pelo seu caráter prospetivo e aplicação para futuro), existe uma fronteira entre regulação e concorrência[712]. Assim sendo, o princípio da eficácia não deve ser apresentado para justificar uma intervenção excessiva, impedindo, nomeadamente, comportamentos que não são ilegais. Esta mesma ideia foi apresentada pelo TG em *Cartonboard*[713] e *Atlantic Container*[714]. Nestes casos, enten-

[709] Acórdão *Automec II*, T-24/90, nºs 51 e 52.

[710] Neste sentido, Niels *et al.* (2016, p. 361).

[711] Hjelmeng (2013, p. 1012), Hylton (2009, p. 773).

[712] Lianos (2016, p. 121).

[713] Acórdão *Cartonboard*, nº 178. Neste caso o TG decidiu que a Comissão não devia proibir práticas que em si não eram ilegais, apenas porque poderiam facilitar outros comportamentos.

[714] Acórdão do TPI de 30 de setembro de 2003, *Atlantic Container Line AB e outros c. Comissão das*, T-191/98, T-212/98 a T-214/98, EU:T:2003:245, nºs 398 e ss. A Comissão não deveria ter obrigado as empresas a cessar ou renegociar os contratos que não tinham sido considerados ilegais. Ver, também, acórdãos do TG *Langnese-Iglo* T-7/93, nºs 205 a 211 ("*na medida em que a aplicação do artigo 3º, nº 1, do Regulamento nº 17 se deve fazer em função da infracção detectada*"), *Sarrió*, T-334/94, nºs 265 a 267, e *Schöller*, T-9/93, nº 158. Ver, também acórdão do TJ

deu-se que as medidas que a Comissão impunha iam além do necessário para fazer cessar a infração e afetavam práticas que, em si, não tinham sido consideradas ilegais pela Comissão, mas que poderiam facilitar outras práticas anticoncorrenciais.

O princípio da eficácia também constitui um importante limite à própria teoria do dano. De facto, uma vez que uma medida deve estar profundamente relacionada com a teoria do dano no caso concreto[715], se a medida não é eficaz, então pode pôr-se em causa a validade dessa mesma teoria[716]. O caso *Microsoft I (tying)* pode ajudar-nos a chegar a esta conclusão. Efetivamente, a Microsoft defendeu-se da acusação de vendas ligadas, entre outras, afirmando que não havia procura para o produto Windows sem WMP e que a separação entre as funcionalidades iria limitar a empresa na configuração do produto. Após o cumprimento da medida corretiva imposta pela Comissão, chegou-se à conclusão de que não existia realmente uma procura com essas características. Economides e Lianos criticam a decisão e creem que, na verdade, havia outra medida de correção possível que poderia ter sido mais eficaz: a obrigação de, para além do WMP, a Microsoft incluir outros concorrentes de "*media player*" na sua oferta ("*must carry*") e deixar ao consumidor a possibilidade de eleger qual preferia[717]. Esta medida, contudo, poderia não ter sido proporcionada, pois se assemelha mais a uma medida de correção do tipo "obrigação de acesso".

Quanto às características de uma medida de correção eficaz, cremos que podemos inspirar-nos nas Conclusões do AG Jääskinen, que, em *Donau Chemie*, entendeu que as vias processuais devem ser "*acessíveis, imediatas, e razoavelmente pouco onerosas para os benefícios que*

Magill, nº 93; todos, porém, ao abrigo do Regulamento 17/62. Moura e Silva (2018, p. 355, n.r. 633) nota que pode haver diferença de regimes, embora as cautelas que rodeiam a adoção de medidas de correção ao abrigo do Regulamento 1/2003, possam, inclusive, tornar o mecanismo pouco operacional. Da nossa parte, cremos que os princípios construídos ao abrigo do Regulamento 17/62 são transponíveis para a análise de medidas de correção ao abrigo do Regulamento 1/2003, já que, como bem nota o autor, é um mecanismo rodeado de cautelas.

[715] Lianos (2012b, p. 197).

[716] Economides e Lianos (2010b, p. 430), Forrester (2009b, p. 337).

[717] *Idem*, p. 443.

proporcionam"[718], e transpor a ideia para as medidas de correção, uma vez que estas medidas se caracterizam por desempenhar um papel de apoio aos objetivos substantivos que se pretendem alcançar com a aplicação coerciva do direito da concorrência. As medidas corretivas não devem ser extremamente complexas, devem ser fáceis de aplicar, executar e monitorizar[719], pois, quanto maior for a complexidade de uma medida corretiva e mais difícil a sua execução, menos eficaz será[720]. Uma medida corretiva eficaz depende, portanto, da sua definição, modo de execução e cumprimento[721]. A esta questão voltaremos a propósito do princípio da segurança jurídica (4.4.).

Deve colocar-se a questão de saber se existe diferença de eficácia entre medidas estruturais e comportamentais. Como defendemos que as medidas de correção são adaptadas à teoria do dano e ao caso concreto, afastamos a ideia de que medidas estruturais ou comportamentais são sempre mais ou menos eficazes[722]. Aliás, é possível que as medidas comportamentais sejam mais complexas que as medidas estruturais, por envolverem a manutenção de relações jurídicas durante e após a sua execução, mas também não é evidente que as estruturais sejam sempre mais fáceis de pôr em prática. Exemplifiquemos este ponto. De acordo com Rey, a viabilidade de uma medida estrutural de desinvestimento depende da determinação de vários fatores, como ativos físicos, recursos humanos, clientes, entre outros. Ora, uma empresa não pode, por exemplo, garantir que os seus trabalhadores ou clientes se mantêm no negócio alienado depois de transferido[723]. O que é crucial para a construção de uma medida de correção eficaz é a prossecução coerente dos objeti-

[718] Conclusões do Advogado-Geral Jääskinen, apresentadas em 7 de fevereiro de 2013, *Bundeswettbewerbsbehörde c. Donau Chemie e o.*, C-536/11, EU:C:2013:67, nº 47.

[719] De Smijter e Sinclair (2014, p. 124). Gerard (2016, p. 145) contrapõe eficácia a eficiência.

[720] Ver, a propósito do controlo de concentrações, enquanto exemplo de medida de correção complexa e inadequada, decisão de 9 de dezembro de 2004, COMP/M.3440 – ENI/EDP/GDP, confirmada no acórdão do TPI de 21 de setembro de 2005, *EDP – Energias de Portugal, SA c Comissão*, T-87/05, EU:T:2005:333, nºs 102 a 105, decisão de 15 de março de 2000, COMP/M.1672 – *Volvo/Scania*, e Comunicação sobre medidas de correção em controlo de concentrações, nº 14.

[721] Fletcher (2016, p. 20) referindo-se às medidas do lado da procura, mas que cremos ser aplicável a todos os tipos de medidas de correção. Shelanski e Sidak (2001, pp. 18 a 20).

[722] No sentido de que a eficácia é um conceito gradual, ver Maier-Rigaud (2016, p. 217).

[723] Rey (2003, p. 133).

vos mediatos e imediatos, a definição correta da teoria do dano e a identificação dos objetivos específicos a alcançar com a medida. No caso de medidas de correção do lado da procura, por exemplo, um erro de definição destes objetivos (como a obrigação de divulgação de demasiada informação ou demasiado complexa para ser facilmente apreendida pelo consumidor) pode levar a que os consumidores não se sintam incentivados a mudar de fornecedor[724].

Neste estudo, não pretendemos, nem temos os meios para realizar uma análise da eficácia das medidas de correção, o que, aliás, não é fácil de executar tendo em conta a ausência de informação[725] e a multiplicidade de métodos que existem para a determinar[726]. Não sendo um objetivo da presente tese discorrer sobre os concretos métodos de avaliação *ex post* de medidas corretivas, entendemos que é um passo necessário

[724] Fletcher (2016, p. 21).

[725] Sullivan (2002, p. 603).

[726] A título de exemplo, no *Merger Remedies Study* (nºs 167 a 171), Comissão chegou à conclusão de que mais de metade das medidas de correção estruturais adotadas em sede de controlo de concentrações tinham sido eficazes e 44% parcialmente eficazes, pelo facto de a entidade desinvestida se manter como um concorrente viável e efetivo no mercado. Papandropoulos e Tajana (2006, p. 445) acrescentam os parâmetros da evolução das quotas de mercado, do bem desinvestido e do alienante e chegam a uma conclusão semelhante. Davies e Olczak (2008, p. 4) entendem que a eficácia das medidas corretivas deve ser medida em termos de impacto na estrutura competitiva e admitem que se possa comparar com a estrutura que existia antes da concentração (ou, extrapolando, antes do abuso), tendo em conta que a maioria das autoridades de concorrência estaria limitada a esta condição. No mesmo sentido, Davies e Lyons (2007, pp. 34 e 44). Em matéria de abuso de posição dominante, para Crandall (2001, pp. 109 ss.), a eficácia deve medir-se pela forma como a medida logra alcançar o bem-estar do consumidor. O autor chama a atenção para o facto de as medidas estruturais muitas vezes levarem a aumentos de preço e diminuição do bem-estar. Já para Shelanski e Sidak (2001, p. 96), a comparação correta para avaliar a eficácia das medidas de correção não deve ser a situação preexistente, mas sim aquela que resultaria da aplicação de outras medidas de correção. Weiser (2009, p. 277) concorda com a posição dos últimos autores e afirma que só com a análise do contrafactual se pode ter a certeza de que as medidas de correção adotadas foram as mais adequadas e eficazes. Finalmente, Heiner (2009, p. 878) sugere que se verifique se os concorrentes aproveitaram as oportunidades criadas pela medida de correção e nós acrescentamos que também devem ser tidos em conta os consumidores, quando estamos perante medidas de correção do lado da procura.

por parte das autoridades para aperfeiçoarem a adoção destas medidas no futuro[727]. Tal referiremos no capítulo final.

4.2. O princípio da proporcionalidade

4.2.1. Os elementos do princípio da proporcionalidade e sua aplicação no contexto da definição de medidas corretivas

Uma autoridade responsável pela aplicação do direito da concorrência obedece ao princípio da proporcionalidade, que é um princípio geral de direito da UE[728], também aplicável ao direito da concorrência[729]. O objetivo do princípio da proporcionalidade é o de permitir conciliar direitos em conflito considerando o seu valor relativo[730]. Tendo em conta a natureza dos direitos das empresas, uma restrição aos mesmos tem sempre de ser justificada por um objetivo legítimo de interesse geral e não pode ser desproporcionada[731]. Assim, a medida de correção deve ser adequada à prossecução dos objetivos de fazer cessar a infração e restaurar a concorrência e, havendo várias soluções possíveis, deve ser escolhida a menos onerosa para a empresa[732].

Esta é a visão do TJUE. Em *Commercial Solvents*[733] diz-nos que o poder de obrigar as empresas a cessar a infração deve ser aplicado em função da natureza dessa infração. Em *Magill* o TG afirmou que "*as obrigações impostas às empresas devem ser definidas em função das exigências que se prendem*

[727] Neste sentido também Weiser (2009, p. 277) quando refere que outros países puderam aprender com a experiência dos EUA no caso *AT&T*.

[728] Tridimas (2018, p. 243), Wang (2011, p. 574). No sentido de que todas as autoridades públicas se encontram vinculadas pelo princípio da proporcionalidade, ver Tridimas (2006, pp. 44 e 137). Sobre o princípio da proporcionalidade, ver, entre muitos Gorjão-Henriques (2018, pp. 101 a 113), Quadros (2018, pp. 213 a 231), Tridimas (2018, pp. 243 a 264), Gorjão-Henriques (2017, pp. 346 a 348), Craig e De Búrca (2015, pp. 229 a 231), Fausto de Quadros (2013, pp. 143 e 144), Sauter (2013, pp. 439 a 466), Craig (2012, pp. 639 e 640), Harbo (2010, pp. 171 a 180), Triantafyllou, (2002, pp. 53 e 54). Como exemplos de acórdãos sobre a aplicação do princípio da proporcionalidade no direito da UE, *Internationale Handelsgesellschaft*, 11/70, *Cassis de Dijon*, 120/78 e *Fedesa*, C-331/88.

[729] Nazzini (2011, p. 158).

[730] Sauter (2013, p. 439).

[731] Tridimas (2006, p. 313) afirmando que não se trata de duas condições, mas sim de dois aspetos da mesma condição.

[732] Economides e Lianos (2010a, p. 413).

[733] Acórdão *Commercial Solvents*, nº 45.

com a reposição da legalidade, tendo em conta as características do caso concreto em questão"[734]. Em recurso, o TJ afirmou que o princípio da proporcionalidade significa que o ónus imposto às empresas, para porem termo a uma infração, não deve ultrapassar os limites do que é adequado e necessário para atingir a finalidade prosseguida, isto é, a reposição da legalidade em relação às regras que, concretamente, foram infringidas[735]. No acórdão *Microsoft*, o TG aplicou claramente o princípio da proporcionalidade à imposição de medidas corretivas[736].

O princípio da proporcionalidade encontra-se vertido no art. 5º, nº 1, TUE[737]. O art. 49º, nº 3, CDFUE dispõe que "*as penas não devem ser desproporcionadas em relação à infração*" e o nº 1 do art. 52º CDFUE estabelece que as restrições aos direitos protegidos (nomeadamente propriedade e liberdade de empresa) "*só podem ser introduzidas se forem necessárias e corresponderem efetivamente a objetivos de interesse geral reconhecidos pela União, ou à necessidade de proteção dos direitos e liberdades de terceiros*", para que sejam proporcionadas. O art. 7º do Regulamento 1/2003 dispõe que "*a Comissão pode impor [às empresas] soluções de conduta ou de caráter estrutural proporcionadas à infração cometida e necessárias para pôr efetivamente termo à infração*".

Este princípio é um princípio geral de direito da UE, aplicável a diversas áreas e a diversos atores do direito da União. Por este motivo, não tem uma construção uniforme aplicável em qualquer situação[738]. A nossa abordagem ao princípio da proporcionalidade será funcional e limitada ao seu papel na definição das medidas de correção. A análise que fazemos agora aplica-se em sede de art. 7º do Regulamento 1/2003 (portanto, imposição de medidas de correção). Devido às diferenças assinaláveis, reservamos a análise em sede de art. 9º (compromissos) para os capítulos 4.2.3 e 5.2.

Interessa questionar como se manifesta o princípio da proporcionalidade no direito da concorrência. No direito da concorrência, onde estão presentes interesses públicos e privados e estão em causa justificações

[734] Acórdão *Magill* do TG, nº 97.

[735] Acórdão *Magill (RTE)* do TJ nº 93.

[736] Acórdão *Microsoft I*, nºs 1216 ss.

[737] O que também decorre do considerando nº 34 do Regulamento 1/2003.

[738] Gilliams (2014, p. 435).

de caráter económico e nem sempre apenas de interesse público[739], o princípio da proporcionalidade manifesta-se sobretudo na necessidade de contrabalançar os interesses em jogo[740]. No contexto da escolha das medidas corretivas é necessário encontrar um equilíbrio entre efeitos pró e anticoncorrenciais, direitos dos consumidores e das empresas, entre outros. Esta dimensão múltipla é ainda mais visível quando seguimos uma análise do direito da concorrência assente na abordagem baseada nos efeitos[741], que implica a consideração de inúmeros fatores.

Pode discutir-se se o princípio da proporcionalidade contém dois ou três elementos fundamentais[742]: adequação, necessidade e, eventualmente, proporcionalidade em sentido estrito. A razão de ser para a questão é o facto de podermos encontrar jurisprudência num[743] e noutro sentido[744]. Tridimas identifica sobretudo dois elementos fundamentais, reconhecendo que, quando está em causa a necessidade de contrabalançar interesses públicos e privados, o que é fundamental na visão do TJUE é o exercício do equilíbrio entre os objetivos prosseguidos pela medida e os seus efeitos adversos na liberdade individual[745]. Craig defende a existência de três elementos[746]. Nós acompanhamos, pelos motivos que se apresentam de seguida.

Em primeiro lugar, a medida corretiva em questão deve ser adequada. A adequação deve medir-se em função da conduta em causa, no

[739] Sauter (2014, p. 328).

[740] Ver, por exemplo, acórdão do TJ de 28 de fevereiro de 2013, *Ordem dos Técnicos Oficiais de Contas c. Autoridade da Concorrência*, C-1/12, EU:C:2013:127.
Ordem dos Técnicos Oficiais de Contas c. Autoridade da Concorrência, C-1/12, EU:C:2013:127, nº 104.

[741] Steenbergen (2008, pp. 266 e 268).

[742] Ritter (2016a, p. 594), Gilliams (2014, pp. 439 e 440) Craig (2012, pp. 601 ss).

[743] No sentido de que o princípio contém dois elementos, por exemplo, acórdão *Magill* do TJ, nº 93, acórdãos do TG *Microsoft I*, nºs 1223 e 1276, *Atlantic Container Line*, nº 410.

[744] No sentido de que o princípio contém três elementos, por exemplo, acórdão do TPI de 4 de julho de 2006, *easyJet Airline Co. Ltd c Comissão*, T-177/04, EU:T:2006:187, nº 133, acórdão do TPI de 11 de julho de 2007 *Alrosa Company Ltd c Comissão*, T-170/06, EU:T:2007:220, nºs 98 e 112 (anulado pelo TJ), acórdão do TG *Cartes Bancaires*, nº 428.

[745] Tridimas (2006, p. 139). Sobre o tema, ver, Quadros (2018, pp. 213 a 231), Gorjão-Henriques (2018, pp. 101 a 113), Gorjão-Henriques (2017, pp. 346 a 348), Craig e De Búrca (2015, pp. 229 a 231), entre outros.

[746] Craig (2012, p. 602).

sentido de a medida ser efetivamente adequada a solucionar de forma cabal a infração e de não destruir as eficiências da empresa.

Como aplicamos, então, este elemento do princípio da proporcionalidade à definição das medidas de correção? Desde logo, deve ser relembrado o que desenvolvemos a propósito do respeito pelo nexo estreito entre o abuso e a medida de correção, que atua simultaneamente como direção e limite ao exercício da discricionariedade da Comissão[747].

De acordo com o princípio da proporcionalidade na sua vertente da adequação, uma medida de correção não pode proibir um comportamento que não seja proibido pelo direito da concorrência[748]. Nomeadamente, não é proibido adquirir uma posição dominante e nem todos os comportamentos estão vedados a estas empresas. Assim sendo, uma empresa em posição dominante não pode, através de medidas corretivas, ser impedida de levar a cabo determinados comportamentos se estes não tiverem sido a causa dos efeitos nefastos. Esta conclusão não é afetada mesmo naqueles casos em que o nível de prova exigido para demonstrar um abuso de posição dominante não seja tão elevado (ver 6.1.2 e 6.1.3), porque mesmo nestas situações é necessário que a medida de correção seja proporcionada.

Defendemos, portanto, que tem de haver uma conexão necessária entre a infração e a medida corretiva e que o juízo de proporcionalidade tem de ser realizado com base nos factos e circunstâncias de cada caso individualmente considerado[749]. Esta observação contribui para a conclusão que retiraremos no final de que as medidas de correção devem ser adotadas com base numa análise dos seus prováveis efeitos no mercado.

Cremos que esta conclusão também é suportada pelo considerando nº 12 do Regulamento 1/2003 quando refere, em relação às medidas estruturais do tipo "break-up", que "*as alterações de caráter estrutural exigidas a uma empresa de forma a repor a estrutura que existia antes de ser cometida a infração só serão proporcionais quando existir um risco significativo de infra-*

[747] Lianos (2016, p. 117).

[748] Acórdão *Cartonboard*, T-310/94, nº 178

[749] Sobre a necessidade de ter em conta todas as circunstâncias pertinentes do caso na análise de abuso de posição dominante, ver, por todos, acórdão *Intel* do TJ, nº 129. Também Comissão Europeia (2006, p. 187) referindo-se aos elementos do princípio da proporcionalidade e da eficácia.

ção persistente ou repetida que derive da própria estrutura da empresa". Ou seja, parece-nos que o Regulamento 1/2003 consagra um princípio da proporcionalidade assente no nexo estreito entre o abuso e a medida de correção[750]. Podemos exemplificar desta forma: entendemos[751] que este considerando distingue as situações em que a alteração estrutural é a infração, das situações em que a infração resulta da estrutura preexistente. A adoção de medidas de correção fica sempre sujeita a um teste de proporcionalidade. No entanto, se no primeiro caso a alteração estrutural é a infração (por exemplo, aquisição de ativos), é mais fácil justificar a proporcionalidade da medida estrutural de desinvestimento desses mesmos ativos, que, aliás, espelha o abuso. Se, ao invés, o abuso não resulta diretamente da alteração estrutural, mas a estrutura da empresa propicia esta situação, deve haver risco de infração persistente e repetida (portanto, grave) que derive da própria estrutura da empresa (por exemplo, uma empresa verticalmente integrada), para justificar a imposição de medidas de correção estruturais. Para Ritter, a exigência de proporcionalidade, portanto, não parece ser a mesma. De um lado temos as medidas comportamentais e estruturais (quando o abuso é a alteração de estrutura), de outro, as restantes medidas estruturais (de cisão ou "break-up"). No entanto, em nossa opinião, o considerando nº 12 não estabelece um princípio da proporcionalidade diferente. A exigência do princípio da proporcionalidade é a mesma, mas é mais difícil de cumprir num caso de medidas estruturais. O considerando estabelece – corroborando a nossa posição – a necessidade de existência de um nexo de estreito entre a infração e a medida, e exemplifica com as medidas estruturais do tipo "break-up", que, provavelmente, serão as mais difíceis de justificar.

Ainda, para estabelecer a adequação da medida, devemos identificar, claramente, os objetivos das medidas de correção, mediatos, imediatos e específicos. Tendo em conta os objetivos do direito da concorrência (objetivos mediatos) e as funções das medidas de correção (objetivos imediatos), entendemos que se preenche este requisito quando a medida em causa prossegue um objetivo legítimo e é adequada a alcan-

[750] Sadowska (2011, p. 8).

[751] Com Ritter (2016a, p. 597).

çar o melhor resultado para os consumidores[752], que pode ocorrer através da proteção do processo de concorrência. Os objetivos específicos da medida de correção serão legítimos se respeitarem o nexo estreito entre infração e medida.

Em segundo lugar, faz parte do juízo de proporcionalidade a necessidade (ou indispensabilidade[753]) da medida para pôr termo à infração, i.e., a medida corretiva deve ser necessária para alcançar o resultado desejado, no sentido de que havendo várias alternativas disponíveis, deve ser escolhida a que seja menos onerosa para a empresa[754]. Devemos ter em conta que, quanto mais severa for a medida corretiva para os interesses privados, mais difícil é estabelecer a sua necessidade[755].

Desenvolvendo o seu raciocínio em relação a coimas, Gilliams sugere que a necessidade seja medida em função da comparação com medidas aplicadas anteriormente a casos semelhantes. Esta sugestão, embora meritória por manter uma ideia de igualdade, não parece ser de aplicação prática. Quanto às consequências pela violação do direito da concorrência em geral, como, aliás, reconhece o autor, seria uma limitação à mudança de paradigma de aplicação de coimas, nomeadamente, um aumento geral das mesmas[756]. Quanto às medidas de correção, como a sua adoção depende de um conjunto determinado de fatores, pode não haver parâmetro de comparação (até pela relativa novidade da sua adoção).

Parece-nos melhor, para evitar adotar uma medida não proporcionada, a Comissão pedir à empresa que apresente propostas de medidas corretivas, tal como decretado pelo TJ em *Commercial Solvents*[757]. Havendo alternativas equivalentes, a Comissão deve, de acordo com *Automec II*, deixar a empresa decidir[758]. Lowe e Maier-Rigaud, na esteira

[752] Economides e Lianos (2010b, pp. 396 e 397).

[753] Alexiadis e Sependa (2013, p. 22) parecem diferenciar estes dois princípios, mas nós entendemos que se referem ao mesmo, como a maioria da doutrina.

[754] Ritter (2016a, p. 594).

[755] Não se referindo às medidas de correção, mas sim a medidas em geral, Tridimas (2006, p. 174).

[756] Gilliams (2014, p. 446).

[757] Acórdão *Commercial Solvents*, nºs 45 e 46.

[758] Acórdão do TPI de 18 de setembro de 1992, *Automec Srl contra Comissão das Comunidades Europeias*, T-24/90, EU:T:1992:97 (*Automec II*).

de *Automec II*, notando que a Comissão se encontra limitada pela proteção das liberdades protegidas pelo direito da UE, tal como a liberdade de contratar[759], entendem – bem, a nosso ver – que a forma de respeitar o requisito da necessidade é prescrevendo o objetivo a alcançar, mas não impondo a forma exata de o atingir, a menos que possa ser demonstrado que não existe outro modo de alcançar aquele resultado[760] (esta posição, porém, tem implicações para o princípio da segurança jurídica, como desenvolveremos). Em caso de a decisão ser adotada ao abrigo do art. 9º, esta vertente do princípio da proporcionalidade perde expressão, pois, sendo a empresa a propor a medida, a Comissão fica desobrigada de procurar a medida corretiva menos onerosa[761]. Voltaremos a esta discussão abaixo.

Em terceiro lugar, temos a proporcionalidade em sentido estrito. De acordo com este elemento, a Comissão deve fazer um balanço entre as desvantagens causadas pela medida corretiva e os objetivos prosseguidos pela solução escolhida. Esta última vertente do princípio da proporcionalidade é de aplicação relativamente recente e pouco consistente na prática do direito da concorrência[762]. Alguns autores consideram que este equilíbrio não é aplicado em toda a prática decisória[763] ou não o é de forma coerente e sistemática[764]. Craig sugere que o teste de proporcionalidade tem intensidade diferente consoante se trate de casos onde se adotem medidas discricionárias, casos que envolvam direitos ou casos que envolvam coimas[765]. Ritter, por sua vez, critica a aplicação do princípio da proporcionalidade *stricto sensu*, porque pode redundar na impossibilidade de a Comissão impor uma medida de correção mais eficaz, mas

[759] Acórdão *Automec II*, nº 51.

[760] Lowe e Maier-Rigaud (2008, p. 606).

[761] Acórdão *Alrosa*, nº 61.

[762] Ritter (2016a, p. 594). Note-se que esta observação é consentânea com a aplicação do princípio da proporcionalidade noutros domínios do direito da UE. Ver, Quadros (2018, p. 221).

[763] Sauter (2014, p. 327).

[764] Harbo (2010, p. 181), Wimmer (2014, p. 338). Tridimas (2006, p. 138) e Sauter (2013, pp. 448 e 464 e 465) ainda chamam a atenção para a especificidade europeia da aplicação do princípio da proporcionalidade, alternando entre a medida menos restritiva e a medida manifestamente inadequada.

[765] Craig (2012, pp. 560 a 615).

mais onerosa que outra para a empresa[766]. Lianos ainda chama a atenção para a dificuldade em aplicar o princípio da proporcionalidade em sentido estrito em casos em que não é quantificável o efeito anticoncorrencial da prática, pois pode existir infração quando a prática é meramente capaz de produzir um efeito anticoncorrencial[767].

Em nossa opinião, o princípio da proporcionalidade em sentido estrito deve fazer parte da análise[768]. O que o princípio da proporcionalidade *stricto sensu* visa prevenir é a aplicação de uma medida excessiva (sendo que o objetivo das medidas de correção não é sequer o de sancionar a empresa) que tenha como efeito desincentivar a empresa de concorrer, por exemplo, pela inovação ou mesmo pelos preços. Esta conclusão é particularmente aplicável aos abusos de exclusão, que têm muitas vezes efeitos ambíguos, devendo os efeitos pró-concorrenciais – como os ganhos de eficiência – ser tidos em conta na altura da decisão sobre as medidas de correção[769]. Uma atitude demasiado agressiva por parte das autoridades responsáveis pela aplicação do direito da concorrência pode levar a que as empresas se sintam limitadas ou fiquem desincentivadas de concorrer com receio das consequências[770].

Monti entende que quando a Comissão adota ou aceita uma medida de correção deve realizar uma análise custo/benefício tendo em conta quatro fatores: o custo para a empresa em posição dominante (não apenas o custo de pôr em prática a medida mas também o custo de longo termo de desincentivo à inovação)[771], o custo para a autoridade na monitorização, o benefício para o concorrente que é afetado pela medida de correção (por exemplo, um requerente de acesso a uma infraestrutura ou a informação) e o benefício para o consumidor[772]. Na prática decisória da Comissão e na jurisprudência podemos encontrar alguns exem-

[766] Ritter (2016a, p. 594).

[767] Lianos (2012, p. 200).

[768] No mesmo sentido, De Smijter e Sinclair (2014, p. 126).

[769] Hylton (2009, pp. 783 e 784).

[770] No mesmo sentido, embora não relacione com o princípio da proporcionalidade em sentido estrito, Allendesalazar (2008, p. 512).

[771] Monti (2007, p. 242). De acordo com a análise que levámos a cabo, esta questão observa-se principalmente nos casos que envolvem direitos de propriedade intelectual, mas já não é tão evidente noutros casos como os de acesso a uma infraestrutura essencial.

[772] Monti (2007, p. 242).

plos deste tipo de análise custo/benefício. Esta prática mostra que a existência de benefício para os consumidores é tida em consideração para a adoção de uma medida de correção. Já o benefício para o eventual concorrente não se tem mostrado absolutamente necessário em qualquer caso. Efetivamente, no caso *Thomson Reuters*, a Comissão entendeu que as suas preocupações jusconcorrenciais se satisfaziam com a aceitação de medidas tendentes a facilitar a mudança de fornecedor por parte dos clientes, mas tal não implicava necessariamente que fosse concedido um privilégio aos concorrentes[773]. Em recurso, o TG manteve a posição da Comissão e negou provimento à pretensão do concorrente Morningstar[774], dando precedência aos interesses de consumidores e ao processo de concorrência. No entanto, em *Canal+*, o TG já entendeu que "*entre vários tipos de compromissos propostos que respondam de forma igualmente adequada às preocupações manifestadas pela Comissão em matéria de concorrência, esta última deve tornar obrigatório aquele que, quando aplicado pelo destinatário da decisão, tenha para eles [terceiros] um efeito menos pronunciado*"[775] (sobre cocontratantes também *De Beers*[776]). O TJ anulou o acórdão do TG, mas a proteção de terceiros foi central na sua decisão[777]. Apesar de estes acórdãos se referirem todos a situações ocorridas no âmbito de decisões de tornar obrigatórios compromissos, como veremos abaixo, servem para demonstrar que a ideia da proteção da posição de terceiros está patente na jurisprudência. Deve notar-se, contudo, a diferença da posição do terceiro em *Morningstar* (concorrente) e em *Canal+* (cocontratante).

Parece-nos importante, ainda, que a Comissão compare a solução futura com o cenário alternativo (também futuro) de não ser aplicada a medida corretiva – o contrafactual. Se os benefícios da adoção da

[773] Decisão da Comissão de 19 de fevereiro de 2008, *Thomson Reuters*, COMP/M.4726, (JO C 240 12.10.2007), nº 11.

[774] Acórdão do TG de 15 de setembro de 2016, *Morningstar, Inc., c. Comissão*, T-76/14, EU:T:2016:481, nº 57. Não houve recurso para o TJ.

[775] Acórdão do TG de 12 de dezembro de 2018, *Groupe Canal+ c. Comissão,* T-873/16, EU:T:2018:904, nº 117.

[776] Decisão da Comissão de 22 de fevereiro de 2006, *De Beers*, COMP/B-2/38.381, (JO L 205 de 27.7.2006, pp. 24-25), nºs 46 e 47. Acórdão *Alrosa*.

[777] Acórdão do TJ de 9 de dezembro de 2020, *Groupe Canal+ AS c. Comissão*, C-132/19 P, EC:C:2020:1007, proferido após a entrega desta tese. Ver, em particular, os nºs 105 e 106.

medida de correção não excederem a situação do contrafactual, então a medida não é proporcionada[778-779].

Em conclusão, princípio da proporcionalidade redunda na limitação da atuação da Comissão pela necessidade de proteção de diversos direitos das empresas, que podem ter as características de direitos fundamentais, protegidos pelo Tratado e pela CDFUE, bem como pelas constituições dos EM e a CEDH. Efetivamente, a jurisprudência é clara no sentido de que a Comissão não deve impor uma medida corretiva quando existem várias capazes de alcançar a mesma solução em conformidade com o Tratado[780]. Esta limitação é crucial para proteger a liberdade contratual, a autonomia privada e a liberdade empresarial e o direito de propriedade. É precisamente a propósito do direito de propriedade e do princípio da proporcionalidade que entendemos que certas medidas corretivas só podem ser adotadas quando acompanhadas da possibilidade de receber uma compensação adequada, como é o caso da concessão de acesso ou o licenciamento de direitos de propriedade intelectual.

4.2.2. O princípio da proporcionalidade aplicado às medidas estruturais e às medidas comportamentais

Antes de se tomar uma decisão de adotar uma medida corretiva de natureza estrutural, deve verificar-se se existe uma medida de natureza comportamental capaz de atingir o mesmo resultado (art. 7º e considerando nº 12 do Regulamento 1/2003). É, no fundo, a consagração da subsidiariedade das medidas corretivas de caráter estrutural em relação às medidas corretivas de caráter comportamental[781]. Esta ideia, pensamos, faz parte do juízo de proporcionalidade[782], mas, como vimos de defender, cremos que não existe maior exigência de proporcionalidade nuns e

[778] Weiser (2009, p. 277).

[779] Note-se que não nos referimos ao contrafactual da situação do mercado se não tivesse ocorrido a infração, mas sim ao contrafactual de não aplicar uma medida de correção ou aplicar uma medida de correção alternativa.

[780] Acórdãos *Automec II*, nº 52 e *Magill* do TG, nº 98, confirmado no acórdão *Magill* do TJ, nº 91.

[781] No mesmo sentido, O'Donoghue e Padilla (2020, p. 1199) afirmando que a sua imposição é de último recurso.

[782] No mesmo sentido Moura e Silva (2008, p. 141).

noutros casos. Exige-se, sim, nexo estreito entre infração e medida de correção. Isso não significa, porém, que uma medida comportamental seja sempre preferível a uma medida estrutural ou que o Regulamento 1/2003 demonstre uma clara preferência pelo primeiro tipo. De facto, se a única medida corretiva capaz de pôr termo à infração de forma cabal e definitiva for uma medida estrutural, então esta pode ser aplicada[783]. Esta solução parece estar consagrada na Diretiva ECN+. O considerando nº 37 expressamente admite que apesar de as medidas estruturais poderem considerar-se menos proporcionadas do que as comportamentais, "*tal não impede, porém, que as ANC concluam que as circunstâncias em que uma dada infração foi cometida justificam que se imponha uma medida estrutural, por ser mais eficaz para pôr termo à infração do que uma medida de conduta*" (sublinhado nosso)[784]. Nós defendemos que as medidas de correção devem ter uma relação com a infração, porque a primeira função daquelas é, precisamente, a de fazer cessar a infração (art. 7º, nº 1 do Regulamento 1/2003). Ora, para fazer cessar a infração deve haver conexão entre a infração e a obrigação imposta[785].

Vários autores se pronunciaram sobre a aplicação do princípio da proporcionalidade à adoção de medidas estruturais. Gauer e Kjølbye defendem que a aplicação das medidas de correção estruturais não pode ficar limitada a situações em que as empresas se encontram verticalmente integradas[786] – embora seja compreensível que as medidas estruturais ocorram com mais frequência nestas situações. Estes autores estabelecem uma distinção entre a alienação de um negócio inteiro e a alienação de alguns dos ativos das empresas. Neste último caso, a medida de correção é proporcionada, ainda que a infração não resulte

[783] No mesmo sentido, De Smijter e Sinclair (2014, p. 124 e 125).

[784] Maier-Rigaud ainda analisa o art. 7º do Regulamento 1/2003 afirmando que as várias frases apresentam os elementos ("filtros" nas suas palavras) para a escolha da medida de correção. Em primeiro lugar vem a necessidade, seguida da proporcionalidade (o autor não trata a necessidade como um requisito do princípio da proporcionalidade, mas não lhe dá um conteúdo diferente) e por fim a eficácia, no sentido de que, em face de medidas igualmente proporcionais, a Comissão deve escolher a mais eficaz e só havendo mais do que uma medida em igualdade de circunstâncias, deve a empresa ser chamada a escolher. Ver, Maier-Rigaud (2016, p. 218).

[785] De Smijter e Sinclair (2014, p. 123).

[786] Gauer e Kjølbye (2014, pp. 1633, 1634).

da estrutura da empresa[787] e exemplificam com a decisão CEZ, na qual a empresa aceitou alienar ativos de produção, por ter reservado capacidade numa rede que não controlava[788]. Na nossa opinião, se esta decisão tivesse sido adotada ao abrigo do art. 7º do Regulamento 1/2003 (e não do art. 9º, como aconteceu), teria sido difícil justificar a sua proporcionalidade por apresentar um nexo estreito mais longínquo com a infração. Na verdade, o considerando nº 12, diz-nos que as medidas estruturais do tipo "*break-up*" (aquelas que fazem face a infrações que ocorrem por causa da estrutura da empresa e não devido a uma alteração a essa estrutura) serão proporcionadas quando exista um risco de infração repetida ou persistente que "*derive da própria estrutura da empresa*", caso contrário não se justificam (ou seja, tem de haver nexo estreito). Lowe e Maier-Rigaud admitem que as medidas estruturais podem ser menos onerosas que as medidas comportamentais quando exista um mercado competitivo para adquirir os ativos alienados e o preço obtido seja equivalente aos rendimentos futuros que se espera que a empresa venha a obter. Esta conclusão, de acordo com os mesmos autores, não será a mesma se a empresa integrada beneficiar de importantes economias de escala e de eficiências de integração[789]. Hjelmeng, contudo, considera difícil conciliar os poderes da Comissão de impor medidas estruturais com o princípio da proporcionalidade[790]. Wang contribui para o debate trazendo à colação a consideração de outros elementos relacionados com o comportamento da empresa – a reincidência – considerando que, nestes casos (e em sede de art. 7º), as medidas estruturais são mais facilmente justificadas[791].

De Smijter e Sinclair tentaram desenvolver o teste de proporcionalidade aplicado às medidas corretivas de caráter estrutural, dividindo-o em quatro partes[792]. Em primeiro lugar, a infração deve ter um impacto

[787] Gauer e Kjølbye (2014, p. 1634).

[788] No capítulo 7.2.2 veremos em pormenor as decisões no setor da energia.

[789] Lowe e Maier-Rigaud (2008, p. 604). Tal, no entanto, na opinião dos autores, não será plausível, dado que se assim fosse os concorrentes também teriam tentado integrar-se verticalmente.

[790] Hjelmeng (2013, p. 1013).

[791] Wang (2011, p. 586).

[792] De Smijter e Sinclair (2014, pp. 125 e 126). Na verdade, os autores aplicam este teste às medidas "break-up", ou seja, separação de uma empresa preexistente.

substancial nos consumidores. Em segundo lugar, a empresa em causa deve ter já praticado várias infrações ou a estrutura da empresa é propícia a levá-la a infringir o direito da concorrência, por, por exemplo, se encontrar em constante conflito de interesses. Em terceiro lugar, não se apresentam outras medidas corretivas mais eficazes. Por último, o desinvestimento não deve levar a uma perda de eficiências para a empresa, de forma a prejudicar os efeitos pró-concorrenciais da medida corretiva e a limitar os seus benefícios para os consumidores, quando comparado com medidas alternativas.

Em nossa opinião, os autores, baseados na jurisprudência relativa ao art. 102º TFUE[793], desenvolveram um teste de aplicação prática que envolve, não apenas, o princípio da proporcionalidade (primeira, segunda e quarta partes do teste, sendo este último o princípio da proporcionalidade em sentido estrito), como também, o da eficácia (terceira parte do teste). Quanto ao último elemento, os autores entendem, e nós concordamos, que, se a integração dos ativos leva a eficiências, uma medida de separação só deve ser imposta se conduzir a mais benefícios, quando comparada com uma medida alternativa[794]. Como defendemos que a Comissão deve respeitar um nexo estreito entre a infração e a medida de correção, cremos que não existe um teste de proporcionalidade diferente para medidas de correção estruturais ou comportamentais.

Tendo em conta que as infrações ao art. 102º TFUE resultam, sobretudo, do comportamento da empresa em posição dominante, é provável que as medidas de caráter comportamental sejam as mais proporcionadas. Porém, somos da opinião de que as medidas estruturais não devem ser afastadas do leque de consequências por abuso de posição dominante. Tal como impõe o Regulamento 1/2003, as medidas estruturais serão equacionadas quando não houver outras comportamentais igualmente eficazes (considerando nº 12 do Regulamento 1/2003). Ainda segundo o Regulamento 1/2003, as medidas estruturais do tipo "break-

[793] Acórdão do TJ de 13 de dezembro de 1991, *Régie des télégraphes et des téléphones contra GB-Inno-BM SA, (RTT)*, C-18/88, EU:C:1991:474 e acórdão do TJ de 18 de junho de 1991, *Elliniki Radiophonia Tiléorassi AE e Panellinia Omospondia Syllogon Prossopikou contra Dimotiki Etairia Pliroforissis e Sotirios Kouvelas e Nicolaos Avdellas e outros. (ERT)*, C-260/89, EU:C:1991:254.

[794] De Smijter e Sinclair (2014, p. 126).

-up" só se justificam se o risco de ocorrer a infração estiver relacionado com a própria estrutura da empresa. Mas, por estrutura da empresa não devemos entender estrutura do mercado[795], ou seja, não é pelo facto de a empresa deter uma posição dominante que se justifica a medida estrutural, pois na UE a posição dominante não é proibida[796] e nenhuma medida de correção deve ser imposta de forma a impedir que a empresa concorra pelo mérito[797].

4.2.3. O princípio da proporcionalidade em decisões de proibição e em decisões de compromissos

O princípio da proporcionalidade não tem a mesma intensidade no caso de a Comissão adotar as medidas corretivas ao abrigo do art. 7º ou do art. 9º do Regulamento 1/2003. Foi a posição do TJ no acórdão *Alrosa*[798]. Neste acórdão, o TJ admitiu que, quando a medida corretiva é alcançada através de obtenção voluntária de compromissos nos termos do art. 9º do Regulamento 1/2003, o princípio da proporcionalidade, no sentido de verificar se existe uma solução menos onerosa para a empresa, não tem de ser tão rigoroso como nos casos em que se adota uma decisão nos termos do art. 7º do Regulamento 1/2003. Naquela circunstância, é suficiente que a Comissão verifique que a medida apresentada é adequada a resolver os problemas jusconcorrenciais levantados e que a empresa não ofereceu soluções menos onerosas, com o mesmo grau de eficácia[799]. Esta posição foi criticada por vários autores, considerando que o acórdão foi para além do que deveria ter sido decidido, desprotegendo

[795] O'Donoghue e Padilla (2020, pp. 1199 a 1201).

[796] Entre muitos, Nazzini (2011, p. 279).

[797] Forrester (2009b, p. 335).

[798] Acórdão do TJ (Grande Secção) de 29 de junho de 2010, *Comissão Europeia c. Alrosa Company Ltd*, C-441/07, EU:C:2010:377. O acórdão *Alrosa* teve origem no recurso por parte de uma empresa (Alrosa), que, embora não diretamente implicada no processo em causa, também ela tinha sido objeto de um processo com ele relacionado e, sobretudo, era parte do contrato cuja cessação a De Beers, parte do processo, unilateralmente, tinha decidido apresentar como compromisso à Comissão. A Alrosa recorreu da decisão da Comissão, tendo o recurso sido admitido. A empresa defendia que os compromissos apresentados tinham ido para além do que era necessário para responder às preocupações da Comissão, tendo, portanto, havido violação do princípio da proporcionalidade. O TG deu provimento ao recurso e a Comissão recorreu para o TJ, tendo este anulado o acórdão do TG.

[799] Acórdão *Alrosa* do TJ, nºs 35 a 50.

empresas e terceiros, por não ter tido plenamente em conta o princípio da proporcionalidade[800], que serve para minimizar o custo das medidas de correção nas empresas e permitir-lhes gozar a maior liberdade possível que seja compatível com a eliminação da infração[801]. A posição do TJ foi, porém, seguida no subsequente acórdão do TG, em matéria de abuso de posição dominante, o acórdão *Morningstar*[802]. Contrastando, no acórdão *Mastercard*, em que a empresa recorria de uma decisão de condenação por violação do art. 101º TFUE, que tinha imposto medidas de correção, o tribunal aplicou o teste de proporcionalidade com todos os seus elementos, afirmando que o art. 7º do Regulamento 1/2003 indicava expressamente a extensão do âmbito de aplicação do princípio da proporcionalidade[803].

As razões para este tratamento distinto são a diferente natureza da decisão e os diferentes objetivos a alcançar. As decisões de compromissos justificam-se por razões de economia processual[804]. O TJ, afastando a posição do TG no processo *Alrosa*[805], declarou que como com a adoção de uma decisão ao abrigo do art. 9º a empresa não sofre as consequências de uma declaração formal de ter cometido uma infração nem de uma coima potencialmente elevada, deve estar disposta a aceitar cedências de outra ordem[806]. Um outro argumento utilizado para justificar a diferença na aplicação do princípio da proporcionalidade é a vantagem para a empresa que representa o envolvimento na preparação da medida de correção[807]. Por fim, há quem entenda que é razoável a Comissão aceitar medidas mais drásticas das empresas quando as preocupações

[800] Capobianco e Orgawa (2016, p. 24), Jenny (2015, p. 754), Wagner-von Papp (2012, p. 937).

[801] Jenny (2015, p. 762).

[802] Acórdão *Morningstar*, nºs 86 e 89. O acórdão *Morningstar* teve uma origem diferente de *Alrosa* e, como tal, a questão discutida era também diferente. Neste caso, a Morningstar era concorrente da Thomson Reuters e recrreu da decisão da Comissão alegando que os compromissos não eram suficientes para fazer face às preocupações levantadas pela Comissão.

[803] Acórdão do TG de 24 de maio de 2012, *Mastercard, Inc. e o. c. Comissão*, T-111/08, EU:T:2012:260, nºs 323 e 324.

[804] Acórdão do TJ *Alrosa*, nº 35 e acórdão *Morningstar*, nº 39.

[805] Acórdão *Alrosa* do TG, nºs 92 e ss.

[806] Acórdão do TJ *Alrosa*, nº 48. Também, acórdão *Canal+* do TG, nº 115. No mesmo sentido, Bermejo Gutiérrez (2012, p. 334).

[807] Acórdão do TJ *Alrosa*, nº 48.

jusconcorrenciais estão bem fundamentadas e (caso se estivesse perante uma decisão adotada ao abrigo do art. 7º) a Comissão estivesse a considerar impor medidas de correção e coimas simultaneamente[808].

Esta posição não deixa de ser inquietante[809]. Efetivamente, não vemos diferença de maior na posição da empresa ou no conceito de infração, quer estejamos perante uma decisão adotada ao abrigo do art. 7º ou do art. 9º do Regulamento 1/2003. Em primeiro lugar, apesar de não estar explícito no art. 9º do Regulamento 1/2003, a exigência de proporcionalidade deriva dos princípios gerais de direito da União[810]. Em segundo lugar, mesmo em caso de compromissos, a Comissão mantém sempre a possibilidade de adotar uma decisão de condenação aplicando uma coima à empresa, pelo que se pode questionar a natureza verdadeiramente voluntária dos compromissos apresentados[811]. Em terceiro lugar, pensamos que não colhe totalmente o argumento de que a empresa tem vantagens em estar presente no desenho da medida corretiva. É um facto que, no âmbito do mecanismo de compromissos a relação entre a empresa e a Comissão na construção da medida de correção é mais estreita, o que pode justificar a flexibilização do princípio. Contudo, a prática da Comissão também tem sido a de ordenar às empresas que apresentem as soluções adequadas ao cumprimento da decisão de condenação (como nos casos *Google*)[812]. Assim sendo, e a manter-se esta prática, os argumentos processuais acabam por não se justificar totalmente. Acresce que, no caso *Morningstar* em particular, o TG manteve os princípios definidos em *Alrosa* e decidiu não dar provimento ao recurso afirmando que a Comissão só deveria verificar que as medidas em causa eram adequadas a afastar as preocupações levantadas pela Comissão, sem questionar se essas mesmas preocupações eram as que efetivamente deviam ser tidas em conta (apesar de ter declarado verificar a adequação entre a apreciação preliminar da Comissão e os compromissos[813]). Em

[808] Wang (2011, p. 591).

[809] Este acórdão tem sido objeto de muitas críticas na doutrina. Ver Jenny (2015, 701 a 770), Schweitzer (2013, p. 513) e Wagner-von Papp (2012, p. 934 ss).

[810] Tapia e Mantzari (2013, p. 617).

[811] Lianos (2013a, p. 450).

[812] Decisão *Google Shopping* e Decisão *Google Android*.

[813] Acórdão *Morningstar*, nº 56. No sentido de que esta posição esclarece os poderes do tribunal, ver Paemen e Baltrusch (2017, p. 100).

quarto lugar, entendemos que as regras aplicáveis ao abuso de posição dominante devem ser previsíveis e aplicadas de forma consistente e não devem depender do caminho adotado[814]. Por fim, quanto ao argumento de que se justifica a flexibilização do princípio da proporcionalidade num caso em que a Comissão, se não fosse a apresentação de compromissos, equacionava adotar medidas de correção acrescidas de coimas (*vide* supra), consideramo-lo mais difícil de conciliar com a posição do Regulamento 1/2003, que determina que a decisão de compromissos deve ser utilizada quando a Comissão não tenciona impor uma coima (considerando nº 13 do Regulamento 1/2003).

O resultado desta jurisprudência é o seguinte. Por um lado, em *Alrosa* o TJ aumentou o risco de que as empresas aceitem medidas de correção mais onerosas que o necessário para evitar a aplicação de uma coima, sem que a Comissão tenha de identificar outras medidas (que até podiam ser mais benéficas para a concorrência) se aquelas apresentadas pela empresa se mostrarem suficientes para a solução das preocupações levantadas pela Comissão. Em *Morningstar*, por outro, o TG reforçou a possibilidade de a Comissão não ter em conta a posição de terceiros[815].

Contudo, em dezembro de 2020, no processo que conduziu ao acórdão *Canal+*[816], o TJ contribuiu, mais uma vez, para esta questão. O TJ voltou a afirmar, na senda do acórdão *Alrosa*, que a aplicação do princípio da proporcionalidade pela Comissão no contexto do art. 9º do Regulamento nº 1/2003 se limita à verificação de que os compromissos em questão respondem às objeções que comunicou às empresas em causa e de que estas últimas não propuseram compromissos menos gravosos capazes de responder de forma igualmente adequada a estas objeções. O TJ acrescentou o que também havia sido afirmado em *Alrosa* "*a Comissão deve, todavia, tomar em consideração os interesses de terceiros*"[817]. Porém, o TJ foi mais além, e seguindo a opinião do AG[818], introduziu um ponto adicional: "*quando a Comissão verifica os compromissos não sob o ângulo da*

[814] No mesmo sentido, Ibañez Colomo (2013, p. 426).

[815] Müller (2016, p. 4).

[816] Acórdão do TJ de 9 de dezembro de 2020, *Groupe Canal+ AS c. Comissão*, C-132/19 P, EC:C:2020:1007, proferido após a entrega desta tese.

[817] Acórdão *Canal+* do TJ, nº 105. Ver, ainda acórdão *Alrosa* do TJ, nº 41.

[818] Conclusões do AG Pitruzzella, apresentadas em 7 de maio de 2020, *Groupe Canal+ AS c. Comissão*, C-132/19 P, EU:C:2020:355, nº 123.

sua adequação para responder às suas objeções em matéria de concorrência, mas à luz da sua incidência relativamente aos interesses de terceiros, o princípio da proporcionalidade exige que os direitos de que estes últimos são titulares não sejam esvaziados do seu conteúdo"[819]. Quer isto dizer que o princípio da proporcionalidade em contexto de art. 9º terá intensidade diferente consoante a Comissão se encontra a verificar se os compromissos são adequados a responder às questões levantadas na sua apreciação preliminar – caso em que a jurisprudência *Alrosa* se mantém – ou se a instituição está a analisar o impacto dos mesmos compromissos à luz da proteção contratual de terceiros[820]? Efetivamente, e como veremos à frente, a possibilidade de os terceiros poderem recorrer aos tribunais nacionais para verem reposto o seu direito é muito limitada[821]. Deste modo, o núcleo essencial do princípio da proporcionalidade, como princípio geral do direito da União, determina que cabe em primeira linha à Comissão avaliar os compromissos apresentados à luz destes interesses[822].

Temos de reconhecer que, na sua jurisprudência, o TJ estabeleceu uma diferença de intensidade do princípio da proporcionalidade consoante as medidas de correção sejam impostas ao abrigo do art. 7º ou façam parte de compromissos adotados ao abrigo do art. 9º, ambos do Regulamento 1/2003[823]. Esta diferença tem consequências. Se a Comissão está obrigada a verificar um nexo estreito entre infração e medida de correção no primeiro caso, o mesmo já não ocorre em caso de compromissos. Ainda assim, notamos que a Comissão demonstra preocupação na proporcionalidade dos compromissos, dentro dos limites do acórdão *Alrosa*, e até houve casos em que se seguiu um compromisso menos exigente pelo facto de a Comissão considerar a alternativa excessiva[824]. O acórdão *Canal+* é um desenvolvimento no bom sentido, pois intensifica o controlo da proporcionalidade no que respeita aos direitos de terceiros, em particular quando estão em causa contratos[825].

[819] Acórdão *Canal+* do TJ, nº 106.

[820] Acórdão *Canal+* do TJ, nº 115.

[821] Acórdão *Canal+* do TJ, nºs 109 a 111.

[822] Conclusões do AG Pitruzzella, nºs 124 e 125.

[823] Leandro Vasconcelos (2017, p. 209).

[824] Decisão da Comissão de 7 de fevereiro de 2001, *EDF*, COMP/M.1853 (JO L 59 de 28.2.2002, p. 1-17), nºs 83 a 85.

[825] Conclusões do AG Pitruzzella, nº 125.

Por fim, nos últimos anos temos observado a emergência de um novo mecanismo utilizado pela Comissão para obter ganhos de eficiência processuais, o chamado "mecanismo de cooperação", pelo qual a empresa é recompensada com uma coima mais baixa pela colaboração com a Comissão, podendo ser impostas medidas de correção[826]. É necessário saber que medida de proporcionalidade deve ser usada, a de uma decisão nos termos do art. 7º ou de uma decisão nos termos do art. 9º do Regulamento 1/2003. Em nossa opinião, cremos que não colhem os argumentos apresentados para justificar a aplicação de um princípio da proporcionalidade "atenuado". De facto, apesar de neste caso a empresa obter algum benefício, nomeadamente uma coima de menor valor e a possibilidade de participar na definição das medidas de correção a aplicar com a Comissão, na verdade a decisão em causa é de proibição (art. 7º do Regulamento 1/2003) e é aplicada uma coima, justificando-se a manutenção cabal do princípio da proporcionalidade.

4.2.4. Monitorização

A modernização do direito da concorrência da UE trouxe consigo a ambição de maximizar a afetação de recursos da Comissão, de modo a reforçar o cumprimento do direito da concorrência por parte das empresas e o impacto social da política de concorrência numa altura em que os mercados estão cada vez mais dinâmicos[827]. De facto, se o direito da concorrência prossegue objetivos de eficiência, não faria sentido não ter em conta tais objetivos na fase de determinação das medidas de correção[828].

A adoção de medidas corretivas deve ser cuidadosamente avaliada (neste caso, quer impostas, quer em sede de compromissos), em função do custo da medida de correção para a autoridade (custo administrativo, de monitorização e de afetação dos recursos[829]). Este é tido em conta com a necessidade de monitorizar a execução das medidas, por-

[826] Decisão da Comissão de 17 de dezembro de 2018, *Guess*, AT.40428 (JO C 47/5 de 6.2.2019), Decisão da Comissão de 20 de setembro de 2016, *ARA*, AT.39759 (JO C 432 de 23.11.2016, p. 6-8).

[827] Gerard (2016, p. 143), notando que a análise custo/benefício tem influência na seleção de casos e condução do procedimento.

[828] Maier-Rigaud (2016, p. 222).

[829] Shelanski e Sidak (2001, pp. 18 a 20).

que se reconhece que o custo de monitorização pode ser excessivo e imprevisível[830]. Idealmente, as medidas de correção seriam autoexecutáveis, no sentido de não dependerem de terceiros (como autoridades, tribunais, peritos ou outros). Contudo, poucas medidas de correção não dependem de terceiros[831]. Estamos a referir-nos, por exemplo, às medidas estruturais de alienação de parte da empresa a um terceiro ou às de licenciamento, em que um terceiro é crucial para o seu cumprimento. De igual modo, na maioria dos casos, a imposição ou aceitação de uma medida de correção não faz cessar o envolvimento de uma autoridade. Concretamente, é necessário haver um mecanismo adequado para assegurar a execução e, se necessário, a aplicação coerciva das medidas[832].

A autoridade pode escolher levar a cabo a monitorização diretamente, à semelhança do que acontece na CNMC espanhola, que criou uma unidade específica para o realizar[833]. Esta é uma solução possível que, claramente, seria aceitável pelo TJ, mas que pode ser pouco eficiente. Chamamos aqui à colação os argumentos que apresentámos sobre as distintas funções de uma autoridade de concorrência e de um regulador, sublinhando que a primeira não tem vocação para intervir no mercado ao nível da regulação de preços ou da avaliação de atividades, para dar alguns exemplos[834]. Aliás, note-se que a CNMC é, não só, uma autoridade responsável pela aplicação do direito da concorrência, como também tem a responsabilidade de autoridade reguladora setorial[835]. Esta característica fundamental pode explicar a maior facilidade de uma entidade como a CNMC criar, na sua direção de concorrência, uma unidade de acompanhamento e monitorização.

A existência de monitorização autónoma da Comissão e da empresa que deve levar a cabo as medidas de correção acarreta muitas vantagens.

[830] Monti (2007, p. 243).

[831] Shelanski e Sidak (2001, p. 34).

[832] Economides e Lianos (2010b, p. 437).

[833] Ver CNMC, *Antitrust Enforcement in Spain*, p. 21, disponível em https://www.cnmc.es/sites/default/files/editor_contenidos/Competencia/2017/CNMC%20competition%20web.pdf, consultado em 12.1.2020.

[834] Gavil e First (2014,p. 323).

[835] Ver *Real Decreto 657/2013, de 30 de agosto, por el que se aprueba el Estatuto Orgánico de la Comisión Nacional de los Mercados y la Competencia*, disponível em: https://www.boe.es/diario_boe/txt.php?id=BOE-A-2013-9212

Em primeiro lugar, essa monitorização contribui para que seja imparcial, por um lado, para poder ganhar a confiança da empresa de que não lhe está a ser exigido nada mais do que o necessário para cumprir a decisão (e assegurar a aplicação do princípio da proporcionalidade) e, por outro lado, para que a Comissão tenha a garantia de que a execução das medidas corretivas atinge os seus objetivos[836]. Em segundo lugar, a Comissão pode alocar os seus recursos a outros projetos[837].

Deste modo, o mecanismo de monitorização pode passar pela nomeação de um mandatário de monitorização à semelhança do que acontece nos casos de controlo de concentrações[838]. O Regulamento 1/2003 ou o Regulamento 773/2004 não preveem, porém, esta solução. Esta ausência de disposições legais pode criar dificuldades se tivermos em conta o acórdão do TG *Microsoft I*, que anulou o art. 7º da decisão da Comissão, que estabelecia o mecanismo da monitorização. O acórdão referia-se ao Regulamento 17/62 e anulou esta parte da decisão porque considerou que a Comissão não se encontrava autorizada a delegar num mandatário independente os seus poderes de inquérito[839]. No caso, o mandatário tinha acesso às instalações, trabalhadores e mesmo ao código de fonte da Microsoft. O TG também considerou que a Comissão não podia obrigar a Microsoft a suportar o custo do mandatário, pois tal ofendia o princípio da proporcionalidade[840]. Na sequência do acórdão do TG, a Comissão adotou uma nova decisão relativa ao sistema de monitorização[841], pela qual devolvia as quantias pagas pela Microsoft e decidia que não se justificava manter o mandatário de monitorização, mas sim, utilizar peritos externos à Comissão[842].

Coloca-se, em primeiro lugar, a questão de saber se este acórdão pode ser usado no contexto do Regulamento 1/2003. Tendo em conta que, na parte que se refere às medidas de correção, o Regulamento 1/2003 corresponde a uma evolução, mas não a um corte radical com a

[836] Italianer (2012, p. 3).

[837] Ritter, (2016b, p. 591).

[838] Comunicação sobre medidas de correção em controlo de concentrações, nºs 117 a 127.

[839] Acórdão do TG *Microsoft I*, nº 1271.

[840] Acórdão do TG *Microsoft I*, nºs 1273 e 1276.

[841] Decisão de 4 de março de 2009, sobre a eliminação do art. 7º da Decisão *Microsoft I* (COMP/37.792 – Microsoft).

[842] Decisão de 4 de março, nº 10.

posição adotada pela jurisprudência a propósito do Regulamento 17/62, entendemos, que a jurisprudência *Microsoft I* é aplicável[843].

Já na vigência do Regulamento 1/2003, em casos em que a Comissão adotou medidas de correção através de compromissos, foi instituído um mecanismo de monitorização (por exemplo, na decisão *e-books* em relação à Amazon[844]). Tendo em conta que este mecanismo é voluntário, cremos que fica ultrapassada a questão do custo, i.e., em nossa opinião, à semelhança do que ocorre em casos de controlo de concentrações, em que os compromissos são apresentados de forma voluntária, esta particularidade permite que se transfira para a empresa o custo de monitorização[845]. Contudo, a natureza voluntária dos compromissos não resolve a questão da delegação de poderes da Comissão num terceiro nem a assunção do custo pela empresa quando se trata de uma decisão de proibição.

Quanto à primeira questão, com Hoeg, entendemos que o mandatário, à semelhança do controlo de concentrações, deve estar sujeito a aprovação por parte da Comissão e tem de apresentar garantias de total imparcialidade e independência da empresa[846]. A exigência de independência da empresa também vai ao encontro da jurisprudência do TJ UE[847]. Ao conferir poderes a um terceiro, a Comissão deve ter o cuidado

[843] No mesmo sentido, Dunne (2014, p. 427), que acrescenta que apesar de o caso *Microsoft I* ter sido levado a cabo através do Regulamento 17/62, o Regulamento 1/2003 não parece ter expandido os poderes da Comissão a este respeito.

[844] Decisão *e-books*, nºs 171, 176 and 196.

[845] No mesmo sentido Forrester (2008, p. 569). Quanto a concentrações ver *Merger Remedies Study*, p. 158. No entanto, no caso do controlo de concentrações, a preferência da Comissão pelas medidas estruturais, que pela sua natureza mais autoexecutória que as comportamentais acarretam menos custos de monitorização, leva a que haja mais facilidade no seu cumprimento.

[846] À semelhança do controlo de concentrações, ver Orientações sobre compromissos, nºs 124 e 125 e documento de monitorização, nº 17. A Comissão não aceita mandatários que são, ao mesmo tempo, auditores ou consultores da empresa.

[847] Em controlo de concentrações o TJ e o TG chegaram a anular decisões da Comissão por esta aprovar venda baseada em relatório de mandatário que não se mostrava totalmente independente por já ter feito parte da comissão executiva da entidade a alienar (acórdão do TG de 13 de setembro de 2010, *Éditions Odile Jacob c Comissão*, T-452/04, EU:385, n. 104 e 107, acórdão do TJ de 6 de novembro de 2012, C-553/10 e C-554/10, *Comissão c Éditions Odile*

de reservar para si os poderes de investigação e realizar uma verdadeira supervisão do trabalho do mandatário[848].

Quanto à segunda questão (o custo), parece-nos que se são as entidades públicas quem paga os custos da monitorização, podemos chegar a uma situação de aplicação coerciva deficiente porque as autoridades terão incentivo em limitar o tipo de medidas de correção a adotar, para que apenas sejam adotadas medidas corretivas que não impliquem fortes gastos. Acresce que, o facto de a empresa suportar os custos leva a que tenha mais incentivos para cumprir a decisão mais cedo[849]. Por fim, entendemos que, se os custos (ou uma sua previsão) forem, desde cedo, conhecidos das empresas sujeitas à monitorização, maior probabilidade existe de se encontrarem respeitados o direito de propriedade das mesmas e o princípio da proporcionalidade.

A nomeação de um mandatário externo para controlar a execução das medidas de correção e das condições e obrigações que as acompanham é particularmente útil nos casos em que a colocação em prática da medida de correção apresenta dificuldades e especificidades técnicas, para cujo controlo a Comissão não tem os meios necessários[850]. A sua proibição enfraquece a possibilidade de a Comissão assegurar o cumprimento das medidas de correção[851].

Em caso de incumprimento, apenas a Comissão tem os poderes conferidos pelo Regulamento 1/2003. Nesta sede, apesar das diferenças evidentes entre os dois institutos, podemos lançar mão da experiência em controlo de concentrações onde a Comissão alterou o seu procedimento após o acórdão do TG *Microsoft* para passar a ter maior controlo

Jacob, EU:385, nº 45, e acórdão do TJ de 28 de janeiro de 2016, *Éditions Odile Jacob c Comissão*, C-514/14 P, EU:C:2016:55, nºs 13 a 32).

848 Hoeg (2014, p. 136). A autora refere que a Comissão, mesmo em casos de controlo de concentrações, adotou uma atitude mais interventiva em relação aos mandatários de monitorização após o acórdão *Microsoft I*. Ver Regulamento de execução do Regulamento (CE) nº 139/2004 do Conselho relativo ao controlo das concentrações de empresas, art. 20ºA e Orientação sobre compromissos nºs 118 a 121.

849 Economides e Lianos (2010b, p. 439).

850 Ritter (2016a, p. 597).

851 Monti (2016, p. 199).

e supervisão sobre os mandatários[852]. Nomeadamente, a Comissão pode dar instruções ao mandatário e tem acesso direto ao mandatário sem qualquer intermediação por parte das empresas. Como acima defendemos, uma vez que a maioria das medidas de correção exige algum tipo de monitorização e a Comissão não tem recursos suficientes para assegurar a mesma, uma forma de ultrapassar a objeção do TG é aumentar o controlo por parte da Comissão sobre a atividade do mandatário e sobre a execução das medidas de correção (através de contacto estreito e da apresentação de relatórios). A este respeito ainda devemos chamar à colação a jurisprudência do TJ sobre as características dos mandatários, nomeadamente a independência da empresa, e a importância do seu respeito para a validade dos negócios jurídicos resultantes das medidas de correção[853].

Caso não haja nomeação de mandatário, pode equacionar-se a colaboração com as autoridades reguladoras nacionais[854], com entidades como "*standard setting organizations*", que têm as necessárias competências e atuam de forma independente[855] ou a autorregulação. Na UE esta situação já ocorreu em sede de controlo de concentrações[856] e telecomunicações[857].

Na monitorização, a Comissão pode, ainda, contar com terceiros, mas de forma voluntária. Efetivamente, é típico que as decisões da Comis-

[852] Art. 20º A do Regulamento (CE) n. o 802/2004 da Comissão de 21 de abril de 2004 de execução do Regulamento (CE) n. o 139/2004 do Conselho relativo ao controlo das concentrações de empresas, tal como alterado (JO L 133, 30.4.2004, p.1). Neste sentido Hoeg (2014, p. 136).

[853] Ver acórdãos *Ódile*, T-452/04, nºs 104 e 107, C-553/10, nº 45 e C-514/14 P, 13 a 32.

[854] Hoeg (2014, p. 59), Forrester (2008, p. 569), Weiser (2003, pp. 15 a 17).

[855] Weiser (2009, p. 300), avisando, no entanto, para casos como *Rambus*, em que a empresa levou o organismo a crer em informação errada. Num sentido próximo, afirmando a autoridade das SSO para monitorizar este tipo de medidas, mas chamando a atenção para os perigos de cair em práticas de 101º ou encontrar especialistas sem incentivo em contrariar grandes empresas do setor ver Crane (2008, pp. 24 a 26).

[856] Decisão da Comissão de 8 de outubro de 2010, *SNCF/LCR/Eurostar*, M.5655, (JO C 272 de 8.10.2010, p. 2), nº 80; decisão da Comissão de 26 de abril de 2006, *T-Mobile Austria/Tele.ring*, M.3916, (JO L 88 de 29.3.2007, pp. 44-46) nº 164; e decisão da Comissão de 2 de abril de 2003, *Newscorp/Telepiù*, M. 2876, (JO L 110 de 16.4.2004, pp. 73-125). Ver ainda, Tapia e Mantzari (2013, pp. 599 a 601).

[857] Comunicados de imprensa Comissão Europeia (1998a e 1998b).

são atraiam algum mediatismo e atenção por parte de concorrentes, clientes e consumidores. O exercício por parte destes dos seus direitos – nomeadamente a propositura de ações de indemnização – ou a tomada de posição em relação à eficácia no mercado das medidas de correção pode revelar-se fundamental para que a Comissão possa controlar devidamente a execução das medidas. Apesar destas vantagens, a Comissão não pode confiar a monitorização a uma atuação voluntária, pelo que não substitui a monitorização institucional.

Por fim, a nomeação de um mandatário de monitorização em conjunto com a adoção de medidas de correção muito abrangentes não pode levar a que as empresas fiquem praticamente sujeitas à regulação de uma entidade que não foi criada por lei[858]. Este pode ser o caso se for exigida a aprovação da atuação das empresas, como no caso norte-americano *AT&T*[859], ou quando a monitorização não tem limite temporal.

4.3. Tempestividade

Para além de eficazes e proporcionais, as medidas corretivas devem ser tempestivas[860]. Os processos de abuso de posição dominante podem ser longos e as medidas corretivas são aplicadas no contexto de um mercado com determinadas características. A alteração das características do mercado pode tornar as medidas corretivas desnecessárias ou obsoletas e fazer emergir a necessidade de outro tipo de medidas corretivas. Esta consideração é mais relevante em alguns mercados, como os relacionados com tecnologias de informação e digitais que, por natureza, são de evolução muito rápida[861]. As medidas corretivas que são eficazes num determinado contexto, podem deixar de o ser muito rapidamente se chegam demasiado tarde a um mercado que já não é contestável[862].

Uma outra vertente da tempestividade é a necessidade de determinar com rigor o período de tempo em que as medidas de correção devem

[858] Economides e Lianos (2010b, p. 439). No mesmo sentido referindo-se aos tribunais, Areeda (1989, p. 853).

[859] Gavil e First (2014, p. 267) que notam que o juiz responsável por acompanhar a colocação em prática do *"consent decree"* devia dar a sua aprovação à não aplicação de determinada proibição à atividade das subsidiárias Bell.

[860] Lowe e Maier-Rigaud (2008, p. 597).

[861] Crémer, Montjoye e Schweitzer (2019, p. 6).

[862] Marty e Pillot (2018, p. 43).

ser postas em prática. Não existe um período determinado para considerar cumprido o requisito da tempestividade deste ponto de vista. Nas suas decisões, a Comissão costuma indicar o período de tempo em que as empresas têm de apresentar ou tornar efetivas as medidas de correção. Na sua Comunicação sobre compromissos em operações de concentração[863] a Comissão afirma que as medidas de correção devem ser suscetíveis de uma execução efetiva a curto prazo, pois as condições de concorrência apenas se manterão após o seu cumprimento. Em casos de controlo de concentrações a Comissão costuma esperar que os compromissos de alienação de ativos em controlo de concentrações estejam executados no prazo de seis meses a um ano[864]. Se o período de desinvestimento for demasiado longo, a viabilidade e a competitividade do ativo pode diminuir (sendo em particular difícil manter colaboradores, clientes ou parceiros de negócio). Porém, se for muito curto, pode não ser suficiente para se encontrar um adquirente viável[865].

Reconhecendo que as condições de mercado se alteram frequentemente, as medidas de correção devem ter uma duração limitada. O'Barnett chama a atenção para o facto de, na ausência de um limite temporal, uma medida poder tornar-se obsoleta ou, ainda, tornar-se um obstáculo para a concorrência[866]. Naturalmente, numa medida de correção de caráter estrutural a alienação será definitiva, porém, a empresa alienante não deve ficar impedida de readquirir a empresa se as condições de mercado se alterarem e se essa aquisição já não constituir prejuízo para a concorrência[867]. Monti considera evidente, e acompanhamos, que, em casos como os *Microsoft*, havendo uma alteração tecnológica capaz de tornar a medida desnecessária, a medida de correção deve caducar[868]. Aliás, parece-nos, também, que a Comissão se encontra dis-

[863] Comunicação da Comissão sobre medidas de correção em controlo de concentrações, nº 9.

[864] Hoeg (2014, p. 124).

[865] Hoeg (2014, p. 123).

[866] O'Barnett (2008, p. 552).

[867] Pode ficar previsto, como aconteceu no caso *BEH*, em que a empresa se comprometeu a não readquirir o ativo durante 10 anos.

[868] Monti (2016, p. 202). Estando em causa o art. 9º do Regulamento 1/2003, a empresa pode pedir revisão baseada em alteração de circunstâncias (nº 2, art. 9º). Ver, Moura e Silva (2018, p. 374).

posta a aceitar este tipo de solução, como verificamos na decisão *E.On gas foreclosure*[869].

Assim, pode ser necessário estabelecer um prazo durante o qual as medidas de correção são aplicáveis e, provavelmente, uma cláusula de revisão, como em *Hilti*[870], por exemplo, para acautelar a evolução do mercado e a contínua adequação da medida de correção[871]. No caso *Microsoft II*, a Comissão teve particular atenção à natureza evolutiva do mercado e limitou os compromissos a cinco anos, considerando que era um período adequado ao tipo de mercado em que a funcionalidade e o uso dos produtos pode variar muito rapidamente, e estabeleceu a sua avaliação após os dois primeiros anos[872]. Complementarmente, a Microsoft apresentou um mecanismo de reporte, que permitia que a Comissão pudesse pedir revisões ao ecrã de escolha no caso de ser necessário adaptar a medida corretiva para dar cumprimento efetivo à decisão adotada[873]. Noutros casos, como em *Deutsche Bahn*, a Comissão aceitou que a obrigação de cumprir as medidas corretivas havia cessado antes de decorrido o prazo inicial, devido à alteração das condições do mercado[874]. A este respeito ainda devemos chamar à colação o acórdão *Deutsche Lufthansa c. Comissão*, onde o TG se debruçou sobre a obriga-

[869] A Comissão adotou uma decisão de pôr termo aos compromissos quase cinco anos antes da data acordada devido às alterações que se observaram na estrutura do mercado alemão. Em primeiro lugar, a E.ON reservou menos capacidade do que a que tinha sido antecipada nos compromissos apresentados. Em segundo lugar, a capacidade de transporte tornou-se disponível aos concorrentes da empresa em grande escala. Em terceiro lugar, verificou-se que as empresas ativas no mercado passaram a reservar capacidade por períodos de tempo mais curtos, para garantirem maior flexibilidade de operações. A Comissão entendeu que estas mudanças representavam uma alteração substancial de circunstâncias em resultado das quais os compromissos passavam a não ser necessários para assegurar suficiente capacidade de transporte aos concorrentes da E.ON e fez cessar os compromissos. Ver Decisão *E.ON gas foreclosure*.

[870] Decisão da Comissão de 22 de dezembro de 1987, *Hilti*, IV/30.787 (JO L 65 de 11.3.1988, p. 19-44), Anexo, nº 3.

[871] Monti (2016, p. 201). Note-se que o art. 7º do Regulamento 1/2003 não prevê alterações às medidas de correção e o art. 9º, 2, apenas em determinadas circunstâncias.

[872] Decisão *Microsoft II*, nºs 111 e 112.

[873] Decisão *Microsoft II*, nº 79.

[874] Decisão *Deutsche Bahn* (ver *Decision about early termination of commitments – non confidential version*, disponível em: https://ec.europa.eu/competition/antitrust/cases/dec_docs/39678/39678_2648_8.pdf).

ção de a Comissão dispensar a empresa de compromissos comportamentais em controlo de concentrações, concluindo que, neste exercício, a Comissão deve analisar retrospetivamente se as questões jusconcorrenciais identificadas na primeira análise ainda se mantêm[875]. Em nossa opinião esta posição do TG sublinha a importância da tempestividade na consagração de medidas de correção.

É necessário, portanto, garantir a adaptabilidade das medidas de correção, com particular acuidade nos casos de abuso de posição dominante na economia digital, onde a evolução dos produtos e a sua utilização variam muito rapidamente, como discutiremos oportunamente. Efetivamente, a alteração das condições do mercado pode tornar as medidas totalmente desajustadas ao seu objetivo principal de restaurar as condições de concorrência.

4.4. O princípio da segurança jurídica

O princípio da segurança jurídica também é considerado um princípio geral de direito da União[876]. O princípio (profundamente relacionado com os da legalidade e do Estado de direito) determina que todos os que estão sujeitos à lei devem conhecê-la previamente de modo a que possam conformar a sua conduta[877]. De acordo com a jurisprudência do TJUE, de um modo geral, "*o princípio da segurança jurídica exige que uma regulamentação que impõe encargos ao [particular] seja clara e precisa, a fim de que este possa conhecer sem ambiguidade os seus direitos e obrigações e agir em conformidade*"[878]. A possibilidade de poder prever a consequência aplicável ao seu comportamento é ainda mais importante nos casos de abuso de posição dominante e, em particular, em abusos de exclusão, onde a

[875] Acórdão do TG de 16 de maio de 2018, *Deutsche Lufthansa AG c Comissão,* T-712/16, EU:T:2018:269, nº 35.

[876] Acórdão do TJ de 14 de outubro de 2010, *Deutsche Telekom AG c. Comissão Europeia,* C-280/08, EU:C:2010:603, nº 202.

[877] Tridimas (2006, p. 242), Raitio (2003, p. 187). Sobre a legalidade das penas ver acórdão do TJ de 5 de dezembro de 2017, *M.A.S. e M.B.*, C-42/17, EU:C:2017:936, nºs 46 a 48, e acórdão do TJ de 8 de setembro de 2015, *Taricco e o.*, C-105/14, EU:C:2015:555, nºs 53 e 54.

[878] Acórdão do TJ de 22.2.1989, *Comissão c. França et al*, 92 e 93/87, EU:C:1989:77, nº 22; ver também o acórdão do TPI de 21 de setembro de 2004, *Société française de transports Gondrand Frères SA c. Comissão*, 169/80, EU:T:2004:270, nº 17. Ver, também, Leanerts e Van Nuffel (2011, pp. 854 e 855).

linha entre o comportamento anticoncorrencial e pró-competitivo pode ser muito ténue[879]. Em *Deutsche Telekom* o TJ e o TG reconheceram que a empresa em posição dominante tem de poder avaliar a legalidade da sua conduta com um razoável grau de certeza[880]. Assim, uma autoridade administrativa deve fundamentar a sua atuação numa base jurídica sustentada por regras suficientemente precisas, claras e acessíveis, previamente divulgadas[881], e – ainda relacionados com o princípio da segurança jurídica – obedecer aos cânones da proporcionalidade, igualdade e não arbitrariedade[882].

Este princípio assume uma grande relevância em direito económico e comercial, uma vez que as transações assentam no planeamento antecipado, e a existência de regras jurídicas claras e precisas reduz o custo de transação[883]. Como já afirmámos, alguma incerteza é inerente ao direito da concorrência[884] que evolui com a prática e o pensamento político e económico. No entanto, a estabilidade na aplicação coerciva do direito é essencial para que as empresas possam desenvolver a sua atividade[885].

O princípio da segurança jurídica é particularmente importante quando se discutem medidas de correção, devido à incerteza associada às regras jurídicas aplicáveis[886], especialmente tendo em conta a propensão do direito da UE para caminhar para uma abordagem baseada nos efeitos. Defendemos, contudo, que a adoção desta abordagem não é incompatível com a segurança jurídica, desde que os princípios adotados pela autoridade da concorrência estejam bem estabelecidos e entendi-

[879] Chalmers *et al.* (2014, p. 441). Aplicando este raciocínio à imposição de coimas, mas igualmente válido para esta sede, Allendesalazar (2008, p. 518).

[880] Acórdão do TJ, *Deutsche Telekom AG c. Comissão Europeia*, C-280/08, nº 202, e acórdão do TPI de 10 de abril de 2008, *Deutsche Telekom AG c. Comissão das Comunidades Europeias*, T-271/03, EU:T:2008:101, nº 192. Neste sentido, Nazzini (2017, p. 283).

[881] Hayek (2014, p. 101).

[882] Andreangeli (2012, p. 24).

[883] Tridimas (2006, p. 242).

[884] Forrester (2004, p. 922).

[885] Axinn e Kalir (2008, p. 546).

[886] Neste sentido, em relação às medidas de correção em recusa de licenciamento de direitos de propriedade intelectual, Andreangeli (2012, pp. 34 e 35).

dos na comunidade jurídica[887] e os objetivos das medidas de correção bem definidos[888].

O princípio da segurança jurídica assenta, portanto, não só, na clareza e previsibilidade da lei, como também, na clareza da medida, no sentido de que o direito da UE deve ser claro e previsível[889] e que as obrigações que impendem sobre os particulares devem ser compreensíveis, devendo as ambiguidades do texto ser interpretadas a favor do particular[890]. O princípio da segurança jurídica na construção das medidas corretivas tem duas facetas principais. Em primeiro lugar, as empresas em posição dominante devem conhecer ou pelo menos ter alguma noção do tipo de medida corretiva que pode ser imposta ou aceite na eventualidade de abusarem dessa mesma posição. Como temos vindo a discutir, e veremos em mais pormenor em 6.2.1, as próprias regras aplicáveis ao abuso de posição dominante contêm uma certa incerteza devido à amplitude do seu vocabulário e conceitos[891]. No entanto, o uso de expressões abstratas ou conceitos indeterminados não leva a que uma medida de direito da UE seja incompatível com o princípio da segurança jurídica[892]. O relevante é manter a coerência do sistema. Tentaremos apresentar soluções no capítulo 8.

Em segundo lugar, aquando da determinação concreta da medida corretiva a aplicar num efetivo caso de abuso, aquela deve ser descrita de forma clara e precisa na decisão, de modo a acautelar, não só, os direitos das empresas, como também a certeza de que os objetivos mediatos, imediatos e específicos a alcançar com a medida são efetivamente prosseguidos.

[887] Etro e Kokkoris (2010b, p. 30 n.r. 103).

[888] Melícias (2017b, pp. 188 e 189), Peeperkorn (2016, 390), Rousseva e Marquis (2013, p. 50).

[889] Acórdão do TJ (Terceira Secção) de 12 de novembro de 1981, *Amministrazione delle finanze dello Stato contra Srl Meridionale Industria Salumi e outros ; Ditta Italo Orlandi e Figlio e Ditta Vincenzo Divella contra Amministrazione delle finanze dello Stato*, 212 a 217/80, EU:C:1981:270, nº 10.

[890] Acórdão do TJ de 9 de julho de 1981, *Administration des douanes contra Société anonyme Gondrand Frères e Société anonyme Garancini, 169/80*, EU:C:1981:171, nºs 17 e 18.

[891] Forrester (2004, p. 922).

[892] Acórdão do TJ de 9 de outubro de 2001, *Reino dos Países Baixos contra Parlamento Europeu e Conselho da União Europeia*, C-377/98, EU:C:2001:523, nº 40. No mesmo sentido, Tridimas (2006, p. 245).

Quanto ao primeiro aspeto é na CO que as medidas vêm descritas[893]. O princípio da segurança jurídica na construção das medidas corretivas não é estranho às instituições europeias. No acórdão do TG *Atlantic Container Line*, este tribunal considerou que[894], "*a comunicação de acusações devia ter incluído uma exposição, mesmo sumária, mas formulada em termos suficientemente claros, das medidas que a Comissão projetava tomar para pôr fim às infrações e fornecer todos os elementos necessários às recorrentes para poderem apresentar utilmente a sua defesa antes de a Comissão adotar uma decisão definitiva quanto a esse ponto.*"[895] Note-se que no acórdão referido, o TG sublinhou a necessidade de assegurar a segurança jurídica no caso concreto recorrendo, também, a um juízo de proporcionalidade. De facto, o TG entendeu que, no caso, a necessidade de apresentar previamente as medidas corretivas e a possibilidade de a empresa se pronunciar sobre elas antes de a Comissão tomar uma decisão ainda se impunham com mais veemência, já que a matéria em relação à qual seriam adotadas tais medidas correspondia a uma parte significativa do volume de negócios das empresas.

No acórdão *Tetra Pak*, o TG entendeu que a Comissão podia impor medidas que fossem para além das discutidas durante o procedimento e às quais a empresa já se havia sujeitado. O TG considerou que a atitude era legítima e não violava os princípios da confiança legítima[896] ou da proporcionalidade porque as medidas eram destinadas a fazer cessar as infrações e visavam "*pôr termo ao conjunto de práticas condenadas na decisão, e opor-se a qualquer prática semelhante*"[897]. Esta jurisprudência é, no entanto, dificilmente conciliável com os princípios da segurança jurídica e da proporcionalidade. Atentemos no acórdão *Automec II*, em que a

[893] Art. 27º, nº 1, do Regulamento 1/2003, art. 10º, nºs 1 e 2, do Regulamento 773/2004, Comunicação sobre boas práticas, nº 83, *Manual of Procedures*, nº 15. Ver também acórdão do TJ (Quinta Secção) de 2 de outubro de 2003, *ARBED SA c. Comissão das Comunidades Europeias*, C-176/99 P, EU:C:2003:524, nº 21; acórdão do TPI (Terceira Secção) de 28 de fevereiro de 2002, *Atlantic Container Line e o c Comissão*, T-395/94, EU:T:2002:49, nºs 417 a 420; acórdão Michelin, nº 20 (quanto a coimas).

[894] Cujas conclusões podemos adaptar aos casos de art. 102º. Ritter (2016a, p. 593) não faz distinção entre os dois artigos.

[895] Acórdão *Atlantic Container Line*, T-395/94, nº 418.

[896] Entendido como segurança jurídica, ver Castro Marques (2019, p. 345).

[897] Acórdão *Tetra Pak* do TG, T-83/91, nº 222.

Comissão acabou por ficar mais limitada na escolha das medidas de correção, levando, em nossa opinião, à prática atual da Comissão de pedir às empresas que apresentem as medidas corretivas necessárias para dar cumprimento à decisão de condenação (como ocorreu nos casos *Google*).

A possibilidade de impor medidas para além das discutidas no procedimento encontra-se, em nossa opinião, mais ligada ao princípio da segurança jurídica do que ao da proporcionalidade. No fundo, está aqui em causa o princípio da lealdade na condução do procedimento[898]. De facto, parece-nos indiscutível concluir que uma autoridade responsável pela aplicação da política de concorrência não pode aplicar uma sanção surpresa à empresa. As medidas de correção eventualmente a aplicar devem ser corretamente identificadas na CO, e cada decisão deve ser tomada depois de a empresa em causa ter tido a oportunidade de se pronunciar (boa fé processual). Por isso, não nos parece que possam ser impostas medidas de correção que não venham identificadas na CO.

Quanto ao segundo aspeto, o princípio da segurança jurídica ainda requer que as medidas corretivas sejam descritas de forma clara e precisa na decisão. O TJ e o TG têm-no afirmado a propósito de decisões relativas a práticas proibidas pelo art. 101º TFUE. De facto, de acordo com jurisprudência do TJ, "*o princípio da segurança jurídica exige que qualquer ato administrativo que produza efeitos jurídicos seja claro e preciso, a fim de que o interessado possa conhecer sem ambiguidade os seus direitos e obrigações e agir em conformidade*"[899]. No entanto, a jurisprudência não exige que as medidas de correção sejam definidas de forma minuciosa. A parte dispositiva da decisão deve ser lida e interpretada à luz da sua exposição de motivos e da sua fundamentação[900]. A Comissão pode, pois, recorrer a conceitos indeterminados, "*desde que o particular possa saber, com base no teor da disposição pertinente e, se necessário, recorrendo à interpretação*

[898] Ortiz Blanco e Jörgens (2013a, pp. 35 a 36).

[899] Acórdão *Langnese-Iglo*, nº 78. Ver, no mesmo sentido, acórdão do TPI (Quarta Secção) de 12 de julho de 2007, *Groupement des cartes bancaires (CB) c. Comissão das Comunidades Europeias*, T-491/07, EU:T:2007:223, nºs 443 a 444.

[900] Acórdão *Microsoft II*, nº 85. Ver também acórdãos *Microsoft I*, nº 1258; *Irish Sugar*, nº 15; *Deutsche Telekom*, nº 252; *Cartes Bancaires*, nº 440; e *Cartonboard*, nº 172.

que lhe é dada pelos tribunais, quais os atos e omissões que determinam a sua responsabilidade"[901].

Vamos, agora, discutir os aspetos relativos ao princípio da segurança jurídica, essencialmente, do prisma de uma decisão de proibição (art. 7º do Regulamento 1/2003). Quando um determinado aspeto é comum também às decisões adotadas ao abrigo do art. 9º do Regulamento 1/2003, faremos essa menção.

Em caso de decisão adotada ao abrigo do art. 7º do Regulamento 1/2003, há que ter em conta os acórdãos *Automec II* e *Magill* onde foi decidido que a Comissão não pode impor a sua visão da medida de correção às empresas quando existe mais do que uma forma de fazer cessar a infração e restaurar a concorrência, pois "*não pode ser reconhecida uma justificação para semelhante restrição à liberdade contratual, quando existem várias vias para pôr termo à infração*". Sendo "*certo que [...] a Comissão tem o poder de declarar a existência da infração e de ordenar às partes em questão que lhe ponham termo, [...] não lhe cabe impor às partes a sua escolha dentre as diferentes possibilidades de conduta, todas conformes com o Tratado*"[902] e "*a Comissão não excedeu os limites do seu poder de apreciação*" quando impôs às destinatárias da decisão uma medida que constituía "*o único meio de pôr termo à infração*"[903], acrescentando o TJ em recurso que "*a imposição [de uma determinada] obrigação [...] constituía o único meio de pôr termo à infração*"[904]. Nesta linha encontra-se a mais recente prática da Comissão de deixar em aberto o caminho para as empresas decidirem a melhor

[901] Acórdão *Microsoft II*, nº 84. Ver também acórdão do TJ (Grande Secção) de 3 de maio de 2007, *Advocaten voor de Wereld VZW c. Leden van de Ministerraad*, C-303/05, EU:C:2007:261, nº 50; acórdão do TJ (Grande Secção) de 14 de março de 2017, *Evonik Degussa GmbH contra Comissão Europeia*, C-266/06 P, EU:C:2008:295, nº 39.

[902] Acórdão *Automec II*, nº 52. Apesar de este acórdão ter sido adotado na vigência do Regulamento 17/62 e de se referir a uma infração ao art. 101º TFUE, o princípio continua aplicável e pode ser usado em medidas corretivas adotadas para fazer face a abusos de posição dominante.

[903] Acórdão *Magill* do TG, nº 98.

[904] Acórdão *Magill* do TJ, nº 91.

forma de dar cumprimento à decisão da Comissão[905]. Tais foram os casos *Microsoft I*[906], *Motorola*[907], e principalmente, *Google*.[908]

Esta posição não deixa de ser controversa e a prática da Comissão não tem sido sempre uniforme. Em *Commercial Solvents*[909], apesar de admitir o princípio, a Comissão, pelo contrário, fixou as quantidades que deviam ser fornecidas à Zoja. Em *Magill*[910] a Comissão deu um prazo de dois meses para as empresas apresentarem propostas para as medidas de correção. Cremos que, como o objetivo específico das mesmas estava bem determinado na decisão (fornecimento da informação reciprocamente entre os seus detentores e a terceiros), não havia uma verdadeira opção a tomar por parte das empresas[911]. Já em dois casos *Google*[912] a Comissão deu o mesmo prazo à empresa para apresentar medidas de correção num cenário muito mais vago.

A doutrina não tem manifestado uma posição unânime quanto a este aspeto. De um lado encontram-se aqueles autores que consideram estarmos perante a violação da segurança jurídica das empresas, e de outro aqueles que veem como positiva a evolução da prática da Comissão. Do lado mais cético, encontramos, por exemplo, Akman, que entende que desta forma não se protege suficientemente a segurança jurídica das empresas e que a Comissão deve, pelo menos, indicar um caminho que considere adequado[913]. A autora até exemplifica a insegurança das empresas com o facto de – no caso *Google Search (Shopping)* – a medida

905 Decisão *Microsoft*, nºs 104 a 107, Decisão *Google Search (Shopping)*, nºs 699 e 700 e Decisão *Google Android* nºs 1393 ss.

906 Decisão de 24.3.2004, 37792, *Microsoft*, Art. 7º. Decisão de 10.11.2005, *Microsoft*, COMP/37.792, nºs 104 a 107. Acórdão *Microsoft I*, nºs 1263 a 1279.

907 Decisão da Comissão de 29 de abril de 2014, *Motorola*, AT.39985 (JO C 344 de 2.10.2014, pp. 6-8).

908 Podemos ver alguns casos mais antigos, como decisão *Europemballage*. Acórdão *Continental Can*, nºs 33 a 36, e decisão da Comissão de 14 de janeiro de 1998, IV/34.801, *Aeroportos de Frankfurt* (JO L 72 de 11.3.1998, p. 30-50). A decisão não foi impugnada.

909 Decisão da Comissão de 14 de dezembro de 1972, *ZOJA/CSC*, ICI, IV/26.911 (JO 1972, L 299, pp. 51-58) (Decisão *Commercial Solvents*). Acórdão *Commercial Solvents*, nº 45.

910 Decisão da Comissão de 21 de dezembro de 1988, *Magill*, 31851. Acórdão *Magill* do TG, nºs 97 a 99.

911 Decisão *Magill*, nº 27.

912 Decisão *Google Search (Shopping)*, nºs 699 e 700 e Decisão *Google Android* nºs 1393 ss.

913 Akman (2017a, p. 4).

de correção poder ser considerada estrutural ou comportamental (ver capítulo 7.2.3) e, deste modo, a Comissão poder estar a desonerar-se de apresentar uma justificação aprofundada para a escolha das medidas estruturais[914]. Forrester também advoga que o menor detalhe das medidas de correção dará origem a mais litígio sobre a forma de pôr em prática a medida e pode prejudicar a eficácia da mesma[915]. Na mesma linha, Rey defende que as medidas simples reduzem o risco de diferentes interpretações e disputas sobre as mesmas[916].

Do outro lado, podemos encontrar autores que veem aspetos positivos. Vesterdorf e Fountoukakos discorrem sobre as vantagens e as desvantagens de uma abordagem deste tipo por parte da Comissão. Por um lado, a empresa em causa fica com margem de manobra para intervir na definição da medida de correção. Por outro lado, no entanto, esta abordagem acarreta consigo algum grau de incerteza quanto à suficiência e adequação das medidas para fazer cessar a infração e restaurar a concorrência, porque os princípios que a Comissão indica nas suas decisões – veja-se *Microsoft*, *Google Search (Shopping)* e *Google Android*[917] – são genéricos e permitem várias soluções[918]. Dolmans e Lin, na mesma linha, defendem que a Comissão deve deixar a empresa livre de decidir entre duas situações igualmente proporcionais e eficientes, mas, a discricionariedade dada à empresa deve ser atribuída com uma clara (e não exaustiva) indicação de qual seria a medida de correção aceitável[919]. Ritter entende que a Comissão deve detalhar menos, pois uma medida mais detalhada pode correr o risco de ser ultrapassada com maior facilidade, de uma forma que respeite a sua letra, mas não o seu espírito[920].

914 *Idem*.

915 Forrester (2008, pp. 564 ss.).

916 Rey (2003, p. 133). No mesmo sentido, Lowe e Maier-Rigaud (2008, p. 598)

917 Decisão de 10.11.2005, *Microsoft*, nºs 104 a 107, Decisão *Google Search (Shopping)*, nºs 699 e 700 e Decisão *Google Android*, nºs 1188 ss.

918 Vesterdorf e Fountoukakos (2018, p. 6). No mesmo sentido sobre a indicação genérica de licenciamento em termos justos, razoáveis e não discriminatórios, Montagnani (2007, p. 640).

919 Dolmans e Lin (2017, pp. 15 e 16).

920 Ritter (2016a, p. 594). Italianer (2012, p. 3) acrescenta que pode tornar o processo de execução da medida demasiado complicado.

A história da aplicação das medidas de correção ilustra esta tensão. Em *Microsoft* a empresa tentou aplicar a medida de correção seguindo os princípios orientadores da Comissão. Contudo, mais tarde, a instituição considerou que a empresa tinha violado os termos da decisão e aplicou uma sanção pecuniária compulsória[921]. Esta situação levou Forrester a considerar que a falta de detalhe das medidas de correção coloca em causa a segurança jurídica das empresas[922].

É inegável que a segurança jurídica é posta em causa na adoção desta abordagem "aberta" às medidas de correção. Porém, tendo em conta a jurisprudência e a necessidade de dar cumprimento ao princípio da proporcionalidade e ao direito de liberdade de empresa, é necessário encontrar um equilíbrio. Consideramos que a jurisprudência não impõe que a Comissão deixe de detalhar as medidas de correção. Entendemos que a jurisprudência seria cumprida se a Comissão indicasse as várias soluções igualmente eficazes e deixasse a empresa escolher o caminho a seguir. Contudo, esta opção pode não ser viável, porque, em particular em virtude das grandes assimetrias de informação, a Comissão pode não estar em posição de identificar todas as soluções possíveis e igualmente eficazes e proporcionais. A abordagem "aberta" tem a vantagem de as medidas serem definidas em termos mais latos e, portanto, não só, poderem lograr ser mais eficientes que as medidas definidas de forma mais rigorosa[923], mas também, servirem para colmatar as assimetrias de informação entre a Comissão e as empresas. De igual modo, esta abordagem é uma forma de assegurar a proporcionalidade da medida[924], bem como os direitos das empresas, pelo maior grau de envolvimento destas na construção das medidas de correção e menor ingerência por parte da Comissão[925]. First também parece defender uma abordagem

[921] Acórdão do TG de 27 de junho de 2012, *Microsoft c. Comissão*, T-167/08, EU:T:2012:323. Decisão da Comissão de 12 de julho de 2006, Proc. COMP/C.3/37.792, impondo uma sanção pecuniária compulsória no valor de €280,5 milhões para o período compreendido entre 16.12.2005 e 20.6.2006; e decisão da Comissão de 27 de fevereiro de 2008, Proc. COMP/C.3/37.792, impondo uma sanção pecuniária compulsória no valor de €899 milhões para o período compreendido entre 21.6.2006 e 21.10.2007.

[922] Forrester (2008, p. 564).

[923] Ritter (2016a, p. 594).

[924] Ritter (2016a, p. 591).

[925] First (2010, pp. 355 e 356).

desta natureza afirmando que as autoridades devem apenas detalhar os objetivos a alcançar com as medidas de correção e fixar determinados marcos a alcançar ao longo do período de execução, deixando às empresas a escolha da melhor forma de as alcançar[926]. Apesar de concordarmos com o princípio, o autor exemplifica-o de uma forma com a qual não concordamos, apresentando o exemplo do caso *Microsoft* e sugerindo que as autoridades poderiam ter decidido estabelecer uma quota de mercado e deixado a empresa decidir qual a melhor forma de reduzir a sua quota de mercado até esse nível[927]. Concordamos com a liberdade dada à empresa na definição da medida, mas não concordamos com o estabelecimento de um objetivo específico de quota de mercado[928]. Em nossa opinião, os objetivos imediatos de fazer cessar a infração e de restaurar a concorrência não são alcançados através da fixação de um resultado específico de desenho do setor[929], nem da proteção de concorrentes que podem ser menos eficientes, mas sim por serem dadas as condições para que o mercado possa funcionar da melhor forma e os concorrentes tenham mais oportunidades[930], nomeadamente a eliminação de barreiras à entrada[931]. Efetivamente, se focamos as medidas de correção apenas em objetivos específicos sem ligação à infração, retiramos coerência ao sistema de direito da concorrência e eliminamos a relação entre a infração e a medida de correção, em prejuízo do princípio da segurança jurídica. Com a nossa ideia, pretendemos demonstrar que, se na adoção de medidas de correção uma autoridade tiver sempre em conta os objetivos mediatos, imediatos e específicos da medida (estabelecidos por referência à infração), a sua atuação se torna mais previsível e, como tal, incrementa a segurança jurídica das empresas.

No entanto, reconhecemos que esta abordagem não é isenta de dificuldades e que causa alguma insegurança, por um lado, quanto ao momento em que as medidas pretendidas pela Comissão estão cum-

[926] First (2010, p. 356). Ver também Gavil e First (2014, p. 271).

[927] First (2010, p. 356).

[928] No mesmo sentido, ver posição da juíza Kollar-Kotelly a propósito do caso *Microsoft* nos EUA. Gavil e First (2014, p. 243).

[929] Heiner (2009, p. 877).

[930] Forrester (2009b, p. 337)

[931] Ver posição da juíza Kollar-Kotelly a propósito do caso *Microsoft* nos EUA. Gavil e First (2014, p. 243).

pridas, e por outro, quanto às consequências de um eventual incumprimento. Começando pelo último, é preciso recordar que a Comissão pode aplicar uma sanção pecuniária compulsória pelo incumprimento das medidas de correção. Quanto a este último ponto, a aplicação de sanções pecuniárias compulsórias não pode ser, em nossa opinião, uma forma de contrariar o princípio estabelecido no acórdão *Automec II* e repetido em jurisprudência posterior[932], de que devem ser as empresas a optar de entre as várias soluções eficazes e proporcionadas[933], pelo que aquelas só devem ser determinadas quando fique provado que houve incumprimento por parte da empresa, e não um mero desentendimento quanto ao objetivo a alcançar com as medidas de correção. Quanto ao momento em que se consideram cumpridas as medidas, cremos que o procedimento da Comissão terá de ser mais previsível e que é necessário prever alguma forma de envolvimento da Comissão no momento da adoção das medidas, para que as empresas não fiquem sujeitas à aplicação de sanções pecuniárias compulsórias por terem entendimento diferente da Comissão quanto às medidas corretivas capazes de alcançar determinado efeito, como aliás ocorreu em *Magill*, onde a Comissão previa a aprovação das medidas[934], e para que não fique frustrado o objetivo imediato de fazer cessar a infração, em prejuízo de terceiros, em particular dos consumidores. É certo que terceiros encontram alguma proteção noutros mecanismos do direito da concorrência, como as ações de indemnização, e mesmo nos recursos de anulação da decisão da Comissão verificando-se as condições do art. 263º TFUE[935]. Contudo, pensamos que deve haver maior transparência e envolvimento de terceiros, através, por exemplo, da realização de teste de mercado[936], à semelhança do caso de aceitação de compromissos. Esta solução não vai ao arrepio da lei, pois a Comissão pode consultar terceiros no âmbito dos seus pro-

[932] Acórdãos *Automec*, nº 52, *Microsoft*, T-167/08, nºs 95 e 96 (apesar de a empresa não ter ganhado o caso, o princípio foi afirmado), *Mastercard*, T-111/08, nºs 322 a 331.

[933] Vesterdorf e Fountoukakos (2018, p. 7).

[934] Decisão *Magill*, nº 27.

[935] Acórdão do TJ de 15 de julho de 1963, *Plaumann c. Comissão*, 25/62, EU:C:1963:17.

[936] Neste sentido, Monti (2016, p. 199). Ioannidou (2018, p. 155) também o defende em relação à aplicação do direito da concorrência de forma regulatória, mas entendemos que a ideia é transponível para este plano.

cessos (art. 27º do Regulamento 1/2003). Contudo, seria conveniente formalizar este mecanismo.

A segurança jurídica no que respeita à certeza de que as medidas de correção se vão concretizar e produzir os efeitos desejados no mercado é, necessariamente, uma preocupação da Comissão, que não as deve adotar ou aceitar (aqui já podemos referir-nos, também, ao art. 9º do Regulamento 1/2003) a menos que possa concluir com o possível grau de certeza que as mesmas surtirão efeitos[937]. O grau de certeza poderá ser diferente consoante estejamos perante medidas de correção estruturais, quase-estruturais ou comportamentais. Efetivamente, quando estamos perante medidas estruturais, a Comissão deve concluir que a sua aplicação é possível e que as estruturas comerciais daí resultantes serão suficientemente viáveis e duradouras para assegurar que a infração não torne a ocorrer[938]. Os outros tipos de medidas de correção já exigirão mecanismos de controlo eficazes para garantir que o seu efeito não é atenuado ou eliminado pelas empresas[939]. Este aspeto encontra-se, também, profundamente relacionado com a questão da monitorização, discutida a propósito do princípio da proporcionalidade.

O princípio da segurança jurídica ainda tem uma outra vertente, a da transparência, que, não só, se materializa na relação entre Comissão e empresa, através do conhecimento prévio de uma possível consequência, como também, na relação entre Comissão e mercado em geral, através da publicação célere das decisões das autoridades responsáveis pela aplicação do direito da concorrência. Defendemos, ainda, que, após a publicação da decisão, é conveniente a Comissão publicar mais informação sobre a execução das medidas de correção, como a identificação

[937] Hoeg (2014, p. 57).

[938] Comunicação da Comissão sobre medidas de correção em controlo de concentrações, nº 10. No mesmo sentido, acórdão do TPI de 14 de dezembro de 2005, *General Electric Company contra Comissão*, T-210/01, EU:T:2005:456, nºs 555 e 612. De acordo com a mesma comunicação, o grau de certeza necessário pode ser afetado pelos riscos associados à transferência da atividade a alienar, o comprador, as condições fixadas pelas partes para a alienação ou eventuais direitos de terceiros. *Idem*, nº 11.

[939] Comunicação da Comissão sobre medidas de correção em controlo de concentrações, nº 13.

do mandatário (o que já faz em controlo de concentrações), as eventuais adaptações às medidas de correção e os prazos de execução[940].

Por fim, o princípio da segurança jurídica também se manifesta na proteção das expetativas legítimas das empresas[941]. Embora nenhuma empresa possa reclamar a legítima expetativa de ver a sua situação inalterada quando a medida aplicada se encontra dentro dos poderes de atuação da Comissão[942], na verdade, pode haver situações em que a expetativa legítima da empresa é afetada pela adoção de medidas de correção. Tal é o caso dos mercados regulados, em que a empresa segue as regras da regulação, mas a sua aplicação não impede que a Comissão venha a considerar que houve um abuso de posição dominante[943], ou o caso de estar em causa o exercício de direitos de propriedade intelectual[944]. É verdade que a jurisprudência tem estabelecido que o direito da concorrência se aplica a mercados regulados, ainda que as regras de regulação se encontrem a ser cumpridas pela empresa, mas conduzam a um resultado de infração[945]. Também é jurisprudência constante que a proteção das expetativas legítimas deve ser interpretada de forma restritiva, de modo que a sua aplicação só tem lugar quando a expetativa foi dada pelo direito[946] ou conduta de instituições da UE[947] e a sua frustração foi causada por uma instituição da UE[948]. Entendemos que a posição das empresas fica claramente afetada se estas cumprirem a legislação e não puderem prever – dessa forma – que a sua conduta pode constituir

[940] Hoeg (2014, p. 194) referindo-se ao controlo de concentrações.

[941] Sharpston (1990, p. 114).

[942] Acórdão *Tetra Pak*, C-333/94 P, nº 32.

[943] Geradin e O' Donoghue (2005, pp. 355 e 409), Tapia e Mantzari (2013, p. 603).

[944] Anderman (2013, pp. 578 a 586).

[945] Acórdãos *Deutsche Telekom* do TJ, *Deutsche Telekom* do TG.

[946] Acórdão do TJ (Quinta Secção) de 7 de julho de 1987, *L'Étoile commerciale e Comptoir national technique agricole (CNTA) contra Comissão das Comunidades Europeias*, 89 e 91/86, EU:C:1987:337, nºs 30 e 46 e acórdão do TJ (Quinta Secção) de 26 de junho de 1990, *Sofrimport SARL contra Comissão das Comunidades Europeias*, C-152/88, EU:C:1990:259, nº 22.

[947] Acórdão do TJ de 4 de outubro de 1991, *The Society for the Protection of Unborn Children Ireland Ltd contra Stephen Grogan e outros*, C 127/80, EU:C:1991:378, nºs 28 e 30, e acórdão do TJ de 19 de maio de 1981, *Vassilis Mavridis c Parlamento Europeu*, 289/81, EU:C:1983:142, nº 21.

[948] Por exemplo, acórdão do TG de 12 de dezembro de 2014, *BPP c Comissão*, T-487/11, EU:T:2014:1077, nº 125. Tridimas (2006, p. 252).

um abuso de posição dominante suscetível de ser combatido através da adoção de medidas de correção.

Será, então, suficiente para proteger a segurança jurídica das empresas, em casos de abuso de posição dominante, a Comissão discutir o tipo de medidas no âmbito do procedimento e determiná-las na decisão? Ou deveria haver conformação prévia da sua atuação e de que forma? É uma questão a que tentaremos responder no capítulo final do nosso estudo adiantando que, pelo menos, tal como quando determinam a existência de uma infração, a Comissão deve seguir um quadro analítico claro.

5. As decisões de adoção de medidas corretivas

Neste capítulo iremos estudar o tipo de decisões de adoção de medidas de correção. Vamos concluir que a determinação e subsequente adoção de medidas de correção se encontra profundamente dependente de vários fatores. Este passo revela-se fundamental para, em capítulos subsequentes do nosso estudo, podermos concluir sobre a definição das medidas de correção no caso concreto.

5.1. O art. 7º do Regulamento 1/2003 (decisão de proibição)

O Regulamento 1/2003 reconhece o papel da Comissão na aplicação coerciva do direito da concorrência[949] e, revogando o antigo Regulamento 17/62, atribui-lhe poderes reforçados e modernizados[950].

O art. 7º do Regulamento 1/2003 consagra a regra pela qual a Comissão, após verificar que uma ou mais empresas ou associação de empresas infringiram o direito da concorrência, pode ordenar que ponham termo à infração, impondo-lhes para esse efeito, "*soluções de conduta ou de caráter estrutural proporcionadas à infração cometida e necessárias para pôr efetivamente termo à infração*". Estamos, portanto, perante uma decisão de proibição da Comissão, que pode ser acompanhada de medidas corretivas.

Já discutimos em que medida a natureza da decisão tendente a adotar as medidas corretivas determina a concreta definição das mesmas, muito em particular, no que respeita aos princípios da proporcionalidade e da

[949] Cruz Vilaça (2018b, p. 174).

[950] Ver Art. 7º do Regulamento 1/2003. Nesse sentido, ver De Smijter e Sinclair (2014, p. 121 a 139), Ortiz Blanco (2012, pp. 6 a 12).

segurança jurídica. Neste momento interessa, sobretudo, indicar as principais características e diferenças no que toca à adoção de medidas corretivas.

Numa decisão de art. 7º podem ser adotadas medidas de caráter estrutural e/ou comportamental. No entanto, como sabemos, "*as soluções de caráter estrutural só podem ser impostas quando não houver qualquer solução de conduta igualmente eficaz ou quando qualquer solução de conduta igualmente eficaz for mais onerosa para a empresa do que a solução de caráter estrutural*". O art. 7º do Regulamento 1/2003 não impõe à Comissão a adoção de medidas corretivas, mas permite que a instituição ordene à empresa medidas de correção ou que apresente propostas de medidas na parte dispositiva[951]. A Comissão não pode, em nossa opinião, no âmbito de uma decisão ao abrigo do art. 7º, impor uma determinada medida corretiva às empresas quando existem várias alternativas viáveis, todas conformes com o Tratado, proporcionadas e igualmente eficazes. Esta posição encontra respaldo na jurisprudência do então TPI, que nos acórdãos *Automec II*, *Magill* e depois *Microsoft II*[952] defendeu que "*não pode ser reconhecida uma justificação para semelhante restrição à liberdade contratual, quando existem várias vias para pôr termo à infração*", pois "*é certo que [...] a Comissão tem o poder de declarar a existência da infração e de ordenar às partes em questão que lhe ponham termo, mas não lhe cabe impor às partes a sua escolha dentre as diferentes possibilidades de conduta, todas conformes com o Tratado*"[953] e "*a Comissão não excedeu os limites do seu poder de apreciação*" quando impôs às destinatárias da decisão uma medida que constituía "*o único meio de pôr termo à infração*"[954], acrescentando o TJ em recurso

[951] Ritter (2016a, p. 590 e 592).

[952] Acórdão *Microsoft II*, T-167/08, nº 95.

[953] Acórdão *Automec II*, nº 52. Apesar de este acórdão ter sido adotado na vigência do Regulamento 17/62 e de se referir a uma infração ao art. 101º TFUE, entendemos que o princípio é aplicável às medidas corretivas adotadas para fazer face a abusos de posição dominante. Aliás, em *Microsoft II* (nº 95), o TG aplicou-o a um caso de abuso de posição dominante e, embora a situação factual também fosse abrangida pelo Regulamento 17/62, o acórdão *Microsoft II* foi adotado, em 2012, muito depois da entrada em vigor do Regulamento 1/2003, tendo já havido tempo para consolidar estas posições.

[954] Acórdão *Magill* do TG, nº 98.

que "*a imposição [de uma determinada] obrigação [...] constituía o único meio de pôr termo à infração*"[955].

No acórdão *Tetra Pak II*, o então TPI entendeu que a Comissão podia adotar medidas para além do discutido no procedimento e que tal não violava os princípios da confiança legítima[956] ou da proporcionalidade porque as medidas eram destinadas a fazer cessar as infrações e visavam "*pôr termo ao conjunto de práticas condenadas na decisão, e opor-se a qualquer prática semelhante*"[957]. A questão não foi discutida no acórdão subsequente do TJ[958]. Tendo em conta que a Comissão determinava, no caso concreto, as formas pelas quais a empresa podia apresentar os seus descontos, vemos esta solução dificilmente conciliável com a jurisprudência *Automec II*, que, para além do mais, é mais recente. Acresce que, é possível que a atitude não passasse o crivo dos princípios da proporcionalidade e da segurança jurídica. Por fim, esta não tem sido a solução seguida pela Comissão nos últimos casos[959], como discutimos a propósito do princípio da segurança jurídica (ver 4.4.).

De todo o modo, cremos que esta limitação não é intransponível pois defendemos que, havendo apenas uma medida capaz de fazer cessar a infração e restaurar a concorrência (sempre com respeito pelo nexo estreito entre infração e medida de correção), a Comissão não ficará limitada na sua utilização[960].

Durante o procedimento, a Comissão indica um período máximo no qual a empresa deve apresentar propostas ou cumprir as medidas corretivas. A determinação do prazo é tanto mais importante para assegurar a eficácia e a proporcionalidade das medidas quanto as situações em que as medidas corretivas adotadas são particularmente disruptivas, como

[955] Acórdão *Magill* do TJ, nº 91.

[956] Que decorre da segurança jurídica. Neste sentido, ver Castro Marques (2019, p. 354), Ritter (2016a, p. 592).

[957] Acórdão *Tetra Pak* do TPI, nºs 219, 221 e 222.

[958] Acórdão do TJ de 14 de novembro de 1996, *Tetra Pak International SA c. Comissão*, C-333/94 P, EU:C:1996:436.

[959] Decisões *Google Shopping (Search)*, nºs 664 e 701 e *Google Android*, nº 1392.

[960] Maier-Rigaud (2016, pp. 219 e 220).

será tipicamente o caso das estruturais ou mesmo das comportamentais positivas[961].

Para acautelar a segurança jurídica das empresas, as medidas corretivas devem ser previamente descritas na CO[962]. As informações constantes da CO devem ser suficientemente pormenorizadas para que as empresas possam apresentar a sua defesa relativamente à necessidade e adequação das medidas de correção previstas. Ainda, se a Comissão pretender impor medidas corretivas de caráter estrutural, deve explicitar os motivos pelos quais considera que não existem medidas de correção de caráter comportamental igualmente eficazes ou que estas são mais onerosas para as empresas (ver discussão sobre o princípio da proporcionalidade em 4.2.).

As medidas corretivas aplicam-se, em princípio, indefinidamente. No entanto, a Comissão pode decidir que se apliquem durante um determinado período de tempo, até uma determinada ocorrência ("*sunset clause*"), como os desenvolvimentos ocorridos no mercado (tecnologia, obsolescência do produto, saída do mercado da empresa em causa), ou até se verificar que a empresa já não se encontra em posição dominante[963-964].

Uma característica muito específica de uma decisão adotada ao abrigo do art. 7º é o facto de não parecer permitir que a Comissão imponha monitorização por parte de terceiros custeada pela empresa. Tal resulta do acórdão *Microsoft I* do TG[965]. Esta questão foi discutida em 4.2.4.

Baseada no Regulamento 17/62, a Comissão adotou algumas decisões impondo medidas de correção (*Akzo, Tetra Pak II, Microsoft I*) e mesmo

[961] No mesmo sentido em relação às medidas positivas, Allendesalazar (2008, p. 513) e Schwarze (2007, pp. 13 a 19).

[962] Art. 27º do Regulamento 1/2003, art. 10º do Regulamento 773/2004 e Comunicação sobre boas práticas, nº 83.

[963] Ritter (2016a, p. 593).

[964] Decisão *Deutsche Bahn I/II*, disponível em ec.europa.eu/competition/antitruste/cases/dec_docs/39678/39678_2648_8.pdf, onde a empresa requereu à Comissão a cessação antecipada das medidas de correção.

[965] No mesmo sentido, Dunne (2014, p. 427), que acrescenta que apesar de o caso *Microsoft I* ter sido levado a cabo através do Regulamento 17/62, o Regulamento 1/2003 não parece ter expandido os poderes da Comissão a este respeito.

algumas estruturais (como *Continental Can* ou *Gillette*, com a particularidade de se tratar de "desfazer" concentrações). Desde a entrada em vigor do Regulamento 1/2003, nem todas as decisões por abuso de posição dominante adotadas ao abrigo do art. 7º do mesmo Regulamento impõem medidas de correção. Os motivos, como veremos, prendem-se com o tipo de infração que é visado pelas decisões e com o aumento dos casos de aceitação de compromissos. Os grandes destaques são as recentes decisões *Google* e a decisão *Motorola*, analisadas em 7.2.3.

5.2. O art. 9º do Regulamento 1/2003 (decisão de compromissos)

O art. 9º do Regulamento 1/2003 permite que a Comissão, quando tencione aprovar uma decisão que exija a cessação de uma infração, adote decisões pelas quais torna obrigatórios compromissos oferecidos pelas empresas. Os compromissos devem ser suscetíveis de dar resposta às objeções expressas pela Comissão na sua apreciação preliminar[966]. O objetivo final das medidas de correção neste tipo de decisões é semelhante ao do art. 7º, no sentido de pretender contribuir para a solução de problemas de concorrência. Tal como o TJ defendeu no acórdão *Alrosa*, o principal foco da aceitação de compromissos é a resolução prospetiva de problemas de concorrência identificados num determinado mercado[967] e não a punição da empresa envolvida.

Pode colocar-se a questão de saber se os compromissos comportam verdadeiras medidas de correção ou se devem ser considerados um instrumento distinto. Defendemos que os compromissos são verdadeiras medidas de correção porque, numa abordagem funcional, servem o mesmo propósito. Os compromissos são a forma pela qual se adotam as medidas de correção. Mesmo em matéria de controlo de concentrações podemos falar em medidas de correção quando estas são sempre apresentadas sob a forma de compromissos, como se retira do próprio título da Comunicação sobre medidas de correção em controlo de concentrações da Comissão[968].

Ainda, a Comissão adota uma decisão de compromissos tão somente quando tenciona emitir uma decisão de condenação, mas a empresa

[966] Comunicação da Comissão sobre boas práticas para a instrução de processos, nº 117.

[967] Acórdão *Alrosa*, nºs 35-50.

[968] Citada.

em causa oferece compromissos capazes de dar resposta às suas objeções. Neste caso, torna obrigatórios para a empresa tais compromissos sem concluir pela existência de uma infração. Assim, o procedimento não culmina com uma condenação da empresa, nem mesmo com uma admissão da infração por parte desta[969]. Porém, parece-nos claro que o objetivo último das decisões é o mesmo e que, portanto, as medidas de correção podem ser adotadas ao abrigo de uma decisão de compromissos[970].

O Regulamento 17/62 não previa esta solução formalmente. Quando queria usar compromissos informais, a Comissão utilizava expedientes como cartas de conforto ou, simplesmente, não iniciava o procedimento[971]. No entanto, a maioria destes casos não tinha qualquer publicidade. Para além da falta de transparência em relação ao modo como os compromissos eram alcançados e da ausência de participação de terceiros, esta solução também não contribuía para o desenvolvimento do conhecimento em geral[972].

Processualmente, o art. 9º mantém alguns pontos de contacto com o art. 7º do Regulamento 1/2003. Nomeadamente, a Comissão pode adotar uma CO e, em virtude dos compromissos propostos pela empresa, acabar por adotar uma decisão ao abrigo do art. 9º, ou pode iniciar um procedimento pretendendo adotar uma decisão de compromissos e, concluindo que os compromissos apresentados não são suficientes para fazer face às preocupações em matéria de concorrência, decidir aplicar medidas de correção e, eventualmente, uma coima[973]. Isto mesmo ocorreu no caso *Google Search (Shopping)*, onde a Comissão parecia estar disposta a aceitar os compromissos propostos, mas em que, no final, acabou por rejeitar os compromissos e adotar uma decisão de condenação ao abrigo do art. 7º do Regulamento 1/2003[974].

[969] Comunicação da Comissão sobre boas práticas para a instrução de processos, nºs 115 a 117.

[970] No mesmo sentido, Loertscher e Maier-Rigaud (2020, p. 54).

[971] Georgiev (2007, p. 995).

[972] Van Bael (1986, p. 61).

[973] Comunicação da Comissão sobre boas práticas para a instrução de processos, nºs 123 e 133.

[974] Almunia (2014), consultado em 3.1.2020.

A Comissão, após dar formalmente início ao procedimento (arts. 11º, nº 6, do Regulamento 1/2003, e 2º, nº 1, do Regulamento 773/2004), tem de expressar as suas preocupações em matéria de concorrência, de forma resumida, na sua "apreciação preliminar". No caso de já ter sido emitida uma CO, esta poderá valer como apreciação preliminar, mas não necessariamente, como se pode retirar do art. 2º do Regulamento 773/2004, que dispõe que a Comissão terá de ter dado início a um processo até à data em que formule uma apreciação preliminar ou uma CO[975]. Os objetivos da apreciação preliminar são os de, por um lado, dar a conhecer à empresa as questões às quais deve responder com compromissos, e por outro, de evitar que a Comissão aceite compromissos sem investigar corretamente[976].

Os compromissos devem ser apresentados pelas empresas e têm de responder às questões levantadas pela Comissão de forma eficaz para que possam ser aceites[977]. Esta decisão só pode ser adotada após a Comissão publicar um resumo do processo e do conteúdo essencial dos compromissos ou da atuação que pretende seguir, para que terceiros possam pronunciar-se num período de tempo fixado pela Comissão não inferior a um mês, o chamado "teste de mercado" (art. 27º, nº 4, do Regulamento 1/2003). O teste de mercado desempenha um papel fundamental[978], pois permite à Comissão reunir informação sobre o mercado relevante, o comportamento em causa e a adequação das medidas para fazer face aos constrangimentos identificados[979]. A Comissão pode, simultaneamente, contactar terceiros diretamente, à semelhança do que faz em controlo de concentrações, e convidar o denunciante a pronunciar-se[980]. A Comissão já colaborou, inclusivamente, com reguladores setoriais nacionais[981].

É possível fixar o período durante o qual se mantêm as medidas corretivas. Tal encontra-se expressamente previsto no art. 9º (a "*decisão pode ser aprovada por um período de tempo determinado*"). As medidas podem ter

975 Neste sentido, De Smijter e Sinclair (2014, p. 131).

976 De Smijter e Sinclair (2014, p. 132).

977 Mariniello (2014, p. 2).

978 Bosco *et al.* (2013, p. 7).

979 Italianer (2012, p. 9).

980 Comunicação da Comissão sobre boas práticas para a instrução de processos nºs 129 ss.

981 Caso *GDF (exclusão).*

uma duração predefinida, durar até uma determinada ocorrência ("*sunset clause*") ou mesmo ser objeto de decisão de cessação antecipada. Tal aconteceu no caso *Deutsche Bahn* em que a Comissão determinou que as medidas adotadas teriam uma duração de cinco anos, mas a obrigação do seu cumprimento poderia cessar mais cedo se pelo menos 25% da procura combinada (de corrente de tração) das empresas não relacionadas com o grupo *Deutsche Bahn* e/ou as relacionadas fosse adquirida a terceiros. Uma vez que se alcançou o objetivo nos três anos subsequentes à referida decisão, a Comissão declarou, em nova decisão, que os compromissos assumidos deveriam cessar prematuramente[982]. Estes mecanismos de flexibilidade são essenciais, pois, por vezes a evolução do mercado ou legislativa leva a que as medidas corretivas se tornem obsoletas ou ineficazes (ver 4.3). Pelo mesmo motivo, defendemos que, periodicamente, sejam realizadas avaliações das medidas de correção.

A decisão da Comissão deve explicitar as razões pelas quais é tomada, sem, contudo, concluir pela existência de uma infração.

No caso de as empresas não cumprirem os compromissos assumidos e tornados obrigatórios pela Comissão, esta tem o poder de, nos termos dos arts. 23º, nº 2, c), e 24º, nº 1, c), do Regulamento 1/2003, lhes impor coimas (até 10% do volume de negócios da empresa em causa no ano anterior) e sanções pecuniárias compulsórias (até 5% do volume de negócios diário médio realizado no ano anterior).

É preciso recordar que o art. 9º é, apesar da sua natureza consensual[983], um instrumento de aplicação do direito da concorrência ao dispor da Comissão e não das partes.

Este mecanismo apresenta vantagens para a Comissão em relação ao tradicional. Em primeiro lugar, as decisões adotadas ao abrigo do art. 9º acarretam uma grande economia processual[984], permitem a rápida coleção de informação[985] e a eliminação de assimetrias de informação, originando, deste modo, poupança de custos e recursos de investigar um

[982] Decisão *Deutsche Bahn I/II*, disponível em ec.europa.eu/competition/antitruste/cases/dec_docs/39678/39678_2648_8.pdf.

[983] Acórdão *Alrosa*, nº 48, notando a aceitação "consciente" das empresas das concessões que fazem à Comissão.

[984] Gerard (2016, p. 149).

[985] Rat (2015, p. 533).

caso[986] (ao contrário de percorrer todos os passos do processo para chegar a uma decisão de art. 7º do Regulamento 1/2003). Efetivamente, a tarefa da Comissão numa decisão de acordo com o art. 9º é menos exigente. Tal torna este mecanismo particularmente bem colocado para a Comissão lograr levar a cabo casos com análises menos sólidas[987]. Esta posição encontra cabimento na prática decisória da Comissão onde, por exemplo, em *Standard & Poor's*, a Comissão, apesar de descrever o teste aplicável aos casos de preços excessivos e de declarar que considerava encontrarem-se preenchidos os seus pressupostos, não realizou a análise que teria de ser realizada caso enveredasse por uma decisão de proibição[988]. Do mesmo modo, nos casos do setor da energia[989], apesar de a Comissão fazer referência aos requisitos necessários para adotar decisões de proibição, as decisões de compromissos publicadas não contêm uma análise detalhada daqueles, não obstante os compromissos abrangentes de concessão de acesso e mesmo estruturais[990].

Uma outra vantagem, relacionada com esta, é o facto de uma autoridade responsável pela aplicação do direito da concorrência poder atuar e corrigir o mercado mais rapidamente[991]. Na verdade, a Comissão já veio considerar que os principais objetivos das decisões de compromissos são os de preservar uma concorrência efetiva e de obter alterações mais rápidas no mercado[992]. Sendo a análise substantiva do abuso de

[986] Capobianco e Orgawa (2016, p. 17), Gray *et al.* (2006, p. 54).

[987] Dunne (2014, pp. 424 e 425), Mariniello (2014, p. 6).

[988] Decisão *Standard & Poor's*, nºs 26 a 38. Note-se que o texto da decisão faz referência à análise mais desenvolvida da CO.

[989] Ver 7.2.2.

[990] Por exemplo, *ENI*, *E.ON*, entre muitos.

[991] Capobianco e Orgawa (2016, pp. 18 e 19), Mariniello (2014, p. 6), Dunne (2014, p. 405) e Botteman e Patsa (2013, p. 355). Curiosamente, apesar de uma decisão de compromissos poder dar origem a mudanças de mercado mais rápidas, o procedimento em si pode não ser mais célere. Um estudo comparativo das decisões adotadas pela Comissão em abuso de posição dominante, entre 2004 e 2014, mostra que não existe uma correlação entre a duração dos procedimentos e o tipo de decisão. Uma das razões avançadas pode ser a participação de terceiros nos testes de mercado. Ver Marx (2018, p. 39). Ver, também, Mariniello (2014, p. 5) notando que este fenómeno se verifica em casos de art. 102º TFUE, mas já não de art. 101º TFUE, e Jenny (2015, p. 732).

[992] *Commission Staff Working Document, Ten Years of Antitrust Enforcement under Regulation 1/2003*, SWD (2014) 230/2, para 2. *Commission Staff Working Paper Accompanying the Commu-*

posição dominante uma análise essencialmente económica (em particular se cremos numa abordagem baseada nos efeitos), as autoridades responsáveis pela aplicação do direito da concorrência só devem adotar decisões de condenação por abuso de posição dominante após desenvolverem teorias de infração bem articuladas e economicamente sólidas. Como a decisão de compromissos não implica a verificação de uma infração, a Comissão mantém o poder de influenciar o mercado para futuro, através da sua intervenção no desenho das medidas a executar[993], mesmo em casos onde a teoria económica não lhe dá bases totalmente sólidas para avançar com uma decisão de proibição[994].

É por este motivo que as autoridades de concorrência tendem a preferir as decisões de compromissos nos setores regulados, como é o caso muito paradigmático do setor da energia, pois são mercados onde, por natureza, é necessário criar ou desenvolver condições concorrenciais, destinadas a alterar a estrutura do mercado e os incentivos das empresas em posição dominante[995]. O mesmo se passa em mercados dinâmicos, em relação aos quais, uma decisão de condenação acompanhada de medidas de correção adotadas segundo o art. 7º pode não ser suficientemente rápida para poder surtir efeito útil[996]. Nestes mercados, o interesse público a prosseguir é, muitas vezes, a correção de falhas de mercado e não tanto a prevenção geral ou especial (especialmente quando a teoria do dano não se encontra totalmente desenvolvida ou não é isenta de dúvidas). Há, portanto, mercados particularmente adequados às decisões de compromissos – como os em fase de liberaliza-

nication from the Commission to the European Parliament and the Council, Report on the Functioning of Regulation 1/2003, COM (2009) 206 final, nºs 31 e 33.

993 Gerard (2016, p. 155).

994 Botteman e Patsa (2013, p. 352).

995 Jones *et al.* (2019, p. 942), Gerard (2016, pp. 161 a 165), Lianos (2016, p. 129), Dunne (2015, pp. 322 e ss.), Dunne (2014, p. 408), Kølbye (2012, p. 213), Cengiz (2011, p. 138), Ibañez Colomo (2010, pp. 298 e ss.), Scholz e Purps (2010, p. 51), Chauve, Godfried, Kovács, Langus, Nagy e Siebert (2009, p. 54). A estratégia de combinar regulação e instrumentos de direito da concorrência foi abertamente prosseguida pela Comissão, tal como explicado no inquérito aos setores do gás e da eletricidade (*DG Competition Report on Energy Sector Inquiry*, 10.1.2007, disponível em http://ec.europa.eu/competition/sectors/energy/2005_inquiry/full_report_part1.pdf, p. 15).

996 Comissão Europeia (2014, p. 2), Botteman e Patsa (2013, p. 355).

ção ou muito dinâmicos[997] – e, por este motivo, também particularmente adequados à adoção de medidas corretivas.

Em terceiro lugar encontramos o facto de o teste de proporcionalidade para a adoção de medidas corretivas exigido pelo TJ ser menos exigente nos casos em que as decisões são adotadas ao abrigo do art. 9º por contraposição a casos em que as mesmas são adotadas ao abrigo do art. 7º[998] (ver 4.2.3).

Em quarto lugar, este mecanismo permite alcançar resultados mais rapidamente e diminui a litigância[999], porque embora não afastado, é, efetivamente, muito menos provável que uma empresa recorra de decisões de aceitação de compromissos[1000]. De um ponto de vista das autoridades, a ausência da característica adversativa, que caracteriza o art. 7º, dá origem a que a aplicação do direito da concorrência fique confinada à autoridade administrativa, minimizando o aproveitamento do recurso judicial. Dunne acrescenta que é possível argumentar que, como as autoridades responsáveis pela aplicação do direito da concorrência são especialistas na matéria e têm por missão a prossecução do interesse público, o caráter adversativo do processo é menos importante, porque essas autoridades têm a maior probabilidade de alcançar a melhor solução de um ponto de vista de aplicação do direito da concorrência[1001].

Este mecanismo apresenta vantagens, também, para as próprias empresas, que não confessam a infração nem lhes veem ser declarado o cometimento de uma infração. A decisão é menos detalhada, o que limita, igualmente, a sua exposição a ações de indemnização[1002], bem como a danos reputacionais[1003]. Ademais, como são as próprias empresas que devem apresentar os seus compromissos e que, portanto, estão diretamente envolvidas na composição das soluções, veem preservada a

[997] Marx (2018, p. 32).

[998] Acórdão *Alrosa*.

[999] Não está afastada a possibilidade de recurso, embora o facto de ser razoável admitir que as empresas, que apresentam os seus compromissos, não venham mais tarde recorrer de uma decisão com a qual concordaram. Ver Wils (2009b, p. 6). Ver, ainda Mariniello (2014, p. 2).

[1000] Jenny (2015, p. 723).

[1001] Dunne (2014, p. 434).

[1002] Dunne (2014, p. 403).

[1003] Wathelet (2015, p. 553).

sua segurança jurídica[1004]. Por fim, a decisão de compromissos também representa uma significante poupança de recursos para as empresas, nomeadamente por não lhes ser aplicada uma coima e por reduzirem os custos de litigância[1005].

Desde a entrada em vigor do Regulamento 1/2003, a Comissão passou a fazer muito uso deste tipo de decisão[1006]. A utilização desmesurada de compromissos pode, todavia, acarretar efeitos nefastos. De facto, as vantagens apontadas à utilização deste mecanismo podem ser vistas, também, como desvantagens. Em primeiro lugar, note-se a relativa "desproteção" da empresa no âmbito do art. 9º do Regulamento 1/2003 em relação ao art. 7º do Regulamento 1/2003 no que respeita ao teste de proporcionalidade menos rigoroso para a adoção de medidas corretivas[1007] (discutido em 4.2.3).

Em segundo lugar, a natureza consensual e o facto de a Comissão não necessitar de apresentar uma teoria de abuso tão sólida[1008], aliados à influência que a Comissão pode exercer sobre a empresa com a perspetiva de um processo longo e de coimas elevadas[1009], podem incentivar uma intervenção excessiva[1010], a ocorrência de erros do tipo I (falsos positivos)[1011], bem como a aceitação de compromissos subótimos[1012] ou desproporcionados[1013], muitas vezes propostos

1004 Botteman e Patsa (2013, p. 358).

1005 Mariniello (2014, p. 4). Gerard (2016, pp. 146 e 148) entende que por estes motivos a "tentação" de apresentar compromissos é praticamente "irresistível".

1006 Entre 2004 e 2014, das 26 decisões de abuso de posição dominante adotadas, 70% terminaram com recurso a compromissos. Ver Marx (2018, p. 28), Gerard (2016, p. 146).

1007 Ver Schweitzer (2013, p. 513) e Wagner-von Papp (2012, p. 934 ss).

1008 Wils (2006b, p. 355).

1009 O'Donoghue e Padilla (2020, p. 1166), Jenny (2015, p. 737), Lianos (2013a, p. 129), Wang (2011, p. 585), Waelbroek (2008, p. 3).

1010 Capobianco e Orgawa (2016, p. 20), Temple Lang (2006, p. 318). Ibañez Colomo (2018c, p. 293) realizou um estudo sobre compromissos e nota, com espanto, que a maioria dos casos de compromissos em abuso de posição dominante se referem a recusa em contratar, que só em casos excecionais deve ser condenada.

1011 Dunne (2014, p. 439), Rat (2015, p. 532).

1012 Gerard (2016, pp. 155 e 157), notando que as empresas podem estar particularmente focadas em não destruir o seu modelo de negócio. Ver também Melamed (1995, p. 14).

1013 Lianos (2016, p. 129).

pela Comissão[1014]. Acresce que, se a empresa incumprir os compromissos assumidos, a Comissão pode aplicar-lhe uma sanção, e fá-lo-á sem que, mais uma vez, se debruce sobre a natureza infratora da conduta da empresa[1015]. Tal ocorreu efetivamente no caso *Microsoft II*[1016].

Ainda, como referimos, são objetivos das sanções por abuso de posição dominante a prevenção geral e a correlacionada emissão de um "precedente". O uso de mecanismos que não exigem o desenvolvimento de uma exaustiva teoria de abuso e que dão origem a decisões mais curtas lesa estes interesses[1017], pelos factos de a Comissão não aplicar coimas exemplares – enfraquecendo o objetivo de prevenção geral[1018] – e de a análise preliminar realizada pela Comissão não dispor do rigor e da profundidade de uma decisão que identifica uma infração[1019]. O aumento da utilização de decisões de compromissos também prejudica a definição de casos de fronteira, que ocorrem com muita frequência em direito da concorrência, particularmente no que respeita à figura do abuso de posição dominante[1020].

Acresce que estas decisões raramente dão origem a recursos judiciais, pelo que o seu uso excessivo pode levar ao empobrecimento do direito da concorrência e ao seu desenvolvimento de uma forma menos transparente do que aquela que advém da discussão em juízo[1021]. A questão de saber se as partes que oferecem compromissos podem recorrer de uma decisão que os torna obrigatórios pode ser discutida. Em nossa opinião, cremos que esta possibilidade não está excluída no direito da União[1022].

[1014] Chalmers *et al.* (2014, p. 973). Possibilidade essa reconhecida pela própria Comissão no seu *Manual of Procedures*, nº 43.

[1015] Dunne (2010, p. 418).

[1016] Decisão da Comissão, de 6 de março de 2013, COMP/39.530 – *Microsoft (venda ligada de produtos)* – coima por incumprimento dos compromissos (JO C 120 de 26.4.2013, p. 15-16).

[1017] Jones *et al.* (2019, p. 942), Marsden (2013, p. 4).

[1018] Capobianco e Orgawa (2016, p. 21).

[1019] Subiotto, Little e Lepetska (2017, p. 264).

[1020] McGeowan e Orologas (2013, p. 4).

[1021] Monti (2017, p. 50), Capobianco e Orgawa (2016, pp. 22 e 23).

[1022] No mesmo sentido, Wathelet (2015, p. 554), Dunne (2014, p. 425), Wils (2009, p. 102), Schweitzer (2008a, p. 23) e Waelbroeck (2008, p. 24). Ver também acórdão *Alrosa* do TG.

A aceitação de compromissos reveste-se de uma natureza mais burocrática[1023]. Deste modo, apesar de a Comissão pretender fazer crer que as decisões adotadas ao abrigo do art. 9º também funcionam como orientação legal[1024], a verdade é que as suas características de negociação, consenso, ausência de conclusão por uma infração, levam alguns autores, como Dunne, a concluir que estas decisões não constituem uma posição formal de direito da concorrência, ainda que não objete fortemente à sua invocação generalizada e reconheça que incluem alguma participação dos interessados em geral aquando da realização do teste de mercado[1025]. Marsden vai mais longe e considera que este tipo de decisões pode criar precedentes importantes, em particular em indústrias dinâmicas, onde existe menos prática decisória, criticando a atitude da Comissão, pelo facto de criar regras para uma indústria baseadas em casos concretos com factos específicos, o que é exacerbado pela ausência de recurso judicial[1026].

Em nossa opinião, embora reconheçamos que as decisões de compromissos são muito mais curtas e, por natureza, apenas apresentam uma apreciação preliminar da Comissão, entendemos que não deixam de constituir uma posição formal da Comissão[1027]. Em primeiro lugar, constituem uma posição formal em relação à empresa em causa. Em relação a esta, a Comissão não abrirá um novo procedimento pelos mesmos factos, salvo em circunstâncias excecionais previstas no nº 2 do art. 9º do Regulamento 1/2003. Estas circunstâncias reconduzem-se à alteração substancial da situação de facto em que se fundou a decisão (ou seja, factos futuros), à falta de cumprimento dos compromissos e ao facto de a empresa ter prestado informações incompletas, inexatas ou deturpadas

[1023] First (1995, p. 9).

[1024] *Commission staff working paper accompanying the Communication from the Commission to the European Parliament and Council - Report on the functioning of Regulation 1/2003*, COM(2009)206 final, nº 109.

[1025] Dunne (2014, p. 415). No mesmo sentido, Marienello (2014, p. 6).

[1026] Marsden (2013, p. 4).

[1027] Forrester (2010, p. 638). Aliás, a Comissão apresenta estas decisões como uma fonte de orientação, ver *Commission Staff Working Paper, accompanying the Communication from the Commission to the European Parliament and Council, Reporto n the Functiong of Regulation 1/2003*, nº 109, disponível em https://eur-lex.europa.eu/legal-content/EN/TXT/PDF/?uri=CELEX:52009SC0574&from=EN, consultado em 6.1.2020.

(ou seja, incumprimento por parte da empresa após ou durante o procedimento). Com a reabertura do procedimento, a Comissão não fica impedida de adotar uma decisão ao abrigo do art. 7º do Regulamento 1/2003.

Em relação a terceiros afetados pela decisão, a decisão também constitui uma posição formal de arquivamento. Neste sentido, o TJUE aceita que a decisão possa ser impugnada por quem cumprir os requisitos de legitimidade[1028]. Não obstante, como não conclui pela existência de uma infração, não impede que terceiros exijam os seus direitos em tribunais nacionais. Aliás, estas questões já surgiram em reenvios prejudiciais oriundos dos tribunais nacionais[1029].

O que vale menos numa decisão de compromissos é o seu caráter de precedente[1030]. Se a decisão não se encontra tão bem desenvolvida é mais difícil daí retirar conclusões quanto à atuação futura da Comissão. No entanto, ainda assim, destas decisões, não só, é possível concluir-se que a Comissão se encontra disposta a enveredar por caminhos que não implicam a imposição de coimas em determinados casos, como também, se infere que casos a Comissão entende prosseguir no âmbito da sua política de aplicação coerciva do direito da concorrência[1031]. Na opinião de alguns autores, as decisões de compromissos correspondem, pelo menos, a um "*safe harbour*" implícito[1032] ou, sem valor de precedente, a uma orientação[1033].

Ainda assim, reconhecemos que o uso generalizado deste tipo de decisões empobrece o direito da concorrência, não só pela limitação da jurisprudência, mas também da prática decisória, porque ao não gastar recursos nos casos, a Comissão estará a limitar o desenvolvimento

[1028] Acórdãos *Plaumann*, pp. 282 e 283, *Alrosa* nº 90, *Morningstar*, nºs 31 a 34 e *Canal+*, nº 25.

[1029] Wathelet (2015, p. 554). Tal foi o caso em *Gasorba*, que descrevermos melhor em baixo. Sobre o reenvio prejudicial, ver Fausto de Quadros (2013, pp. 581 a 617) e Pereira Coutinho (2013, pp. 104 a 206).

[1030] Jenny (2015, p. 763).

[1031] No sentido de que estas decisões mostram como as autoridades entendem que a lei "devia ser", ver Forrester (2010, p. 638).

[1032] De la Mano *et al.* (2014, p. 342).

[1033] Gerard (2016, pp. 165 a 168). Note-se que a Comissão também o admite no *Manual of Procedures*, no capítulo 16, nºs 6 e 11, e no Commission Staff Working Paper SEC(2009) 574 final.

da sua atividade interna de investigação[1034]. A própria Comissária Vestager reconheceu que o mecanismo do art. 9º do Regulamento 1/2003 deve ser usado com parcimónia, para dar lugar ao desenvolvimento do direito da concorrência[1035]. Este facto reveste-se de especial importância, porque as decisões adotadas ao abrigo do art. 9º têm servido um leque muito alargado de infrações e têm ido além dos parâmetros convencionais de decisões tomadas sob a égide do art. 7º, quer em termos de teoria do dano (teorias não testadas ou não totalmente fundamentadas), quer em termos de medidas de correção aplicadas (medidas estruturais, por exemplo)[1036].

O uso de compromissos também pode ter um caráter regulatório, ou quase regulatório[1037], devido à sua natureza prospetiva[1038], ao seu caráter consensual, à sua tendência para atuar como orientação[1039] e à sua aproximação ao procedimento de controlo de concentrações (que tem uma natureza diferente)[1040]. Na verdade, este mecanismo tem sido usado para alcançar determinados objetivos em setores como energia, sistemas de pagamento e mercados tecnológicos[1041], alterando, assim, o equilíbrio das funções das medidas de correção de uma vertente corretiva para uma vertente regulatória[1042]. Não cabe no objetivo e no escopo deste estudo tecer longas considerações sobre a diferença entre concorrência e regulação, mas tão-somente sublinhar as características de uma política de medidas de correção interventiva que se alcança através da obtenção de compromissos, particularmente no setor da energia.

Da nossa parte, como temos vindo a manifestar – e mais desenvolveremos no estudo da aplicação de medidas de correção nos mercados da energia – cremos que o direito da concorrência não deve ser usado

[1034] Capobianco e Orgawa (2016, p. 18).

[1035] Vestager (2015a).

[1036] No mesmo sentido, Dunne (2014, pp. 401, 415).

[1037] Capobianco e Orgawa (2016, p. 18).

[1038] Sobre a natureza prospetiva dos compromissos, ver as conclusões da Advogada-Geral Kokott, apresentadas em 17 de setembro de 2009, *Comissão Europeia contra Alrosa Company Ltd*, C-441/07 P, EU:C:2009:555, nº 74.

[1039] Gerard (2016, p. 143), First (1995, p. 9).

[1040] Gerard (2016, p. 164).

[1041] Lianos (2016, p. 129).

[1042] Gerard (2016, pp. 161 a 165).

quando a melhor solução para a questão for a regulação setorial, mas reconhecemos que ao adotar medidas de correção, a Comissão atua *ex ante*, com base em projeções futuras do mercado[1043], como na regulação (sendo que no caso do direito da concorrência se trata de casos concretos e não de uma solução para um setor). Se a tal acrescentamos a utilização de um mecanismo de natureza consensual, notamos que o mesmo se reveste de características particularmente adequadas ao desenvolvimento de uma intervenção nos mercados ou do chamado direito da concorrência quase-regulatório[1044], onde razões políticas e económicas podem ter precedência sobre as jurídicas[1045]. Aliás, encontramos autores, como Ioannidou, que defendem que a utilização do direito da concorrência desta forma é aceitável, se, no final, o objetivo foi bem-sucedido e influenciou a legislação secundária. A autora chama a atenção, no entanto, para a necessidade de serem protegidos os direitos de terceiros, quer através de mecanismos de compensação[1046], quer através de participação no teste de mercado, sugerindo, mesmo, que a Comissão seja obrigada a ter em conta as observações de terceiros quando pertinentes[1047].

Quanto ao primeiro argumento, como já expressámos (ver 3.2.5), defendemos que, não obstante a complementaridade entre concorrência e regulação, a Comissão não deve prosseguir objetivos essencialmente regulatórios através do direito da concorrência. Quanto ao argumento da proteção dos terceiros e da necessidade de ter em conta observações pertinentes, não poderíamos estar mais de acordo com a ideia de que a utilização de decisões de compromissos não deve ser uma forma de impedir a transparência. Ioannidou, aliás, contrapõe o acórdão *Morningstar* ao acórdão do CAT *Skyscanner* e conclui que o CAT foi mais exigente que o TG quanto à necessidade de a autoridade ter em conta os argumentos de terceiros[1048]. Também sabemos que a jurisprudência do TJ evoluiu em *Canal+*, tendo o Tribunal decidido que a intensidade

[1043] *Idem*, p. 151.

[1044] Dunne (2014, pp. 401, 423).

[1045] Wils (2006b, pp. 350 a 352).

[1046] Como no caso *Deutsche Bahn* onde houve um pagamento realizado a lesados (n.ºs 72, 78, 92 e 93).

[1047] Ioannidou (2018, pp. 149 a 155).

[1048] Colino (2019, pp. 129 a 132) e Ioannidou (2018, pp. 129 a 155).

do princípio da proporcionalidade é maior quando se trata de avaliar os efeitos dos compromissos em terceiros, em particular quando estão em causa direitos contratuais[1049]. No entanto, cremos que é necessário ser-se prudente na valoração das propostas dos terceiros, que atuam muitas vezes por interesse próprio e não necessariamente para levar a cabo o interesse público. Gerard parece ter uma opinião equivalente quando chama a atenção para o perigo de o mecanismo de compromissos ser vulnerável a uma certa influência da parte de terceiros. Efetivamente, as considerações de eficiência processual podem incentivar a acomodar as preocupações de terceiros, ainda que não tão meritórias, na esperança de que não recorram da decisão[1050].

Por fim, o uso das decisões de compromissos também acarreta o risco de ficar mais permeável a considerações de política industrial pela Comissão, pelo facto de as conversações ocorrerem muitas vezes ao mais alto nível da instituição e das empresas[1051]. Acrescentam alguns autores que a Comissão deve ter o cuidado de não se deixar capturar pela empresa que pode oferecer compromissos por motivos de estratégia empresarial[1052].

É por estes motivos que o seu uso alargado não deve ser incentivado, pois apesar das vantagens, é absolutamente necessário que sejam intercaladas com decisões de proibição e consequente discussão nos tribunais[1053], especialmente em face de conceitos em evolução, como é o caso dos abusos de posição dominante[1054].

Ainda nos parece que a utilização das decisões de compromissos não deve ser feita sem atender aos direitos processuais das empresas[1055]

[1049] Acórdão *Canal+* do TJ, nº 115, proferido após a entrega da tese.

[1050] Gerard (2016, p. 156).

[1051] Lianos (2016, p. 130).

[1052] Lowe e Maier-Rigaud (2008, p. 608).

[1053] Wathelet (2015, p. 555).

[1054] Capobianco e Orgawa (2016, p. 23).

[1055] Para uma análise aprofundada do tema dos direitos de defesa, cfr. Castro Marques (2019, pp. 335 a 355), Campos (2019, pp. 35 a 43), Gorjão-Henriques e Farinhas (2017, pp. 391 a 404), Sousa Mendes (2010, pp. 121 a 144), Gaspar Martinho (2010, pp. 145 a 173), Costa Ramos (2010, pp. 174 a 198), Anastácio, (2010, pp. 199 a 235), Sousa Mendes (2009, pp. 11-27). Ver ainda, Berghe (2019, pp. 485-486).

durante o procedimento[1056]. É um facto que o Regulamento 1/2003 corresponde a uma melhoria em relação ao Regulamento 17/62 por ter estabelecido um mecanismo formal de aceitação de compromissos. Tal serviu para fortalecer a segurança jurídica e a transparência, porque as empresas intervêm voluntariamente e têm acesso ao processo[1057], os compromissos encontram-se publicados e terceiros podem intervir no procedimento[1058]. Acresce que as empresas que propõem compromissos podem consultar e recorrer ao Auditor[1059] durante o procedimento[1060].

No entanto, ainda há um caminho a percorrer. As decisões são muito curtas e a informação aí contida é escassa (em virtude da vontade, quer das empresas, que se escudam melhor de ações de indemnização, quer da Comissão, que mantém o recurso às decisões de compromissos apelativo). Assim, parece bem-vinda a sugestão de Martiniello de aumentar a transparência das decisões de compromissos alterando a redação do art. 9º no sentido de obrigar a Comissão a publicar mais informação sobre a infração[1061]. Também nos parecem dignas de mérito algumas sugestões de Gerard de, para fazer face ao menor escrutínio jurisdicional da atuação da Comissão, reforçar a transparência da fase do teste de mercado prevendo, formalmente, o envio da versão não confidencial das respostas ao teste de mercado à empresa que oferece compromissos (o que tem sido prática da Comissão[1062]).

[1056] Ioannidou (2018, p. 150 a 155), Dunne (2014, p. 438). No sentido da necessidade de um mecanismo de revisão judicial dos atos da Comissão para respeitar o *rule of law*, ver Fragoso Martins (2007, p. 17).

[1057] Wils (2009b, p. 350).

[1058] Ibañez Colomo (2018c, p. 289), Marx (2018, p. 35).

[1059] Decisão do Presidente da Comissão Europeia, de 13 de outubro de 2011, relativa às funções e ao mandato do Auditor em determinados procedimentos de concorrência (JO L 275 de 20.10.2011, p. 29-37).

[1060] *Manual of Procedure*, capítulo 13, nº 68. Art. 15º, nº 1 da Decisão do Presidente da Comissão de 13.10.2011, sobre as funções do auditor, (JO L 275 de 20.10.2011, p. 29).

[1061] Martiniello (2014, p. 7).

[1062] Gerard (2016, p. 180). Já não acompanhamos a ideia de que, uma vez iniciada a via dos compromissos, a Comissão já não pode impor uma coima, para nivelar os incentivos da Comissão e das empresas, porque, embora intelectualmente apelativa, pois baseada no considerando nº 13 do Regulamento 1/2003, na prática, poderia levar a que as empresas usassem essa posição para se proteger de qualquer procedimento.

Tendo em conta estes argumentos, é crucial perceber se a Comissão pode escolher livremente adotar uma ou outra decisão. De acordo com alguns autores, a possibilidade de a Comissão adotar uma decisão de compromissos é um corolário lógico da consagração do princípio da oportunidade e da possibilidade de atribuir diferentes prioridades aos seus casos[1063]. No entanto, cremos que a opção pode estar de alguma forma limitada[1064].

O considerando nº 13 do Regulamento 1/2003 tenta esclarecer esta questão, estatuindo que a decisão de compromissos não é adequada a casos em relação aos quais a Comissão tenciona aplicar uma coima. A Diretiva ECN+, dirigida à atividade das ANC, no seu considerando nº 39, refere que "*em princípio, tais decisões não se adequam aos cartéis secretos*". Esta é a prática da Comissão[1065]. Isto significa que, caso a empresa queira fazer parte da solução, no momento da decisão, a Comissão deve ponderar entre o interesse de eliminar o comportamento anticoncorrencial através da aplicação de coimas e o de melhorar o funcionamento do mercado através da eliminação de um problema de concorrência que se verifica agora e no futuro[1066]. Daí a especial adequação da decisão de compromissos aos casos de abusos de posição dominante, contrastando radicalmente com os casos de cartéis, onde os objetivos de prevenção geral e especial são mais bem alcançados através da imposição de coimas.

Há autores que contestam o teste apresentado no considerando nº 13 do Regulamento 1/2003, afirmando que o mesmo conflitua com a natureza consensual dos compromissos[1067]. Na verdade, mesmo os casos que terminam com uma decisão ao abrigo do art. 9º podem ser precedidos de uma CO, o que demonstra que, desde o início da investigação, a infração era considerada suficientemente relevante, de modo a que uma coima pudesse vir a ser imposta[1068]. A própria prática da Comissão demonstra que a instituição admite oscilação. O caso *Google Search (Sho-*

1063 Wathelet (2015, p. 553).

1064 Acórdão *Alrosa* do TJ, nº 42. Ibañez Colomo (2018c, p. 71).

1065 E também já vinha mencionado na Comunicação da Comissão sobre boas práticas para a instrução de processos, nº 116.

1066 De Smijter e Sinclair (2014, p. 131), Wils (2009b, p. 342).

1067 Falconi (2011, p. 41).

1068 *Idem.*

pping) passou por uma fase de apresentação de compromissos e de teste de mercado, antes de culminar na aplicação de uma coima[1069] . Já no caso *Telekomunikacja Polska*, a Comissão rejeitou a proposta de compromissos apresentados pela empresa fundamentando que, no caso concreto, pretendia aplicar uma coima[1070].

Embora haja uma ideia generalizada de que o critério apresentado no considerando nº 13 não fornece orientação suficiente quanto ao limiar de gravidade necessário para que um processo não possa terminar com compromissos, parece que podemos concluir que uma decisão deste tipo não é adequada a casos muito graves. Aqui, podemos incluir situações claras de violação das regras de concorrência, como cartéis e exercício de poder de monopólio[1071]. Contudo, esta regra não é muito esclarecedora em abuso de posição dominante e, sobretudo, não está suportada na prática. Por exemplo, em fevereiro de 2021, a Comissão aceitou os compromissos da empresa *Aspen* quando a sua apreciação preliminar indicava que se tratava de uma situação de preços excessivos[1072]. Assim, concluímos que a Comissão pode escolher entre adotar um ou outro tipo de decisão, exceto no caso dos cartéis[1073], mas que a escolha por uma decisão de aceitação de compromissos deve ser realizada quando os benefícios ultrapassam os inconvenientes (como enfraquecimento da intervenção dos tribunais, perda de eficácia da prevenção geral e desencorajamento da propositura de ações de indemnização)[1074]. Nesta ponderação de interesses, devemos tomar em linha de conta a natureza da infração, não sendo aconselhado recorrer a compromissos – ao contrário do que faz a Comissão – em face de questões jurídicas com caráter de novidade[1075]. Para evitar o risco de regulação ou excessiva intervenção, a Comissão apenas deveria adotar decisões de aceitação de compromissos nos casos em que considera, de forma

[1069] Almunia (2014), consultado em 3.1.2020.

[1070] Decisão da Comissão de 22 de junho de 2011, *Telekomunikacja Polska* nº 12.

[1071] Dunne (2014, p. 433).

[1072] Ver, decisão da Comissão de 10 de fevereiro de 2021, *Aspen Pharma*, AT. 40394, adotada após a entrega desta tese.

[1073] Ioannidou (2018, p. 141).

[1074] Carpagnano e Pera (2008, p. 671) acrescentam que este tipo de decisão deve ser um instrumento marginal para resolver casos menos graves.

[1075] Botteman e Patsa (2013, p. 352).

razoável, que consegue estabelecer a existência de uma infração no quadro de uma decisão tomada de acordo com o art. 7º do Regulamento 1/2003[1076].

A Comissão não fica impedida de adotar decisões de compromissos em casos semelhantes a outros onde a Comissão adotou coimas ou vice-versa. Aliás, a Comissão já adotou uma decisão de compromissos e uma decisão de condenação na mesma data, no mesmo setor. Referimo-nos às decisões *Samsung*[1077] – compromissos – e *Motorola*[1078] – condenação –, ambas em relação a SEP. Em nossa opinião, a Comissão devia abster-se de adotar decisões diferentes num mesmo grupo de casos, encerrando uns com recurso ao art. 9º e outros com recurso ao art. 7º no caso de todas as empresas pretenderem o mesmo resultado, sob pena de tratar situações semelhantes de forma diferente em violação do princípio da não discriminação. Assim, se, num caso semelhante, uma empresa estiver disponível para apresentar o mesmo tipo de compromissos, com o mesmo grau de intensidade e igualmente adequados a responder às preocupações da Comissão, não vemos como pode esta recusar aceitá-los. Situação diversa ocorre quando a empresa não se encontra disponível para apresentar compromissos adequados.

A adoção de decisões de compromissos ainda pode acarretar outro efeito negativo, que é a menor coordenação entre a Comissão e as ANC e os tribunais nacionais. Efetivamente, o considerando nº 13 do Regulamento 1/2003, dispõe que "*as decisões relativas a compromissos não prejudicam a competência das autoridades responsáveis em matéria de concorrência e dos tribunais dos Estados-Membros de fazer declaração semelhante e decidir sobre a questão*". Do mesmo modo, a adoção de uma decisão sobre compromissos, nos termos do art. 9º do Regulamento 1/2003, não impede os tribunais nacionais de apreciarem a conformidade desses acordos com as regras da concorrência[1079-1080]. Efetivamente, neste caso, a Comissão não

1076 David (2010, p. 157).

1077 Decisão da Comissão de 4 de outubro de 2014, *Samsung*, AT.39939, (JO C 350 de 4.10.2014, p. 6-7).

1078 Decisão da Comissão de 29 de abril de 2014, *Motorola*, AT.39985, (JO C 344 de 2.10.2014, pp. 6-8).

1079 Acórdão *Canal+* do TJ, nº 108. Ver, porém, art. 16º do Regulamento 1/2003.

1080 O'Donoghue e Padilla (2020, p. 1166), De Smijter e Sinclair (2014, p. 129).

decide que a prática é ilegal, mas sim, que, com a apresentação dos compromissos, não existem motivos para prosseguir com o processo.

No entanto, pode ser difícil coordenar estas posições na prática. Isto é especialmente válido em relação aos tribunais nacionais que são em muito maior número que as ANC e decidem situações concretas, participadas por partes munidas de igualdade de armas, onde o pedido é feito pelo autor, que atende aos seus próprios interesses e não necessariamente aos interesses de uma concorrência efetiva ou da coerência na aplicação do direito da concorrência na UE. De facto, apesar de os tribunais nacionais deverem aplicar as normas do direito da concorrência da UE tendo em vista os objetivos destas mesmas normas[1081], a discussão no processo será sempre conduzida em torno do prejuízo que uma das partes alegadamente sofreu em virtude da conduta da outra parte.

A falta de coordenação entre as decisões de compromissos e as decisões dos tribunais nacionais não é teórica. No caso que deu origem ao acórdão *Gasorba*[1082], um reenvio prejudicial, a questão colocada era exatamente a de saber se um tribunal nacional poderia declarar nulo um acordo que tinha sido objeto de uma decisão de compromissos da Comissão[1083]. O TJ declarou que uma decisão tomada com base no art. 9º, nº 1, do Regulamento 1/2003 não pode criar nas empresas uma confiança legítima de que o seu comportamento respeita as regras da concorrência. Não obstante, a decisão não pode ser ignorada[1084-1085].

1081 Neste sentido, ver, acórdão do TJ de 13 de julho de 2000, *Centrosteel*, C-456/98, EU:C:2000:402, nºs 16 e 17; acórdão do Tribunal de Justiça (Quinta Secção) de 15 de maio de 2003, *Karen Mau contra Bundesanstalt für Arbeit*, C-160/01, EU:C:2003:280, n. 34; acórdão do TJ (Grande Secção) de 5 de Outubro de 2004, *Pfeiffer e o. c. Deutsches Rotes Kreuz, Kreisverband Waldshut eV.*, C-397/01 a C-403/01, EU:C:2004:584, n. 114.

1082 Acórdão do TJ (Terceira Secção), de 23 de novembro de 2017, *Gasorba SL e o. contra Repsol Comercial de Productos Petrolíferos SA*, C-547/16, EU:C:2017:891.

1083 Decisão da Comissão de 12 de abril de 2006, *Repsol CPP*, COMP/B-1/38.348, (JO L176, de 30.6.2006, p. 104).

1084 Acórdão *Gasorba*, nºs 28 a 30.

1085 No caso concreto, em Espanha, o Supremo Tribunal espanhol acabou por declarar nulo o acordo em causa, considerando que, não obstante ter sido objeto de compromissos aceites pela Comissão, a duração da cláusula de exclusividade era excessiva. O'Donoghue e Padilla (2020, p. 1166, nota de rodapé 180), Kmiecik (2018, p. 1).

Já no acórdão *Canal+*[1086], o TG expressamente afirmou que os cocontratantes de uma empresa que apresentou o compromisso de não agir judicialmente para fazer respeitar determinadas cláusulas de um contrato, porque, na avaliação preliminar, a Comissão tinha manifestado dúvidas sobre a sua compatibilidade com o art. 101º TFUE, sem que preenchessem as condições de isenção do nº 3 do mesmo artigo, não ficavam impedidos de exigir judicialmente o cumprimento dessas cláusulas junto de um tribunal nacional. Nesta "*última hipótese, se o resultado do processo perante o juiz nacional levar a [empresa] ao incumprimento do compromisso tornado obrigatório por força da decisão impugnada, caberá à Comissão, no caso concreto, reabrir o inquérito nos termos do artigo 9º, nº 2, alínea b), do Regulamento nº 1/2003, caso em que essa instituição não ficará vinculada pela decisão do juiz nacional*"[1087].

Esta posição não contribui para a segurança jurídica ou harmonização da aplicação do direito da concorrência na UE. Efetivamente, se determinadas práticas apresentam – preliminarmente – dúvidas quanto à sua conformidade com o direto da concorrência (e, por isso, os compromissos), os tribunais nacionais deveriam chegar à mesma conclusão. Se tal não acontece, pode ser que estejamos numa situação em que a teoria do dano não estava bem estabelecida e a intervenção através do direito da concorrência poderia até não se justificar.

Esta posição do TG foi, precisamente, revertida no acórdão do TJ[1088]. Aqui, o TJ esclareceu que, não obstante o considerando nº 13 do Regulamento 1/2003, quando os tribunais nacionais se pronunciam sobre acordos, decisões ou práticas, que já tenham sido objeto de decisão da Comissão, aqueles não podem adotar decisões contrárias à decisão aprovada pela Comissão[1089]. Tal seria o caso, se uma decisão de um tribunal nacional obrigasse uma empresa a violar compromissos assumidos perante a Comissão, nos termos do art. 9º do Regulamento 1/2003[1090]. Ademais, chamando à colação a jurisprudência *Masterfoods*[1091], codifi-

[1086] Acórdão *Canal+* do TG.

[1087] Acórdão *Canal+* do TG, nºs 102 e 103.

[1088] Acórdão *Canal+* do TJ, proferido após a data de apresentação da tese.

[1089] Acórdão *Canal+* do TJ, nº 109.

[1090] Acórdão *Canal+* do TJ, nº 110.

[1091] Acórdão do TJ de 14 de dezembro de 2000, *Masterfoods e HB*, C-344/98, EU:C:2000:689, nº 51.

cada no art. 16º do Regulamento 1/2003, o TJ afirmou que a aplicação coerente das regras de concorrência e o princípio geral da segurança jurídica impedem que os tribunais nacionais tomem decisões que conflituem com uma decisão que possa vir a ser adotada pela Comissão de aplicação dos arts. 101º e 102º TFUE, quando a Comissão ainda pode voltar a dar início ao processo nos termos do nº 2 do art. 9º do Regulamento 1/2003.

Tentando extrair conclusões da jurisprudência do TJ, parece, por um lado, que uma decisão adotada ao abrigo do art. 9º do Regulamento 1/2003 não pode criar uma expetativa legítima de legalidade da conduta perante os órgãos jurisdicionais nacionais[1092]. Neste caso, os tribunais nacionais não podem ignorar uma decisão de compromissos, pois o princípio da sincera cooperação e o objetivo de aplicação do direito da concorrência de uma forma efetiva e uniforme na UE requerem que um tribunal tenha em conta a avaliação preliminar da Comissão[1093]. Por outro lado, parece resultar da jurisprudência do TJ que a obrigação de cumprimento dos compromissos assumidos por parte da empresa não pode ser posta em causa por tribunais nacionais, no sentido de obrigar uma empresa a violar esses mesmos compromissos[1094]. O respeito pelos direitos dos terceiros afetados pelos compromissos deve ser feito, não pelos tribunais nacionais *a posteriori*, mas *a priori* pela Comissão, através da aplicação de um princípio da proporcionalidade mais intenso (como referido supra)[1095].

Parece-nos que a evolução da jurisprudência do TJ no acórdão *Canal+* é positiva. Ainda assim, é possível que continuem a surgir dúvidas quanto aos efeitos das decisões de compromissos em relação a terceiros. A utilização do mecanismo do reenvio prejudicial, nos termos do art. 267º TFUE, e da possibilidade de pedir a cooperação da Comissão pode ajudar a alcançar soluções[1096].

[1092] Acórdão *Gasorba*, nº 28. Conclusões da AG Kokott apresentadas em 14 de setembro de 2017, *Gasorba SL e o. contra Repsol Comercial de Productos Petrolíferos AS*, C-547/16, EU:C:2017:692, nº 39. Neste sentido, também, Fratea (2018, p. 503).

[1093] Acórdão *Gasorba*, nº 29. Ward, Bourke e Kristoff (2018, p. 1197).

[1094] Acórdão *Canal+* do TJ, nº 110.

[1095] Acórdão *Canal+* do TJ, nº 115, 116.

[1096] Comunicação da Comissão sobre a cooperação entre a Comissão e os tribunais dos EM.

5.3. O mecanismo de cooperação

Ultimamente a Comissão tem utilizado o art. 7º do Regulamento 1/2003 de forma mitigada, premiando as empresas que cooperam com a instituição. Esta nova forma de fazer cessar os processos, apelidada de "mecanismo de cooperação" não tem uma estrutura codificada, apenas constando de prática decisória[1097] e de uma "*Fact sheet*" da Comissão[1098]. Tal pode causar alguma insegurança jurídica às empresas, mas entendemos que a situação se deve a estarmos perante uma primeira fase de teste[1099].

Esta forma de simplificação processual pode ser útil na determinação das medidas corretivas, pois admite a participação das empresas na escolha e desenho das mesmas, mesmo em situações em relação às quais a Comissão pretende aplicar uma coima. Esta abordagem pode também ser útil para a Comissão, especialmente em mercados novos e dinâmicos, onde a instituição pode contar com a orientação da empresa para melhor entender o mercado e, ao mesmo tempo, alcançar um justo equilíbrio entre novas abordagens e o montante da coima[1100]. Para aplicação deste mecanismo, a Comissão tem se baseado do nº 37 das suas Orientações relativas a coimas[1101]. No fundo consiste – em nossa opinião – na aplicação do procedimento de transação a casos que não sejam cartéis[1102]. A decisão da Comissão é de condenação, mas a empresa é recompensada pela sua colaboração com a Comissão. Para além de uma coima reduzida pela colaboração, a empresa também pode discutir medidas corretivas com a Comissão. Este foi o caminho seguido na decisão *ARA*[1103].

Muitas das vantagens e desvantagens apontadas às decisões adotadas ao abrigo do art. 9º do Regulamento 1/2003 são aplicáveis ao mecanismo

[1097] Decisão da Comissão de 17 de dezembro de 2018, *Guess*, AT.40428 (JO C 47/5 de 6.2.2019).

[1098] Disponível em https://ec.europa.eu/competition/publications/data/factsheet_guess.pdf.

[1099] Wagener e Tollini (2019), consultado em 4.1.2020.

[1100] Laitenberger (2019a, p. 6).

[1101] *Fact Sheet* da Comissão, p. 2.

[1102] No mesmo sentido, Wagener e Tollini (2019).

[1103] Decisão da Comissão de 20 de setembro de 2016, *ARA*, AT.39759, (JO C 432 de 23.11.2016, p. 6-8).

de cooperação, nomeadamente, o facto de as decisões deste oriundas também se caracterizarem por serem mais curtas, embora a Comissão conclua pela existência de uma infração. Não obstante, tendo em conta que também integram elementos de art. 7º, podem acabar por representar uma solução compromisso[1104]. A questão mais relevante a este propósito poderá ser a de saber que medida de proporcionalidade deve ser usada: a de uma decisão de art. 7º ou de uma decisão de art. 9º, ambos do Regulamento 1/2003? Em nossa opinião, como explicámos (ver 4.2.3), cremos que não colhem os argumentos para justificar a aplicação de um princípio da proporcionalidade "atenuado". De facto, apesar de neste caso a empresa beneficiar de algum modo da cooperação, nomeadamente de uma coima de menor valor e da possibilidadc de participar na definição das medidas de correção a aplicar, na verdade, a decisão em causa é condenatória concluindo pela prática de uma infração. Para além do mais, a Comissão mantém a base jurídica da sua decisão no art. 7º do Regulamento 1/2003, assemelhando-se à transação, o que concorre fortemente a favor desta posição[1105].

[1104] Jones *et al.* (2019, p. 943).
[1105] Neste sentido Jones *et al.* (2019, p. 943).

6. Abuso de posição dominante: o necessário enquadramento para a adoção de medidas de correção

Neste capítulo pretendemos analisar, de forma crítica mas sucinta, as principais características jurídicas do abuso de posição dominante e da sua aplicação. Não faremos uma exposição detalhada dos conceitos, mas abordaremos as principais questões e noções que relevam para a análise e determinam a adoção das medidas de correção.

Na senda da discussão sobre o objetivo da proteção do art. 102º TFUE, começaremos por discutir a abordagem à figura do abuso de posição dominante (formal ou baseada nos efeitos) e, de seguida, focaremos os conceitos de posição dominante e de abuso. Esta discussão vai revelar-se importante para o estudo das medidas corretivas, porquanto a escolha entre uma abordagem formal ou baseada nos efeitos tem impacto direto na conclusão pela existência ou não de uma infração, *in casu*, abuso de posição dominante. Uma vez que defendemos que deve existir um nexo estreito entre o abuso e a medida de correção (e, portanto, que nem todas as medidas de correção são adequadas à reparação dos efeitos de qualquer tipo de abuso), em caso de erro na determinação do abuso, a medida corretiva também não será a adequada e, como tal, não produzirá os efeitos desejados.

Para que o art. 102º TFUE seja aplicável, é necessário que uma ou mais empresas se encontrem em posição dominante, no mercado interno ou numa parte substancial deste, que haja abuso dessa posição dominante e que esse abuso afete o comércio entre EM[1106]. Apesar de

[1106] Não vamos desenvolver os critérios de "no mercado interno ou numa parte substancial deste" e "afetar o comércio entre os EM". Para uma noção, ver, por exemplo, O'Donoghue

a redação do art. 102º TFUE não ter sofrido alterações desde a aprovação do Tratado de Roma (com exceção da alteração de "mercado comum" para "mercado interno", com a entrada em vigor do Tratado de Lisboa), a sua letra é vaga e complexa, tendo, aliás, sido apelidada de "obscura" por alguns autores[1107] – o que contribui para a menor aplicação desta norma, por comparação com o art. 101º TFUE[1108]. Os conceitos de "abuso" e de "posição dominante" têm sofrido evolução nas últimas décadas em virtude da jurisprudência, prática decisória e debate académico[1109].

6.1. A relação entre economia e direito da concorrência da UE e sua importância para a análise dos abusos de posição dominante; abordagem formal e abordagem baseada nos efeitos; modernização do art. 102º TFUE

6.1.1. Problemática

Não obstante os fundamentos económicos das regras europeias de concorrência plasmadas *ab initio* no Tratado de Roma, conforme acima discutimos, o direito da concorrência foi, nos primeiros anos, concebido como uma disciplina essencialmente jurídica, atuando de uma forma pontual, respondendo a uma prática em concreto[1110]. Imperava a ideia de independência da empresa em posição dominante em relação aos seus concorrentes, clientes e fornecedores e a daí decorrente especial responsabilidade da empresa em assegurar a manutenção da concorrência. Esta forma de aplicação do direito da concorrência é uma especificidade europeia[1111] e foi criticada por muitos pelo facto de assentar numa análise estática e pouco económica, exigindo das empresas em posição dominante uma forma de atuação no mercado muito mais cautelosa do que

e Padilla (2020, pp. 260 e 1107), Jones *et al.* (2019, p. 289), Lianos *et al.* (2019, pp. 62 a 68), Marco Colino (2019, pp. 68 a 71 e 335), Moura e Silva (2018, pp. 899 a 901), Brisimi (2016, pp. 28 a 37).

1107 Parcu, Monti e Botta (2017, p. 1).

1108 Dethmers e Blondeel (2017, p. 158) notam que entre 2000 e 2016 a Comissão iniciou 50 casos de abuso de posição dominante e encerrou sete por chegar à conclusão de que não havia motivo para condenação.

1109 Por todos, Witt (2016, 1 a 35).

1110 Rey e Venit (2015, p. 23).

1111 Amato (1997, pp. 113 e 114).

a dos seus concorrentes, por vezes protegendo os últimos e não promovendo a concorrência[1112].

Esta especificidade europeia distinguiu-nos da forma de aplicação do direito da concorrência nos EUA[1113] influenciado pela escola de Chicago. Neste país, a intervenção é feita em última instância e é deixada ao mercado a possibilidade de ajustamento dinâmico. Por exemplo, apesar de nos EUA ser proibida a "*monopolization*",[1114] e na UE a criação de uma posição dominante não ser proibida, alguns autores apontam o facto de nos EUA a aplicação do direito da concorrência ser menos interventiva porque a intervenção ocorre tipicamente apenas a partir do momento em que uma empresa detém uma quota de mercado de cerca de 50-70%[1115], ao passo que na UE apenas não se justifica intervenção até aos 40%[1116]. Também o tipo de conduta que justifica a intervenção e os testes aplicados para legitimar a intervenção divergem nos dois lados do Atlântico[1117].

Nas últimas décadas, contudo, deu-se a modernização do direito da concorrência na UE, que operou alterações a vários níveis: institucional, com a criação da ECN e a atribuição de mais competências às ANC através do Regulamento 1/2003; processual, com, por exemplo, a abolição do regime de notificação de acordos entre empresas; e substantiva, com o crescente uso de análises económicas, na consideração dos objetivos a prosseguir pelo direito da concorrência em geral e pelo art. 102º TFUE em particular, mas também na metodologia levada a cabo para estabelecer os factos e na prova económica utilizada[1118]. Esta tendência manifestou-se com maior intensidade na Europa a partir da década de 90[1119]. Aliás, o direito da concorrência é a área por excelência onde a interpre-

[1112] Por todos, Witt (2016, pp. 109 a 126).

[1113] Marcos (2017, p. 340).

[1114] Van Cleynenbreugel (2018, p. 47).

[1115] Elhauge (2018, p. 226).

[1116] Cfr. Orientação sobre o art. 102º, parágrafo 14. Note-se que não se presume uma posição dominante a partir dos 40%, mas entende-se que não se justifica intervenção até esse limiar. Esteva Mosso (2010, p. 211)

[1117] Rey e Venit (2015, nota de rodapé 7).

[1118] Patel e Schweitzer (2013, p. 220), Gerber (2008, p. 1247).

[1119] Emmerich (2018, p. 4), Geradin *et al.* (2012, p. 60).

tação da lei sofre modificações de modo a ter em conta as visões económicas[1120].

Esta tendência espelhou-se, essencialmente, na apelidada "abordagem baseada nos efeitos" ou "abordagem mais económica" ("*effects-based approach*" ou "*more economic approach*")[1121], de acordo com a qual, a análise de concorrência e a aplicação da política de concorrência deviam centrar-se nos efeitos da prática, tendo em conta o poder de mercado das empresas envolvidas[1122], e nas suas consequências para a eficiência e, em última instância, para os consumidores (e não os concorrentes)[1123].

A abordagem mais económica aplica-se a qualquer área do direito da concorrência, mas tem sido especialmente usada em práticas em relação às quais a teoria económica não sanciona de nefastas por natureza, como, por exemplo, restrições verticais, acordos de cooperação (excecionando os cartéis), operações de concentração e – no que a nós nos atém – abuso de posição dominante. Há dois motivos fundamentais para esta conceção. Em primeiro lugar, as práticas que podem ser proibidas, muitas vezes, criam eficiências (contrariamente ao esperado nos cartéis). Em segundo lugar, é possível demonstrar, amiúde, que as empresas não têm incentivo para levar a cabo práticas que reduzam o bem-estar[1124].

Do mesmo modo, também já se observou que certo tipo de práticas é tratado de forma mais "tolerante", por parte da Comissão e dos tribunais, podendo beneficiar de uma presunção de legalidade[1125]. Assim, deve colocar-se a questão de saber se há ou deve haver distinção entre abusos de posição dominante cuja condenação ocorre pela natureza e pelas características da prática e outros em que a condenação ocorre só após uma análise dos seus efeitos (ainda que potenciais).

Pode ser feito um paralelismo entre abordagem formal e abordagem baseada nos efeitos e infrações por objeto e por efeito nos termos

[1120] Greaves (2012, p. xiii), Sibony (2012, p. 40).

[1121] Akman (2012, p. 103) afirmando que a intenção dos redatores do art. 102º TFUE permite à Comissão e aos Tribunais da União a adoção de uma abordagem mais económica.

[1122] Geradin *et al.* (2012, pp. 60, 61)

[1123] Etro e Kokkoris (2010b, p. 4).

[1124] Evans e Padilla (2005a, p. 74).

[1125] Ibañez Colomo (2019, p. 432).

do art. 101º TFUE, cuja jurisprudência tem sido mais desenvolvida[1126]. Quando um acordo é suscetível de restringir a concorrência por objeto, não é necessário demonstrar os efeitos nefastos na concorrência que tal acordo pode acarretar. Contudo, após o acórdão *Cartes Bancaires*[1127] ficou claro que, para que um acordo seja suscetível de restringir a concorrência por objeto, é necessário, não só, que, no relevante contexto jurídico e económico, a conduta seja adequada a produzir esse efeito (primeiro escalão ou "*capability*"/capacidade), como também, que a restrição apresente um grau suficiente de nocividade (segundo escalão)[1128]. De acordo com alguns autores, de um ponto de vista económico, esta distinção entre objeto e efeito apresenta-se com sentido quando se refere a cartéis; porém, criticam a Comissão por tentar alargar o âmbito das restrições por objeto, nomeadamente, quando estão em causa outros tipos de infração, como restrições às importações paralelas ou manutenção do preço de revenda[1129] e, sobretudo, mostram preocupação pelo facto de não ser perfeitamente claro que fatores devem ser analisados no contexto jurídico e económico[1130].

Ao contrário do art. 101º TFUE, a letra do art. 102º TFUE não distingue entre infrações por objeto e infrações por efeito.

Alguns autores entendem que a jurisprudência do Tribunal tem distinguido a forma de tratar os vários tipos de abuso de posição dominante quanto ao nível de prova necessário para demonstrar a infração, tratando alguns tipos de abuso como infrações "por objeto" e outros como infrações "por efeito"[1131]. Destaca-se o acórdão do TG *Michelin II*, onde se afirmou que em casos de art. 102º TFUE, "*a demonstração do objetivo e do efeito anticoncorrencial se confundem*"[1132]. No entanto, parece-nos que a jurisprudência nem sempre é absolutamente coerente, quer comparando com a jurisprudência no âmbito do art. 101º TFUE (por exemplo, no caso de acordos de exclusividade, comparando *Hoffmann-*

[1126] Ibañez Colomo (2019, p. 426).

[1127] Acórdão *Cartes Bancaires*, nºs 49 a 90.

[1128] Lianos *et al.* (2019, pp. 537 a 542), Jessen (2017, pp. 87 e 88), Murray (2015, p. 47), Faull, Kjølbye, Leupold e Nikpay (2014, p. 243).

[1129] Zenger e Walker (2012, p. 209).

[1130] Peeperkorn (2016, p. 405).

[1131] Ibañez Colomo (2019 e 2018b), Jones *et al.* (2019, pp. 375 a 378), Jessen (2017).

[1132] Nº 241.

-La Roche a *Delimitis*[1133]), quer comparando jurisprudência no âmbito do art. 102º TFUE, onde condutas com efeitos semelhantes têm tratamento diverso[1134]. Não podemos esquecer que as regras do art. 102º TFUE são vagas e indeterminadas[1135]. O TJUE tem, assim, a tarefa de as determinar, mantendo a coerência do sistema. A este respeito, Peeperkorn critica a jurisprudência por tratar como abusos por objeto, práticas que seriam analisadas com base nos seus efeitos se a empresa não estivesse em posição dominante[1136]. Contudo, os tribunais são influenciados por conceitos legais e económicos que variam no tempo, pelo que devemos aceitar a existência de alguma conflitualidade na jurisprudência, sem, contudo, deixar de pôr em causa os motivos pelos quais práticas semelhantes podem ser tratadas de forma diferente[1137]. Cremos que os obstáculos podem ser ultrapassados caso se prossigam objetivos coerentes e consistentes[1138], pelo que defendemos a aderência do direito da concorrência a objetivos económicos[1139].

Quer na jurisprudência do TJUE, quer na prática decisória da Comissão, encontramos exemplos de casos em que foi necessário avaliar os efeitos concretos de uma prática[1140] e outros em que não se exigiu um nível de prova tão elevado[1141]. De facto, em casos como *Michelin II* e *Irish*

[1133] Acórdão *Stergios Delimitis*, nºs 10 a 12.

[1134] Ibañez Colomo (2016a, p. 713).

[1135] Ibañez Colomo (2018c, p. 23).

[1136] Peeperkorn (2016, p. 409).

[1137] Ibañez Colomo (2016a, p. 727).

[1138] Peeperkorn (2016, p. 390).

[1139] Melícias (2017a, pp. 97 a 100), Rousseva e Marquis (2013, p. 50). Ver, também, Cruz Vilaça (2018b, p. 184).

[1140] Acórdão do TPI de 1 de abril de 1993, *BPB Industries Plc e British Gypsum Ltd c. Comissão*, T-65/89, EU:T:1993:31, sustentado pelo acórdão do TJ de 6 de abril de 1995, *BPB Industries plc e British Gypsum Ltd c Comissão*, C-310/93 P, EU:C:1995:101; acórdão *Tetra Pak* do TPI, sustentado pelo acórdão *Tetra Pak* do TJ; acórdão *Van den Bergh Foods Ltd*, sustentado pelo despacho do TJ de 28 de setembro de 2006, *Unilever Bestfoods (Ireland) Ltd c. Comissão*, C-552/03 P, EU:C:2006:607. No que respeita às decisões da Comissão, podemos exemplificar com as seguintes decisões: decisão *Akzo*; decisão *Deutsche Post AG*.

[1141] Acórdão *Irish Sugar* do TPI, sustentado em recurso pelo despacho do TJ de 10 de julho de 2001, *Irish Sugar plc c. Comissão*, C-497/99 P, EU:C:2001:393; acórdão do TPI de 30 de setembro de 2003, *Manufacture française des pneumatiques Michelin c. Comissão das Comunidades Europeias*, T-203/01, EU:T:2003:250; acórdão *British Airways plc* do TG, sustentado pelo acórdão do TJ de 15 de março de 2007, *British Airways plc c Comissão*, C-95/04 P,

Sugar, não se consideraram conceitos distintos o objeto anticompetitivo da conduta e o seu o efeito[1142], aí se propondo que se o objetivo prosseguido pela empresa em posição dominante com uma determinada conduta é limitar a concorrência, então aquela conduta é passível/é capaz de ter, também, um efeito anticompetitivo[1143].

6.1.2. A abordagem formal ao conceito de abuso e a consagração de uma categoria de abusos "por objeto"?

A abordagem formal assenta na avaliação de um comportamento tendo por base a sua forma ou a sua natureza às quais se atribuem efeitos anticoncorrenciais. Na abordagem formal verifica-se se o comportamento em questão corresponde a uma determinada conduta-tipo[1144] e se preenche determinados pressupostos entendidos como restritivos da concorrência, sem efetuar a análise dos efeitos da prática em causa. Se tal for o caso, conclui-se que a conduta infringe o art. 102º TFUE.

Os autores que defendem a abordagem formal argumentam que esta não é alheia a considerações económicas, que não enquadra os tipos de conduta em categorias de forma arbitrária, mas antes se baseia em teorias previamente desenvolvidas e assentes em sólidos fundamentos económicos[1145], como, por exemplo, os efeitos de um aumento de quota de mercado da empresa em posição dominante, a propensão – baseada na experiência – para que uma determinada prática leve à exclusão de concorrentes, entre outros.

Esta posição tem a inegável vantagem de conferir maior segurança jurídica. As empresas em posição dominante saberão *ex ante* se a conduta que pretendem levar a cabo constitui ou não um abuso. Outra vantagem da abordagem formal é a economia de recursos na aplicação coerciva do direito da concorrência[1146]. Efetivamente, se a determinação de um

EU:C:2007:166; acórdão *France Télécom SA* do TPI, sustentado pelo Acórdão *France Télécom SA* do TJ; acórdão *Intel Corp. c. Comissão*, T-286/09. No que respeita a decisões da Comissão, veja-se, por exemplo, a decisão *Deutsche Telekom AG*.

[1142] Acórdão *Michelin II*, nº 241; Acórdão *Irish Sugar* do TPI, nº 170.

[1143] Acórdão *Michelin II*, nº 245; Acórdão *France Télécom*, nº 196.

[1144] Jessen (2017, pp. 65, 66).

[1145] Wils (2014, p. 422). Também Moura e Silva (2018, p. 989) e (2010, p. 275), Lovdahl Gormsen (2010, p. 46).

[1146] Østerud (2010, p. 67).

abuso de posição dominante puder ser realizada através de uma análise limitada, as autoridades de concorrência não têm de despender recursos com a análise dos atuais ou prováveis efeitos da prática na concorrência[1147]. Para além do mais, esta abordagem também resolve problemas de conhecimento por parte das autoridades e, sobretudo, dos tribunais, que podem não estar tão preparados para avaliar complexas análises económicas[1148], bem como de assimetrias de informação, pois, em princípio, as autoridades e os tribunais não terão acesso a toda a informação da empresa em posição dominante, o mesmo se aplicando às eventuais vítimas das práticas anticoncorrenciais[1149]. Como existem assimetrias de informação entre a empresa em posição dominante e as autoridades, torna-se mais difícil para as últimas apresentarem um caso determinando as consequências específicas da prática, pelo que pode ser vantajoso, de um ponto de vista da eficiência e da rapidez na aplicação do direito, o recurso a uma teoria do dano plausível baseada em presunções e aproximações[1150].

A abordagem formal foi, no entanto, criticada por ser inadequada à avaliação de abusos[1151]. Ao contrário do art. 101º TFUE, a letra do art. 102º não proíbe comportamentos com objeto anticoncorrencial, já que não é proibida a posição dominante, mas apenas o seu abuso. De facto, resulta da própria sistemática da norma que uma empresa em posição dominante só pode abusar da mesma se a usar de uma determinada forma[1152].

Alguns autores comparam a abordagem formal à análise *per se* do direito *antitrust* norte-americano. No entanto, a abordagem formal não corresponde àquela forma de avaliação de condutas norte-americana porque, ao contrário do que sucede do outro lado do Atlântico, no direito da UE a empresa em posição dominante pode sempre apresentar uma justificação para a sua conduta[1153].

[1147] Petit (2009, p. 486).

[1148] Jessen (2017, p. 67).

[1149] Wils (2014, p. 427).

[1150] Lowe (2007, p. 8).

[1151] Akman (2009a, p. 77).

[1152] *Idem.*

[1153] Jones *et al.* (2019, p. 382), Jessen (2017, p. 68). Concordamos com esta posição, mas vamos, contudo, utilizar, por vezes, a expressão *per se*, à semelhança de muita doutrina e por facilidade de expressão.

Os críticos da abordagem formal censuram, desde logo, a própria noção de posição dominante construída em *United Brands* (a possibilidade de agir de forma independente de concorrentes, clientes e consumidores). Efetivamente, todas as empresas se confrontam com uma curva da procura descendente. Portanto, não só, as empresas em posição dominante não podem deixar de ter em conta essas pressões competitivas, como também, e em consequência, a definição acaba por não distinguir entre empresas em posição dominante daquelas que não a detêm[1154].

Quanto à noção de abuso, outros autores acrescentam que a existência de um catálogo prévio de condutas consideradas anticompetitivas pode levar a um refreamento da concorrência, pois empresas em posição dominante não quererão arriscar levar a cabo comportamentos que, apesar de no final poderem ser justificados, sejam considerados *a priori* anticoncorrenciais[1155]. Acresce que, uma pura análise baseada na forma acarreta consigo um grande risco de se chegar a decisões erradas, quer pelo aumento de falsos positivos (erro tipo I), quer pelo aumento de falsos negativos (erro tipo II)[1156], e não tem em devida conta as eficiências da conduta que a podem tornar pró-competitiva[1157].

A questão da verificação de efeitos na concorrência é ainda mais importante quando estão em causa abusos de exploração (dirigidos aos clientes). Efetivamente, ao contrário de um abuso de exclusão (dirigido aos concorrentes), cujos efeitos podem ser observáveis no futuro, um abuso de exploração (por exemplo, preços excessivos) tem de ocorrer para poder ser observável[1158]. Caso contrário, uma empresa em posição dominante poderia sempre cometer um abuso pelo simples facto de deter tal posição, o que não significa que o faça na realidade[1159]. Acresce que, a detenção de posição dominante não é proibida.

1154 Pierce de Azevedo e Walker (2002, pp. 363-367).

1155 Witt (2016, pp. 67 a 69).

1156 Criticando a abordagem formal ver Jessen (2017, pp. 67 ss), Petit (2009, p. 486).

1157 Zenger e Walker (2012, p. 204).

1158 Akman (2009a, p. 88).

1159 Joliet (1970, p. 131).

Em nossa opinião, o art. 102º TFUE não é adequado à consideração de abusos de posição dominante por objeto[1160]. Efetivamente, não só não está previsto na letra da lei, ao contrário do que acontece no art. 101º TFUE, como as próprias práticas são mais ambíguas do que as práticas tipicamente consideradas restritivas por objeto nos termos do art. 101º. Repare-se, ainda, que as práticas proibidas pelo abuso de posição dominante não o são se forem levadas a cabo por empresas que não tenham a mesma posição. Erigir uma barreira entre uma "ligeira" posição dominante e uma "quase" posição dominante e tratar de forma diferente estas práticas, sem fundamentar os diferentes efeitos, não abona muito a favor da coerência do direito da concorrência da UE[1161].

De facto, a jurisprudência tem caminhado neste sentido. Em *Post Danmark I*, o TJ considerou que deviam ser analisadas todas as circunstâncias do caso concreto e devia apurar-se se as práticas "*tendem a suprimir ou restringir a possibilidade de o comprador escolher as suas fontes de abastecimento, a impedir o acesso dos concorrentes ao mercado, a aplicar a parceiros comerciais condições desiguais para prestações equivalentes, colocando-os, assim, em desvantagem na concorrência, ou a reforçar a posição dominante através de uma concorrência falseada*"[1162]. No acórdão *Intel*, em que o TJ considerou que todas as circunstâncias devem ser tidas em conta para a avaliação dos descontos[1163] (e nós entendemos que a ideia se aplica a todos os abusos de posição dominante[1164]), cremos que a posição foi confirmada[1165].

Tal não significa que o nível de prova exigido para demonstrar os abusos seja sempre equivalente[1166]. Há certos tipos de abuso (*maxime*

[1160] Cruz Vilaça (2018b, p. 175). No mesmo sentido, Conclusões do AG Dámaso Ruiz-Járabo Colomer apresentadas a 1 de abril de 2008, *Sot Lélos e outros c. GlaxoSmithKlein*, C-468/06 a C-478/06, EU:C:2008:180, nºs 70 e 75.

[1161] Peeperkorn (2016, pp. 408 e 409).

[1162] Acórdão *Post Danmark I*, nº 26.

[1163] Acórdão *Intel* nº 139.

[1164] Veja-se o acórdão do Tribunal de Justiça (Quinta Secção) de 22 de novembro de 2018, *MEO – Serviços de Comunicações e Multimédia, AS c. Autoridade Tributária e Aduaneira*, Processo C-295/17, EU:C:2018:942. Veja-se, também, O'Donoghue (2018, p. 445).

[1165] Kellerbauer (2019, p. 1050). Para Komninos (2018, p. 42 a 50), na prática, o TJ acabou por abraçar a abordagem dos efeitos.

[1166] Cruz Vilaça (2018b, p. 186).

preços predatórios abaixo do custo evitável médio ou do custo variável médio[1167-1168]) em que a Comissão, provando a existência da prática e a capacidade de a mesma poder restringir a concorrência, tendo em conta todas as circunstâncias, fica sujeita a um nível de prova menor[1169]. Por outro lado, existe uma categoria de práticas que são *prima facie* legítimas, mesmo levadas a cabo por empresas em posição dominante[1170], como os descontos de quantidade[1171] e campanhas de preços agressivas acima do custo[1172]. Efetivamente, a proibição de práticas restritivas aplica-se a um conjunto de práticas muito heterogéneas. Se algumas raramente têm justificação, outras podem trazer eficiências, pelo que se torna essencial haver um mecanismo que permita que as empresas possam demonstrar que os efeitos anticoncorrenciais são improváveis. De todo o modo, a empresa em posição dominante pode sempre provar a justificação objetiva e os ganhos de eficiência[1173].

6.1.3. A abordagem baseada nos efeitos e a categoria expansiva de abuso "por efeito"

A abordagem baseada nos efeitos preconiza uma análise assente na avaliação dos efeitos anticompetitivos causados pela conduta da empresa em posição dominante ao invés de assente na sua forma[1174]. Não sendo demonstrado o efeito (atual ou potencial[1175], embora não meramente

[1167] Acórdão *Akzo*, nº 71.

[1168] Nota-se a diferença de casos clássicos como *Hilti* e *Tetra Pak II*, em que a Comissão não teve de provar os efeitos, de casos como *Microsoft I* (nº 841) e *Google Android* (nºs 749 e 750), onde a própria Comissão considerou que devia levar a cabo uma abordagem mais apoiada em efeitos. Ver, Jones *et al.* (2019, p. 470). Nota-se, também, uma diferença entre os casos *Hoffmann-La Roche*, *Michelin* e *Intel*.

[1169] Há autores que falam de ilegalidade *prima facie*, como Ibañez Colomo (2018c, pp. 158 e 159), ou cuja consideração anticoncorrencial não contraria a lógica ou a experiência, como Lianos (2010c, p. 305). Entende-se que existe uma presunção.

[1170] *Idem.*

[1171] Acórdão *Post Danmark II*, nºs 27 e 28.

[1172] Acórdão *Post Danmark I*, nºs 22 e 30.

[1173] Acórdão *Michelin II*, nºs 98 a 110, acórdãos *Post Danmark I*, nºs 40 a 43 e *Post Danmark II*, nºs 47 a 49.

[1174] Acórdão *TeliaSonera*, nº 66.

[1175] Orientação da Comissão sobre abusos de exclusão, nº 37, onde se lê a propósito dos descontos que estes podem "*produzir efeitos efetivos ou potenciais de encerramento*".

hipotético[1176]), não haverá conclusão pelo abuso[1177]. A "*more economics approach*" baseia-se nas ideias pós-Chicago que privilegiam um direito da concorrência centrado em alcançar resultados de eficiência, como o bem-estar do consumidor[1178].

A adoção desta abordagem[1179] coloca a tónica no bem-estar do consumidor[1180]. Aliás, tal encontra-se patente na Orientação da Comissão sobre as prioridades de aplicação do art. 102º, na qual se pode ler que "*a Comissão reconhece que o mais importante é a proteção de um verdadeiro processo de concorrência e não a mera proteção dos concorrentes*" privilegiando a atuação contra conduta mais prejudicial em relação a consumidores[1181]. Daí o enfoque nos casos de abuso de posição dominante em que o dano para o consumidor advém de práticas de exclusão de concorrentes, pois o prejuízo dos concorrentes pode resultar de um comportamento competitivo e pró-concorrencial[1182], como por exemplo, a atribuição de descontos a clientes em condições concorrenciais, fazendo baixar o preço dos bens ou serviços.

Os aspetos positivos da abordagem baseada nos efeitos são passíveis de enunciação. Esta abordagem serve como ferramenta de suporte do processo decisório[1183], permitindo reservar a aplicação do direito da concorrência a casos que tenham uma certa "dignidade jusconcorrencial", ou seja, que sejam suficientemente graves para justificar a atuação das autoridades (diminuição dos erros tipo I). Tal ainda permite dirigir os recursos das mesmas autoridades para casos que requeiram esse esforço. Ademais, uma vez que é muito difícil determinar o que se considera "abuso", a análise económica ganha um papel central[1184] contribuindo

[1176] Acórdão *Post Danmark II*, nº 65.

[1177] Oliveira Pais (2011a, pp. 486 e 487).

[1178] Wils (2014, p. 413).

[1179] Que não representa, em nossa opinião, uma rutura com a aplicação do direito da concorrência por parte da UE antes da década de 90, mas antes uma evolução, pois a anterior prática da Comissão Europeia também se baseava numa análise económica, embora a mesma estivesse muitas vezes implícita e não explicitamente apresentada. Bishop e Walker (2010, p. 9).

[1180] Etro e Kokkoris (2010a, p. vii)

[1181] Orientação sobre o art.102º, nºs 5 e 6.

[1182] Bishop e Walker (2010, p. 9).

[1183] Geradin *et al.* (2012, p. 61).

[1184] Wood (1999, p. 97).

para a previsibilidade. Um dos objetivos da Comissão ao adotar a Orientação sobre o art. 102º foi o de, exatamente, conferir ao mercado mais clareza sobre o tipo de conduta que a instituição considera ser prejudicial e onde pretende concentrar os seus esforços de aplicação do direito da concorrência[1185].

A abordagem baseada nos efeitos não é, contudo, imune a críticas. Em primeiro lugar, o reforço da atividade probatória das autoridades responsáveis pela aplicação do direito da concorrência, pode tornar a sua ação mais difícil, arriscando erros do tipo II (subaplicação)[1186]. Em segundo lugar, quando aplicada de forma inconsistente, i.e., na ausência de uma teoria económica sólida, pode levar a resultados erróneos e menos positivos. Igualmente, ainda que aplicada de forma consistente, dificilmente se reúnem todos os dados necessários, a todo o momento, para garantir um resultado plenamente conclusivo, em particular, no momento da autoavaliação da prática, podendo levar a resultados menos satisfatórios do ponto de vista da segurança jurídica[1187]. Por este motivo, a Comissão adotou a Orientação sobre o art. 102º. No entanto, esta orientação não foi suficiente para eliminar a incerteza. A ausência de segurança jurídica é particularmente preocupante num contexto de coimas cada vez mais elevadas e de incentivo às ações de "*private enforcement*", o que pode desincentivar empresas dominantes de adotar estratégias competitivas e inovadoras[1188]. Nesta ordem de ideias, contudo, um objetivo único de direito da concorrência, bem estabelecido, contribui para aumentar a previsibilidade das decisões e, consequentemente, a segurança jurídica.

A abordagem baseada nos efeitos, ou modernização do art. 102º TFUE, ocorreu a partir do final dos anos 90. Em 2009 foi publicada a Orientação sobre o art. 102º[1189], que constitui um documento informa-

1185 Lowe (2010, p. v).

1186 Jessen (2017, pp. 67 ss), Petit (2009, p. 486).

1187 Geradin *et al.* (2012, p. 61).

1188 Etro e Kokkoris (2010b, p. 30).

1189 A Orientação sobre o art. 102º foi precedida de documentos de discussão, o Relatório EAGCP e o *Discussion Paper*. Disponíveis em https://ec.europa.eu/dgs/competition/economist/eagcp_july_21_05.pdf e https://ec.europa.eu/competition/antitrust/art82/discpaper2005.pdf, respetivamente. Os documentos eram bastante ambiciosos e punham em causa a própria jurisprudência do TJ. Ver Moura e Silva (2018, p. 923). Nomeadamente,

tivo sobre as prioridades de aplicação do art. 102º TFUE, reconhecendo que a Comissão se encontra subordinada à interpretação das regras do Tratado pelo TJ[1190].

Apesar da aproximação a uma análise mais económica dos abusos de exclusão, a Orientação da Comissão (ao contrário do *Discussion Paper*)[1191] não é tão detalhada na análise económica e foi criticada por não conter os princípios jurídicos substantivos de aplicação daquela regra (mas apenas a indicação das prioridades da Comissão na sua aplicação) e por admitir muitas exceções àquela análise[1192] (não estabelecendo um teste único e claro para a aplicação do art. 102º TFUE). Por exemplo, a Orientação admite que "*poderão existir circunstâncias em que não seja necessário para a Comissão realizar uma avaliação pormenorizada para chegar à conclusão de que é provável que o comportamento em causa resulte num prejuízo para os consumidores. Se ficar claro que o comportamento só levanta obstáculos à concorrência e não dá origem a quaisquer ganhos de eficiência, poderá inferir-se que tem um efeito anticoncorrencial*"[1193]. Tal levou a que se tenha afirmado que a Comissão entende que existem formas de conduta que justificam uma intervenção sem a correspondente avaliação dos respetivos efeitos[1194] ou que a Orientação deixou demasiada latitude à Comissão, não tendo, portanto, contribuído para a redução da incerteza jurídica que se associa à abordagem baseada nos efeitos[1195].

respetivamente, propunham a análise conjunta da posição dominante e do abuso, abandonando a ideia estruturalista (nºs 10, 14 e 15), e deixavam de se referir à especial responsabilidade da empresa em posição dominante. A Orientação acabou por ser uma solução mitigada.

1190 "*O presente documento não pretende constituir doutrina jurídica, devendo ser considerado sem prejuízo da interpretação do artigo [102º] por parte do Tribunal de Justiça [da União Europeia] ou do Tribunal [Geral]*", nº 3.

1191 Akman (2009a, p. 78).

1192 Waebroek (2010, p. 117).

1193 Orientação, nº 22. "*Será o caso se, por exemplo, a empresa em posição dominante impedir os seus clientes de testarem produtos de concorrentes ou se der incentivos financeiros aos clientes sob condição de estes não testarem tais produtos ou ainda se pagar a um distribuidor ou cliente para atrasar a introdução no mercado do produto de um rival*" (nº 22). Segundo Esteva Mosso (2010, p. 211) estas foram as duas práticas identificadas como abusos *per se* na Orientação sobre o art. 102º.

1194 Akman (2009a, p. 78).

1195 Etro e Kokkoris (2010b, p. 30). São exemplos a ausência de indicação de quais os fatores que provam exclusão, as exceções ao teste AEC, o facto de os requisitos exigidos para pro-

Outros autores defendem a posição adotada pela Comissão na sua Orientação, uma vez que se tratou da adoção de um documento de exposição de prioridades e não de um documento interpretativo[1196]. A este propósito, podemos chamar à colação o acórdão *Post Danmark II*, no qual o TJ sublinhou o papel menos vinculativo da Orientação, afirmando que "*esse texto se limita a circunscrever a abordagem da Comissão quanto à escolha dos assuntos que considera prosseguir de forma prioritária, embora a prática administrativa seguida por esta última não se imponha às autoridades da concorrência e aos órgãos jurisdicionais nacionais*"[1197]. No entanto, outros autores consideram que o valor da Orientação exorbita a mera orientação interpretativa[1198], porque a mesma acaba por servir de fonte de interpretação da noção de abuso de posição dominante[1199]. Em nossa opinião, entendemos que não devemos dar à Orientação um valor superior àquele que o TJUE lhe atribui, mas devemos manter o entendimento de que as orientações da Comissão são uma forma de autovinculação que a Comissão deve respeitar na sua atuação com as empresas[1200].

A prática da Comissão Europeia foi evoluindo à medida que se discutia a modernização do art. 102º, tendo a Comissão usado uma abordagem económica ainda em casos anteriores à adoção da Orientação sobre o art. 102º TFUE[1201]. É o exemplo das decisões *Wanadoo* e *Intel*. Após a

var as eficiências tornarem muito difícil a sua invocação (por exemplo, é necessário que não haja conduta menos onerosa) e de ser pouco provável que ocorram eficiências em casos de preços predatórios ou que estas sejam praticamente afastadas no caso de as empresas estarem em posição de quase monopólio, levando autores a acusar a Orientação de adotar uma posição de princípio contra os líderes de mercado e a favor dos concorrentes, de uma forma que pode ser prejudicial para os consumidores. Etro e Kokkoris (2010b, pp. 28 a 31).

1196 Esteva Mosso (2010, p. 209).

1197 Acórdão *Post Danmark II*, nº 52. No caso concreto, tratava-se de não aplicar o teste do concorrente igualmente eficiente a casos de abusos baseados no preço, em que o mercado acabava de ser liberalizado e a concorrência era tão baixa que impedia a existência de concorrentes igualmente eficientes. No entender do TJ, a aplicação do teste no caso concreto não era obrigatória e o tribunal nacional não tinha de a seguir.

1198 O'Donoghue e Padilla (2020, p. 96).

1199 Monti (2017, p. 41).

1200 Acórdão *Expedia*, nº 28.

1201 O'Donoghue e Padilla (2020, p. 323). Esteva Mosso (2010, p. 209) ainda acrescenta a decisão *Microsoft* afirmando, neste contexto, que a decisão devota bastante espaço a deter-

adoção da Orientação sobre o art. 102º, a Comissão passou a aplicar (ou a afirmar que o fazia) a análise económica nela preconizada aos casos de abuso de posição dominante por exclusão, em particular o teste do concorrente igualmente eficiente ("*as efficient competitor test*" ou "teste AEC")[1202]. Na verdade, não podemos afirmar com toda a segurança que a Comissão usou sempre a abordagem avançada na Orientação, porque quem determina os testes de abuso é o TJ. Até ao acórdão *Intel*, só em casos de compressão de margem aceitou o TJ esta abordagem[1203]. A partir do acórdão *Intel* do TJ, podemos concluir que, pelo menos em relação a abusos baseados no preço, o teste pode ser utilizado[1204] (não sendo o único método de averiguação).

O TJ e o TG têm tido uma posição tradicionalmente mais cautelosa à adoção da "*more economic approach*"[1205] e por isso têm considerado que alguns tipos de abuso devem ser condenados tendo em conta as suas características. Efetivamente, a sua jurisprudência em abuso de posição dominante privilegia a identificação dos comportamentos abusivos de um modo formal, decorrentes da especial responsabilidade das empresas em posição dominante[1206], que, pelo facto de dominarem já o mercado, devem abster-se de contribuir para a degradação das condições de concorrência. Nota-se na jurisprudência a preocupação dos tribunais em sublinhar o papel do direito da concorrência da UE na proteção do processo competitivo[1207].

O ponto de viragem da posição do Tribunal pareceu ocorrer com os casos *TeliaSonera*, onde se afirmou que "*para determinar o caráter abusivo de*

minar os efeitos para o bem-estar dos consumidores. Efetivamente, apesar de muitas críticas sobre o tipo de análise da Comissão, a decisão distingue este caso de casos "clássicos" como *Hilti* e *Tetra Pak II*, onde o seu ónus da prova foi bastante menos exigente.

1202 Ezrachi (2018, p. 268). Note-se, contudo, que já não é usual a Comissão realizar testes de contrafactual como proclama no nº 21 da Orientação.

1203 Moura e Silva (2018, pp. 938 a 939). Podemos ver uma aproximação do TG nos casos de compressão de margem *Deutsche Telekom* e *Slovak Telekom* nos quais o TG considerou que a Comissão não tinha demonstrado os efeitos de exclusão durante um período de quatro meses nos quais a margem foi positiva, usando o método "ano-por-ano". No mesmo sentido, Jones *et al.* (2019, p. 418).

1204 Behrens (2018, p. 16).

1205 Ibañez Colomo (2018c, p. 176).

1206 Jessen (2017, p. 70).

1207 Monti (2017, p. 50).

tal prática, o efeito anticoncorrencial desta sobre o mercado deve existir, mas não tem necessariamente de ser concreto, sendo suficiente a demonstração de um efeito anticoncorrencial potencial, suscetível de eliminar os concorrentes pelo menos tão eficientes como a empresa em posição dominante"[1208], e *Post Danmark I*[1209]. Neste último caso, o Tribunal admitiu a análise da prática de acordo com os seus efeitos de exclusão atuais ou potenciais num concorrente igualmente eficiente. No entanto, a mesma abordagem não foi seguida no caso *Tomra*, onde foi afirmado que "*para provar um abuso de posição dominante na aceção do artigo 102º TFUE, basta demonstrar que o comportamento abusivo da empresa em posição dominante tem como consequência uma restrição da concorrência ou que o comportamento é suscetível de ter tal efeito*"[1210]. Quer a decisão da Comissão quer a jurisprudência foram muito criticadas pela abordagem formal seguida.

Devemos, contudo, notar uma diferença fundamental entre os casos *Post Danmark I* e *TeliaSonera* e o caso *Tomra*. Nos dois primeiros, tratava-se de reenvios prejudiciais, onde o TJ tem maior margem de manobra para apresentar a sua posição; no segundo, estávamos perante um recurso de anulação de uma decisão da Comissão[1211].

A discussão abordagem formal v. abordagem baseada nos efeitos ressurgiu, com um debate académico sem precedentes, precisamente, no caso *Intel*[1212], no qual se discutia o tratamento a dar à prática de descontos de fidelização. Apesar de considerar que a tal não se encontrava obrigada, a Comissão realizou o teste AEC[1213] e a empresa disputou-o no procedimento administrativo. O acórdão do TG manteve a abordagem formal e concluiu que não era necessário realizar uma análise económica

1208 Acórdão *TeliaSonera*, nº 64.

1209 Acórdão *Post Danmark I*.

1210 Acórdão *Tomra*, nºs 68 e 72.

1211 Cruz Vilaça (2018b, p. 177), Jessen (2017, p. 71).

1212 Ver Whish (2015, p. 1).

1213 Decisão da Comissão COMP C/337.990 *Intel*, de 13 de maio de 2009. Foi neste caso que a Comissão usou pela primeira vez a Orientação, mas o facto de a investigação ter sido iniciada antes da adoção da Orientação sobre o art. 102º e as CO inicial e suplementar, bem como uma carta complementar sobre os factos, terem sido emitidas antes da adoção da Orientação, ao contrário da decisão, levou a que a instituição não baseasse a sua decisão puramente naqueles termos e antes referisse que o teste AEC era uma forma possível de examinar se os descontos de exclusividade eram suscetíveis de levar a exclusão anticompetitiva. Decisão *Intel*, parágrafo 1002.

profunda, bastando à Comissão apoiar-se na jurisprudência do Tribunal e em determinadas características da prática em concreto[1214], pois, ainda que o concorrente possa competir, os descontos tornarão a concorrência mais difícil, o que é suficiente para a conclusão sobre a existência de um abuso[1215]. De acordo com o TG, esta abordagem justifica-se pela especial responsabilidade das empresas em posição dominante na manutenção do processo competitivo[1216].

Este acórdão do TG foi muito comentado, tendo originado grande polémica e divergência doutrinária. De um lado, estavam os autores que, em nome da segurança jurídica, elogiaram o acórdão por ter sido capaz de elaborar uma classificação jurídica dos descontos praticados por empresas em posição dominante, suscetível de aumentar a certeza das empresas nessa posição em relação à sua atuação no mercado[1217]. Também aclamaram a ênfase na proteção do processo competitivo[1218]. A maioria destes autores considerou que a análise realizada pelo TG se baseava em critérios económicos corretos e já desenvolvidos e, portanto, capazes de servir de fundamento a uma doutrina deste tipo[1219]. De outro lado, encontravam-se os autores que se insurgiram contra o acórdão por

[1214] Nºs. 75 a 78, 86, 103 e 104 do acórdão *Intel* do TG.

[1215] A "parte contestável" da procura de um cliente (ou do mercado) é aquela em que, efetivamente, os rivais podem concorrer com a empresa em posição dominante, pois é aquela quantidade para a qual o cliente pode preferir e pode encontrar produtos/serviços substituíveis (ver *Michelin II*, 203/01, nºs 162 e 163, *British Airways*, 219/99, nºs 277 e 278, e Orientação sobre o art. 102º). Ver nºs 88, 149 a 153 do acórdão *Intel* do TG.

[1216] Nº 90. O TG também considerou que não era necessário ter em conta a verdadeira exclusão dos rivais para demonstrar os perigos de uma conduta deste tipo, por considerar que a limitação da liberdade do cliente para usar fontes de abastecimento alternativas, a dificuldade acrescida dos rivais em aceder ao mercado em resultado das obrigações de exclusividade e a consequente dificuldade em concorrer pela parte contestável foram suficientes para determinar a existência de uma infração à concorrência, ainda que o concorrente tenha aumentado as suas vendas durante o período da infração, pois poderia ter aumentado ainda mais (nºs 77, 92, 93 e 186). Igualmente sem relevância, por não ser necessário demonstrar os efeitos, foram os motivos que levaram os clientes a preferir produtos *Intel* (qualidade, disponibilidade, etc) mesmo num contexto em que a exclusividade não estava escrita (nºs 104 e 543).

[1217] Wils (2014, p. 421 a 432).

[1218] Behrens (2018, p. 14).

[1219] Wils (2014, p. 421 a 432. Entendemos que Dolmans e Lin (2017, p. 13) defendem a mesma posição.

temerem que este representasse um regresso à abordagem estática e apriorística do conceito de posição dominante e à ênfase na especial responsabilidade das empresas em posição dominante. Este passo limitaria as últimas na sua atuação de uma forma *ex ante*, sem ter em conta o processo dinâmico do mercado e, consequentemente, diminuiria a sua predisposição para concorrer[1220].

O acórdão do TG acabou por ser anulado pelo TJ, que se seguiu a uma contundente tomada de posição por parte do AG Wahl[1221], que rejeitava por completo a existência de abusos de posição dominante *per se* nos termos do art. 102º TFUE. O TJ defendeu que o art. 102º protege o processo de concorrência e não os concorrentes, que podem ser excluídos quando menos eficientes[1222], e reafirmou a jurisprudência constante quanto à especial responsabilidade da empresa em posição dominante em não prejudicar uma concorrência efetiva e não falseada no mercado interno através do seu comportamento[1223]. Logo após, o TJ afirmou, porém, que, no caso de a empresa apresentar prova de que o seu comportamento não foi capaz de restringir a concorrência e, em particular, de produzir os efeitos de exclusão, a Comissão tinha o dever de analisar todas as circunstâncias e a capacidade de a prática excluir concorrentes igualmente eficientes[1224], nomeadamente para avaliar a justificação objetiva apresentada[1225].

O TJ concluiu, então, que, uma vez que a Comissão tinha realizado o teste AEC e que a empresa o tinha disputado, o TG deveria ter tido em

1220 Rey e Venit (2015, p. 10), Peeperkorn (2015), Lianos *et al.* (2019, p. 817), Nihoul (2014, p. 521), Venit (2014, p. 203), Wils (2014, p. 405).

1221 Conclusões do Advogado-Geral Nils Wahl ao acórdão Intel do TJ, em particular os nºs 66 a 69.

1222 *"O artigo 102º TFUE não tem, de forma alguma, como finalidade impedir que uma empresa conquiste, pelos seus próprios méritos, a posição dominante num mercado. Esta disposição também não visa assegurar que concorrentes menos eficazes que a empresa que detém uma posição dominante permaneçam no mercado. Assim, nem todo o efeito de exclusão falseia necessariamente o jogo da concorrência. Por definição, a concorrência pelo mérito pode conduzir ao desaparecimento do mercado ou à marginalização dos concorrentes menos eficazes e, portanto, menos interessantes para os consumidores do ponto de vista, nomeadamente, dos preços, das escolhas, da qualidade ou da inovação"*. Acórdão *Intel* do TJ, nºs 133 e 134.

1223 Acórdão *Intel* do TJ, nºs 135 e 137.

1224 Acórdão *Intel* do TJ, nºs 138 e 139.

1225 Acórdão *Intel* do TJ, nº 140.

conta todos os argumentos da recorrente, pelo que anulou o acórdão e remeteu o caso novamente ao TG[1226].

Então, sem romper radicalmente com os princípios anteriores[1227], o TJ acabou por afirmar que, na prática, a Comissão tem de demonstrar que a conduta é capaz de restringir a concorrência, porque é muito improvável que uma empresa em posição dominante não apresente prova de que a sua conduta não restringe a concorrência durante o procedimento junto da Comissão[1228]. Se a Comissão não o fizer, o mais provável é que a sua decisão seja anulada. Whish e Bailey afirmam, que, a partir da clarificação do acórdão *Intel*, não existem proibições *per se* em abuso de posição dominante, porque a Comissão, na prática, executará uma análise dos efeitos[1229]. Em nossa opinião, o acórdão *Intel*, apesar de utilizar um argumento formal – o facto de o TG não ter analisado todos os argumentos da recorrente – dá uma resposta material[1230]. O TJ reinterpreta a jurisprudência anterior e muda o seu curso. A situação não ficou totalmente resolvida, contudo. Para alguns autores, como Moura e Silva, mantém-se uma presunção de ilicitude, mas esta pode ser ilidida quando a empresa demonstre que a sua conduta não é capaz de restringir a concorrência[1231]. Para Cruz Vilaça, a solução ficou aquém de uma presunção de abuso de posição dominante. Consequentemente, embora se mantenham as diferentes exigências probatórias entre os tipos de abuso, para futuro, a Comissão não fica eximida de levar a cabo uma análise detalhada[1232]. Em contrapartida, já parece ser consentânea a posição de que, apesar de o acórdão se referir a descontos de fidelização, este se aplica a todos os tipos de abuso[1233]. Em acórdãos posteriores, como *MEO* e *Paroxetina*, o TJ seguiu a mesma linha e também deixou claro

[1226] Acórdão *Intel* do TJ, nºs 141 a 147.

[1227] Jones *et al.* (2019, p. 436), Kadar (2018, p. 443), Cruz Vilaça (2018b, p. 181).

[1228] Whish e Bailey (2018, p. 206).

[1229] *Idem.* No mesmo sentido, Cruz Vilaça (2018b, p. 181).

[1230] Venit (2017, pp. 172 a 198).

[1231] Moura e Silva (2018, p. 994 e 995). No mesmo sentido, Kadar (2019, pp. 442 e 443), Fernández (2018, p. 452),

[1232] Cruz Vilaça (2018b, p. 183). Teremos, pelo menos, de aceitar que o TJ estabeleceu uma presunção de preços predatórios no acórdão *Akzo*.

[1233] Whish e Bailey (2018, p. 206). No mesmo sentido, Cruz Vilaça (2018b, p. 183), O'Donoghue (2018, p. 445) e Sokol (2017, p. 2).

que a consideração de abuso depende de mais do que de mera categorização[1234].

Esta discussão tem relevância para o nosso estudo, pois defendemos que a consequência gravosa da aplicação de uma medida de correção não pode ser tomada sem se realizar uma análise aos efeitos prováveis da medida. Efetivamente, se os objetivos imediatos das medidas de correção são fazer cessar a infração, incluindo os seus efeitos, e restaurar a concorrência, é necessário conhecer os efeitos de antemão para que a medida seja corretamente determinada.

6.2. A posição dominante e o seu impacto na decisão de adoção de medidas corretivas

6.2.1. Um conceito indeterminado interpretado com recurso à teoria económica

O conceito de posição dominante não se encontra definido no Tratado. O TJ foi chamado a interpretar o conceito pela primeira vez no acórdão *United Brands* e foi nesse acórdão que o Tribunal adotou a definição de posição dominante que ainda hoje conhecemos: "*uma posição de poder económico detida por uma empresa que lhe permite afastar a manutenção de uma concorrência efetiva no mercado em causa e lhe possibilita comportar-se, em medida apreciável, de modo independente em relação aos seus concorrentes, aos seus clientes e, finalmente, aos consumidores*"[1235]. No acórdão *Hoffmann-La Roche*, o TJ desenvolveu esta noção afirmando que "*a referida posição dominante diz respeito a uma situação de poder económico detida por uma empresa, que lhe dá o poder de impedir a manutenção de uma concorrência efetiva no mercado em questão, ao possibilitar-lhe a adoção de comportamentos independentes, numa medida apreciável, relativamente aos seus concorrentes, aos seus clientes e, por fim, relativamente aos consumidores. Semelhante posição, ao contrário de uma situação de monopólio ou de quase monopólio não exclui a existência de uma certa concorrência embora dê à empresa que dela beneficia a possibilidade de decidir ou, pelo menos, de influenciar consideravelmente as condições em que esta concorrência se desenvolverá e, em todo o caso, de se comportar em larga medida sem*

[1234] Acórdão *MEO*, n.ºs 28 e 37; acórdão do TJ de 30 de janeiro de 2020, *Generics (UK) Ltd e o. contra Competition and Markets Authority (Paroxetine)*, C-307/18, EU:C:2020:52, n.º 28.

[1235] Acórdão *United Brands*, n.º 65.

ter de a tomar em linha de conta e sem que esta atitude a prejudique."[1236]. Neste mesmo acórdão, o TJ entendeu que uma empresa estaria numa posição dominante se mantivesse, durante um determinado período de tempo (sem o especificar), quotas de mercado muito elevadas[1237].

Esta noção, contudo, continua a ser um conceito vago e pouco determinado[1238].

Aparentemente, o conceito adotado pelo Tribunal contém dois elementos: posição de independência em medida apreciável e possibilidade de afastar a manutenção de uma concorrência efetiva[1239]. Porém, os dois elementos acabam por redundar numa definição de posição dominante unitária, porque, efetivamente, o TJ não elabora na distinção entre os dois elementos, parecendo inferir um do outro[1240]. Geradin, Hofer, Louis, Petit e Walker consideram que a segunda parte do teste é a que melhor define posição dominante e a que é mais facilmente conciliável com o conceito económico de poder de mercado[1241]. Esta solução parece ser também seguida por De la Mano, Nazzini e Zenger que defendem que a posição de independência corresponde à possibilidade de comportar-se sem constrangimentos de pressão competitiva, justificando que esta noção tem cabimento no nº 10 da Orientação da Comissão sobre o art. 102º, e que corresponde ao poder de mercado detido pela empresa que lhe permite impedir a manutenção de uma concorrência efetiva. O'Donoghue e Padilla afirmam que só pode estar em posição dominante a empresa que é capaz de prejudicar a concorrência através do seu poder de mercado significativo e duradouro e – após *Post Danmark I*[1242] – em detrimento dos consumidores, advogando claramente a abordagem baseada nos efeitos[1243].

[1236] Acórdão *Hoffmann-La Roche*, nºs 38 e 39.

[1237] Acórdão *Hoffman-La Roche*, nº 41.

[1238] Witt (2016, p. 143), Wils (2014, p. 415).

[1239] Jones *et al.* (2019, p. 302 e 303), De la Mano *et al.* (2014, p. 356), Etro e Kokkoris (2010b, p. 4).

[1240] Geradin *et al.* (2012, p. 186), Coscelli e Edwards (2013, p. 352), Temple Lang (1979b, p. 10).

[1241] Geradin, *et al.* (2005, p. 4).

[1242] Acórdão do TJ de 27 de março de 2012, *Post Danmark A/S c. Konkurrenceradet*, C-209/10, EU:2012:172.

[1243] O'Donoghue e Padilla (2020, pp. 336 e 337).

De todo o modo, parece haver consenso de que, de um ponto de vista económico, nem mesmo uma empresa em posição de monopólio pode fixar um preço de forma totalmente independente, havendo clientes que encontrarão uma alternativa e outros que, pura e simplesmente, deixarão de comprar o produto[1244].

Posição dominante não equivale a monopólio. Uma empresa que não se encontra em posição de monopólio, pode, de acordo com o TJ (claramente, em *Hoffmann-La Roche*), estar em posição dominante, pois esta é compatível com a existência de um certo grau de concorrência[1245] e muitas empresas detêm algum poder de mercado sem deter posição dominante (por exemplo, com a venda de produtos diferenciados)[1246]. A questão essencial é a de saber até que ponto a empresa pode atuar de forma independente dos seus concorrentes[1247], clientes e fornecedores. A posição de independência parece estar, então, relacionada com o grau de poder de mercado de uma empresa, que deve ser significativo[1248], um conceito claramente económico[1249] – e que, aliás, é chamado aqui à colação pela própria Comissão Europeia na sua Orientação sobre o art. 102º[1250] e, como preparação deste documento, no seu *Discussion Paper*[1251] – mas que não deixa de ser controverso.

Em geral, entende-se poder de mercado como a capacidade de a empresa manter os preços acima do nível competitivo durante um perí-

[1244] Jones *et al.* (2019, p. 302), Niels *et al.* (2016, p. 98), O'Donoghue e Padilla (2020, p. 186) e Etro e Kokkoris (2010b, p. 21), que chamam a atenção para o facto de a curva da procura ser descendente.

[1245] Temple Lang (1979b, p. 11). Acórdão *Hoffman-La Roche*, nº 41.

[1246] Coscelli e Edwards (2013, p. 358), Carlton e Perloff (2005, pp. 200 e 201).

[1247] Para alguns autores o critério da independência não é correto porque o que está em causa não é a empresa atuar de forma independente, mas sim quão restringido está o seu comportamento pelos concorrentes, ou, simplificando, saber se a empresa pode aumentar o preço acima do nível de concorrência. Ver Pierce de Azevedo e Walker (2002, p. 364).

[1248] Jones *et al.* (2019, p. 302), Lianos *et al.* (826 e ss.), Ortiz Blanco (2012, p. 47), Oliveira Pais (2011a, p. 462), Carlton e Perloff (2005, p. 642), Geradin *et al.* (2005, p. 4), Posner (2001, p. 265).

[1249] Whish e Bailey (2018, pp. 42 e ss).

[1250] Por exemplo, os nºs 10, 11, 12 e 16.

[1251] Ver nºs 23 e 28.

odo de tempo razoável (sem atrair novos operadores e sem perder vendas para concorrentes) ou o poder de excluir concorrentes[1252].

A redução da noção de posição de independência a poder de mercado como poder sobre os preços é mais restritiva e criticada não só por não ter em conta outros parâmetros de concorrência, como a qualidade e a inovação[1253], como também fica dependente da identificação de um preço competitivo, o que é praticamente impossível de determinar[1254]. Jones, Suffrin e Dunne ainda chamam a atenção para outra limitação da noção de posição de independência como poder sobre preços. De facto, esta deixa escapar os mercados de "preço zero", onde os serviços não são prestados a troco de dinheiro (eventualmente de dados) e onde a noção de poder sobre preços não é relevante, porque o que está em causa é a inovação[1255].

A segunda hipótese, posição de independência como o poder de excluir concorrentes, pode redundar numa análise de poder de mercado e de abuso integradas (a segunda parte do art. 102º TFUE), pois só se conclui pelo poder de mercado se houver possibilidade de exclusão de concorrentes[1256]. Assim, a grande crítica apresentada a esta abordagem é o facto de não utilizar o conceito de posição dominante para servir de filtro à aplicação da norma[1257] e poder, desse modo, alargar o âmbito de aplicação da mesma[1258].

Por estas razões, a generalidade da doutrina prefere o conceito de posição dominante como poder de mercado substantivo "abrangente", entendido como poder sobre preços, mas englobando os outros parâmetros de concorrência como variedade, qualidade e inovação (a empresa

[1252] Jones *et al.* (2019, p. 356), Elhauge (2018, pp. 217 e 218), Ortiz Blanco (2012, p. 12), Krattenmaker, Lande e Salop (1987, p. 249 e 268), Landes e Posner (1981, p. 495).

[1253] Pierce de Azevedo e Walker (2002, p. 365).

[1254] Geradin *et al.* (2005, p. 6).

[1255] Jones *et al.* (2019, p. 304). Também Nazzini (2015, p. 305).

[1256] Nazzini (2011, p. 358).

[1257] Geradin *et al.* (2012, p. 188). Defendendo a utilização de filtros em direito da concorrência Easterbrook (1984, p. 39).

[1258] Monti (2006, p. 45).

reduz os custos sem reduzir os preços), detido durante um período de tempo razoável[1259].

Ainda podemos encontrar outras hipóteses de definição. De acordo com Monti, a posição dominante pode corresponder a uma visão de superior poder comercial. O autor baseia-se na jurisprudência do TJ que imprime relevância ao processo competitivo como um fim em si e defende que a corrente visão do TJ é considerar posição dominante como englobando elementos de poder de mercado e poder comercial[1260]. Acrescentam no mesmo sentido outros autores que posição dominante é o poder de uma empresa prejudicar o processo de concorrência, quer pelo prejuízo dos consumidores (por exemplo através do aumento dos preços), quer pelo prejuízo dos concorrentes através de práticas de exclusão[1261].

Há autores, ainda, que admitem que posição dominante pode ter uma vertente relativa[1262]. Neste entender, as empresas têm a possibilidade de prejudicar o consumidor porque adquiriram uma posição de força relativa que lhes dá a oportunidade de se comportar de forma independente de fornecedores, clientes e consumidores[1263], sem necessidade de se provar um poder de mercado estrutural baseado em quotas de mercado elevadas (mas sim a dependência económica). Esta posição – alavancada no acórdão *British Airways* do TG[1264], onde a empresa foi considerada um parceiro obrigatório – é criticada por diferentes motivos. Primeiro, o art. 102º destina-se a afastar práticas que tenham impacto na concorrência ou no bem-estar total ou do consumidor, e não limitadas a certas empresas[1265]. Segundo, o propósito da definição de uma posição dominante é o de aplicar a regra do art. 102º TFUE apenas

[1259] Jones *et al.* (2019, p. 304) (as autoras distinguem independência como poder de mercado e capacidade de impedir a concorrência efetiva como poder de excluir concorrentes), Lianos *et al.* (2019, pp. 823 e 824), Witt (2016, p. 155), Coscelli e Edwards (2013, p. 352), Oliveira Pais (2011a, p. 459).

[1260] Monti (2006, pp. 31 e 44).

[1261] Chalmers *et al.* (2014, p. 1031).

[1262] Lianos (2010a, p. 141 a 160).

[1263] Jenny (2008, p. 3 a 5).

[1264] Acórdão do TPI de 17 de Dezembro de 2003, *British Airways plc C Comissão*, T-219/99, EU:T:2003:343.

[1265] Lianos *et al.* (2019, p. 839)

a empresas que se encontrem nessa posição. A dissociação desta ideia pode levar à aplicação da norma a empresas que não se encontrem em posição dominante num mercado (mas em posição de vantagem negocial em relação a outra empresa), em prejuízo da empresa e do orçamento das autoridades[1266], uma vez que os tribunais estão mais bem equipados para lidar com estas situações de desequilíbrio comercial do que as autoridades de concorrência[1267].

A posição apresentada pela Comissão da sua Orientação sobre o art. 102º parece aproximar-se de uma visão de poder de mercado abrangente[1268], quando afirma que a "*noção de independência está relacionada com o grau de pressão competitiva a que a empresa em causa está sujeita*"[1269] e "*uma empresa que seja capaz de aumentar os preços acima do nível da concorrência, de forma rentável, por um período de tempo significativo, não está sujeita a uma pressão concorrencial efetiva e suficiente e, como tal, pode ser considerada como estando em posição dominante*", adiantando que o período de tempo em causa dependerá das características do produto e do mercado, mas que normalmente dois anos será um período de tempo suficiente[1270]. A Comissão continua, no mesmo ponto, "*na presente Comunicação, a expressão «aumentar os preços» inclui o poder de manter os preços acima do nível da concorrência e é utilizada para referir as diferentes formas de influenciar os parâmetros da concorrência – tais como, preços, produtividade, inovação, variedade ou qualidade dos bens e serviços – em benefício da empresa em posição dominante e em detrimento dos consumidores*".

Uma análise à jurisprudência permite-nos chegar a algumas conclusões. Em primeiro lugar, o TJ não opera uma distinção necessária entre

[1266] Klein (1993, p. 89).

[1267] Apesar das críticas, observamos que alguns ordenamentos jurídicos contêm regras adicionais destinadas a lidar com este tipo de situação, como é o caso do art. 12º RJC, relacionado com a falta de alternativa e infraestruturas essenciais, e art. 7º PIRC, relacionado com desequilíbrios negociais. Por outro lado, a consideração de posição dominante como poder de mercado relativo é alcançável através da definição mais estreita de mercado relevante ou através da sua consideração como um fator adicional para reforçar a ideia de que a empresa detém posição dominante ainda que não tenha quotas de mercado muito elevadas. Ver Akman (2014a, p. 102 a 103).

[1268] Coscelli e Edwards (2013, p. 354).

[1269] Orientação sobre o art. 102º, nº 10.

[1270] Orientação sobre o art. 102º, nº 11.

os dois elementos do conceito[1271]. Em segundo lugar, apesar de o TG, no acórdão *AstraZeneca*, ter afirmado que a empresa em posição dominante é aquela que é capaz de manter os preços a um nível mais alto[1272], parece-nos que o TJ coloca a ênfase na possibilidade de prejudicar a concorrência[1273] e não tanto no poder de aumentar os preços. Tal pode voltar a suscitar as críticas levantadas à confusão entre os dois conceitos: posição dominante e abuso. Por fim, e não obstante a discussão, parece notório que o TJ prefere um conceito de posição dominante abrangente ao restrito, no sentido de que não está apenas em causa o poder sobre os preços, mas também sobre os restantes parâmetros de concorrência como quantidade, qualidade e inovação[1274].

A Comissão tentou desenvolver um conceito de posição dominante coletiva para abranger situações que, por não assentarem numa posição dominante individual e não decorrerem de um acordo ou prática concertada, poderiam escapar aos arts. 101º e 102º TFUE[1275]. A teoria económica também admite que, em particular em mercados oligopolísticos, os preços subam ou a quantidade diminua em virtude de decisões tomadas individualmente pelas empresas que, não obstante não terem alcançado um acordo formal, têm em conta a sua interdependência no mercado[1276]. É hoje, contudo, assente que este conceito apenas se pode aplicar em casos excecionais[1277] que ocorram em duas situações: oligopolística, em que as empresas têm capacidade e incentivo de prejudicar a concorrência em virtude das suas interações no mercado, mas não existem laços entre as mesmas; e não oligopolística, em que as empresas têm ligações económicas (comerciais ou estruturais) e, como tal, se apresentam como uma entidade coletiva[1278]. A diferença entre as duas situações é relevante em termos de prova. No segundo caso, assim que se prove a relação

[1271] Por exemplo, acórdão *United Brands*, nº 65, acórdão *Hoffman-La Roche*, nºs 38, 39 e 41.

[1272] Acórdão do TG de 1 de julho de 2010, *AstraZeneca AB e AstraZeneca plc c Comissão*, T-321/05, EU:T:2010:266, nº 267.

[1273] Nazzini (2011, p. 328).

[1274] Geradin *et al.* (2012, p. 186), Coscelli e Edwards (2013, p. 352), Temple Lang (1979b, p. 10).

[1275] Greaves (2012, p. xvi).

[1276] Geradin *et al.* (2005, p. 21). Sobre oligopólios ver Carlton e Perloff (2005, pp. 157 a 193).

[1277] Brinker (2018, p. 1420).

[1278] Jones *et al.* (2019, p. 692).

entre as empresas, a análise de posição dominante não difere da posição dominante individual. No primeiro caso, na ausência dos laços económicos, é necessário provar a coordenação entre as empresas[1279] e, por este motivo, há doutrina que aconselha a aplicação do art. 101º em vez do 102º TFUE, dado que aquela norma proíbe exatamente as práticas concertadas que estão na base de uma posição dominante coletiva não oligopolística[1280].

A jurisprudência vem confirmar esta abordagem à posição dominante coletiva. Em *Vidro Plano*[1281], *Gencor*[1282], *Atlantic Container Line*[1283], *Compagnie Maritime Belge*[1284] e *Irish Sugar*[1285], foram encontrados os laços económicos, que podiam ser estruturais ou comerciais. Em *Kali und Salz*[1286], *Impala*[1287], *Gencor*[1288] e *Airtours*[1289], o TJ descreveu posição dominante coletiva como uma situação em que as empresas em causa adotam uma

[1279] Nazzini (2011, pp. 359 e 360).

[1280] De la Mano *et al.* (2014, p. 381).

[1281] Acórdão do TPI de 10 de março de 1992, *Società Italiana Vetro SpA, Fabbrica Pisana SpA e PPG Vernante Pennitalia SpA c Comissão*, T-68/89, T-77/89 e T-78/89, EU:T:1992:38, nº 358.

[1282] Acórdão do TPI de 25 de março de 1999, *Gencor Ltd c. Comissão*, T-102/96, EU:T:1999:65, nº 276. Um caso de concentrações, mas a jurisprudência relativa a posição dominante coletiva foi principalmente desenvolvida em casos de controlo de concentrações. Jones *et al.* (2019, p. 285), Ezrachi (2018, p. 329).

[1283] Acórdão *Atlantic Container Line*, nº 602.

[1284] Acórdão do TJ de 16 de março de 2000, *Compagnie maritime belge transports SA, Compagnie maritime belge SA e Dafra-Lines A/S c. Comissão*, C-395/96 P e C-396/96 P, EU:C:2000:132, nºs 36, 39, 41 e 45.

[1285] Acórdão *Irish Sugar*, nºs 28, 51 a 59. Note-se que este caso é diferente dos anteriores já que as empresas se encontravam numa relação vertical, mantinham laços estruturais, mas não havia possibilidade de lhes aplicar a doutrina da mesma entidade económica. Este acórdão é isolado e não deixa de ser problemático por poder estender a especial responsabilidade a casos em que a empresa em posição dominante não deve prejudicar a concorrência dos seus distribuidores. Neste sentido, Geradin *et al.* (2005, p. 25).

[1286] Acórdão do TJ de 31 de março de 1998, *República Francesa e Société commerciale des potasses et de l'azote (SCPA) e Entreprise minière et chimique (EMC) c. Comissão*, C-68/94 e C-30/95, EU:C:1998:148 (acórdão *Kali & Salz*), nº 221 e ss.

[1287] Acórdão do TJ de 10 de julho de 2008, *Bertelsmann AG e Sony Corporation of America c. Independent Music Publishers and Labels Association*, C-413/06-P, EU:C:2008:392, nºs 122 e123.

[1288] Acórdão *Gencor*, nº 276.

[1289] Acórdão do TPI de 6 de junho de 2002, *Airtours plc c Comissão*, T-342/99, EU:T:2002:146, nº 62.

política comum no mercado, de forma duradoura, com o objetivo de vender os produtos a preços acima do nível competitivo, sem terem de recorrer a um acordo ou prática concertada com concorrentes atuais ou potenciais. Para tal, deve ser possível as empresas poderem alcançar um entendimento sobre os parâmetros de coordenação, o mercado deve ser transparente e deve haver um mecanismo de repressão de desvios credível. Tendo em conta o risco de intervenção errada, De la Mano, Nazzini e Zenger chamam a atenção para o facto de a Comissão dever reservar a aplicação desta figura a casos de mercados recentemente liberalizados onde os benefícios de fazer aumentar a concorrência são mais evidentes[1290]. Esta teoria justificou a aplicação de medidas de correção com base no art. 102º TFUE no caso dos *mercados alemães de eletricidade*[1291].

6.2.2. A relevância da posição dominante na análise do art. 102º

Se a noção de posição dominante não é isenta de dúvidas, tão-pouco o é a sua determinação. O TJ considerou em *United Brands* que "*a existência de uma posição dominante resulta, em geral, da reunião de vários fatores, que, tomados isoladamente, não seriam necessariamente determinantes. Para estabelecer se [...] é uma empresa em posição dominante no mercado em causa, é necessário, antes de mais, analisar a sua estrutura e, seguidamente, a situação que ocupa no referido mercado quanto à sua posição concorrencial.*"[1292] A equiparação de "posição dominante" (conceito jurídico) a "poder de mercado significativo" (conceito económico) é essencialmente um parâmetro teórico. Na prática, a determinação da posição dominante é normalmente realizada no âmbito de um enquadramento analítico que tem em conta certos fatores que se reconduzem à análise da estrutura do mercado (definição do mercado relevante e determinação das quotas de mercado, que permite analisar a posição relativa das empresas), das características do mercado (barreiras à entrada, características dos mercados que levam à existência de níveis superiores ou inferiores de concorrência e poder de compensação dos compradores) e avaliação dos preços praticados e

[1290] De la Mano *et al.* (2014, p. 384).

[1291] COMP/39.388 e COMP/39.389.

[1292] Acórdão *United Brands*, nºs 66 e 67.

níveis de lucro[1293]. Devido à limitação do nosso estudo, não iremos abordar cada um destes fatores de forma exaustiva, antes procederemos a uma descrição sucinta na medida em que relevem para o tema da análise de medidas de correção.

a) A dificuldade em determinar o mercado relevante

O primeiro passo das autoridades responsáveis pela aplicação do direito da concorrência para determinar se uma empresa se encontra em posição dominante é avaliar a estrutura do mercado[1294]. A determinação das quotas de mercado realiza-se num enquadramento que permite observar a posição relativa das empresas: o mercado do produto e geográfico relevante[1295]. O mercado relevante não é um fim em si mesmo, mas um instrumento de análise. Nessa medida, a sua definição deve ser rigorosa e realizada com recurso a conceitos provenientes da teoria económica[1296]. Tanto os tribunais[1297] como a Comissão[1298] já sublinharam a importância da determinação do mercado relevante nas análises jusconcorrenciais. Às dimensões de produto e geográfica podemos acrescentar a dimensão temporal. Esta dimensão pode mostrar-se relevante nos

[1293] O'Donoghue e Padilla (2020, p. 187), Nazzini (2015, p. 305), Coscelli e Edwards (2013, p. 355). É uma forma indireta de apreciar o poder económico de uma empresa, por contraposição a métodos diretos econométricos de análise de custos, preços e rentabilidade, que acabam por ser evitados pela sua análise custosa, indisponibilidade da informação necessária e contribuição para a insegurança jurídica. Ver Motta (2004, p. 117) e Coscelli e Edwards (2013, pp. 373-376).

[1294] Essa avaliação realiza-se através da determinação das quotas de mercado e índices de concentração, tais como o Índice de Herfindahl-Hirschman (a soma dos quadrados das quotas de mercado das empresas presentes no mercado relevante) ou o índice de Lerner.

[1295] Mercado do produto relevante, que "*compreende todos os produtos e/ou serviços consideradas permutáveis ou substituíveis pelo consumidor devido às suas características, preços e utilização pretendida*", e mercado geográfico relevante, que "*compreende a área em que as empresas em causa fornecem produtos ou serviços, em que as condições da concorrência são suficientemente homogéneas e que podem distinguir-se de áreas geográficas vizinhas devido ao facto, em especial, das condições da concorrência serem consideravelmente diferentes nessas áreas*". Comunicação da Comissão relativa à definição de mercado relevante para efeitos do direito comunitário da concorrência JO C 372, de 9.12.1997, p. 5, nºs 7 e 8. Ver, também, Gorjão-Henriques (2017, p. 668).

[1296] Sousa Ferro (2015, pp. 260 e 265).

[1297] Por exemplo, o Acórdão *United Brands*, nº 10.

[1298] Comunicação sobre o mercado relevante, nºs 2 e 4.

casos da nova economia em que, devido à alteração rápida da tecnologia, as fronteiras entre os mercados podem evoluir rapidamente[1299].

A definição do mercado relevante tem em conta determinados fatores, entre os quais sobressai a substituibilidade do lado da procura, mas onde se incluem também elementos de substituibilidade do lado da oferta e a concorrência potencial[1300]. Um dos métodos mais utilizados para definir o mercado relevante é o chamado teste SSNIP, "*Small but Significant Non-transitory Increase in Price*", o teste do monopolista hipotético[1301], pelo qual se verifica que dois produtos se encontram no mesmo mercado quando uma pequena variação do preço de um deles (na ordem dos 5-10%) origina uma transferência da procura deste para o outro produto, tornando o aumento não lucrativo e mostrando que os produtos exercem pressão concorrencial mútua[1302].

O uso deste teste, porém, não é isento de dificuldades, especialmente em casos de abuso de posição dominante. De facto, este teste realiza-se para saber se um aumento do preço seria lucrativo. No entanto, se estamos perante um caso de abuso de posição dominante, a aplicação do teste SSNIP ao preço de mercado pode levar a considerar um mercado relevante demasiado amplo. Esta conclusão deve-se aos factos de a empresa em causa já ter poder de mercado, o preço já poder estar num nível supracompetitivo e, consequentemente, qualquer aumento do preço, pequeno mas significativo e não transitório, poder ter como efeito a transferência da procura. Este argumento foi amplamente discutido no caso *Du Pont*[1303] e é conhecido como a "falácia do celofane"[1304].

[1299] Jones *et al.* (2019, p. 331), Craig e De Búrca (2015, p. 1060).

[1300] Comunicação sobre o mercado relevante, nº 13.

[1301] Sobre o teste SSNIP ver, entre muitos, Motta (2004, pp. 102, 103). Este teste foi introduzido pelo *Department of Justice* dos EUA em 1992 (*Horizontal Merger Guidelines*, cuja última revisão data de 2010, p. 9) e adotado por várias autoridades da concorrência, entre as quais, a Comissão Europeia (na Comunicação sobre o mercado relevante), a CMA (*Market Definition Guidelines*, cuja última revisão data de 2004, p. 4) e a AdC (nas *Linhas de Orientação para a Análise Económica de Operações de Concentração Horizontais*, p. 19).

[1302] Comunicação sobre o mercado relevante, nºs 16, 17 e 18.

[1303] Decisão da Comissão de 17 de março de 2017, *DuPont*, M.7932, (JO C 353 de 20.10.2017, p. 9-18), nº 3376.

[1304] Elhauge (2018, pp. 226 e 239), Motta (2004, p. 105).

Outra dificuldade que tem vindo a ser apontada ao teste SSNIP é a sua utilidade para determinar mercados relevantes no setor digital, onde, alguns bens e serviços são oferecidos sem preço e a maioria dos mercados são "*multi-sided*", levando a que seja necessário observar a interação entre os vários grupos de intervenientes no mercado (redes sociais, sistemas de mensagens e comunicações, entre outros)[1305]. Para obstar à dificuldade de aplicar um teste SSNIP em mercados sem preço monetário, instituições como a OCDE têm advogado a substituição deste teste por um equivalente baseado na qualidade, o *Small but Significant Non-transitory Decrease in Quality* ("SSNDQ"), que se aplicaria determinando se o decréscimo na qualidade do produto ou serviço (por exemplo diminuição da proteção de dados) levaria os consumidores a optar por uma alternativa equivalente[1306]. Contudo, se é difícil aplicar o teste SSNIP a casos em que não sabemos qual é o preço de mercado para podermos realizar a comparação, muito mais difícil será aplicar esse mesmo teste tendo por base uma medida competitiva de qualidade.

Por fim, apesar de alguns autores advogarem pela determinação direta de poder de mercado e efeitos anticoncorrenciais, a definição de mercado ainda nos parece relevante como primeiro passo da análise de um abuso de posição dominante[1307].

b) A presunção de posição dominante

O TJ atribuiu um peso particular às quotas de mercado, entendendo que a detenção de quotas de mercado altas (acima de 50%), estáveis, durante um longo período de tempo constitui presunção ilidível de existência de posição dominante[1308], cabendo às empresas ilidi-la através da demonstração de outros fatores[1309]. Por outro lado, as quotas de mercado bem determinadas constituem um indício de inexistência de posição dominante quando as mesmas não são elevadas. O TJ, em *Uni-*

1305 Hlina (2010, pp. 137, 138).

1306 OCDE (2016, p. 15).

1307 Neste sentido, Lianos *et al.* (2019, p. 861).

1308 Acórdão *AKZO Chemie BV c Comissão*, C-62/86, nº 60. Ver, também, acórdão do TPI de 12 de dezembro de 1991, *Hilti AG c. Comissão*, T-30/89, EU:T:1991:70, nº 92, e acórdão no respetivo recurso, acórdão do TJ de 2 de março de 1994, *Hilti AG c. Comissão*, C-53/92 P, EU:C:1994:77, bem como acórdão *Hoffman-La Roche*, nº 59.

1309 Schuhmacher (2017, p. 100), Monti (2011, p. 62).

ted Brands, entendeu que a detenção de uma quota de mercado de 40% a 45% não permitia retirar a conclusão automática da existência de uma posição dominante, caso em que seria necessário avaliar a quota de mercado dos concorrentes e a estrutura do mercado[1310]. A Comissão Europeia, tendo por base a experiência adquirida, "*sugere que, quando a quota da empresa é inferior a 40% no mercado relevante, é pouco provável que exista posição dominante*"[1311-1312].

A consideração das quotas de mercado apenas como um dos fatores que levam à determinação de uma posição dominante reflete o pensamento económico atual[1313]. No entanto, é inegável que o TJ considera as quotas de mercado elevadas como um indício forte da existência de posição dominante. Porém, a outra face da moeda também pode ser verdadeira. Esse pode ser o caso, a título de exemplo, de um mercado composto por produtos diferenciados, no qual uma empresa com uma quota de mercado relativamente baixa pode exercer algum poder de mercado aumentando o preço acima dos níveis concorrenciais[1314].

Por este motivo, entendemos que a melhor posição – aliás, plasmada na Orientação da Comissão[1315] – é a de que a conclusão pela posição dominante se alicerça não só na análise das quotas de mercado da empresa e dos concorrentes, como também de todos os fatores que podem limitar o comportamento da empresa, avaliando-se, assim o grau de concorrência do mercado. As presunções de posição dominante têm a vantagem de servir de filtro para as autoridades poderem escolher os casos que pretendem prosseguir e de servir de incentivo para as empresas produzirem prova no processo de forma ativa para que a análise possa ser mais completa[1316]. Ainda assim, em nossa opinião, só podemos

[1310] Acórdão *United Brands*, nºs 108-110.

[1311] Orientação sobre o art. 102º, nºs 13 a 14. Em *British Airways*, contudo, a empresa foi acusada de deter uma posição dominante quando a sua quota de mercado era inferior a 40%.

[1312] A quota de mercado também pode funcionar como critério de seleção de prioridades. Desde o ano 2000, a Comissão foca sobretudo a sua política de aplicação do direito da concorrência em empresas que detêm quotas de mercado muito elevadas. Neste sentido Dethmers e Blondeel (2017, p. 149).

[1313] O'Donoghue e Padilla (2020, p. 189).

[1314] Coscelli e Edwards (2013, p. 358).

[1315] Orientação sobre o art. 102º, nº 15.

[1316] Schuhmacher (2017, p. 107) referindo-se, também, à prática do *Bundeskartellamt*.

fixar presunções, sempre ilidíveis, quando as mesmas se baseiem em sólida teoria económica[1317].

Questão relacionada é a de saber se existem vários graus de posição dominante ou poder de mercado. Vejam-se os acórdãos do TJ *Compagnie Maritime Belge*[1318] e *Tetra Pak II*[1319], bem como o *Discussion Paper* da Comissão e a sua Orientação sobre o art. 102º, nas referências que fazem a "*posição de mercado próxima do monopólio*"[1320]. Na doutrina, vários autores têm distinguido graus de posição dominante, daí retirando as necessárias consequências, i.e., que a especial responsabilidade da empresa "superdominante" é maior[1321]. Há, mesmo, quem avance que deveria ser possível definir que certos comportamentos só deveriam ser proibidos se a empresa em causa fosse "superdominante" ou a partir de um certo nível de domínio[1322].

No entanto, somos da opinião, como outros autores, de que o art. 102º TFUE não permite distinguir níveis ou graus de domínio para considerar que certa conduta é ou não abusiva[1323]. Acresce que, mesmo de um ponto de vista económico, o conceito de "superdominância" não é unívoco, já que não existe um teste objetivo para determinar quando

[1317] Em defesa de uma análise formal baseada em sólida teoria económica, ver Wils (2014, pp. 419 e 420).

[1318] Nºs 114 a 120.

[1319] Nº 31.

[1320] Orientação sobre o art. 102º TFUE, nº 30, parte final. No *Discussion Paper* (nº 92) a Comissão propunha colocar o limiar de "superdominância" no patamar de 75% de quota de mercado. Conclusões do AG Mazák apresentadas em 2 de setembro de 2010, *Konkurrensverket c. TeliaSonera Sverige AB*, C-52/09, EU:C:2010:483, nº 41, recomendando que o TJ não tivesse em conta a "superdominância"; conclusões do AG Fennelly apresentadas em 29 de outubro de 1998, *Compagnie maritime belge transports SA, Compagnie maritime belge SA e Dafra-Lines A/S c. Comissão*, C-395/96 P e C-396/96 P, EU:C:1998:518, nº 137, que se refere a "*posição eminentemente dominante*".

[1321] Geradin *et al.* (2005, p. 7).

[1322] Niels e Jenkins (2005, p. 606) aceitando que pode haver proibições *per se* a partir de certo limiar, mas que não é o caso em direito da UE em que o limiar definido é demasiado baixo. Temple Lang e Renda (2009, p. 2).

[1323] O'Donoghue e Padilla (2020, p. 255), Ortiz Blanco (2012, pp. 49 e 50). Ver também, Jones *et al.* (2019, p. 369), as autoras, porém, admitem que a posição de antigo monopolista pode substituir superdominância, a propósito de *Post Danmark I* (nº 23), onde o TJ tomou em consideração o facto de a posição dominante ter tido origem em monopólio. No mesmo sentido, Van Bael e Bellis (2010, secção 8.4).

é que uma empresa se encontra nessa posição, o que traria maior incerteza para a aplicação do art. 102º TFUE[1324]. Isto não significa que o grau de domínio não seja relevante para apreciar o efeito do comportamento no mercado, pois quanto mais forte for a posição dominante de uma empresa, maior probabilidade existe de os efeitos do seu comportamento na concorrência serem mais graves[1325].

Se um mercado se caracteriza pela escolha dos fornecedores através de leilões ou concursos (os chamados "*bidding markets*" ou "mercados voláteis ou por adjudicação"[1326]), a quota de mercado não é, normalmente, o melhor indicador de poder de mercado, pois a concorrência nestes mercados opera no momento do concurso e não depois de uma empresa ter ganhado o mesmo, e o que se torna relevante é a existência de mais do que uma empresa que pode apresentar-se ao leilão ou ao concurso de forma credível[1327]. Em mercados dinâmicos caracterizados por ciclos de inovação curtos, até as maiores empresas se encontram pressionadas para apresentar os melhores e mais inovadores produtos porque um concorrente de dimensão mais reduzida pode rapidamente ultrapassar os maiores operadores através da inovação. Esta questão foi analisada pela Comissão nos recentes casos *Google Search (Shopping)*[1328] e *Amazon (e-books)*[1329], onde apesar de se discutir que quotas de mercado muito elevadas podem ser efémeras devido à rápida inovação e aos efeitos de "*winner takes all*", a Comissão não deixou de notar as quotas muito elevadas e estáveis das empresas. Neste sentido temos o acórdão *Cisco* do TG[1330].

[1324] O'Donoghue e Padilla (2020, pp. 254 e 255).

[1325] Neste sentido, a posição do TJ no acórdão *TeliaSonera*, nºs 78 a 82.

[1326] Cfr. Orientação sobre o art. 102º, nº 13.

[1327] Coscelli e Edwards (2013, p. 359).

[1328] Decisão *Google Search (Shopping)* nº 267.

[1329] Decisão *Amazon (e-books)*, nº193.

[1330] Acórdão *Cisco Systems, Inc. e Messagenet SpA c. Comissão Europeia*, nºs 69 a 74. Vejam-se, ainda, decisões da Comissão em matéria de controlo de concentrações, que podem trazer ideias para o abuso de posição dominante, decisão da Comissão de 18 de fevereiro de 2010, *Microsoft/Yahoo!*, COMP/M.5727, nºs 112 a 130, decisão da Comissão de 11 de março de 2008, *Google/Double Click*, COMP/M.4731 (JO C 184 de 22.7.2008, p. 10-12) nºs 96 a 118, decisão da Comissão de 7 de outubro de 2011, *Microsoft/Skype*, COMP/M.6281, nºs 70 a 72.

Assim, a consideração de outros fatores inerentes ao mercado e às empresas, para além das quotas, é crucial para a determinação de uma posição dominante[1331]. Entre esses fatores encontramos as barreiras à entrada e à expansão. Na sua ausência ou quando são diminutas, uma empresa que detenha quotas de mercado elevadas, pode não estar em posição dominante devido à sua inabilidade para exercer poder sobre o preço[1332] (entendido como incluindo os diversos parâmetros da concorrência), pois um aumento do mesmo levará, seguramente, à entrada de concorrentes no mercado, atraídos pela possibilidade de fazer lucro[1333]. A política de concorrência europeia segue uma definição ampla de barreiras à entrada[1334], que inclui: barreiras jurídicas[1335]; vantagens específicas da empresa em posição dominante, tais como economias de escala e de gama, acesso privilegiado a meios de produção (como infraestruturas

[1331] Cfr. Orientação sobre o art. 102º, nº 13. Neste sentido, Geradin *et al.* (2005, p. 10).

[1332] Coscelli e Edwards (2013, p. 358).

[1333] A noção de barreiras à entrada foi introduzida por Bain como um conceito amplo: fatores que permitem que empresas estabelecidas pratiquem preços acima dos custos médios mínimos de produção e distribuição ("*minimal average costs of production and distribution*") sem que potenciais concorrentes sejam induzidos a entrar nessa indústria. Ver Bain (1968, p. 252). "*Industry*" é introduzido no sentido de "setor". Bain identificou três características de mercado que podem prejudicar a entrada de concorrentes: economias de escala (no sentido de que os custos diminuem à medida que a produção aumenta, pelo que um novo operador sempre estaria em desvantagem de custos): diferenciação do produto (no sentido de que os incumbentes podem encontrar nichos de mercado que dificultam a entrada de concorrentes); e vantagens de custo absolutas (que permitem que os incumbentes vendam os produtos a um preço inferior ao custo do novo operador). Stigler propôs uma noção mais restritiva: um custo de produção que tem de ser suportado por uma empresa que pretenda entrar numa indústria, mas que não tem de o ser pelas empresas que já se encontrem na indústria. De acordo com esta noção, barreiras baseadas na eficiência, como as economias de escala, que as empresas a operar no mercado também tiveram de suportar, não seriam consideradas para efeito de avaliação. Ver Niels *et al.* (2016, p. 108).

[1334] Próxima de Bain. Monti (2006, p. 35).

[1335] Decisão da Comissão de 2 de outubro de 2017, *Transporte Ferroviário do Báltico (Baltic Rail)*, AT.39813 (JO C 383 de 14.11.2017, p. 7-8), nºs 162 a 167, acórdão do Tribunal de Justiça (Sexta Secção) de 4 de maio de 1988, *Corinne Bodson contra SA Pompes funèbres des régions libérées*,30/87, EU:C:1988:225, nº 35.

essenciais[1336]) ou recursos naturais essenciais[1337], tecnologias importantes[1338] (eventualmente com proteção de direitos de propriedade intelectual[1339]), rede estabelecida de distribuição e venda, conhecimento especial do mercado[1340], superior poder financeiro[1341]; bem como custos e outros entraves, resultantes designadamente de efeitos de rede[1342], com que se deparam os clientes ao mudarem para um novo fornecedor; ou mesmo o próprio comportamento da empresa em posição dominante (por exemplo, investimentos significativos que os concorrentes ou as novas empresas têm de igualar – custos irrecuperáveis[1343] – ou contratos de longo prazo com clientes que têm efeitos sensíveis de encerramento do mercado)[1344]. Hoje em dia, discute-se muito acerca de barreiras à entrada de "informação", no sentido de que a detenção de certo tipo de informação é necessária para a operação em determinados mercados,

[1336] Decisão da Comissão de 13 de dezembro de 1994, *ACI- Chanel Tunnel*, IV/32.490 (JO L 354 de 31.12.1994, p. 66-74), p. 28; decisão da Comissão de 21 de setembro de 1994, *European Night Services*, IV/34.600 (JO L 259 de 7.10.1994, p. 20-26), p. 20; decisão da Comissão de 16 de janeiro de 1991, *Ijsselcentrale*, IV/32.732 (JO L 28 de 2.2.1991, p. 32-46), p. 32.

[1337] Acórdão *Commercial Solvents*, n. 25.

[1338] A tecnologia superior não seria considerada uma barreira à entrada de acordo com Stigler. Contudo, parece ter sido tida em conta em *United Brands*, nºs 82 a 84.

[1339] Constituem vantagens, havendo quem os apelide de barreiras à entrada absolutas (Niels *et al.* (2016, p. 108)). Contudo, não devem constituir barreiras à entrada sem mais, nem a empresa que os detenha deve ser considerada como estando em posição dominante por esse motivo, porque um concorrente pode sempre inovar e contornar a existência desses direitos. Ver acórdão *Magill*, nº 46; acórdão do TJ de 18 de fevereiro de 1971, *Sirena Srl contra Eda Srl e outros*, 40/70, EU:C:1971:18, nº 16; acórdão do TJ de 16 de julho de 2015, *Huawei Technologies Co. Ltd c. ZTE Corp. e ZTE Deutschland GmbH*, C-170/13, EU:C:2015:477, nºs 44 a 71. Ver, também, decisão *Motorola*, nºs 74 a 89. Neste sentido, O'Donoghue e Padilla (2020, p. 202).

[1340] Acórdão *United Brands*, nºs 70-84 e 122. Ver também acórdão *Michelin II* nºs 183-184; decisão *Hilti*, nº 65, p. 19, nº 69; decisão da Comissão de 20 de junho de 2001, *Michelin II*, nºs 191-195; e decisão da Comissão de 4 de julho de 2007, *Telefónica*, nº 255. Nestes casos, só se considerou integração vertical como uma barreira à entrada quando a vantagem era clara (tipicamente em situações em que havia acesso exclusivo ou privilegiado a matérias-primas essenciais ou infraestruturas, ou controlo de rede de distribuição necessária).

[1341] Usual em casos de preços predatórios. Ver, Jones e Lovdahl Gormsen (2013, p. 427).

[1342] Niels *et al.* (2016, p. 113), Moura e Silva (2010b, pp. 447 a 454), Economides (1996, p. 673), Katz e Shapiro (1994, pp. 93, 94). Ver também, acórdão *Microsoft I*, nº 558.

[1343] Acórdão *United Brands*, nº 122.

[1344] Acórdão *Hoffman-La Roche*, nº 48.

especialmente os mercados digitais, em que certas empresas controlam grandes quantidades de dados ("*big data*") necessários à prestação dos serviços[1345]. É crucial que essas barreiras à entrada sejam tempestivas, prováveis e suficientes para justificar o poder de mercado da empresa ou das empresas instaladas[1346].

A existência de barreiras à entrada parece ser tida como uma condição necessária, mas não suficiente, para considerar uma empresa em posição dominante. De facto, alguns dos fatores acima descritos podem corresponder à existência de concorrência pelo mérito e é necessário ter em conta que não devem ser prejudicadas as empresas genuinamente competitivas e bem-sucedidas por serem confundidas com empresas em posição dominante com poder de mercado. É necessário que as vantagens competitivas sejam efetivamente únicas, para que não seja possível os rivais concorrerem e desafiarem a empresa a competir pelos mais basilares parâmetros de concorrência, como preço, qualidade e inovação[1347].

Outro elemento a ter em conta para a determinação da existência de uma posição dominante é o poder negocial dos compradores, pois onde este existe, ainda que uma empresa detenha quotas de mercado elevadas, não lhe será possível exercer poder sobre o preço em relação aos seus clientes. Este elemento, contudo, não será suficiente para excluir uma posição dominante, dado que depende da verificação da existência de concorrentes atuais ou potenciais (e baixas barreiras à entrada) que possam ser incentivados pelos compradores[1348].

Assim, apesar de uma quota de mercado elevada detida durante um longo período de tempo poder levar à consideração de uma posição

[1345] Por exemplo, o caso *Google Search (Shopping)*, no qual a Comissão reconheceu a relevância dos dados. Sobre o tema ver, por exemplo, Autorité de la Concurrence e Bundeskartellamt (2016, pp. 3 a 52), OCDE (2016, pp. 9 a 14), Sokol e Comerford (2016, p. 5), Stucke e Grunes (2015, pp. 7 e 8), Geradin e Kuschewsky (2013, pp. 1 a 16).

[1346] Orientação sobre o art. 102º, ponto 17. Ver também, *Linhas de Orientação para a Análise Económica de Operações de Concentração Horizontais* da AdC, pp. 102-105. Sobre barreiras à entrada ver O'Donoghue e Padilla (2020, pp. 197-215), Jones *et al.* (2019, pp. 343 a 354), De la Mano *et al.* (2014, pp. 368 a 377), Coscelli e Edwards (2013, p. 363 a 368) e Geradin *et al.* (2005, pp. 14 a 21).

[1347] Dethmers e Blondeel (2017, p. 154).

[1348] Monti (2006, p. 37).

dominante[1349], não devemos entender que a jurisprudência e a prática decisória estabelecem uma presunção difícil de ilidir. Havendo prova de ausência de poder de mercado (como poucas barreiras à entrada, poder negocial da procura, características de contestabilidade dos mercados) a presunção pode ser afastada[1350].

6.3. Conceito de abuso: conceito objetivo, especial responsabilidade e nexo de causalidade

O conceito de abuso não se encontra previsto na lei[1351]. Inicialmente, os autores dos Tratados teriam o seu foco em abusos de exploração, como preços excessivos e condições comerciais injustas[1352]. A ausência de clareza na redação da norma deu origem a uma controvérsia no sentido de saber se o art. 102º continha uma noção restritiva de abuso, proibindo apenas os abusos de exploração, ou se, pelo contrário, aquele conceito era amplo e se encontravam igualmente proibidos os abusos de exclusão[1353]. A controvérsia teve fim em *Continental Can*, onde o TJ considerou que o conceito de abuso não inclui apenas as "*práticas suscetíveis de causar um prejuízo imediato aos consumidores, mas também [a]quelas que lhes causam prejuízo por impedirem uma estrutura de concorrência efetiva*"[1354]. Em *Hoffman-La Roche*, o TJ alargou o conceito afirmando que "*noção de exploração abusiva é uma noção objetiva que abrange os comportamentos de uma empresa em posição dominante suscetíveis de influenciar a estrutura de um mercado no qual, precisamente na sequência da presença da empresa em questão, o grau de concorrência já está enfraquecido e que têm como consequência impedir, através de meios diferentes daqueles que regem uma competição normal de produtos ou serviços com base em prestações dos operadores económicos, a manutenção do grau de concorrência ainda existente no mercado ou o desenvolvimento desta concorrência*"[1355]. Esta solução foi confirmada em *Michelin I*, onde o TJ acrescentou que, embora não houvesse qualquer censura a uma empresa em posição

[1349] Ver jurisprudência citada supra em 1308.

[1350] Coscelli e Edwards (2013, p. 361).

[1351] Kokkoris (2009, p. 19).

[1352] Parcu *et al.* (2017, p. 2), Akman (2012, p. 21).

[1353] Joliet defendia a primeira visão e Mestmäcker a segunda. Ver, Joliet (1970, p. 131). Ver, ainda, Schweitzer (2008, pp. 138 e 139).

[1354] Nº 26.

[1355] Nº 91.

dominante, essa mesma posição impunha-lhe uma "*responsabilidade especial de não atentar, pelo seu comportamento, contra uma concorrência efetiva e não falseada no mercado comum*"[1356]. Foi só em *Post Danmark I* que o TJ introduziu a clarificação de que as normas de concorrência não têm o objetivo de proteger concorrentes menos eficientes e que faz parte do conceito de abuso impedir a concorrência existente no mercado em prejuízo dos consumidores[1357].

Vários autores criticam a forma ampla e nem sempre coerente como o TJ tem mantido a definição de abuso[1358]. Na verdade, parece que o Tribunal não tem procurado apresentar uma noção global e absoluta de abuso, que sirva todos os casos. Pelo contrário, o TJ, tem principalmente procurado encontrar a solução que melhor se adequa a cada caso concreto de forma pragmática[1359] e tem privilegiado uma abordagem de pequenos passos[1360]. De facto, muitas das ideias desenvolvidas ao abrigo do art. 102º TFUE têm por base o pressuposto de as práticas artificialmente diminuírem ou restringirem a inerente incerteza do processo de concorrência, na medida em que coartam a liberdade dos compradores, diretamente, ou excluem empresas do mercado, limitando as escolhas daqueles. No entanto, numa série de acórdãos recentes, o TJ foi clarificando o conceito de abuso. Nomeadamente, tem vindo a esclarecer que nem toda a conduta de exclusão é abusiva, o que significa que o processo de concorrência pelo mérito pode levar à exclusão de concorrentes menos eficientes[1361], e que os efeitos de exclusão não podem ser meramente hipotéticos, mas sim, atuais ou prováveis[1362] e baseados numa avaliação de todas as circunstâncias[1363]. A este respeito, são relevantes os seguintes fatores: extensão da posição dominante[1364], parte do mercado

[1356] Acórdão *Michelin* I, C-322/81, nº 57.

[1357] Acórdão *Post Danmark I*, nºs 21 e 24.

[1358] Art e Ibañez Colomo (2010, p. 104), Waelbroek (2010, p. 116).

[1359] Temple Lang e O'Donoghue (2002, p. 84), Nazzini (2013, p. 477).

[1360] Monti (2017, p. 43).

[1361] Acórdãos *Intel* do TJ, nº 134, e *Post Danmark I*, nºs 22 e 25, *TeliaSonera*, nº 67.

[1362] Acórdão *Tomra*, nº 18.

[1363] Acórdão *Post Danmark II*, nº 69.

[1364] Acórdão *Intel* do TJ, nº 139.

coberta pela prática[1365], sua duração e suas condições e termos, a existência de uma estratégia de exclusão[1366], e mesmo o teste AEC, se tal foi importante para a avaliação da Comissão[1367].

Apesar de ainda subsistir alguma divergência sobre a noção de abuso de posição dominante, podemos admitir, como alguns autores, que o conceito de abuso se encontra relacionado com o comportamento das empresas capaz de influenciar negativamente o grau de concorrência no mercado através de métodos diferentes daqueles que resultam de uma concorrência normal (concorrência pelo mérito[1368], i.e. a situação em que a empresa detém uma parte substancial do mercado em resultado de um comportamento eficiente em termos de produto, serviço, comercialização e distribuição[1369]) em prejuízo do consumidor.

O que tem sido comum à noção de abuso é a ênfase do direito da concorrência da UE na condição de especial responsabilidade da empresa em posição dominante de não prejudicar uma concorrência efetiva[1370].

Este elemento da especial responsabilidade de uma empresa em posição dominante tem sido criticado[1371] porque, embora o TJ aceite que uma empresa em posição dominante pode concorrer vigorosamente[1372], a obrigação de especial responsabilidade em relação ao processo competitivo imposta às empresas em posição dominante acaba por demonstrar uma tendência para a proteção de concorrentes mais fracos e menos eficientes, pois dificulta a consideração de razões de eficiência[1373] e prejudica a distinção entre concorrência legítima de ilegítima[1374] (o aumento de quota de mercado pode ser devido a inovação, melhor qualidade ou

1365 *Idem*. Cfr. Contudo, ver acórdão *Post Danmark II*, nº 74 onde o TJ considerou que a restrição não tinha de ter caráter sensível.

1366 *Idem*.

1367 Acórdão *Intel* do TJ, nºs 143 e 144.

1368 Dethmers e Blondeel (2017, p. 150).

1369 Etro e Kokkoris (2010b, p. 23).

1370 Acórdãos *Michelin I*, nº 57, *Michelin II*, nº 97, *Tetra Pak I*, T-51/89. Mais recentemente, acórdãos *Microsoft*, nº 775, *Deutsche Telekom* do TJ, nº 176, *TeliaSonera*, nº 24, *Intel* do TJ, nº 135.

1371 Marco Colino (2019, p. 336).

1372 Acórdão *Hoffmann-La Roche*, nºs 47 a 49.

1373 Oliveira Pais (2011a, p. 480), Nicolaides (2000, p. 18 e 19).

1374 Jones *et al.* (2019, p. 371).

preços baixos). O TG respondeu a esta questão em *Atlantic Container Lines*, esclarecendo que "especial responsabilidade" apenas significa que alguma conduta da empresa em posição dominante pode ser um abuso, ainda que a mesma conduta, quando exercida por empresas não dominantes, seja perfeitamente legítima[1375].

Em *Hoffmann-La Roche*[1376], o TJ ainda acrescentou que o abuso é um conceito objetivo, que não depende da existência de intenção por parte da empresa em posição dominante[1377]. No entanto, a intenção pode ser relevante para provar a existência de abuso no caso de preços predatórios[1378]. A dualidade de critérios levou a críticas da doutrina[1379]. Outros autores argumentam, ainda, que a intenção nunca deveria funcionar como teste de abuso, porque qualquer empresa tem intenção de ganhar quota de mercado à custa dos rivais[1380]. Em relação a esta conclusão chama-se à colação o acórdão *Post Danmark II*, onde o TJ concluiu que não havia limiar *de minimis* para abusos[1381].

Por fim, a jurisprudência tem sido constante no sentido de que não é necessário verificar-se um nexo de causalidade entre a posição dominante e o abuso, pelo que o mercado onde se verifica o abuso não precisa de ser aquele onde a empresa detém a posição dominante[1382]. Mais uma vez, esta posição mereceu a crítica de parte da doutrina, que defende

[1375] Acórdão *Atlantic Container Lines* T-191/98, T-212/98 a T-214/98, nº 1460. Ver também Conclusões da AG Kokott em *British Airways*, nº 23. Neste sentido, Schweitzer (2008b, p. 141).

[1376] Nº 91.

[1377] Parcu *et al.* (2017, p. 6).

[1378] Ver acórdão *AKZO*, nº 71, mostrando que a intenção tem relevo para preços predatórios, e nº 20 da Orientação sobre o art. 102º. Ver, contudo, acórdão *Tomra*, nºs 16 a 28, onde o TJ considerou que a intenção pode ser um elemento a ter em conta, mantendo o conceito objetivo. Ver, também, O'Grady (2014, p. 486) que defende a importância da intenção para distinguir preços baixos pró e anticoncorrenciais.

[1379] Van Bael e Bellis (2010, secção 8.3). Para uma crítica da figura da intenção, ver Akman (2014b, pp. 316 a 337).

[1380] Art e Ibañez Colomo (2010, p. 104).

[1381] Acórdão *Post Danmark II*, nº 73. Ver, também, acórdão *Intel* do TG, nºs 116-119. Monti (2017, p. 48) defende que, tendo em conta que existe limiar *de minimis* para alguns casos de art. 101º TFUE, a jurisprudência e a prática decisória seriam mais coerentes se aceitassem, de igual forma, tal limiar para o art. 102º.

[1382] Acórdãos *Tetra Pak I*, nº 25 e *Tetra Pak II*, nºs 23 a 28.

que é necessário verificar-se alguma conexão entre a posição dominante e o abuso[1383], pois o contrário alargaria o âmbito de aplicação da norma e equivaleria a punir a empresa em posição dominante pelo simples facto de se encontrar nessa posição[1384]. Contudo, esse nexo de causalidade não necessita de ser estreito, bastando um certo vínculo, como os mercados serem verticalmente relacionados[1385], assessórios[1386], associados ou adjacentes[1387].

A incerteza em torno do conceito de abuso tem sido criticada por diversos autores pela latitude de movimentos que atribui à Comissão[1388] e pela falta de segurança jurídica que imprime às empresas. Esta incerteza causa maior desconforto se tivermos em conta a magnitude dos poderes da Comissão para adotar medidas de correção.

6.3.1. Tipos de abuso, testes de abuso e justificação objetiva

a) Art. 102º: uma norma sem fronteiras

O segundo parágrafo do art. 102º TFUE apresenta uma lista de abusos de posição dominante. Contudo, essa lista não é exaustiva e as formas de abuso não se encontram tipificadas, havendo, portanto, lugar para a aceitação de novas formas de abuso, como, por exemplo, o caso *Transporte Ferroviário do Báltico*, onde a empresa responsável pela infraestrutura ferroviária no país, mas verticalmente integrada e ativa no transporte ferroviário de mercadorias, removeu uma parte da infraestrutura de caminho de ferro para tornar mais difícil o acesso de um concorrente às instalações de um cliente importante[1389]. Outro caso notório pela capacidade de estender o conceito de abuso, embora não tenha sido prosseguido pela Comissão Europeia, mas sim pelo *Bundeskartellamt* ale-

[1383] Rousseva (2010, p. 78). Nazzini (2011, p. 393) advoga no sentido da necessidade de existir um nexo de causalidade.

[1384] Lianos *et al.* (2019, 898 a 905), O'Donoghue e Padilla (2020, p. 318), Oliveira Pais (2011a, pp. 480 a 482), Rousseva (2010, p. 74).

[1385] Acórdão *Commercial Solvents*, nºs 36 a 41.

[1386] Acórdão do TJ de 3 de outubro de 1985, *SA Centre belge d'études de marché - télémarketing (CBEM) c. SA Compagnie luxembourgeoise de télédiffusion (CLT) e SA Information publicité Benelux (IPB)*, Processo 311/84, EU:C:1985:394, nº 26.

[1387] Acórdãos *Tetra Pak I*, nº 25, *Tetra Pak II*, nºs 23 a 28, *Microsoft* do TG, nº 1344.

[1388] Van Bael e Bellis (2010, secção 8.2).

[1389] Decisão da Comissão *Transporte Ferroviário do Báltico*.

mão, é o processo movido contra a empresa *Facebook* por abuso de posição dominante no mercado alemão de redes sociais. A autoridade alemã acusa a empresa *Facebook* de condicionar o uso da sua rede social à autorização ilimitada de recolha de todos e quaisquer dados gerados pelo uso de sítios de terceiros e fundi-los com a conta de *Facebook* dos utilizadores. O abuso de posição dominante encontra-se, de acordo com a referida autoridade, no facto de a empresa *Facebook* violar as regras de proteção de dados num mercado onde os dados são cruciais para o processo competitivo, já que, para além de providenciar um serviço gratuito aos utilizadores da rede social, a empresa também comercializa espaço publicitário[1390].

Podemos agrupar os abusos de posição dominante em diversas categorias. Em primeiro lugar, uma dicotomia típica é a distinção entre abusos de exclusão, primeiramente dirigidos a impedir uma concorrência efetiva no mercado, mas que acabam por ter indiretamente um efeito no consumidor[1391], e de exploração, direcionados aos clientes, compradores ou consumidores.

Vários autores se referem a outras categorias de abuso, como os abusos de discriminação (incluindo a discriminação entre clientes da empresa em posição dominante, quando leve à distorção da concorrência, a discriminação geográfica de preço e a discriminação em razão da nacionalidade)[1392] ou os abusos de mercado único (discriminação geográfica de preços[1393]). A razão de ser destas distinções prende-se com o facto de alguns abusos baseados na discriminação de preços poderem ser abrangidos por abusos de exclusão ou exploração, mas tal poder não ocorrer em relação àqueles que se referem à repartição geográfica do mercado ou distorção da concorrência num mercado a jusante ou a montante no qual a empresa não se encontra ativa[1394]. Ainda podemos distinguir entre abusos da estrutura de mercado, onde a empresa em

[1390] Ver comunicado de imprensa do Bundeskartellamt de 7 de fevereiro de 2019, disponível em https://www.bundeskartellamt.de/SharedDocs/Meldung/EN/Pressemitteilungen/2019/07_02_2019_Facebook.html.

[1391] Lyons (2007, p. 5). Parece ter sido esta a posição do TJ em *Post Danmark I*, nº 20.

[1392] De la Mano *et al.* (2014, p. 525 e ss).

[1393] Whish e Bailey (2018, pp. 783 e 784).

[1394] Por exemplo, o acórdão do TJ de 29 de março de 2001, *República Portuguesa contra Comissão das Comunidades Europeias*, C-163/99, EU:C:2001:189, no qual foram aplicados os arts.

posição dominante usa o seu poder de mercado no próprio mercado em causa, e abusos de alavancagem, onde a empresa dominante utiliza essa posição para ganhar vantagem num outro mercado[1395]. Também já foi avançada a noção de abusos de represália (como a ameaça de recusa de venda), que se destinam a disciplinar ou punir outras empresas[1396]. Note-se que estas categorias não se excluem entre si[1397].

Por fim, tendo em conta que o preço é uma dimensão fundamental do processo de concorrência, podemos ter abusos relacionados com o preço e não relacionados com o preço, mas sim com a quantidade ou a qualidade dos bens ou serviços. Esta distinção é mais recente do que a dicotomia exploração/exclusão, tendo sido introduzida pela Orientação da Comissão sobre o art. 102º[1398], mas já adotada pelo TJ[1399]. A introdução desta distinção foi criticada por Lianos, Korah e Siciliani por radicar numa diferença de tratamento entre os dois tipos de abuso, sendo os relacionados com o preço tratados de forma mais favorável. De facto, é, normalmente, a estes que se aplicam os testes custo/preço (como o teste AEC). De acordo com os autores, isto significa que, ainda que a conduta tenha caráter de exclusão e possa prejudicar consumidores nos restantes parâmetros, escapa à proibição do art. 102º se o concorrente não for tão eficiente quanto a empresa em posição dominante, criando uma espécie de *safe-harbour*[1400]. Não estamos de acordo com esta opinião. A diferença entre abusos baseados no preço ou não baseados no preço assenta numa observação: a prática relaciona-se ou não se relaciona com o preço?[1401] Efetivamente, o art. 102º TFUE não proíbe a posição dominante. Isto significa que uma empresa em posição dominante pode ser comercialmente agressiva – até beneficiando os consumidores – desde que mante-

102º e 106º, 2, TFUE a um esquema de descontos de quantidade que, de facto, beneficiava as duas companhias aéreas domésticas.

1395 Marcos (2017, p. 340), O'Donoghue e Padilla (2013, pp. 250 a 256). Ver decisão da Comissão *Google Search (Shopping)*, nº 649.

1396 Temple Lang (2016, p. 13), Temple Lang (1979a, p. 363 e 364).

1397 Jones *et al.* (2019, p. 362).

1398 Nºs 23 a 27.

1399 Acórdão *Post Danmark I*, nºs 20 a 22 e 25.

1400 Lianos *et al.* (2019, pp. 889 a 892). Ver também a crítica à prática europeia em Temple Lang e O'Donoghue (2001, p. 159).

1401 Orientação sobre o art. 102º, nºs 6 e 7.

nha uma concorrência pelo mérito, podendo ser usado o teste AEC para o determinar.

Conclui-se, assim, que o conceito de abuso é expansivo por natureza e a Comissão tende a expandi-lo[1402].

b) A dificuldade em encontrar um teste geral de abuso

Distinguir conduta anticoncorrencial de conduta legítima pode não ser evidente. De facto, pode haver uma gradação de condutas mais ou menos restritivas, e a expressão "concorrência pelo mérito" não estabelece uma clara linha divisória[1403]. Esta questão encontra-se profundamente relacionada com a discussão dos objetivos do art. 102º TFUE, no capítulo 3.1.2. Para alguns autores, o que distingue as práticas é saber se o consumidor foi prejudicado[1404], para outros está em causa o prejuízo para o processo de concorrência, que leva ao prejuízo para o consumidor[1405] (ver 3.1.2.f).

Com o intuito de garantir maior previsibilidade, a jurisprudência desenvolveu princípios (testes) para determinar a existência de abusos[1406]. Porém, a doutrina diverge quanto aos testes a aplicar a cada tipo de abuso e não existe, até agora, um teste totalmente satisfatório capaz de se aplicar de forma genérica a todos os tipos de abuso[1407].

Os principais testes desenvolvidos para avaliar abusos de posição dominante e distingui-los de concorrência pelo mérito são os seguintes: sacrifício do lucro, falta de sentido económico, aumento do custo dos rivais, teste AEC (que determina se a conduta é lícita ou ilícita dependendo do seu impacto na possibilidade e no incentivo de concorrentes igualmente eficientes concorrerem)[1408] ou prejuízo para o consumidor. O quarto tem sido usado na jurisprudência em abusos relacionados com

[1402] Ibañez Colomo (2018c, p. 175).

[1403] Jones *et al.* (2019, p. 373), O'Donoghue e Padilla (2013, p. 218). Também "métodos normais de concorrência" Moura e Silva (2010, p. 274).

[1404] De la Mano *et al.* (2014, p. 392).

[1405] Marco Colino (2019, p. 2), Monti (2017, p. 50).

[1406] Nazzini (2017, p. 293), Bordalo Junqueiro (2012, pp. 103 a 105).

[1407] Elhauge (2003-2004, p. 342).

[1408] Ibañez Colomo (2018c, p. 155).

o preço (preços predatórios[1409], preços seletivamente baixos[1410], compressão de margem[1411] e descontos[1412]). Porém, o teste AEC tem sido alvo de críticas (ver, por exemplo, Lianos *et al* acima) e, por este motivo, ainda não foi considerado como condição necessária ou suficiente para a determinação de um abuso[1413]. Vários autores apontam o facto de poder não ser adequado a abusos de exclusão não baseados no preço. Vickers chama a atenção para o facto de os concorrentes menos eficientes que a empresa em posição dominante também desempenharem um papel relevante para a concorrência e o consumidor, já que exercem pressão estática (sobre os preços) e podem exercer pressão dinâmica (quando, por exemplo, são novos rivais e ainda não tiveram tempo de alcançar eficiência suficiente)[1414]. Waelbroek critica o teste afirmando que no momento em que o mesmo se realiza não se pode garantir que os concorrentes venham a ser tão eficientes[1415]. Outros autores notam a dificuldade na utilização do teste, nomeadamente, os custos a ter em conta[1416]. A estas críticas podem contrapor-se posições positivas. Esteva Mosso, por exemplo, defende que o teste AEC pode ser usado como um "*safe harbour*" em abusos relacionados com o preço: se a prática da empresa em posição dominante não impedir um concorrente igualmente eficiente de concorrer eficazmente, então, esta prática não é suscetível de ter um impacto adverso nos consumidores, não se justificando, assim, intervenção das autoridades[1417].

[1409] Acórdão *Akzo*, nº 72, acórdão *France Télécom*, C-202/07 P, nº 106.

[1410] Acórdão *Post Danmark I*, nº 25.

[1411] Acórdãos *Deutsche Telekom* do TJ, nº 177.

[1412] Acórdão *Intel* do TJ, nºs 133, 139, 142 e 143. O uso foi admitido pelo TJ. Marco Colino (2019, p. 385), Déchamps e Niels (2018, p. 130).

[1413] Acórdão *Post Danmark II*, C-23/14, nº 61. No mesmo sentido, De la Mano *et al.* (2014, p. 391), Wils (2014, pp. 409, 428 a 432), este último muito crítico da sua utilização para descontos de exclusividade defendendo que o teste AEC é um teste de prioridade e não de legalidade.

[1414] Vickers (2005, p. 249 e 250).

[1415] Waelbroek (2010, p. 123).

[1416] Sendo que a maioria da doutrina concorda em que se deve utilizar os custos da empresa em posição dominante, por uma questão de segurança jurídica, já que a empresa não tem forma de conhecer os custos dos concorrentes.

[1417] Esteva Mosso (2010, p. 211).

O teste do prejuízo do consumidor implica realizar um balanço entre efeitos pró e anticompetitivos[1418], o que, apesar de poder levar a resultados mais exatos, não deixa de estar envolto em dificuldades[1419]. Este teste pode ser, porém, adequado aos abusos de exploração, já que este tipo de abusos prejudica os consumidores por natureza através da deterioração dos principais parâmetros de concorrência (preço, quantidade, qualidade, variedade e inovação)[1420].

Os restantes testes também não se adequam a qualquer tipo de abuso. O sacrifício do lucro a curto prazo com o objetivo de recuperar no futuro através da prática de preços mais elevados (que pode ser utilizado em casos de preços predatórios ou recusas de fornecimento) não é sensível a sacrifícios de lucro pró competitivos, como o investimento, e não se adequa a abusos que não impliquem um custo (como as vendas subordinadas)[1421]. O teste da falta de sentido económico da conduta, a menos que estejamos perante um abuso de exclusão, tem a desvantagem de não se aplicar só a comportamento abusivo, mas também racional[1422].

O teste do aumento dos custos dos rivais tem a vantagem de demonstrar que a conduta pode ser abusiva, ainda que não se elimine totalmente a concorrência, mas, por um lado, torna os abusos menos "detetáveis" e, por outro, não distingue situações pró concorrenciais, como o aumento dos custos dos rivais através da inovação[1423].

Nazzini defende a aplicação de vários testes consoante o tipo de abuso (intenção, AEC e prejuízo para o consumidor). O teste da intenção será o mais abrangente e inclui o teste do abuso direto ("*naked abuse*"), que proíbe a conduta que tem como único ou predominante objetivo prejudicar a concorrência, sem ser necessário demonstrar prejuízo para o con-

[1418] Jones *et al.* (2019, p. 375), Ibañez Colomo (2018c, p. 155).

[1419] O'Donoghue e Padilla (2013, p. 237).

[1420] De la Mano *et al.* (2014, p. 390), Nazzini (2011, p. 276).

[1421] Melamed (2006, p. 412) defende o uso deste teste de forma generalizada. Salop (2006, p. 374). O autor critica o uso deste teste como um "standard" mas admite que possa ser utilizado como mais um elemento.

[1422] Werden (2006b, p. 413 a 433) defendendo o uso deste teste. Wood (1999, p. 98) chama a atenção para o facto de o teste levar a que seja necessário realizar uma análise económica das eficiências.

[1423] De la Mano *et al.* (2014, pp. 389 e 390).

sumidor[1424]. O autor, no entanto, defende que o teste de abuso por defeito deve ser o teste do prejuízo do consumidor, através do qual é necessário provar efeitos[1425], e acrescenta que apesar de os testes de intenção e AEC não requererem sempre prova do prejuízo do consumidor (preços predatórios, abuso direto, vendas subordinadas) incluem sempre um elemento de prejuízo sob a forma de manutenção, reforço ou aquisição de poder de mercado[1426]. Na mesma linha, Salop defende um teste do bem-estar do consumidor ou prejuízo para o consumidor (diferente do teste AEC), através do qual se realiza uma comparação dos benefícios e aspetos negativos da prática[1427], o que se encontra profundamente relacionado com a justificação objetiva e pode originar problemas de aplicação e maior risco de erro[1428]. Elhauge apresentou, ainda, um teste que compara se a conduta contribuiu para aumentar a eficiência da empresa em posição dominante, ou se, simplesmente, causou um prejuízo à eficiência do concorrente, caso em que a conduta seria proibida[1429]. Este teste tem a vantagem de proteger as condutas que assentam no investimento[1430], contudo, sempre ficaria dependente de determinar se a conduta seria eficiente[1431].

Parece-nos evidente que não existe um único teste capaz de ser aplicado a todos os tipos de abuso de posição dominante. Uma vez que a consideração do teste de abuso não é fundamental para o nosso estudo (porque analisamos as medidas corretivas partindo do tipo de abuso de posição dominante sem colocar em causa a decisão de considerar a conduta abusiva ou os seus fundamentos), fizemos aqui uma brevíssima análise crítica e levantaremos outras questões a propósito dos tipos de abuso.

[1424] Nazzini (2011, p. 188) baseado na Orientação sobre o art. 102º, nº 22. Ver decisão *Intel*, nºs 1643 a 1683, onde a Comissão utilizou este conceito.

[1425] Não esqueçamos que o autor defende que o art. 102º TFUE protege o bem-estar social, mas que o bem-estar do consumidor é uma boa aproximação e um teste mais facilmente (ou menos dificilmente) aplicável.

[1426] Nazzini (2011, pp. 219, 220, 255 e 284 a 286).

[1427] Salop (2006, pp. 329 a 341). O autor escreve a propósito da Section 2 do Sherman Act o que pode justificar a falta de adequação ao direito da UE.

[1428] O'Donoghue e Padilla (2013, p. 237).

[1429] Elhauge (2003-2004, p. 315 a 330).

[1430] *Idem*, 315.

[1431] Jones *et al.* (2019, p. 375).

c) A possibilidade teórica de apresentar uma justificação objetiva

O art. 102º TFUE não prevê uma norma como a do tipo do nº 3 do art. 101º TFUE, que permita evitar a proibição do nº 1 do mesmo artigo. Nos primeiros acórdãos do TJ, podia parecer que o único motivo capaz de justificar um abuso seria uma situação de força maior (como a escassez do bem a fornecer no caso de recusa de fornecimento) ou causas externas, que tornassem o comportamento indispensável[1432]. Nas últimas décadas, porém, especialmente a partir de *British Airways*[1433], a jurisprudência e a prática da Comissão têm, consistentemente, admitido que uma empresa em posição dominante pode apresentar uma justificação objetiva da sua prática[1434], proporcionada e baseada quer no racional pró-competitivo da referida prática[1435], quer nos ganhos de eficiência alcançados com a mesma[1436]. *Post Danmark I* clarificou os conceitos de necessidade objetiva[1437] e eficiências[1438], dando-lhes um tratamento muito próximo do nº 3 do art. 101º TFUE[1439], levando a que parte da doutrina tenha considerado que o tribunal estava a incluir uma regra do tipo nº 3 do art. 101º TFUE no art. 102º[1440-1441]. Consideramos que o TJ

[1432] Acórdão *BPB Industries*, nº 94, *Sot Lélos*, nº 77. Neste sentido, Monti (2017, p. 49), Mertikopoulou (2014, p. 10).

[1433] Acórdão *British Airways* do TJ, nº 86.

[1434] Moura e Silva (2018, p. 1141), Faella (2016, p. 33), Frenz (2016, p. 658).

[1435] Acórdãos *Michelin II*, nºs 98 a 110, e *Microsoft*, nºs 1114 e ss.

[1436] Acórdãos *TeliaSonera*, nº 76, *Post Danmark I*, nºs 40 a 43 e *Post Danmark II*, nºs 47 a 49.

[1437] Acórdão *Post Danmark I*, nº 41. A necessidade objetiva deve ser observada com base em fatores externos e assente em, por exemplo, razões de saúde ou segurança relacionadas com o produto. Ver Orientação sobre o art. 102º, nº 29, e acórdãos *Hilti* do TPI, nºs 118 e 119, *Tetra Pak II*, T 83/91, nºs 136 e 207, e *British Airways* do TJ, nºs 69 e 86. Não são apresentados outros exemplos e a forma como é apresentada, mantendo que não compete à empresa decidir se o produto causa perigo para a saúde ou segurança públicas, leva a que a justificação não tenha grande sucesso. Neste sentido, Jones *et al.* (2019, p. 384).

[1438] Acórdão *Post Danmark I*, C-209/10, nº 42, seguindo a Orientação sobre o art. 102º, nºs 28 a 30, onde o TJ consagrou quatro requisitos: os ganhos de eficiência devem ser prováveis, o comportamento é indispensável para a sua concretização, o efeito negativo sobre a concorrência e o bem-estar do consumidor são compensados e não é eliminada a concorrência efetiva.

[1439] Monti (2017, p. 49), Rousseva e Marquis (2013, p. 48).

[1440] Waelbroek (2010, p. 121).

[1441] Outros criticam esta ideia não tanto pela importação do conceito de eficiências para a análise de práticas unilaterais, mas principalmente pelo momento em que se realiza essa análise. Peeperkorn (2016, p. 407), Bellis e Kasten (2010, p. 131).

não limitou a justificação objetiva a estes dois motivos, pelo que podemos considerar válidos outros tipos de justificação já apresentados pela jurisprudência anterior, como a proteção dos interesses comerciais[1442] ou a necessidade de ir ao encontro da concorrência[1443].

Apesar disso, a consideração da justificação objetiva e de eficiências em particular tem sido mais teórica do que prática[1444] devido à exigência dos seus requisitos[1445] e ao nível de prova requerido (a empresa deve demonstrar, com um grau de probabilidade suficiente e com base em provas verificáveis[1446]), que contrasta com o nível de prova exigido para demonstrar alguns abusos e faz, mais uma vez, o paralelismo com o nº 3 do art. 101º, olvidando a distinta redação do art. 102º[1447]. Por exemplo, no acórdão *Intel*, o TG, embora tenha admitido a possibilidade de a empresa apresentar uma justificação objetiva, acrescentou que tal ocorreria em circunstâncias excecionais[1448]. No entanto, o TJ, no mesmo caso *Intel* em recurso do acórdão do TG, parece ter dado mais fôlego à consideração de justificação objetiva e de eficiências na defesa em casos de abuso de posição dominante, quando afirmou que a consideração de todas as circunstâncias do caso relevava não apenas para avaliar a probabilidade dos efeitos de exclusão, mas também, para determinar se a conduta abusiva poderia ser justificada, entre outros, através da demonstração de eficiências capazes de contrabalançar os efeitos negativos, tendo havido quem esperasse que se desse mais relevância à justificação objetiva e à consideração de eficiências[1449]. Porém, no caso *Google Search (Shopping)*, a Comissão rejeitou a justificação objetiva apresentada pela empresa com o fundamento de que a justificação continha em si mesma

[1442] Acórdãos *United Brands*, nºs 189 e 190 e *AstraZeneca*, C-457/10 P, nº 129. Esta proteção tem de ser razoável e proporcionada e não deve ser dirigida a reforçar a posição dominante. Ver, ainda, acórdão *Sot. Lélos*, C-468-478/06. Sobre o tema da proporcionalidade na proteção dos interesses comerciais ver Albors-Llorens (2007, p. 1738 a 1744).

[1443] Acórdão *Wanadoo*, C-202/07, nºs 47 e 48. Esta justificação é, contudo, muito limitada e não pode ser usada em casos de preços predatórios.

[1444] Marco Colino (2019, p. 340), Fernández (2018, p. 453), Bellis e Kasten (2010, pp. 136 e 137).

[1445] De la Mano *et al.* (2014, p. 396), Mertikopolou (2014, p. 13).

[1446] Orientação sobre o art. 102º, nº 30.

[1447] Waelbroek (2010, pp. 125 e 126). A questão do ónus da prova também foi esclarecida em *Microsoft*, nºs 688 e 114, e em *Post Danmark I*, C-2019/10.

[1448] Acórdão *Intel* do TG, nºs 94 e 77.

[1449] Venit (2017, p. 183).

a admissão que a prática discriminava os serviços concorrentes[1450]. Jones, Sufrin e Dunne condenam esta posição da Comissão por desvirtuar a própria defesa que, sendo uma defesa, tem de partir, necessariamente, da admissão da prática[1451]. Assim, a defesa por eficiência não tem sido muito utilizada na prática no direito da UE, embora pareça que tem algum peso nas decisões de rejeição de denúncias e compromissos[1452].

O art. 102º TFUE não abrange situações totalmente insuscetíveis de justificação objetiva, como o conceito de "*per se abuse*" norte-americano[1453], pois é genericamente assente na doutrina e na jurisprudência[1454] que a empresa em posição dominante pode justificar as suas ações[1455].

Uma vez que a justificação objetiva[1456] obsta à ilicitude da prática e que as medidas de correção são aplicadas a empresas que abusam dessa posição dominante, não nos ateremos mais a este aspeto.

Em conclusão, a figura do abuso de posição dominante já é, em si, uma figura muito vaga e indeterminada. De igual forma, não existe consenso em relação ao conceito de abuso[1457] nem quanto ao nível de prova exigido para a verificação de um abuso de posição dominante. Esta observação leva-nos a questionar se está assegurada a segurança jurídica das empresas, que podem não conseguir prever todas as consequências dos seus comportamentos, nomeadamente, a aplicação das medidas de correção. A segurança jurídica encontra-se mais ameaçada no momento em que são definidas, no seu caso, as consequências pelo abuso de posição dominante.

[1450] Decisão *Google Search (Shopping)*, nºs 653 a 671.

[1451] Jones *et al.* (2019, p. 530).

[1452] Rousseva (2014, p. 8).

[1453] No mesmo sentido, Jessen (2017, p. 95).

[1454] Acórdãos *United Brands*, nº 184 e *Post Danmark I*, nº 40.

[1455] Conclusões do AG Dámaso Ruiz-Járabo Colomer apresentadas a 1 de abril de 2008, *Sot Lélos e outros c. GlaxoSmithKlein*, C-468/06 a C-478/06, EU:C:2008:180, nºs 70 e 75.

[1456] Sobre justificação objetiva ver, ainda, Van Bael e Bellis (2010, secção 8.7), Rousseva (2010, pp. 259 a 294).

[1457] Note-se que, de acordo com um estudo de Ibañez Colomo publicado em 2018, as decisões de abuso de posição dominante eram, percentualmente, mais impugnadas judicialmente que as de acordos ou concentrações e que em 91% dos recursos se discutia o conceito de abuso. Ver, Ibañez Colomo (2018c, pp. 162 e 163).

7. A aplicação de medidas corretivas a empresas que abusam de uma posição dominante

A escolha e definição concreta das medidas de correção é uma tarefa fundamental da Comissão quando adota decisões que concluem por uma infração de abuso de posição dominante. A dificuldade de definição das medidas corretivas parte da própria dificuldade de determinação dos abusos de posição dominante, cuja análise é essencialmente económica[1458-1459] e realizada caso a caso[1460].

Devido à sua necessária adaptação à infração, não existe um catálogo de medidas corretivas predefinido na lei (tal como não existe um catálogo fechado de abusos de posição dominante). E, se não existe uma categoria predefinida de medida de correção, tampouco os seus efeitos nos mercados, consumidores, clientes, fornecedores, concorrentes ou na atividade das empresas podem ser predeterminados. Sendo prospetiva a análise realizada[1461], é inevitável que a identificação e avaliação de pre-

1458 Orientação sobre o art. 102º.

1459 Lianos e Genakos (2013, p. 51).

1460 Ver, por exemplo, acórdãos *France Télécom (Wanadoo) c. Comissão*, T-340/03, nº 129, e *France Télécom c. Comissão*, C-202/07, nº 70, nos quais foi reconhecido à Comissão um amplo poder de apreciação na escolha do método de cálculo dos custos relevantes para determinar um abuso de posição dominante, na medida em que envolvia uma apreciação económica complexa. Quanto a coimas, ver acórdão do TG de 3 de março de 2011, *Siemens AG c. Comissão*, T-110/07, EU:T:2011:68, nº 290, acórdão do TG de 12 de julho de 2011, *Toshiba Corp. c. Comissão*, T-113/07, EU:T:2011:343, nº 280, acórdão do TG de 14 de abril de 2011, *Visa Europe Ltd e Visa International Service c. Comissão Europeia*, T-461/07, EU:T:2011:181 nº 212.

1461 Nesta medida, a adoção de medidas corretivas também apresenta semelhanças com a aceitação de compromissos em operações de concentração. Neste sentido, Lianos (2016,

juízos jusconcorrenciais, bem como dos efeitos das medidas de correção, acarretem um certo grau de risco e de incerteza[1462]. No entanto, as medidas corretivas de caráter estrutural têm impacto no direito de propriedade das empresas e as medidas corretivas de natureza comportamental afetam largamente a sua liberdade económica e a sua autonomia privada.

Estas observações levam-nos a concluir que estamos perante direitos das empresas[1463], tais como, o direito de propriedade privada[1464] e a liberdade de empresa[1465], protegidos pelos textos constitucionais dos EM e pela CDFUE, que são restringidos ou limitados pela atuação de autoridades de concorrência[1466] aquando da adoção de medidas de correção, sem que haja previsibilidade suficiente[1467]. À falta de previsibilidade acrescem os poderes de investigação da Comissão, nos termos do Regulamento 1/2003[1468], e a natureza processualmente administrativa, embora materialmente criminal das sanções (tendo em conta o interesse público em causa e a natureza preventiva e punitiva das sanções[1469]). Deve, ainda, ter-se em conta o facto de as decisões serem tomadas, em última instância, por indivíduos, que estão sujeitos a um número de pressões e de tendências, que, necessariamente, influenciam as decisões[1470].

Acresce que, definir concretas medidas corretivas é, antes de mais, tomar uma decisão de intervir no mercado, quer seja para criar as condições para que o mercado possa funcionar em concorrência, quer seja

p. 122). De acordo com Nazzini (2011, p. 331), há uma clara semelhança entre a análise de operações de concentração não horizontais e a análise de situações de abuso de posição dominante nos termos do art. 102º TFUE.

1462 Gavil e First (2014, p. 246).

1463 Geradin e Petit (2011, p. 12), Andreangeli (2010, p. 230), Lowe e Maier-Rigaud (2008, p. 606), Tridimas (2006, p. 313).

1464 Art. 17º da CDFUE e art. 62º da CRP e art. 1º, Protocolo I CEDH.

1465 Art. 16º da CDFUE e art. 61º da CRP.

1466 Andreangeli (2013, pp. 142, 163).

1467 A discussão sobre a falta de previsibilidade das sanções pela infração do direito da concorrência não é específica das medidas corretivas. Muitos autores criticam a falta de previsibilidade do montante das coimas. Ver Geradin, Malamataris e Wileur (2013, p. 354) e Van Bael (1995, p. 237).

1468 Andreangeli (2012, p. 23).

1469 Andreangeli (2012, p. 25). Ver Acórdão *Menarini* do TEDH.

1470 Wils (2004, p. 214 a 217).

para influenciar diretamente ou guiar o mercado[1471]. Efetivamente, a aplicação de medidas de correção determina, não apenas que a Comissão se debruce sobre o comportamento da empresa (com mais ou menos ênfase dependendo do tipo de procedimento), como também que defina, ou contribua para definir, soluções alternativas, capazes de fazer face à questão particular e de evoluir consoante o desenvolvimento do mercado[1472].

A definição de medidas adequadas revela-se frequentemente, então, um exercício complexo que tem de ter em conta vários fatores e objetivos. Em termos gerais, por um lado, a definição concreta das medidas corretivas tem de se focar no melhor resultado para os consumidores, pelo que as mesmas não podem ser insuficientes ou inadequadas. Por outro lado, a escolha tem de obedecer a determinados princípios, sob pena de ser arbitrária do ponto de vista das empresas destinatárias da decisão. A determinação das medidas de correção ainda assenta num juízo de prognose, o que acarreta, necessariamente, mais insegurança. Estas considerações são agravadas pelo facto de, se a medida não for a adequada, mesmo uma correta avaliação de abuso de posição dominante por parte das autoridades responsáveis pela aplicação do direito da concorrência não surtirá o efeito desejado na concorrência e nos mercados[1473].

Nesta tese defendemos que a adoção de medidas de correção deve estar norteada pela prossecução de determinados objetivos mediatos, imediatos e específicos. Se o objetivo mediato das medidas de correção estiver bem identificado e for respeitado, serão mais facilmente identificáveis os seus objetivos imediatos (em particular as funções de restaurar a concorrência e de fazer cessar a infração e os seus efeitos) e específicos (solução do problema de concorrência) e as medidas beneficiam de coerência na sua aplicação. Os objetivos alcançam-se através do respeito pelos princípios e requisitos elencados (eficácia, proporcionalidade, tempestividade e segurança jurídica), nomeadamente, pela adequação teórica da medida de correção para fazer face à restrição de concorrên-

1471 Economides e Lianos (2010b, p. 397).

1472 *Idem.*

1473 No mesmo sentido, OCDE (2006, p. 7). Reconhece-se que as autoridades administrativas não têm liberdade para escolher qualquer solução, mas devem procurar a melhor solução. Freitas do Amaral (2011, p. 91). Ver ainda Vilhena de Freitas (2014, pp. 514, 515).

cia, mas também pela consideração da possibilidade de colocação em prática das medidas[1474] e dos resultados que se esperam obter com a execução das mesmas (os objetivos específicos da medida de correção). O equilíbrio deve ser cuidadoso para evitar erros. De um lado, medidas de correção que não são capazes de corrigir os problemas jusconcorrenciais identificados, de outro, aquelas que vão para além do necessário e, não só corrigem as questões jusconcorrenciais identificadas, como também acabam por reduzir efeitos pró-competitivos ou eficiências que derivam do comportamento em causa, o que pode lesar os interesses dos consumidores[1475]. Nesta determinação, também é necessário ter em conta que haverá incentivo em fazer cessar o procedimento, quer da parte da Comissão[1476], quer da parte das empresas[1477] através do recurso a compromissos, mesmo que tal signifique para as empresas aceitar medidas corretivas excessivas ou que vão para além da solução da questão jusconcorrencial concreta, não apresentando nexo estreito com a infração. A estas reflexões acresce o facto de o direito da concorrência estar cada vez mais marcado pela emergência de uma análise económica. Apesar de tal poder dificultar a análise jurídica da questão a corrigir[1478], ao mesmo tempo empresta coerência às decisões, se estiver bem traçado o objetivo de direito da concorrência[1479] na prossecução do bem-estar do consumidor, que pode ser apoiado num processo competitivo, sem naturalmente esquecer o objetivo da prossecução do mercado interno (objetivo mediato das medidas de correção)[1480], e tem o potencial de alcançar resultados mais precisos e corretos[1481].

[1474] Lowe e Maier-Rigaud (2008, p. 598).

[1475] Hoeg (2014, p. 29) referindo-se a concentrações.

[1476] Gerard (2016, pp. 149 a 151).

[1477] Forrester (2008, 2008, pp. 562 e 569).

[1478] Witt (2016, pp. 302 e ss.), Lianos (2013a, pp. 401, 402).

[1479] Peeperkorn (2008, p. 390). Também, Melícias (2017b, pp. 188 e 189). Witt (2016, p. 253) manifesta a mesma opinião de que a análise económica empresta coerência ao sistema e defende que os objetivos prosseguidos pela abordagem baseada nos efeitos são apenas o bem-estar do consumidor e a integração do mercado.

[1480] Como vimos em 3.1.2.d) o direito da concorrência também prossegue o objetivo político da construção do mercado interno.

[1481] Witt (2016, p. 254).

Por fim, a determinação de medidas corretivas, apesar de ser realizada caso a caso, deve necessariamente ser conformada numa política de aplicação do direito da concorrência. Assim sendo, as medidas de correção devem ser adotadas tendo a consciência de que devem levar à obtenção de segurança jurídica e previsibilidade, não apenas no caso em apreço, mas também como exemplo para futuros casos[1482]. E se as medidas de correção são difíceis de determinar, a própria adequação da aplicação do direito da concorrência ao caso deve ser questionada antes de uma autoridade avançar com a imposição de medidas de correção. De acordo com Lowe e Maier-Rigaud, não só a abordagem a este instrumento deve ser cautelosa, como também é necessário verificar se, no caso, os reguladores setoriais são as entidades mais adequadas para fazer face à questão concreta[1483].

Por este motivo, fizemos uma incursão pelos princípios que estão em causa na adoção de medidas de correção e agora realizaremos uma análise das medidas de correção aplicadas pela Comissão a casos de abuso de posição dominante, para tentar determinar se aquelas ideias estiveram presentes na sua adoção, quais os objetivos específicos que a instituição tentou levar a cabo em cada caso estudado, a sua adequação à conduta em causa e aos objetivos a alcançar, e os desafios da sua monitorização. Vamos concluir que a aplicação de medidas corretivas no contexto de abuso de posição dominante se encontra a ganhar um novo fôlego, especialmente nos casos de mercados regulados, com enfoque na energia (capítulo 7.2.2), e dinâmicos (capítulo 7.2.3). Esta visível tímida aplicação de medidas corretivas no âmbito de decisões de abuso de posição dominante contrasta com a adoção de decisões de aprovação de operações de concentração sujeitas a compromissos[1484], o que pode ser explicado pelo facto de o art. 102º TFUE se aplicar *ex post* e não proibir a aquisição de uma posição dominante, ao contrário do regime do controlo de concentrações, que se aplica *ex ante,* e onde a criação de uma posição dominante pode ser proibida se impedir uma concorrência efetiva[1485]. O controlo de concentrações na UE só foi instituído em

1482 Hoeg (2014, p. 32) a propósito do controlo de concentrações.

1483 Lowe e Maier-Rigaud (2008, p. 610).

1484 Maier-Rigaud (2016, p. 207), Niels *et al.* (2016, p. 360), Wang (2011, p. 575).

1485 Wang (2011, pp. 576 e 577). Arts. 2º e 4º do Regulamento 139/2004 (concentrações).

1990 com a aprovação do Regulamento 4064/89[1486]. O regime atual, plasmado no Regulamento 139/2004, tal como o anterior, admite a possibilidade de as empresas apresentarem compromissos e de a Comissão impor condições e obrigações destinadas a garantir que as empresas em causa respeitam os compromissos assumidos nos termos do nº 2 do art. 8º e no nº 3 do art. 10º do Regulamento 139/2004. Tendo em conta a semelhança das análises, inspirar-nos-emos nos compromissos adotados para os casos de concentrações de empresas para retirar conclusões para a nossa análise. Esta abordagem é, aliás, genericamente aceite[1487].

Neste momento, devemos analisar a prática decisória da Comissão mais relevante e colocar a seguinte questão: as medidas de correção têm características distintas consoante o tipo de abuso, os mercados e o tipo de decisão em causa?

Apesar de as medidas corretivas apenas terem sido introduzidas na legislação da UE com o Regulamento 1/2003, a Comissão aplicou medidas corretivas a casos de abuso de posição dominante antes da adoção deste instrumento legislativo. Notaremos que nos casos iniciais as medidas corretivas aplicadas pela Comissão espelhavam o abuso, no sentido de que ordenavam um comportamento oposto ao comportamento identificado. Com o evoluir dos mercados e a crescente complexidade da análise jusconcorrencial, as medidas de correção tornaram-se mais sofisticadas e, em alguns casos, deixaram de ser tão-somente a correção do abuso para passar a ser a correção do mercado[1488]. A última tendência, contudo, tem sido a de conferir mais liberdade às empresas na conformação das medidas corretivas.

Em 7.1, analisaremos as medidas de correção por tipo de abuso. Para facilitar a exposição, primeiro agruparemos as medidas de correção por tipo de comportamento (aqui devemos notar que alguns dos casos que selecionámos podem ser analisados sob o prisma de vários tipos de abuso, tendo a nossa escolha recaído no tipo de abuso pelo qual são

[1486] Regulamento (CEE) nº 4064/89 do Conselho, de 21/12/1989, relativo ao controlo das operações de concentração de empresas (JO L 395, 30/12/1989, p. 13).

[1487] Ritter (2016a, p. 588), Maier-Rigaud (2016, p. 207). Sobre a semelhança da adoção de medidas corretivas com a aceitação de compromissos em operações de concentração e das análises substantivas, ver, Lianos (2016, p. 122) e Nazzini (2011, p. 331), respetivamente.

[1488] Gerard (2016, p. 161).

comummente mais reconhecidos). Faremos uma brevíssima classificação dos tradicionais tipos de abuso, porque defendemos que as medidas corretivas dependem do tipo de abuso em causa. Lembramos que o catálogo de abusos de posição dominante não se encontra fechado[1489] e não nos dedicaremos a fazer uma exposição exaustiva de todos os tipos de abuso (como por exemplo, a imposição de condições não equitativas[1490], que incluiremos nos abusos de discriminação).

Em 7.2, analisaremos as medidas de correção por tipo de mercado: setores recentemente liberalizados (em particular a energia) e digital e de inovação. A segmentação justifica-se nestes casos pelo facto de a abordagem da Comissão ter sido diferente. Aliás, é do conhecimento de todos que a prioridade na aplicação do direito da concorrência pela Comissão é frequentemente ditada pelos setores económicos nos quais a intervenção é necessária para complementar outras formas de intervenção regulatória[1491]. Na nossa análise adotaremos uma abordagem funcional às medidas de correção decretadas pela Comissão. Esta opção ditará que não tentaremos analisar a aplicação de medidas de correção a todos os setores industriais possíveis, escolhendo, em vez disso, analisar as medidas já adotadas e daí retirar conclusões que também podem ser aplicadas noutros mercados. A razão da nossa escolha prende-se com a ausência de informação devida à pouca prática decisória existente e ao facto de uma construção dogmática ou teórica não baseada em prática decisória concreta ser menos fidedigna e, como tal, contribuir menos para o desenvolvimento de uma teoria de medidas de correção.

Remetemos a análise das medidas de correção pelo tipo de decisão para o capítulo 5. Por fim, no capítulo 8 procuraremos apresentar contributos para uma teoria de medidas de correção coerente.

[1489] Ibañez Colomo (2018c, p. 24).

[1490] Ver, por exemplo, o acórdão do TJ de 30 de janeiro de 1974, *Belgische Radio en Televisie e société belge des auteurs, compositeurs et éditeurs c. SV SABAM e NV Fonior*, 127-73, EU:C:1974:6, acórdão do TJ de 5 de outubro de 1988, *Société alsacienne et lorraine de télécommunications et d'électronique (Alsatel) c. SA Novasam*, 247/86, EU:C:1988:469; e acórdão do TJ de 11 de dezembro de 2007, *Autorità Garante della Concorrenza e del Mercato contra Ente tabacchi italiani - ETI SpA e outros e Philip Morris Products SA e outros c. Autorità Garante della Concorrenza e del Mercato e outros*, C-280/06, EU:C:2007:775.

[1491] Monti (2017, p. 42).

7.1. A aplicação de medidas corretivas a cada tipo de abuso

Uma vez que é impossível enunciar todas as práticas que podem originar um abuso de posição dominante, resolvemos organizar o nosso estudo em grandes categorias[1492]: abusos de exclusão relacionados com o preço, abusos de exclusão não relacionados com o preço, abusos de exploração e abusos de discriminação. No nosso estudo vamos tentar encontrar quais os tipos de medidas corretivas normalmente mais eficazes e proporcionadas aos principais tipos de abuso.

Neste capítulo procuraremos responder a várias questões que temos enunciado ao longo deste texto. Podemos encontrar um nexo estreito entre a infração e a medida de correção? As medidas comportamentais, estruturais ou quase-estruturais são mais adequadas a alguns tipos de abuso?

7.1.1. Abusos de exclusão relacionados com o preço

Os abusos de exclusão baseados no preço consistem essencialmente em preços predatórios, compressão de margem e atribuição de descontos de fidelização. Cada um destes três tipos de abuso tem, para a empresa, a finalidade de excluir concorrentes através da prática de certos preços. Dependendo das circunstâncias concretas de cada caso, os objetivos específicos variam, mas, da análise que fizemos à prática decisória mais relevante[1493], podemos concluir que os abusos de exclusão de preços predatórios e descontos de fidelização são, provavelmente, aquele tipo de abusos que mais dificilmente se adequa a medidas de correção. Por um lado, é mais provável que com a cessação da prática cessem também os seus efeitos. Por outro, a adoção de medidas de correção nestes casos implica uma atuação direta sobre os preços das empresas, o que não só pode ser considerado uma intromissão excessiva, como a determinação de preços faz essencialmente parte de uma solução do tipo regulatório[1494]. A adoção de medidas de correção nestes casos também

[1492] Comummente aceites: Moura e Silva (2010, p. 276) quanto à divisão entre abusos baseados ou não no preço, Temple Lang (1979b, p. 36), quanto aos abusos de discriminação.

[1493] Focámos a nossa análise nas decisões da Comissão que continham medidas de correção, de acordo com a nossa classificação apresentada no capítulo 2. Usámos a restante prática decisória mais relevante como termo de comparação quando necessário.

[1494] Sobre medidas de correção relacionadas com preços em geral, Lianos *et al.* (2019, p. 888), O'Barnett (2008, p. 555).

pode surpreender porque a medida de correção que pode parecer mais adequada é a de subir os preços, o que não está de acordo com o objetivo do bem-estar do consumidor em sentido restrito (preços baixos a curto prazo[1495]). Os abusos de compressão de margem já apresentam outras características, nomeadamente, são um tipo de abuso que advém do facto de a empresa ser verticalmente integrada, pelo que uma obrigação de fazer cessar a infração pode não ser suficiente.

a) Preços predatórios

Preços predatórios constituem uma prática de exclusão de concorrentes através da qual a empresa em posição dominante suporta perdas ou prescinde de ganhos numa primeira fase, com o objetivo de excluir ou disciplinar rivais[1496], e, numa segunda fase, reforça ou mantém o seu poder de mercado[1497]. No curto prazo, a prática de preços predatórios aumenta o bem-estar do consumidor, mas, *in fine*, os consumidores poderão ser negativamente afetados pela diminuição da concorrência através do aumento dos preços ou diminuição da qualidade ou quantidade[1498]. Acresce que a empresa em posição dominante terá conseguido excluir os concorrentes, ganhado reputação de concorrente agressivo ou enviado um sinal aos potenciais concorrentes[1499]. Esta posição contrasta com a ideia convencional da escola de Chicago de acordo com a qual preços predatórios quase nunca fazem sentido e, como tal, raramente ocorrem[1500] e pode ser criticada por não ter em conta que preços baixos normalmente servem para adquirir uma posição dominante, o que não é proibido pelo art. 102º TFUE[1501], e que falsos positivos podem retirar benefícios aos consumidores[1502]. Efetivamente, preços predatórios podem fazer parte de uma estratégia racional, quando as condições

[1495] Bertin (2019, p. 4).

[1496] De la Mano *et al.* (2014, p. 397), Elhauge (2003, p. 684).

[1497] Orientação sobre o art. 102º TFUE, nº 63.

[1498] Motta (2004, p. 412).

[1499] De la Mano *et al.* (2014, p. 397).

[1500] Crane (2005, pp. 1 a 66).

[1501] Funk e Jaag (2018, p. 298).

[1502] O'Donoghue e Padilla (2020, p. 356). Não estando a empresa em posição dominante, nao haverá aplicação do artigo 102º TFUE.

o permitem, tais como, a existência de barreiras à entrada e a operação em mais do que um mercado[1503].

Os preços predatórios, no direito da UE, são determinados através da sua comparação com uma certa medida de custo. A abordagem foi fixada pelo TJ no acórdão *Akzo*[1504] e seguida em *Tetra Pak II*[1505] e *France Télécom (Wanadoo)*[1506]. Se a empresa em posição dominante se encontra a praticar preços abaixo do custo variável (aquele que varia de acordo com a quantidade produzida) os preços consideram-se predatórios, pois não existirá justificação racional para o facto de a empresa estar a incorrer em perdas em cada venda que realiza, exceto a de pretender afastar os concorrentes e, após o conseguir, poder vir a praticar preços mais elevados do que o preço competitivo. Se os preços da empresa em posição dominante se situarem entre o custo variável e o custo total da empresa (custo variável acrescido do fixo, aquele que não varia de acordo com a quantidade produzida), ainda podemos estar perante uma situação de abuso de posição dominante quando existe prova de intenção de excluir concorrentes, que, apesar de poderem ser tão eficientes como a empresa em posição dominante, não detêm os recursos financeiros necessários para se manter no mercado sofrendo perdas[1507]. O TJ considerou, no acórdão *Tetra Pak II*, ao contrário do que ocorre nos EUA[1508], que não é necessário demonstrar a possibilidade de recuperação das perdas em momento posterior, para que se estabeleça o abuso de posição dominante sob a forma de preços predatórios[1509]. Por fim, os acórdãos do TJUE também deixaram entrever que, caso sejam provados os preços predatórios, a empresa em posição dominante dificilmente poderá

[1503] Jones *et al.* (2019, p. 398), Funk e Jaag (2018, pp, 294 a 298), Edlin (2012, p. 144-173), Elhauge (2003, p. 703), Kreps e Wilson (1982, p. 152).

[1504] Acórdão *AKZO*, nºs 70 a 72, inspirado no célebre teste Areeda-Turner. Jones e Lovdahl Gormsen (2013, p. 428).

[1505] Acórdão do TJ de 14 de novembro de 1996, *Tetra Pak International SA c. Comissão*, C-333/94 P, EU:C:1996:436.

[1506] Acórdãos *France Télécom (Wanadoo)* T-340/03 e C-202/07.

[1507] Acórdão *Akzo*, nºs 70 a 72. Ver, também, Marco Colino (2019, p. 355).

[1508] Elhauge (2018, p. 280), Hovenkamp (2017, p. 345), Rousseva (2010, p. 134). Note-se, porém, que esta posição não é consentânea nos EUA, havendo quem advogue fortemente contra. Neste sentido, Khan (2018, p. 744).

[1509] Acórdão *Tetra Pak II*, nº 44.

recorrer à justificação objetiva baseada em eficiência ou em acompanhar a concorrência[1510-1511]. Em *France Télécom*, o TG afirmou que a prática de preços predatórios inferiores à média dos custos variáveis deve ser considerada um abuso, sem necessidade de demonstração dos efeitos concretos[1512], e o TJ, de acordo com alguns autores, ao aceitar o acórdão do TG no seu acórdão *Wanadoo* decidindo o recurso[1513], também não afastou esta posição[1514]. No acórdão *Post Danmark I*, o TJ afirmou que, quando não se encontra demonstrada a intenção da empresa em posição dominante em eliminar a concorrência, a prática de preços entre o custo incremental médio e o custo total médio só pode ser considerada um abuso de posição dominante se forem demonstrados efeitos prejudiciais para a concorrência e os consumidores[1515].

Em casos mais antigos, de campanhas de preço seletivamente baixo, como *Irish Sugar* e *Compagnie Maritime Belge*, os tribunais aceitaram que campanhas de preços agressivos pudessem ser consideradas abusivas, levando à conclusão de que se houver prova de estratégia de exclusão de concorrente e a posição da empresa se aproximar da de monopólio, preços seletivamente baixos, ainda que acima do custo, podem ser considerados abusivos[1516], mesmo que a empresa alegue que apenas respondeu à concorrência[1517]. Porém, em *Post Danmark I*, o TJ moderou esta posição considerando que a prática de preços seletivamente baixos entre os custos totais médios e os custos incrementais médios[1518] em relação a determinados clientes selecionados poderia constituir um abuso "*se essa*

[1510] Orientação sobre o art. 102º TFUE, nº 74. Acórdão *France Télécom*, T-340/09, nº 217.

[1511] Chalmers *et al.* (2014, p. 1041). Defendendo que, os casos de preços seletivamente baixos, mas acima do custo, devem ser permitidos, porque podem ser uma resposta legítima à atuação da concorrência, ver Elhauge (2003, p. 826).

[1512] Acórdão *France Télécom* do TG, T-340/03, nºs 195 e 196.

[1513] Acórdão *France Télécom* do TJ, C-202/07 P, nº 21.

[1514] Jessen (2017, p. 81), Ibañez Colomo (2016a, p. 717).

[1515] Acórdão *Post Danmark I*, C-209/10, nº 44. Note-se que se tratava de um caso de campanha de preços seletivamente baixos e não de um caso de "puros" preços predatórios. A análise realizada foi equivalente e a infração diretamente relacionada.

[1516] Ibañez Colomo (2016a, p. 717).

[1517] Marco Colino (2019, p. 360).

[1518] Correspondendo estes aos custos que devem desaparecer a curto ou médio prazo – três a cinco anos – se a empresa deixar de fornecer o serviço em causa. Ver, Acórdão *Post Danmark I*, nº 31.

política de preços, sem justificação objetiva, [tiver] por resultado a eliminação efetiva ou provável desse concorrente, em detrimento da concorrência e, nessa medida, dos interesses dos consumidores"[1519].

A posição da Comissão e dos Tribunais europeus não deixou de merecer crítica por parte da doutrina, nomeadamente por aderir a um teste baseado no custo e na estratégia da empresa em posição dominante, sem tomar em linha de conta a possibilidade de recuperação das perdas[1520]. Na verdade, para O'Donoghue e Padilla, a análise de efeitos que os tribunais fazem, é semelhante, em substância, a uma análise de recuperação[1521].

Outra crítica comummente feita à jurisprudência é o facto de a noção de intenção predatória ser pouco clara e de o TJ não exigir um nível de prova elevado, levando a que haja autores a criticar o teste no sentido de que se destina a proteger concorrentes e não uma concorrência efetiva no mercado[1522]. Outros autores escolhem justificar a posição do TJ considerando que o teste de intenção, apesar de ser um teste subjetivo, não deixa de assentar em prova circunstancial de que a estratégia deve ter sido posta em prática de uma forma capaz de levar à exclusão dos concorrentes não apenas de forma abstrata, mas tendo em conta as circunstâncias concretas do mercado[1523].

Para além da dificuldade em determinar o teste de responsabilidade, as medidas de correção comportamentais, cujo objetivo específico seja manter um determinado nível de preço no mercado, não são particularmente adequadas a este tipo de abuso, não apenas porque, como já referimos, a medida de correção evidente é a subida do preço, como também porque as medidas podem aproximar-se de regulação. Ainda assim, encontramos alguns casos mais interventivos. Em *Akzo*, a Comis-

[1519] Acórdão *Post Danmark I*, nº 44.

[1520] Chalmers *et al.* (2014, p. 1040 e 1041). O teste ainda apresenta outras dificuldades, tais como, a concreta medida de custo utilizada, nomeadamente quando a empresa utiliza os mesmos recursos para produzir vários produtos. Ver O'Donoghue e Padilla (2020, pp. 388 a 394). Também há desafios nos mercados digitais onde o preço monetário pode ser zero. Ver, por exemplo, Sibony (2016, pp. 101 a 103), Rato e Petit (2013, pp. 50 e 51). Sobre a posição do TJ e do TG ver, por exemplo, Ibañez Colomo (2018c, pp. 178 a 188).

[1521] O'Donoghue e Padilla (2020, p. 388). Acórdão *Tetra Pak II*, nº 1514.

[1522] Rousseva (2010, p. 171).

[1523] De la Mano *et al.* (2014, p. 400).

são entendeu que a empresa tencionava excluir o concorrente ECS através da sua política de estabelecer preços baixos em relação aos clientes ou potenciais clientes deste, e, com o intuito de manter as condições de concorrência no mercado[1524], como medida de correção determinou que a empresa deixasse de praticar preços mais baixos àqueles clientes em particular[1525] e que, em relatório enviado à Comissão, justificasse a base de custo na qual os preços eram calculados[1526]. Apesar de não o dizer expressamente, na prática, a Comissão exigiu que os preços em relação aos clientes do concorrente ameaçado fossem mais altos. Na decisão de medidas provisórias[1527], talvez excecionalmente com o intuito de preservar o *status quo*[1528], a Comissão impôs medidas mais exigentes como a proibição de desvio de um preço específico (sujeita a exceções).

Contudo, noutros casos, a Comissão afastou-se pouco de obrigações de fazer cessar a infração. Em *Tetra Pak II* a Comissão ordenou a cessação das práticas, nomeadamente, a alteração dos contratos em causa, acompanhada de uma obrigação de reporte[1529-1530]. Em *France Telecom (Wanadoo)*[1531], a Comissão, para além de ordenar a cessação ainda obrigou a empresa a entregar, anualmente, as contas dos diferentes serviços, mostrando o seu resultado, custos operativos e custos com aquisição de clientes[1532]. Apesar de não ter sentido a necessidade de incluir uma medida de correção, porque o objetivo de restaurar a concorrência era

[1524] Decisão *Akzo*, nº 100.

[1525] Decisão *Akzo*, nº 101 e arts. 3º e 4º.

[1526] Decisão *Akzo*, art. 5º.

[1527] Decisão da Comissão de 29 de julho de 1983, *Akzo (medidas provisórias)* (JO L 252 de 13.9.1983, pp. 13-21), arts. 2º a 4º.

[1528] O'Donoghue e Padilla (2020, p. 1181).

[1529] Decisão 92/163/CEE da Comissão, de 24 de julho de 1991, *Tetra Pak II*, IV/31.043 (JO 1992, L 72, p. 1-68), nºs 171 e ss, em particular 174, e art. 3º.

[1530] A solução em *Irish Sugar* foi semelhante [decisão da Comissão de 14 de maio de 1997, IV/34.621, 35.059/F-3 – *Irish Sugar plc* (JO L 258 de 22.9.1997, pp. 1-34), nºs 161 e 162, art. 3º] e em *Compagnie Maritime Belge* a Comissão impôs uma obrigação de fazer cessar a infração (Decisão 93/82/CEE da Comissão, de 23 de dezembro de 1992, IV/32.448 e IV/32.450: *Cewal, Cowac, Ukwal*, IV/32.448 e IV/32.450: *Cewal*, JO L 34 de 10.2.1993, p. 20-43, arts. 3º e 4º).

[1531] *Post Danmark* é um reenvio prejudicial e não se colocava a questão das medidas de correção.

[1532] Decisão *France Telecom*, art. 2º

atingido com uma obrigação de fazer cessar a infração, a Comissão, ainda assim, incluiu medidas de monitorização do cumprimento da decisão. Mais recentemente, em *Qualcomm*, a prática já tinha cessado e a Comissão exigiu que a empresa se abstivesse de voltar a levar a cabo comportamentos com objeto semelhante[1533].

Estas decisões parecem demonstrar que preços predatórios usualmente não requerem a adoção de medidas de correção. De facto, a medida de correção comportamental pode acabar por ser prejudicial para os consumidores por desincentivar (ou proibir) a concorrência feroz entre os operadores. Esta observação coloca em crise a eficácia da medida de correção para restaurar a concorrência no mercado. Quem se pretende proteger? Concorrentes ou consumidores? Se entendemos, como temos vindo a defender, que o objeto de proteção deve ser o bem-estar dos consumidores (ainda que o processo de concorrência seja um meio de o alcançar) não podemos aceitar, sem mais, uma medida que impede a concorrência protegendo concorrentes que podem não ser tão eficientes como a empresa em posição dominante. Esta questão pode ser mitigada se se encontrarem cláusulas de salvaguarda pelas quais a empresa pode responder à concorrência, à semelhança da decisão *Akzo (medidas provisórias)*[1534]. Acresce que uma medida comportamental de controlo de preços se aproxima de uma medida regulatória e requer muita monitorização[1535].

Assim, deve colocar-se a questão de saber se as medidas de correção estruturais podem ser mais eficazes. Recordemos que as medidas estruturais do tipo "break-up" se justificam quando existe risco de infração persistente que deriva da própria estrutura da empresa[1536]. Ora, se estivermos perante uma empresa que pratica preços predatórios porque, devido à sua estrutura, pode subsidiar uma atividade onde tenha mais concorrência com outra onde a concorrência seja menos intensa, pode ocorrer que a medida de correção eficaz seja uma medida estrutural[1537]. Podemos retirar, aqui, algumas conclusões do caso norte-ameri-

[1533] Decisão *Qualcomm (preços predatórios)*, nºs 1219 a 1221.

[1534] Decisão *Akzo (medidas provisórias)*, art. 4º.

[1535] Crandall (2001, p. 114).

[1536] Considerando nº 12 do Regulamento 1/2003.

[1537] OCDE (2006, p. 144), posição da Noruega.

cano *Standard Oil*[1538]. Os EUA têm já uma longa história de imposição de medidas de correção exigentes, nomeadamente, estruturais[1539]. No caso *Standard Oil* a empresa foi cindida em várias entidades refinadoras separadas[1540] (separação horizontal). Em causa estavam práticas da empresa consideradas anticoncorrenciais (como condições discriminatórias e não razoáveis e preços predatórios[1541]) e a sua posição de quase monopólio[1542]. Note-se, contudo, que o caso *Standard Oil* foi julgado numa altura em que a escola de Chicago ainda não tinha assumido a dianteira do direito da concorrência norte-americano[1543] e onde ainda se discutia entre abordagens mais estruturalistas ou mais baseadas nas condutas[1544]. Apesar de ser genericamente entendido que a medida estrutural aplicada surtiu efeitos positivos com a criação de mais concorrentes[1545], houve autores que se manifestaram em sentido oposto, demonstrando que a posição da Standard Oil já vinha a decair em virtude da evolução do mercado e que portanto a medida de correção não era necessária[1546] (falta de proporcionalidade) ou que se passou de um monopólio nacional para vários monopólios regionais, mantendo-se o controlo último no mesmo grupo[1547] (falta de eficácia). Ainda foi criticada a própria divisão da empresa, pois esta resultou da forma como o grupo estava estruturado na altura e não criou entidades equivalentes em número e tipo de ativos. Ademais, enquanto algumas entidades mantiveram atividades verticalmente integradas, outras não o lograram[1548].

1538 *Standard Oil Co v United States, 221 US 1 (1911).*

1539 Massarotto (2018, pp. 397 a 401), Sullivan (2002, pp. 568 a 570).

1540 Waller (2009, p. 14).

1541 Crandall (2001, p. 125).

1542 Wu (2018, p. 73), Niels *et al.* (2016, p. 367).

1543 Schweitzer (2008b, p. 125).

1544 Levi (1947). Sendo aliás um dos motivos para o nascimento do direito *antitrust* norte-americano, e deu início à chamada era "*trust busting*", na qual imperava a ideia de que a probabilidade de comportamento impróprio aumentava com a dimensão da empresa, Wu (2018, pp. 45 a 77) e Sullivan (2002, p. 572).

1545 Niels *et al.* (2016, p. 368).

1546 Crandall (2001, p. 135).

1547 O desinvestimento ordenado não foi total, no sentido de que o Grupo Rockefeller continuou a ser o maior acionista de 26 empresas regionais. Ver Sullivan (2002, p. 579).

1548 Crandall (2001, p. 134).

Este caso demonstra que, não obstante as críticas, as medidas de correção estruturais podem encontrar o seu espaço. Contudo, também demonstra que é necessário ter em conta as economias e deseconomias de escala que a medida pode criar, bem como o momento da aplicação da medida, que é determinante para a sua adequação, necessidade e eficácia.

b) Descontos e pagamentos tendentes à exclusividade

Em matéria de descontos, tradicionalmente, a jurisprudência tem distinguido os descontos de quantidade, os descontos de fidelização e um *tertium genus*[1549]. Quando os descontos de quantidade são uma forma de premiar, transferindo as poupanças de custo, os clientes que realizam mais aquisições junto da empresa em posição dominante, se aplicam de forma linear e, usualmente, apenas a partir da unidade em que o cliente atinge o limiar do desconto (progressivos e não retroativos), e não se encontram elaborados de modo a obrigar os clientes a, de facto, se abastecerem em exclusivo, ou quase, junto do fornecedor em posição dominante, não costumam dar origem a preocupações jusconcorrenciais e beneficiam de uma presunção de legalidade[1550].

Os descontos condicionados à obtenção de exclusividade por parte do cliente (descontos de fidelização ou descontos de exclusividade) têm tradicionalmente tido um tratamento mais próximo de uma abordagem formal (alguns autores apelidam de *per se*)[1551] na jurisprudência do TJUE[1552]. Em *Hoffman-La Roche*, o TJ considerou que os descontos da empresa eram elaborados para impedir que os clientes se fornecessem

[1549] Acórdãos *Post Danmark II*, nº 29, *Intel*, T-286/09, nº 74 a 78.

[1550] Ibañez Colomo (2019, p. 427). Acórdão *Post Danmark II*, nº 28. Esta posição já era seguida pelo TJ em *Hoffman-La Roche* (nº 90), mas *Michelin II* (nºs 82 a 95) criou algumas dúvidas quando se afirmou que sistemas de descontos baseados no volume também podem ser um abuso quando se demonstre que têm natureza de fidelidade. Foi em *Post Danmark II* que o TJ esclareceu definitivamente esta posição.

[1551] Miralles Murciego (2012, p. 347). No mesmo sentido, embora sem apelidar de *per se* Rousseva (2010, pp. 217 e 218).

[1552] Orientação sobre o art. 102º TFUE, nºs 37 a 45. Ver, entre outros, acórdão *Hoffmann-La Roche*, nºs 89, 94 a 100, acórdão *Michelin I*, nºs 70 a 86, acórdão *British Airways*, nºs 65 a 74, acórdão *Michelin II*, nºs 67 a 95, acórdão do TG *Tomra*, nºs 286 a 290, *Tomra*, C-549/10 P, nºs 70, 84 e 88, *Intel*, T-286/09, nº 76. Vidal Martínez (2012, p. 366).

junto de outros fornecedores[1553]. Em *Michelin I*, o TJ concluiu que descontos assentes em objetivos individualizados tinham o mesmo efeito que descontos de fidelização. Nos acórdãos *British Airways* e *Michelin II*, o TG concluiu que os sistemas de descontos eram tendentes a incentivar as compras da empresa em posição dominante[1554]. Em *Tomra*, o enfoque do TJ era a natureza anticoncorrencial do sistema de descontos e não o seu efeito, que o Tribunal se absteve de analisar[1555]. Ainda, no acórdão *Intel* do TG, os descontos de exclusividade foram considerados ilegais pela sua própria natureza[1556], não sendo realizada qualquer análise dos efeitos (possivelmente) restritivos dos mesmos[1557].

A justificação para o tratamento é a de que este tipo de descontos não se baseia em poupança de custos (como os puros descontos de quantidade), nem na obtenção de uma prestação económica por parte do cliente que justifique o benefício[1558], mas simplesmente na limitação da liberdade do cliente em se fornecer junto de um concorrente da empresa em posição dominante[1559], o que favorece a consolidação da sua posição[1560]. Empresas em posição dominante não devem, em razão da sua "especial responsabilidade", contribuir para deteriorar as condições concorrenciais do mercado[1561], pelo que ficam limitadas na forma de concorrer.

Esta jurisprudência começou a conflituar entre si principalmente no momento em que foram decididos os acórdãos do TJ *Post Danmark I* e *Tomra* a poucas semanas um do outro. Apesar de no primeiro se tratar de descontos seletivos e não de descontos de fidelização, na verdade, ambas as práticas prosseguem o objetivo de desviar as compras aos concorrentes para a empresa em posição dominante. Ora, a posição do TJ não podia ter sido mais diferente[1562]. No primeiro acórdão, foi sugerido

[1553] Acórdão *Hoffman-La Roche*, nº 90.
[1554] Acórdão *British Airways*, nº 247. Acórdão *Michelin II*, nº 59.
[1555] Acórdão *Tomra*, nº 71. Jessen (2017, p. 79).
[1556] Acórdão do TG *Intel*, nº 85.
[1557] Ibañez Colomo (2016a, p. 723).
[1558] Acórdãos *British Airways* do TJ, nº 67, e *British Airways* do TG, nº 288.
[1559] Acórdãos *Intel* do TG, nº 78 e *Hoffman-La Roche*, nº 91.
[1560] Acórdão *Hoffman-La Roche*, nº 90.
[1561] Acórdão *Intel* do TG, nºs 89 e 90.
[1562] Ibañez Colomo (2016a, p. 727).

que o art. 102º TFUE se deve ocupar essencialmente de casos em que um concorrente igualmente eficiente é excluído, ao passo que em *Tomra* o TJ reiterou a abordagem tradicional e confirmou que a Comissão não estava obrigada a examinar os efeitos da prática, pois o exame apenas serviria para complementar a conclusão de que os descontos eram tendentes a distorcer a concorrência[1563]. Também a posição da Comissão tem demonstrado alguma tensão entre a abordagem formal e a abordagem baseada nos efeitos, tendo a instituição tentado conduzir as suas investigações com um intuito mais centrado nos efeitos a partir de 2009, e tenha demonstrado vontade de seguir uma análise mais baseada em efeitos na decisão *Intel*[1564].

Os primeiros sinais de evolução em relação ao tratamento de descontos no TJ apareceram com *Post Danmark II*. Neste acórdão, o TJ manteve que, se um sistema de descontos de uma empresa em posição dominante torna mais difícil que clientes se abasteçam junto de concorrentes, esse sistema pode ter o mesmo efeito que exclusividade[1565]. No entanto, alargou o conceito de "todas as circunstâncias" a ter em conta para aferir da legalidade de um sistema de descontos (no caso, retroativos) fazendo incluir, para além das características inerentes ao sistema de descontos (como em *Michelin II* e *British Airways*), outros aspetos como a extensão da posição dominante, a cobertura da prática e o contexto regulatório[1566]. Foi, contudo, em *Intel*, que o TJ afastou, definitivamente, a ideia de que a jurisprudência tradicional em matéria de obrigações de exclusividade e descontos de exclusividade aproximava estas figuras de abusos de posição dominante *per se*[1567], ou seja, pela sua natureza, como presunção *iuris et de iure*. Em *Intel*, o TJ acabou, na opinião de alguns autores, por tornar a presunção *iuris tantum*[1568], e, na de outros, eliminar qualquer presunção de ilegalidade (embora a prática continue sujeita a um nível

[1563] Ezrachi (2018, p. 265).

[1564] Miralles Murciego (2012, p. 363). Note-se que a Comissão foi criticada por parte da doutrina por não ter seguido uma abordagem baseada nos efeitos. Quanto ao caso *Tomra*, ver, Federico (2011, p. 139).

[1565] Acórdão *Post Danmark II*, nºs 27 a 29.

[1566] Acórdão *Post Danmark II*, nºs 34 a 46.

[1567] Não entendido no sentido norte-americano, pois na UE pode sempre ser apresentada justificação objetiva.

[1568] Ibañez Colomo (2019, p. 427), Jones *et al.* (2019, p. 442), Moura e Silva (2018, p. 994).

de prova menos exigente)[1569]. Na prática, o acórdão *Intel* aliviou a posição da empresa e, concomitantemente, dificultou a da Comissão que terá de realizar uma análise de efeitos sempre que a empresa apresente elementos que contestem a posição[1570]. Essa análise pode ser a realização de um teste AEC[1571]. Embora o TJ tenha, no último acórdão *Intel* e em *Post Danmark II*[1572], admitido que pode ser usado este teste, o seu uso em casos de descontos de fidelidade tem merecido críticas, tendo em conta o grau de incerteza associado a este exercício[1573].

Na base da nova jurisprudência está o facto de, ao contrário do constantemente afirmado na jurisprudência anterior de que a prática de descontos de fidelidade não corresponde a concorrência de preço normal[1574], na prática se verificar que este tipo de descontos é uma técnica comummente usada nos mercados europeus e que o seu resultado pode ser positivo através da intensificação da concorrência pelo preço. Acresce que, uma abordagem demasiado estrita e formal pode levar a que as empresas fiquem inibidas de concorrer, com receio de que o seu comportamento seja interpretado de forma diferente pela Comissão. Assim, os descontos só devem ser considerados anticoncorrenciais se causarem ou tiverem a capacidade de causar exclusão de concorrentes tão eficientes como a empresa em posição dominante[1575].

Uma outra prática que aqui podemos incluir é a dos pagamentos tendentes à exclusividade.

Note-se, no entanto, que nestes casos a Comissão não adotou medidas de correção. São exemplos os casos *Tomra, Intel* e *Qualcomm (exclusividade)*, onde a Comissão não sentiu necessidade de aplicar medidas de correção, tendo sido suficiente declarar a obrigação de cessar a infra-

1569 Cruz Vilaça (2018b, p. 185).

1570 Jones *et al.* (2019, p. 444), Komninos (2018, pp. 42 a 50), Whish e Bailey (2018, p. 206).

1571 Marco Colino (2019, p. 385).

1572 Nº 61 do acórdão. No mesmo sentido, Ezrachi (2018, p. 272).

1573 De la Mano *et al.* (2014, pp. 436 e 437).

1574 Acórdão *Michelin II*, nº 137.

1575 De la Mano *et al.* (2014, p. 431 e 432) defendendo a abordagem baseada nos efeitos. Ver, também, Zenger (2012, p. 717), Klein e Murphy (2008, p. 433) Aceitando os benefícios de uma abordagem formal nestes casos ver Waelbroeck (2005, p. 149), Ahlborn e Bailey (2006, p. 101), Federico (2011, pp. 139 a 141).

ção[1576]. Ainda que não seja necessário impor medidas de correção, pode ser necessário fazer acompanhar a obrigação de fazer cessar a infração de medidas de monitorização, tal como aconteceu na decisão *France Telecom*, para garantir que a decisão surte efeito.

Estas decisões em casos de descontos e pagamentos tendentes à exclusividade (ausência de medida de correção ou medida de correção que espelha o abuso) justificam-se por vários motivos. De acordo com o método que propomos, em primeiro lugar, a Comissão avalia o comportamento e conclui pela infração. Em segundo lugar, determina os objetivos específicos a alcançar com a medida de correção (os mediatos e imediatos são transversais a todas as medidas de correção) que, nestes casos, se centram na manutenção da possibilidade de concorrência no mercado, e os beneficiários da medida. Em terceiro lugar, a Comissão avalia as possibilidades de aplicar uma medida de correção e qual, tendo em conta os princípios e requisitos de eficácia, proporcionalidade, tempestividade e segurança jurídica. Por fim, avalia os riscos de aplicação da medida de correção. Ora, estes abusos são mais facilmente contrariados com medidas que espelham o próprio comportamento, por um lado, e, por outro, uma ingerência da Comissão na determinação dos preços concretos seria desproporcionada e pouco eficaz porque, não só, a empresa ficaria limitada na determinação da sua atividade comercial (para além da limitação que decorre da lei, nomeadamente, da proibição das práticas pelas quais é acusada), como também, e principalmente, a determinação dos preços de produtos e serviços não é a vocação da Comissão.

c) Compressão de margem

A prática de compressão de margem é aquela pela qual uma empresa verticalmente integrada, em posição dominante no mercado a montante, fornece aos seus clientes no mercado a jusante (que também são seus concorrentes ou concorrentes de uma sociedade do mesmo grupo) um produto ou serviço necessário para que essas empresas concorram no mercado a jusante, por um preço grossista que não lhes permite cobrir os custos de concorrer nesse mercado a um preço competitivo em

[1576] Decisão *Tomra*, art. 3º, decisão *Intel*, nºs 1754 a 1756 e art. 3º; decisão *Qualcomm (exclusividade)*, nºs 568 a 570.

relação ao preço da empresa verticalmente integrada, conforme se retira do acórdão *Deutsche Telekom*[1577]. Deste modo, a empresa a montante favorece as suas vendas a jusante e contribui para excluir os concorrentes nesse mercado. Na medida em que esta prática seja realizada de molde a excluir concorrentes tão eficientes quanto a empresa em posição dominante, pode haver prejuízo para os consumidores e podemos estar perante um abuso de posição dominante[1578].

Algumas questões se podem colocar. Desde logo, na sua Orientação sobre o art.102º TFUE, a Comissão parece tratar a compressão de margem como uma recusa em contratar construtiva, aplicando os mesmos requisitos a ambas. Tendo em conta que a recusa em contratar assenta na indispensabilidade do produto, coloca-se a questão de saber se a verificação de compressão de margem depende de se considerar que o produto é indispensável. Nazinni[1579] e Jones, Sufrin e Dunne manifestam-se a favor[1580]. Contudo, parece que a jurisprudência dos tribunais da UE não o exige. Aliás, os tribunais deixaram muito claro, contra a posição do AG Mazák[1581], que a compressão de margem é um tipo de abuso de posição dominante autónomo, que não depende de se considerar que os preços grossistas ou retalhistas são em si mesmos um abuso (sob a forma de preços excessivos ou predatórios)[1582] nem de estarmos perante o abuso sob a forma de recusa em contratar. Em *Telefónica*, o TG admitiu que, face às circunstâncias do caso (obrigações de contratar decorrentes de regulação setorial específica e construção da rede enquanto o incumbente beneficiava de proteção em relação à concorrência, através de direitos especiais ou exclusivos), não era necessário que o produto em causa fosse indispensável para se verificar um abuso[1583]. Na verdade, esta posição também parece ser seguida pela Comissão na sua Orientação, quando admite não aplicar todos os requisitos de uma recusa em

[1577] Acórdão *Deutsche Telekom* do TJ, nºs 102, 107 e 140.

[1578] Acórdão *TeliaSonera*, C-52/09, nºs 42 a 44. Ver, também, O'Donoghue e Padilla (2020, p. 499).

[1579] Nazzini (2011, pp. 273 a 275).

[1580] Jones *et al.* (2019, p. 428).

[1581] Conclusões do AG Mazák, *TeliaSonera*, nº 16.

[1582] Acórdãos *Deutsche Telekom* do TJ, nºs 157, 159 e 183, e *TeliaSonera*, nº 34.

[1583] Acórdão do TG *Telefónica*, nº 180. O TJ não analisou o mérito deste fundamento por razões formais. Ver Acórdão *Telefónica*, C-295/12 P, nºs 96 a 101.

contratar quando é evidente que a imposição da obrigação de fornecimento não terá efeitos negativos sobre os incentivos da empresa em posição dominante para investir e inovar (como as circunstâncias do caso *Telefónica*)[1584].

Alguns autores manifestaram-se contra a posição da Comissão argumentando que, de um ponto de vista dinâmico, o dever de uma empresa em posição dominante garantir uma certa margem aos seus concorrentes prejudicava os incentivos da empresa em investir e inovar. Aquela posição justificar-se-ia em situações onde não era necessário proteger o incentivo de investimento da empresa em posição dominante, porque esta estava protegida no momento da tomada e da execução da decisão de investir ou porque, de qualquer forma, já existia uma obrigação regulatória[1585]. Caso contrário, estar-se-ia a condenar uma empresa por não garantir um determinado nível de rentabilidade aos seus concorrentes, sem qualquer correlação com o bem-estar do consumidor[1586]. Foi criticado, ainda, o acórdão *TeliaSonera*[1587], em que a empresa tinha sido condenada por compressão de margem quando (pelo menos em parte) a legislação setorial não impunha a obrigação de contratar. Por este motivo, este caso foi considerado uma exceção[1588].

Outros autores, contudo, apoiaram a posição da Comissão e dos Tribunais[1589]. Outros, ainda, tentaram encontrar coerência na jurisprudência, afirmando que a diferença de tratamento residia no tipo de medidas de correção que a Comissão pretendia aplicar, sendo que quando estas eram de caráter positivo (e, portanto, na sua opinião) mais intrusivas, o teste de abuso tinha de ser mais exigente[1590].

A posição adotada pelo TJ nos acórdãos de 2021 *Deutsche Telekom* e *Slovak Telekom*[1591] mantém a linha jurisprudencial anterior: as condições

[1584] Orientação sobre o art.102º TFUE, nº 82.

[1585] Geradin e O'Donoghue (2005, pp. 413 a 414).

[1586] Sidak (2008, p. 294).

[1587] Acórdão *TeliaSonera*, nºs 71 e 72. Sendo que prova de indispensabilidade é um indicador dos efeitos de exclusão. *Idem*, nºs 69 e 70.

[1588] Geradin (2011, pp. 3, 4 e 10).

[1589] De la Mano *et al.* (2014, p. 489).

[1590] Ibañez Colomo (2019, p. 435).

[1591] Acórdãos do TJ (Terceira Secção) de 25 de março de 2021, *Deutsche Telekom, AG, c. Comissão Europeia*, C-152/19 P, EU:C:2021:238 e *Slovak Telekom, a.s., c. Comissão Europeia,*

do acórdão *Bronner* [ver 7.1.2 c)] não se aplicam aos casos de compressão de margem, mas sim aos casos de recusa em contratar ou de conceder acesso. De acordo com o TJ, a consequência de obrigar a empresa dominante a contratar é particularmente lesiva da sua liberdade e do seu direito de propriedade. Acrescentou o mesmo Tribunal que, a longo prazo, é geralmente favorável ao desenvolvimento da concorrência e do interesse dos consumidores permitir que uma empresa reserve para seu próprio uso as instalações que desenvolveu para as necessidades da sua atividade. Caso contrário, não só a empresa dominante, como também os concorrentes, terão menos incentivos em investir. Por estes motivos, só se justifica obrigar a empresa a contratar se tiver um "verdadeiro controlo" no mercado, o que se determina pelo caráter indispensável do acesso à infraestrutura[1592]. Tal não ocorre quando esse acesso já foi concedido, mas se encontra sujeito a condições não equitativas[1593].

Na UE, os principais casos de compressão de margem surgiram em mercados de comunicações eletrónicas, dada a dependência de muitos operadores das redes e serviços de empresas instaladas, nomeadamente, antigos incumbentes[1594]. Há registo de casos anteriores em indústrias distintas, mas não são particularmente elucidativos quanto a este tipo de abuso[1595]. Na verdade, entendemos que os casos de compressão de margem ocorrem com mais frequência em mercados regulados, onde já existe algum grau de liberalização, mas onde ainda encontramos uma empresa em posição dominante herdeira do incumbente[1596].

A compressão de margem faz parte dos chamados abusos por alavancagem, pelo que não se exige prova de um nexo de causalidade neces-

C-165/19 P, EU:C:2021:239 (proferidos após a data de entrega da tese), seguindo, neste ponto, as conclusões do AG Øe, apresentadas em 9 de setembro de 2020, C-152/19 P e C-165/19 P, *Deutsche Telekom e Slovak Telekom c. Comissão Europeia*, EU:C:2020:678, nºs 68 a 79. As conclusões também foram proferidas após a data de entrega da tese.

[1592] Acórdãos do TJ *Deutsche Telekom*, C-152/19 P e *Slovak Telekom*, C-165/19 P, nºs 46-49.

[1593] *Idem*, nº 50.

[1594] Acórdãos do TJ *Slovak Telekom*, C-165/19, *Deutsche Telekom*, *TeliaSonera* e do TG *Telefónica*. Ver também acórdão *Deutsche Telekom* do TG e acórdão do TG (Nona Secção alargada) de 13 de dezembro de 2018, *Slovak Telekom, a.s., c. Comissão Europeia*, T-851/14, EU:T:2018:929.

[1595] Decisão da Comissão de 29 de outubro de 1975, *National Coal Board, National Smokeless Fuels e National Carbonizing*, 76/185, p. 6.

[1596] O'Donoghue e Padilla (2020, p. 492).

sário entre posição dominante num mercado e abuso nesse mesmo mercado. Porém, o TJ acrescentou que estamos perante um abuso quando a empresa tem posição dominante no mercado a montante e a utiliza para se fortalecer no mercado a jusante[1597]. Esta posição confirma, em nosso entender, a necessidade de haver uma relação entre os mercados.

A Comissão já aplicou medidas de correção em face deste tipo de abuso de posição dominante. Nos casos *Deutsche Bahn I e II*[1598], a instituição adotou uma decisão ao abrigo do art. 9º do Regulamento 1/2003, aceitando os compromissos propostos pela empresa. A *Deutsche Bahn,* para além de ativa no setor do transporte ferroviário, encontrava-se verticalmente integrada, explorando o fornecimento de corrente de tração a empresas ferroviárias (através da *DB Energie*), que constitui o tipo específico de energia usado para assegurar a propulsão de locomotivas elétricas. No momento da análise da Comissão, a *DB Energie* era a única empresa a explorar a rede elétrica necessária para a distribuição de corrente de tração e a fornecer corrente de tração às empresas ferroviárias na Alemanha detendo, assim, uma posição dominante[1599]. A Comissão investigou o sistema tarifário (incluindo os descontos) da empresa, pois receava que o mesmo representasse uma compressão de margem tendente à exclusão de concorrentes – pelo menos tão eficientes – nos mercados a jusante da prestação de serviços de transporte ferroviário de mercadorias e de passageiros de longo curso[1600].

A *DB Energie* apresentou os compromissos pelos quais adotaria um sistema tarifário que separasse a tarifa do fornecimento de eletricidade da taxa de acesso à rede[1601] e, ainda, daria acesso à rede a fornecedores de eletricidade que não faziam parte do grupo *Deutsche Bahn,* para permitir a sua entrada no mercado a montante, de modo a que estes pudessem a fornecer corrente de tração aos operadores ferroviários[1602]. Adicionalmente, a *DB Energie* eliminaria os descontos de quantidade do tari-

[1597] Acórdão *TeliaSonera*, C-52/09, nºs 87 a 89. Sobre a posição do TJ e do TG ver, por exemplo, Ibañez Colomo (2018c, pp. 207 a 210), Geradin *et al.* (2012, pp. 261 a 269).

[1598] Decisão da Comissão de 18 de dezembro de 2013, AT.39.678/39.731.

[1599] Decisão *Deutsche Bahn I e II*, nº 40.

[1600] Decisão *Deutsche Bahn I e II*, nºs 48 a 54.

[1601] Decisão *Deutsche Bahn I e II*, nº 84.

[1602] Decisão *Deutsche Bahn I e II*, nºs 70 e 86.

fário, cobrando uma tarifa linear e pagaria às empresas ferroviárias que não fizessem parte do grupo *Deutsche Bahn*, um montante único correspondente a 4 % da sua fatura anual de corrente de tração, com base no período de um ano anterior à data de entrada em vigor do novo sistema tarifário, para nivelar os seus custos, antes de os concorrentes de fornecimento de energia entrarem no mercado de corrente de tração[1603].

Os compromissos foram tornados obrigatórios pelo período de cinco anos. No entanto, a decisão continha um mecanismo que permitia que os compromissos pudessem cessar mais cedo, se, no período de um ano de calendário, pelo menos 25% da procura de corrente de tração por parte dos operadores ferroviários estranhos à *Deutsche Bahn* fosse fornecida por outros fornecedores de eletricidade. No final de 2015, foi notificado o "*administrador responsável pela monitorização do respeito pelos compromissos*" de que mais de 50% da procura em causa era fornecida por empresas estranhas ao grupo *Deutsche Bahn*. Na sequência desse acontecimento, a Comissão fez cessar os compromissos que impendiam sobre a empresa em abril de 2016[1604].

Nos casos *Deutsche Bahn*, as medidas aceites pela Comissão foram além de meramente espelharem o alegado abuso. De facto, a *DB Energie* não só admitiu praticar um tarifário que permitisse que as empresas de transporte ferroviário pudessem prestar serviços com uma rendibilidade mínima ou adequada – neste caso a medida corretiva espelhou o abuso, pois estava em causa a possível exclusão das empresas no mercado a jusante – como também propôs dar acesso à rede a empresas fornecedoras de eletricidade, quando as preocupações da Comissão não demonstravam esta necessidade. Efetivamente, as medidas de correção de concessão de acesso são mais consistentes quando aplicadas em situação de recusa de acesso a infraestrutura essencial, do que em casos de compressão de margem. Esta mesma conclusão parece poder retirar-se do caso *Telefónica*[1605], no qual a Comissão aplicou uma coima e não ordenou medidas de correção. Para esta conclusão pode ter contribuído, não só, o facto de se tratar de um caso de compressão de margem, como tam-

1603 Decisão *Deutsche Bahn I e II*, nºs 86 a 93.

1604 Decisão de 8 de abril de 2016, 39.678 a 39.731, *Deutsche Bahn I e II*, nº 7.

1605 Decisão de 4 de julho de 2007, 38.784, *Telefónica*, cujo resumo foi publicado no JO C 83, de 2.4.2008, p.6.

bém, o facto de os deveres regulatórios da empresa já incluírem a obrigação de conceder acesso, pelo que uma medida de correção exatamente igual seria redundante. O caso *Slovak Telekom*[1606], igualmente concluído através de decisão de condenação com aplicação de coima, também nos pode fornecer alguma ajuda para retirar esta conclusão[1607], pois entendemos que não foi mais além da obrigação de fazer cessar a infração.

Nota-se a diferença de abordagem em relação aos outros tipos de abusos relacionados com o preço. De facto, em compressão de margem, o abuso assenta, entre outros, na existência de uma integração vertical da empresa em posição dominante. Deste modo, a obrigação de cessar a infração pode não ser suficiente para alterar os incentivos dessa empresa em discriminar positivamente a sua atividade no mercado a jusante. Sendo os objetivos específicos a alcançar, de acordo com o nosso estudo, os de eliminar o conflito de interesses, aumentar a transparência, não dificultar a entrada de concorrentes no mercado e a mudança de fornecedor[1608], pode justificar-se a medida de correção de separação. Dependendo do caso concreto, a separação adequada e eficaz pode ser funcional, jurídica ou de propriedade (*vide* decisão *RWE*, em 7.2.2).

Porém, não é unânime que a medida de correção estrutural, *maxime* o desinvestimento, seja proporcionada ou mesmo a mais eficaz. Aliás, a conclusão sobre a adequada medida de correção pode variar se entendermos que o abuso por compressão de margem não deve ser tratado de forma autónoma, mas sim como recusa de venda construtiva. Neste caso, a medida de correção adequada pode ser a obrigação de contratar, pois, na sua ausência, a empresa em posição dominante pode, simplesmente, deixar de fornecer o *input*[1609-1610].

[1606] Decisão *Slovak Telekom*.

[1607] Decisão *Slovak Telekom*, parágrafo 1485.

[1608] Por exemplo, acórdão *Deutsche Telekom* do TG, nºs 233 a 237, decisão *Deutsche Bahn I e II*, nº 84.

[1609] Nazzini (2011, p. 275).

[1610] Contudo, a medida de correção de obrigação de contratar pode não ser suficiente e pode englobar a necessidade de aumentar o preço de retalho (aceite pelo TJ no acórdão *Deutsche Telekom* do TJ, nº 151). Esta não parece ser a solução mais consentânea com o objetivo do bem-estar do consumidor de forma estreita (preços baixos a curto prazo). Porém, já pode ser entendido se tivermos em conta um objetivo de direito da concorrência mais amplo (incluindo qualidade, inovação, etc.). Ver Jones *et al.* (2019, p. 430).

Genericamente, as medidas de correção de caráter estrutural podem ser mais adequadas a resolver problemas de concorrência relacionados com a estrutura da empresa, ao passo que as medidas comportamentais se adequam particularmente a específicos comportamentos[1611]. No caso de poder de monopólio substancial e duradouro, então, uma medida de correção que apenas regule aspetos comportamentais pode não ser eficaz[1612]. Ainda, e como já chamámos à atenção, o momento em que o caso é decidido tem muito impacto na sua adequação e eficácia[1613].

A análise destes casos também nos leva a concluir que existe uma diferença de abordagem consoante o mercado. Na verdade, se os casos de compressão de margem se verificam essencialmente em mercados regulados (energia e telecomunicações) o tratamento dado pela Comissão tem sido um pouco diferente nos dois setores, tendo as medidas de correção sido mais severas no setor da energia. Sem prejuízo da discussão que levaremos a cabo em 7.2.2, adiantamos que a diferença pode assentar no facto de o mercado das comunicações eletrónicas estar mais aberto e num estado de liberalização mais completo que o da energia e de a Comissão utilizar o direito da concorrência como complemento da regulação[1614].

Por fim, outra diferença de abordagem é aquela que resulta da natureza da decisão, notando-se que as medidas de correção ocorrem com maior frequência (e são mais severas) em casos prosseguidos ao abrigo do art. 9º do Regulamento 1/2003 (compromissos).

7.1.2. Abusos de exclusão não relacionados com o preço

Vamos debruçar-nos, agora, sobre as medidas de correção aplicáveis a abusos de posição dominante não relacionados com o preço. Nestes casos encontramos as situações de recusa em contratar, vendas ligadas ou subordinadas, recusa de acesso a infraestrutura essencial, imposição de condições discriminatórias[1615], e obrigações de exclusividade (estas também podem resultar de pagamentos, como vimos em *Intel* e *Qual-*

[1611] Wang (2011, p. 588).

[1612] Ritter (2016, p. 596).

[1613] Crandall (2001, p. 154) .

[1614] Acórdão *Deutsche Telekom* do TJ, nº 92. *Comunicação sobre acordos de acesso*, nºs 57 e 58.

[1615] Deixaremos a discriminação de segunda linha para um capítulo autónomo.

comm, exclusividade). A nossa análise mostra que o facto de o abuso se relacionar ou não com o preço influencia a escolha da medida de correção, porque a solução típica para resolver os problemas suscitados por cada um não é necessariamente a mesma. É verdade que, não sendo o abuso relacionado com o preço, a medida de correção a adotar também não o será necessariamente (embora possa conter elementos relacionados com o preço, como compensação pelo uso de licenças ou concessão de acesso). As medidas mais naturais serão aquelas que contrariam de forma direta o abuso, como a cessação da exclusividade, a oferta separada dos produtos e a obrigação de contratar. Porém, apesar de parecerem simples, estas medidas corretivas têm alcances muito distintos. Nomeadamente, em teoria é relativamente mais simples contrariar uma conduta de vendas contratualmente subordinadas do que uma recusa em contratar que implique acesso, particularmente em caso de direitos de propriedade intelectual.

a) Obrigações de exclusividade e obrigações com efeito semelhante

A jurisprudência do TJUE debruçou-se, desde cedo, sobre as obrigações de exclusividade, em casos como os acórdãos *Suiker Unie*[1616], *Hoffmann--La Roche* ou *Van den Bergh Foods*[1617]. Nestes, encontramos a posição de princípio de que empresas em posição dominante não devem requerer exclusividade dos seus clientes ou fornecedores (mesmo a pedido destes)[1618]. Estas obrigações podem decorrer de regras contratuais pelas quais o cliente ou o fornecedor aceita comprar ou vender exclusivamente à empresa em posição dominante, ou ter origem em situações de incentivo (nomeadamente a realização de pagamentos ou descon-

[1616] Acórdão do Tribunal de Justiça de 16 de dezembro de 1975, *Coöperatieve Vereniging "Suiker Unie" UA e outros c. Comissão das Comunidades Europeias*, 40 a 48, 50, 54 a 56, 111, 113 e 114/73, EU:C:1975:174.

[1617] Acórdão *Van den Bergh Foods Ltd c. Comissão*, sustentado pelo acórdão de 28.9.2006, *Unilever Bestfoods (Ireland) Ltd c. Comissão*.

[1618] Quanto à obrigação de exclusividade do fornecedor, ver, acórdão *BPB Industries and British Gypsum c. Comissão (British Plasterboard)*, nºs 94 a 96, suportado pelo acórdão *BPB Industries and Bristish Gypsum c. Comissão (British Plasterboard)*, nº 17.

tos[1619-1620]; note-se que neste capítulo estamos a focar-nos no aspeto não relacionado com o preço).

As obrigações de exclusividade, particularmente se forem temporalmente longas e se abrangerem uma grande parte do mercado, podem ter um efeito de exclusão dos concorrentes, na medida em que impedem o seu acesso aos clientes. É jurisprudência assente que, para estarmos perante uma obrigação de exclusividade, não é necessário impor a compra ou a venda da totalidade dos fornecimentos, sendo suficiente a quase totalidade[1621]. No direito europeu da concorrência aceita-se, para efeitos de aplicação do art. 101º TFUE às restrições verticais, que uma obrigação que implique que, pelo menos, 80% das necessidades de abastecimento de um cliente ou das necessidades de escoamento de um fornecedor sejam realizadas com a empresa em posição dominante corresponde a uma obrigação de exclusividade[1622]. Apesar de não estar estabelecida a aplicação desta regra dos 80% aos casos de abuso de posição dominante[1623], Ibañez Colomo defende que, por uma razão de coerência, se deveria entender que uma obrigação de comprar ou vender até 80% das quantidades não corresponde a exclusividade[1624]. Em *Intel* o TG também parece ter aceitado esta aplicação[1625].

Para contrariar este tipo de abuso, é normalmente suficiente decretar uma obrigação de fazer cessar a infração através da eliminação de cláusulas que levam à exclusividade, como em *Intel* ou *Qualcomm*. Contudo,

[1619] Decisão da Comissão *Van den Bergh Foods*, p. 1, nº 433; acórdão *Van den Bergh Foods*, nºs 160 e 161.

[1620] Eventualmente pode discutir-se, também, se as chamadas cláusulas inglesas ou cláusulas da nação mais favorecida, pelas quais o cliente é obrigado a comunicar ao fornecedor uma melhor oferta e este pode, se o quiser, igualar a oferta, podem alcançar resultados semelhantes. Acórdão *Hoffmann-La Roche*, nº 107; Decisão *e-Books*, nºs 2, 65.

[1621] Acórdão *Hoffmann-La Roche*, nº 83 e Acórdão do TG de 17 de dezembro de 2009, *Solvay SA c Comissão*, T-57/01, EU:T:2009:519, nº 316.

[1622] Para as restrições verticais *vide* Regulamento (UE) nº 330/2010 da Comissão, de 20 de abril de 2010, relativo à aplicação do artigo 101º, n. o 3, do Tratado sobre o Funcionamento da União Europeia a determinadas categorias de acordos verticais e práticas concertadas (JO L 102 de 23.4.2010, p. 1-7) e Orientações sobre as restrições verticais, nº 129.

[1623] De la Mano *et al.* (2014, p. 421).

[1624] Ibañez Colomo (2016a, pp. 714 e 715). Sobre a posição do TJ e do TG ver, por exemplo, Ibañez Colomo (2018c, pp. 188 a 198).

[1625] Acórdão *Intel*, T-286/09, nº 79.

encontramos alguns casos onde foram aplicadas verdadeiras medidas de correção[1626]. No caso *Coca-Cola*[1627], a Comissão acusava a empresa de exigir, juntamente com os seus três engarrafadores mais importantes, acordos de exclusividade e descontos de quantidade, bem como disposições relativas à variedade dos produtos contratados e aos expositores onde estes deviam ser colocados. De acordo com a instituição, estas obrigações eram tendentes a dificultar, a terceiros, o acesso aos clientes no fornecimento de refrigerantes gaseificados em dois canais de distribuição, o orientado para o consumo doméstico e o orientado para o consumo no local de venda[1628]. As empresas comprometeram-se a eliminar as cláusulas de exclusividade e os descontos de quantidade e a definir as regras relativas à variedade de produtos e de expositores de forma separada para determinadas categorias de marcas. As empresas ainda assumiram os compromissos de reduzir a duração dos contratos de financiamento do equipamento, oferecer aos clientes a possibilidade de reembolso ou resolução dos mesmos, sem penalização, e libertar uma parte do espaço dos armários frigoríficos (na senda da posição adotada pelo TJ no caso *Masterfoods*[1629]).

Em *De Beers*[1630], estava em causa a conclusão de um acordo entre a empresa e a Alrosa, dois produtores de diamantes concorrentes, que foi notificado à Comissão ainda ao abrigo do Regulamento 17/62, e em relação ao qual a Comissão considerou que podia haver violação dos arts. 101º (sem a correspondente justificação do nº 3) e 102º TFUE.

As duas empresas apresentaram compromissos conjuntos pelos quais a quantidade de fornecimento de diamantes era reduzida. No entanto, na sequência do teste de mercado, a Comissão sugeriu alterações à proposta. Nesta medida, a De Beers apresentou, individualmente, novos compromissos, pelos quais reduzia drasticamente a compra de dimanantes em bruto à Alrosa até 2008, cessando as aquisições em 2009[1631]. Esta

1626 Ainda podemos acrescentar as decisões *Distrigaz* (que veremos a propósito dos mercados de energia) e *Der Grünne Punkt*.

1627 Decisão da Comissão de 22 de junho de 2005, *Coca-Cola*, COMP/39.116 (JO L 253, 29.9.2005, p. 21).

1628 Decisão *Coca-Cola*, nºs 26 a 37.

1629 Acórdão *Masterfoods*.

1630 Decisão *De Beers*.

1631 Decisão *De Beers*, nº 2.

decisão foi objeto de recurso pela Alrosa e deu origem à famosa polémica sobre o âmbito do princípio da proporcionalidade[1632] em decisões de compromissos, que já discutimos.

Em nossa opinião, entendemos que neste caso estava em causa uma relação de aquisição subordinada a exclusividade, que, em conjunto com as elevadas barreiras à entrada no mercado[1633], levava a que a De Beers não tivesse verdadeira concorrência no mercado e impedia o segundo maior operador de concorrer de forma efetiva[1634].

A medida de correção que a Comissão aceitou, foi, no entanto, para além daquela que espelharia o abuso. A Comissão adotou a medida de correção de cessação da relação comercial, quando a mais lógica teria sido a de fazer cessar a exclusividade. Aliás, na sua decisão, a Comissão debruçou-se sobre a suficiência das medidas apresentadas, mas não sobre a proporcionalidade das mesmas. Em recurso, o TJ apoiou a Comissão, afirmando que a instituição não é obrigada a procurar soluções mais moderadas do que as apresentadas e que a obrigação que lhe incumbia em relação à proporcionalidade das medidas era a de verificar que as mesmas eram suficientes para responder às preocupações preliminares identificadas[1635].

O que importa notar neste momento, é a relativa facilidade de terminar a infração e os seus efeitos através da adoção de uma obrigação de fazer cessar a infração ou medidas de correção menos intrusivas, como a cessação da exclusividade (ainda que decorra de vários meios, como no caso *Coca-Cola)*. Estes dois casos, em particular o *De Beers*, ainda nos mostram que a adoção de medidas de correção, e em particular a sua extensão, também depende da natureza da decisão, pois em caso de compromissos, devido à mitigação da proporcionalidade, a Comissão pode obter medidas de correção mais específicas (como em *Coca-Cola*) ou mais extensas (como em *De Beers*).

[1632] Acórdão *Alrosa*.

[1633] Decisão *De Beers*, nº 27.

[1634] Decisão *De Beers*, nº 46.

[1635] Acórdão *Alrosa* do TJ, nº 61.

b) Vendas subordinadas e agrupadas

O art. 102º, d), TFUE expressamente declara como abuso de posição dominante a subordinação da "*celebração de contratos à aceitação, por parte dos outros contraentes, de prestações suplementares que, pela sua natureza ou de acordo com os usos comerciais, não têm ligação com o objeto desses contratos*". No entanto, esta definição é meramente exemplificativa, pois podem ocorrer casos de vendas subordinadas e agrupadas para além das circunstâncias descritas na norma[1636]. É exemplo desta prática a situação em que o preço dos produtos ou serviços é calculado de forma a encorajar a sua compra em conjunto[1637] (agrupamento puro, quando os produtos só são vendidos em conjunto e em proporções fixas, ou misto, quando vendidos separadamente, mas em que a soma total do preço dos produtos vendidos separadamente é superior ao preço do conjunto, i.e. desconto multiproduto[1638-1639]). Outro exemplo será o caso de o produto subordinante ser concebido de modo a só poder ser usado de forma adequada quando em conjunto com o produto subordinado e não com um produto alternativo de um concorrente (subordinação técnica).

A prática de vendas subordinadas ou agrupadas pode constituir um abuso de posição dominante quando a empresa aproveita um mercado onde se encontra em posição dominante para alavancar as vendas no outro mercado[1640]. De acordo com a jurisprudência, estamos perante um caso de vendas subordinadas ou agrupadas quando dois produtos distintos, no sentido de que existe procura independente para o segundo

[1636] De la Mano *et al.* (2014, p. 439). Por exemplo, veja-se o acórdão *Hilti*, no qual os produtos tinham uma ligação necessária: pistola de pregos e pregos. Sobre o tema ver, por exemplo, Buttigieg (2009, pp. 217 a 223).

[1637] Marcos (2017, p. 342).

[1638] Decisão *Coca-Cola*, nº 208.

[1639] Orientação sobre o art. 102º TFUE, nº 48. Note-se que esta é uma infração relacionada com o preço. O'Donoghue e Padilla (2020, p. 1196) notam que se lhes deve aplicar a medida de correção adequada ao teste de abuso, sendo o de preços predatórios a medida será a equivalente a esses casos. Notam, porém, que em *Digital Undertaking*, um caso de 1997 envolvendo a empresa Digital Equipment Corporation, a Comissão admitiu um teste mais claro de a redução não ultrapassar 10% da soma do preço dos produtos (*idem*). Ver Comunicado de imprensa da Comissão de 10.10.1997, IP/97/868, disponível em https://ec.europa.eu/commission/presscorner/detail/en/IP_97_868.

[1640] Crane (2012, p. 29).

produto (o subordinado), são vendidos em conjunto por imposição da empresa em posição dominante[1641].

A proibição de vendas subordinadas ou agrupadas por empresas em posição dominante também foi objeto de discussão. Chamamos particular atenção para os casos de subordinação técnica em *Microsoft I*[1642] e *II*[1643]. As decisões da Comissão assentavam no facto de estarmos perante dois produtos diferentes por haver procura distinta para o produto subordinado. Este teste, tal como desenvolvido e aplicado pela Comissão e pelo TG, foi criticado. De facto, podemos igualmente considerar que só estaríamos perante dois produtos diferentes se houvesse procura distinta para cada um dos produtos. Quanto à imposição da compra em conjunto, os casos *Microsoft* também revelam que o teste é demasiado amplo[1644]. Efetivamente, em qualquer um destes casos, os consumidores podiam adquirir tantos produtos concorrentes quantos quisessem, adotando a prática de "*multi-homing*", pois não havia obrigação de apenas usarem os produtos Microsoft[1645]. Discutiremos as medidas de correção nos casos *Microsoft* no capítulo relativo aos mercados digitais ou tecnológicos. Neste momento, interessa-nos discutir qual a medida de correção "natural" num caso de vendas subordinadas ou agrupadas. Tendo em conta a necessidade de nexo estreito com a infração, aquela parece ser a contrária à prática: a venda de bem de forma independente e autónoma[1646].

Esta foi a medida de correção adotada na decisão *Microsoft I*, onde a Comissão ordenou (em decisão assente no art. 7º) que a empresa comercializasse uma versão do Windows sem "*media player*"[1647]. Contudo, verificou-se que a mesma não foi eficaz[1648], pois, após o cumprimento da medida de correção, a Microsoft observou que não existia procura para

[1641] Acórdãos *Tetra Pak II* e *Hilti*.

[1642] COMP/C-3/37.792, *Microsoft* (2004).

[1643] COMP/39.530, *Microsoft* (2009).

[1644] Ahlborn e Evans (2009, p. 932) criticam veementemente a abordagem formal no caso. Mas confrontar com De la Mano *et al.* (2014, p. 447 a 450) que sugerem que não se pode retirar da jurisprudência que esta prática constitui um abuso *per se*.

[1645] Geradin e Petit (2011, p. 37).

[1646] O'Donoghue e Padilla (2020, p. 1195).

[1647] Decisão *Microsoft I*, nºs 999 a 1017.

[1648] De la Mano *et al.* (2014, p. 458), O'Donoghue e Padilla (2020, pp. 1195 e 1196).

aquele produto[1649], especialmente porque a versão integrada podia ser vendida ao mesmo preço[1650]. Este resultado motivou vários autores a concluir que este tipo de obrigações requer que as autoridades verifiquem que existe procura para um determinado produto antes de ordenar uma medida de correção[1651], pois a eficácia também se mede através da sua efetiva utilização[1652-1653]. Pelo contrário, em *Microsoft II,* a empresa comprometeu-se (em decisão de art. 9º) a introduzir um ecrã de escolha que permitisse aos consumidores escolher um "*browser*" de um conjunto determinado de forma aleatória ("*must carry*"). Esta medida foi criticada por outros motivos, levando a que se questionasse a proporcionalidade da medida[1654] (adotada em decisões de compromissos, porém) e sua conexão com a infração[1655]. De facto, este tipo de medida de correção, com o objetivo específico de criar um "*level playing field*", é muito mais adequado ao tipo de abuso de recusa em contratar[1656], cujos requisitos são mais exigentes[1657]. No entanto, em termos de eficácia, foi mais bem-sucedida, por envolver ativamente os consumidores na escolha do "*browser*"[1658] (ou seja por incentivar alteração de comportamentos do lado da procura).

Nos casos *Microsoft* nos EUA, chegaram a ser aplicadas medidas de correção, incluindo obrigações de interoperabilidade e a separação vertical da Microsoft[1659] entre uma empresa de sistemas operativos, que

[1649] Economides e Lianos (2010b, p. 430).

[1650] Niels *et al.* (2016, pp. 388 a 390), Gavil e First (2014, p. 325), Economides e Lianos (2010a, p. 367), Page (2009, p. 799).

[1651] Page (2009, p. 799).

[1652] Heiner (2009, p. 878) referindo-se apenas ao licenciamento, mas aplicável, também, às outras medidas.

[1653] A medida de correção em *Microsoft I,* como em muitos outros casos, também coloca desafios de aplicação geográfica. Não trataremos esta questão por se situar fora do escopo do nosso estudo.

[1654] Ibañez Colomo (2010, pp. 294 a 296).

[1655] Cremos que Waller (2009, pp. 27 e 28) elabora um argumento semelhante sobre o cuidado na determinação da responsabilidade previamente à adoção das medidas de correção. Ver, também Forrester (2009b, p. 337).

[1656] Ibañez Colomo (2018c, p. 212).

[1657] Ibañez Colomo (2019, pp. 435), Jones *et al.* (2019, pp. 531 a 533), Nazzini (2015, p. 309).

[1658] O'Donoghue e Padilla (2020, p. 1151),

[1659] *United States v.Microsoft Corp.*, 87 F.Supp.2d (D.D.C. 2000).

ficaria responsável pelo respetivo "*software*", e uma empresa de aplicações, que encabeçaria o negócio do restante "*software*". As duas empresas não poderiam partilhar membros de órgãos de administração. Os motivos apresentados para a separação dos dois negócios foram: (i) as repetidas violações do direito da concorrência por parte da Microsoft, que levavam a crer que a empresa não iria respeitar medidas de correção de conduta[1660]; (ii) a ausência de "remorsos" dos membros dos órgãos executivos, que contribuía para fundamentar a convicção de que a empresa não iria executar medidas de conduta; (iii) a separação seria um "corte cirúrgico", que interferiria o mínimo possível com a condução do negócio; (iv) operando numa indústria sujeita a efeitos de rede, a Microsoft e outras empresas do ramo beneficiariam da separação[1661]; (v) a separação eliminaria o incentivo para o encerramento vertical do mercado; e (vi) a separação reduziria as barreiras à entrada criadas pelas aplicações no mercado dos sistemas operativos, pois a empresa responsável por essa atividade teria mais incentivos em criar aplicações para outras plataformas[1662].

Esta decisão foi rejeitada pelo *District of Colombia Circuit*[1663] e, no final, o caso terminou com transações entre a Microsoft e vários Estados[1664-1665]. Efetivamente, os motivos apresentados para a decisão pela medida estrutural não eram totalmente convincentes e não justificavam a proporcionalidade da mesma. Por exemplo, a atitude litigiosa e a falta

[1660] A decisão referia-se a um outro caso envolvendo a Microsoft, concluído em 1995. Nesse caso, contudo, tinha ficado explícito que a Microsoft poderia incluir outras funcionalidades no seu sistema operativo, pelo que era razoável aceitar que tal incluía, também, o *browser*. Assim sendo, este motivo apresentado para a escolha da medida estrutural não era muito forte. Ver Economides e Lianos (2010b, p. 453).

[1661] Podemos fazer aqui um paralelismo com a separação da Portugal Telecom em 2007 em duas empresas de telecomunicações. Embora a separação não tenha sido o resultado de uma medida de correção, não deixou de ter sido influenciada pelo debate que ocorreu em torno da tentativa de oferta pública de aquisição da Sonaecom à Portugal Telecom, em cuja execução, se tivesse sido bem-sucedida a Sonaecom teria desinvestido parte da atividade criando um concorrente. Ver Decisão da AdC de 22.12.2006, *Sonaecom/PT*, 8/2006, nº 2059.

[1662] Economides e Lianos (2010b, p. 452).

[1663] *United States v.Microsoft Corp.*, 253 F.3d (D.C. Cir. 2001).

[1664] Economides e Lianos (2010b, p. 408).

[1665] No mesmo caso, foram propostas várias ações de indemnização por parte de consumidores e concorrentes. First (2010, pp. 349 e 350).

de "remorsos" públicos são fatores subjetivos, que não devem ser tidos em conta para a construção da medida de correção, pois podem fazer apenas parte de uma estratégia de comunicação externa da empresa no exercício dos direitos de defesa e não podem constituir prova da infração[1666]. Para além do mais, os membros dos órgãos executivos até podem mudar e a empresa ter de ficar sujeita às medidas de correção. No caso Microsoft não havia segurança de que a medida estrutural acabasse por ter um resultado positivo para os consumidores. Por um lado, seria difícil de colocar em prática de uma forma rápida, pois a empresa não estava organizada de forma separada e mantinha uma gestão comum em muitos aspetos. Por outro lado, não sendo um mercado regulado, não havia qualquer garantia de que as empresas resultantes da separação continuassem a interoperar. Também não havia garantia de que passassem a concorrer uma com a outra, nem que, passados uns anos, uma delas não acabasse por estar numa posição semelhante à da Microsoft[1667]. Por fim, também ficou estabelecido que o tribunal de primeira instância não tinha realizado uma audiência sobre as medidas corretivas[1668].

A decisão judicial do tribunal do *District of Columbia Circuit* é tida como fundamental em matéria de medidas de correção de um ponto de vista doutrinal e prático[1669]. De um ponto de vista doutrinal, esclareceu que as funções das medidas de correção são as de fazer cessar a infração, impedir a sua repetição e restaurar a concorrência (note-se aqui a semelhança com o que vimos acerca das funções das medidas de correção na UE). Ainda acrescentou que os tribunais não estão limitados a adotar meras medidas de proibição das condutas e que as medidas corretivas de desinvestimento têm de estar fundamentadas num nexo estreito com a infração[1670]. De um ponto de vista prático, os tribunais não devem subs-

[1666] Economides e Lianos (2010b, p. 453).

[1667] Economides e Lianos (2010b, p. 454 e 455).

[1668] Waller (2009, p. 23).

[1669] Weiser (2009, p. 283).

[1670] *Microsoft*, 253 F. 3d, ("*Microsoft's concerns over causation have more purchase in connection with the appropriate remedy issue, i.e., whether the court should impose a structural remedy or merely enjoin the offensive conduct at issue. As we point out later in this opinion, divestiture is a remedy that is imposed only with great caution, in part because its long-term efficacy is rarely certain. See infra Section V.E. Absent some measure of confidence that there has been an actual loss to competition that needs to be restored, wisdom counsels against adopting radical structural relief*").

tituir-se às autoridades reguladoras e só devem poder adotar medidas de correção que, efetivamente, sejam capazes de gerir[1671].

Em casos mais recentes, a Comissão mostrou, igualmente, que está disposta a aceitar medidas de correção interventivas.

No caso *Rio Tinto Alcan*[1672], de acordo com a apreciação preliminar da Comissão (em decisão de compromissos de art. 9º), também estava em causa uma situação de vendas subordinadas. A Rio Tinto Alcan detinha uma posição dominante no mercado do licenciamento de tecnologia de fundição de alumínio que usava para subordinar o mercado da produção de PTA ("*pot tending assemblies*")[1673]. Concretamente, exigia que as empresas que licenciavam a sua tecnologia de fundição de alumínio comprassem PTA de uma sua subsidiária[1674]. Para ir ao encontro das preocupações preliminares da Comissão, a empresa comprometeu-se a eliminar as referidas cláusulas dos contratos e a substituí-las por uma obrigação de aquisição a um conjunto de fornecedores qualificados. Ao mesmo tempo, comprometeu-se a introduzir um processo objetivo e não discriminatório de seleção de fornecedores concorrentes qualificados, com quem partilharia as especificações técnicas, para que estes pudessem apresentar propostas concorrentes, e, assim, os seus licenciados pudessem escolher de entre os vários fornecedores alternativos. No conjunto de concorrentes não se incluíam entidades onde a Rio Tinto Alcan detivesse participações acima de 25% do capital social[1675]. Também neste caso, as medidas de correção aceites pela Comissão foram para além do abuso, configurando verdadeiras medidas de incentivo a concorrentes.

Esta matéria terá novo enfoque com a discussão no caso *Google Android*, na parte em que a Comissão acusa a empresa de obrigar os OEM a pré-instalar as aplicações Google Search e Chrome para poderem pedir a licença para a Play Store[1676]. Este caso será oportunamente discutido em 7.2.3.

[1671] Areeda (1989, p. 853).

[1672] COMP/39.230, *Rio Tinto Alcan* (2012).

[1673] Decisão *Rio Tinto Alcan*, nºs 36 a 57.

[1674] Decisão *Rio Tinto Alcan*, nºs 59 a 65.

[1675] Decisão *Rio Tinto Alcan*, nºs 113 e 134, ver também, 120, 123 e 128.

[1676] Decisão *Google Android*, nºs 1038 e ss.

Como podemos observar, o tipo de abuso de vendas subordinadas ou agrupadas acarreta mais naturalmente a medida de correção de venda de forma independente, pois o objetivo específico a prosseguir é o de manter a possibilidade de concorrer por cada produto. Contudo, a definição da medida de correção em particular não é isenta de desafios. Nomeadamente, se as empresas são obrigadas a vender os produtos em separado, quem vai tomar a decisão de que preço praticar? Sendo uma autoridade, a medida acaba por se tornar numa medida regulatória[1677]. O grau de complexidade aumenta se a conduta de vendas subordinadas é técnica e assenta no próprio desenho ou composição do produto (como o caso *Microsoft II*, por exemplo)[1678]. Em casos de subordinação contratual, como *Hilti*[1679] e *Tetra Pak II*[1680] parece ser suficiente ordenar uma obrigação de fazer cessar a infração acompanhada de um conjunto de condições para a garantir. Contudo, também notamos que através da adoção de uma decisão de tornar obrigatórios compromissos, a Comissão pôde ir mais além tendo sido incluídos nos compromissos a partilha de especificações técnicas com concorrentes para lhes permitir fazer propostas[1681] ou aceitadas medidas de correção com pouco nexo com o abuso, como em *Microsoft II*[1682]. A medida de correção estrutural do tipo cisão de empresa em mais do que uma atividade pode ser adequada a um caso de vendas ligadas ou subordinação[1683], pois faz cessar o incentivo e a capacidade de alavancagem da posição dominante detida num mercado noutro mercado. Porém, só pode ser adotada se, de acordo com os factos do caso, se mostrar eficaz e proporcional.

c) Recusa em contratar

Como regra geral, as empresas, no uso da sua liberdade económica, são livres de contratar[1684]. No entanto, quando determinadas condições se

[1677] O'Barnett (2008, p. 555).

[1678] O'Barnett (2008, pp. 554 e 555).

[1679] Decisão *Hilti*, arts. 1º e 3º.

[1680] Decisão *Tetra Pak II*, arts. 1º, nº 2, e 3º. Nesta decisão houve mais obrigações, mas pouco esclareciam mais do que uma mera obrigação de fazer cessar a infração.

[1681] Decisão *Rio Tinto Alcan*, nº 113.

[1682] Decisão *Microsoft II*, nºs 98 a 112.

[1683] Economides e Lianos (2010b, p. 461).

[1684] Apesar de não o afirmar expressamente, a Orientação da Comissão sobre o art. 102º assenta no princípio de que *"cada empresa, dominante ou não, deve ter o direito a escolher os*

encontram reunidas, a decisão da empresa em posição dominante de não contratar com outras empresas ou de não partilhar determinados ativos (infraestruturas, direitos de propriedade intelectual) ou de o fazer apenas em condições que não podem ser aceites pela contraparte, pode redundar num abuso de posição dominante. O TJUE consagrou requisitos exigentes para determinar a existência desta infração[1685-1686-1687]. De facto, na prática, a consagração deste tipo de abuso implica reconhecer que a empresa em posição dominante tem uma obrigação de contratar, o que tem consequências para o tipo de medida corretiva a considerar pelas autoridades responsáveis pela aplicação do direito da concorrência. As medidas de correção no âmbito da recusa em contratar têm sido adotadas, essencialmente, nos casos em que a recusa afeta um concorrente, ou seja, em abusos de exclusão, pelo que é esse o enfoque que daremos no presente ponto, analisando medidas de correção no contexto de abusos de exploração no ponto seguinte.

Podemos ter quatro formas de recusa em contratar: recusa em fornecer um produto físico ou em prestar um serviço; recusa em conceder acesso a uma infraestrutura essencial ou plataforma; recusa em licenciar direitos de PI; e recusa em conceder acesso a informação de interoperabilidade[1688]. Estes casos têm sido, não só, questionados a nível material, como também, propícios à aplicação de medidas de correção.

seus parceiros comerciais e dispor livremente dos seus bens" (Orientação sobre o art. 102º TFUE, nº 75).

1685 Ibañez Colomo (2019, p. 427).

1686 Rousseva (2010, p. 88). A autora ainda critica os acórdãos *Commercial Solvents* e *United Brands* pelo facto de a Comissão e os Tribunais aceitarem definições de mercado demasiado estreitas (o que acaba por ter como resultado a empresa ser quase sempre considerada em posição dominante) e pelo facto de da eliminação de um concorrente fazerem decorrer a eliminação da concorrência. Ver Rousseva (2010, pp. 83 a 87).

1687 Apesar de inicialmente a jurisprudência *Commercial Solvents* e *United Brands* parecer aceitar que a empresa em posição dominante tinha uma obrigação de contratar quando a recusa afetava a liberdade económica de uma empresa mais pequena.

1688 De la Mano *et al.* (2014, p. 465). Sobre a posição do TJ e do TG ver, por exemplo, Ibañez Colomo (2018c, pp. 198 a 206).

Em casos de recusa de fornecimento de produtos físicos, como as decisões *Commercial Solvents*[1689] e *United Brands*[1690], confirmadas pelo TJ[1691], foram adotadas medidas de correção. No primeiro caso, a Comissão ordenou as seguintes medidas de correção: o fornecimento de forma imediata, e com quantidades determinadas, da mercadoria ao concorrente[1692]. No segundo caso, a Comissão ordenou a comunicação aos distribuidores-amadurecedores da supressão da proibição de revenda de bananas verdes, pois aqui o fornecimento já tinha sido retomado[1693].

Estando em causa ativos (portos, redes, aeroportos) dificilmente replicáveis, aos quais é indispensável aceder para prestar o serviço ou fornecer o produto a jusante[1694], a recusa de acesso pode constituir um abuso de posição dominante[1695]. Neste caso, a medida de correção mais evidente será a da concessão do acesso. No caso *Stena Sealink*[1696], a Comissão pronunciou-se precisamente sobre a possibilidade de adotar medidas provisórias em relação à empresa por ter abusado de uma posição dominante enquanto proprietário e operador do porto de Holyhead, ao não facultar acesso a um concorrente com base em condições não discriminatórias. No caso concreto não foram ordenadas medidas provisórias, porque não estava preenchido o requisito da urgência em impedir um prejuízo grave e irreparável, mas a Comissão afirmou o princípio de que podia ordenar acesso no caso de estarem preenchidos os requisitos de recusa de acesso a uma infraestrutura essencial, definida como uma "*instalação ou a infraestrutura sem cujo acesso os concorrentes não poderão prestar serviços aos seus clientes*"[1697].

[1689] Decisão da Comissão de 14 de dezembro de 1972, *ZOJA/CSC*, ICI, IV/26.911 (JO 1972, L 299, pp. 51-58) (Decisão *Commercial Solvents*).

[1690] Decisão de 17 de dezembro de 1975, *Chiquita*, IV/26.699 (JO 1976, L 95, p. 1-20) (Decisão *United Brands*).

[1691] Acórdão *Comercial Solvents*, nºs 44 a 47, acórdão *United Brands*, nº 203 (o acórdão anulou parte da decisão, mas não a relativa à recusa).

[1692] Decisão *Commercial Solvents*, art. 2º

[1693] Decisão *United Brands*, art. 3º, b).

[1694] Subiotto *et al.* (2017, p. 267).

[1695] Note-se que o abuso de posição dominante é sempre suscetível de justificação objetiva.

[1696] Decisão da Comissão de 21 de dezembro de 1993, *Stena Sealink – Medidas provisórias*, IV/34.689, (JO L 15, de 18.1.1994, p. 8).

[1697] Decisão *Stena Sealink*, nºs 66 e 67. A instituição ainda acrescentou que a empresa se encontrava a impedir que fosse fornecido um serviço novo, por parte de um operador

Em *Port of Roscoff* a Comissão ordenou à empresa que concedesse acesso ao porto em termos razoáveis e não discriminatórios[1698]. A Comissão aplicou medidas de correção semelhantes noutros casos, tais como, *Sabena*[1699], *British Midland*[1700], *FAG-Flughafen Frankfurt/Main*[1701], *E.ON*[1702] e *GDF*[1703] na energia, *Ferrovie dello Stato*[1704] e *Transporte Ferroviário do Báltico*[1705] no setor ferroviário, e *ARA*[1706] no setor dos resíduos.

recente no mercado. Noutro caso envolvendo portos, a decisão *Porto de Rødby*, a Comissão dirigiu-a ao Reino da Dinamarca e não houve medida corretiva à empresa em causa.

1698 Decisão da Comissão de 16 de maio de 1995, *Irish Continental Group c. CCI Morlaix* IV/35.388, art. 1º.

1699 Decisão da Comissão de 4 de novembro de 1988, *London European/Sabena*, IV/32.318, (JO L 317, 24.11.88, 47). Após intervenção da Comissão, a Sabena autorizou o acesso ao seu sistema por parte de um concorrente no mercado de reservas por computador (nº 35).

1700 Decisão da Comissão de de 26 de fevereiro de 1992, *British Midland*, IV/33.544 (JO L 96 de 10.4.1992, p. 34-45), nºs 28 a 32 e art. 2º. A Comissão ordenou a Air Lingus a cooperar através da aceitação recíproca de bilhetes (*interline*) durante um período de dois anos, para que o concorrente pudesse estabelecer-se no mercado.

1701 Decisão da Comissão de 14 de janeiro de 1998, IV/34.801, *Aeroportos de Frankfurt*, (JO L 72 de 11.3.1998, p. 30-50), arts. 1º e 2º. A Comissão considerou que a empresa tinha reservado ilegalmente para si o mercado dos serviços de assistência em escala. A Comissão ordenou que o aeroporto de Frankfurt submetesse um plano preciso para a reorganização do mercado no prazo de três anos após a adoção da decisão. A empresa acatou a decisão e não recorreu da mesma.

1702 Decisão *E.ON*, nº 37.

1703 Decisão *GDF*, nºs 109, 341.

1704 Decisão da Comissão de 16 de fevereiro de 2011, *Ferrovie dello Stato*, COMP/37.685, (JO 2004 L 11, p. 17).

1705 Decisão *Transporte ferroviário do Báltico*. A empresa foi condenada por suprimir um troço de 19 quilómetros de infraestrutura ferroviária, obrigando os concorrentes a percorrer muitos mais quilómetros para fornecer serviços a um cliente. A Comissão considerou que havia várias medidas de correção, estruturais e comportamentais, suscetíveis de restabelecer a situação concorrencial que existia antes da supressão do referido troço ou de eliminar as desvantagens a que estão sujeitos os concorrentes potenciais e ordenou à empresa que apresentasse, no prazo de três meses, uma proposta de medidas para o efeito. Resumo da decisão *Transporte Ferroviário do Báltico*, nº 15.

1706 Decisão da Comissão de 20 de setembro de 2016, *ARA*, AT.39759 (JO C 432 de 23.11.2016, p. 6-8). A Comissão concluiu que a ARA se encontrava a abusar de uma posição dominante no mercado austríaco para a isenção de resíduos domésticos de embalagens por recusar o acesso de concorrentes potenciais à sua infraestrutura de recolha de resíduos ao domicílio. A Comissão entendeu que seria muito difícil um concorrente duplicar

O acórdão *Oscar Bronner* foi determinante. O tribunal afirmou que a recusa devia ser suscetível de eliminar toda a concorrência e o acesso tinha de ser indispensável, e não apenas conveniente, para além do que seria necessário não existir justificação objetiva. Neste acórdão, o TJ construiu um teste de indispensabilidade em dois níveis. Em primeiro lugar, é necessário averiguar se há substitutos, e, em segundo lugar, caso não haja substitutos, é necessário verificar se há substitutos potenciais ou se existem obstáculos técnicos, jurídicos ou económicos que tornem impossível ou desnecessariamente difícil criar uma infraestrutura semelhante[1707]. Para Rousseva, o TJ demonstrou que não estava preocupado com a manutenção de todo e qualquer concorrente no mercado, mas sim de um concorrente igualmente eficiente[1708].

A situação é exigente quando está em causa um direito de propriedade intelectual. No acórdão *Volvo* (um reenvio prejudicial) o TJ mostrou-se relutante em relação à imposição de uma obrigação de concessão de licenças a terceiros, afirmando que a natureza exclusiva dos direitos de propriedade intelectual constitui a própria essência dos mesmos e que o exercício desse direito exclusivo não pode ser considerado por si um abuso de posição dominante[1709]. Esta posição também se nota em *Ladbroke*[1710], *IMS Health* e *Magill*, pela consagração

a infraestrutura controlada pela ARA por motivos legais, práticos e económicos, e condenou a empresa numa coima, reduzida de 30%, em virtude do reconhecimento por parte da empresa de que havia cometido uma infração ao art. 102º TFUE e da sua proposta de alienar parte da rede austríaca de recolha de resíduos domésticos.

1707 Acórdão *Oscar Bronner*, nºs 43 e 44.

1708 Rousseva (2010, p. 95). Este foi um caso menos difícil para o TJ porque a infraestrutura tinha sido toda construída por um privado e o concorrente tinha conseguido operar no mercado ainda que lhe tivesse sido recusado acesso à mesma. Acórdão *Oscar Bronner*, nº 46.

1709 Acórdão do TJ de 5 de outubro de 1988, *AB Volvo c. Erik Veng (UK) Ltd*, 238/87, EU:C:1988:477, nºs 8 e 9, onde estavam em causa os factos de o fabricante deixar de fornecer peças sobressalentes num EM, quando existia procura para as mesmas no mercado, e impedir uma empresa não licenciada de as importar. O TJ acabou por considerar que não existia um abuso, por não terem sido indicadas as circunstâncias excecionais, como a recusa arbitrária em fornecer peças.

1710 Acórdão do TPI de 12 de junho de 1997, *Tiercé Ladbroke SA c. Comissão das Comunidades Europeias*, T-504/93, EU:T:1997:84, nº 131.

dos seguintes requisitos: que a infraestrutura não possa ser duplicada, que o acesso seja indispensável para o concorrente, que a empresa em posição dominante esteja a impedir a emergência de um produto novo num mercado distinto, para o qual existe procura, e que não haja uma justificação objetiva[1711]. Esta exigência faz sentido porque não se pode presumir que uma empresa que detém um direito de propriedade intelectual detenha poder de mercado. Na maioria dos casos pode existir alternativa[1712]. Deste modo, prevaleceria o interesse de uma concorrência efetiva sobre a exclusividade quando a interferência com o direito de propriedade intelectual levasse a um avanço tecnológico genuíno[1713]. Com Sofia Oliveira Pais, este parece-nos ser um justo equilíbrio entre concorrência e inovação[1714]. Assim, a obrigação de contratar só pode ser decretada em circunstâncias excecionais[1715], para contrabalançar os aspetos negativos da redução do incentivo à inovação (objetivo específico).

No entanto, após o Acórdão *Microsoft I* e a publicação da Orientação sobre o art. 102º, parece ter-se desenvolvido uma teoria menos restrita e mais abrangente e protetora do requerente de acesso ou licença. Parece que o requisito da existência de um produto "novo" foi negligenciado[1716] e substituído pelo requisito de a infraestrutura ser necessária para que um concorrente possa introduzir bens ou serviços inovadores "*quando [seja] provável que a inovação subsequente venha a ser travada*"[1717]. Contra, tem vindo a ser manifestado o entendimento de que esta posição não valoriza de forma suficiente a inovação e que pode, inclusivamente, contender com os direitos das empresas por não ser proporcionada[1718]. Não pretendemos realizar aqui este balanço e remetemos a análise das medi-

[1711] Acórdãos *IMS Health*, nº 49 e *Magill* nºs 50 e 52. Ver, também, acórdão *Oscar Bronner*, nº 40. Ver Rousseva (2010, p. 81).

[1712] De la Mano *et al.* (2014, p. 466).

[1713] Andreangeli (2012, p. 33).

[1714] Oliveira Pais (2011a, pp. 592 e 593).

[1715] Forrester (2004, p. 938).

[1716] Oliveira Pais (2011a, p. 589).

[1717] Orientação sobre o art. 102º, nº 87 e acórdão *Microsoft I*, nºs 643, 647-649, 652, 653 e 656.

[1718] Andreangeli (2012, p. 34).

das de correção aplicáveis no contexto de abusos relacionados com DPI para 7.1.5.

Também a prática no setor da energia não pareceu seguir a máxima de que a recusa em conceder acesso tem natureza excecional, tal como respaldado na própria Orientação sobre o art. 102º, que sugere que a existência de regulação setorial justifica o relaxamento dos requisitos para decretar a obrigação de acesso[1719]. De facto, baseando-se em teorias pouco testadas, a Comissão adotou uma série de decisões ao abrigo do mecanismo de compromissos pelas quais as empresas em causa aceitaram contratar com concorrentes, porque a análise preliminar da Comissão apontava quer para uma reserva excessiva de capacidade de transporte de eletricidade ou gás[1720], quer para a prossecução de uma estratégia de subinvestimento[1721]. Nos termos deste último caso, a fazer precedente – com o que não estamos de acordo dada a natureza de decisão adotada ao abrigo do art. 9º do Regulamento 1/2003[1722] – uma empresa pode ser condenada por abuso de posição dominante por não investir em infraestruturas, para não aumentar a concorrência num mercado a jusante[1723] e, portanto, por não conceder acesso a uma infraestrutura que não detém no momento[1724]. Como medida de correção pode ordenar-se investir, para no futuro conceder esse acesso. Aprofundaremos esta discussão em 7.2.2.

A decisão *ARA* no setor dos resíduos é significativa, pois representa o primeiro caso em que a Comissão seguiu o mecanismo de cooperação quando estava em causa uma infração ao art. 102º TFUE. Por um lado, seguiu os termos do art. 7º do Regulamento 1/2003, através da declaração de uma infração. Na sequência da admissão da empresa, e de aplicação de uma coima, por outro lado, aceitou a solução estrutural apresentada pela própria empresa[1725], o que é típico de uma decisão adotada ao abrigo do art. 9º do mesmo Regulamento. De facto, nos termos do considerando nº 13 do Regulamento 1/2003, a Comissão não

1719 Ver Ibañez Colomo (2010, p. 283).

1720 Decisões *E.ON Gas*, *ENI* e *CEZ*.

1721 Decisões, *RWE Gás (exclusão)* e *ENI*.

1722 No mesmo sentido, O'Donoghue e Padilla (2020, p. 1166).

1723 De la Mano *et al.* (2014, p. 470).

1724 Dunne (2014, p. 421).

1725 Decisão *ARA*, nºs 138 e 139.

deve adotar uma decisão de compromissos quando considera conveniente impor uma coima ou quando considera necessário adotar uma decisão de infração. No entanto, os procedimentos tendentes a declarar uma infração são longos e exigem recursos, pelo que a cooperação da empresa em posição dominante, em casos em que não deve ser adotada uma decisão de compromissos, também deve ser premiada[1726]. Da parte das empresas, pensamos que este caminho só será interessante se não houver margem para discutir a natureza do comportamento e o juízo sobre se constitui ou não infração ao direito da concorrência[1727].

A medida corretiva de caráter estrutural adotada foi sugerida pela própria empresa na proposta de cooperação. De acordo com a decisão da Comissão, a ARA reconheceu que a alienação era necessária e proporcionada para pôr termo à infração. A medida foi considerada necessária porque a legislação aplicável não continha a obrigação de conceder acesso à infraestrutura (que tinha sido considerada indispensável[1728]). Deste modo, a única forma de garantir que a ARA não podia utilizar a forma mais direta de recusa de acesso à infraestrutura era a alienação de parte da mesma. Quanto à proporcionalidade, a Comissão entendeu que não existia nenhuma outra medida menos onerosa capaz de eliminar de modo igualmente eficaz a possível insegurança jurídica quanto à obrigação de a ARA conceder acesso à infraestrutura. A Comissão entendeu que a mera declaração da ARA de que concederia acesso à infraestrutura não seria tão eficaz como a alienação, nomeadamente, tendo em conta a história do comportamento da ARA no passado que acarretava o risco de repetição da infração. Uma medida de correção deste tipo iria requerer monitorização de longo prazo do comportamento da ARA, ao passo que a solução do desinvestimento seria muito mais clara[1729]. Neste caso concreto, ao realizar o teste de proporcionalidade, a Comissão teve em conta os princípios da segurança jurídica da solução, ao considerar a posição dos eventuais requerentes de acesso, como também incluiu na sua análise a necessidade, incerteza e

[1726] Subiotto *et al.* (2017, p. 266).

[1727] *Idem*, p. 268.

[1728] Decisão *ARA*, nºs 81 a 91.

[1729] Decisão *ARA*, nº 147.

custo de monitorização. Este caso coloca a questão, à qual já respondemos, de saber qual o teste de proporcionalidade aplicável a esta forma de encerrar os processos: o mais restrito, no sentido de que a Comissão é obrigada a procurar medidas comportamentais igualmente eficazes antes de ordenar uma medida estrutural, ou o mais tolerante, no sentido de que a Comissão só é obrigada a escolher de entre as medidas de correção oferecidas pela empresa? Notamos que nos parece que, formalmente, a Comissão seguiu o primeiro, ou, pelo menos, não existe na decisão alusão ao teste mais tolerante. No entanto, a Comissão também sublinhou que a medida foi proposta pela empresa, que expressamente reconheceu a proporcionalidade[1730]. Entendemos que só pode aplicar-se o teste do art. 7º que é a base jurídica da decisão. Contudo, através da observação deste caso, notamos que a Comissão aplica materialmente o teste como se fosse um caso de art. 9º, acompanhado do reconhecimento da proporcionalidade por parte da empresa.

Quanto à solução concreta, notamos que a Comissão colocou a tónica na ausência de regulação, o que causava incerteza quanto ao cumprimento por parte da ARA de um eventual compromisso comportamental. Os casos das telecomunicações *Telekomunikacja Polska*[1731] e *Slovak Telekom*[1732], onde não foram ordenadas idênticas medidas de correção, nomeadamente, porque existiam obrigações regulatórias, podem levar-nos à mesma conclusão[1733]. Contudo, casos no setor da energia, como *ENI* e *RWE*, onde também se decidiu por medidas estruturais (aliás para liberalizar o mercado e reforçar o quadro regulatório existente) mostram-nos que a ausência de regulação não é uma condição necessária para adotar medidas estruturais. De facto, cremos que os mercados regulados são, até, propensos à medida, e que o mais relevante é a natureza da decisão adotada, pois, em caso de compromis-

[1730] Decisão *ARA*, nº 148.

[1731] Decisão *Telekomunikacja Polska*, arts. 1º e 2º.

[1732] Decisão *Slovak Telekom*, arts. 1º e 2º. Parcialmente confirmado nos acórdãos do TG *Deutsche Telekom* e *Slovak Telekom*.

[1733] Jones *et al.* (2019, pp. 498 e 499). Acórdão *Slovak Telekom* do TG, nºs 115 a 121, mostrando que no caso de haver regulação setorial ordenando o acesso não é necessário a Comissão provar a indispensabilidade.

sos, o princípio da proporcionalidade não tem a mesma intensidade e a Comissão pode exercer influência sobre as empresas (o que discutimos em 4.2.3 e 5.2 e vamos discutir a propósito do setor da energia em 7.2.2).

O que se pode concluir é que no âmbito dos abusos não relacionados com o preço, a recusa em contratar é particularmente suscetível à adoção de medidas corretivas. De facto, a forma mais evidente de fazer cessar a infração é a adoção da medida positiva de contratar (ou conceder acesso ou "*must carry*" de forma transparente, razoável e não discriminatória[1734]). Esta conclusão encontra-se no acórdão *Slovak Telekom* do TJ. Neste caso, o TJ entendeu que a verificação de que uma empresa dominante abusou da sua posição devido a uma recusa em contratar com um concorrente tem como consequência essa empresa ser forçada a contratar com o concorrente.

Os próprios objetivos específicos que se pretendem alcançar com a medida de correção neste tipo de abuso tendem para a consagração de uma relação contratual, tais como, o acesso às redes para liberalização dos mercados[1735]. Ora, tal obrigação é particularmente lesiva da liberdade de contratar e do direito de propriedade da empresa dominante[1736].

Assim, a determinação das medidas corretivas deve obedecer aos princípios que acima enunciámos. Deste modo, uma medida corretiva do tipo obrigação de contratar só deve ser adotada em casos em que haja uma segura teoria do dano. Para além do mais, deve ser acautelado que a empresa em posição dominante recebe uma adequada remuneração pelo acesso[1737]. Acresce que deve ser assegurado que a categoria de beneficiários diretos da medida corretiva permanece aberta, para que seja possível que concorrentes, não apenas atuais, mas também potenciais, possam adequar-se à categoria, de modo a que a medida de cor-

[1734] Vesterdorf e Fountoukakos (2018, pp. 8 a 10).

[1735] Decisões, *E.ON*, nºs 9, 21, *GDF*, nºs 118, 129, 181, 193, 280, 320, *Ferrovie dello Stato*, 12, 26, 45, 95, 100, 101, 109, 114, 147, ARA, entre outras.

[1736] Acórdãos do TJ *Deutsche Telekom*, C-152/19 P, nº 46, e *Slovak Telekom*, C-165/19 P, nº 46, proferidos após a data da entrega da tese. Ver, também, as conclusões do AG e no mesmo processo.

[1737] Yu (2007, pp. 1096 e 1100). No mesmo sentido, O'Donoghue e Padilla (2020, pp. 1186 a 1195).

reção seja eficaz e eficiente. Ainda, a categoria deve ser identificada de modo a que não haja discriminação entre potenciais interessados ou favorecimento de algumas empresas, nomeadamente as denunciantes[1738]. Se estiver em causa uma licença de direitos de propriedade intelectual, ainda nos parece necessário que os beneficiários da medida corretiva comprovem que a sua utilização irá potenciar a inovação por lhes permitir oferecer um produto ou um serviço com características de novidade[1739]. Tal é essencial para manter a proporcionalidade da medida.

É preciso alguma cautela com as medidas de correção de acesso, pois, sem alguma segurança de que a conduta da empresa em posição dominante causa dano (e especialmente se prosseguir outro tipo de política industrial), o risco de se cometer um erro tipo I é muito elevado[1740].

De acordo com a jurisprudência, entendemos que a medida de correção "obrigação de contratar/fornecer/conceder acesso/*must-carry*" deve ser aplicada de forma cautelosa. De facto, uma empresa só deve ser obrigada a celebrar contratos contra a sua vontade em situações excecionais. Isto mesmo foi reconhecido pelo TJ nos acórdãos *Magill*[1741], *Bronner*[1742] e *IMS*[1743].

Caso se justifique, pela aplicação dos princípios anteriormente descritos, a Comissão pode optar por uma medida de caráter estrutural, se a razão pela qual é cometido o abuso se dever à própria estrutura da empresa e à facilidade com que aquele tipo de abuso concreto é cometido devido a essa mesma estrutura.

7.1.3. Abusos de exploração

Os abusos de exploração são aqueles que assentam na ideia de que uma empresa em posição dominante não deve explorar totalmente o seu poder[1744]. Os preços excessivos são a forma "mais pura" de abuso de

[1738] Neste sentido, embora discutindo o caso *Microsoft II*, Economides e Lianos (2010b, pp. 448 e ss).

[1739] Andreangeli (2012, p. 31).

[1740] O'Barnett (2008, p. 554), Monti (2007, p. 244).

[1741] Acórdão *Magill* do TJ, nºs 49 c 50.

[1742] Acórdão *Oscar Bronner*, nº 41.

[1743] Acórdão *IMS Health*, nº 38.

[1744] Gal (2013, p. 3).

posição dominante de exploração, correspondendo, desde logo, à transferência do excedente do consumidor para o excedente do produtor[1745]. A sua condenação resulta diretamente da alínea a) do art. 102º TFUE, que proíbe a imposição, de forma direta ou indireta, de preços de compra ou de venda não equitativos.

Em teoria, uma empresa em posição dominante não deve praticar preços desproporcionados ou que não tenham uma relação razoável com o valor económico da prestação fornecida[1746]. No entanto, a condenação de preços elevados não deixa de causar alguma estranheza, pois, não só a prática de preços altos é muitas vezes tida como a recompensa que as empresas inovadoras e competitivas esperam obter através do processo competitivo, como também, como afirmam Motta e De Streel, o mercado pode acabar por se autocorrigir incentivando novos entrantes[1747]. Contra esta posição manifestam-se, por exemplo, Ezrachi e Gilo, afirmando que a prática de preços elevados não é em si suficiente para atrair novas empresas para o mercado[1748]. Para conciliar os interesses, Akman defende que a proibição de preços excessivos requererá uma posição de superdominância num mercado com elevadas barreiras à entrada[1749], e Geradin, Layne-Farrar e Petit, admitem haver razões para intervir quando os preços excessivos num mercado esgotam os recursos afetados à procura de outros bens[1750]. Mesmo aceitando a possibilidade de as autoridades de concorrência adotarem condenações por abuso de posição dominante em casos de preços excessivos, existe consenso no sentido de que esta intervenção não deve ser comum, pois, na verdade, não só, as autoridades não são entidades reguladoras de

[1745] O'Donoghue e Padilla (2020, p. 887), Buttigieg (2009, p. 162).

[1746] Acórdão *United Brands*, nº 250, confirmado pelo acórdão do TJ de 11 de dezembro de 2008, *Kanal 5 Ltd e TV 4 AB contra Föreningen Svenska Tonsättares Internationella Musikbyrå (STIM) upa*, C-52/07, EU:C:2008:703, e acórdão do TJ de 16 de julho de 2009, *Der Grüne Punkt – Duales System Deutschland GmbH/Comissão das Comunidades Europeias, Interseroh Dienstleistungs GmbH, Vfw GmbH, Landbell AG für Rückhol-Systeme, BellandVision GmbH*, C-385/07 P, EU:C:2009:456. Ver, também, entre outras, a decisão da Comissão *British Leyland*.

[1747] Motta e De Streel (2006, p. 108).

[1748] Ezrachi e Gilo (2009, pp. 250, 251. 254 a 263). Gal (2013, pp. 396 e 397) também defende que não se pode apenas confiar nas forças autocorretoras do mercado.

[1749] Akman (2012, p. 226).

[1750] Geradin *et al.* (2012, pp. 210 e 271).

preços[1751], como também, é difícil determinar qual é o preço competitivo ou o preço razoável. Esta dificuldade verificou-se na prática decisória[1752] e na jurisprudência[1753].

No acórdão *United Brands*, o TJ construiu um teste de dois limiares: em primeiro lugar, a diferença entre o custo e o preço deve ser excessiva; em segundo lugar, o preço deve ser não equitativo em si ou em comparação com produtos concorrentes[1754]. O TJ, contudo, deixou claramente em aberto a possibilidade de haver outros métodos para determinar se um preço é, ou não, excessivo[1755].

Mais recentemente, no âmbito de um reenvio prejudicial, no acórdão *AKKA*, o TJ teve oportunidade de voltar a aplicar o teste desenvolvido em *United Brands*[1756]. O Tribunal considerou que era possível realizar uma comparação com situações semelhantes num número limitado de EM, desde que "*os Estados-Membros de referência [fossem] selecionados segundo critérios objetivos, adequados e passíveis de verificação*"[1757]. No que respeita ao valor a partir do qual um preço deve ser considerado excessivo, o TJ entendeu que não existia um limiar mínimo e que tal iria depender das circunstâncias de cada caso. Ainda assim, mostrou que uma "*diferença entre as taxas pode ser qualificada de «considerável» se for significativa e persistente à luz dos factos, no que se refere, nomeadamente, ao mercado em causa*"[1758]. Esta afirmação ampla levou alguns autores a considerar que a

[1751] Motta e De Streel (2006, p. 109).

[1752] Ver decisões da Comissão de 23 de julho de 2004, *Scandlines Sverige c. Porto de Helsinborg*, e *Sundbusserne c. Porto de Helsinborg*, COMP/36.570, nas quais a Comissão arquivou as denúncias por falta de prova após aplicar o teste *United Brands*.

[1753] Ver os vários testes alternativos aplicados nos acórdãos *Corinne Bodson c. SA Pompes Funèbres de Régions Libérées*, acórdão do TJ de 13 de julho de 1989, *François Lucazeau e outros c. Société des Auteurs, Compositeurs et Editeurs de Musique (SACEM) e outros*, 241/88 e 242/8, EU:C:1989:326, e *Kanal 5*.

[1754] Acórdão *United Brands*, nº 252. O'Donoghue e Padilla (2020, pp. 901 a 910).

[1755] Acórdão *United Brands*, nº 253.

[1756] Acórdão do TJ de 14 de setembro de 2017, *Autortiesību un komunicēšanās konsultāciju aģentūra/Latvijas Autoru apvienība contra Konkurences padome*, (*AKKA*), C-177/16, EU:C:2017:689.

[1757] Acórdão *AKKA*, nº 41.

[1758] Acórdão *AKKA*, nº 55.

Comissão, as ANC e os tribunais nacionais têm, agora, uma grande margem de manobra para determinar se os preços são excessivos[1759].

Apesar do que acabámos de referir, as autoridades responsáveis pela aplicação do direito da concorrência, pelo menos até recentemente, não têm aplicado frequentemente esta figura. Um dos motivos pode ser o facto de a intervenção das autoridades se encontrar limitada, uma vez que a definição do preço que deve ser praticado pela empresa em posição dominante não faz parte das suas atribuições[1760]. Esta mesma posição foi adotada pela Comissão no seu V Relatório de Política de Concorrência, no qual a Instituição assumiu que apenas lhe caberia dar indicações que permitissem à empresa determinar o nível aceitável de preços[1761].

Contudo, nos últimos anos, verificou-se um aumento da aplicação desta figura entre as ANC europeias[1762]. Também a Comissão parece ter invertido a sua trajetória de anos (talvez impulsionada pela ideia de inclusão de "equidade" nos objetivos mediatos na aplicação da política de concorrência, embora nos casos de preços excessivos seja clara a defesa do bem-estar do consumidor), através da prossecução de processos de preços excessivos. Um exemplo é a decisão no caso *Aspen Pharma*[1763]. A Comissão, embora mantendo a sua posição de princípio de que centrará a sua prática nos abusos de exclusão, afirmou que o Tratado incumbia claramente a Comissão, as ANC e os Tribunais na UE de escrutinarem as situações onde empresas em posição dominante aplicam preços excessivos, uma vez que a proteção dos consumidores não deve ser apenas levada a cabo de forma indireta através da perseguição dos abusos de exclusão[1764].

[1759] Marco Colino (2019, p. 368)

[1760] Moura e Silva (2018, p. 1078).

[1761] Ver Relatório de Política de Concorrência, 1975, p. 8.

[1762] Especificamente a CMA (autoridade responsável pela aplicação do direito da concorrência no RU) com, por exemplo, o caso *Pfizer* [ver, por exemplo, Calcagno, Chapsal e White (2019, p. 167)] e a *Autoritá Garante del Mercato e della Concorrenza* italiana com o caso *Aspen*, que, em 2016, condenaram duas empresas farmacêuticas após estas terem subido consideravelmente os preços de certos medicamentos.

[1763] Decisão da Comissão de 10 de fevereiro de 2021, *Aspen Pharma*, AT. 40394.

[1764] *Excessive Pricing in Pharmaceutical Markets – Note by the European Union*, em OCDE Roundtable, disponível em https://one.oecd.org/document/DAF/COMP/WD(2018)112/en/pdf, nºs 3, 6 e 7.

Houve outros casos em que se discutiu o nível elevado de preços e se aplicaram medidas corretivas ao abrigo do art. 9º do Regulamento 1/2003. Em *Standard & Poor's*[1765], estava em causa o preço pela emissão de ISIN[1766], que tinham sido desenvolvidos internacionalmente como serviço público para a indústria dos serviços financeiros[1767], e pela qual a empresa não devia cobrar mais do que o necessário para recuperar os custos incorridos no desenvolvimento da norma ISO, nem devia cobrar taxas aos utilizadores indiretos[1768]. A Comissão entendeu que estas circunstâncias constituíam um indicador claro para determinar se os preços seriam ou não equitativos. As medidas corretivas aplicadas foram a determinação de um preço fixo para acesso a certa informação financeira e a abolição da cobrança de taxas pelo acesso indireto[1769]. O processo seguiu os termos do art. 9º e as medidas de correção adotadas contrariaram diretamente o abuso. O mesmo ocorreu em *Rambus* (embora o caso tenha contornos específicos) e *Gazprom*. Em *mercados alemães de eletricidade* a medida de correção foi mais exigente devido às especificidades do caso.

Os abusos de exploração não têm sido o principal foco das atividades da Comissão ou da AdC. Por este motivo, não existe muita prática na qual possamos basear as nossas conclusões. Admitimos, no entanto, que o caso dos preços excessivos não seja particularmente adequado à adoção de medidas de correção. Em primeiro lugar, a obrigação de cessação da prática pode levar à restauração da concorrência. Em segundo lugar, a Comissão corre o risco de assumir uma função regulatória se a medida de correção for o controlo dos preços[1770]. Esta função acarreta as dificuldades de determinação dos elementos a ter em conta para a formação dos preços. O'Donoghue e Padilla, porém, admitindo a dificuldade, desvalorizam este argumento, considerando que o exercício não é

[1765] Decisão de 15 de novembro de 2011, 39.592, *Standard & Poor's*, cujo resumo foi publicado no JO C 31, de 4.2.2012, p. 8.

[1766] "*International Security Identification Number*" ou Números de Identificação Internacional dos Títulos, em relação aos quais a S&P era a Agência Nacional de Codificação.

[1767] Decisão *Standard & Poor's*, nºs 29 a 39. A Comissão também entendia que o preço era elevado porque a S&P de facto subordinava dois produtos que eram distintos (nº 36).

[1768] Decisão *Standard & Poor's*, nºs 45 e 46.

[1769] Decisão *Standard & Poor's*, nºs 45 e 46.

[1770] Lianos *et al.* (2019, p. 888).

mais difícil do que noutras áreas de intervenção do art. 102º TFUE, tais como compressão de margem, preços predatórios e descontos condicionais, onde, se for necessário aplicar medidas de correção, também estarão perto da regulação de preço e custo[1771]. Siragusa é da opinião de que a medida de correção mais apropriada para fazer face a estes casos é a estrutural ou uma que se lhe assemelhe, destinada a eliminar ou reduzir a barreira à entrada[1772]. O'Donoghue e Padilla também admitem que, em face de um abuso de posição dominante persistente, a única solução pode ser a medida estrutural, criando mais um concorrente. Os autores chamam, no entanto, a atenção para ao facto de as medidas estruturais deverem ser usadas apenas em último recurso, porque podem resultar na diminuição do bem-estar do consumidor. Acrescentam que deve haver segurança de que o mercado não vai ter oportunidade de se corrigir[1773].

Da nossa parte, cremos que as dificuldades em considerar um abuso de posição dominante também se manifestam na adoção de uma medida de correção. De facto, em primeiro lugar, discute-se o método de determinação do preço competitivo em relação ao qual se deve comparar o preço aplicado pela empresa em posição dominante para se considerar excessivo, pois, desde logo, é difícil identificar todos os custos relevantes das empresas[1774]. Não são muito claros os testes para avaliar se um preço é excessivo, mas entende-se que o TJ privilegia a análise dos custos e lucros da empresa em posição dominante, o preço de produtos concorrentes, o preço em mercados geográficos semelhantes e o valor económico do produto em comparação com o seu preço[1775]. Em segundo lugar, e relacionado com este aspeto, a determinação de um preço equitativo assemelha-se mais a uma ação típica de entidades reguladoras setoriais do que de autoridades responsáveis pela aplicação do direito da concorrência.

Se o abuso de exploração não for relacionado com o preço, mas sim com condições de contratação, então pode justificar-se uma medida de

[1771] O'Donoghue e Padilla (2020, p. 893).

[1772] Siragusa (2008, p. 644).

[1773] O'Donoghue e Padilla (2020, p. 1183).

[1774] Lianos *et al.* (2019, p. 887).

[1775] Gal (2013, pp. 401 a 404).

correção. Este é o exemplo de casos como o alemão *Facebook*, em que a ANC alemã ordenou que a empresa adaptasse os seus termos de uso e de processamento de dados, para, por um lado, acautelar que o consentimento para a utilização dos seus dados que os utilizadores dão ao usar a rede social é voluntário e não uma condição prévia para a utilização da rede, e, por outro, impedir que o Facebook cruze os dados que recolhe com os dados de outras plataformas. Esta medida de correção, parece-nos, pretende alterar os incentivos do lado da procura, almejando incrementar a consciência dos consumidores na disposição dos seus dados. Tendo em conta que, por natureza, os abusos de exploração são muitas vezes dirigidos aos consumidores[1776] é natural que as medidas de correção adotadas também sejam particularmente dirigidas à procura.

7.1.4. Abusos de discriminação

A discriminação como abuso de posição dominante é essencialmente relativa à discriminação de preços, embora possa haver discriminação em relação a outras condições contratuais. A proibição de discriminação de preços não deixa de ser problemática, pois a prática de preços diferenciados é uma conduta comum que apresenta efeitos ambíguos, muitos deles pró-concorrenciais[1777]. No entanto, esta prática pode constituir um abuso de exclusão, quando uma empresa em posição dominante aplica preços diferenciados consoante a possibilidade de o cliente também contratar com um seu concorrente no mercado a montante, ou de exploração, quando reduz o bem-estar do consumidor por desviar o excedente do consumidor para o excedente do produtor. Nestes dois casos, muitas vezes, a discriminação não é tratada como um abuso autónomo e é incluída nos abusos de exclusão ou exploração acima descritos, conforme os factos do caso[1778].

Podemos, no entanto, encontrar a chamada discriminação de segunda linha (discriminação entre clientes da empresa em posição dominante que não se encontra ativa no mercado a jusante)[1779] e a discriminação em razão da nacionalidade. No primeiro caso, é necessário

[1776] Evans e Padilla (2005b, p. 98).

[1777] Rousseva (2010, p. 210), Motta (2004, pp. 493 e 494).

[1778] Akman (2017, p. 337), Nazzini (2017, p. 297).

[1779] O'Donoghue (2018, p. 444).

que se encontrem preenchidas quatro condições para estarmos perante um abuso de posição dominante: o produto tem de ser o mesmo; não pode haver diferenças de custo (ou seja, as prestações devem ser equivalentes); o período de referência deve ser o mesmo; e os compradores devem ser independentes da empresa em posição dominante (ou seja, não é possível comparar os preços de transferência internos com os preços de entidades independentes; um eventual abuso nestes termos será levado a cabo através de compressão de margens)[1780]. Estes requisitos encontram-se enunciados no art. 102º, c), TFUE e foram desenvolvidos pela jurisprudência em acórdãos como *British Airways*[1781], *Clearstream*[1782] e *MEO*. Neste último, o TJ, seguindo a recomendação do AG Wahl[1783], considerou que a aplicação do art. 102º c) TFUE depende da demonstração de desvantagem para o concorrente e que essa desvantagem produziu (ou é capaz de produzir) efeitos na concorrência[1784]. A consagração de um abuso independente não é, contudo, unânime na doutrina. Geradin, Layne-Farrar e Petit criticam a aplicação desta norma a abusos de exclusão e defendem o uso da alínea b), que exige um nível de prova mais elevado, pois "desvantagem competitiva" é um termo muito vago[1785]. Para Jones, Sufrin e Dunne esta crítica foi provavelmente ultrapassada com *MEO*, em que o TJ tornou o requisito mais exigente[1786].

No segundo caso, estamos a referir-nos a uma especificidade do direito da concorrência da UE, a construção do mercado interno e a consequente proibição da discriminação em razão da nacionalidade, prevista no art. 18º TFUE. Exemplos desta aplicação são, nomeadamente,

[1780] De la Mano *et al.* (2014, p. 524).

[1781] Acórdão *British Airways*, nºs 144 e 145.

[1782] Acórdão *Clearstream*, nº 192.

[1783] Conclusões do Advogado-Geral Nils Wahl apresentadas em 20 de dezembro de 2017, *MEO – Serviços de Comunicações e Multimédia SA c. Autoridade da Concorrência*, C-525/16, EU:C:2017:1020, nº 59.

[1784] Acórdão *MEO*, nºs 27 e 29. Neste sentido, Marco Colino (2019, p. 373). Para uma análise mais detalhada, ver O'Donoghue (2018, p. 445).

[1785] Geradin *et al.* (2012, p. 299).

[1786] Jones *et al.* (2019, p. 552).

os acórdãos *United Brands*[1787], *British Leyland*[1788], *Tetra Pak II*[1789] e *Irish Sugar*[1790].

As autoridades responsáveis pela aplicação do direito da concorrência não têm perseguido muitos casos com base em discriminação nos últimos anos. Tal é consistente com a aproximação a uma abordagem baseada nos efeitos, em que o foco é o prejuízo dos consumidores e não dos concorrentes[1791], e com os factos de a aplicação de preços diferenciados ser muito utilizada e de na prática uma regra estrita de não discriminação poder causar efeitos negativos[1792]. Na verdade, os mesmos factos podem subsumir-se a outros tipos de abuso, levando a que alguns autores, como Rousseva, entendam que o abuso de discriminação não é uma figura autónoma e, como tal, o art. 102º, c), TFUE não tem um objetivo económico, mas sim o da equidade, e deveria ser revisto[1793]. Em nossa opinião, estamos com os autores que defendem a existência de um tipo de abuso distinto[1794]. Apesar de reconhecermos que os objetivos da norma podem parecer exorbitar da proteção do bem-estar do consumidor, aproximando-se da equidade[1795], entendemos que a norma se deve interpretar no contexto de aplicação da figura do abuso de posição dominante e, como tal, os objetivos prosseguidos não podem ser diferentes. Quanto ao objetivo da proteção do mercado interno, não é uma especificidade da alínea c) do art. 102º TFUE.

No que respeita às medidas de correção adequadas para fazer face a este tipo de abuso, notamos que, tal como o abuso em si, o seu desenvolvimento não tem sido uma prioridade. Na maioria dos casos, o abuso por discriminação não era a única infração ao art. 102º e a medida de

[1787] Acórdão *United Brands*, nºs 227 a 234.

[1788] Acórdão *British Leyland*, nºs 24 e 30.

[1789] Acórdão *Tetra Pak II*, nº 177.

[1790] Acórdão *Irish Sugar*, nºs 140 a 149.

[1791] De la Mano *et al.* (2014, p. 538).

[1792] O'Donoghue (2018, p. 443).

[1793] Rousseva (2010, pp. 208, 211). Note-se, aliás, que, na jurisprudência, os tribunais tendem a utilizar o argumento da discriminação como mais um argumento a condenar a prática e não um argumento independente. Ver acórdãos *Suicker Unie*, *Hoffmann-La Roche* e *British Airways* onde, no fundo, a discriminação era um efeito lateral de uma prática de exclusão, e acórdãos *British Petroleum* e *Irish Sugar* onde agravava o efeito de exclusão.

[1794] Por exemplo, Marco Colino (2019, p. 370), Akman (2017, p. 337).

[1795] Oliveira Pais (2018, pp. 131, 132, 142 e 143).

correção acabava por incorporar essa conclusão. Efetivamente, se atentarmos no principal objetivo específico que se pretende alcançar com uma medida deste tipo – o tratamento não discriminatório – cremos que as medidas de correção apenas baseadas em discriminação de segunda linha não podem tomar uma forma bastante prescritiva. Em primeiro lugar, sobretudo após *MEO*, o teste para declarar um abuso é exigente, devido aos efeitos ambíguos da prática que pode gerar muitas eficiências[1796]. Sendo assim, é mais difícil adotar uma medida de correção. Em segundo lugar, como defendemos que deve haver nexo estreito entre infração e medida de correção, a medida mais evidente nestes casos (não discriminar) é muito vaga. Podemos dar como exemplo a decisão *Tetra Pak II*, onde a Comissão proibiu a empresa de aplicar preços discriminatórios, ressalvando, contudo, as condições objetivas de diferenciação[1797], e a decisão *Irish Sugar*, na qual a instituição ordenou que a empresa se abstivesse de aplicar condições desiguais a operações equivalentes[1798], que entendemos que não vão para além de uma obrigação de fazer cessar a infração. Uma posição que fosse muito mais além tornar-se-ia uma grande ingerência na atividade da empresa, nomeadamente, caso a infração se baseasse em preços, quanto à determinação dos mesmos. Naturalmente, uma posição de adoção de medidas de correção amplas e orientadas ao resultado tem as suas vantagens, mas também as desvantagens que já identificámos (ver 4.4).

7.1.5. Abusos relacionados com DPI

Um tipo de abuso que tem vindo a ganhar importância é o relacionado com DPI, que ocorre em particular nas indústrias farmacêutica e de TI. A interação entre DPI e concorrência tem-se apresentado problemática, em virtude da natureza exclusiva dos direitos de propriedade intelectual, que criam, em benefício dos titulares, um "monopólio", o que as regras de direito da concorrência procuram afastar[1799]. Este tipo de

[1796] Lawrance, Watson-Doig, Bond e Mathew (2019, p. 262)

[1797] Decisão *Tetra Pak II*, art. 3º, nºs 2 e 3.

[1798] Decisão *Irish Sugar*, art. 3º.

[1799] Oliveira Pais (2011a, p. 601), Moura e Silva (2010b, pp. 455 a 462). Neste estudo não procuraremos colocar em causa questões de direito da propriedade intelectual, pelo que damos como assente a tensão existente entre os dois ramos do direito. Para esta questão, ver, Anderman (2013, pp. 561 a 587).

abuso é importante para o nosso tema, pois muitos dos casos em que foram aplicadas medidas de correção ocorreram nestas circunstâncias e estão relacionados com a necessidade de proteger o incentivo à inovação.

Não vamos discutir se é apropriada a intervenção do direito da concorrência em setores protegidos por DPI. É assente na doutrina e na jurisprudência que, apesar da proteção oferecida por direitos de PI, o direito da concorrência pode intervir[1800]. A questão está na intensidade da intervenção. Por um lado, uma intervenção excessiva do direito da concorrência pode prejudicar os incentivos à inovação[1801]. Por outro lado, os DPI não são a única forma de um inovador receber a retribuição pela inovação. Há outros fatores que também contribuem para esse resultado – tais como a vantagem em ser o pioneiro, a reputação, efeitos de rede e de aprendizagem ou o custo de replicar o bem – porque criam barreiras à entrada[1802]. Por fim, na maioria dos casos, os DPI não são suficientes para garantir proteção, porque numa economia baseada no conhecimento, a inovação ocorre como desenvolvimento da inovação anterior e as empresas que detêm, por exemplo, uma patente continuam a ter incentivo para desenvolver mais I&D sob pena de serem ultrapassadas por concorrentes[1803].

As medidas de correção encontradas têm de equilibrar esta tensão latente.

No caso *Magill*, estava em causa a recusa de prestação, por parte dos canais de televisão *RTE, ITP* e *BBC*, de informação sobre a sua programação, para que um terceiro a pudesse incluir na sua revista. A Comissão ordenou às empresas que fornecessem a informação aos concorrentes e a terceiros e que, no prazo de dois meses, apresentassem propostas relativas aos termos de licenciamento e "*royalties*"[1804].

[1800] Oliveira Pais (2011a, p. 596). A intervenção depende de se distinguir entre inovação benéfica e prejudicial, que ocorre quando o sistema de DPI passa a ser um meio de limitar a concorrência. Neste sentido, ver Montagnani (2007, p. 624).

[1801] Montagnani (2007, p. 631).

[1802] Montagnani (2007, p. 635).

[1803] De la Mano *et al.* (2014, p. 490 e 491).

[1804] Decisão *Magill*.

Esta posição foi apoiada pelo TJUE[1805]. Na mesma linha, em *IMS Health*, a Comissão ordenou a IMS a ceder acesso à sua estrutura de apresentação de informação farmacêutica como medida provisória[1806]. O TG (na altura TPI), contudo, suspendeu a medida imposta pela Comissão[1807], o que foi confirmado pelo TJ[1808]. No caso paralelo a correr termos nos tribunais alemães, que originou um reenvio prejudicial, o TJ adotou uma posição mais exigente[1809].

Os casos *Magill* e *IMS Health* mostram como a Comissão, em casos de abusos de exclusão, está preparada para proteger diretamente o concorrente. É, contudo, importante notar que os casos *Magill* e *IMS Health* são comummente considerados casos em que o DPI protegido não era forte devido ao facto de não ter havido uma verdadeira inovação da empresa em posição dominante digna de proteção (lista de programação de TV) ou devido à participação dos próprios clientes na organização da informação (farmácias)[1810]. Por outro lado, também é necessário notar que nestes casos se desenvolveu, como vimos, a teoria da indispensabilidade, fortalecendo, portanto, a parte da determinação da responsabilidade da empresa em posição dominante.

No caso *IBM*[1811], a Comissão entendeu que se estava perante uma recusa em contratar devido ao preço elevado cobrado pela IBM por

[1805] Acórdão do TPI de 10 de julho de 1991, *Radio Telefis Eireann contra Comissão das Comunidades Europeias*, T-69/89, EU:T:1991:39, nºs 93 e 97 a 99. Acórdão Magill do TJ, n.º 94.

[1806] Decisão 2002/165/CE da Comissão, de 3 de julho de 2001, COMP D3/38.044 - *NDC Health/IMS Health (Medidas provisórias)* (JO 28.2.2002, L 59, pp. 18-49), nºs 214 a 220 e art. 1º. Ver, também, Monti (2016, p. 191).

[1807] Despacho do Presidente do TPI de 26 de outubro de 2001, *IMS Health Inc. c. Comissão,* T-184/01 R, EU:T:2001:259, nº 145.

[1808] Despacho do Presidente do TJ de 11 de abril de 2002, *NDC Health GmbH & Co. E NDC Health Corporation c. Comissão e IMS Health Inc.*, C-481/01 P, EU:C:2002:223, nº 85. A decisão foi retirada pela Comissão na Decisão 2003/741/CE da Comissão, de 13 de agosto de 2003, COMP D3/38.044 - *NDC Health/IMS Health (Medidas provisórias - retirada)* (JO L 268 de 18.10.2003, p. 69-72).

[1809] Acórdão *IMS Health*, nºs 38 e 44 a 52.

[1810] Motta (2004, p. 68).

[1811] Decisão da Comissão de 13 de novembro de 2011, *IBM,* COMP/39.692, (JO C 18 de 21.1.2012, p. 6-7). A Comissão declarou obrigatórios os compromissos assumidos pela empresa. Na sua apreciação preliminar, a Comissão entendeu que a IBM poderia estar a abusar de uma posição dominante através da imposição aos concorrentes no mercado da

determinadas peças sobressalentes necessárias para realizar cabalmente os serviços de manutenção. O preço cobrado acabava – na ótica da Comissão – por corresponder a uma recusa de venda de facto[1812]. O caso foi encerrado com recurso ao art. 9º do Regulamento 1/2003, tendo a empresa proposto, durante um período de cinco anos, garantir a rápida disponibilização das peças sobresselentes e da informação técnica necessária em termos comerciais razoáveis e não discriminatórios, incluindo um preço fixo[1813].

O caso *Rambus* foi um pouco diferente. A Comissão entendeu que o preço cobrado pelo acesso às SEP[1814] era excessivo, dado o contexto do caso. Neste caso, a empresa já tinha voluntariamente aceitado conceder acesso à tecnologia através de FRAND. No entanto, a empresa tinha conduzido o processo de normalização da sua tecnologia junto do organismo JEDEC através de práticas enganosas, pois não havia divulgado a existência de patentes e de pedidos de patente, que, posteriormente, viria a alegar serem relevantes para as normas adotadas pelo JEDEC ("*patent ambush*")[1815]. As medidas de correção adotadas foram o compromisso de não cobrar "*royalties*" para a utilização das primeiras normas (ou "*standards*"), em relação às quais o processo teria sido enganoso, e a determinação de taxas máximas de "*royalties*" para acesso às restantes SEP[1816].

Em *Thomson Reuters*[1817], a Comissão manifestou a preocupação preliminar de que a empresa estava a abusar de uma posição dominante por impedir os seus clientes de usar os códigos de identificação dos valores mobiliários e dos mercados financeiros (denominados "*Reuters Instru-*

manutenção de condições de fornecimento pouco razoáveis, colocando-os numa situação de desvantagem concorrencial face aos seus próprios serviços de manutenção. Decisão *IBM*, nº 26.

1812 Decisão *IBM*, nºs 31 a 41.

1813 Decisão *IBM*, nºs 44 a 49 e 77 a 81.

1814 "Standard Essential Patents", em português "patentes essenciais a uma norma" (ver Comunicação da Comissão sobre SEP). Usaremos a expressão em língua inglesa por estar mais disseminada.

1815 Decisão *Rambus*, nº 27.

1816 Decisão *Rambus*, nºs 49 e 72 a 74.

1817 Decisão da Comissão de 29 de novembro de 2012, *Reuters Instrument Codes*, AT.39654, (JO C 326 de 12.11.2013, p. 3).

ment Codes" ou "RIC") enquanto se forneciam de dados de prestadores alternativos[1818]. Os RIC permitem às instituições financeiras extrair em tempo real a informação relevante da base de dados da *Thomson Reuters*. Os clientes pretendiam usar os RIC para extrair a mesma informação de fornecedores alternativos ("*mapping*"). A Comissão receava que, se o *mapping* não fosse permitido, se poderia verificar um efeito de *lock-in*, impedindo os clientes de se fornecerem junto de concorrentes, na medida em que a substituição dos RIC implicava a reconfiguração do *software* das instituições financeiras, com os inerentes custos financeiros e de tempo. A Comissão decidiu encerrar a investigação aceitando os compromissos da *Thomson Reuters* de licenciar alguns RIC aos seus clientes, permitindo extrair informação de terceiros, deixando, todavia, excluídos da licença os fornecedores de dados consolidados transmitidos em tempo real[1819].

Podemos fazer já um balanço preliminar das medidas de correção adotadas quando estão em causa abusos relacionados com DPI. Parece-nos que uma decisão sobre medidas de correção em relação a DPI tem necessariamente de ter em conta o nível de inovação e de investimento despendido pela empresa em posição dominante.

Também se nota, nestes casos, alguma vontade da Comissão em proteger os concorrentes com o intuito de manter o mercado aberto (que se desenvolverá, como veremos de seguida, nos mercados digitais)[1820]. Esta conclusão leva-nos a pôr em causa a proporcionalidade das medidas caso tivessem sido impostas ao abrigo do art. 7º do Regulamento 1/2003 (tomando nota de que foram adotadas ao abrigo do art. 9º). Efetivamente, a concessão de acesso a informação tem valor de medida de caráter quase-estrutural, pois, após a empresa conceder essa informação, já não a pode voltar a receber dos concorrentes, o que põe em causa o valor do seu ativo[1821].

[1818] Decisão *Reuters Instrument Codes*, nºs 37 a 45.

[1819] Decisão *Reuters Instrument Codes*, nºs 77 a 80.

[1820] Eventualmente tal não aconteceu em *Thomson Reuters*, em que os concorrentes não eram beneficiários da medida e, aliás, recorreram, sem sucesso, da decisão, dando origem ao acórdão *Morningstar*.

[1821] Marsden (2009, p. 359), Waller (2009, p. 26). Os autores classificam a medida como estrutural.

Por fim, chamamos à colação o que discutimos acerca das medidas de correção quando estamos em face da obrigação de conceder informação ou outro ativo e da necessidade de determinação de um preço, que se encontram mais próximas de uma função regulatória (ver 3.2.5). Para Niels, Jenkins e Kavanah, as autoridades de concorrência acabam por assumir alguma função regulatória (ainda que não lhes tenha sido atribuída essa competência), porque as medidas de correção estruturais, que levam a menor necessidade de monitorização, podem não ser proporcionadas[1822].

Outros casos relacionados com DPI radicaram noutros tipos de abuso, um pouco mais afastados da recusa de fornecimento ou de acesso. Tal é o caso da atuação contenciosa para defesa dos DPI, incluindo as tentativas de obtenção de providências cautelares e permanentes contra concorrentes por violação das suas patentes essenciais a uma norma (SEP)[1823], em relação às quais a empresa se tinha comprometido a conceder licenças em condições justas, razoáveis e não discriminatórias (FRAND). São exemplos os casos *Samsung*[1824] e *Motorola*[1825-1826]. Em ambos os casos, a Comissão considerou que se estava perante uma situação excecional em que as empresas se tinham submetido ao processo de elaboração de normas do ETSI e, por esse motivo, tinham aceitado conceder licenças das suas SEP em condições FRAND[1827]. A diferença entre os dois casos radicou na natureza da decisão. No primeiro caso, a Samsung comprometeu-se a não requerer medidas cautelares por violação das SEP (incluindo todas as patentes atuais e futuras) utilizadas em *smartphones* e *tablets* ("Mobile SEP") contra um potencial titular de licença que aceitasse cumprir um dado quadro de licenciamento

[1822] Niels *et al.* (2016, p. 362).

[1823] As patentes essenciais em relação a uma norma são as que abrangem tecnologia para a qual a norma remete e que os executantes da norma não podem deixar de utilizar em produtos conformes com a mesma. Decisão *Samsung*, nº 27.

[1824] Decisão *Samsung, Aplicação das patentes essenciais UMTS.*

[1825] Decisão *Motorola.*

[1826] Também podemos notar o acórdão *Huawei*. Este caso resultou de um reenvio prejudicial onde a questão central foi a existência ou não de abuso de posição dominante, pelo que não o vamos desenvolver. Sobre o tema, Killick e Sakellariou (2015, p. 5).

[1827] Decisão *Samsung*, nºs 55 e ss. Decisão *Motorola*, nºs 62 e ss.

para a determinação das condições FRAND[1828]. Contudo esse não foi o caminho no caso *Motorola*. Neste, ao abrigo do art. 7º do Regulamento 1/2003, a Comissão ordenou à Motorola que pusesse termo à infração e que eliminasse os efeitos anticoncorrenciais do comportamento infrator, nomeadamente, através da eliminação de três cláusulas do acordo de transação que tinha alcançado com a Apple[1829]. Esta imposição de fazer cessar a infração pode ser entendida como uma medida corretiva, uma vez que vai para além da mera ordem de pôr termo à infração. Talvez não altere o âmago do plano de negócio da empresa, mas claramente limita a empresa através de uma medida de correção negativa, impedindo-a de prosseguir a defesa dos seus direitos. Neste caso, porém, parece-nos que a medida, em princípio, foi proporcionada. Efetivamente, as empresas já tinham aceitado conceder acesso às suas SEP, que se consideravam indispensáveis, e por esse motivo recebiam uma retribuição.

Podemos retirar a conclusão de que, tal como nos casos de infraestrutura física, a recusa de fornecimento de informações ou outros ativos protegidos pelo DPI pode ter como medida corretiva aquela que melhor espelha o abuso, que é a de ordenar esse fornecimento em condições equitativas e não discriminatórias. Para O'Donoghue e Padilla, a situação em DPI não tem de ser diferente de acesso a infraestrutura física, pois o direito de propriedade deve ser protegido[1830]. No entanto, ao contrário do acesso às infraestruturas físicas, a partilha de informação deteriora o próprio ativo[1831] (e, em alguns casos, a infraestrutura física foi construída com dinheiros públicos). A adoção destas medidas de correção deve ser rodeada de cautela. De facto, nestes casos, a vantagem da empresa é alcançada através de investimento em inovação e, por este motivo, protegida por um DPI. A prestação de informação ou o acesso ao DPI acabam, portanto, por ter o mesmo impacto que medidas de correção de caráter estrutural (e por isso consideramos quase-estruturais), porque tornam vazio o conteúdo exclusivo do direito, que é o ativo da

1828 Decisão *Samsung*, nºs 122 e 123.

1829 Decisão *Motorola*, nº 558.

1830 O'Donogue e Padilla (2020, p. 1186).

1831 Marsden (2009, p. 359).

empresa[1832]. Com a concessão do acesso ou a prestação da informação, a vantagem pode ser replicada por terceiros, deixando de ser uma vantagem competitiva.

7.1.6. Outros

O art. 102º TFUE não contém um elenco fechado de abusos de posição dominante, pelo que podem ser desenvolvidos outros tipos de abuso (tais como, contencioso sem fundamento[1833]). A adoção de medidas de correção nestes casos irá depender das concretas circunstâncias, da teoria do dano e dos objetivos específicos, como temos vindo a defender.

Podemos analisar um certo tipo de medidas de correção que ocorreu no passado. Em 9 de dezembro de 1971, na sequência de um processo por abuso de posição dominante pela aquisição do controlo de uma empresa concorrente, a Comissão ordenou à *Continental Can* que, no prazo de seis meses, apresentasse propostas para realizar o desinvestimento de 80% do capital social da *Thomassen*[1834]. A decisão foi anulada pelo TJ, devido a contradições na definição do mercado relevante[1835], mas o tribunal não tomou posição sobre as medidas corretivas. No caso *Gillette*[1836], a Comissão chegou à conclusão que, *inter alia*, a aquisição de uma participação social na *Wilkinson Sword* por parte da *Gillette*, permitindo a esta última exercer alguma influência na política comercial do seu concorrente, constituía um abuso de posição dominante, e, como tal, ordenou a alienação da participação social da *Gillette* naquela sociedade.

Apesar de terem sido aplicadas medidas corretivas estruturais, não podemos retirar daqui a conclusão de que a Comissão preferia as medidas estruturais, pois estes casos tiveram a particularidade de assentar na aplicação do art. 102º TFUE a operações de concentração, quando ainda não tinha sido adotado o regime europeu de controlo de concentrações. Após a adoção do Regulamento 4069/1999, os casos de operações de

[1832] Marsden (2009, p. 359), Waller (2009, p. 26).

[1833] Que tem de ser uma situação excecional em que a empresa em posição dominante não pode ter qualquer pretensão de poder ver satisfeito o seu inexistente direito, sob pena de constituir uma violação do direito de acesso aos tribunais previsto no art. 47º CDFUE.

[1834] Decisão *Europemballage* arts. 1º e 2º.

[1835] Acórdão *Continental Can*, nºs 33 a 37.

[1836] Decisão *Gillette* arts. 5º e 6º.

concentração passaram a ser analisados ao abrigo deste regime, onde a Comissão, claramente, prefere compromissos de caráter estrutural.

7.1.7. Conclusão quanto à aplicação de medidas de correção por tipo de abuso

Após a análise levada a cabo neste capítulo 7.1, podemos concluir que o tipo de abuso tem influência na determinação da medida de correção. Efetivamente, apesar de se poder verificar a ocorrência de medidas corretivas em qualquer tipo de abuso, aquelas são adotadas com mais frequência em casos de abusos de exclusão não relacionados com o preço. Já acima mencionámos as razões para esta conclusão, que se encontram relacionadas com a dificuldade de uma autoridade de concorrência determinar um preço. Da análise dos casos, também se verifica que as medidas de correção ocorrem com frequência em situações de recusa em contratar, o que mostra a preocupação em manter mercados abertos. Também pudemos observar que a natureza da decisão tem uma grande influência na determinação da medida de correção.

Vamos, agora, avaliar em que medida a adoção das medidas de correção é influenciada pelo mercado ou setor em causa.

7.2. A aplicação de medidas corretivas em função de um determinado mercado

Também quisemos estudar se as medidas de correção variam em função do tipo de mercado. Defendemos que as autoridades devem adotar uma medida de correção eficaz e proporcionada, procurando guiar-se pelos objetivos das medidas de correção. Dependendo do tipo de mercado, os objetivos específicos podem ser distintos. Nesta tese não procurámos, porque não se compaginava com a dimensão do texto ou o objetivo do estudo, estudar todos os mercados, nem mesmo recorrendo a categorização. Observámos que, na UE, as medidas de correção ocorrem com particular frequência em mercados regulados recentemente liberalizados (sobretudo energia) e dinâmicos e de novas tecnologias. Por estes motivos, limitámos o nosso estudo às estruturas tradicionais de posição dominante individual e coletiva, e aos tipos aos mercados regulados (principalmente energia) e dinâmicos e de inovação.

7.2.1. A estrutura do mercado: posição dominante individual v. coletiva

O nosso estudo versa sobre as medidas corretivas aplicadas a empresas que se encontram em posição dominante. Deste modo, a estrutura do mercado é um fator relevante a ter em conta, pois nos encontramos a analisar mercados que se caracterizam pela existência de menos concorrência.

Neste ponto, interessa considerar se as medidas corretivas devem variar consoante estejamos perante um mercado de estrutura mais próxima da monopolista ou da oligopolista. É, igualmente, necessário ter em conta que o abuso de posição dominante coletiva é uma teoria controversa[1837].

No caso *mercados alemães de eletricidade*, a Comissão considerou que a E.ON podia ocupar uma posição dominante com a RWE, e eventualmente com a Vattenfall, mas só a primeira foi objeto de decisão de medidas corretivas, desta vez estruturais[1838]. Neste caso, a Comissão tentou aplicar os conceitos de posição dominante coletiva no contexto de uma decisão adotada ao abrigo do art. 9º do Regulamento 1/2003. Já no caso *De Beers*, acima descrito, o TG, no seu acórdão subsequente *Alrosa*, discutiu se uma medida corretiva de proibição absoluta de contratar poderia alguma vez ter cabimento e concluiu que tal só poderia acontecer em circunstâncias excecionais, em que as empresas detivessem uma posição dominante coletiva[1839]. Em nosso entender, apesar de não o afirmar, o TG quis dizer que uma medida de correção deste tipo só pode ser imposta se o abuso resultar dessa mesma posição dominante coletiva. Este acórdão, contudo, foi anulado.

[1837] Thompson *et al.* (2018, p. 889), Sauter (2016, p. 97), Gjendemsjø, Hjelmeng e Sørgard (2013, p. 355). Para mais desenvolvimentos, ver Gorjão-Henriques (2017, pp. 670 e 671), Mariano Pego (2007, pp. 318 a 362, 379 a 390).

[1838] Decisão de 26 de novembro de 2008, COMP/39.388 e COMP/39.389, mercado alemão de fornecimento grossista de eletricidade e mercado alemão de eletricidade de compensação (2008), nº 24. Kølbye (2012, p. 211).

[1839] Acórdão do TG *Alrosa*, T-170/06, nºs 103 e 141. No caso concreto, como vimos, o TG anulou a decisão da Comissão, porque considerou que, na ausência das circunstâncias excecionais, a decisão infringia o princípio da proporcionalidade. O TJ, por sua vez, anulou o acórdão do TG.

Em controlo de concentrações, as medidas de correção adotadas para fazer face a casos de abuso de posição dominante coletiva têm ido de estruturais – incluindo o corte de laços estruturais com concorrentes – a medidas comportamentais específicas para evitar coordenação de comportamento e transparência de preço[1840]. Tal é o exemplo da colocação em prática de "*fire-walls*" ou "*ring fencing*" (manutenção de separação). Também se nota o cuidado no desenho de medidas de correção de acesso para não facilitar a colusão[1841].

Tendo em conta o risco de intervenção errada, De la Mano, Nazzini e Zenger chamam a atenção para o facto de a Comissão dever reservar a aplicação desta teoria a casos de mercados recentemente liberalizados onde os benefícios de fazer aumentar a concorrência são mais evidentes[1842-1843]. Deve, portanto, evitar-se uma atitude demasiado interventiva. Quanto à determinação da medida de correção para fazer face a um caso concreto, esta vai depender do tipo de abuso. Note-se, aliás, que já se considerou que o abuso de posição dominante coletiva podia ser levado a cabo por uma só empresa.

1840 *Merger Remedies Study*, p. 122.

1841 Ezrachi (2006, pp. 474 e 476). Ver decisão da Comissão de 6 de outubro de 2004, *Areva/Urenco*, COMP/M.3099 (JO L 61 de 2.3.2006, p. 11-16), anexo B, em controlo de concentrações.

1842 De la Mano *et al.* (2014, p. 384).

1843 Note-se a experiência britânica das investigações de mercado, que de acordo com alguns autores tem sido bem-sucedida para fazer face a estruturas oligopolísticas. No âmbito dos seus poderes, as autoridades britânicas já ordenaram pesadas medidas de correção. Competition Commission (2009), "BAA Airports Market Investigation", relatório final de 19 de março de 2009, disponível em https://www.gov.uk/cma-cases/baa-airports-market-investigation-cc. Ver, a este respeito, Lianos *et al.* (2019, pp. 47 e 1466), Marco Colino (2019, p. 409). Ver, ainda, Rodger e MacCulloch (2015, p. 151). OFT, *Market Investigation References*, março 2006, adotada pela CMA em 12.3.2014, disponível em https://www.gov.uk/government/publications/market-investigation-references. Esta experiência não pode ser replicada na UE sem mais e defendemos que não o deve ser, pois se confunde com regulação. A Comissão não tem poderes para adotar este tipo de decisões, pelo que seria necessária uma alteração legislativa. Efetivamente, o art. 17.º do Regulamento 1/2003 permite a realização de inquéritos por setores da economia ou por tipo de acordos em vários setores da economia, mas a Comissão não pode adotar medidas de correção em resultado desses inquéritos.

7.2.2. Medidas de correção no contexto de mercados recentemente liberalizados ou em vias de liberalização

A Comissão Europeia, na sua vertente de instituição cometida com a tarefa da aplicação coerciva do direito da concorrência, tem sido particularmente interventiva, ao abrigo de decisões adotadas nos termos do art. 9º do Regulamento 1/2003, em relação a mercados recentemente liberalizados ou em vias de liberalização, em particular no setor da energia[1844-1845]. Efetivamente, não é com surpresa que observamos a política de concorrência a ser usada para impulsionar o mercado interno com objetivos regulatórios[1846]. Contudo, tendo em conta o alcance das medidas de correção adotadas, incluindo de natureza estrutural, essencialmente através de compromissos, devem colocar-se várias questões. Em primeiro lugar, é necessário saber se o direito da concorrência pode prosseguir uma função regulatória. Esta questão encontra-se parcialmente respondia em 3.2.5 e 5.2, para onde remetemos e de seguida concretizaremos. Em segundo lugar, tendo em conta a utilização do art. 9º para obter compromissos abrangentes, é necessário avaliar se o princípio da proporcionalidade, ainda que na forma mitigada, foi respeitado. Por fim, importa indagar quais os motivos para a adoção de medidas estruturais nuns casos e comportamentais noutros.

Na análise de medidas corretivas em mercados recentemente liberalizados devemos começar por colocar a questão de saber se a Comissão pode impor, por via do direito da concorrência, soluções que não consegue alcançar pela via da regulação, nomeadamente, por não lograr obter o consenso político para adotar os instrumentos legislativos necessários[1847].

[1844] Jones *et al.* (2019, p. 942), Gerard (2016, pp. 161 a 165), Lianos (2016, p. 129), Dunne (2015, pp. 322 e ss.), Dunne (2014, p. 408), Kølbye (2012, p. 213), Cengiz (2011, p. 138), Ibañez Colomo (2010, pp. 298 e ss.), Scholz e Purps (2010, p. 51), Chauve, Godfried, Kovács, Langus, Nagy e Siebert (2009, p. 54).

[1845] Com a revisão de Lisboa, o TFUE ganhou um novo capítulo XXI, em cujo art. 194º expressamente afirma que é objetivo da UE assegurar o funcionamento do mercado interno da energia.

[1846] Sadowska (2011, p. 1) sobre energia.

[1847] Ioannidou (2018, p. 141), Dunne (2015, p. 325), Gauer e Kjølbye (2014, p. 1632), Tapia e Mantzari (2013, p. 627), Ibañez Colomo (2010, p. 298).

Os mercados regulados caracterizam-se pela existência de regulamentação setorial específica destinada a criar as condições *ex ante* para a existência de uma concorrência efetiva. A aplicação de medidas corretivas a empresas que atuam em mercados regulados tem necessariamente de ter em conta a regulação setorial.

A intervenção da Comissão nos mercados regulados mostra a capacidade de as medidas corretivas se aplicarem concomitantemente e mesmo para desenvolvimento das obrigações impostas através da regulação setorial, pois algumas das medidas corretivas adotadas, e analisadas a seguir, foram além das obrigações de regulação setorial. O desenvolvimento estratégico das decisões de compromissos no setor da energia são um claro exemplo. Em 2005, já após dois pacotes de liberalização aprovados, a Comissão lançou um inquérito setorial ao abrigo do art. 17º do Regulamento 1/2003, que publicou em 2007[1848]. Nesse inquérito, a Comissão concluiu, em geral, que, por diversos motivos (nomeadamente a reserva de capacidade para empresas incumbentes ou a existência de contratos de fornecimento de longo prazo entre clientes industriais e operadores históricos), os mercados no setor mantinham o âmbito nacional e ainda se encontravam muito concentrados. Assim, os incumbentes não sofriam concorrência uns dos outros e mantinham posições de domínio nos mercados nacionais. Esta conclusão prevalecia, ainda que a Comissão tivesse requerido fortes compromissos estruturais de alienação de infraestruturas ou de construção de interconexão em troca da aprovação de operações de concentração e, até, proibido algumas concentrações[1849]. A Comissão também concluiu que a separação das redes de transporte e de distribuição dos operadores era insuficiente[1850],

[1848] Comunicação da Comissão – Inquérito nos termos do artigo 17º do Regulamento (CE) nº 1/2003 sobre os setores europeus do gás e da eletricidade (Relatório final) {SEC(2006) 1724}, disponível em https://eur-lex.europa.eu/legal-content/MT/TXT/?uri=CELEX:52006DC0851, consultado pela última vez em 20.1.2019.

[1849] Alguns exemplos são a decisão de 9 de dezembro de 2004, COMP/M.3440 – ENI/EDP/GDP ou a decisão da Comissão de 26 de setembro de 2001, *Grupo Villar Mir/EnBW/Hidroeléctrica del Cantábrico*, COMP/M.2434 (JO L 48 de 18.2.2004, p. 86-110), nº 129.

[1850] As redes de transporte e distribuição são monopólios naturais. Na falta de separação de propriedade entre o operador da rede e os operadores que a utilizam, pode haver incentivos que conduzam o operador de rede a atuar como grupo, não no sentido da eficiência da rede, mas em função dos interesses de abastecimento da empresa integrada. Ou seja, os

o que tinha influência negativa no funcionamento dos mercados e atuava como barreira à entrada.

Em resultado do inquérito setorial, a Comissão preparou o terceiro pacote regulatório[1851] e reforçou a aplicação da política de concorrência ao setor. Nesta medida, adotou medidas de correção, muitas delas estruturais, em decisão de compromissos, que, claramente, excediam o mero espelhar do abuso[1852], levando a soluções de separação ("*unbundling*") para além do exigido pela regulação setorial da época[1853]. Esta posição da Comissão permitiu ultrapassar as dificuldades sentidas na negociação do terceiro pacote de liberalização da energia, em que os EM não consentiram na inclusão da exigência de separação da propriedade[1854].

Nalguns casos assentes no encerramento do mercado através da limitação de acesso a infraestruturas essenciais e da reserva de capacidade, – quer a Comissão tivesse concluído pela existência de conflito de interesses devido à integração vertical, como em *RWE*[1855] e *ENI*[1856-1857], ou não, como *CEZ*[1858] – a Comissão não aceitou menos que medidas de

operadores de rede podem discriminar positivamente as empresas parte do grupo (daí as regras impostas pelas diretivas de não discriminação, que apesar de obrigarem a separar as empresas de transporte das de abastecimento não impõem a separação – "*unbundling*" – total).

1851 Ver Diretiva 2009/72/CE do Parlamento Europeu e do Conselho, de 13 de julho de 2009, que estabelece regras comuns para o mercado interno da eletricidade e que revoga a Diretiva 2003/54/CE; e Diretiva 2009/73/CE do Parlamento Europeu e do Conselho, de 13 de Jjulho de 2009, que estabelece regras comuns para o mercado interno do gás natural e que revoga a Diretiva 2003/55/CE.

1852 Leandro Vasconcelos (2016, p. 189).

1853 Inquérito ao setor da energia, nº 14. Ver *mercados alemães de eletricidade, RWE Gas foreclosure, ENI* e *CEZ,* por exemplo.

1854 Dunne (2014, p. 431), Boscheck (2009, p. 597), Manoussakis (2009, p. 229).

1855 Decisão *RWE gas foreclosure.*

1856 Decisão *ENI.*

1857 A Comissão chegou à conclusão que as empresas controlavam redes de transporte de gás em alta pressão na Alemanha e em Itália, respetivamente, que eram consideradas uma infraestrutura essencial a cujo acesso era necessário para concorrer no mercado a jusante. Decisão *RWE gas foreclosure,* nº 22.

1858 Decisão *CEZ,* COMP/39.727.

correção de natureza estrutural. No entanto, em casos parecidos, como *GDF gás*[1859] e *E.ON gás*[1860], as medidas aceites foram comportamentais.

Nos dois primeiros casos, a Comissão concluiu preliminarmente que a RWE[1861] e a ENI, produtores de eletricidade verticalmente integrados, reservavam para si, a longo prazo, a capacidade de transporte na sua própria rede[1862]. As empresas apresentaram compromissos de desinvestimento[1863], aceites pela Comissão, que considerou que o desinvestimento permitia eliminar o conflito de interesses inerente[1864], em benefício dos operadores nos mercados a jusante. Na opinião da Comissão estas medidas eram proporcionadas, não apenas, porque as empresas não tinham apresentado medidas menos onerosas, como também, porque eram as mais adequadas para eliminar o conflito de interesses. Também se mostravam eficazes porque, efetivamente, uma obrigação de não discriminar seria mais difícil de monitorizar[1865]. Parece-nos que a opção por medidas estruturais assentou na observação da própria estrutura da empresa, que era verticalmente integrada, e no facto de ser a forma mais eficaz de eliminar o conflito de interesses inerente. Podemos questionar a proporcionalidade das medidas aceites (não obstante o teste mais brando da decisão de compromissos) caso as mesmas tivessem sido impostas ao abrigo do art. 7º. Relembremos que o considerando nº 12 do Regulamento 1/2003 esclarece que as medidas estruturais (tipo "break-up") só serão consideradas proporcionadas quando existir um risco substancial de infração permanente ou repetida que deriva da própria estrutura da empresa. Ritter defende que este considerando existe exatamente para situações em que é a própria estrutura da empresa, que existe antes

[1859] Decisão *GDF gas foreclosure*.

[1860] Decisão *E.ON gas foreclosure*.

[1861] Adicionalmente, a Comissão ainda entendeu que a RWE praticava compressão de margem através, por exemplo, da celebração dos contratos de reserva de capacidade de longo curso, que atribuíam descontos muito significativos, na prática, à empresa do grupo. Decisão *RWE gas foreclosure*, nºs 30 a 36.

[1862] Decisão *ENI*, nºs 45 a 49 a 54, decisão *RWE gas foreclosure*, nºs 23 a 28. No caso da ENI, a que disponibilizava não era economicamente relevante, mas sim "degradada" pelas limitações a que estava sujeita.

[1863] Decisão *ENI*, nºs 66 a 70, decisão *RWE gas foreclosure*, nºs 36 e 37.

[1864] Decisão *ENI*, nºs 89 a 91, decisão *RWE gas foreclosure*, nº 50.

[1865] Decisão *ENI*, nºs 92 e 93, decisão *RWE gas foreclosure*, nº 50.

de ser cometida a infração e não por causa desta, que impele o cometimento da infração[1866]. Ora, se verificamos que a infração é determinada ou facilitada pela própria estrutura da empresa e não existe medida comportamental capaz de atingir o mesmo resultado, podemos admitir que existe um nexo estreito entre o abuso e a medida de correção e, portanto, motivos para se adotar uma medida de correção estrutural. Aliás, Gauer e Kjølbye, entendem que as medidas estruturais são particularmente adequadas aos casos em que a infração está relacionada com a existência de integração vertical[1867]. Contudo, tendo em conta as circunstâncias dos casos, a medida de correção mais evidente teria sido a da concessão de acesso (e no caso *RWE*, poderia ter sido a transparência[1868]). Acresce que, não ficou claramente definido que estas últimas medidas de correção não seriam eficazes. A separação vertical foi, parece-nos, uma forma de a Comissão regular "*avant garde*"[1869].

Ademais, tendo em conta as evoluções do mercado, podemos, adicionalmente, questionar se as medidas de correção se mantiveram proporcionais à luz dos factos de as reformas regulatórias terem limitado a probabilidade de repetição da infração e por não terem imposto uma só forma de separação[1870]. Este ponto foi por nós já discutido em 4.3, para onde remetemos. Efetivamente, podemos encontrar situações em que as medidas se tornam obsoletas com o evoluir das condições do mercado, nomeadamente, a regulação[1871], pelo que defendemos que pode ser necessário estabelecer um prazo de duração das medidas de correção e, provavelmente, uma cláusula de revisão, para acautelar a evolução do

[1866] Ritter (2016b, p. 7). No mesmo sentido, Moura e Silva (2018, p. 356).

[1867] Gauer e Kjølbye (2014, pp. 1633, 1634), embora considerem que não podem ficar limitadas às mesmas.

[1868] Como em *Deutsche Bahn I e II*, nº 84.

[1869] Pode retirar-se de, por exemplo, Ioannidou (2018, p. 141).

[1870] Ratliff (2019, p. 17). Ver Diretiva 2009/72/CE do Parlamento Europeu e do Conselho, de 13 de Julho de 2009, que estabelece regras comuns para o mercado interno da eletricidade e que revoga a Diretiva 2003/54/CE; e Diretiva 2009/73/CE do Parlamento Europeu e do Conselho, de 13 de Julho de 2009, que estabelece regras comuns para o mercado interno do gás natural e que revoga a Diretiva 2003/55/CE.

[1871] O'Barnett (2008, p. 552).

mercado e a contínua adequação da medida de correção[1872]. Tal ocorreu em *Hilti*[1873], por exemplo.

Nos casos *GDF gás*[1874] e *E.ON gás*[1875-1876], a Comissão considerou, igualmente, que as empresas poderiam estar a abusar de uma posição dominante, porque os contratos de reserva de capacidade nas redes de gás – ainda que efetivamente utilizada – eram tendentes a impedir o acesso às mesmas por parte dos concorrentes[1877]. No entanto, nestes casos, a Comissão não seguiu a via dos compromissos estruturais. Em vez disso, aceitou compromissos comportamentais de libertação de capacidade[1878].

A diferença entre os dois conjuntos de casos, pensamos, radicou no facto de no segundo conjunto de casos o incentivo para o abuso não derivar da própria estrutura da empresa, uma vez que a reserva era realizada a favor das subsidiárias a atuar nos mercados a jusante e não das empresas a montante que controlavam a rede de transporte[1879]. No entanto, se atentarmos bem nos compromissos obtidos, apesar de estes compromissos não terem sido estruturais no sentido de não ter havido alienação, acabaram por ser igualmente fortes, porque, como a capacidade estava contratualmente reservada, continuaria inacessível a terceiros ainda que a rede fosse desinvestida. A única forma de fazer cessar a situação era a de eliminar as obrigações de reserva de capacidade de forma irrevogável.

Estes casos contrastam com outra decisão onde estava em causa o encerramento do mercado por reserva de capacidade, o caso *CEZ*[1880], onde, apesar de não haver integração vertical com a atividade de trans-

[1872] Monti (2016, p. 201). Note-se que o art. 7º do Regulamento 1/2003 não prevê a alterações às medidas de correção e o art. 9º, nº 2, apenas em determinadas circunstâncias.

[1873] Decisão *Hilti*, Anexo, nº 3.

[1874] Decisão *GDF gas foreclosure*.

[1875] Decisão *E.ON gas foreclosure*.

[1876] Em França e na Alemanha, respetivamente, a GDF e a E.ON reservavam a maioria da capacidade nos pontos de entrada dos gasodutos na fronteira para as suas subsidiárias através da celebração de contratos de longo termo. Decisão *GDF gas foreclosure*, nºs 19, 24 a 36, decisão *E.ON gas foreclosure*, nºs 36 a 41.

[1877] Decisão *E.ON gas foreclosure*, nº 35.

[1878] Decisão *GDF gas foreclosure*, nºs 42 e ss. e 67 a 85, decisão *E.ON gas foreclosure*, nºs 43 a 49 e 59.

[1879] Gauer e Kjølbye (2014, p. 1631), que defendem a solução da Comissão.

[1880] Decisão *CEZ*.

porte[1881], a Comissão não aceitou menos que um compromisso estrutural[1882]. Os compromissos assumidos pela CEZ incluíram alienar ativos de produção de eletricidade para compensar ter impedido ou, pelo menos, atrasado de forma significativa, a emergência de um concorrente[1883]. A Comissão considerou os compromissos proporcionais, pois não havia outra medida corretiva capaz de resolver eficazmente os efeitos do comportamento da empresa. Mais uma vez, os compromissos assumidos foram muito abrangentes e ultrapassaram o mero contrariar o alegado abuso.

Cremos que é necessário fazer um balanço deste conjunto de casos para verificar se a nossa tese se confirma. Ou seja, para avaliar se, na escolha das medidas de correção, a Comissão tem em conta a teoria do dano e os objetivos específicos a alcançar com a medida, bem como um nexo estreito entre a infração e a medida de correção. Em todos os casos estava subjacente a ideia da limitação de capacidade e acesso de terceiros a uma rede, mas os resultados foram distintos. Entendemos que a justificação pode ser encontrada nos objetivos específicos das medidas de correção concretas, que variavam entre a eliminação do conflito de interesses inerente à integração vertical[1884], a libertação de capacidade[1885] e o ativo patrocínio à entrada de concorrentes[1886]. Esta observação sublinha, portanto, a ideia de que os objetivos específicos das medidas de correção são dos principais fatores a ter em conta no seu desenho. Parece-nos, também, que a Comissão explorou o facto de se tratar de decisões de compromissos, sujeitas a um princípio de proporcionalidade mais brando e a um controlo jurisdicional

[1881] Embora houvesse integração de fontes de produção de eletricidade. Decisão *CEZ*, nº 16.

[1882] Decisão *CEZ*, nºs 21 a 33. A Comissão assentava o abuso no facto de a empresa reservar capacidade na rede de transporte de eletricidade, que não controlava, com o objetivo de impedir a entrada de concorrentes no mercado da produção, uma vez que um produtor não podia iniciar a sua produção sem assegurar capacidade de transporte na rede (já que a eletricidade não pode ser armazenada).

[1883] Decisão *CEZ*, nºs 39 e 80.

[1884] Em *ENI* e *RWE*.

[1885] Nos cinco casos.

[1886] Em *CEZ*. Este caso difere de *ENI* e *RWE* porque nestes se estava, no fundo, a antecipar a separação de atividades, que acabaria por acontecer em virtude da regulação setorial. Em *CEZ* alienava-se atividade a um concorrente no mesmo mercado.

mais limitado[1887], especialmente no caso *CEZ*, para justificar o recurso a medidas tão interventivas[1888]. Na verdade, não havia consenso por parte dos EM quanto à adoção de determinadas medidas em relação ao mercado interno da energia, mas a Comissão logrou obter de determinados incumbentes os resultados pretendidos[1889]. Note-se no entanto que, ao proceder através de processos concretos, nem todos os incumbentes ficavam obrigados à separação vertical, mas apenas aqueles que a Comissão considerava essenciais para a prossecução do mercado interno da energia. Tal pode levantar questões relativas à proporcionalidade dos compromissos[1890].

As medidas de correção estruturais de separação vertical têm o seu campo de aplicação natural em mercados recentemente liberalizados ou em vias de liberalização. De facto, podem ser necessárias para fazer face a problemas persistentes, pois a experiência demonstra que as empresas verticalmente integradas podem ter incentivos para alavancar a sua posição dominante num mercado e excluir os concorrentes no mercado a jusante[1891]. No entanto, é necessário ter em conta que a integração vertical também tem efeitos positivos – tais como, melhor coordenação, custos de transação menos elevados, afastamento da dupla margem, mais incentivo para as empresas investirem em interligações, entre outros – e não é, em si, proibida. Assim sendo, as medidas de correção estruturais não devem ser adotadas sem uma sólida análise e deve poder ser demonstrado o nexo estreito entre o abuso e a medida[1892]. Por este motivo, em função do caso concreto, as medidas de correção de não discriminação ou de concessão de acesso podem ser mais adequadas do que as estruturais para manter os benefícios da integração vertical, nomeadamente os preços baixos[1893].

[1887] Sobre controlo jurisdicional, ver entre muitos, Costeira (2018), Cruz Vilaça (2018a, 2018b), Martins Ribeiro (2018).

[1888] Cengiz (2011, p. 152), Wagner-von Papp (2012, p. 937).

[1889] Dunne (2014, pp. 429 a 431).

[1890] Azevedo (2018, pp. 160 a 168), Dunne (2014, pp. 429 a 431), Gerard (2013a, pp. 30 a 36).

[1891] Gauer e Kjølbye (2014, pp. 1633, 1634). Notando a importância do conflito de interesses para as medidas estruturais, não necessariamente neste mercado, Ritter (2016a, p. 597).

[1892] Niels *et al.* (2016, p. 371).

[1893] Singer (2018), Niels *et al.* (2016, p. 371).

As medidas de correção estruturais também foram usadas em casos de abuso de exploração, como o caso *mercados alemães de eletricidade*[1894], onde estava em causa o facto de a E.ON (que detinha uma posição dominante coletiva com a RWE e, eventualmente, também com a Vattenfall[1895]) ter executado a estratégia de limitar a capacidade de produção das centrais menos eficientes, com vista ao aumento dos preços, passando o custo extra para o consumidor[1896] e impedindo a entrada de operadores de outros EM no mercado da equilibração[1897]. Os compromissos assumidos foram estruturais abrangendo atividades de produção e de transporte. A justificação das medidas (sempre limitada por se tratar de uma decisão ao abrigo do art. 9º do Regulamento 1/2003) assentou no facto de só a alienação poder eliminar o incentivo da empresa em aumentar os seus custos (com aumento do preço para os consumidores a final)[1898]. Este é, provavelmente, o arquétipo do exercício de poder de monopólio[1899]. Contudo, esta atuação poderia ter sido resolvida com compromissos menos invasivos[1900], especialmente porque não havia precedentes. Não era, portanto evidente que uma empresa verticalmente integrada tivesse o dever de não favorecer as suas subsidiárias[1901] (note-se que esta tese está agora a ser testada no caso *Google Shopping*, que discutiremos no próximo capítulo, onde, não obstante, a Comissão não

[1894] Decisão de 26 de novembro de 2008, COMP/39.388 e COMP/39.389, mercado alemão de fornecimento grossista de eletricidade e mercado alemão de eletricidade de compensação (2008).

[1895] Não houve, contudo, discussão sobre se as outras empresas coletivamente dominantes abusaram da sua posição. Decisão *mercados alemães de eletricidade*, nº 24.

[1896] As centrais mais eficientes na ordem de mérito (ordem pela qual a eletricidade mais barata e eficiente é despachada em primeiro lugar) ficavam limitadas para que as menos eficientes pudessem vender eletricidade (decisão *mercados alemães de eletricidade*, nºs 28 a 40). A E.ON, de acordo com a avaliação preliminar da Comissão, também seguiu uma estratégia de desincentivo do investimento independente por parte de terceiros, oferecendo-lhes participação em investimentos (*idem*, nºs 41 a 44). (*idem*, nºs 41 a 44).

[1897] Decisão *mercados alemães de eletricidade*, nºs 28 a 40).

[1898] Numa estratégia de utilização de todas as suas centrais, em vez de passar às menos eficientes apenas após esgotamento das mais eficientes.

[1899] Dunne (2014, p. 422).

[1900] Scholz e Purps (2010, p. 51). No mesmo sentido, Tapia e Mantzari (2013, p. 616).

[1901] Ibañez Colomo (2018c, p. 296).

ordenou a separação[1902]). Parece-nos, assim, que a Comissão aproveitou os compromissos para levar a cabo desígnios regulatórios[1903]. Para Sadowska, as medidas foram uma forma de reduzir a quota de mercado da E.ON, e a autora considera que a alienação, a ocorrer, deveria ter sido limitada a centrais de alto custo, para que a E.ON não mantivesse a possibilidade de neutralizar a concorrência entre as centrais[1904]. Ou seja, critica, e acompanhamos, não só a proporcionalidade, como também, a eficácia da medida.

O recurso a medidas tão fortes está seguramente relacionado com a necessidade de liberalizar o setor[1905]. Esta atitude da Comissão não passou despercebida à doutrina, que criticou a utilização de compromissos para lograr obter medidas de correção muito onerosas e estratégicas, iniciando procedimentos para obter das empresas compromissos que, no fundo, eram "o preço a pagar" para encerrar os mesmos procedimentos[1906], em casos onde não era evidente que as práticas das empresas fossem ilegais[1907]. Os consumidores podem até ficar em melhor posição após a adoção deste tipo de medidas, contudo, o direito da concorrência não é o caminho para alcançar estes objetivos[1908].

A Comissão ainda adotou decisões de compromissos em casos onde estava em causa o encerramento do mercado a concorrentes, mas desta vez através da limitação do acesso aos clientes, pela celebração de contratos de longo termo com estes, impedindo-os de mudar de fornecedor. Nos casos *Distrigaz*[1909] e *EDF*[1910], as empresas aceitaram "devolver", anualmente, ao mercado (no sentido de libertar) uma parte do volume

[1902] Veja-se o acórdão do TG de 10 de novembro de 2021, *Google LLC e Alphabet Inc c. Comissão Europeia*, T-612/17, que sustentou a posição da Comissão. Este acórdão foi proferido após a data de entrega da tese.

[1903] Scholz e Purps (2010, p. 51).

[1904] Sadowska (2011, p. 17).

[1905] Azevedo (2018, p. 170).

[1906] Wang (2011, pp. 583 e 585), em relação ao caso E.ON.

[1907] Forrester (2009b, p. 333).

[1908] Forrester (2009b, p. 333).

[1909] Decisão da Comissão de 15 de outubro de 2008, *Distrigaz*, COMP/M.5220, JO C 38 de 17.2.2009, p. 8).

[1910] Decisão *EDF*, nºs 30 a 38. A EDF também restringia a revenda de eletricidade por parte dos seus clientes industriais.

total de gás por si fornecido[1911-1912], limitar a duração dos contratos[1913-1914], e não introduzir nos seus contratos quaisquer restrições à utilização do gás fornecido[1915]. Como nestes casos o objetivo específico das medidas de correção era o de permitir que os concorrentes tivessem acesso aos clientes, a Comissão aceitou uma medida comportamental que contrariava diretamente o abuso identificado. As empresas davam uma opção real aos seus clientes de mudarem de fornecedor, mas não lhes era exigida uma transferência de contratos para os concorrentes (fornecedores alternativos que queriam entrar no mercado). De facto, uma tal exigência teria o efeito equivalente a colocar um limite de quota de mercado, o que não seria proporcional, e acarretaria um problema acrescido, que era o de impor um fornecedor aos clientes[1916].

O setor da energia foi muito rico na adoção de medidas corretivas em casos onde a infração não se encontrava bem estabelecida. Pouco surpreendentemente, as considerações de preservação do mercado interno estiveram na primeira linha. O caso da *Interligação Sueca*[1917], de repartição de mercado, é um outro exemplo. Na altura da decisão, o mercado nórdico já estava integrado[1918], mas por força da estrutura do mercado, havia alturas de congestão de interligações devido a picos de

[1911] Em média, 70% do volume total de gás por si fornecido. No caso de as vendas totais diminuírem em relação ao volume de 2007, a empresa poderia vincular até 20% das vendas. Decisão *Distrigaz*, nº 27.

[1912] Decisão *EDF*, nºs 72 a 76. No caso *EDF*, a empresa aceitou "devolver" ao mercado, anualmente, pelo menos, 60% dos seus contratos, perfazendo uma média de 65% durante toda a duração dos compromissos. Isto significa que 65% dos contratos teriam de dar uma opção efetiva aos clientes para mudar de fornecedor sem sofrer penalização. Os clientes não eram obrigados a fazê-lo.

[1913] No caso *Distrigaz*, com utilizadores industriais e produtores de eletricidade a cinco anos e com revendedores a dois anos. Decisão *Distrigaz*, nº 34.

[1914] A EDF ainda acrescentou a limitação temporal dos contratos de fornecimento a cinco anos, a menos que previssem a possibilidade de o cliente se desvincular mais cedo sem qualquer penalidade. Decisão *EDF*, nºs 77 a 81.

[1915] Decisão *EDF*, nºs 91 a 97. Decisão *Distrigaz*, nº 34.

[1916] No sentido de que as medidas de correção não devem servir para impor limites de quotas de mercado, mas não sobre mercados da energia, Heiner (2009, p. 877).

[1917] Decisão *Swedish Interconnectors*.

[1918] Mercados da Dinamarca, Finlândia, Noruega e Suécia geridos por uma bolsa, a Nord Pool, onde o preço da eletricidade é determinado por um processo de encontro entre a oferta e a procura numa base horária. Decisão *Swedish Interconnectors*, nº 28.

procura[1919-1920]. Cabia ao ORT Sueco, que à data dos factos já se encontrava separado de empresas produtoras ou comercializadoras de eletricidade, gerir a situação naquele país, o que fazia, limitando a capacidade de exportação (interligação) nos momentos em que havia congestionamento na Suécia. Deste modo, distorcia a concorrência nos mercados grossistas e segmentava o mercado interno[1921]. Neste caso, o principal objetivo específico das medidas era a manutenção da integridade do mercado interno[1922]. O ORT apresentou os compromissos de subdividir a rede Sueca em várias zonas de licitação, de acordo com as zonas de congestão[1923], e de investir em mais capacidade de interligação numa específica zona[1924]. Mais uma vez, aproveitando a possibilidade de obter compromissos, as medidas de correção ficaram perto das estruturais. No entanto, é duvidoso que a Comissão possa impor a sua própria visão sobre as necessidades de investimento das empresas[1925].

Ainda no âmbito da repartição do mercado interno, no caso *BEH*[1926], a Comissão chegou à conclusão preliminar de que a empresa mantinha restrições territoriais, limitando o destino da eletricidade ven-

[1919] A eletricidade não pode ser armazenada.

[1920] Decisão *Swedish Interconnectors*, nºs 29 a 37.

[1921] Decisão *Swedish Interconnectors*, nºs 38 a 42.

[1922] Decisão *Distrigaz*, nº 3, decisão *EDF*, nº 28, decisão *Swedish Interconnectors*, nº 44.

[1923] Deste modo, a capacidade de transporte é refletida nos preços de mercado e não resulta de mecanismos artificiais.

[1924] Decisão *Swedish Interconnectors*, nºs 47 a 49, 76 a 89 e 90 e 91. A Comissão expôs bem a sua posiçao de que, exceto numa determinada zona onde não era possível executar o mecanismo, uma medida de correção de investimento na rede não era tão eficaz porque demoraria muito mais tempo a surtir efeito e as zonas de licitação mais eficientes eram suscetíveis de levar a novo investimento (nº 85).

[1925] O caso *TenneT* é semelhante. Tratava-se de um ORT alemão (na Alemanha havia quatro ORT, cada um controlava uma rede de transporte de eletricidade) acusado de repartição de mercados através da limitação da capacidade comercial de interligação entre dois países, como forma de resolver problemas de congestionamento na sua própria área de controlo. A empresa comprometeu-se a aumentar a capacidade disponível na interligação entre os dois países, mas não houve necessidade de focar a construção de nova capacidade, pois a mesma já estava planeada. Decisão da Comissão de 4 de abril de 2018, *DE/DK Interconnector* ("*TenneT*"), COMP/AT.40461 (JO C 118 de 4.4.2018, p. 20-21), nºs 33, 34, 53 a 63, 76 a 80 e 86 a 90.

[1926] Decisão *BEH*.

dida quanto às exportações[1927]. Através da assunção de compromissos, a empresa e as suas subsidiárias aceitaram não mais usar as referidas cláusulas nos seus contratos. Tal deve ser entendido como a aceitação da obrigação de fazer cessar a infração[1928] e, como expusemos acima, pode, teoricamente, ser distinguido de uma verdadeira medida corretiva. No entanto, os compromissos assumidos pela BEH e subsidiárias foram muito mais além e demonstraram um claro pendor regulatório[1929]. A BEH era igualmente detentora da entidade licenciada para operar a bolsa de eletricidade na Bulgária. Nesta qualidade, comprometeu-se a instituir uma bolsa para a compra e venda de eletricidade, independente e viável, e, logo após, a transferir a sua propriedade[1930]. Estes compromissos foram muito abrangentes, pois, se o objetivo específico das medidas de correção era o de eliminar as restrições territoriais, na verdade, as medidas foram além da infração e, com um pendor claramente regulatório, excederam o mero contrariar o abuso, para adotar uma atitude de intervir no mercado grossista de eletricidade daqueles países e, assim, alcançar um resultado mais competitivo do que aquele que existia anteriormente[1931].

Nota-se a diferente exigência entre os casos *BEH* e *Interligação Sueca*, e entre estes e o caso *Gazprom*[1932], também um caso de repartição de mercado através de restrições territoriais de venda e proibições de

[1927] Decisão *BEH*, nºs 49 a 60. Apesar de justificar a ilegalidade das cláusulas igualmente nos termos do art. 101º TFUE, a Comissão preferiu a abordagem do art. 102º, pelo facto de considerar que, dada a sua posição, a BEH e as suas subsidiárias podiam impor estas condições.

[1928] Decisão *BEH*, nº 76.

[1929] Dunne (2014, pp. 399 a 444).

[1930] Decisão *BEH*, nºs 77 a 84, 113 a 141. A BEH e as suas subsidiárias ainda se comprometeram a colocar determinados volumes de eletricidade, de quantidade crescente, na referida plataforma.

[1931] Decisão *BEH*, nº 145. A Comissão considerou-os adequados e proporcionais (tendo em conta que se tratava de uma decisão de compromissos), porque asseguravam a remoção efetiva das restrições territoriais, contribuíam para desenvolver a competitividade do mercado grossista de fornecimento de eletricidade, e porque não tinham sido oferecidos compromissos menos onerosos.

[1932] Decisão *Gazprom*.

exportação[1933]. Neste caso, onde o objetivo principal era, igualmente, o de contribuir para a construção do mercado interno, a Comissão aceitou compromissos muito próximos de uma obrigação de fazer cessar a infração, espelhando os abusos em causa[1934]. Esta diferença é explicada pelos factos dos casos – em *BEH* tratava-se do incumbente, em *Interligação Sueca* do ORT e em *Gazprom* de um fornecedor – e demonstra a nossa tese de que as medidas de correção dependem dos factos do caso, mas também, que em decisão adotada ao abrigo do art. 9º do Regulamento 1/2003, a Comissão se baseia em objetivos específicos de maior amplitude, e, como tal, não respeita um nexo estreito entre a infração e a medida de correção. Tal, para além de pôr em causa a proporcionalidade das medidas, caso fossem adotadas ao abrigo do art. 7º do Regulamento 1/2003, pode levar a tratamento desigual[1935].

Um caso que também demonstra o que acabamos de afirmar é o caso *OPCOM*[1936], onde a empresa era acusada de discriminação em razão da nacionalidade, mas onde a cessação do abuso e dos seus efeitos era exequível através de uma mera obrigação de fazer cessar a infração, que contrariava o abuso em causa: a remoção da obrigação de requerer que os operadores de eletricidade de outros EM da UE, que pretendessem participar na bolsa de eletricidade romena do dia anterior e intradiária, obtivessem um registo romeno. Entendemos que não estamos perante uma medida de correção pelos motivos apresentados em 3.2.1, nomeadamente, o facto de este comportamento não alterar o modelo de negócio das empresas.

Nestes casos, para além da aplicação de medidas de correção severas, com recurso a decisões de compromissos, a Comissão tem alargado

[1933] Decisão *Gazprom*, nºs 38 a 61. Em consequência, a Gazprom pôde cobrar preços mais elevados em alguns EM, que podiam ser qualificados de excessivos por comparação com os seus custos e com *benchmarks* competitivos (Decisão *Gazprom*, nºs 62 a 79).

[1934] Decisão *Gazprom*, nºs 139 a 158, 163 ss [eliminação das cláusulas restritivas e das medidas de efeito equivalente; garantia de acesso aos terminais (infraestrutura) e alteração do ponto de entrega de gás; permissão de *swap* para ultrapassar as questões relacionadas com a limitação do transporte de gás; medida positiva de alteração dos contratos para permitir acordos de interligação com Bulgária, nomeadamente por gás provindo da Grécia].

[1935] Neste sentido também Dunne (2014, pp. 429-431), Azevedo (2018, pp. 160 a 168).

[1936] Decisão da Comissão de 5 de março de 2014, *OPCOM/Bolsa de eletricidade romena*, AT.39.984 (JO C 314, de 13.9.2014, p. 7).

o próprio conceito de abuso. Efetivamente, na sua Orientação sobre o art. 102º TFUE, a Comissão sugere que a existência de regulação setorial justifica a mitigação dos requisitos substantivos estabelecidos na jurisprudência para decretar medidas de correção mais invasivas, como, por exemplo, a obrigação de acesso, uma vez que, na presença de obrigações regulatórias, a imposição da obrigação de fornecimento não terá efeitos negativos sobre os incentivos do fornecedor ou de outros operadores, para investirem e inovarem a montante[1937]. A sua prática tem demonstrado que a Comissão acaba por seguir esta máxima. Efetivamente, a Comissão usou o conceito de estratégia de subinvestimento no caso *ENI*[1938] (por não ter investido em capacidade adicional, o que limitava a capacidade competitiva dos concorrentes[1939]), no caso *GDF gás*[1940](pelo facto de haver estudos que provavam que o investimento era positivo e lucrativo e que terceiros teriam demonstrado interesse em cofinanciar[1941]) e, mais recentemente, no caso *Romanian Transgaz*[1942]. Esta é uma forma de alargar, sem precedentes, a doutrina da infraestrutura essencial[1943]. Não estando reunidos os requisitos acima discutidos, a adoção de medidas representa, claramente, uma limitação da autonomia privada, da liberdade empresarial e do direito de propriedade, que muito dificilmente seria considerada proporcionada se estivéssemos perante uma decisão adotada ao abrigo do art. 7º do Regulamento 1/2003. Nos termos daquela teoria, a fazer precedente – com o que não estamos de acordo dada a natureza de decisão adotada ao abrigo do art. 9º, apesar de admitirmos que tem algum peso interpretativo – uma empresa poderia ser condenada por abuso de posição dominante, por não conceder

[1937] Orientação sobre o art. 102º, nº 82. Ver Dunne (2014, p. 424).

[1938] Decisão, *ENI*, nºs 57, 90.

[1939] De la Mano *et al.* (2014, p. 470), Kølbye (2012, p. 211).

[1940] Decisão *GDF gas foreclosure*, nºs 33 e 40.

[1941] Maier-Rigaud, Manca e Koppenfels (2011, pp. 21 e 22).

[1942] AT-40335, *Romanian Gaz Interconnectors*, Documento de compromissos apresentado por The National Gaz Transmission Company Transgaz S.A., disponível em https://ec.europa.eu/competition/antitrust/cases/dec_docs/40335/40335_514_3.pdf, consultado em 17.12.2019, nºs 8 e 10 a 26. Note-se que a decisão de compromissos foi adotada em 6.3.2020, após a data de entrega desta tese.

[1943] Ibañez Colomo (2018c, p. 295), Ioannidou (2018, pp. 140 e 141), Dunne (2014, p. 421), Kølbye (2012, p. 210), Scholz e Purps (2010, p. 47).

acesso a uma infraestrutura que não detém no momento[1944], e obrigada a construir infraestrutura[1945], ainda que, de acordo com as suas projeções, tal não fosse necessário para o seu negócio. Para Nazzini, aliás, um abuso deste tipo só pode ser aceite se for claramente provado que a estratégia de subinvestimento da empresa foi levada a cabo com intuito anticoncorrencial, quando o investimento teria levado ao aumento da concorrência no mercado a jusante, em detrimento do seu próprio negócio[1946]. Scholz e Purps acrescentam, bem, que a aplicação do direito da concorrência desta forma pode desincentivar o investimento[1947]. No entanto, por estarmos perante decisões de compromissos, não podemos verificar se, efetivamente, a prática decorreu de uma atitude anticoncorrencial, nem foi testada a teoria em tribunal. Esta atitude de alargamento do âmbito da norma, aliada às decisões de compromissos, mostra uma grande intervenção da Comissão nas decisões de investimento das empresas[1948] e, portanto, na preocupação de criação de uma estrutura de mercado mais competitiva, mantendo uma tendência regulatória[1949].

Apesar de mais significativo, o setor da energia não foi o único objeto de decisões onde foram aplicadas medidas de correção intrusivas por alegados abusos de posição dominante. Em *Ferrovie dello Stato,* a Comissão entendia que a empresa impedia o acesso de um concorrente ao transporte internacional ferroviário de passageiros através da recusa em participar num agrupamento internacional[1950], da recusa de acesso direto à rede[1951], e da recusa de fornecimento de serviços de tração[1952]. A empresa apresentou os compromissos de facilitar o acesso ao

1944 Dunne (2014, p. 421).

1945 Scholz e Purps (2010, p. 48).

1946 Nazzini (2011, pp. 264 e 265). No caso ENI a Comissão teve em conta a natureza deliberada da atuação da ENI.

1947 Scholz e Purps (2010, p. 48).

1948 Ibañez Colomo (2010, p. 298).

1949 Dunne (2014, p. 429).

1950 À época, era a forma de uma empresa operar noutro EM nos termos da Diretiva 91/44/CEE do Conselho, de 29 de julho, relativa ao desenvolvimento dos caminhos de ferro comunitários (JO L 237 de 24.8.1991, p. 25).

1951 Que resultava da Diretiva 95/19/CE do Conselho, de 19 de junho de 1995, relativa à repartição da capacidade de infraestrutura ferroviária e à aplicação de taxas de utilização da infraestrutura (JO L 143 de 27.6.1995, p. 75).

1952 Decisão *Ferrovie dello Stato*, nºs 12, 21 e 26.

mercado através da celebração de acordos de agrupamento internacional com o concorrente em causa (GVG) e com outras empresas devidamente licenciadas que o requeressem. A empresa ainda aceitou prestar serviços de tração. A Comissão reconheceu que, neste caso, os "*compromissos gerais transcend[iam] o necessário para assegurar que [fosse] posto termo à infração no que diz[ia] respeito à GVG*". No entanto, entendeu que os mesmos facilitavam, consideravelmente, a entrada de novos operadores no mercado de serviços de transporte ferroviário de passageiros em Itália e eliminavam "*os entraves mais significativos em termos de acesso ao mercado para as empresas em fase de arranque neste mercado*", contribuindo para "*intensificar a concorrência no setor ferroviário europeu*"[1953] (os objetivos específicos). A Comissão usou, assim, claramente, um instrumento de direito da concorrência para facilitar a liberalização de um mercado e aceitou medidas de correção que exorbitavam o mero espelhar o abuso, com claro intuito regulatório[1954].

Pode questionar-se esta utilização do direito da concorrência. Em particular, por esta via, a Comissão pode usar o receio das empresas em ver-lhes aplicadas coimas elevadas, para conseguir obter medidas de correção mais abrangentes[1955]. Tal excede a função regulatória que as medidas corretivas em si mesmas contêm e a que acima nos referimos. Este cenário causa-nos ainda maior perplexidade se tivermos em conta que, em decisões de compromissos, a Comissão não necessita sequer de desenvolver uma análise exaustiva[1956]. Ioannidou entende que, apesar de a posição da Comissão ser problemática do ponto de vista da certeza jurídica – por estarem em causa tipos de abuso menos ou não testados

[1953] Decisão *Ferrovie dello Stato*, nº 161.

[1954] Neste sentido, Geradin e Sidak (2003, p. 18). Os autores notam a utilização abrangente do direito da concorrência de forma regulatória por parte da Comissão, que utiliza, não só, o art. 102º TFUE, como também, o controlo de concentrações e a *soft law*. Os autores também notam, no caso das comunicações electrónicas, que a Comissão tendeu a trabalhar nos casos com as ARN (*idem*, p. 17). Ver, por exemplo, IP/98/763 de 13.8.1998, disponível em https://ec.europa.eu/commission/presscorner/detail/en/IP_98_763, consultado em 24.1.2020, e IP/99/279 de 29.4.1999, disponível em https://ec.europa.eu/commission/presscorner/detail/en/IP_99_279, consultado em 24.1.2020.

[1955] Jenny (2015, p. 737), Lianos (2013a, p. 129), Wang (2011, p. 585), Waelbroek (2008, p. 3).

[1956] Gerard (2016,p. 165), Wils (2006b, p. 355).

(por exemplo, subinvestimento estratégico[1957]), pelo facto de os mesmos assentarem em conceitos difíceis de provar (como a posição dominante coletiva[1958]) e pelo facto de as medidas serem muito abrangentes – ainda assim se justifica a aplicação do direito da concorrência de uma forma regulatória, quando se verificam certas condições. Em primeiro lugar, a aplicação deve ser necessária para ultrapassar a vontade política dos EM. Em segundo lugar, as medidas devem acabar por ser bem-sucedidas e influenciar a legislação setorial. Por fim, devem estar protegidos os direitos processuais das partes e de terceiros (ver 5.2)[1959]. Já para Ibañez Colomo a instrumentalização do direito da concorrência (no sentido de ser mais abrangente e condenar comportamentos que em princípio não seriam proibidos) só pode ser aceite se não forem alterados os requisitos de intervenção das autoridades (i.e. se o comportamento destas não se afastar do que podia ser legitimamente esperado). Tal não ocorreu nas decisões de compromissos no setor da energia onde as formas de abuso foram alargadas e as medidas de correção abrangentes. O autor reconhece, portanto, que existe prática decisória neste sentido e que o tribunal aceita este entendimento, mas questiona a proporcionalidade da intervenção, tendo em conta que as infrações não são suportadas por precedentes[1960]. Admite a intervenção mais profunda dentro de determinados limites e com garantias processuais abrangentes. Não aceita a promoção da alteração do processo competitivo, mas apenas a manutenção do mercado tal como existia antes de cometida a infração, pois o direito da concorrência atua em virtude de um determinado comportamento e não deve pretender alcançar um "*level playing field*" ou um "*fine-tunning*" do processo competitivo[1961], como a regulação. Dunne admite que existe prática no sentido de uma aplicação mais interventiva do direito da concorrência, mas considera-a perigosa e capaz de levar a uma intervenção excessiva. A autora teme que essa prática dê lugar a uma maior probabilidade de concluir pela responsabilidade da empresa, apenas porque detém poder de mercado. A autora também crê que a prática é desca-

[1957] Decisão *ENI*.

[1958] Decisão *mercados alemães de eletricidade*.

[1959] Ioannidou (2018, pp. 149 a 155).

[1960] Ibañez Colomo (2010, pp. 296 a 302).

[1961] *Idem*, pp. 296, 302 a 306.

racterizada, por prosseguir objetivos típicos da regulação (decisões políticas de intervir baseadas em considerações e objetivos que exorbitam o direito da concorrência, como a redistribuição da riqueza), com ausência de legitimidade política[1962]. A aplicação do direito da concorrência de uma forma regulatória ainda pode ser utilizada para ultrapassar alguma falta de consenso político[1963] ou para regular através do direito da concorrência na ausência de regulação setorial específica[1964], o que pode levantar questões de separação de poderes e politização do direito da concorrência[1965]. Efetivamente, a opção regulatória, quer na UE, quer nacional, é, desde logo, política, exercida por instituições com legitimidade democrática, através da função legislativa, com todas as salvaguardas e limitações inerentes. Esta questão pode ser mais controversa nos casos onde a Comissão usou a decisão de compromissos que, por natureza, não é detalhada, e assenta numa mitigação dos princípios que enformam a determinação concreta das medidas corretivas, em particular, o da proporcionalidade. Defendemos, portanto, que, não obstante existir uma certa função regulatória na adoção de medidas de correção, especialmente através de compromissos, devido, em particular, à natureza prospetiva das medidas, deve haver separação entre os dois tipos de atuação. Desde que a autoridade atue no exercício das suas competências aplicando as regras da concorrência com a consistência necessária e com respeito pelos princípios na definição de medidas corretivas e pelos direitos das empresas, cremos que não se ultrapassa a fronteira entre regulação e concorrência.

Chamamos aqui à colação a discussão que levámos a cabo em 3.2.5 e 5.2 e recordamos a nossa posição de que defendemos um direito da concorrência com objetivos mais limitados e diversos da regulação. Sauter, no nosso sentido, nota muito bem esta distinção e conclui que as medidas de correção em casos de abuso de posição dominante se diferenciam da regulação. Enquanto esta se baseia na necessidade de promover a emergência de concorrência efetiva, e como tal, as suas medidas não precisam de estar relacionadas com uma infração, as primeiras ser-

1962 Dunne (2015, pp. 323 e 327 a 329).

1963 Jenny (2015, p. 729), Dunne (2014, pp. 429-431).

1964 Werden (2009, p. 75).

1965 Dunne (2014, pp. 435 e ss.).

vem para restaurar a concorrência e devem ter uma relação direta com o abuso[1966]. Embora se reconheça que o direito da concorrência da UE também tem como objetivo alcançar o mercado interno, tal não significa que deva prosseguir todo e qualquer objetivo social[1967]. É claro que a existência de regulação setorial não torna o setor imune ao direito da concorrência[1968], e casos existem em que a entidade reguladora permite um determinado comportamento que mais tarde se vem a declarar incompatível com as regras da concorrência pelas autoridades responsáveis pelo direito da concorrência[1969]. Sem prejuízo de reconhecermos a complementaridade entre os vários instrumentos[1970], cremos que este modo de aplicação do direito da concorrência de forma regulatória complexifica este ramo do direito e torna-o mais vulnerável a pressão política[1971]. Em face destas circunstâncias, defendemos que, quando não cabe no seu escopo, a concorrência deve dar lugar à regulação[1972], quer porque não aplicar, de todo, o direito da concorrência pode trazer eficiência, quer porque a regulação permite a prossecução de outros objetivos[1973].

A análise crítica que acima fizemos demonstrou que em muitos casos os compromissos assumidos não apresentaram nexo estreito com a infração, tendo a Comissão utilizado o mecanismo para alcançar um resultado de mercado mais concorrencial[1974] – aceitando compromissos estruturais, por exemplo. Esta observação pode pôr em causa a proporcionalidade dos compromissos e leva-nos a crer que não passariam o crivo de um teste de proporcionalidade ao abrigo do art. 7º do Regula-

1966 Sauter (2016, pp. 96 a 103).

1967 Ibañez Colomo (2010, p. 277).

1968 Hellwig (2018, p. 3) quanto ao setor financeiro.

1969 Acórdão *Deutsche Telekom* do TG. Caso *PT circuitos alugados*.

1970 Crampton (2002, p. 7). Por exemplo, estando em causa a adoção de uma medida estrutural, esta será aceitável se a legislação setorial específica não for suficiente para garantir a concorrência efetiva. Ver De Smijter e Sinclair (2014, p. 125).

1971 Waller (1998, p. 1448).

1972 Dunne (2015, pp. 323 e 327 a 329), Scholz e Purps (2010, pp. 49 e 51), Monti (2008, p. 144).

1973 Monti (2008, p. 136). Atente-se, também, no conceito dos direitos especiais ou exclusivos do art. 106º TFUE, onde se permite alguma "imunidade" ao direito da concorrência para, precisamente, se levar a cabo outros interesses.

1974 Forrester (2005, p. 167).

mento 1/2003, como apontámos. A esta conclusão não é alheio o facto de as considerações de eficácia terem estado muito presentes nesta aplicação de medidas de correção em setores regulados. Note-se, contudo, que a eficácia das medidas de correção não pode comprometer os incentivos em investir e inovar das empresas envolvidas[1975]. Caso contrário, os resultados da aplicação das medidas corretivas podem atentar contra os objetivos do direito da concorrência – objetivos mediatos das medidas de correção[1976].

Por fim, o uso de decisões de compromissos compromete o desenvolvimento do direito pela quase ausência de controlo jurisdicional. De facto, a adoção de uma medida de correção representa uma limitação da autonomia privada, da liberdade empresarial e do direito de propriedade, que pode levar à distorção das próprias decisões de investimento das empresas, resultando numa obrigação regulatória de conteúdo muito incerto[1977]. Tendo em conta as medidas exigentes, estes casos teriam tido toda a vantagem em terem sido objeto de uma análise aprofundada por parte da Comissão e escrutinados pelo TJUE. De facto, se, por exemplo, a teoria do subinvestimento estratégico servisse de precedente para a futura atuação das empresas, aquelas que estão em posição dominante podem sentir a obrigação de manter constante um nível de investimento para que as suas infraestruturas sejam capazes de acomodar toda a procura em qualquer altura. Tal leva-nos a considerar o perigo de violação da segurança jurídica das empresas, na medida em que a instrumentalização do direito da concorrência para atingir objetivos regulatórios altera princípios de atuação já estabelecidos[1978] e assenta em teorias menos sólidas e menos coerentes. Estes casos não serão, de qualquer forma, utilizados fora daquele contexto específico[1979] (sendo que consideramos que, em relação a terceiros, só podem ter um valor de "*safe harbour*").

[1975] Page e Childers (2008, p. 354).

[1976] Como nota O'Barnett (2008, p. 551), se o objetivo do direito da concorrência é o bem-estar do consumidor, então uma medida de correção deve, pelo menos, não prejudicar esse objetivo.

[1977] De la Mano *et al.* (2014, p. 470).

[1978] Scholz e Purps (2010, p. 48), Ibañez Colomo (2010, pp. 277 a 279).

[1979] Larouche (2000, p. 353 a 356).

De tudo o que foi dito, consideramos que as medidas corretivas em setores regulados (*maxime* energia) acabam por ter uma função regulatória ou prosseguir opções de política industrial[1980], permitindo que a Comissão encontre uma forma de intervenção rápida para realizar alterações no setor[1981]. Em nossa opinião, esta aplicação não deve ser alargada de modo a ultrapassar a fronteira da regulação, nem as suas prescrições no caso concreto devem ser aplicadas, sem mais, fora do específico contexto regulatório, a casos futuros[1982].

7.2.3. Medidas de correção no contexto de mercados dinâmicos, de inovação, tecnológicos e digitais

A aplicação de medidas corretivas a situações de abuso de posição dominante em mercados dinâmicos e de novas tecnologias não é recente e tem merecido a atenção das autoridades e de académicos[1983]. O comportamento inovador é uma das forças motrizes da concorrência[1984]. Contudo, o mesmo comportamento inovador pode ter efeitos de exclusão quando o seu autor detém uma posição dominante[1985]. Os mercados tecnológicos e digitais[1986] são caracterizados por níveis elevados de concentração em que "o vencedor fica com tudo" ("*winner takes all*") criando posições dominantes pelo menos temporárias[1987]. A concentração é

[1980] Monti (2007, p. 243).

[1981] Sadowska (2011, p. 17).

[1982] Larouche (2000, p. 353 a 356).

[1983] Por exemplo, Khan (2019, pp. 1061 a 1084), Wu (2018b, pp. 132 a 139), Nazzini (2015, pp. 301 a 314), Gavil e First (2014, pp. 235 a 279), Economides e Lianos (2010a, pp. 346 a 420, 2020b, pp. 393 a 462), First (2010, pp. 319 a 364), Page (2009, pp. 787 a 809), Page e Childers (2008, pp. 332 a 354), Montagnani (2007, pp. 623 a 643).

[1984] OCDE (2012, p. 121).

[1985] Montagnani (2007, p. 623).

[1986] Não pretendemos realizar uma análise profunda dos mercados digitais. Para uma descrição da cadeia de valor, ver Lianos *et al.* (2019, pp. 143 a 150).

[1987] Tem sido discutido se estas posições dominantes são verdadeiramente temporárias (neste sentido, Mäihäniemi (2017, p. 138), ou se, devido às barreiras à entrada e às economias de escala e de gama, têm uma posição mais duradoura. No sentido de que estes mercados apresentam poucas barreiras à entrada, ver, por exemplo, Evans (2017, p. 37), Manne e Wright (2011, p. 195), Posner (2001b, p. 939). No segundo sentido, Khan (2019, p. 1033), Newman (2019, p. 1522) ou Wu (2018, p. 120).

facilitada por efeitos de rede[1988], economias de escala (beneficiando de economias de custo) e de gama[1989] (presença num elevado número de serviços, como redes sociais, plataformas, serviços de pesquisa, retalho, lazer e tecnologia, o que gera modelos de negócio complexos[1990] denominados de "ecossistemas"), elevados custos fixos e custos marginais próximos do zero[1991]. Os mercados caracterizam-se por serem dinâmicos e inovadores, por prestarem serviços de forma disruptiva, por serem capazes de criar mercados novos através de novas tecnologias, e, assim, beneficiar os consumidores (chamadas sem pagamento de preço, comparação de preços, encontro da oferta e procura de transporte, entre outros), pelo que podem apoiar-se em DPI[1992]. Também se caracterizam pela utilização massiva de dados, que recolhem para informar algoritmos que servem para personalizar serviços e permitir anúncios próprios[1993], organizar melhor as existências ou realizar de forma mais eficiente a distribuição, o que pode servir melhor os consumidores e utilizadores em geral. Por estes motivos, os mercados digitais podem beneficiar o consumidor. Estas características podem, contudo, levar a falhas de mercado, como poder de mercado de algumas empresas, barreiras à mudança de fornecedor (através da perda dos benefícios dos efeitos de rede, da perda de dados pessoais, de contactos, pelo custo de aprendizagem, pela existência de barreiras técnicas, por vendas ligadas e pela ausência de "*multi-homing*"[1994]) ou assimetria de informação. Por fim, podem resultar em prejuízos para os consumidores, tal como a oferta de serviços a

[1988] Devido aos efeitos de rede, salvo uma revolução tecnológica, os novos operadores não conseguem ser tão eficientes como os líderes. Marty e Pillot (2018, pp. 43 e 44).

[1989] Moura e Silva (2010b, pp. 447 a 454), Economides (1996, p. 673), Katz e Shapiro (1994, pp. 93, 94). Para uma noção de efeitos de rede, ver, por exemplo, Shelanski e Sidak (2001, pp. 7 e 8).

[1990] Capobianco e Nyeso (2018, p. 20).

[1991] Bostoen (2019, pp. 10 e 11), Lianos (2019, p. 155), Temple Lang (1996, pp. 718 a 722).

[1992] Manne e Wright (2011, p. 173).

[1993] Crémer *et al.* (2019, p. 23), Furman, Coyle, Fletcher, Marsden e McAuley (2019, pp. 31 a 41), Ofcom (2019, pp. 10 a 18). São os "*user feedback loops*" e "*monetization feedback loops*" ou "*learning effects*". Geradin (2018, p. 4), Varian (2017, p. 4).

[1994] Um dos pontos que a Comissão apontou em *Google Search (Shopping)* i.e., os utilizadores usam tipicamente apenas um motor de busca, tornando o Google Search um parceiro incontornável para os serviços concorrentes de comparação de preços (decisão *Google Search (Shopping)*, nºs 271 e 379). Ver, também, Hlina (2010, pp. 148 e 149).

preços mais elevados (quando pagos), de pior qualidade ou com menor escolha ou inovação[1995]. No entanto, a capacidade de estas características produzirem sempre efeitos negativos é contestada[1996].

Nos últimos anos, a atenção das autoridades de concorrência em relação *às Big Tech*[1997] não tem tido precedentes. Para além da instrução de processos, a Comissão ainda encomendou um estudo a especialistas[1998], tal como o fizeram (diretamente ou através de especialistas contratados para o efeito) outras autoridades de concorrência[1999]. As autoridades têm mostrado tendência para alargar os conceitos, como são exemplo os casos *Google* e *Facebook*[2000]. O que é comum à maioria das teorias apresentadas é basearem-se nas ideias de que a magnitude do efeito global pela utilização da Internet, a existência de padrões vencedores na indústria ("*standards*"), a utilização de algoritmos capazes de recolher e transmitir informação com enorme rapidez e o acesso a "*big data*" de clientes, fornecedores e consumidores, exponenciam os efeitos.

Recentemente, a Comissão adotou medidas provisórias contra a *Broadcom*[2001], um fabricante de sistemas para "*set top boxes*" e "*modems*" de TV, por considerar que a empresa poderia ocupar uma posição dominante e de abusar da mesma, por incluir cláusulas de exclusividade em contratos com sete dos seus clientes, que poderiam ter como efeito afetar a concorrência e travar a inovação. A nossa tese não versa sobre medidas provisórias, mas não podemos deixar de notar que é sintomático o facto de a Comissão ter esperado mais de 15 anos para adotar a primeira decisão de medidas provisórias ao abrigo do Regulamento 1/2003 e que a mesma tenha tido lugar num mercado sujeito à inovação

[1995] Ofcom (2019, pp. 5 a 7 e 19 e ss.).

[1996] Ver, por exemplo, O'Donoghue e Padilla (2020, pp. 1049 a 1052).

[1997] *Big tech* é o termo comummente utilizado para designar as grandes empresas ativas nos mercados digitais, nomeadamente, *Amazon*, *Facebook*, *Google* entre outras. Sobre o seu advento, de forma crítica, com a qual não estamos totalmente de acordo, ver Wu (2018, pp. 119 a 126).

[1998] Crémer *et al.* (2019).

[1999] Por exemplo, AdC (2019), ACCC (2019), Bundeskartellamt e Autorité de la concurrence (2019).

[2000] Jones *et al.* (2019, pp. 527 ss.), Vezzoso (2018a, pp. 35 e 36), Akman (2017b) e Nazzini (2015, p. 313).

[2001] Comissão Europeia (2019c).

– onde as mudanças ocorrem com maior rapidez e, portanto, é necessário atuar mais rapidamente – e num caso de exclusividade – que, efetivamente, é mais fácil de fazer cessar, sem causar impacto noutras áreas de atividade da empresa.

Apesar de este setor não ser, claramente, imune ao direito da concorrência – como aliás se tem verificado[2002] – não se mostra perfeitamente adequado à regulação setorial tradicional[2003], que, por um lado, é mais lenta para fazer face às situações que requerem rápida intervenção, e, por outro, tem o objetivo de moldar mercados para futuro, o que em mercados de transição rápida pode levar a que, quando sejam adotadas, as regras já se encontrem obsoletas. Assim sendo, a aplicação do direito da concorrência e de medidas corretivas ganha uma importância suplementar.

No entanto, a aplicação do direito da concorrência, na forma tradicional, ao setor digital não se encontra isenta de desafios[2004]. Alguns autores notam que, neste tipo de mercados, não é tão importante a mera proibição, mas sim a necessidade de manter o mercado aberto[2005-2006]. Assim, as medidas de correção podem revelar-se particularmente úteis. Contudo, ao contrário de abusos em mercados mais tradicionais e, na verdade, em casos mais antigos, em que a medida de correção era evidente, o mesmo não ocorre em mercados complexos e dinâmicos. Nestes casos, o resultado da medida de correção no mercado é muito mais incerto[2007]. Por isso, defendemos que é necessária muita cautela na imposição de medidas de correção para não se tornarem desproporcionadas, obsoletas ou terem um impacto negativo nos consumidores[2008], ou serem um meio de regulação através do direito da concorrência (como pode acontecer se se exigir que as empresas peçam autori-

[2002] São exemplos as decisões *Microsoft*, *Google*, *Qualcomm* ou *Intel*, entre outras.

[2003] Bostoen (2019, p. 13).

[2004] Capobianco e Nyeso (2018, pp. 23 a 27), Hlina (2010, p. 141).

[2005] Marty e Pillot (2018, pp. 43 e 44), Dunne (2014, p. 432).

[2006] AAVV (2019, pp. 91 e 94) temem que o perigo da falta de concorrência se manifeste em falta de inovação, menor qualidade para os consumidores e em preços mais elevados para os anunciantes.

[2007] Forrester (2009b, p. 329).

[2008] Lévêque (2000b, p. 23).

zação para a adoção de determinados comportamentos[2009], sendo que a vocação das autoridades responsáveis pela aplicação do direito da concorrência é aplicar a lei e não assumir o controlo da atividade diária da empresa, decidir preços ou adotar decisões sobre a introdução e o desenvolvimento de produtos ou a realização de investimentos[2010]).

Assim, no que respeita aos mercados dinâmicos e aos desafios que a aplicação do direito da concorrência coloca, devemos indagar, no âmbito do nosso estudo, se as medidas corretivas a adotar em relação a estas empresas devem, simplesmente, espelhar o abuso ou, pelo menos, manter um estreito nexo com a infração, ou se, nestes mercados, tais medidas devem ir mais além, num esforço de correção de mercados, nomeadamente, através da separação das empresas.

Comecemos pela própria aplicação da figura do abuso de posição dominante aos mercados digitais. O advento tecnológico traz consigo profundas implicações para o direito e a política de concorrência em geral e para o abuso de posição dominante em particular. Como sabemos, o elenco de abusos do art. 102º TFUE não é taxativo e a experiência tem demonstrado, não só, que esta norma tem um conteúdo muito elástico[2011], mas também, que as autoridades da concorrência têm, de um modo geral, sabido adaptar a sua prática aos constantes desafios, tendo por base as mesmas regras.

No entender de vários autores, devido à natureza expansiva do art. 102º TFUE, têm sido desenvolvidos novos conceitos[2012]. Podemos dar como exemplos, a teoria do "parasitismo forçado", que a Comissão está a analisar em relação à Amazon (pela cópia de bens populares vendidos no seu site)[2013] e que não exclui em relação à Google (pelas chamadas práticas de "*scraping*")[2014], e a "emboscada de patentes" (assegurar

[2009] Como foi o caso AT&T nos EUA. Ver, Gavil e First (2014, p. 267).

[2010] Shelanski e Sidak (2001, p. 34). No mesmo sentido, Areeda (1989, p. 853).

[2011] Neste sentido, Nazzini (2015, p. 313).

[2012] Jones *et al.* (2019, pp. 527 ss.), Vezzoso (2018a, pp. 35 e 36) e Akman (2017b).

[2013] Comunicado de imprensa da Comissão Europeia, *Antitrust: Commission opens investigation into possible anti-competitive conduct of Amazon*, 17.10.2019, disponível em https://europa.eu/rapid/press-release_IP-19-4291_en.htm, consultado em 10.10.2019. Sobre o tema em geral, ver Khan (2017, pp. 780 a 783). Ver também Vezzoso (2018a, pp. 35 e 36).

[2014] Comunicado de imprensa da Comissão Europeia, *EU's Vestager does not rule out action over Google scraping complaint,* 14.10.2016, disponível em https://www.reuters.com/article/

a inclusão de tecnologia patenteada nas normas e padrões industriais, para criar SEP, usando de forma indevida os seus direitos).

Não cabe no âmbito do nosso estudo analisar em pormenor os abusos de posição de dominante, pois esse é o nosso ponto de partida: uma empresa que abusa da sua posição dominante. Contudo, não podemos ser indiferentes e deixar de analisar criticamente a prática da Comissão de alargar sem precedentes o âmbito da norma enquanto impõe medidas de correção. Referimo-nos, em particular, aos casos *Google*. Em *Google Shopping* a Comissão entendia que a empresa abusava da sua posição dominante como plataforma através do favorecimento dos seus próprios serviços em detrimento dos concorrentes[2015]. Apesar de haver autores, como Aguilera Valdivia, que tentam conciliar esta decisão com o sistema preexistente defendendo que, em casos excecionais, como o da decisão, a proibição do auto favorecimento pode ser justificada e até ser incluída no conceito de "especial responsabilidade", pela necessidade de se proteger a inovação[2016], a construção desta teoria foi muito criticada. Akman chama a atenção para o risco do alargamento do conceito de abuso, que pode dar origem a uma corrente de incerteza e afetar os incentivos das empresas em investir e arriscar[2017]. Jones, Sufrin e Dunne criticam a Comissão por usar a ideia de tratamento preferencial dos seus próprios produtos (sendo que, no entender das autoras, a Comissão não limitou a sua aplicação a casos oriundos da economia digital), pois não exigiu que a infraestrutura fosse considerada indispensável e, portanto, afastou o teste das circunstâncias excecionais[2018]. Para Berqvist, a Comissão acabou por adotar uma decisão assente em discriminação, sem, contudo, se ter baseado em casos anteriores de discriminação ou, mesmo, cha-

us-eu-google-antitrust/eus-vestager-does-not-rule-out-action-over-google-scraping-complaint-idUSKBN12E1EY, consultado em 10.10.2019.

[2015] Decisão *Google Search (Shopping)*, nºs 444 a 451 e 454 a 461. E esta posição mereceu o apoio do TG no acórdão do TG de 10 de novembro de 2021, *Google LLC e Alphabet Inc c. Comissão Europeia*, T-612/17, EU:T.2021:763, nºs 244 e 246.

[2016] Aguilera Valdivia (2018, pp. 67 e 68).

[2017] Akman (2017b, p. 370). No mesmo sentido, Manne e Wright (2011, p. 244) mesmo antes de a Comissão adotar a sua decisão.

[2018] Jones *et al.* (2019, pp. 531 a 533), Nazzini (2015, p. 309). Decisão *Google Search (Shopping)*, nºs 593 a 606.

mado à colação a alínea c) do art. 102º TFUE[2019]. Ora, apesar de o autor não excluir o caráter expansivo do art. 102º, considera que a Comissão se atribuiu a si própria uma grande margem de apreciação ao adotar uma teoria nova, aplicar a – então – coima mais alta de sempre e não apresentar a decisão baseada em sólidos precedentes[2020]. Lianos, Korah e Siciliani são da opinião de que a Comissão, pura e simplesmente, autonomizou o abuso por conexão de mercados[2021] (no sentido de que se torna suficiente provar que a conduta da empresa é capaz de dificultar o acesso ao mercado relacionado por parte de concorrentes), não deixando de criticar a instituição por não seguir o critério mais exigente de *Bronner*[2022]. Por seu turno, Auer critica a Comissão por não ter tido em conta as características dos mercados tecnológicos e de inovação, e de ter excluído, liminarmente, a ideia de que a concorrência se faz pelo mercado ou por "modelos de negócios", em que empresas fora da definição tradicional de mercado relevante concorrem umas com as outras[2023], mantendo o "mantra" da UE de que uma estrutura de mercado competitiva leva a mais inovação[2024].

A decisão *Google Android* também não deixou de trazer novidade. Acrescendo aos abusos de vendas subordinadas e de exclusividade, a Comissão ainda apresentou a nova teoria de abuso de obstrução ao

[2019] Quanto a este aspeto, notamos que a decisão da Comissão não apresenta o caso como de discriminação de segunda linha, que fundamenta normalmente os abusos de discriminação.

[2020] Bergqvist (2018, p. 150).

[2021] Este tipo de abuso engloba as práticas em que a empresa detém posição dominante num mercado, mas o abuso ocorre num outro mercado, com o qual o primeiro está relacionado (Jones *et al.* (2019, p. 390)). São exemplos, recusa de venda (acórdãos *Commercial Solvents*, *Télémarketing*, e *ERT*, nºs 37 e 38), vendas agrupadas ou subordinadas (acórdãos *BPB*, T-65/89 e *Microsoft*, T-167/08), e mesmo outros tipos de abusos, como reserva de tratamento preferencial (acórdão *TeliaSonera*, C-53/09, nºs 84 a 86 e decisão *Google Search (Shopping)*, nº 649). Alguns autores consideram que o tipo de abuso foi autonomizado em *Télémarketing* e *Google Search (Shopping)*. Ver Lianos *et al.* (2019, pp. 1190 e ss.) e Crémer *et al.* (2019, p. 66).

[2022] Lianos *et al.* (2019, p. 1194).

[2023] Por exemplo, *Google* concorre com *Apple*.

[2024] Auer (2018, pp. 46 e 47). Decisão *Microsoft I*, nº 700. Ver também Decisões *Intel*, nº 1612, *Telekomunikacja Polska*, nºs 830 e 902, *Slovak Telekom*, nº 1053.

desenvolvimento e distribuição de sistemas operativos concorrentes com o Android[2025].

O fator do acesso a dados e o seu tratamento assumem cada vez mais relevância[2026]. O mais emblemático será o caso alemão *Facebook*, no qual o *Bundeskartellamt* não só explorou um caminho pouco usado em direito da concorrência – o da imposição de condições não equitativas – como ainda inovou, ao relacionar a imposição de condições não equitativas com as regras de proteção de dados, sendo que a recolha de dados seria, não só, a fonte de poder de mercado, como também, a forma de abuso[2027]. Efetivamente, a ligação entre proteção de dados e concorrência, sobretudo, a consideração de que a violação dessas regras leva a uma violação das regras de concorrência, não é assim tão evidente[2028]. Aliás, os contornos jurídicos do caso foram colocados em causa pelos tribunais alemães, que atribuíram efeito suspensivo ao recurso da Facebook[2029]. A própria Comissão, inicialmente, defendeu a aplicação coerciva separada dos dois tipos de regime, embora nunca tenha descartado a necessidade de análise de questões de concorrência relacionadas com dados, quando esses dados são um bem em si[2030]. Esse foi o exemplo de casos em controlo de concentrações, tais como *Google/DoubleClick*[2031], *Facebook/WhatsApp*[2032] e *Microsoft/LinkedIn*[2033], tendo neste último a Comis-

[2025] Decisão *Google Android*, nºs 1346 e ss. Sobre o tema, ver Vezzoso (2018b, pp. 30 e ss.).

[2026] AdC (2019, pp. 33 a 39), Crémer *et al.* (2019, pp. 8 a 10). Veja-se a este propósito o caso *Facebook* alemão.

[2027] Decisão do *Bundeskartellamt* de 6 de fevereiro 2019. Sobre o caso ver, por exemplo, Vesterdorf (2015, pp. 4 a 9).

[2028] Note-se que a lei alemã já incorpora a forma de determinar o poder de mercado de uma empresa em mercados de vários lados com base no acesso a dados e efeitos de rede e economias de escala que daí derivam. Schneider (2018, p. 217).

[2029] Hilgenfeld e Hirst (2019). Embora haja defensores da posição do *Bundeskartellamt*, como por exemplo Podszun (2019, p. 69).

[2030] "*I don't think we need to look to competition enforcement to fix privacy problems*" ("*Penso que não precisamos de olhar para o direito da concorrência para resolver problemas de privacidade*"), Vestager (2016).

[2031] Decisão *Google/DoubleClick*, nº 273.

[2032] Decisão da Comissão de 18 de maio de 2017, *Facebook/WhatsApp*, M.8228, (JO C 286 de 30.8.2017, p. 6-9), nºs 180 a 190.

[2033] Decisão da Comissão de 6 de dezembro de 2016, *Microsoft/LinkedIn*, COMP/M.8124, (JO C 388 de 21.10.2016, p. 4), nº 177.

são defendido que a integração das bases de dados das partes era um aspeto a ser regulado pela legislação de proteção de dados[2034].

Estes casos demonstram que o direito da concorrência e, em particular, o abuso de posição dominante se encontram em constante evolução. Nomeadamente, um dos desafios que nos trazem os mercados digitais é o de considerar mercados onde o preço não é o parâmetro de concorrência, mas sim a qualidade e a escolha, ou mesmo considerar que os dados são uma forma de preço pela utilização dos serviços[2035].

Aliás, estes casos e estas aparentemente novas formas de abuso levam-nos a reconsiderar os objetivos do direito da concorrência e os parâmetros que devem estar em causa, voltando à colação a distinção entre bem-estar dos consumidores restrito – medido por preço e quantidade – e alargado – incluindo outros parâmetros, como, qualidade, variedade e inovação[2036]. Naturalmente, esta conclusão tem um grande impacto em medidas de correção: um conceito de abuso de posição dominante em expansão, baseado em mercados relevantes em evolução, pode levar a medidas de correção imprevistas, ineficientes e mesmo contraproducentes[2037]. No entanto, estas podem ser necessárias para, cirurgicamente e com rapidez, restabelecer a concorrência. Assim, a sua definição correta é essencial. Desta forma, parece-nos que não é surpreendente que autoridades, como a Comissão, desenvolvam novos conceitos. O que entendemos é que não pode ser posta em causa a segurança jurídica das empresas, nem os seus direitos de propriedade e liberdade empresarial, com a imposição de medidas de correção extremas, que não se encontram baseadas numa teoria do dano sólida, especialmente se não houver precedentes[2038]. Aliás, Nazzini, elabora um argumento semelhante, embora não específico das medidas de correção. O autor defende que o art. 102º TFUE pode ser interpretado de forma evolutiva. Contudo, tal evolução deve ser realizada de forma razoavelmente previsível e consistente, sob pena de se desrespeitar o princípio da segurança jurídica e os arts. 7º CEDH e 49º, 1 da CDFUE, de acordo

[2034] Decisão *Microsoft/LinkedIn*, nºs 178 e 179.

[2035] OCDE (2016, p. 9).

[2036] Reyna (2019, p. 2).

[2037] Marty e Pillot (2018, p. 39).

[2038] Num artigo mais antigo, Cseres (2007, p. 147) defende a realização de um teste de prejuízo do consumidor baseado em prova rigorosa.

com os quais não se pode ser punido sem lei preexistente. Assim, conclui o autor, se uma conduta recai num determinado tipo de abuso, não lhe pode ser aplicado outro teste, especialmente se menos exigente[2039]. Schneider defende uma tese parecida em relação aos abusos fundados na violação de regras de proteção de dados, entendendo que este tipo de abuso nunca pode ser automático, no sentido de ocorrer sempre que há uma infração às regras de proteção de dados, mas sim apenas quando existe um nexo de causalidade entre a posição dominante e a infração[2040]. Ibañez Colomo tem uma tese, não específica do mundo digital. O autor defende que, não havendo um teste de abuso único, existem os mais e os menos exigentes, consoante a experiência ou a teoria económica determinem que a atuação é mais ou menos propícia a restringir a concorrência. Na medida em que se adotem medidas de correção mais intrusivas, como a obrigação de contratar, o encerramento de uma divisão ou a separação de atividades, o autor defende que o grau de exigência do teste deve ser máximo[2041].

As medidas de correção adotadas pela Comissão em casos de novas tecnologias demonstram esta dificuldade. A grande questão que se coloca em relação à adoção de medidas de correção em mercados dinâmicos é a de saber se se justifica que as medidas de correção não apresentem um nexo tão estreito com a infração. Nomeadamente, deve indagar-se se há mais escopo para a adoção de medidas estruturais neste tipo de mercados. Também devemos colocar as questões da rapidez da intervenção, sob pena de comprometer a tempestividade da atuação, e da dificuldade de monitorização. Vamos ver estas questões de seguida.

Os tipos de abuso de posição dominante em mercados digitais estão frequentemente relacionados com: acesso a tecnologia, a informação ou a dados[2042]; discriminação a favor de empresas do grupo (favorecimento próprio ou compressão de margem se estiver relacionado com o

[2039] Nazzini (2017, p. 307).

[2040] Schneider (2018, p. 224).

[2041] Ibañez Colomo (2021a) e Ibañez Colomo (2019, p. 435). O autor advoga a ideia para as medidas de correção positivas. Em nossa opinião, entendemos que não deve haver diferença, conforme veremos infra. Neste sentido, Jones *et al.* (2019, p. pp. 531 a 533).

[2042] Decisões *Microsoft I*, nºs 1061 a 1068 e *Thomson Reuters*, nº 203.

preço)[2043]; vendas ligadas ou subordinadas[2044]; e exclusividade[2045]. Deste modo, os objetivos específicos prosseguidos pelas medidas corretivas têm sido os de: ultrapassar a barreira da integração vertical[2046]; assegurar a interoperabilidade de sistemas[2047] e a não discriminação[2048]; eliminar barreiras à mudança de fornecedor[2049]; e, em geral, manter mercados abertos, para incentivar o desenvolvimento técnico, a inovação e a escolha dos consumidores[2050]. Assim, as medidas corretivas aplicadas nestes mercados são, essencialmente, divulgação da informação, acesso a redes e plataformas em condições de igualdade, licenciamento e interoperabilidade[2051].

Quando uma autoridade responsável pela aplicação do direito da concorrência pretende desenhar uma medida corretiva a ser desenvolvida num mercado dinâmico, deve adotar a mesma metodologia que nos outros tipos de mercados. Deve identificar claramente os seus objetivos mediatos (que defendemos ser o bem-estar do consumidor, admitindo que possa ser alcançado através da proteção do processo competitivo, e a proteção do mercado interno) e deve guiar as medidas de correção pelos seus objetivos imediatos (em particular os de fazer cessar a infração e de restaurar a concorrência) e específicos (os objetivos que se pretendem alcançar com a particular medida de correção e que devem estar relacionados com a infração). Na consideração dos objetivos imediatos e específicos, a autoridade deve ter em conta as características do mercado, o que tem um peso fundamental na determinação das medidas de correção.

2043 Decisão *Google Search (Shopping)*.

2044 Decisões *Microsoft I*, nºs 17, 793, 794, 799 e 822 e II, nº*s* 2 e 59, e *Google Android*, nºs 458, 623 e 741.

2045 Decisão *Intel*, nºs 305 a 326.

2046 Decisões *Microsoft I* e *II*, nº 961 e *Google Search (Shopping)*, nº 3, 447 a 449, 610) e *An*droid, nºs 83, 117, 153, 308, 508 e 993.

2047 Decisões *Microsoft I*, nºs 3, 561, 565 a 577 e *Google Android*, nºs 524, 625, 1023, 1030, 1155.

2048 Decisões *Microsoft I* e *II*, nºs 740, 1005 a 1009 e *Google Android*, nº 535

2049 Decisões *Thomson Reuters*, *Microsoft I* e *II*, e *Google Search (Shopping)* e *Android*.

2050 Decisão *Microsoft I*, nº 979.

2051 Waller (2009, pp. 27 e 28), Montagnani (2007, p. 637) identificando obrigações de divulgação, licenciamento compulsivo e separação. Por exemplo, decisões *Microsoft I* e *II*, *Thomson Reuters* e *Google Shopping*.

A prática da Comissão nestes mercados ainda não é extensa e parte significativa dessa prática, como as decisões *Google*, *Qualcomm* e *Intel*, ainda se encontra em discussão perante o TJUE. As medidas de correção mais significativas ocorreram nos casos *Microsoft* e *Google*[2052-2053].

Os casos *Microsoft* foram os primeiros grandes casos de adoção de medidas corretivas por parte da Comissão e estiveram envolvidos em polémica e contencioso. Tratá-los-emos em conjunto, embora no primeiro caso se tenha adotado uma decisão de proibição, acompanhada de uma coima, e no segundo se tenha adotado uma decisão de aceitação de compromissos.

Na primeira decisão *Microsoft*, de 2004, a Comissão apresentou duas ideias fundamentais: recusa de fornecimento de informações de interoperabilidade a um concorrente (Sun), que lhe permitissem conceber sistemas operativos de servidores de grupos de trabalho compatíveis com o sistema operativo de PC dominante da própria Microsoft[2054], e a subordinação do *Windows Media Player* (WMP) ao sistema operativo *Windows* para PC, sendo a aquisição deste condicionada à aquisição do primeiro[2055]. O caso estava construído com base no pressuposto de que a Microsoft poderia aproveitar a sua posição dominante no mercado de sistemas operativos para PC e estendê-la a dois mercados adjacentes, o dos sistemas operativos de grupos trabalho e o dos "*streaming*

[2052] Efetivamente, nos casos *Qualcomm* as práticas já tinham cessado quando a Comissão adotou a decisão, e em *Intel* as medidas de correção não exorbitaram muito de uma mera ordem de cessar a infração, sendo, na verdade, uma espécie de conselho para a redação futura de contratos de uma forma que leve a menos incerteza na sua aplicação (nº 1756 da decisão *Intel*).

[2053] Ainda podemos realçar os compromissos da Amazon na decisão *e-books* (decisão de 4 de maio de 2017, COMP/40.153, Livros eletrónicos, cujo resumo da decisão foi publicado no JO C 264, de 11.8.2017). A Amazon comprometeu-se a não invocar a aplicação de cláusulas de paridade (pelas quais os fornecedores de livros eletrónicos notificavam a Amazon das condições mais favoráveis), a não as incluir em novos contratos, a oferecer a certos fornecedores a possibilidade de resolver o contrato sem penalização. Decisão *e-books*, nºs 56 a 67, 75 a 77, 91 a 94, 115 a 126, 132 a 135, 136 a 149, 158, 159, 173 a 176, e 183 a 193. Os compromissos assumidos pela Amazon neste caso espelham o abuso e não exorbitam muito uma mera obrigação de cessar a infração. Efetivamente, neste caso o abuso encontrava-se muito circunscrito a uma prática contratual em particular.

[2054] Decisão *Microsoft I*, nºs 546 a 791 e acórdão *Microsoft*, T-201/04, nºs 1288, 1327 e 1344.

[2055] Decisão *Microsoft I*, nºs 793 a 993.

media player", ou seja, mercados de aplicações para esses sistemas operativos[2056].

As preocupações da Comissão consistiam, essencialmente, na limitação do desenvolvimento técnico, na perda de inovação e na redução da escolha dos consumidores[2057]. Para lhes fazer face, a Comissão ordenou medidas de correção. Em primeiro lugar, ordenou o fornecimento das informações de interoperabilidade aos concorrentes de forma tempestiva, estável, razoável e não discriminatória (nomeadamente no que diz respeito à remuneração da Microsoft), e ordenou o licenciamento das especificações aos concorrentes, para que pudessem desenvolver os seus próprios produtos. Para garantir a boa execução das medidas, a Microsoft não poderia impor restrições quanto ao tipo de produtos em que as especificações pudessem vir a ser aplicadas, caso essas restrições criassem obstáculos à concorrência ou restringissem desnecessariamente a capacidade de inovação dos concorrentes[2058]. A Comissão adotou, igualmente, um conjunto de princípios a que o preço dos "*royalties*" deveria obedecer, nomeadamente, o preço não deveria ter em conta o valor estratégico derivado do poder de mercado da Microsoft nos mercados de sistemas operativos de servidores de grupos de trabalho e de clientes PC[2059]. Em segundo lugar, a Comissão ordenou que a Microsoft oferecesse aos utilizadores finais e aos fabricantes de equipamentos originais (OEM) no EEE uma versão completa do Windows sem o WMP ("Windows XP N"). Esta medida de correção também abrangia comportamentos que tivessem o mesmo efeito de "*tying*", como a interoperabilidade privilegiada com o sistema operativo, um desconto pela aquisição conjunta, entre outros. A Microsoft mantinha, no entanto, a possibilidade de oferecer o produto conjunto, pelo mesmo preço[2060].

As medidas de correção impostas à Microsoft foram muito extensas e deram origem a muita literatura[2061], quer por irem além do que podia ser

2056 Ver, ainda, Economides e Lianos (2010b, p. 410).

2057 Decisão *Microsoft I*, nº 979.

2058 Decisão *Microsoft I*, nºs 999 a 1010.

2059 Decisão *Microsoft I*, nº 1008.

2060 Decisão *Microsoft I*, nºs 1011 a 1017.

2061 Ver, por exemplo, Gavil e First (2014, pp. 235 a 279), Economides e Lianos (2010a, pp. 346 a 420, 2020b, pp. 393 a 462), First (2010, pp. 319 a 364), Page (2009, pp. 787 a 809), Montagnani (2007, pp. 623 a 643), entre muitos outros.

considerado proporcional, quer pela falta de eficácia para alcançarem os objetivos pretendidos.

A primeira medida de correção assumiu a natureza de quase-estrutural, porque a Microsoft foi obrigada a fornecer informação essencial a concorrentes[2062]. A Comissão demonstrou preocupações em relação à proporcionalidade da medida decretando que a ordem de divulgação fosse limitada ao necessário para assegurar a interoperabilidade[2063]. No entanto, para alguns autores, o requerido foi para além do que podia ser considerado proporcionado e necessário, pois, na prática, como a Microsoft não podia reverter a prestação da informação, a medida consubstanciava uma medida de correção estrutural, já que havia transferência de ativos[2064]. Page e Childers criticaram a decisão por obrigar a empresa a revelar aos seus concorrentes informação que lhes podia permitir copiar os algoritmos da Microsoft[2065]. Para os autores estava em causa o equilíbrio entre alcançar um objetivo de curto prazo (preços mais baixos) e um objetivo de longo prazo (a proteção dos incentivos de inovação das empresas)[2066]. Para Forrester as medidas de correção em Microsoft foram para além do necessário e configuraram uma forma de a Comissão coartar a liberdade da empresa em situações que apresentavam novidade[2067]. Da nossa parte, classificamos a medida, como vimos, de quase-estrutural. Contudo, a diferença é mais conceptual do que prática, porque lhe aplicamos o regime das medidas estruturais.

Quanto à medida de correção de comercialização de uma versão Windows sem WMP, as críticas focaram-se na sua eficácia, pois, na verdade, apresentava relação com a infração. De facto, após o cumprimento da medida de correção, a Microsoft observou que não existia procura para o produto Windows XP N[2068]. Note-se que a versão integrada podia ser vendida pelo mesmo preço. Assim, a medida foi considerada um fra-

[2062] No sentido de que "*disclosure is divestiture*", Waller (2009, p. 26).

[2063] Decisão *Microsoft I*, nº 999.

[2064] Waller (2009, p. 26), Marsden (2009, pp. 358 e 359).

[2065] Page e Childers (2008, p. 354).

[2066] *Idem*.

[2067] Forrester (2004, p. 948).

[2068] Economides e Lianos (2010b, p. 430).

casso[2069-2070]. Este resultado motivou vários autores a concluir que este tipo de obrigações positivas requer que as autoridades tenham muito cuidado com a teoria do dano apresentada[2071] ou, pelo menos, que verifiquem que existe procura para um determinado produto, antes de ordenar uma medida de correção[2072], pois a eficácia da medida de correção também se mede através da sua efetiva utilização[2073].

O segundo caso *Microsoft* (*Microsoft II*) terminou com a adoção de uma decisão ao abrigo do art. 9º do Regulamento 1/2003. Neste caso, a Comissão acusava a Microsoft de ligar a venda do *browser Internet Explorer* ao sistema operativo *Windows*[2074]. Para fazer cessar as preocupações preliminares da Comissão, a Microsoft aceitou: disponibilizar, no EEE, um mecanismo que permitisse aos OEM e aos utilizadores desligar e ligar o *Internet Explorer;* e garantir a liberdade dos OEM para pré-instalar qualquer programa de navegação *web* da sua escolha nos PC que vendessem e a defini-lo como programa de navegação *web* por defeito. No âmbito deste compromisso, a Microsoft assumia as obrigações de não contornar os compromissos, nem tomar medidas de retaliação contra os OEM que instalassem programas de navegação "*web*" concorrentes. Por fim, a Microsoft propôs distribuir uma atualização do "*software*", sob a forma de um ecrã de seleção, aos utilizadores dos sistemas operativos *Windows* no EEE, através do *Windows Update.*[2075].

[2069] O'Donoghue e Padilla (2020, p. 1196), Niels *et al.* (2016, pp. 388 a 390), De la Mano *et al.* (2014, p. 458), Gavil e First (2014, p. 325), Economides e Lianos (2010a, p. 367), Page (2009, p. 799), entre muitos.

[2070] O caso norte-americano não teve resultados diferentes, Page (2009, p. 799)

[2071] Ibañez Colomo (2019, p. 435).

[2072] Page (2009, p. 799).

[2073] Heiner (2009, p. 878) referindo-se apenas ao licenciamento, mas aplicável, também, às outras medidas.

[2074] Resumo da decisão *Microsoft II*, nº 3 (JO C 36, 13.2.2010, p. 7). O que, na verdade, podia ser debatido, pois pode discutir-se se estamos perante dois ou apenas um produto. Ibañez Colomo (2018c, p. 298).

[2075] Decisão *Microsoft II*, nºs 60 e 72. Resumo da decisão *Microsoft II*, nºs 6, 7 e 8. Os utilizadores de Windows XP, Vista e 7, cujo programa de navegação *web* predefinido fosse o *Internet Explorer* (independentemente da forma como esta definição tivesse ocorrido) e que subscrevessem o *Windows Update* seriam instados a utilizar este ecrã de seleção, que lhes oferecia um leque de escolha entre vários programas de navegação *web*, com indicação

A Comissão considerou estes compromissos proporcionais e adequados ao objetivo de limitar a vantagem de distribuição do Internet Explorer[2076]. No entanto, as medidas foram muito criticadas. Efetivamente, este era um caso de vendas subordinadas ou agrupadas, mas a Comissão só aceitou os compromissos de "*must-carry*". No entanto, uma medida de correção de "*must-carry*" não é muito consentânea com o tipo de abuso de vendas subordinadas ou agrupadas. Como é mais próxima do acesso, considera-se mais adequada a uma recusa de venda ou fornecimento[2077]. Esta consideração leva-nos a pôr em causa, não só, a proporcionalidade da medida[2078] (sem esquecer que no caso estávamos perante uma decisão de compromissos), como também, a sua eficácia. Esta observação é especialmente inquietante, porque, como temos vindo a defender, a adoção de medidas de correção eficazes e proporcionais também depende da correção da análise[2079].

Mais uma vez se nota a diferença entre decisões de proibição e decisões de compromissos, pois, em *Microsoft II*, a Comissão aceitou uma medida de correção sem um nexo estreito com a infração.

Os casos *Microsoft* também revelaram a necessidade de as autoridades terem de atuar com rapidez em mercados dinâmicos, pelo facto de, por exemplo, o *browser* concorrente Netscape ter saído do mercado[2080-2081].

das ligações que lhes permitiam obter mais informações sobre os programas de navegação *web* apresentados no ecrã.

2076 Decisão *Microsoft II*, nºs 98 a 112.

2077 Lianos (2012, p. 191). O autor afirma que uma medida de desinvestimento teria sido mais adequada. Ver, também, Ibañez Colomo (2019, pp. 435), Jones *et al.* (2019, pp. 531 a 533), Nazzini (2015, p. 309).

2078 Ibañez Colomo (2010, pp. 294 a 296).

2079 Cremos que Waller (2009, pp. 27 e 28) elabora um argumento semelhante sobre o cuidado na determinação da teoria do dano previamente à adoção das medidas de correção. Em particular em relação à medida de correção do caso *Microsoft II*, o autor considera-a ineficaz, mas não propõe de modo algum a separação no caso concreto. Ver, também Forrester (2009b, p. 337).

2080 Caves e Singer (2018, p. 406). Khan (2019, p. 1025), First (2010, pp. 360 a 362).

2081 A monitorização dos compromissos adotados mostrou-se particularmente difícil, especialmente tendo em conta a assimetria de informação e o preço, tendo inclusivamente levado a duas decisões da Comissão condenando a Microsoft ao pagamento de sanções por não dar cumprimento à decisão.

Mais recentemente, a Comissão Europeia adotou, em 2017, 2018 e 2019, três decisões contra a Google. No primeiro caso – *Google Shopping* – a Comissão entendeu que o facto de a Google favorecer, nas suas páginas de resultados de pesquisa geral, o posicionamento e a visualização do seu próprio serviço de comparação de preços, em detrimento dos serviços concorrentes de comparação de preços (que apareciam, normalmente, a partir da quarta página)[2082], violava o art. 102º do TFUE[2083].

No caso *Google Android*, a Comissão acusou a Google, em substância: de subordinar o licenciamento da Play Store à pré-instalação das aplicações Google Search e Google Chrome; de celebrar com alguns fabricantes ou operadores móveis um contrato pelo qual partilhava rendimentos na condição de não pré-instalarem aplicações que concorressem com o Google Search, e que foram considerados pagamentos tendentes à exclusividade), e de obrigar os fabricantes a aceitar a obrigação suplementar de se comprometerem a não desenvolver ou vender um único dispositivo que funcionasse com uma versão do *Android* não aprovada pela *Google* ("*Android Forks*"), para poderem pré-instalar nos seus dispositivos aplicações exclusivas da Google, incluindo a Play Store e o Google Search[2084]. Akman já se pronunciou no sentido de que o caso teria sido mais bem construído se estivesse suportado em recusa em contratar, não só, porque os produtos (se distintos) são dominantes, como também, porque, na sua opinião, a Comissão parece ter considerado a Play Store uma infraestrutura essencial[2085]. Marty e Pillot, por seu turno, apesar de considerarem a Play Store uma aplicação "*must-have*" para

2082 Decisão *Google Shopping*, nºs 454 a 461.

2083 O comportamento da Google seria abusivo porque desviava o tráfego dos serviços concorrentes de comparação de preços para o serviço da própria Google, diminuindo o tráfego das páginas dos serviços concorrentes. De facto, os utilizadores tendem a carregar com mais frequência nas ligações que se encontram mais visíveis na página de resultados de pesquisa geral, por isso, o serviço de comparação de preços terá tanto mais tráfego quanto mais bem posicionado estiver e quanto maior for a sua visibilidade nas páginas de resultado de pesquisa geral. No entender da Comissão, não existiriam verdadeiras alternativas capazes de substituir os resultados Google Search. Decisão *Google Search (Shopping)*, nºs 543 a 579 e 594 a 695. O TG

2084 Decisão *Google Android*, nºs 970 ss, 1011, 1036 ss, 1188 a 1191, 1195, 1339 e art. 1º. A decisão foi largamente confirmada pelo TG no acórdão de 14 de setembro de 2022, *Google and Alphabet v Commission (Google Android)*, T-604/18, EU:T:2022:541.

2085 Akman (2018, p. 22).

clientes e produtores (OEM e criadores de aplicações) e o Android um sistema "*must-have*", rejeitam a ideia de que possamos estar perante uma recusa em contratar, porque o Android e a Play Store não são infraestruturas essenciais.

No caso *Google (Search) AdSense*, o abuso de posição dominante baseou-se em práticas contratuais da Google. A Comissão acusou a empresa de: incluir cláusulas de exclusividade nos seus contratos, proibindo os editores de colocarem anúncios de concorrentes nas suas páginas de resultados de pesquisa; exigir que os editores reservassem o espaço mais rentável nas suas páginas de resultados de pesquisa para os anúncios da Google impondo um número mínimo de anúncios Google[2086]. Por fim, a Comissão observou que a empresa exigia aos editores a obtenção da aprovação escrita da Google antes de alterarem a forma como exibiam a publicidade de anunciantes concorrentes[2087].

Nas decisões *Google Shopping* e *Google Android*, para além da aplicação de uma coima, a Comissão ordenou à Google que pusesse imediatamente termo à infração e aos seus efeitos, no prazo de 90 dias, e que, em 60 dias, apresentasse à Comissão as medidas de correção necessárias para fazer cessar a infração[2088]. Nestas decisões, a Comissão não determinou concretamente as medidas de correção a adotar, antes apresentou os princípios gerais que deviam enformar essas mesmas medidas. Na primeira decisão, a Comissão ordenou à Google que acatasse o princípio de dar igual tratamento aos serviços de comparação de preços rivais, no sentido de aplicar os mesmos processos e métodos à posição e à exibição dos serviços concorrentes nos seus resultados no motor de busca[2089]. Na segunda decisão, a Comissão ordenou o fim do licenciamento subordinado (contratual e técnico) da Play Store à pré-instalação de Google Search e Chrome, a eliminação da obrigação suplementar de não fragmentar (com exceção de medidas razoáveis e objetivas) e o fim dos pagamentos tendentes à exclusividade[2090]. No caso *Google AdSense*,

[2086] As duas práticas não foram simultâneas, mas antes uma evolução. Comissão Europeia (2019a).

[2087] Comissão Europeia (2019a).

[2088] Decisão *Google Shopping*, nºs 701 e 702 e art. 3º. Decisão *Google Android*, nº 1393 e arts. 3º e 4º.

[2089] Decisão *Google Shopping*, nºs 342, 462, 698 a 702.

[2090] Decisão *Google Android*, nºs 1394 a 1402.

parece que a decisão não impõe mais do que uma obrigação de fazer cessar a infração[2091], e a Google afirma que cessou a conduta previamente à adoção da decisão da Comissão[2092].

A Google tornou conhecidas as medidas para fazer face às decisões nos casos *Google Shopping* e *Google Android*. Para o primeiro caso, a empresa separou a gestão e a contabilidade das suas atividades de serviço de comparação de compras e de pesquisa, e alterou o seu modelo de negócio, de modo a que a última só possa utilizar as receitas que recebe. A empresa criou um leilão pelos melhores espaços entre os concorrentes, de modo a que a visualização na "*shopping box*" seja uma questão de mérito. A empresa, contudo, não fez qualquer alteração ao seu algoritmo de pesquisa orgânica, que aparece por baixo ou à esquerda da caixa, porque considera que os resultados que aparecem por força do algoritmo já são a consequência do que o algoritmo considera mais relevante em termos de utilidade para os consumidores[2093].

Não nos podemos pronunciar relativamente à eficácia da medida de correção pela ausência de dados e por não ser objetivo do nosso estudo elaborar sobre medidas de correção concretas, mas antes contribuir para alcançar uma teoria de medidas de correção. Quanto à adequação da medida, no entanto, notamos que as opiniões já divergem. Bergqvist e Rubin chamam a atenção para o facto de as medidas de correção acarretarem consigo riscos consideráveis de não beneficiarem os consumidores, quer seja pelo preço quer seja pela inovação, e de estarmos perante medidas de proteção de concorrentes (sob a égide da proteção do processo competitivo), notando o diferente resultado dos processos contra a Google nos EUA. Os autores atribuem a falta de semelhança aos diferentes objetivos prosseguidos pela Comissão neste momento: a proteção do processo competitivo e preservação e promoção da escolha do consumidor[2094]. Akman considera as medidas excessivas, especialmente se tivermos em conta o facto de a empresa consistentemente afirmar

2091 A decisão requer a cessação da prática e dos efeitos e proíbe a empresa de adotar práticas com efeitos semelhantes no futuro. Ver Decisão da Comissão de 20 de março de 2019, *Google Search (AdSense)*, AT. 40411 (JO C 369 de 3.11.2020, p. 6-10), nº 658. Ver, ainda, Comissão Europeia (2019a).

2092 Decisão *Google AdSense*, nº 660.

2093 Guniganti (2017). Ver, também, Marsden (2020, p. 556).

2094 Bergqvist e Rubin (2019, p. 40).

que os algoritmos que utiliza tratam os concorrentes da mesma forma. A autora ainda acusa a medida de causar insegurança jurídica, porque se a empresa não entende como está a discriminar, também dificilmente consegue parar de o fazer, na ausência de demonstração de uma linha de atuação clara por parte da Comissão[2095]. Pelo contrário, Geradin entende que a medida não acatou os interesses dos motores de busca verticais e defende que uma medida estrutural seria mais adequada[2096]. Jones, Sufrin e Dunne criticam a Comissão por determinar um abuso devido ao tratamento preferencial dos próprios produtos (sendo que no entender das autoras a Comissão não limitou a aplicação da teoria a casos na economia digital), e por aplicar um teste diferente e menos exigente que em *Bronner* (pois, a Comissão não exigiu que a infraestrutura fosse considerada indispensável e, portanto, afastou o teste das circunstâncias excecionais). As autoras defendem que esta tomada de posição é principalmente crítica no que respeita à adoção de medidas de correção. Efetivamente, o argumento da Comissão para desconsiderar o teste *Bronner* foi o de que, no caso *Google*, a instituição não pretendia adotar medidas de correção do tipo obrigação de contratar[2097]. Ora, a atitude da Comissão vem, no entender das autoras, e com o qual concordamos, distinguir artificialmente entre medidas de correção do tipo positivo (imposição de obrigação) e negativo (proibição de adotar um comportamento), pois a decisão concreta não se limita a adotar uma mera obrigação de cessar a infração[2098]. Ainda se discute se as medidas são comportamentais ou estruturais, pois, a separação de um negócio em várias unidades pode ser considerada uma medida de correção estrutural[2099]. Vesterdorf e Fountoukakos classificam a medida relativa ao leilão como uma medida de acesso, já que através do leilão a Google está a conceder acesso à sua plataforma aos seus rivais[2100]. Já Montagnani é da

[2095] Akman (2017a, p. 5).

[2096] Geradin (2018, p. 8).

[2097] Decisão *Google Search (Shopping)*, nº 651.

[2098] Jones *et al.* (2019, pp. 531 a 533).

[2099] Akman (2017a, p. 5). Note-se que no momento em que o artigo foi escrito ainda não tinham sido tornadas públicas as medidas de correção, mas a autora entendia como possíveis a apresentação deste tipo de medidas de correção. No mesmo sentido, Crandall (2001, p. 120).

[2100] Vesterdorf e Fountoukakos (2018, p. 3).

opinião de que um leilão é uma medida de correção indicada para determinar um preço de mercado[2101].

Em nosso entender, tendo em conta que o objetivo da medida de correção é o de alcançar uma forma transparente e não discriminatória de apresentar os resultados, cremos que a medida da separação não seria proporcional, já que o leilão pode alcançar o mesmo resultado. Uma medida de acesso (que classificamos de quase-estrutural) não fica, porém, longe de uma medida estrutural. Por fim, como defendemos que as medidas de correção devem ser adaptadas à infração, para um novo tipo de infração pode haver uma nova medida de correção, desde que seja respeitada a coerência do sistema, i.e., se aplique a metodologia sugerida, para salvaguarda dos direitos das empresas e do princípio da segurança jurídica.

Em *Google Android*, a Google parece ter escolhido o caminho de licenciar a "*Google Mobile Application Suite*" (incluindo a Play Store)[2102] de forma separada de Google Search e Chrome, já que a escolha por cobrar pelo Android levaria a Google a ter de alterar o seu modelo de negócio para uma forma que não foi a preferida dos consumidores[2103], e que, por si, pode ser desproporcional, pois pode haver alternativas menos onerosas. A Google ainda anunciou que vai licenciar o Google Search e o Chrome separadamente e, em geral, eliminar outras restrições[2104].

Efetivamente, a Comissão não condena a Google por deter uma posição dominante em lojas de aplicações compatíveis com o sistema operativo Android, nem pelo facto de aquela distribuir o Android de forma gratuita. No entanto, o que a Comissão parece não ter em conta é que o próprio modelo de negócio da Google assentou na distribuição gratuita de Android suportada na aplicação Google Search, cujos rendimentos provêm de anunciantes. Também não considerou que, tendo em

[2101] Montagnani (2007, p. 640).

[2102] Lockheimer (2018). Note-se que a empresa já tinha chegado a um acordo com a autoridade da concorrência russa pelo qual assumia obrigações de não requerer exclusividade nem restringir pré-instalação de aplicações concorrentes. Ver, FAS (2017) e Vezzoso (2018b, p. 30). As mesmas medidas que se desenvolvam na UE estão a ser requeridas pela ACCC. Ver ACCC (2019, p. 30).

[2103] É o modelo de negócio da Microsoft, que cobra pelo software. Ver Picker (2018, pp. 10 e 11). Sobre os modelos de negócio Apple e Google ver Lianos (2019, p. 150).

[2104] Como "forks". Lockheimer (2018).

conta a quota de mercado global da Google (aproximadamente 80% em 2018, se incluirmos a Apple, que a Comissão não considerou que fazia parte do mercado relevante por apresentar um produto diferente[2105]), os consumidores mostraram a sua preferência por este modelo comparando com os modelos iOS (integrado) e Microsoft (licenciamento do sistema operativo)[2106]. Assim sendo, é possível que a eficácia e a adequação das medidas de correção sejam postas em causa por terem um impacto menos positivo nos consumidores[2107]. Acresce que pode ocorrer que as medidas não sejam tempestivas devido aos factos de o sistema Android já ter 10 anos e de já estarem em estudo evoluções do mesmo. Ainda relacionado com a eficácia e a proporcionalidade das medidas, é possível que as mesmas causem mais dano do que benefício, tendo em conta que atacam o cerne do modelo de negócio da Google, fazendo com que a empresa tenha menos incentivo em investir e inovar[2108], sem que se tenha uma certeza forte (não absoluta) de que os efeitos das medidas serão positivos na inovação e nos consumidores. Para Marty e Pillot, as medidas de correção só serão eficazes se – prosseguindo o objetivo de direito da concorrência de proteção de um processo competitivo – conseguirem assegurar acesso livre ao mercado pelos concorrentes[2109]. Neste caso, não conseguem assegurar que os efeitos nos consumidores sejam positivos, pois as práticas da Google, em particular as regras que não permitem fragmentar o Android, podem ser eficientes, facilitando a emergência de um ecossistema completo, construído com parceiros, que mantêm o incentivo em inovar para as aplicações daquele ecossistema, a custo reduzido. Ademais,

[2105] Na verdade, a Google tem consistentemente defendido que a concorrência neste setor deve ser vista entre ecossistemas e não concorrência dentro de um ecossistema. É o que se assemelha de concorrência "pelo mercado" e não "no mercado". Decisão *Google Android*, nº 993.

[2106] Picker (2018, p. 10). Marty e Pillot (2018, p. 41) chamam a atenção para o mercado de dois lados neste caso. No sentido de que a decisão da Comissão não coloca em causa o modelo de negócio Android como *open source*, ver Banasevic (2018, p. 13).

[2107] Akman (2018, p. 21), Chirita (2018, p. 27).

[2108] Marty e Pillot (2018, p. 44). Também Chirita (2018, p. 27). Apesar de a autora entender que a Comissão pode estar certa na condenação, considera que as medidas corretivas podem causar mais dano do que benefício.

[2109] Marty e Pillot (2018, pp. 38-44).

olhando para a eliminação das cláusulas que proíbem a fragmentação do Android, não é possível afirmar, sem sombra de dúvida, que vai haver mais inovação, pois o modelo Apple é fechado e existe, aproximadamente, o mesmo número de aplicações em cada loja[2110]. Se a eliminação das referidas cláusulas tornar o sistema Android mais inseguro e menos atrativo, o resultado pode ser pior (especialmente tendo em conta que a Apple se posiciona menos nos segmentos mais baratos)[2111].

Já no caso *Facebook*[2112], estando em causa o acesso preferencial a dados dos utilizadores[2113] – o que é crucial para o desenvolvimento dos serviços associados a essas plataformas – a solução encontrada foi a de criar uma espécie de separação interna, com o objetivo específico de impedir o reforço da posição dominante através do acesso preferencial a dados[2114]. Crémer, Montjoye e Schweitzer consideram que esta decisão terá impacto na regulação de proteção de dados[2115], demonstrando, mais uma vez como vimos de afirmar, a complementaridade destes dois regimes. Os autores ainda adiantam, como medida de correção possível para fazer face a casos de recusa de acesso a dados, o dever de conceder acesso[2116]. Tal como na aplicação da doutrina das infraestruturas essenciais desenvolvida para infraestruturas físicas e mesmo adaptada a DPI, defendem os autores que, nestes casos, os requisitos para intervenção devem ser exigentes e deve ser levada a cabo uma ponderação de interesses entre a

[2110] Auer (2018, p. 50).

[2111] Auer (2018, p. 51).

[2112] Citado.

[2113] Neste estudo não procuraremos discutir em que medida a detenção de uma grande quantidade de dados ("*big data*") atribui poder de mercado ou se pode ser considerada uma infraestrutura essencial, mas tão-somente quais as medidas de correção adequadas. Para aquela questão ver, por exemplo, Crémer *et al.* (2019, pp. 73 a 90), Stucke (2018, pp. 283 a 324), Sokol e Comerford (2016, p. 5), Stucke e Grunes (2015, pp. 7 e 8), Geradin e Kuschewsky (2013, pp. 1 a 16).

[2114] Crémer *et al.* (2019, p. 80), Podszun (2019, p. 69).

[2115] Crémer *et al.* (2019, p. 80).

[2116] No mesmo sentido, Furman *et al.* (2019, p. 63 e ss.). As questões do acesso a grandes bases de dados ("*big data*") e de saber se podem constituir infraestruturas essenciais (pois, por um lado, a recolha dos dados é acessível, dentro dos limites legais, por outro, depois de construída a base de dados, esta passa a conter informação comercialmente muito relevante e podem ser utilizados algoritmos para a explorar da forma mais lucrativa) é muito controversa e não será aqui tratada. A este propósito, pode ver-se Bruc (2019, pp. 186 a 210).

necessidade de aceder àquele conjunto de dados, para oferecer serviços e manter os mercados relacionados contestáveis, por um lado, e a necessidade de proteger os incentivos para investimento e inovação, e de impedir a partilha de informação sensível, por outro. No entanto, uma simples transposição desta doutrina para o campo do acesso aos dados não é possível sem qualquer adaptação, por vários motivos relacionados com a própria natureza dos dados. De facto, em primeiro lugar, os objetivos pretendidos com o acesso aos dados são muito variados e não é possível prevê-los a todos (isto é distinto de infraestruturas físicas, mas também de DPI). Em segundo lugar, é discutível se o acesso aos dados é verdadeiramente indispensável, uma vez que na maioria das vezes, são recolhidos de forma voluntária[2117] (o que significa que outras entidades também os podem recolher). Assim sendo, na opinião dos autores só deve ser ordenado acesso aos dados quando o responsável pelo controlo[2118] detém uma posição de "*gatekeeper*" e o pedido é de alguma forma estandardizado[2119]. A esta questão podemos, ainda, acrescentar que, na determinação da medida de correção concreta, devemos distinguir entre os dados *qua tale* e a forma como a empresa utiliza os dados, o que já poderá não justificar a concessão de acesso. Por fim, pode haver conflitos com outros regimes de proteção de dados, nomeadamente, no caso de dados pessoais.

As medidas de correção que parecem estar em causa no caso podem ser consideradas quase-estruturais, no sentido de que a exigência em relação à forma de manifestação de consentimento dos utilizadores pode, até, levar a que a empresa se veja forçada a oferecer várias versões da aplicação, com mais ou menos permissões de dados, numa espécie de separação interna, o que acarretará custos para a empresa e a poderá tornar menos atrativa para os anunciantes, que não podem ter a cer-

[2117] Os autores, no entanto, fazem distinção entre dados obtidos de forma voluntária, observados e inferidos, defendendo que quanto mais elaborados são os dados, maior será a exigência do teste para decretar a medida de correção de acesso. Crémer *et al.* (2019, p. 101).

[2118] Art. 47º do Regulamento (UE) 2016/679 do Parlamento Europeu e do Conselho, de 27 de abril de 2016, relativo à proteção das pessoas singulares no que diz respeito ao tratamento de dados pessoais e à livre circulação desses dados e que revoga a Diretiva 95/46/CE (Regulamento Geral sobre a Proteção de Dados) (JO L 119 de 4.5.2016, p. 1-88).

[2119] Crémer *et al.* (2019, pp. 98 a 108).

teza de quantos utilizadores estão dispostos a fornecer os seus dados[2120]. Para além destas críticas em relação à proporcionalidade da medida de correção, ainda acrescem as críticas em relação ao papel de superioridade do direito da concorrência *vis-a-vis* outras políticas e à pertinência de as autoridades de concorrência usarem os seus recursos para aplicar coercivamente políticas cuja responsabilidade foi atribuída a outra entidade[2121].

Passando, agora, para considerações mais gerais, tem sido alvo de grande discussão saber se a medida de correção adequada para as *Big Tech* é a separação entre plataforma e serviços nela prestados, para eliminar o conflito de interesses iminente. Efetivamente, as medidas de correção de caráter estrutural podem ser adequadas a casos de abuso em que se verifica uma situação de integração vertical e em que o abuso deriva da própria estrutura da empresa. O caso norte-americano *AT&T*[2122] é emblemático a este respeito. A empresa de telecomunicações AT&T, que, originariamente (Bell Company), incluía uma divisão para comunicações de longa distância e várias divisões regionais, foi objeto de uma decisão de separação (em "*baby bells*"), em virtude da sua posição e pela criação de dificuldades à concorrência por parte de empresas emergentes, que dependiam da AT&T para interligação e compatibilidade[2123]. A medida estrutural afigurava-se como a mais adequada, porque as empresas regionais eram, na verdade, geridas de forma autónoma, o que facilitou a separação ordenada das mesmas e a manutenção das operações. De igual modo, uma vez que se estava perante um mercado regulado, havia a segurança de que as empresas de telecomunicações se manteriam interligadas, independentemente dos incentivos inerentes ao mercado, e que os consumidores iriam, portanto, beneficiar[2124]. Apesar de a solução do caso ter sido alcançada por acordo, pensamos que podemos concluir que, em algumas situações, as medidas de natureza estrutural são adequadas. É, nomeadamente, o caso, quando a infração é persistente e a autoridade não tem capacidade para assu-

2120 Maggiolino e Colangelo (2019, pp. 373 e 374).
2121 *Idem*, pp. 375 e 376.
2122 *United States v. American Tel. and Tel. Co.*, 552 F Supp. 131 (D.D.C. 1983).
2123 Niels *et al.* (2016, p. 368).
2124 Economides e Lianos (2010b, p. 454).

mir um controlo quase regulatório[2125]. Ainda assim, houve debate sobre se a medida de correção foi ou não bem-sucedida, pois para além da cisão houve outras regras que, de acordo com alguns autores, tornaram o direito da concorrência uma forma de regulação, o que implicou um grande custo de execução e monitorização[2126].

Ainda na experiência norte-americana, podemos chamar à colação os casos *Microsoft,* onde chegaram a ser decretadas medidas de separação vertical[2127]. No caso da Microsoft, não havia, contudo, segurança de que a medida estrutural acabasse por ter um resultado positivo para os consumidores, pois, na ausência de regulação, não havia garantia de interoperabilidade entre os novos concorrentes, nem garantia que um deles não acabasse por ficar com uma posição semelhante à da Microsoft passados alguns anos[2128]. A execução na prática também não era evidente devido à própria estrutura da empresa, que não estava organizada de forma separada e mantinha uma gestão comum em muitos aspetos, e à dificuldade de os tribunais monitorizarem a sua realização. Também ficou estabelecido que o tribunal de primeira instância não tinha realizado uma audiência sobre as medidas corretivas[2129].

A decisão judicial do tribunal do *District of Columbia Circuit* é tida como fundamental em matéria de medidas de correção. O tribunal esclareceu que todas as consequências (incluindo aqui as medidas corretivas de desinvestimento e as indemnizações) têm de estar fundamentadas numa relação entre a conduta e a medida de correção[2130]. Contudo, os mercados digitais apresentam características (como as acima descritas) que podem afastar esta conclusão. De facto, por um lado, as fronteiras entre os produtos e serviços são difíceis de traçar ("*browsers*" e sistemas operativos, rede social e serviço de mensagem, entre outros), por outro, as economias de escala e de gama são elevadas e há receio de consequências inesperadas (como a perda de incentivo para inovar[2131]

[2125] Scherer e Ross (1990, pp. 462 a 464). Embora consideremos que este último motivo não pode ser o único a ser tido em conta.

[2126] Shelanski e Sidak (2001, p. 36).

[2127] *United States v.Microsoft Corp.*, 87 F.Supp.2d (D.D.C. 2000).

[2128] Economides e Lianos (2010b, p. 454 e 455).

[2129] Waller (2009, p. 23).

[2130] *Microsoft,* 253 F. 3d, nºs 105 e 106.

[2131] Ofcom (2019, p. 42).

pela ausência de economias de escala, o aumento dos preços pela perda dessas economias, ou a perda de interesse na aplicação pela ausência de efeitos de rede[2132])[2133]. Ao contrário de casos como *AT&T*, em que os efeitos da medida de correção se encontravam claros, o mesmo não ocorre no caso dos mercados digitais, em particular as plataformas, porque ainda não conhecemos bem a evolução futura dos mercados[2134]. Por estas razões, é necessário saber se o melhor caminho é a regulação destes mercados ou se é a adoção de medidas de correção estruturais definitivas. Na resposta a esta questão, pode ter-se em conta, como diz Feld, que a regulação setorial também encontrará dificuldades, porque a mesma só pode ser adotada depois de bem definidos os seus objetivos. Por exemplo, o autor enumera os diferentes objetivos da regulação de comunicações eletrónicas (que serão o serviço universal, a concorrência, a proteção do consumidor, a fiabilidade da rede e a segurança pública) e da regulação dos meios de comunicação social (que será a pluralidade). Estes diferentes objetivos terão um resultado diferente nas soluções de regulação. Ora, as plataformas contêm elementos de ambos[2135], o que pode causar dificuldades de definição. Na determinação das medidas devem pesar-se os riscos de uma desintegração[2136], de perda do incentivo para inovar, da identificação dos ativos a alienar, da identificação da informação a ser divulgada[2137], entre outros. Ainda assim, dos ensinamentos da regulação podemos, então, cimentar a nossa convicção de que as medidas de correção devem ser adotadas caso a caso e prosseguir objetivos específicos, que devem estar corretamente identificados.

Neste sentido, Crémer, Montjoye e Schweitzer discutem quais são as medidas mais adequadas, se estruturais, se comportamentais. Concluem que a decisão tem de ser específica para cada caso, podendo haver espaço para medidas estruturais de separação ("*unbundling*"), típicas da regulação (jurídica, operacional, de informação ou de propriedade). Os autores ponderam os custos e benefícios das mesmas, tendo em conta as características específicas das plataformas, onde infraestrutura e presta-

2132 Shapiro (2018, p. 744).

2133 The Economist (2019), secção *Business*, 24.10.2019.

2134 Feld (2018), Lévêque (2000b, p. 7).

2135 Feld (2018).

2136 Sullivan (2002, pp. 613 e 614).

2137 Montagnani (2007, pp. 637 a 639).

ção de serviços podem confundir-se mais facilmente do que no caso da energia ou dos transportes. Avisam, deste modo, que a separação não deve ser uma medida de correção generalizada, havendo soluções provavelmente menos onerosas[2138]. Ainda que uma solução comportamental seja mais difícil de monitorizar por parte de uma autoridade de concorrência, tal não pode ser motivo para o abandono das medidas comportamentais, como temos vindo a defender[2139].

Estas observações também nos levam a questionar a eficácia das medidas de correção em mercados caracterizados por efeitos de rede e "*winner-takes-all*". Nestes, a concorrência faz-se pelo mercado[2140], devido às elevadas economias de gama (oferecendo um produto ou serviço tornam-se mais eficientes noutro) e altos rendimentos de escala (o custo de produção é menos do que proporcional ao número de clientes servido)[2141]. Isto significa que empresas ativas noutros mercados exercem mutuamente pressão concorrencial umas sobre as outras (como a Apple sobre a Google e vice-versa – concorrência entre ecossistemas)[2142]. De acordo com a ideia de destruição criativa de Schumpeter, até é o monopólio que está mais bem colocado para inovar, pelo seu maior acesso a capital e por não sofrer os efeitos do parasitismo[2143]. Nesta linha, Skorup e Thierer defendem vigorosamente a

2138 Crémer *et al.* (2019, pp. 67 e 68).

2139 Marsden (2009, p. 356).

2140 Aliás como reconhecido no relatório sobre concorrência na era digital encomendado pela Comissão Europeia. Ver, Crémer *et al.* (2019, p. 23). Ver, também, Ofcom (2019, pp. 10 a 18).

2141 Crémer *et al.* (2019, pp. 2, 33 e 36), Mancini (2019, p. 2).

2142 Crémer *et al.* (2019, pp. 33 e 34), embora os autores sejam muito claros em reconhecer que a concorrência multimercado pode não ser suficiente, apesar de admitirem que os efeitos não estão estudados.

2143 Schumpeter (2013, pp. 286 a 289). Para Schumpeter, os monopólios são a consequência natural da criação de novos mercados através da introdução de produtos novos, pois a concorrência ocorre sequencialmente através do tempo e não em cada mercado. É o que apelida de "processo de destruição criativa", que tem em si inerente a concorrência pelo mercado e vê o processo de uma forma dinâmica. Esta posição leva a duas conclusões. Em primeiro lugar, o preço é mais alto do que em concorrência perfeita para induzir investimento em inovação. Em segundo lugar, este tipo de concorrência dá lugar a posições dominantes temporárias. Shelanski e Sidak (2001, pp. 10 a 12).

crença na autocorreção dos mercados e nos benefícios da integração vertical[2144].

Num campo mais interventivo, encontramos também vários autores (muitos contribuem para a escola de Nova Brandeis). Wu advoga a separação das grandes empresas da indústria da informação, justificando com o facto de serem essenciais para a democracia como suporte da expressão[2145]. Khan, inspirada na regulação de monopólios naturais, defende uma aplicação de medidas corretivas fortes e vigorosas, para prevenir o conflito de interesses inerente às empresas verticalmente integradas que atuam como infraestrutura essencial[2146]. Khan propõe como medidas a exigência de não discriminação em preço e serviço, a limitação do preço máximo e a imposição de investimento. A autora prefere a primeira – acompanhada de obrigações de acesso numa base não discriminatória –, porque as últimas são mais difíceis de pôr em prática e, provavelmente, menos adequadas. A limitação do preço teria de ser calculada com base num justo retorno, o que seria difícil de realizar tendo em conta a vasta área de atuação das plataformas (a autora refere-se em particular à Amazon, mas a sua opinião é transponível a outras empresas). A imposição de investimento e obrigações de capitalização não parece necessária, pois se a atividade não parece tão lucrativa, tal pode dever-se ao modelo de negócio de grande expansão e não necessariamente à atividade em si[2147]. Em posição mais recente, a autora ainda defende que se imponha a separação de atividades[2148], ao invés de medidas comportamentais, como não discriminação e interoperabilidade, pelo facto de estas não lidarem com o âmago do problema (o conflito de interesses e a apropriação de dados sobre os concorrentes) e de serem mais difíceis de executar e monitorizar[2149].

Não podemos concordar com os autores[2150]. Em primeiro lugar, defendem uma solução para todo o setor, o que se aproxima mais de

[2144] Skorup e Thierer (2013, pp. 165 a 174).

[2145] Wu (2018, pp. 132 e 133), Wu (2011, pp. 301 a 316).

[2146] Rahman (2015).

[2147] Khan (2017, pp. 797 a 799).

[2148] Khan (2019, pp. 978 e 1032).

[2149] Khan (2019, p. 981 e 1022 e ss. e 1032).

[2150] Na verdade, os autores partem de um contexto diferente do nosso. Por um lado, os objetivos do direito da concorrência na UE não se esgotam na proteção do bem-estar do

uma solução regulatória do que de direito da concorrência (aliás, reconhecido pela própria Khan[2151]). Da nossa parte, defendemos que não podem ser aplicadas as mesmas medidas de correção a todas as situações. Pelo contrário, devem ser adaptadas à situação em causa. Em segundo lugar – e consideramos agora a separação de propriedade ("*break-up*") – devemos pesar os riscos. A separação pode ser horizontal ou vertical. Ambas as soluções apresentam o risco sério de serem prejudiciais para o consumidor, em termos de preço e de interesse no serviço, pela eliminação das economias de escala e dos efeitos de rede[2152]. A separação horizontal faz perder o benefício dos efeitos de rede. Também é provável que os utilizadores acabem por escolher uma das plataformas, que no final seja a vencedora[2153]. Na separação vertical não é evidente onde definir as fronteiras de um ou de outro serviço[2154-2155].

Em terceiro lugar, como estamos perante um mercado muito dinâmico, os efeitos das medidas de correção tornam-se imprevisíveis. Assim, não podemos afastar a possibilidade de medidas de correção muito inflexíveis, como a separação, poderem vir a ter um efeito nefasto à medida que o mercado se transforma[2156]. Acresce que não é absoluta-

consumidor no sentido estrito (ver capítulo 3.1.2). Por outro lado, a posição adotada pelos tribunais norte-americanos quanto à relação entre direito da concorrência e regulação nos casos *Trinko* [*Verizon Communications Inc. v. Law Ofices of Curtis V. Trinko, LLP*, 540 U.S. 398 (2004))] e *Credit Suisse* [(*Credit Suisse Securities (USA) LLC v. Billing* 551 US264, 2386 (2007)], de uma quase imunidade ao primeiro quando o setor é regulado, contribui para que se peça uma intervenção mais forte. Ver Massarotto (2018, p. 405).

[2151] Khan (2019, p. 1079).

[2152] Shapiro (2018, p. 744).

[2153] *Idem*. Neste sentido também Bostoen (2019, p. 49).

[2154] Singer (2018). No sentido da necessidade de bem definir os ativos a separar, ver, Wang (2011, p. 579), Montagnani (2007, p. 641).

[2155] A imposição do desinvestimento nem tem sido usada pela Comissão em controlo de concentrações (onde é sabido que a Comissão prefere medidas do género) neste setor, demonstrando que é necessário proteger as características essenciais dos mercados com benefícios para os consumidores. Tome-se o exemplo da decisão de 18 de janeiro de 2018, M.8306, *Qualcomm/NXP Semiconductors*, nº 1017. Na verdade, houve um compromisso de não aquisição de parte do negócio (o processo de controlo de concentrações é realizado *ex ante*), mas quanto à aquisição da outra parte, a Comissão aceitou licenciamento e obrigações de interoperabilidade.

[2156] Skorup e Thierer (2013, p. 187).

mente evidente que a medida de separação seja eficaz, pois as empresas podem alcançar um resultado equivalente através de contratos[2157].

Em quarto lugar, quando não é proposta a separação[2158], as soluções apresentadas pelos autores são de caráter regulatório, com exigências de monitorização extensas, para as quais uma autoridade de concorrência não está particularmente habilitada, nem dispõe dos recursos. Por este motivo, na sua posição mais recente, Khan prefere a separação a outras medidas (Wu também advoga esta solução[2159]). Contudo, notamos que quando Khan afasta alguma das medidas de correção, não o faz para ter em conta os interesses legítimos das empresas que investiram e inovaram, mas sim por dificuldades práticas relacionadas com a execução ou a monitorização[2160]. Ora, nós defendemos que a dificuldade de executar uma medida não pode servir de motivo para não a adotar e optar por uma mais gravosa para as empresas, quando existe outra menos onerosa e igualmente eficaz[2161]. Por fim, mesmo em regulação, onde se adotaram várias soluções de separação, nem sempre se exigiu a separação de propriedade, muito em particular nas comunicações eletrónicas, setor mais próximo do digital, onde se demonstrou ser mais fácil a prestação de vários serviços numa mesma rede[2162].

Na UE, uma medida de correção não pode ser imposta sem tomar em consideração os interesses das empresas. Por isso, defendemos que na ausência de uma análise consistente e um nexo estreito entre o abuso e a medida de correção, estamos perante uma violação do princípio da proporcionalidade. Uma posição mais razoável e consentânea com o princí-

2157 *Idem*, p. 190.

2158 Nos artigos de Khan (2017 e 2019) citados notamos uma evolução no pensamento da autora. Se em 2017 não parecia defender apenas a separação, em 2019 manifesta-se claramente nesse sentido, como a forma mais eficiente de lidar com abusos de posição dominante por plataformas. Cfr. Khan (2019 e 2017). Da nossa parte entendemos que é interessante lidar com ambas as propostas para avaliar os benefícios e constrangimentos de cada uma.

2159 Wu (2018, pp. 132 e 133).

2160 Khan (2019, p. 1032).

2161 Marsden (2009, p. 356).

2162 Diretiva 2002/19/CE do Parlamento Europeu e do Conselho de 7 de março de 2002 relativa ao acesso e interligação de redes de comunicações eletrónicas e recursos conexos (diretiva acesso) (JO L 108 de 24.4.2002, p. 7-20), tal como alterada, em particular art. 13º A.

pio da proporcionalidade é o caminho que está a ser seguido na Europa de envolver as empresas na determinação da medida de correção, ainda que a mesma resulte de um processo de imposição das medidas (art. 7º do Regulamento 1/2003) e não de compromissos (art. 9º do Regulamento 1/2003). Esta técnica tem a vantagem de ultrapassar as assimetrias de informação e envolver as empresas na determinação da medida (ver 4.4).

Ainda a propósito das medidas de correção no setor, outros dados e autores demonstram que a manutenção de alguma concorrência nos mercados contribui para mais inovação. Geradin, por exemplo, numa posição moderada, entende que nem toda a concorrência se faz "pelo" mercado (existe concorrência "no" mercado quando, por exemplo, os clientes vendedores da Amazon concorrem com os próprios produtos da Amazon na sua plataforma), e que o risco de ocorrência de erros tipo II não pode ser um motivo para afastar toda e qualquer intervenção[2163]. Singer propõe a adoção de uma regra geral de não discriminação e a criação de uma instituição especializada para lidar com os litígios de forma mais célere[2164]. Bostoen, por sua vez, recusa a aplicação, sem mais, de uma solução estrutural, admitindo que existe espaço para adotar regulação setorial de cariz comportamental e medidas de correção comportamentais através da aplicação coerciva do direito da concorrência, mitigando as exigências de prova do queixoso (entendemos que também aqui se refere à Comissão), para obstar às dificuldades de prova relacionadas com critérios de qualidade, escolha e inovação[2165].

Como temos vindo a defender, cremos que as autoridades de concorrência, nomeadamente a Comissão enquanto autoridade de concorrência, devem afastar-se de soluções de caráter iminentemente regulatório onde não se exige um nexo estreito entre o abuso e a medida de correção[2166]. Tal não significa que o debate que se está a desenvolver não seja útil para efeitos de regulação, como se vê pela adoção do Regulamento 2019/1150 relativo à promoção da equidade e da transparência para os

[2163] Geradin (2018, p. 6), Schneider (2018, p. 218).

[2164] Singer (2018), Singer (2017, pp. 2 e ss.).

[2165] Bostoen (2019, p. 38).

[2166] De Smijter e Sinclair (2014, p. 123), O'Barnett (2008, p. 551).

utilizadores profissionais de serviços de intermediação em linha[2167], que consagra soluções de transparência na definição dos parâmetros de classificação – caso *Google Shopping* –, transparência no acesso aos dados dos utilizadores – caso *Facebook* –, entre outros[2168]. Ainda nesta linha, Furman, Coyle, Fletcher, Marsden e McAuley sugerem a elaboração de códigos de conduta, com objetivos mais abrangentes[2169]. A nosso ver, cremos que o direito da concorrência tradicional deve adaptar-se à nova realidade[2170], sem perder identidade, e pode aliar-se à regulação[2171].

Relativamente à medida de correção adequada para fazer face a abusos de posição dominante no setor digital, para além de defendermos que depende do caso, também entendemos que não tem de ser proposta necessariamente uma solução de separação[2172]. Em nossa opinião, mantemos que as medidas de correção estruturais, que fazem face a um abuso que não é a própria infração, só devem justificar-se quando a infração da concorrência deriva da própria estrutura da empresa. Ainda assim, é possível que, em alguns casos, sejam necessárias medidas de correção que vão para além do mero espelhar de um abuso, desde que mantenham um nexo com a infração. Acresce que, as medidas de separação, pela ausência de flexibilidade e possibilidade de reversão, podem

[2167] Regulamento (UE) 2019/1150 do Parlamento Europeu e do Conselho, de 20 de junho de 2019, relativo à promoção da equidade e da transparência para os utilizadores profissionais de serviços de intermediação em linha (JO L 186 de 11.7.2019, p. 57-79).

[2168] Arts. 5º a 8º do Regulamento 2019/1150.

[2169] Furman *et al.* (2019, p. 59 e ss.).

[2170] No mesmo sentido Furman *et al.* (2019, p. 5). Singer (2018) também chama a atenção para a dificuldade de aplicação de um parâmetro do bem-estar do consumidor restrito.

[2171] Como soluções de regulação, Lianos admite um vasto conjunto, mais ou menos interventivo, desde a regulação do preço, a determinação de um preço máximo, a alteração do modelo de negócio das plataformas para passar a receber um preço por parte dos utilizadores que não pagam, a limitação das externalidades que resultam do incentivo das plataformas para crescer através da colheita de dados, a elaboração de códigos de conduta com obrigações de não discriminação, entre outros. O autor também reconhece que algumas das soluções, nomeadamente as mais interventivas, são difíceis de aplicar, como por exemplo, a identificação da remuneração adequada, oferecendo o autor uma solução ao estilo *Altmark* (custo, acrescido de um lucro razoável) ou a identificação da necessidade de o Estado intervir sob a forma de organização de concursos públicos organizando uma concorrência pelo mercado. Ver Lianos (2019, pp. 156 a 159). Defendendo, também, que a regulação pode ser um caminho para as plataformas, ver Mancini (2019, p. 8), AAVV (2019, p. 100).

[2172] Lianos (2019, pp. 160 e 161), Shapiro (2018, p. 744).

até ser menos eficazes devido à natureza dinâmica dos mercados[2173] onde é necessário promover mecanismos suscetíveis de serem adaptados à sua evolução. De facto, o custo de corrigir falhas de mercado não deve superar o custo de eventuais efeitos anticoncorrenciais.

Dependendo do tipo de abuso, há várias medidas de correção que podem ser adotadas e menos onerosas.

Botta e Wiedemann sugerem que, se o abuso de posição dominante estiver relacionado com dados, pode recorrer-se ao RGPD para inspiração e para reforçar algumas das suas medidas. Se o abuso assentar em condições desfavoráveis, as medidas de correção podem exigir reforço de privacidade ou transparência[2174]. Se assentar em discriminação de preço entre os utilizadores, as medidas de correção possíveis podem ir desde a imposição de mais transparência no processo à limitação da quantidade de dados coligida (no caso de plataformas)[2175]. Efetivamente, estas medidas são menos onerosas que as estruturais, mas correm o risco de se sobrepor à regulação setorial, com as vantagens e desvantagens que temos vindo a desenvolver. Os autores ainda sugerem a concessão de acesso a dados e a portabilidade, para incentivar a concorrência e a possibilidade de mudar de fornecedor[2176]. Estas medidas, contudo, também apresentam vários problemas, tais como a identificação dos dados, cuja utilidade pode variar dependendo da detenção de um algoritmo adequado para os processar, a definição do seu preço, que também depende da sua utilidade, e a tempestividade do acesso, pois alguns dados podem ter um interesse limitado no tempo[2177]. Esta medida teria de ser muito bem definida, para não correr o risco de se tornar desproporcionada. Por exemplo, uma empresa que abusa de uma posição dominante num mercado pode ser obrigada a conceder acesso a dados aos concorrentes. No entanto, a partilha dos dados pode dar aos concorrentes a possibilidade de os utilizar noutro mercado onde não

[2173] Skorup e Tierer (2013, p. 187). No mesmo sentido, notando as vantagens das medidas comportamentais, Ezrachi (2006, p. 463).

[2174] Botta e Wiedemann (2019, pp. 466 e 467).

[2175] *Idem*, p. 472.

[2176] *Ibidem*, 2019, p. 473.

[2177] Kathuria e Globocnik (2019, pp. 19 a 33).

houve abuso[2178]. Acresce que, uma medida deste tipo seria muito difícil de monitorizar[2179]. Para além do mais, de acordo com alguns autores, uma medida de correção deste tipo não teria relação com a infração, pois seria de molde a colocar o mercado não como estaria antes da infração, mas sim mais competitivo do que caso não tivesse havido infração[2180].

Estes mercados também se caracterizam por ser de evolução rápida, de modo que, qualquer intervenção, para ser eficaz, deve ser imediata e deve ser adaptável. Atente-se no caso *Microsoft* nos EUA, em que, para além das questões de interoperabilidade, também estava em causa a subordinação do Internet Explorer ao sistema operativo Windows em detrimento, nomeadamente, do Netscape da Sun. Após a rejeição da primeira proposta de medidas corretivas, as medidas do caso acabaram por ser decididas em transação quando já era evidente que a Microsoft tinha "ganhado a guerra dos *browsers*"[2181]. Assim, as medidas de correção centraram-se: na interoperabilidade, com o propósito de colocar os produtores de aplicações concorrentes em pé de igualdade com a Microsoft ao desenvolverem aplicações para o sistema operativo Windows[2182]; na proibição de a Microsoft retaliar contra clientes que usassem produtos concorrentes; e na exigência de que a Microsoft permitisse a utilização de "*middleware*" criado por concorrentes[2183]. Para O'Barnett, as medidas de correção foram bem-sucedidas, porquanto atingiram os objetivos que o autor considera estarem em causa: incentivo à a concorrência de "*middleware*", dando o exemplo dos browsers Firefox e Safari; compensação financeira das vítimas; e prevenção[2184]. Na mesma linha, encontramos Weiser que, numa posição pragmática, considera que as medidas de correção no caso *Microsoft* norte-americano foram bem-

[2178] *Idem*, p. 18. Os autores ainda defendem que uma atuação deste tipo pode não ter cabimento no RGPD ou requerer consentimento (*Ibidem*, pp. 23 e ss.). Contudo esta posição não é unânime, como podemos ver em Graef (2016). Tendo em conta que exorbita o nosso tema, não vamos explorar este aspeto.

[2179] Kathuria e Globocnik (2019, p. 18).

[2180] Kathuria e Globocnik (2019, p. 33).

[2181] Economides e Lianos (2010b, pp. 406 a 410).

[2182] Economides e Lianos (2010b, p. 409).

[2183] Crane (2007a, p. 1204).

[2184] O'Barnett (2008, p. 557). Note-se, porém, que o autor era, à época, *Assistant Attorney General* da *Antitrust Division* do DoJ.

-sucedidas, porque alcançaram, não só, o justo equilíbrio entre os seus objetivos, como também, um resultado gerível do ponto de vista da monitorização[2185]. Já Shapiro critica abertamente a solução do caso, acusando as medidas de correção de apenas proibirem a Microsoft de continuar a sua conduta, mas se absterem de restaurar a concorrência[2186]. Hovenkamp também se mostra muito crítico das medidas de correção alcançadas, no sentido de que não impediram que a Microsoft mantivesse a sua posição dominante no mercado, e sugere uma solução prática não baseada em direito da concorrência: a obrigatoriedade de utilização de software aberto ("*open source*") por parte da administração estatal[2187]. Não podemos concordar com esta solução. Entendemos que as medidas de correção baseadas nas regras de concorrência devem servir objetivos mediatos e imediatos – i.e., os objetivos do direito da concorrência e as funções das medidas de correção – para além dos específicos da medida de correção em questão. A proposta do autor é focar as medidas de correção nos objetivos específicos (que no caso eram eliminar a vantagem competitiva das aplicações propriedade da Microsoft), o que sem dúvida protege a relação entre a conduta e a medida. No entanto, se focamos as medidas de correção apenas nos objetivos específicos, retiramos coerência ao sistema de direito da concorrência e eliminamos a relação entre a infração e a medida de correção, em prejuízo do princípio da segurança jurídica. Com a nossa ideia pretendemos demonstrar que, se na adoção de medidas de correção uma autoridade tiver sempre em conta os objetivos mediatos e imediatos da medida, e identificar os objetivos específicos em relação à infração, a sua atuação se torna mais proporcionada, por um lado, e por outro, previsível e, como tal, incrementa a segurança jurídica das empresas.

Ainda assim, tendo em conta as características destes mercados dinâmicos, mormente a rapidez da sua evolução, podemos admitir que a Comissão pode ter em conta a preocupação de tentar alcançar um ambiente mais competitivo[2188], já que a regulação (instrumento que con-

[2185] Weiser (2009, p. 296).

[2186] Shapiro (2009, p. 761). Waller (2009, p. 27) parece ir no mesmo sentido, embora num tom menos crítico.

[2187] Hovenkamp (2008, pp. 298 a 304).

[2188] Waller (2009, p. 27).

sideramos preferencial para uma atuação mais interventiva) pode não ser suficientemente rápida para tal. No entanto, como temos vindo a defender, é essencial que, para uma aplicação coerente das medidas de correção, estejam bem definidos os seus objetivos mediatos (que defendemos ser o bem-estar do consumidor, admitindo que possa ser alcançado através do processo competitivo), imediatos (em particular, fazer cessar a infração, com a consequência de restaurar a concorrência contrariando o abuso, e, portanto, apresentando um nexo estreito com a infração) e específicos (os objetivos que se pretendem alcançar com a particular medida de correção, que também devem ter uma relação com a infração). Acresce ainda que, não se podem perder de vista os direitos da empresa em posição dominante de, por exemplo, ser ressarcida pelo acesso a informação de interoperabilidade ou a dados legitimamente recolhidos, ou de limitar esse acesso à informação efetivamente identificada como relacionada com o abuso em causa. De facto, caso se percam de vista estes vetores e se apliquem soluções interventivas de cariz mais regulatório, corre-se o risco de se contribuir para prejudicar a inovação por parte das empresas em posição dominante e de não se incentivarem os concorrentes a inovar. Estes mesmos concorrentes são protegidos sob a égide de manter uma estrutura de mercado com um determinado número de concorrentes[2189].

Uma forma de conciliar a imposição de medidas de correção abrangentes e interventivas com os direitos das empresas, como já referimos, é a de adotar a decisão usando medidas de correção baseadas em determinados princípios[2190] (como a não discriminação), exigindo que a empresa apresente, num determinado prazo, as medidas corretivas que considera eficazes e proporcionais. As medidas de correção devem ser depois submetidas a um teste de mercado envolvendo outros intervenientes interessados[2191]. Esta posição também tem a vantagem de permitir que a empresa se encontre envolvida no desenvolvimento da medida de correção, tornando-a, desde logo, mais eficaz, pela eliminação das assimetrias de informação entre a entidade que desenha a medida de

[2189] Ibañez Colomo (2010, p. 296).

[2190] Ofcom (2019, p. 43).

[2191] Neste sentido, embora não especificamente em relação aos mercados digitais, Ioannidou (2018, p. 155), Monti (2016, p. 199).

correção e a entidade que melhor conhece o mercado, as suas condições e os seus operadores[2192]. Note-se a abordagem da Comissão nos casos *Google,* cujas decisões foram adotadas nos termos do art. 7º do Regulamento 1/2003. Esta posição também tem desvantagens, principalmente relacionadas com a segurança jurídica, discutidas em 4.4. para onde remetemos.

Estes mercados também se caracterizam por ser de evolução rápida, de modo que qualquer intervenção, para ser eficaz, deve ser imediata e deve ser adaptável. Já discutimos a necessidade de as medidas de correção poderem ser adaptadas à medida que os mercados evoluem. Com as necessárias cautelas que apresentámos *in loco* e para as quais remetemos, consideramos que em mercados de novas tecnologias, em que a evolução é rápida e complexa, a característica da adaptabilidade se impõe particularmente[2193].

O uso do mecanismo de compromissos do art. 9º do Regulamento 1/2003 também pode ser muito útil nos mercados tecnológicos. De facto, a assimetria de informação entre as autoridades responsáveis pela aplicação do direito da concorrência e as empresas é acentuada, os mercados evoluem de forma muito rápida[2194] e as medidas de correção têm de ser minuciosamente desenhadas, quer em termos de âmbito, quer em termos de tempo[2195]. Por este motivo, a regulação tradicional (regras estáticas aplicáveis a um setor e não a empresas específicas e menos rápida devido aos procedimentos legislativos) e a aplicação convencional do direito da concorrência podem ser menos adequadas[2196].

O que é necessário não perder de vista é o facto de, quer no caso de uma decisão adotada ao abrigo do art. 7º, quer no caso de uma decisão ao do art. 9º do Regulamento 1/2003, ser necessário ter por base uma análise consistente e não utilizar o direito da concorrência como

2192 Ainda relacionado com a eficácia das medidas corretivas encontra-se o facto de, quando a medida corretiva se baseia na utilização de novas tecnologias (como a utilização de um determinado algoritmo), ser necessário que as autoridades de concorrência tenham os requeridos conhecimentos, sem os quais não podem aferir da capacidade da medida corretiva para corrigir a distorção da concorrência.

2193 Apresentando uma ideia equivalente, First (2010, p. 354).

2194 Almunia (2012, p. 7).

2195 Botta e Wiedemann (2019, p. 473).

2196 Neste sentido, Massarotto (2018, p. 417).

um meio de alcançar a "melhor solução para o mercado" independentemente das circunstâncias[2197]. Ademais de poder ir para além do que é necessário para fazer face ao abuso, pode nem se conhecer a melhor solução para o mercado ou não saber como vai evoluir o mesmo para determinar com segurança (não exigimos exatidão) que as medidas de correção propostas terão o resultado desejado e previsto. Atente-se nos casos *Microsoft*, em que, apesar das medidas de correção, os consumidores e os clientes continuaram a preferir os produtos Microsoft até à emergência de outros operadores, como Google, que, apresentando um modelo negócio diferente (receitas baseadas em anúncios)[2198], foi conquistando quota de mercado. Assim, cremos que o uso do mecanismo de compromissos não é adequado para testar teorias novas[2199] e adotar medidas de correção extensas, aproveitando uma medida menor de proporcionalidade e evitando o controlo jurisdicional.

Após a entrega desta tese, a Comissão deu a conhecer a sua proposta de Regulamento Mercados Digitais[2200]. Não iremos desenvolver considerações sobre a proposta. Gostaríamos, contudo, de fazer algumas observações a este respeito. Esta proposta aplica-se aos controladores de acesso (ou *gatekeepers*) – prestadores de serviços essenciais de plataforma, designados como tal – que ficam impedidos de levar a cabo determinados comportamentos, previstos na proposta[2201]. A proposta inclui a possibilidade de serem adotadas medidas de correção comportamentais ou estruturais quando se demonstre que o controlador de acesso desrespeitou sistematicamente as obrigações previstas no diploma e reforçou ou ampliou a sua posição de controlo[2202]. A proposta ainda permite que,

2197 Dunne (2014, p. 432).

2198 Picker (2018, p. 10).

2199 Hlina (2010, p. 158).

2200 Proposta de Regulamento do Parlamento Europeu e do Conselho relativo à disputabilidade e equidade dos mercados no setor digital (Regulamento Mercados Digitais), de 15.12.2020, disponível em https://eur-lex.europa.eu/legal-content/PT/TXT/?uri=CELEX:52020PC0842 e consultado pela última vez em 5.12.2021. Na mesma data a Comissão também deu a conhecer a proposta de Regulamento do Parlamento Europeu e do Conselho relativo a um mercado único de serviços digitais (Regulamento Serviços Digitais) e que altera a Diretiva 2000/31/CE disponível em https://eur-lex.europa.cu/lcgal-content/PT/TXT/?uri=CELEX:52020PC0825 e consultado pela última vez em 5.12.2021.

2201 Arts. 1º a 6º da Proposta de Regulamento Mercados Digitais.

2202 Art. 16º da Proposta de Regulamento Mercados Digitais.

na sequência de uma investigação de mercado, a Comissão adote atos delegados que alterem as normas que preveem as obrigações dos controladores de acesso[2203]. A principal questão que se coloca em relação a este novo instrumento é a possibilidade de a Comissão poder adotar medidas de correção em relação a determinadas empresas, quando haja violação das obrigações impostas no diploma, e acrescentar obrigações às previstas na proposta, quando haja indícios de práticas que sejam desleais ou que ponham em risco a equidade ou a disputabilidade dos mercados[2204]. Tudo isto, sem proceder à avaliação da infração às regras de concorrência. Ainda não é certo se a proposta vai ser adotada nestes precisos termos. No entanto, parece-nos que uma proposta deste tipo não deixará de criar algum desconforto na sua aplicação. Trata-se de um instrumento que se situa entre direito da concorrência e regulação.

7.3. A aplicação de medidas corretivas em função da natureza da decisão (remissão)

Por fim, as medidas de correção são influenciadas pelo tipo de procedimento. Remetemos, neste ponto, para o capítulo 5, onde a problemática foi discutida.

7.4. Conclusão quanto ao tipo de medidas corretivas adotadas pela Comissão

No início do capítulo colocámos a questão de saber se as medidas de correção são influenciadas pelo tipo de abuso, o tipo de mercado e a natureza da decisão.

A prática da Comissão tem evoluído ao longo dos anos. Notamos que, em primeiro lugar, houve um movimento no sentido de, simplesmente, ordenar a cessação da infração para a adoção de medidas capazes de ativamente promover a concorrência, nomeadamente, para facilitar a entrada em mercados[2205]. A maioria das medidas de correção adotadas ficaram aquém do desinvestimento, mas várias podem ser apelidadas de quase estruturais, tais como os compromissos de conceder acesso, de

[2203] Art. 17º da Proposta de Regulamento Mercados Digitais.
[2204] Preâmbulo, considerando 77 da Proposta de Regulamento Mercados Digitais.
[2205] Hjelmeng (2013, p. 1027).

expansão de capacidade[2206], de separação de negócios ou, muito em particular, de acesso a informação de interoperabilidade.

Quanto à influência do tipo de abuso na adoção e desenho das medidas de correção, concluímos que existem abusos mais propensos à adoção de determinadas medidas corretivas do que outros. Esta conclusão advém, também, da nossa crença de que deve existir um nexo estreito entre a infração e a medida de correção. O tipo de abuso que, provavelmente, é mais adequado à adoção de medidas de correção é a recusa em contratar, seguida da compressão de margem. Nestes casos também se verifica, muitas vezes, a existência de empresas verticalmente integradas, com um inerente conflito de interesses, podendo, até, justificar-se a separação. No entanto, a adoção de medidas deste tipo deve ser feita com toda a cautela, para não ofender os direitos das empresas, nem prejudicar os benefícios de uma integração vertical, com prejuízo para o consumidor. É, também, necessário proteger os incentivos das empresas para inovar. Ibañez Colomo ainda nota que, em face da possibilidade de impor medidas de correção positivas intrusivas, como a obrigação de contratar, ou de conceder acesso, o teste de abuso deve ser mais exigente, daí o reforço do teste de recusa em contratar[2207]. Da nossa parte, cremos que não deve ser a medida de correção a definir o teste abuso. Deve sim existir um nexo estreito entre abuso e medida de correção e deve ser corretamente aplicado o princípio da proporcionalidade.

Em primeiro lugar, a posição pode levar a uma diferenciação entre medidas de correção negativas ou positivas[2208], quando algumas medidas de correção negativas – como a abstenção de levar a cabo uma prática comercial, na qual se baseia o modelo de negócio da empresa, ou a proibição de contratar com determinado parceiro comercial – são igualmente limitadoras da liberdade de contratar e do direito de propriedade[2209].

Em segundo lugar, se se considerar que o teste reforçado de abuso se aplica apenas aos casos em que a autoridade de concorrência pretenda adotar a medida de correção de obrigação de contratar, a distinção entre vários tipos de medidas de correção ainda é mais difícil de justificar. De

2206 Alexiadis e Sependa (2013, p. 21).

2207 Ibañez Colomo (2019, p. 435).

2208 Neste sentido, também, Jones *et al.* (2019, pp. 531 a 533).

2209 Dunne (2019, p. 35).

facto, existe mais do que uma medida de correção eficaz para eliminar os efeitos da recusa em contratar. Podemos considerar, pelo menos, a obrigação de contratar ou conceder acesso, a separação de atividades ou o encerramento da divisão onde ocorre a recusa[2210]. Se se optar pelas últimas, o teste de abuso deve ser diferente? Não estamos perante a mesma prática? Não são estas medidas tão ou mais gravosas para a liberdade de contratar e o direito de propriedade?

Em terceiro lugar, considerar que o teste de abuso é definido pela medida de correção a adotar, leva a que a Comissão possa escolher entre um teste mais ou menos exigente, dependendo da medida que ela própria pretende adotar. A esta crítica acresce outra. Nos casos em que a autoridade – como a Comissão tem feito – deixa em aberto a medida de correção, nunca é adotado o teste mais exigente?

Em quarto lugar, e relacionado com este argumento, sabemos que o artigo 7º do Regulamento 1/2003 permite que a Comissão condene um comportamento que já cessou. Neste caso podem não ser necessárias medidas de correção. Deve o teste a aplicar ser diferente[2211]?

O TJ, em *Slovak Telekom*, esclareceu que o "teste *Bronner*", mais exigente, deve ser aplicado em situações de recusa em contratar e não de compressão de margem. Uma das razões invocadas foi o facto de, neste último caso, a autoridade da concorrência ou o órgão jurisdicional nacional competente não ter de obrigar a empresa dominante a dar acesso à sua infraestrutura, visto esse acesso já ter sido facultado. Assim, as medidas que poderiam ser tomadas, nesse contexto, eram menos ofensivas da liberdade de contratar da empresa dominante e do seu direito de propriedade[2212]. Contudo, cremos que o TJ não adotou uma posição de princípio de que se deve, sempre, adotar um teste de abuso mais exigente, quando a medida de correção é positiva, *maxime*, a obrigação de contratar[2213]. Ao invés, cremos que decidiu que o teste de abuso

[2210] Ibañez Colomo (2021a), defendendo, contudo, a posição de que a medida de correção deve ter impacto no teste de abuso, mas que o teste reforçado deve ser aplicado a estas medidas de correção indicadas.

[2211] Dunne (2019, p. 33).

[2212] Acórdãos *Deutsche Telekom*, C-152/19 P e *Slovak Telekom*, C-165/19 P, nºs 46-51.

[2213] Contra esta posição, afirmando que o que resulta da jurisprudência é, precisamente, que a medida de correção tem influência determinante no teste de abuso, ver Ibañez Colomo (2021b).

é mais exigente na recusa em contratar, porque (entre outros motivos) a empresa dominante pode ficar obrigada a iniciar uma relação contratual, uma vez que a medida de correção deve ser a consequência lógica (nexo estreito) do abuso. Aliás, no próprio acórdão *Bronner*, o TJ considerou que o teste substantivo era necessário para concluir pela existência de um abuso[2214] e em *Commercial Solvents* reconheceu que abuso e consequências são tratados de forma sucessiva[2215]. Já o TG, em *Google Shopping*, afirmou que não pode haver uma correlação automática entre o teste para a determinação de um abuso e a medida de correção a aplicar[2216]. É muito provável que esta questão venha a ser discutida em recurso para o TJ.

Como temos vindo a defender, o nexo estreito entre abuso e medida de correção exige que haja relação entre a fase da determinação da responsabilidade e a fase da medida de correção. Ainda, a aplicação do princípio da proporcionalidade determina que a medida de correção esteja bem fundamentada num teste robusto. Contudo, pelos motivos apresentados, cremos que o teste de abuso deve depender essencialmente dos factos concretos do caso e não do desfecho que a Comissão queira alcançar. Esta nossa posição tem o mesmo objetivo de proteger as empresas face a medidas de correção gravosas, mas não tem o inconveniente de distinguir entre as várias medidas de correção possíveis, nem de dar à Comissão a possibilidade de, *a priori*, escolher um caminho menos exigente.

Também, como temos vindo a defender, após *Intel*, entendemos que a Comissão não tem uma grande margem para considerar abusos de posição dominante sem analisar a capacidade da prática para restringir a concorrência (embora entendamos que os vários tipos de abuso não estão sujeitos ao mesmo nível de prova)[2217]. A decisão de adoção de medidas de correção – independentemente do tipo de abuso – deve estar, portanto, alicerçada numa análise dos efeitos prováveis da medida, tendo em conta o princípio da proporcionalidade.

[2214] Acórdão *Bronner*, C-7/97, nº 41.

[2215] Acórdão *Commercial Solvents*, C-6/73, nºs 45 e 46. Ver, neste sentido, Dunne (2019, p. 32).

[2216] Acórdão do TG de 10 de novembro de 2021, *Google LLC c Alphabet Inc c. Comissão Europeia*, T-612/17, nºs 244 a 247. Também este acórdão foi proferido após a data de entrega da tese.

[2217] Cruz Vilaça (2018b, p. 185).

O tipo de mercado e, sobretudo, a natureza de decisão têm um grande impacto nas medidas de correção.

Efetivamente, verificamos que, pelo menos nos 10 anos que se seguiram à adoção do Regulamento 1/2003, o art. 9º foi o eleito para resolver a esmagadora maioria dos casos. Este mecanismo tem as vantagens de permitir alcançar soluções que envolvem as empresas e de obter, da parte da Comissão, medidas de correção mais abrangentes. Ao mesmo tempo, reduz-se a litigância e, nesta medida, podem ser alcançadas soluções mais rápidas para o mercado. No entanto, tem a desvantagem de limitar a construção de uma prática decisória consistente, uma vez que a decisão se baseia, não numa sólida análise, que foi ou terá de ser discutida perante os tribunais da UE, mas sim numa apreciação preliminar da Comissão, que, necessariamente, não é tão detalhada, nem discutida[2218].

Esta conclusão está relacionada com outra conclusão que podemos retirar da análise da prática decisória da Comissão. De facto, a aceitação de medidas corretivas abrangentes em decisão de compromissos, devido ao teste de proporcionalidade menos rigoroso, leva-nos a questionar se estas medidas seriam aceites numa decisão de condenação, ou se resultam apenas da vontade das empresas em fazer cessar o processo[2219]. Nos últimos casos, porém, destacando-se as decisões *Google*, a Comissão tem mostrado que está disposta a recorrer ao mecanismo do art. 7º do Regulamento 1/2003, para dar cumprimento à sua missão, e a exigir medidas de correção eficazes e suficientes das empresas. Nestes casos, a Comissão exigiu que fossem as empresas a apresentar soluções. Esta técnica tem a considerável vantagem de diminuir o risco de adotar medidas de correção que não sejam adequadas à situação, devido a assimetrias de informação, de envolver as empresas na adoção de medidas corretivas e, como tal, de se aproximar mais de medidas proporcionais[2220]. Também entendemos que é uma posição que dá melhor cumprimento ao acórdão *Automec II*, embora também creiamos que esta jurisprudência não impede a Comissão de impor determinadas medidas de correção, mas apenas de escolher de entre medidas igualmente eficazes e proporcionais. Como admitimos que o exercício de definir medidas de correção

[2218] Gerard (2016, p. 165), Leandro Vasconcelos (2016, p. 188).

[2219] O'Donoghue e Padilla (2020, p. 1166), Schweitzer (2008a, p. 559).

[2220] Neste sentido, Lowe e Maier-Rigaud (2008, p. 606).

não é unívoco nem simples, compreendemos que esta seja uma solução preferida da Comissão.

De seguida, verificamos que as medidas de correção mais fortes foram adotadas em mercados regulados[2221]. O exemplo mais claro é o do setor da energia, regulado e em processo de liberalização, onde a Comissão adotou as medidas corretivas mais abrangentes, inclusive estruturais, com o claro objetivo de facilitar o acesso ao mercado e exorbitando o mero espelhar do abuso. Estes casos seguiram-se à publicação das conclusões do inquérito setorial no setor da energia, onde a Comissão, entre outros, identificou problemas de acesso aos mercados, e as medidas de correção de grande alcance foram utilizadas para facilitar o processo de liberalização[2222]. Nalguns casos, a opção por medidas de correção estruturais assentou na própria estrutura da empresa, que era verticalmente integrada, e no facto de ser a forma mais eficaz de eliminar o conflito de interesses inerente, como os casos *RWE* e *ENI*. Noutros, como *CEZ*, a Comissão aceitou medidas estruturais, quando a empresa não se encontrava verticalmente integrada. Podemos questionar a proporcionalidade das medidas, caso fossem adotadas ao abrigo do art. 7º, pois, de acordo com o considerando nº 12 do Regulamento 1/2003, as medidas estruturais do tipo "break-up" só serão consideradas proporcionadas quando exista um risco substancial de infração permanente ou repetida que deriva da própria estrutura da empresa.

Por fim, notamos que, nos casos mais recentes, onde estão em causa mercados digitais, a Comissão tem sido particularmente rigorosa nas medidas de correção e estas – apesar da mais recente técnica de ordenar que a empresa apresente as medidas de correção aplicadas ao caso até podem ser consideradas estruturais ou quase-estruturais.

[2221] Alexiadis e Sependa (2013, p. 21).

[2222] Talus (2011, p. 1595), Scholz e Purps (2010, p. 51).

8. Perspetiva e prospetiva: contributo para uma teoria de medidas corretivas

Acabámos de realizar o escrutínio de decisões da Comissão em matéria de medidas de correção em casos de abuso de posição dominante. Neste capítulo procuraremos concluir sobre a prática da Comissão, o alcance dos objetivos traçados pela política de medidas de correção e a sua coerência, e apresentar um contributo para o desenvolvimento de uma teoria de medidas de correção.

Do estudo que realizámos, concluímos que os pilares básicos para a construção e aplicação de uma política de medidas de correção coerente, eficaz, proporcional, transparente e com segurança jurídica são os seguintes: definição dos objetivos mediatos e imediatos das medidas de correção; definição dos objetivos específicos das mesmas medidas; qualidade e sofisticação da análise da infração por abuso de posição dominante e das medidas de correção; existência de limites na definição das medidas de correção em cada caso concreto; e correção do processo e da monitorização. Vamos, agora, colocá-los em evidência.

Devemos, ainda, responder à questão de saber se existe alguma forma de conformação da atividade da Comissão, para tornar a adoção de medidas de correção mais previsível.

8.1. Importância dos objetivos mediatos, imediatos e específicos para a manutenção da coerência do sistema de aplicação coerciva do direito da concorrência

As medidas de correção inserem-se no sistema de aplicação coerciva do direito da concorrência. Este apenas revela coerência se as decisões prosseguirem, de forma sistemática e efetiva, os objetivos das normas[2223]. Assim, para assegurar a coerência da aplicação das medidas de correção, é necessário ter bem definidos os objetivos do direito da concorrência[2224]. A definição dos objetivos do direito da concorrência tem influência determinante em matéria de medidas de correção e, por isso, defendemos que constituem objetivos mediatos das medidas de correção. De facto, se aceitamos que o direito da concorrência prossegue mais objetivos ou definimos estes objetivos de uma forma mais ampla, também aceitamos maior intervenção em sede de medidas de correção. Esta posição torna-se clara se confrontarmos, por exemplo, a escola de Chicago com a mais recente Nova Brandeis e as ideias que advogam os seus membros em relação à forma como lidar com casos de abuso de posição dominante (como vimos em relação aos mercados no setor digital). Da nossa parte, sem descurar a construção de um mercado interno[2225], entendemos que os consumidores devem estar no cerne da fase de determinação das medidas corretivas, tal como estão no cerne da fase de determinação do abuso[2226], admitindo que este objetivo também se alcança através da proteção de um processo competitivo.

A coerência na aplicação das medidas de correção também assenta na clara definição dos objetivos imediatos das medidas de correção, que correspondem às funções das medidas corretivas no sistema de aplicação coerciva do direito da concorrência. Referimo-nos, em particular, à função de fazer cessar a infração e os seus efeitos – da qual a função de restaurar a concorrência é consequência – mas também à prevenção geral e especial. Na prossecução destes objetivos, como defendemos, a Comissão não fica limitada pelo exato grau de concorrência que existia no mercado antes da ocorrência da infração[2227]. É possível, e não nos parece desproporcionado, alcançar um resultado mais positivo para o mercado do que aquele que prevalecia antes da ocorrência do comportamento. Efetivamente, sendo a análise das medidas de correção prospetiva, é difícil (ou mesmo impossível) ter uma certeza absoluta

2223 Peeperkorn (2016, p. 390). Também, Melícias (2017b, pp. 188 e 189), Sauter (2016, p. 74) e Witt (2016, pp. 296 e 297).

2224 Cremos que Ibañez Colomo (2018c pp. 39, 40 e 66) apresenta conclusão semelhante.

2225 Sauter (2016, p. 74).

2226 Economides e Lianos (2010b, p. 399).

2227 Niels *et al.* (2016, p. 361).

de como vai evoluir o mercado e garantir que o nível de concorrência é exatamente o mesmo antes de ter sido praticada a infração. No entanto, a instituição deve combater a tentação de intervir e atuar como autoridade reguladora, moldando os mercados à luz da forma como entende que os mesmos devem ser (e não como são). Portanto, a Comissão não deve procurar uma solução de mercado mais competitiva do que aquela que existia, sem prejuízo de, devido à natureza prospetiva das medidas de correção, tal vir a acontecer. De facto, a coerência do sistema também depende de, previamente à adoção de uma medida de correção, a Comissão tomar uma decisão sobre a necessidade de intervenção, não só, sobre se o direito da concorrência é a melhor ferramenta para atingir o resultado esperado, ou se o mesmo deve ser prosseguido através da regulação[2228], mas também, sobre se, de entre as várias ferramentas do direito da concorrência, uma medida corretiva é a mais eficaz e proporcionada (e não, por exemplo, uma mera obrigação de fazer cessar a infração acompanhada de uma coima). Esta avaliação é levada a cabo tendo em consideração os objetivos imediatos das medidas de correção.

Já no âmbito da definição concreta de cada medida de correção, é necessário identificar o seu objetivo específico ou uma pluralidade deles. Quando corretamente definidos e consistentes com a teoria do dano, os objetivos específicos materializam o nexo estreito entre o abuso e a medida de correção, porque o objetivo específico serve para dar cumprimento aos objetivos mediatos (bem-estar do consumidor alargado prosseguido através da proteção de um processo de concorrência) e a infração consiste na violação destes objetivos mediatos. Nesta definição, temos de ter em conta que as medidas de correção a adotar sempre se destinam a ser aplicadas no futuro ("*forward-looking*")[2229]. Como se desconhece, com exatidão, como vai evoluir o mercado, a forma de emprestar coerência é respeitar o nexo estreito entre medida e infração.

A análise que realizámos às decisões que envolveram medidas de correção (tentámos ser exaustivas desde a entrada em vigor do Regu-

[2228] Neste sentido, Waller (2009, pp. 21 e 25). O nosso estudo não versa sobre o equilíbrio regulação e concorrência. No entanto, tendo em conta que ambos os instrumentos existem para intervir no mercado, não podemos deixar de observar que esta escolha tem de ser feita. Para um desenvolvimento da questão, ver Dunne (2015, pp. 48 a 68).

[2229] Economides e Lianos (2010b, pp. 408 e 409).

lamento 1/2003) confirma o nosso entendimento. Decorre do nosso estudo no capítulo anterior, que as medidas de correção adotadas prosseguiram determinados objetivos específicos consoante o tipo de abuso e o tipo de mercado. Entre tais objetivos encontram-se assegurar o fornecimento do mercado em caso de recusa de venda[2230], ordenar a venda separada dos bens em caso de vendas subordinadas[2231], aumentar a transparência[2232], garantir o acesso às redes para liberalização dos mercados[2233], manter a concorrência pela abertura dos mercados[2234] ou libertar capacidade[2235], eliminar o conflito de interesses inerente à integração vertical[2236], patrocinar a entrada de concorrentes para construção do mercado interno no setor da energia[2237], ultrapassar a barreira da integração vertical[2238], assegurar a interoperabilidade de sistemas[2239] e a não discriminação[2240], eliminar barreiras à mudança de fornecedor[2241], e, nos mercados dinâmicos, digitais ou tecnológicos, manter mercados abertos para incentivar o desenvolvimento técnico, a inovação e a escolha dos consumidores[2242], entre outros. Porém, verificámos que nem sempre a Comissão respeita a necessidade de haver um nexo estreito entre a infração e a medida de correção, considerando objetivos específicos que vão para além do necessário para fazer cessar a infração e restaurar a concorrência, o que tem motivado algumas críticas de parte da

[2230] Decisão *Commercial Solvents*, art. 2º.

[2231] Decisão *Microsoft I*.

[2232] Decisão *Deutsche Post*, nºs 3 e 18.

[2233] Decisões, *E.ON*, nºs 9, 21, *GDF*, nºs 118, 129, 181, 193, 280, 320, *Ferrovie dello Stato*, 12, 26, 45, 95, 100, 101, 109, 114, 147, ARA, entre outras.

[2234] Decisões *Der Grünne Punkt*, nº 167, *De Beers*, nº 30 ou *Distrigaz*, nº 36.

[2235] Nos cinco casos.

[2236] Nas decisões *ENI* ns, 89 a 91, e *RWE*, nº 50.

[2237] Em *CEZ*. Este caso difere de *ENI* e *RWE* porque nestes se estava no fundo a antecipar a separação de atividades, que acabaria por acontecer em virtude da regulação setorial. Em *CEZ* alienava-se atividade a um concorrente no mesmo mercado.

[2238] Decisões *Microsoft I* e *II*, nº 961 e *Google Search (Shopping)*, nº 3, 447 a 449, 610) e *And*roid, nºs 83, 117, 153, 308, 508 e 993.

[2239] Decisões *Microsoft I*, nºs 3, 561, 565 a 577 e *Google Android*, nºs 524, 625, 1023, 1030, 1155.

[2240] Decisões *Microsoft I* e *II*, nºs 740, 1005 a 1009 e *Google Android*, nº 535

[2241] Decisões *Thomson Reuters*, *Microsoft I* e *II*, e *Google Search (Shopping)* e *Android*. Também decisão *Deutsche Bahn I e II*, nº 84.

[2242] Decisão *Microsoft I*, nº 979.

doutrina[2243]. Esta situação verifica-se, principalmente, nos casos em que a decisão é adotada ao abrigo do art. 9º do Regulamento 1/2003 e em mercados recentemente liberalizados e digitais e tecnológicos, embora neste último caso se ouçam várias vozes no sentido da necessidade maior intervenção[2244], ou pelo menos adaptação[2245].

O nexo estreito também ajuda a respeitar os princípios da eficácia, porque direciona a medida de correção para as tarefas de fazer cessar a infração e os seus efeitos e de restaurar a concorrência, e da proporcionalidade e da segurança jurídica, pois, deste modo, a medida escolhida não vai para além do adequado e do necessário para alcançar os objetivos propostos. A coerência assim emprestada acarreta consigo mais certeza e previsibilidade.

A forma mais evidente de corrigir um abuso de posição dominante é a medida de correção espelhar (contrariar diretamente) o abuso. Contudo, nem sempre as medidas de correção que apenas contrariam diretamente o abuso são eficazes, sendo necessário adotar medidas positivas ou negativas mais abrangentes. Entendemos que, de acordo com o princípio da eficácia, a Comissão não deve ficar limitada a uma medida de correção que, apenas, espelhe o abuso[2246]. Contudo, a instituição não deve esquecer o nexo estreito entre abuso e medida[2247], nem deve assumir uma função interventiva de autoridade reguladora. Nas palavras de O'Barnett, a conclusão por uma violação do direito da concorrência não deve ser uma "autorização ilimitada" para reestruturar a indústria[2248]. O autor ainda reconhece que as medidas de correção podem ter um efeito perverso se os incentivos não forem corretamente identificados, dando o exemplo das medidas de correção de concessão de acesso, que podem diminuir o incentivo para os operadores de mercado desenvolve-

[2243] No sentido de que o mesmo deve existir, ver Monti (2016, p. 189), Wang (2011, p. 576), O'Barnett (2008, p. 551).

[2244] Khan (2019, pp. 1061 a 1084), Wu (2018b, pp. 132 a 139).

[2245] Crémer *et al.* (2019, p. 125), Batura, van Gorp e Larouche (2015, p. 19).

[2246] No sentido de que deve espelhar o abuso, Lianos (2012, pp. 196 e 197).

[2247] De Smijter e Sinclair (2014, p. 123), O'Barnett (2008, p. 551). Acórdão *Commercial Solvents*, nº 45 (daqui pode retirar-se a ideia do nexo estreito e de que cada medida de correção é adaptada ao abuso "*esta disposição deve ser aplicada em função da natureza da infração verificada*").

[2248] O'Barnett (2008, p. 551).

rem os bens objeto de acesso[2249]. O mesmo podemos afirmar em relação às medidas de correção de interoperabilidade, cuja discussão realizámos em 7.2.3. Estas considerações demonstram a importância da definição rigorosa dos objetivos específicos das medidas de correção. A falta de rigor acarretará consigo o risco de, não só, as medidas não serem eficazes nem proporcionadas, como também, que venham a ter efeitos menos positivos no mercado[2250]. Podemos exemplificar com o estabelecimento de quotas de mercado ou a criação de concorrentes. Não aceitamos que estas finalidades possam constituir objetivos específicos das medidas de correção, pois o objetivo imediato de fazer cessar a infração (e pelo qual se vai ver se a medida de correção é eficaz) não é alcançado através da fixação de um resultado específico de desenho do setor, nem da proteção de concorrentes que podem ser menos eficientes, mas sim por serem dadas as condições para que o mercado possa funcionar da melhor forma, nomeadamente pela eliminação de barreiras à entrada[2251]. Daí defendermos uma conexão entre a medida de correção e o abuso[2252], materializada nos objetivos específicos da medida.

Em nossa opinião, a escolha das medidas de correção tem, igualmente, de ser objetiva e não deve ter em conta os interesses ou as necessidades particulares dos concorrentes[2253], pois afastamos a ideia de que a sua proteção é um dos objetivos do direito da concorrência. Por isso, tendo em conta que o beneficiário último deve ser o consumidor, é essencial determinar quem deve ser o beneficiário direto do resultado das medidas de correção, para, concretamente, se tomar uma decisão sobre o custo/benefício da medida. Nomeadamente, ponderar eventuais ganhos de eficiência que têm origem no comportamento da empresa e que podem ser perdidos com a adoção da medida, períodos de cumprimento e necessidade de monitorização.

Concluímos que, apesar da ausência de experiência suficiente, a Comissão tem vindo a construir uma teoria de medidas de correção

2249 O'Barnett (2008, p. 553).

2250 OCDE (2019, p. 3), Gilliams (2014, pp. 438 ss.), Wils (2006a, pp. 183 ss.).

2251 Neste sentido a opinião da juíza Kollar-Kotely no caso Microsoft. Ver Gavil e First (2014, pp. 242 e 243).

2252 Por exemplo, Monti (2016, p. 189), Wang (2011, p. 576), O'Barnett (2008, p. 551).

2253 Defendendo esta posição o âmbito da doutrina das infraestruturas essenciais, Oliveira Pais (2011a, p. 561), Temple Lang (2000, p. 381).

procurando alcançar coerência através da definição precisa dos objetivos. Contudo, cremos que ainda não foi alcançado o estado ótimo e que o desenvolvimento de uma teoria de medidas de correção em abuso de posição dominante se encontra muito aquém do realizado em controlo de concentrações, onde já foram desenvolvidos estudos e existem formulários e uma comunicação da Comissão, o que contribui para a previsibilidade e a segurança jurídica. A aplicação da estrutura analítica que propomos contribuirá, muito, para alcançar a coerência desejada.

8.2. Qualidade da análise do abuso de posição dominante e dos possíveis efeitos das medidas corretivas

A aplicação das medidas de correção ao caso concreto envolve um exercício complexo, de conjugação de vários fatores – incluindo os objetivos identificados no capítulo 3 – assente numa análise económica da conduta levada a cabo pelas empresas – apontada no capítulo 6 – e numa análise prospetiva das medidas adotadas como solução, respeitando os princípios que descrevemos ao longo do texto.

Desde logo, apesar de defendermos que as medidas corretivas devem ser equacionadas desde o início do processo[2254], só devemos partir para a sua definição depois de ficar determinado o abuso de posição dominante (ainda que seja a apreciação preliminar em caso de compromissos). Assim, em primeiro lugar, as medidas de correção devem ser alicerçadas em corretas teorias do dano, que servem elas próprias de limite à adequação da medida[2255], através da operação dos princípios da eficácia e da proporcionalidade.

Em segundo lugar, uma definição rigorosa dos objetivos específicos de uma medida de correção (cuja importância foi realçada em 8.1.) depende, necessariamente, de uma análise cuidadosa e de grande qualidade económica. Esta consideração leva-nos a questionar se podemos adotar medidas corretivas, que são muito intrusivas (mais do que as coimas) e lesivas dos direitos das empresas (direito de propriedade, direito a prosseguir uma atividade económica, entre outros)[2256], baseadas numa

[2254] Lowe e Maier-Rigaud (2008, p. 597).

[2255] Economides e Lianos (2010b, pp. 399 e 460).

[2256] Sobre o tema dos direitos fundamentais das empresas, ver Andreangeli (2010, pp. 229 a 247).

decisão de abuso de posição dominante assente numa abordagem formal.

Recordemos que defendemos que a Comissão ou uma ANC não devem decidir que uma empresa abusa da sua posição dominante sem demonstrar, tendo em conta todas as circunstâncias do caso, que a prática tem, pelo menos, a capacidade de restringir a concorrência[2257]. Após a prolação do acórdão *Intel* do TJ, que representa o "edifício central" de interpretação do art. 102º TFUE neste momento[2258], podemos afirmar que a Comissão deve ter em mente que, na prática, a empresa vai apresentar a sua defesa e a Comissão é obrigada a tê-la em conta[2259].

No entanto, esta é a regra da fase de determinação da responsabilidade da empresa. Em relação à escolha e definição das medidas de correção a questão permanece: deve exigir-se, ou não, uma análise dos efeitos das medidas de correção?

Para responder a esta questão, devemos ter em conta que as medidas de correção podem ser adotadas ao abrigo de dois tipos de decisão diferentes (decisão de proibição ou decisão de tornar obrigatórios compromissos) e que a análise das questões jusconcorrenciais ao abrigo de cada uma não tem a mesma exigência. De facto, a decisão de compromissos não requer que a Comissão chegue a uma conclusão sobre a existência de um abuso de posição dominante, mas que revele apenas uma posição preliminar, necessariamente menos detalhada[2260]. Nestes casos, pela natureza da decisão, não é levada a cabo uma abordagem baseada nos efeitos na fase de determinação da responsabilidade, mas também não há conclusão por uma infração. Oportunamente criticámos uma maior utilização desta abordagem por parte da Comissão e a posição da jurisprudência quanto à avaliação das decisões de compromissos. Estas críticas relativas à utilização excessiva deste mecanismo não se dirigem ao tipo de análise da infração na fase de determinação da responsabilidade, pois, na verdade, é o próprio art. 9º do Regulamento 1/2003 que estabelece que a decisão deve ser tomada com base numa avaliação preliminar. Tal justifica-se por razões de economia processual (embora tenhamos

2257 Acórdão *Intel*, C-413/14 P, nºs 138 a 140.

2258 O'Donoghue (2018, p. 445).

2259 Cruz Vilaça (2018b, p. 185), Whish e Bailey (2018, p. 206).

2260 Art. 9º do Regulamento 1/2003.

visto que, não ocasionalmente, os procedimentos que levam à adoção de compromissos são longos[2261]). Efetivamente, não há conclusão por uma infração, há maior equilíbrio de posições entre a empresa e a Comissão, à empresa não lhe é aplicada uma coima e sofre menores danos reputacionais[2262]. Em decisão de compromissos, portanto, a análise das medidas de correção, decorrente da jurisprudência *Alrosa*[2263] e *Morningstar*[2264] (e *Canal+*[2265] em matéria de 101º), é mais perfunctória. Não se exige a mesma conexão entre infração e medida, mas tem de haver alguma relação. Exige-se, pelo menos, um nexo estreito entre a medida e o objetivo (específico) fixado pela Comissão[2266], no sentido de que a medida tem de ser adequada a responder à preocupação preliminar da Comissão[2267]. A diferença redunda no princípio da proporcionalidade e na sua menor exigência num procedimento pelo qual são adotados compromissos[2268]. Em nossa opinião, porém, para evitar o risco de regulação ou intervenção excessiva, a Comissão apenas deveria enveredar pela via dos compromissos nos casos em que considera, de forma razoável, que consegue estabelecer a existência de uma infração no quadro de uma decisão de proibição, e não propor ou aceitar soluções que excedam em muito os seus poderes no âmbito do art. 7º[2269].

Ainda que estejamos perante uma decisão adotada ao abrigo do art. 7º do Regulamento 1/2003, o TJUE, como vimos, não aplica o mesmo teste nem exige o mesmo nível de prova para a determinação de todos os tipos de abuso na fase de determinação da responsabilidade[2270]. Existem certos tipos de abuso cuja experiência ou teoria económica mostram que, com maior probabilidade, têm efeitos nefastos na concorrência, pelo que o nível de prova exigido às autoridades não é tão rigoroso, não

[2261] Marx (2018, p. 39).
[2262] Dunne (2014, p. 403).
[2263] Acórdão *Alrosa* do TJ, nº 58.
[2264] Acordão *Morningstar*, nº 78.
[2265] Acórdão *Canal+*, nº 38.
[2266] Sadowska (2011, p. 8).
[2267] Acórdão *Morningstar*, nº 58.
[2268] No mesmo sentido, Sadowska (2011, p. 8).
[2269] David (2010, p. 157).
[2270] Ibañez Colomo (2019, pp. 430 e ss.).

sendo necessário demonstrar os efeitos reais ou potenciais, mas apenas a capacidade de produzirem tais efeitos na concorrência[2271].

Quer dizer, portanto, que entendemos que a Comissão nunca pode usar um teste menos exigente para determinar um abuso de posição dominante (tal como estabelecido pelo TJUE) quando pretende adotar medidas de correção? Em *Google Shopping*, como vimos, a Comissão entendeu que não devia adotar um teste mais rigoroso de determinação da responsabilidade, porque a instituição não pretendia adotar medidas de correção do tipo obrigação de contratar[2272]. Pode ser tentador defender que, nos casos em que a medida de correção é positiva, o teste – e o nível de prova exigido para a determinação da responsabilidade – é mais rigoroso[2273]. No entanto, em nossa opinião, esta posição distingue entre medidas de correção positivas e negativas[2274], quando as negativas também podem afetar gravemente as empresas (por exemplo, a proibição de contratar com determinada entidade em *De Beers*)[2275]. Acresce que, uma posição deste tipo acarreta consigo outras interrogações: pode a autoridade decidir qual o teste a aplicar de acordo com as medidas que adota?; o que acontece nos casos em que a medida fica em aberto?

Por fim, deve ser tido em conta o facto de a teoria de abuso em causa ser estabelecida ou nova. Neste último caso, as autoridades responsáveis pela aplicação do direito da concorrência encontram-se mais limitadas na aplicação de medidas de caráter estrutural ou quase estrutural, pela aplicação dos princípios da proporcionalidade e da segurança jurídica.

Estas observações e interrogações, porém, também não resolvem a questão que colocámos sobre se as medidas corretivas devem estar sujeitas a uma análise dos efeitos em procedimento que culmine com a adoção de uma decisão ao abrigo do art 7º do Regulamento 1/2003 (incluindo o de cooperação). Então, qual é a consequência destas observações na fase de definição da medida corretiva?

[2271] Cruz Vilaça (2018b, p. 185).

[2272] Decisão *Google Search (Shopping)*, nº 651.

[2273] Neste sentido, Ibañez Colomo (2019, p. 435). Vejam-se, sobre esta questão, os acórdãos do TJ *Deutsche Telekom*, C-152/19 P e *Slovak Telekom*, C-165/19 P, nº 46, e o acórdão do TG *Google Shopping*, T-612/17, nºs 244 e 246, todos proferidos após a data de entrega desta tese.

[2274] Jones *et al.* (2019, pp. 531 a 533).

[2275] Decisão *De Beers*, nº 47.

Ao longo deste estudo temos vindo a defender que a Comissão não deve adotar medidas de correção sem ter segurança sobre os efeitos previstos da medida no mercado, consumidores, concorrentes, fornecedores e empresa em posição dominante. A análise económica ajuda a entender as consequências da intervenção e a definir um padrão de legalidade[2276]. Neste sentido, Maier-Rigaud defende que a abordagem baseada nos efeitos aplicada às medidas de correção, tipicamente, não trará resultados negativos[2277] e Ibañez Colomo acrescenta que uma análise económica normalmente impõe disciplina à análise caso a caso das práticas, através da definição rigorosa das circunstâncias em que podem ser esperados efeitos anticompetitivos, o que limita os cenários que podem justificar uma intervenção[2278].

Verificámos no capítulo 7, que ainda não existe jurisprudência, prática decisória e experiência suficiente para podermos defender a adoção de medidas de correção sem se levar a cabo uma análise dos efeitos prováveis da medida corretiva nos mercados, consumidores, concorrentes, clientes, fornecedores e empresa em posição dominante[2279].

Assim sendo, entendemos que, sempre que a Comissão pretenda adotar uma decisão de proibição com imposição de medidas corretivas (art. 7º do Regulamento 1/2003), positivas ou negativas, que excedam a obrigação de fazer cessar a infração e causem alteração ao modelo negócio das empresas, deve realizar uma análise dos efeitos prováveis dessa medida no mercado, nas empresas, nos concorrentes e restantes intervenientes. Esta análise é exigida pela necessidade de respeitar o princípio da proporcionalidade. Se não for realizada, como pode a Comissão ter a certeza de que a medida é adequada a afastar as preocupações geradas pela prática, é necessária, e que não existe outra medida menos onerosa para a empresa capaz de atingir o mesmo efeito? Esta análise também é necessária para dar cumprimento ao princípio da eficácia[2280]. De facto, sem uma análise dos efeitos prováveis da medida de correção, a Comis-

[2276] Ibañez Colomo (2018c, pp. 42 e 43). Por exemplo, as relativas a restrições verticais que muitas das vezes têm efeitos pró-competitivos. Ver, Carlton e Perloff (2005, pp. 396 a 404).

[2277] Maier-Rigaud (2016, p. 222).

[2278] Ibañez Colomo (2018c, p. 44).

[2279] No sentido desta necessidade, Cseres (2007, p. 147).

[2280] Neste sentido parece-nos estar Maier-Rigaud (2016, p. 222) que considera que, em nome do princípio da eficácia, utilizando uma abordagem baseada nos efeitos, mais facil-

são não pode avaliar a eficácia da mesma para fazer face à infração, sob pena de a medida não surtir qualquer efeito.

8.3. Relevância do tipo de abuso, do tipo de mercado e da natureza da decisão na definição concreta das medidas de correção

Ao longo deste texto, defendemos que não existe uma lista previamente definida de medidas de correção. Na análise que desenvolvemos à prática decisória da Comissão, concluímos, efetivamente, que o desenho das medidas de correção depende das circunstâncias do caso: factos concretos, objetivos específicos, tipo de abuso em causa (havendo uns mais propícios à adoção de medidas de correção que outros), tipo de mercado (que, juntamente com o tipo de abuso, influencia os objetivos específicos a prosseguir) e natureza da decisão. Ainda assim, tentámos analisar a coerência da aplicação de medidas de correção e verificámos que, consoante o tipo de abuso, o tipo de mercado e o estado do mercado (mais ou menos liberalizado), há maior ou menor propensão para adotar medidas de correção e estas acabam por ter determinadas características comuns (ver 7.1. e 7.2.).

Desde logo, podemos afirmar que há certo tipo de abusos em relação aos quais uma declaração de cessação da infração pode ser suficiente para fazer cessar a infração e os seus efeitos, como por exemplo, uma obrigação de exclusividade. De facto, embora tenhamos distinguido medidas de correção de sanções em geral e de obrigações de fazer cessar a infração (ainda que a diferença entre esta e as medidas de correção seja mais fácil de demonstrar na teoria do que na prática e que, na verdade, não seja muito relevante – porque a obrigação de fazer cessar a infração tem um nexo estreito com a infração e, portanto, respeita facilmente o princípio da proporcionalidade), na verdade, as medidas de correção inserem-se num sistema global de consequências pelo incumprimento do direito da concorrência e não são a única solução possível para fazer cumprir os objetivos do direito da concorrência e as funções da sua aplicação coerciva. A perspetiva de que as medidas de correção se inserem num sistema geral de consequências pela violação do direito da concorrência e que as medidas de correção são mais limitadoras dos

mente se justificará a aplicação de medidas de correção estruturais, ainda que tenha de haver equilíbrio com o direito fundamental de propriedade das empresas.

direitos das empresas, leva-nos a concluir que a decisão pela aplicação de uma medida de correção deve ser subsidiária em relação à coima e à obrigação de "*cease and desist*"[2281] e só no caso de estas não serem eficazes para cumprir as funções da aplicação coerciva do direito da concorrência, em particular a função fazer cessar a infração e os seus efeitos, se deve enveredar pelo caminho das medidas corretivas. Efetivamente, qualquer uma daquelas duas consequências é manifestamente mais fácil de executar e acompanhar e tem menos impacto no desenvolvimento da atividade das empresas, nomeadamente do seu modelo de negócio. Cremos ser esta, também a posição adotada no art. 7º do Regulamento 1/2003.

O tipo de abuso e o tipo de mercado determinam os objetivos específicos das medidas de correção. A natureza da decisão, por sua vez, determina a intensidade do nexo entre a infração e a medida de correção. Sendo uma decisão de proibição, exige-se um nexo estreito, através da aplicação cabal do princípio da proporcionalidade[2282]. Sendo um caso prosseguido ao abrigo do art. 9º do Regulamento 1/2003, a Comissão encontra-se dispensada de demonstrar a existência de uma infração, mas, ainda assim, os objetivos específicos devem apresentar relação com as preocupações avançadas pela Comissão na sua apreciação preliminar[2283]. Cremos que o TG já assumiu uma posição semelhante à que aqui defendemos no acórdão *Morningstar*, onde afirmou que, em primeiro lugar, era necessário determinar o objetivo dos compromissos (que no caso seria tornar a mudança de fornecedor mais fácil aos clientes) e, depois, determinar se esses compromissos eram adequados a responder a essa preocupação jusconcorrencial[2284]. Efetivamente, sendo uma decisão de compromissos, exige-se, pelo menos, um nexo entre a medida e o objetivo (específico) fixado pela Comissão[2285], no sentido de que a medida tem de ser adequada a responder à preocupação preliminar da Comissão[2286].

2281 Defendendo uma posição semelhante em relação ao direito norte-americano, Shelanski e Sidak (2001, p. 46).

2282 Acórdão *Mastercard*, nºs 323 e 324.

2283 Art. 9º, nº 1, e considerando 13 do Regulamento 1/2003.

2284 Acórdão *Morningstar*, T-76/14, nº 58.

2285 Sadowska (2011, p. 8).

2286 Acórdão *Morningstar*, T-76/14, nº 58.

O tipo de abuso, o tipo de mercado e a natureza da decisão são, portanto, determinantes na definição dos objetivos específicos, e, consequentemente, no desenho, das medidas de correção.

8.4. Previsibilidade e segurança jurídica

Vimos que, não só, as regras sobre abuso de posição dominante são pouco determinadas, mas também, a aplicação da mais adequada medida corretiva a cada caso concreto não merece na lei mais do que artigos genéricos e considerandos vagos. Também vimos que na determinação das concretas medidas de correção concorrem diversos princípios que devem ser tidos em conta pelas autoridades responsáveis pela aplicação do direito da concorrência. No entanto, a aplicação destas regras e princípios é realizada caso a caso. A análise dos casos numa base individual é a solução mais adequada em termos de minimização do risco de erro. Apesar de mais custosa para as autoridades e para as empresas, aquelas podem preferir esta análise porque lhes permite amplitude[2287] e a possibilidade de aplicarem uma política de concorrência mais coerente[2288]. As empresas também a podem preferir porque terão a oportunidade de apresentar e ver analisados os seus argumentos de que a prática é pró-concorrencial e de manter a liberdade de condução do seu negócio.

Devemos colocar, portanto, as seguintes questões. Como podemos garantir maior previsibilidade e segurança jurídica às empresas? Deve a atividade da Comissão ser conformada previamente? Em caso afirmativo, em que moldes?

No fundo, o grande desafio é saber como equilibrar os objetivos do direito da concorrência – presentes na aplicação do art. 102º TFUE, manifestados numa análise económica – com a necessidade de criar regras legais passíveis de ser aplicadas de forma coerente, com certeza jurídica, efetividade e aplicabilidade prática[2289].

[2287] Note-se, no entanto, o reconhecimento de um controlo jurisdicional mais intenso mesmo em situações económicas complexas. A este propósito ver Costeira (2018), Cruz Vilaça (2018a, 2018b), Martins Ribeiro (2018), Schweitzer (2013), entre outros.

[2288] No mesmo sentido, embora não se referindo à Comissão Europeia e defendendo que o uso de "*safe harbours*" está a diminuir consideravelmente nos EUA, Edwards e Wright (2012, p. 1247).

[2289] OCDE (2017, p. 5 e 10).

Em primeiro lugar, é importante recordar que defendemos a adoção de um claro quadro analítico para a definição de medidas de correção num caso concreto. Este quadro assenta na determinação dos objetivos mediatos, imediatos e específicos das medidas. Se os dois primeiros são transversais à aplicação do direito da concorrência, os objetivos específicos devem ser avaliados para cada caso em particular. Sem prejuízo de, sistematicamente, a decisão sobre as medidas corretivas dever ser tomada em momento posterior à da determinação da infração, a possibilidade de adotar medidas de correção deve ser tida em consideração numa fase inicial do procedimento. Sendo os objetivos específicos da medida de correção claramente identificados numa fase inicial do procedimento, a empresa poderá defender-se e participar na sua definição e, como tal, verá a sua segurança jurídica incrementada. Concomitantemente com a definição dos objetivos específicos é necessário determinar quem são os beneficiários da medida.

Em segundo lugar, somos da opinião de que a empresa deve ser envolvida na decisão de determinação de medidas corretivas. Este envolvimento é conseguido nas decisões de compromissos (e, mais recentemente, no mecanismo de cooperação). Contudo, há espaço para melhoria no quadro da adoção de uma decisão de proibição. Neste caso, a Comissão deve apresentar os princípios que as medidas de correção devem cumprir e um calendário com as etapas fundamentais para a sua execução, deixando às empresas a escolha da exata medida. Durante o período de execução, devem ser promovidas discussões entre a empresa e a Comissão. Esta deve, igualmente, tomar posição sobre as medidas a colocar em prática, para minimizar a probabilidade de à empresa serem impostas sanções por falta de cumprimento da decisão, quando tem uma interpretação diferente da medida a adotar[2290]. Esta forma de atuação contribuirá, claramente, para o respeito dos princípios da proporcionalidade e da segurança jurídica, mas também (com cautelas por parte da instituição), da eficácia.

Outra medida que já defendemos é a da maior participação de terceiros no momento da adoção das medidas de correção ao abrigo do art. 7º do Regulamento 1/2003, através da introdução de um teste de mercado

[2290] Para uma proposta neste sentido, realçando a importância do princípio da boa administração, ver Vesterdorf e Fontoukakos (2018, p. 7).

(ver 5.1. e 7.2.2.)[2291]. De facto, a Comissão deve garantir que o objetivo (mediato) de restaurar a concorrência não fica frustrado em detrimento dos consumidores. Um mecanismo deste tipo traria transparência – porque se promoveria a participação de terceiros – e permitiria que os interesses destes fossem adequadamente tidos em conta. A participação de terceiros também permitiria à Comissão contrariar a desvantagem que tem em relação às empresas do ponto de vista de assimetria de informação e diminuir o risco de comportamento estratégico da empresa na apresentação de soluções (conforme referido em 5.1.)[2292]. Esta conclusão não conflitua com a ideia, que também defendemos, de que a Comissão deve envolver a empresa na fase de determinação de medidas de correção. Durante a fase de determinação das medidas de correção, a Comissão deve trabalhar com a empresa e verificar os efeitos, nomeadamente a eficácia, das medidas. Uma solução é realizar o teste de mercado durante o período determinado na decisão para execução da medida de correção.

Em quarto lugar, cremos que a adoção de medidas de correção também beneficiaria com a introdução de monitorização e acompanhamento independente da sua execução.

Por fim, sabemos que as normas constantes do TFUE ou dos instrumentos legislativos de direito derivado podem ser constituídas por conceitos indeterminados. Para facilitar a sua aplicação, podem ser adotados outros instrumentos de caráter mais flexível e não vinculativo para as empresas ("*soft law*") capazes de conformar a atividade das autoridades e conferir alguma segurança jurídica às empresas, permitindo-lhes realizar com mais facilidade a autoavaliação, sem perder capacidade de adaptação ao caso concreto[2293]. Efetivamente, tal como quando determina a existência de uma infração, para aplicar medidas corretivas, a Comissão deve seguir um quadro analítico claro e preestabelecido em prática anterior (se existente). Esta prática pode dar origem a orientações aprovadas após ampla consulta pública. De facto, embora defendamos a avaliação caso a caso, entendemos que podemos retirar algumas ideias sobre como atuar no futuro a partir do estudo das medidas de correção

[2291] Monti (2016, p. 199). Ver, também, Ioannidou (2018, p. 155).

[2292] No mesmo sentido, Ioannidou (2018, p. 155).

[2293] Como exemplo, temos a Orientação da Comissão sobre o art, 102º e as orientações que acompanharam a adoção do Regulamento 1/2003.

e da sua particular adequação a determinado tipo de abuso ou mercado, como tentámos fazer nesta tese.

À semelhança do que tem levado a cabo noutras áreas, a Comissão podia equacionar a adoção de linhas de orientação que clarificassem a posição tomada por esta autoridade na adoção de medidas corretivas. Recorde-se que, 13 anos após a adoção do primeiro regulamento relativo ao controlo de concentrações, o Regulamento 4064/89, a Comissão adotou a primeira Comunicação sobre medidas de correção[2294] e em 2008 a segunda, ainda vigente[2295]. O principal objetivo destas comunicações foi o de "*fornecer orientações no que respeita às alterações introduzidas nas concentrações, nomeadamente os compromissos assumidos neste sentido pelas empresas em causa. Estas alterações são normalmente denominadas «medidas de correção», uma vez que visam eliminar as preocupações de concorrência identificadas pela Comissão*"[2296]. A comunidade jurídica viu a adoção destas comunicações com muito bons olhos, pois permitiu trazer segurança e previsibilidade aos processos de concentração cuja aprovação dependesse da concomitante adoção de medidas de correção[2297]. A atual Comunicação sobre medidas de correção debruça-se sobre os princípios gerais aplicáveis às medidas corretivas, os principais tipos e descreve um procedimento e os requisitos para a execução das medidas de correção. Paralelamente, a Comissão adotou as "*Best Practices Guidelines: The Commission's Model Texts for Divestiture Commitments and the Trustee Mandate under the EC Merger Regulation*"[2298], que contêm textos-modelo para os compromissos estruturais e para o mandatário de monitorização. Os textos-modelo destinam-se a tornar o processo mais rápido[2299] ao mesmo tempo que acabam por ser um repositório da experiência adquirida, contribuindo para que os intervenientes se foquem no que

[2294] Comunicação da Comissão sobre as soluções passíveis de serem aceites nos termos do Regulamento (CEE) nº 4064/89 do Conselho e do Regulamento (CE) nº 447/98 da Comissão (JO C 68 de 2.3.2001, p. 3).

[2295] Comunicação da Comissão sobre medidas de correção em controlo de concentrações.

[2296] Nº 2 da Comunicação da Comissão sobre medidas de correção em controlo de concentrações.

[2297] Hoeg (2014, p. 17).

[2298] Disponível em https://ec.europa.eu/competition/mergers/legislation/best_practice_commitments_trustee_en.pdf.

[2299] *Best Practices*, nº 5.

é específico e novo. As orientações também são úteis para as empresas poderem levar a cabo a sua autoavaliação[2300].

Na mesma linha, também defendemos que a Comissão deve, de uma forma sistemática, realizar estudos periódicos avaliando a eficácia e a proporcionalidade das medidas adotadas[2301]. Até hoje, ainda não foi realizado um estudo empírico, como o *Merger Remedies Study* para o controlo de concentrações, para medir a eficácia das medidas corretivas adotadas pela Comissão em processos de práticas restritivas. Neste nosso estudo não temos os meios para realizar tal análise, tendo em conta a ausência de informação[2302], nem a pretendemos realizar, tendo em conta que se reconduz à análise económica dos efeitos da aplicação das medidas de correção nos mercados e, portanto, extravasa a análise jurídica. Contudo, entendemos que a avaliação *ex post* de medidas corretivas é um passo necessário para as autoridades aperfeiçoarem a adoção destas medidas no futuro[2303].

O estudo das medidas de correção e eventualmente a elaboração de Orientações parecem-nos ferramentas muito úteis para tornar mais célere e mais segura para as empresas a atuação das autoridades em matéria de adoção de medidas de correção. De facto, são uma forma de a Comissão publicitar previamente o seu modo de atuação e de permitir o estudo de medidas corretivas-tipo, sem prejuízo da necessária evolução. Porém, estes instrumentos devem servir apenas de orientação, pois as medidas concretas devem ser determinadas caso a caso.

As questões que podem ser colocadas no que respeita a instrumentos de "*soft law*" relacionam-se com a proteção dos direitos das empresas. Efetivamente, apesar de não terem caráter vinculativo, as orientações da Comissão correspondem a uma autovinculação da autoridade a cujo respeito está obrigada, sob pena de violação dos princípios da igualdade e das legítimas expetativas[2304], e são normalmente seguidas pela indús-

[2300] Sauter (2016, p. 107).

[2301] Notando a ausência de estudos, Forrester (2009b, p. 329).

[2302] Sullivan (2002, p. 603).

[2303] Neste sentido também Weiser (2009, p. 277) quando refere que outros países puderam aprender com a experiência dos EUA no caso AT&T. Ver, sobre o tema em geral Kovacic (2006, pp. 506 a 545).

[2304] Acórdão *Icap*, C-389/18 P, nºs 29 e 34; Acórdão do TG de 10 de novembro de 2017, *Icap plc e o. c Comissão*, T-180/15, EU:T:2017:795, nº 289; Acórdão do TJ de 22 de outubro de 2015,

tria para evitar procedimentos de direito da concorrência[2305]. Deste modo, para não ferir a adoção caso a caso de medidas de correção, estas orientações devem ser apenas posições de princípio, das quais, porém, a Comissão não se deve afastar sem motivo, para proteção da empresa.

O sucesso de uma teoria de medidas de correção, designadamente em relação a previsibilidade e segurança jurídica, também se mede em termos de consistência processual e respeito pelos direitos das empresas durante o processo, nomeadamente os direitos de participação e deveres de transparência e fundamentação das decisões[2306]. Neste aspeto, a Comissão pode beneficiar da sua experiência em controlo de concentrações, onde adotou comunicações, formulários de recolha de informação, modelos de contratos e já tem uma vasta prática decisória em matéria de compromissos.

Por fim, a segurança jurídica e a previsibilidade também são reforçadas através do controlo jurisdicional. Este controlo é fundamental para enformar a atividade da Comissão. É necessário verificar se a Comissão explicou o racional por detrás da decisão e se atuou com base no mesmo, articular princípios gerais que se apliquem de forma transversal às regras de direito da concorrência, identificar e detalhar de forma clara os testes aplicáveis para considerar determinadas práticas ilegais e, com isso, trazer maior clareza à aplicação coerciva do direito da concorrência[2307].

Este conjunto de observações e sugestões é capaz de aumentar a previsibilidade, a transparência e a segurança jurídica e contribuem para o desenvolvimento de uma teoria de medidas de correção coerente e capaz de responder eficazmente aos desafios do direito da concorrência.

AC-Treuhand AG c Comissão, C-194/14 P, EU:C:2015:717, nº 68; Acórdão do TJ de 30 de maio de 2013, *Quinn Barlo Ltd e o. c Comissão*, C-70/12 P, EU:C:2013:351, nº 53; Acórdão *Expedia*, C-226/11, nº 28; Acórdão do TJ de 28 de Junho de 2005, *Dansk Rørindustri A/S (C-189/02 P), Isoplus Fernwärmetechnik Vertriebsgesellschaft mbH e outros, KE KELIT Kunststoffwerk GmbH (C-205/02 P), LR af 1998 A/S, (Brugg Rohrsysteme GmbH, LR af 1998 (Deutschland) GmbH e ABB Asea Brown Boveri Ltd contra Comissão*, C-189/02 P, C-202/02 P, C-205/02 P a C-208/02 P e C-213/02 P, EU:C:2005:408, nº 211.

2305 Geradin e Sidak (2003, p. 19).

2306 Em geral, Jones (2015, pp. 643 a 654), Ortiz Blanco e Jörgens (2013a, pp. 16 a 35), Forrester (2009a, pp. 817 a 843). Ver, por exemplo, acórdão do Tribunal de Justiça (Terceira Secção) de 10 de julho de 2019, *Comissão Europeia c. Icap Management Services Ltd e Icap New Zealand Ltd.*, Processo C-39/18 P, EU:C:2019:584, nº 34.

2307 Ibañez Colomo (2018c, pp. 319 a 321).

Conclusões

Aqui chegados, devemos percorrer os passos que viemos de dar para concluir sobre a resposta às questões que colocámos inicialmente. Partimos de uma questão central: quais são os limites e as direções para a adoção de medidas de correção por parte da Comissão?

Esta questão central subdividiu-se em várias questões secundárias. Quais as funções das medidas de correção no sistema de aplicação coerciva do direito da concorrência? As medidas de correção têm características distintas consoante o tipo de abuso, os mercados e o tipo de decisão adotada? Deve ou não haver nexo estreito entre a medida de correção e a infração? As medidas comportamentais, estruturais ou quase-estruturais são mais adequadas a alguns tipos de abuso? Estará a segurança jurídica das empresas suficientemente protegida ou deveria haver conformação prévia da atuação (e de que forma)?

Então, que grandes tipos de medidas de correção existem? Desde logo, podemos distinguir entre medidas de correção estruturais e comportamentais. As principais características das medidas de caráter estrutural são, por um lado, o facto de implicarem a dissociação de ativos da empresa e, por outro, o seu caráter definitivo e autoexecutório e a ausência de manutenção de relações jurídicas duradouras entre o destinatário da decisão e terceiros. Defendemos que o que caracteriza as medidas comportamentais é o seu caráter reversível, o cumprimento ao longo do tempo, a manutenção de relações contratuais com terceiros e a necessidade de monitorização. Efetivamente, as medidas comportamentais não são definitivas por natureza e o seu cumprimento implica a obediência a um guião de princípios durante um certo período de tempo, no qual várias relações contratuais podem surgir. Nas medidas comportamentais também encontramos aquelas cujo objetivo é alterar os incentivos por parte da procura, em particular consumidores, ou da oferta. A adoção de medidas estruturais é desafiante, estando sujeitas a um maior rigor. Por sua vez, as medidas de correção de caráter comportamental acarretam maiores desafios de monitorização.

Ainda entendemos que se deve distinguir uma terceira categoria: as medidas quase-estruturais. Estas são diferentes das medidas estruturais porque não implicam a entrega definitiva de um ativo (mesmo o caso do acesso a informações de interoperabilidade, na prática, é uma obrigação contínua, porque normalmente as informações vão evoluindo ao longo do tempo). Também são diferentes das comportamentais, porque se está, efetivamente, a conceder acesso a um ativo (físico ou virtual), que continua a ser usado para atuar num mercado, o que as distingue de uma obrigação de fornecer um bem. A questão que se coloca, a seguir, é saber que regime aplicar a este tipo de medidas de correção. Será o estrutural ou o comportamental? Tendo em conta o grau de ofensa ao direito de propriedade da empresa neste tipo de medidas de correção, defendemos que se deve optar pelo regime das medidas estruturais.

De facto, na resposta a esta e a todas as questões que colocámos temos de ter em conta que, não obstante a importância reconhecida, e por nós defendida, dos valores da concorrência, a sua aplicação coerciva tem de respeitar os direitos das empresas. Em particular, estão aqui em causa o direito de propriedade (art. 17º CDFUE) e a liberdade de empresa (art. 16º CDFUE).

Ainda podemos distinguir as medidas de correção de cariz negativo ou positivo, consoante exijam uma omissão ou uma atuação por parte da empresa; e consoante a natureza da decisão pelas quais são adotadas. Concluímos que, enquanto a primeira tipologia não deve ter (em nossa opinião) impacto no regime a aplicar à medida, a segunda é fundamental.

Neste estudo defendemos que a adoção de medidas de correção é norteada pela prossecução de três níveis de objetivos. Em primeiro lugar, temos os objetivos mediatos, que correspondem aos objetivos do direito da concorrência, que discutimos em 3.1.2. Em segundo lugar, aparecem os objetivos imediatos, que correspondem aos objetivos e funções particulares da adoção das medidas de correção no âmbito da aplicação coerciva do direito da concorrência, que apresentámos em 3.2. O terceiro nível de objetivos, os objetivos específicos, correspondem aos concretos objetivos das medidas de correção para fazer face a uma particular infração ao direito da concorrência. Estes foram visitados, numa abordagem caso a caso, através da análise da prática decisória da Comissão em todo o capítulo 7.

Para responder às questões que colocámos, considerámos essencial fazer uma breve incursão histórica refletindo sobre as escolas de pensamento económico que influenciaram e continuam a influenciar a política e o direito da concorrência e, como tal, a sua aplicação coerciva e, no âmbito desta, a adoção de medidas corretivas. Esta incursão histórica permitiu-nos preparar terreno para discutir os objetivos do direito da concorrência em geral e do art. 102º TFUE em particular. A discussão sobre os objetivos do direito da concorrência tem relevância em dois momentos: o da decisão político-legislativa, aquando da adoção das normas, e o da decisão do caso concreto, pois na aplicação do direito da concorrência e no desenvolvimento da política de concorrência está subjacente a ideia de proteção de um (ou mais do que um) bem jurídico. É por este motivo que consideramos que os objetivos do direito da concorrência são absolutamente relevantes para a adoção de medidas de correção e constituem o primeiro nível de objetivos a alcançar (os objetivos mediatos). Se aceitamos que o direito da concorrência prossegue mais objetivos, então aceitamos uma política mais interventiva. Se nos restringimos aos objetivos de eficiência económica, esperamos menos intervenção.

Defendemos que, para além do objetivo político da construção do mercado interno, a defesa da concorrência europeia prossegue a maximização do bem-estar do consumidor, entendido no sentido amplo, abrangendo, para além de preocupações sobre preços e quantidade, considerações de qualidade e inovação. O bem-estar do consumidor pode ser alcançado através da proteção do processo competitivo. Ou seja, protege-se o processo para proteger o resultado (o bem-estar dos consumidores) e é o foco no bem-estar dos consumidores que orienta e torna coerente a aplicação do direito da concorrência desde a fase de identificação da infração até à fase de determinação das sanções e das medidas corretivas.

Após este passo, apresentámos os objetivos imediatos das medidas de correção fazendo-os corresponder às funções que este instrumento leva a cabo no âmbito da aplicação coerciva do direito da concorrência. A nossa análise levou-nos a concluir que as principais funções prosseguidas pelas medidas de correção são a função de declarar a infração e ordenar a sua cessação, que tem como consequência a função restauradora da concorrência, e a prevenção geral e especial. Estas características distinguem medidas de correção de outro tipo de consequências pela violação do direito da concorrência, como a obrigação de fazer cessar a infração. Apesar de defendermos que existe uma diferença conceptual e funcional entre a obrigação de fazer cessar a infração e as medidas corretivas, é, por vezes, difícil distingui-las. Por exemplo, pode ser discutível que a obrigação de cessar a exclusividade de fornecimento, que é uma consequência que espelha a infração, seja ou não uma medida de correção. No entanto, também defendemos que o exercício de distinção pode nem ser necessário, porque qualquer uma destas opções se encontra no âmbito dos poderes da Comissão e obedece aos mesmos princípios, sendo as obrigações de fazer cessar a infração, em princípio, sempre proporcionadas.

Afastamos a ideia de que as medidas corretivas possam ter uma função punitiva, pois não se centram na punição de um comportamento passado, mas sim na alteração necessária para fazer cessar a infração e os seus efeitos e restaurar a concorrência. Deste modo, as medidas de correção distinguem-se das coimas. Do estudo que levámos a cabo, também defendemos que as medidas de correção não prosseguem uma função compensatória, distinguindo-as de ações de indemnização.

A função de restaurar a concorrência corresponde a colocar o mercado na situação em que estaria se não tivesse sido praticada a infração. Aceitamos que, no âmbito da função de restaurar a concorrência, as medidas de correção possam contribuir, não só, para eliminar a capacidade de as empresas praticarem a infração, como também, para alterar os incentivos para tal. De facto, se defendemos que o bem-estar do consumidor (que pode ser alcançado através da proteção de um processo de concorrência) é o objetivo económico mediato das medidas de correção, cremos que também podem ser adotadas medidas para que os incentivos das empresas sejam alterados de modo a contribuir para alcançar esse mesmo objetivo. Apesar de aceitarmos que as medidas de correção têm, igualmente, por função alterar os incentivos das empresas, advogamos, fortemente, que a Comissão se encontra limitada na adoção de medidas de correção por vários fatores, tais como o princípio da proporcionalidade, o nexo estreito entre infração e medida, e os direitos das empresas.

Entendemos que as medidas de correção acabam por ter uma componente regulatória pelo facto de serem prospetivas e de se aplicarem para futuro, afastando-se da consequência típica dos processos de condenação da empresa com a imposição de uma coima. No entanto, defendemos que existe uma fronteira entre regulação e aplicação de medidas de correção profiláticas e prospetivas, que consiste no respeito pela relação entre a infração e a medida de correção, no sentido de que as medidas devem corrigir o dano e não ir para além do necessário para o atingir. Este respeito alcança-se pela aplicação criteriosa dos princípios da eficácia e da proporcionalidade, tendo em consideração os objetivos específicos legítimos que as medidas de correção pretendem alcançar, os beneficiários e seus direitos, quer materiais quer processuais. Em caso de decisão de compromissos, estas exigências são mitigadas.

Chegamos, então, ao momento de responder a algumas das questões colocadas. As autoridades de concorrência podem atingir outros objetivos, como os de política industrial ou regulatórios? O objetivo de restaurar a concorrência pode justificar a adoção de medidas tendentes a colocar o mercado mais competitivo do que aquele que existia previamente à ocorrência da infração ou que teria existido não fora a infração?

Parece-nos evidente que existe necessidade de relacionar a medida de correção com a infração até para proteção dos direitos das empresas, nomeadamente o direito de propriedade e a liberdade de empresa. Em nossa opinião, cremos que a Comissão não deve procurar alterar ativamente o grau de concorrência preexistente no mercado, para alcançar um mercado mais competitivo do que o que existia antes de praticada a infração. No entanto, quando estamos perante a adoção de medidas de correção através do art. 9º do Regulamento 1/2003, os requisitos não são os mesmos nem tão exigentes.

Existem dois tipos de decisão pelas quais podem ser adotadas medidas de correção: a de proibição (art. 7º do Regulamento 1/2003) e a de compromissos (art. 9º do Regulamento 1/2003). A principal questão que se coloca a propósito da adoção de medidas corretivas ao abrigo do art. 7º do Regulamento 1/2003 é a de saber se a Comissão pode impor quaisquer medidas de correção às empresas. Para além de a Comissão se encontrar limitada pelos princípios que se aplicam à adoção de medidas de correção (muito em particular o princípio da proporcionalidade) e ao nexo estreito com a infração, a Comissão não pode impor a sua visão às empresas, pelo que, havendo medidas de correção igualmente eficazes, devem ser as empresas a fazer a opção pela medida de correção. Já numa decisão de compromissos do art. 9º do Regulamento 1/2003, a Comissão não se encontra vinculada por toda a extensão do princípio de proporcionalidade. Apesar de este mecanismo apresentar vantagens em relação ao de proibição (permite maior celeridade na intervenção no mercado e, sobretudo, admite maior participação por parte das empresas na construção das medidas de correção, o que contribui para a sua eficácia e diminui a litigância), também acarreta consigo algumas desvantagens, tais como, poder contribuir para o incremento do caráter regulatório do direito da concorrência, enquanto não reforça os direitos das empresas e de terceiros, e fazer empobrecer o direito da concorrência, porque a Comissão não precisa de apresentar uma análise completa, mas apenas uma apreciação preliminar. Por fim, o uso da via de compromissos compromete o desenvolvimento do direito da concorrência pela ausência de controlo jurisdicional. De facto, a exigência de uma medida de correção representa, claramente, uma limitação da autonomia privada, da liberdade empresarial e do direito de propriedade, que pode levar à distorção das próprias decisões de investimento das empresas, resultando numa obrigação regulatória de conteúdo muito incerto. Por isso, muitos dos casos descritos teriam tido toda a vantagem em terem sido objeto de uma análise aprofundada da parte da Comissão e escrutinados pelo TJUE.

Neste ponto colocámos a questão de saber se a Comissão é livre de escolher qualquer tipo de decisão. O Regulamento 1/2003 responde que a Comissão só deve adotar uma decisão com base no art. 9º do Regulamento 1/2003 quando não pretende aplicar uma coima. Concluímos, portanto, que a decisão de compromissos não se adequa a casos mais graves. Tal não é, porém, muito esclarecedor em abuso de posição dominante. Para evitar o risco de regulação ou intervenção excessiva, a Comissão apenas deveria usar esta faculdade nos casos em que considera, de forma razoável, que consegue estabelecer a existência de uma infração no quadro de uma decisão de proibição e não propor ou aceitar soluções que excedem, em muito, os seus poderes nesse âmbito. A diferença está na economia processual do art. 9º, em que a Comissão não tem de concluir pela existência de uma infração, bastando-lhe apresentar uma avaliação preliminar. Do nosso estudo, verificámos que este mecanismo tem sido usado sobretudo em setores regulados como o da energia como forma de complementar a liberalização do mercado.

O novo mecanismo de cooperação usado pela Comissão é, em nosso entender de natureza condenatória, apoiado no art. 7º do Regulamento 1/2003, semelhante à transação, pelo que se lhe devem aplicar os mesmos princípios.

Assim, chegamos a uma nova questão: que princípios (limites) norteiam a adoção de medidas de correção? Concluímos que os princípios mais importantes na aplicação das medidas de correção são o princípio da eficácia, o princípio da proporcionalidade, o princípio da segurança jurídica, acompanhados da necessária tempestividade da atuação.

De acordo com o princípio da eficácia, a medida corretiva deve ser capaz de fazer cessar a infração, incluindo os efeitos negativos que ainda possam estar a fazer-se sentir no mercado, e restaurar a concorrência. Se houver várias medidas igualmente eficazes e igualmente proporcionais a empresa tem direito de escolher qual deve ser aplicada.

O princípio da proporcionalidade é fundamental na adoção de medidas de correção. Tendo em conta a natureza dos direitos das empresas que estão em causa, uma restrição aos mesmos tem sempre de ser justificada por um objetivo legítimo de interesse geral e não pode ser desproporcionada, nos termos do art. 52º CDFUE.

Na sua vertente da adequação, o princípio da proporcionalidade exige que respeitemos o nexo estreito entre a infração e a medida de correção. Na vertente da necessidade, a medida corretiva deve ser necessária para alcançar o resultado desejado, no sentido de que, havendo várias alternativas, deve ser escolhida a que seja menos onerosa. Defendemos que, para evitar adotar uma medida desproporcionada, a Comissão pode pedir à empresa que apresente propostas de medidas corretivas. Em terceiro lugar, temos a proporcionalidade em sentido estrito. De acordo com este elemento, a Comissão deve fazer um balanço entre as desvantagens causadas com a medida corretiva e os objetivos prosseguidos com a solução escolhida.

No que respeita à aplicação do princípio da proporcionalidade em função do tipo de medida de correção, defendemos que, como a Comissão deve estar orientada para restaurar a concorrência que existia antes de cometida a infração e a sua atuação está limitada pela existência de um nexo estreito entre a infração e a medida de correção, não existe um teste de proporcionalidade diferente para medidas de correção estruturais ou comportamentais.

Já no que respeita à natureza da decisão, o TJUE estabeleceu uma diferença de intensidade do princípio da proporcionalidade entre as medidas de correção impostas ao abrigo do art. 7º e os compromissos adotados ao abrigo do art. 9º, ambos do Regulamento 1/2003. Esta diferença tem consequências de maior. No caso de a decisão ser adotada ao abrigo do art. 9º, o princípio da proporcionalidade perde expressão, pois, sendo a empresa a propor a medida, a Comissão fica desobrigada de procurar a medida corretiva menos onerosa para a empresa. Então, se a Comissão está obrigada a alcançar um nexo estreito entre infração e medida de correção no primeiro caso, o mesmo já não ocorre em face de decisão de compromissos, onde a medida deve ter um nexo com as preocupações identificadas pela Comissão na sua avaliação preliminar.

Por vezes, a execução das medidas de correção não é imediata, pelo que se torna necessário estabelecer um mecanismo de monitorização. Contudo, a jurisprudência *Microsoft I* limitou a possibilidade de a Comissão utilizar um terceiro e repercutir o custo na empresa. Para ultrapassar esta limitação, propusemos que a Comissão, ao nomear o mandatário, mantivesse os poderes de investigação (nomeadamente os poderes de pedir informação) e realizasse uma verdadeira supervisão do trabalho do mandatário. Quanto aos custos, propusemos que fossem definidos numa fase inicial, para proteger o direito de propriedade das empresas. Existe, ainda, a solução de colaborar com as autoridades reguladoras nacionais. Na monitorização, a Comissão pode, também, contar com terceiros, mas de forma voluntária, tais como associações, as próprias empresas em autorregulação, ou lesados através da propositura de ações de indemnização. Estas formas, contudo, não se apresentam tão eficazes.

Para além de eficazes e proporcionais, as medidas corretivas devem ser tempestivas. A alteração das características do mercado pode tornar as medidas de correção desnecessárias ou obsoletas e fazer emergir a necessidade de outro tipo de medidas. Esta consideração é mais relevante nalguns mercados, como os relacionados com tecnologias de informação e digitais que, por natureza, são de evolução muito rápida.

Chegamos, então, ao princípio da segurança jurídica. Este princípio determina que todos os que estão sujeitos à lei devem conhecê-la previamente de modo a que, com ela, possam conformar a sua conduta. O princípio da segurança jurídica é particularmente importante quando se discutem medidas de correção, devido à incerteza associada às regras jurídicas aplicáveis, especialmente no quadro de uma abordagem baseada nos efeitos. Defendemos que a adoção desta abordagem não é incompatível com a segurança jurídica, desde que os princípios adotados pela autoridade de concorrência estejam bem estabelecidos e entendidos na comunidade jurídica e os objetivos das medidas de correção bem definidos.

Aquando da determinação concreta da medida corretiva a aplicar num caso de abuso, esta deve ser descrita de forma clara e precisa na decisão, de modo a acautelar, não só, os direitos das empresas ou de terceiros, como também, a certeza de que os objetivos mediatos, imediatos e específicos a alcançar com a medida, são efetivamente prosseguidos. Contudo, também defendemos que a medida não tem de estar totalmente descrita, até para dar cumprimento à jurisprudência que dita que em face de medidas igualmente eficazes, a escolha cabe à empresa e não à Comissão. Pode parecer que a segurança jurídica está posta em causa na adoção desta abordagem "aberta" às medidas de correção, até porque a Comissão pode aplicar uma sanção pecuniária compulsória no caso de a empresa não cumprir as obrigações que decorrem da decisão. Porém, defendemos que, estando os princípios das medidas de correção bem definidos, e respeitados os direitos processuais da empresa, esta é uma forma de assegurar a proporcionalidade e a eficácia da medida, pelo maior grau do envolvimento da empresa na construção da mesma e menor ingerência por parte da Comissão. As autoridades devem detalhar os objetivos a alcançar com as medidas de correção e fixar determinados marcos ao longo do período de execução, deixando às empresas a escolha da melhor forma de alcançar o resultado. Também defendemos que o procedimento da Comissão deve ser mais previsível, a participação de terceiros deve ser incentivada, e que é necessário, ainda, alguma forma de envolvimento da Comissão no momento da adoção das medidas, para que as empresas não fiquem sujeitas à aplicação de sanções pecuniárias compulsórias por terem um entendimento diferente do da Comissão quanto às medidas corretivas capazes de alcançar determinada solução.

Por fim, a determinação de medidas corretivas, apesar de ser realizada caso a caso, deve necessariamente ser conformada numa política de aplicação do direito da concorrência coerente. Assim sendo, as medidas de correção devem ser adotadas tendo a consciência de que podem contribuir para a obtenção de segurança jurídica e previsibilidade, não apenas no caso em apreço, mas também como exemplo para futuros casos.

Após a incursão pelos princípios que estão em causa na adoção de medidas de correção e a natureza das decisões que podem levar à adoção dessas medidas, discutimos as vantagens e desvantagens de uma abordagem formal ou baseada nos efeitos à figura do abuso de posição dominante. Esta discussão foi relevante para, no final deste trabalho, podermos concluir que, se na fase de determinação de um abuso de posição dominante admitimos que existem práticas mais capazes de restringir a concorrência que outras, e portanto, que o nível de prova exigido para a sua demonstração não é o mesmo, na fase de adoção das medidas de correção a análise deve ser, a todos os níveis, exigente. Esta conclusão é particularmente relevante para a adoção de medidas de correção ao abrigo do art. 7º do Regulamento 1/2003.

Logo após, preparámos terreno para o estudo das medidas de correção através de uma breve análise do abuso de posição dominante, que está na base da adoção das medidas de correção, e, de seguida, empreendemos uma análise das medidas de correção aplicadas pela Comissão a casos concretos.

Notámos que, nos casos iniciais, as medidas corretivas aplicadas pela Comissão espelhavam o abuso, no sentido de que ordenavam um comportamento oposto ao comportamento identificado. Com a crescente complexidade da análise de concorrência e dos mercados, as medidas de correção tornaram-se mais complexas e, em alguns casos, deixaram de ser tão-somente a correção do abuso para passar a ser a correção do mercado (em particular no caso de compromissos). A última tendência tem sido a de conferir mais liberdade às empresas na conformação das medidas corretivas.

Nesta análise, respondemos a outra das questões propostas: as medidas de correção têm características distintas consoante o tipo de abuso, o tipo de mercado e a natureza da decisão pela qual são adotadas?

Concluímos que os abusos de exclusão baseados no preço (preços predatórios, descontos de fidelização, pagamentos tendentes à exclusividade e compressão de margem) são, provavelmente, aquele tipo de abusos que menos se adequa a medidas de correção. Por um lado, é mais provável que com a cessação da infração cessem os seus efeitos e a concorrência possa ser reestabelecida no mercado. Por outro, a adoção de medidas de correção nestes casos implica uma atuação direta sobre os preços das empresas, o que, não só, pode ser considerado uma intromissão excessiva, como também, faz essencialmente parte de uma solução regulatória. A adoção de medidas de correção nestas situações também pode surpreender porque a medida de correção que pode parecer mais adequada é a de subir os preços aos consumidores, o que não está de acordo com um objetivo do bem-estar do consumidor em sentido estrito (preços baixos a curto prazo). Ainda no âmbito de abusos relacionados com o preço, o abuso de compressão de margem apresenta outro tipo de características. Nomeadamente, é um tipo de abuso que advém do facto de a empresa ser verticalmente integrada, pelo que uma obrigação de fazer cessar a infração pode não ser suficiente para cessar os efeitos da prática.

Nos abusos de exclusão não baseados no preço, encontramos as situações de recusa em contratar, vendas ligadas ou subordinadas, recusa de acesso a infraestrutura essencial e obrigação de exclusividade. As obrigações de exclusividade, tipicamente, não requerem uma medida de correção, sendo, normalmente, suficiente o decretamento de uma obrigação de fazer cessar a infração. No entanto, importa notar que, apesar da relativa facilidade de terminar a infração e os seus efeitos através da adoção de uma obrigação de fazer cessar a infração ou de medidas de correção menos intrusivas, os casos estudados também demonstram que a adoção de medidas de correção, o seu âmbito e a sua extensão dependem da natureza da decisão adotada, pois, numa decisão de compromissos, a Comissão pode obter medidas de correção mais específicas (como em *Coca-Cola*) ou mais extensas (como em *De Beers*).

O tipo de abuso de vendas subordinadas ou agrupadas leva à medida de correção de oferta independente dos produtos, pois o objetivo específico a prosseguir deve ser o de manter a possibilidade de concorrência por cada um dos produtos. Contudo, a definição da medida de correção em particular não é isenta de desafios. Nomeadamente, se as empresas são obrigadas a vender os produtos em separado, coloca-se a questão de saber quem vai tomar a decisão de que preço praticar. Sendo a autoridade, a medida acaba por se tornar numa medida regulatória. O grau de complexidade aumenta se a conduta de vendas subordinadas assentar no próprio desenho ou composição do produto (como o caso *Microsoft II*). Não obstante, também notámos que, através de decisões de compromissos, a Comissão pôde ir mais além e aceitar medidas de correção com um nexo pouco estreito com a infração (como em *Microsoft II*).

Concluímos que a recusa em contratar é particularmente suscetível à adoção de medidas corretivas. De facto, a forma mais evidente de fazer cessar esta infração é a adoção da medida positiva de contratar (ou conceder acesso de forma transparente, razoável e não discriminatória). Também concluímos que esta medida em particular é muito intrusiva. Os próprios objetivos específicos que se pretendem alcançar com a medida de correção neste tipo de abuso tendem para a existência de uma relação contratual, tais como o fornecimento do bem ou serviço, o acesso às redes ou à informação.

Os abusos de exploração não têm sido o principal foco das atividades da Comissão. Por este motivo, não existe muita prática na qual possamos basear as nossas conclusões. Admitimos, no entanto, que, tal como nos abusos de exclusão relacionados com o preço, o caso dos preços excessivos não seja particularmente adequado à adoção de medidas de correção. De facto, o controlo dos preços acarreta o risco de assunção de uma função regulatória por parte da Comissão, com as inerentes dificuldades de determinação dos elementos a ter em conta, nomeadamente, os custos. Se o abuso não for relacionado com o preço, mas sim com condições de contratação, pode justificar-se uma medida de correção. Este é o exemplo de casos com o alemão *Facebook*. Tendo em conta que, por natureza, os abusos de exploração são muitas vezes dirigidos aos consumidores é natural que as medidas de correção adotadas também sejam particularmente dirigidas à procura.

Quanto aos abusos de discriminação, como estes, muitas vezes, não são perseguidos de uma forma autónoma, na maioria dos casos as medidas de correção corrigem o outro tipo de abuso.

Por fim, quando estão em causa abusos relacionados com DPI, as medidas de correção têm, necessariamente, de equilibrar a tensão latente entre o DPI e a concorrência, i.e., evitar desencorajar o investimento em inovação, assegurando que uma empresa em posição dominante não prejudica a concorrência. Defendemos que uma decisão sobre medidas de correção em relação a DPI tem necessariamente de ter em conta a inovação e o investimento da empresa em posição dominante. Também se nota, nestes casos, alguma vontade da Comissão em proteger os concorrentes com o intuito de manter o mercado aberto (que desenvolve, como veremos de seguida, nos mercados digitais). Esta conclusão levou-nos pôr em causa a proporcionalidade de algumas medidas, como as adotadas nas decisões *Microsoft II* e *Rambus*, caso tivessem sido impostas ao abrigo do art. 7º do Regulamento 1/2003 (tomando nota de que foram adotadas ao abrigo do art. 9º).

Após a análise destes casos, questionámos se as medidas de correção estruturais podiam ou não ser usadas. Caso se justifique, pela aplicação dos princípios acima descritos, a Comissão pode optar por uma medida de caráter estrutural, se a razão pela qual é cometido o abuso se deve à própria estrutura da empresa e à facilidade com que aquele tipo de abuso concreto é cometido devido a essa mesma estrutura. Parece-nos mais fácil a opção por uma medida estrutural, desde que não haja outra menos onerosa, quando estão em causa casos de recusa de acesso a infraestrutura essencial ou casos de vendas subordinadas, pois a medida faz cessar o incentivo e a capacidade de alavancagem da posição dominante detida num mercado no outro mercado.

A análise dos casos da Comissão também serviu para considerar se existe alguma relação entre abusos cuja demonstração depende de um nível de prova menos exigente e ausência de medidas de correção. Entendemos que não. O nível de prova menos exigente para a determinação da responsabilidade tem de estar confinado àqueles tipos de abuso em relação aos quais o TJUE aceitou um teste menos exigente. Sendo comportamentos mais "evidentes", a forma de os contrariar também será relativamente mais simples de determinar. Por fim, como temos vindo a defender, cremos que na fase de determinação das medidas de correção deve ser realizada uma análise dos seus efeitos prováveis.

Após a discussão sobre se as medidas de correção são influenciadas pelo tipo de abuso, colocámos a questão de saber se o tipo de mercado também influencia a sua determinação. Em primeiro lugar, olhámos para a posição dominante coletiva. Apesar da incipiente prática, concluímos que o tipo de estrutura de mercado (monopolista ou oligopolista) não é determinante e que a medida vai depender do tipo de abuso, até porque o abuso de posição dominante coletiva pode ser levado a cabo por uma só empresa.

Em segundo lugar, analisámos o setor da energia. Na análise de medidas corretivas em mercados recentemente liberalizados devemos começar por colocar a questão de saber se a Comissão pode impor, por via do direito da concorrência, soluções que não consegue alcançar pela via da regulação, nomeadamente, por não lograr obter o consenso político para tal.

O setor da energia foi muito rico na adoção de medidas corretivas e, pouco surpreendentemente, as considerações de construção do mercado interno estiveram na primeira linha. A Comissão, adotando decisões ao abrigo do art. 9º do Regulamento 1/2003, expandiu o conceito de abuso, como a estratégia de subinvestimento (nos casos *ENI*, *GDF gás* e, mais recentemente, no caso *Romanian Transgaz*). No que respeita à adoção de medidas de correção, não estando reunidos os requisitos oportunamente discutidos, a adoção de medidas representa, claramente, uma limitação da autonomia privada, da liberdade empresarial e do direito de propriedade. A análise crítica que fizemos demonstrou que em muitos casos os compromissos assumidos não apresentaram um nexo estreito com a infração, tendo a Comissão utilizado o mecanismo para alcançar um resultado de mercado mais concorrencial – aceitando compromissos estruturais, por exemplo – o que põe em causa a proporcionalidade dos mesmos e leva-nos a crer que não passariam o crivo de um teste de proporcionalidade ao abrigo do art. 7º do Regulamento 1/2003. A Comissão explorou o facto de se tratarem de decisões de compromissos, sujeitas a um princípio de proporcionalidade mais brando e a um controlo jurisdicional mais limitado (por exemplo, no caso *CEZ*), para justificar o recurso a medidas tão interventivas. Note-se, contudo, que a aplicação destas medidas não deve comprometer os incentivos das empresas em investir e inovar. Caso contrário, os resultados da aplicação das medidas corretivas podem atentar contra os objetivos do direito da concorrência – objetivos mediatos das medidas de correção.

De tudo o que foi dito, concluímos que as medidas corretivas no setor da energia acabaram por ter uma função regulatória ou prosseguir uma opção de política industrial, permitindo à Comissão encontrar uma forma de intervenção rápida no setor. Em nossa opinião, esta aplicação não deve ser alargada de modo a ultrapassar a fronteira da regulação, nem as suas prescrições no caso concreto devem ser aplicadas sem mais, fora do específico contexto regulatório, a casos futuros. De facto, não devemos perder de vista que a função do direito da concorrência é a de desincentivar as empresas de atuar de forma ilegal e não a de incentivar as empresas a atuar de uma determinada e certa forma.

Em terceiro lugar, analisámos os mercados tecnológicos ou digitais. Tendo em conta as características dos mercados dinâmicos e os desafios que se colocam à aplicação do direito da concorrência, devemos indagar se as medidas corretivas a adotar neste contexto devem, simplesmente, espelhar o abuso ou, pelo menos, manter um estreito nexo com a infração, ou se, nestes mercados, tais medidas devem ir mais além, para correção dos mesmos. Nomeadamente, discute-se a oportunidade de medidas de separação das empresas. Também devemos colocar as questões da rapidez da intervenção, sob pena de comprometer a tempestividade da atuação, e da dificuldade de monitorização. As medidas de correção adotadas pela Comissão em casos de novas tecnologias, demonstram estas dificuldades.

Relativamente à medida de correção adequada para fazer face a abusos de posição dominante no setor digital, para além de defendermos que depende do caso, também entendemos que não tem de ser proposta necessariamente uma solução de separação. Em nossa opinião, mantemos que as medidas de correção estruturais do tipo "*break-up*" só devem justificar-se quando a infração da concorrência deriva da própria estrutura da empresa e a sua adoção deve ser excecional. Ainda assim, é possível que, em alguns casos, sejam necessárias medidas de correção que vão para além do mero espelhar o abuso, desde que mantenham um nexo com a infração. Acresce que, as medidas de separação, pela ausência de flexibilidade e possibilidade de reversão, podem até ser menos eficazes, devido à natureza dinâmica dos mercados onde é necessário promover mecanismos suscetíveis de serem adaptados à sua evolução. Dependendo do tipo de abuso, podem ser adotadas várias medidas menos onerosas que as medidas estruturais ou quase-estruturais.

Ainda assim, tendo em conta as características destes mercados dinâmicos, mormente a rapidez da sua evolução, podemos admitir que a Comissão possa ter em conta a preocupação de tentar manter o mercado aberto, já que a regulação (instrumento que consideramos preferencial para uma atuação mais interventiva) pode não ser suficientemente rápida para tal. No entanto, é essencial que, para uma aplicação coerente das medidas de correção, para além de terem de estar bem definidos os seus objetivos mediatos (que defendemos ser o bem-estar do consumidor, admitindo que possa ser alcançado através do processo competitivo), imediatos (em particular fazer cessar a infração e restaurar a concorrência) e específicos (os objetivos que se pretendem alcançar com a concreta medida de correção, que também devem ter uma relação com a infração), a teoria do dano seja correta, sólida e bem construída. Acresce, ainda, que, não se pode perder de vista o direito da empresa em posição dominante de, por exemplo, ser ressarcida pelo acesso a informação de interoperabilidade, dados legitimamente recolhidos, etc.; nem o direito de limitar esse acesso à informação efetivamente identificada como relacionada com o abuso em causa. De facto, caso se percam de vista estes vetores e se apliquem soluções interventivas de cariz mais regulatório, corre-se o risco de se contribuir para prejudicar a inovação por parte das empresas em posição dominante e de não se incentivar os concorrentes a inovar, porque se protege estes mesmos concorrentes sob a égide de manter uma estrutura de mercado com um determinado número de operadores.

Por fim, discutimos perspetivas para uma teoria de medidas de correção.

Em primeiro lugar, a aplicação de medidas corretivas é coerente se estiverem bem identificados e forem respeitados os seus objetivos mediatos, imediatos (em particular a função de fazer cessar a infração e seus efeitos, que tem como consequência a função de restaurar a concorrência) e específicos (solução do problema de concorrência). Em segundo lugar, é necessário respeitar os princípios e requisitos elencados (eficácia, proporcionalidade, tempestividade e segurança jurídica). A definição dos objetivos e o respeito dos princípios contribuem para evitar erros: de um lado, medidas de correção que não são capazes de corrigir os problemas jusconcorrenciais identificados; de outro, aquelas que vão para além do necessário e, não só, corrigem as questões jusconcorrenciais identificadas, como também, acabam por reduzir efeitos pró-competitivos ou eficiências, que derivam do comportamento em causa, o que pode lesar os interesses dos consumidores.

A estas reflexões acresce o facto de o direito da concorrência estar cada vez mais marcado pela emergência de uma análise económica. Apesar de tal dificultar a análise jurídica da questão a corrigir, ao mesmo tempo empresta coerência às decisões, se estiver bem traçado o objetivo de direito da concorrência no bem-estar do consumidor, apoiado num processo competitivo (objetivo mediato das medidas de correção), e tem o potencial de alcançar resultados mais precisos e corretos.

Ainda não existe jurisprudência, prática decisória e experiência suficiente para podermos defender a adoção de medidas de correção sem levar a cabo uma análise dos efeitos prováveis da medida corretiva nos mercados, consumidores, concorrentes, clientes, fornecedores e empresa em posição dominante. Também entendemos que essa análise deve ter por base um teste de mercado para fazer face às limitações que a Comissão tem em relação às empresas, nomeadamente, do ponto de vista de assimetria de informação e risco de comportamento estratégico da empresa na apresentação de soluções (seja sob a forma de compromissos, seja através de adoção de decisão ao abrigo do art. 7º Regulamento 1/2003). Durante a fase de determinação das medidas de correção, a Comissão deve trabalhar com a empresa e verificar os efeitos das medidas.

De seguida, discutimos se havia forma de a Comissão conformar previamente a sua atividade e se sim, de que modo. Concluímos que, uma vez que a adoção de medidas de correção é realizada caso a caso, e devido à necessária flexibilidade na sua aplicação, uma solução seria a Comissão equacionar a adoção de linhas de orientação que clarificassem a posição tomada por esta autoridade.

Para além da conformação prévia da atuação da Comissão, é absolutamente essencial que a instituição leve a cabo uma análise *ex post* da sua prática através de estudos (à semelhança do estudo que realizou a propósito das soluções em controlo de concentrações).

Por fim, o sucesso de uma teoria de medidas de correção, nomeadamente em termos de previsibilidade e segurança jurídica, também se mede em termos de consistência processual e respeito pelos direitos das empresas durante o processo. O controlo jurisdicional é essencial para garantir estes aspetos, bem como assinalar os princípios gerais aplicáveis, de forma transversal, às infrações e à sua correção.

Aqui chegados, depois de vermos que ainda existe um caminho a percorrer, não devemos concluir que o já traçado não surtiu efeito ou não pode servir de guia para o futuro. Nas palavras de Kovacic, a política de concorrência é uma obra em curso ("*competition policy is a work in progress*")[2308], pelo que é na construção que vive e se manifesta e desenvolve. A teoria de medidas de correção não está terminada, mas, tendo em conta o papel central que a política de concorrência ocupa na economia e na sociedade, é necessário percorrer este caminho de um modo que traga benefícios para a política de concorrência e para os consumidores.

[2308] Kovacic (2006, p. 505).

ANEXO

Jurisprudência

Tribunal de Justiça

Acórdão do Tribunal de Justiça de 15 de julho de 1963, *Plaumann c. Comissão*, Processo 25/62, EU:C:1963:17

Acórdão do Tribunal de Justiça de 13 de julho de 1966, *Établissements Consten S.à.R.L. and Grundig-Verkaufs-GmbH. c. Comissão da Comunidades Europeias*, Processos. apensos 56 e 58/64, EU:C:1966:41

Acórdão do Tribunal de Justiça de 18 de fevereiro de 1971, *Sirena Srl contra Eda Srl e outros*, Processo 40/70, EU:C:1971:18

Acórdão do Tribunal de Justiça de 21 de fevereiro de 1973, *Europemballage Corporation e Continental Can Company Inc c. Comissão das Comunidades Europeias*, Processo 6/72, EU:C:1973:22

Acórdão do Tribunal de Justiça de 30 de janeiro de 1974, *Belgische Radio en Televisie e société belge des auteurs, compositeurs et éditeurs c. SV SABAM e NV Fonior*, Processo 127-73, EU:C:1974:6

Acórdão do Tribunal de Justiça de 6 de março de 1974, *Istituto Chemioterapico Italiano S.p.A. e Commercial Solvents Corporation c. Comissão das Comunidades Europeias*, Processos apensos C-6 e 7-73

Acórdão do Tribunal de Justiça de 16 de dezembro de 1975, *Coöperatieve Vereniging "Suiker Unie" UA e outros c. Comissão das Comunidades Europeias*. Processos apensos 40 a 48, 50, 54 a 56, 111, 113 e 114/73, EU:C:1975:174

Acórdão do Tribunal de Justiça de 15 de junho de 1976, *EMI Records Limited c. CBS United Kingdom Limited*, Processo 51-75, EU:C:1976:85

Acórdão do Tribunal de Justiça de 25 de outubro de 1977, *Metro SB-Großmärkte GmbH & Co. KG c. Comissão das Comunidades Europeias*, Processo 26-76, EU:C:1977:167

Acórdão do Tribunal de Justiça de 14 de fevereiro de 1978, *United Brands Company e United Brands Continentaal BV c. Comissão das Comunidades Europeias*, Processo 27/76, EU:C:1978:22

Acórdão do Tribunal de Justiça de 13 de fevereiro de 1979, *Hoffmann-La Roche & Co. AG c. Comissão das Comunidades Europeias*, Processo 85/76, EU:C:1979:36

Acórdão do Tribunal de Justiça de 17 de janeiro de 1980, *Camera Care Ltd. c. Comissão das Comunidades Europeias*, Processo 792/79, EU:C:1980:18

Acórdão do Tribunal de Justiça (Segunda Secção) de 19 de maio de 1981, *Vassilis Mavridis contra Parlamento Europeu*, Processo 289/81, EU:C:1983:142

Acórdão do Tribunal de Justiça (Terceira Secção) de 9 de julho de 1981, *Administration des douanes contra Société anonyme Gondrand Frères e Société anonyme Garancini*, Processo 169/80, EU:C:1981:171

Acórdão do Tribunal de Justiça (Terceira Secção) de 12 de novembro de 1981, *Amministrazione delle finanze dello Stato contra Srl Meridionale Industria Salumi e outros ; Ditta Italo Orlandi e Figlio e Ditta Vincenzo Divella contra Amministrazione delle finanze dello Stato.* Processos apensos 212 a 217/80., EU:C:1981:270

Acórdão do Tribunal de Justiça de 6 de outubro de 1982, *Srl CILFIT e Lanificio di Gavardo SpA c. Ministero della Sanità*, Processo 283/81, EU:C:1982:335

Acórdão do Tribunal de Justiça de 7 de junho de 1983, *S.A. Musique Diffusion française(pioneer) c. Comissão das Comunidades Europeias*, Processos apensos 100 a 103/88, EU:C:1983:158

Acórdão do Tribunal de Justiça de 9 de novembro de 1983, NV Nederlandsche Banden Industrie Michelin c. *Comissão das Comunidades Europeias, (Michelin I)*, Processo 322/81, EU:C:1983:313

Acórdão do Tribunal de Justiça de 3 de julho de 1985, *SA Binon & Cie c. SA Agence et messageries de la presse*, Processo 243/83, EU:C:1985:284

Acórdão do Tribunal de Justiça (Quinta Secção) de 3 de outubro de 1985, *SA Centre belge d'études de marché - télémarketing (CBEM) c. SA Compagnie luxembourgeoise de télédiffusion (CLT) e SA Information publicité Benelux (IPB)*, Processo 311/84, EU:C:1985:394

Acórdão do Tribunal de Justiça de 23 de abril de 1986, *Partido ecologista "Les Verts"c. Parlamento Europeu*, Processo 294/83, EU:C:1986:166

Acórdão do Tribunal de Justiça (Quinta Secção) de 11 de novembro de 1986, *British Leyland Public Limited Company c. Comissão das Comunidades Europeias*, Processo 226/84, EU:C:1986:421

Acórdão do Tribunal de Justiça (Quinta Secção) de 7 de julho de 1987, *L'Étoile commerciale e Comptoir national technique agricole (CNTA) contra Comissão das Comunidades Europeias*, Processos apensos 89 e 91/86, EU:C:1987:337

Acórdão do Tribunal de Justiça (Sexta Secção) de 4 de maio de 1988, *Corinne Bodson contra SA Pompes funèbres des régions libérées*, Processo.30/87, EU:C:1988:225

Acórdão do Tribunal de Justiça (Sexta Secção) de 5 de outubro de 1988, *Société alsacienne et lorraine de télécommunications et d'électronique (Alsatel) c. SA Novasam.*, Processo 247/86, EU:C:1988:469

Acórdão do Tribunal de Justiça de 5 de outubro de 1988, *AB Volvo c. Erik Veng (UK) Ltd*, Processo 238/87, EU:C:1988:477

Acórdão do Tribunal de Justiça de 22 de fevereiro de 1989, *Comissão c. França et al*, Processos apensos 92 e 93/87, EU:C:1989:77

Acórdão do Tribunal de Justiça de 13 de julho de 1989, *François Lucazeau e outros c. Société des Auteurs, Compositeurs et Editeurs de Musique (SACEM) e outros*, Processos apensos 241/88 e 242/8, EU:C:1989:326

Acórdão do Tribunal de Justiça (Quinta Secção) de 26 de junho de 1990,

Sofrimport SARL c, Comissão das Comunidades Europeias, Processo C-152/88, EU:C:1990:259

Acórdão do Tribunal de Justiça (Quinta Secção) de 11 de julho de 1990, *SA Sermes contra Directeur des services des douanes de Strasbourg,* Processo C-323/88, EU:C:1990:299

Acórdão do Tribunal de Justiça de 18 de junho de 1991, *Elliniki Radiophonia Tiléorassi AE e Panellinia Omospondia Syllogon Prossopikou contra Dimotiki Etairia Pliroforissis e Sotirios Kouvelas e Nicolaos Avdellas e outros. (ERT)*, Processo C-260/89, EU:C:1991:254

Acórdão do Tribunal de Justiça de 3 de julho de 1991, *AKZO Chemie c. Comissão das Comunidades Europeias*, Processo C-62/86, EU:C:1991:286

Acórdão do Tribunal de Justiça de 4 de outubro de 1991, *The Society for the Protection of Unborn Children Ireland Ltd contra Stephen Grogan e outros*, Processo C-127/80, EU:C:1991:378

Acórdão do Tribunal de Justiça (Quinta Secção) de 13 de dezembro de 1991, *Régie des télégraphes et des téléphones contra GB-Inno-BM SA, (RTT)* Processo C-18/88, EU:C:1991:474

Acórdão do Tribunal de Justiça de 2 de março de 1994, *Hilti AG c. Comissão das Comunidades Europeias,* Processo C-53/92 P, EU:C:1994:77

Acórdão do Tribunal de Justiça (Sexta Secção) de 6 de abril de 1995, *BPB Industries plc e British Gypsum Ltd contra Comissão das Comunidades Europeias,* Processo C-310/93 P, EU:C:1995:101

Acórdão do Tribunal de Justiça de 6 de abril de 1995, *Radio Telefis Eireann (RTE) e Independent Television Publications Ltd (ITP) c. Comissão das Comunidades Europeias, (Magill),* Processos apensos C-241/91 P e C-242/91 P

Acórdão do Tribunal de Justiça (Quinta Secção) de 14 de novembro de 1996, *Tetra Pak International SA c. Comissão das Comunidades Europeias,* Processo C-333/94 P, EU:C:1996:436

Acórdão do Tribunal de Justiça de 12 de fevereiro de 1998, *Silvano Raso*, Processo C-163/96, EU:C:1998:54

Acórdão do Tribunal de 31 de março de 1998, *República Francesa e Société commerciale des potasses et de l'azote (SCPA) e Entreprise minière et chimique (EMC) c. Comissão,* Processos apensos C-68/94 e C-30/95, EU:C:1998:148 (acórdão *Kali & Salz*)

Acórdão do Tribunal de Justiça (Sexta Secção) de 26 de novembro de 1998, *Oscar Bronner GmbH & Co. KG c. Mediaprint Zeitungs- und Zeitschriftenverlag GmbH & Co. KG, Mediaprint Zeitungsvertriebsgesellschaft mbH & Co. KG e Mediaprint Anzeigengesellschaft mbH & Co.* KG, Processo C-7/97, EU:C:1998:569

Acórdão do Tribunal (Quinta Secção) de 4 de março de 1999, *Union française de l'express (Ufex), anteriormente Syndicat français de l'express international (SFEI), DHL International e Service CRIE c. Comissão das Comunidades Europeias e May Courier*, Processo C-119/97 P, EU:C:1999:116

Acórdão do Tribunal de Justiça de 1 de Junho de 1999, *Eco Swiss China Time Ltd c. Benetton International NV*, Processo C-126/97, EU:C:1999:269

Acórdão do Tribunal (Quinta Secção) de 16 de março de 2000, *Compagnie maritime belge transports SA, Compagnie maritime belge SA e Dafra-Lines A/S c. Comissão*, C-395/96 P e C-396/96 P, EU:C:2000:132

Acórdão do Tribunal de Justiça de 13 de julho de 2000, *Centrosteel*, Processo C-456/98, EU:C:2000:402

Acórdão do Tribunal de Justiça de 14 de dezembro de 2000, *Masterfoods Ltd c. HB Ice Cream Ltd*, Processo C-344/98, EU:C:2000:689

Acórdão do Tribunal de Justiça (Sexta Secção) de 29 de março de 2001, *República Portuguesa contra Comissão das Comunidades Europeias*, Processo C-163/99, EU:C:2001:189

Despacho do Tribunal de Justiça (Quinta Secção) de 10 de julho de 2001, *Irish Sugar plc c. Comissão das Comunidades Europeias*, Processo C-497/99 P, EU:C:2001:393

Acórdão do Tribunal de Justiça de 20 de Setembro de 2001, *Courage Ltd contra Bernard Crehan e Bernard Crehan c. Courage Ltd e outros*, Processo C-453/99, EU:C:2001:465

Acórdão do Tribunal de Justiça de 9 de outubro de 2001, *Reino dos Países Baixos contra Parlamento Europeu e Conselho da União Europeia*, Processo C-377/98, EU:C:2001:523

Despacho do Presidente do Tribunal de Justiça de 11 de abril de 2002, *NDC Health GmbH & Co. E NDC Health Corporation c. Comissão e IMS Health Inc.*, Processo C-481/01 P, EU:C:2002:223

Acórdão do Tribunal de Justiça (Quinta Secção) de 15 de maio de 2003, *Karen Mau contra Bundesanstalt für Arbeit*, Processo C-160/01, EU:C:2003:280

Acórdão do Tribunal de Justiça de 10 de julho de 2003, *Comissão c. Conselho*, Processo C-87/01 P, EU:C:2003:400

Acórdão do Tribunal de Justiça (Quinta Secção) de 2 de outubro de 2003, *ARBED SA contra Comissão das Comunidades Europeias*, Processo C-176/99 P, EU:C:2003:524

Acórdão do Tribunal de Justiça de 6 de janeiro de 2004, *Bundesverband der Arzneimittel-Importeure eV e Comissão das Comunidades Europeias c. Bayer AG*, Processos apensos C-2/01 P e C-3/01 P, EU:C:2004:2

Acórdão do Tribunal de Justiça (Quinta Secção) de 29 de abril de 2004, *IMS Health GmbH & Co. OHG contra NDC Health GmbH & Co. KG.*, Processo C-418/01, EU:C:2004:257

Acórdão do Tribunal de Justiça (Grande Secção) de 5 de outubro de 2004, *Pfeiffer e o. c. Deutsches Rotes Kreuz, Kreisverband Waldshut eV.*, Processos apensos C-397/01 a C-403/01, EU:C:2004:584

Acórdão do Tribunal de Justiça (Grande Secção) de 15 de fevereiro de 2005, *Tetra Laval BV c. Comissão das Comunidades Europeias,* Processo C-13/03 P, EU:C:2005:87

Acórdão do Tribunal (Grande Secção) de 28 de junho de 2005, *Dansk Rørindustri A/S (C-189/02 P), Isoplus Fernwärmetechnik Vertriebsgesellschaft mbH e outros, KE KELIT Kunststoffwerk GmbH (C-205/02 P), LR af 1998 A/S, (Brugg Rohrsysteme GmbH, LR af 1998 (Deutschland) GmbH e ABB Asea Brown Boveri Ltd contra Comissão das Comunidades Europeias,* Processos apensos C-189/02 P, C-202/02 P, C-205/02 P a C-208/02 P e C-213/02 P, EU:C:2005:408

Acórdão do Tribunal de Justiça (Terceira Secção) de 14 de julho de 2005, *Lagardère Active Broadcast c. Société pour la perception de la rémunération équitable (SPRE) e Gesellschaft zur Verwertung von Leistungsschutzrechten mbH, (GVL),* Processo C-192/04, EU:C:2005:475

Acórdão do Tribunal de Primeira Instância (Segunda Secção) de 21 de setembro de 2005, *EDP - Energias de Portugal, SA contra Comissão,* Processo T-87/05, EU:T:2005:333

Acórdão do Tribunal de Justiça de 13 de julho de 2006, *Vincenzo Manfredi c.*

Lloyd Adriatico Assicurazioni SpA, Antonio Cannito c. Fondiaria Sai SpA e Nicolò Tricarico e Pasqualina Murgolo c. Assitalia SpA.,Processos apensos C-295/04 a C-298/04, EU:C:2006:461

Acórdão do Tribunal de Justiça (Terceira Secção) de 23 de novembro de 2006, *Asnef-Equifax, Servicios de Información sobre Solvencia y Crédito, SL c. Asociación de Usuarios de Servicios Bancarios (Ausbanc)*, Processo C-238/05, EU:C:2006:734

Acórdão do Tribunal de Justiça (Terceira Secção) de 15 dc março de 2007, *British Airways plc contra Comissão das Comunidades Europeias*, Processo C-95/04 P, EU:C:2007:166

Acórdão do Tribunal de Justiça (Grande Secção) de 3 de maio de 2007, *Advocaten voor de Wereld VZW c. Leden van de Ministerraad*, Processo C-303/05, EU:C:2007:261

Acórdão do Tribunal de Justiça (Grande Secção) de 11 de dezembro de 2007, *Autorità Garante della Concorrenza e del Mercato contra Ente tabacchi italiani - ETI SpA e outros e Philip Morris Products SA e outros c. Autorità Garante della Concorrenza e del Mercato e outros*, Processo C-280/06, EU:C:2007:775

Acórdão do Tribunal de Justiça (Grande Secção) de 1 de julho de 2008, *Motosykletistiki Omospondia Ellados NPID (MOTOE) contra Elliniko Dimosio*, Processo C-49/07, EU:C:2008:376

Acórdão do Tribunal de Justiça (Quarta Secção) de 11 de dezembro de 2008, *Kanal 5 Ltd e TV 4 AB contra Föreningen Svenska Tonsättares Internationella Musikbyrå (STIM) upa*, Processo C-52/07, EU:C:2008:703

Acórdão do Tribunal de Justiça (Primeira Secção) *Nederlandse Federatieve Vereniging voor de Groothandel op Elektrotechnisch Gebied and Technische Unie BV c. Comissão*, Processo C-105/04 P, EU:C:2008:8

Acórdão do Tribunal de Justiça (Grande Secção) de 10 de Julho de 2008, *Bertelsmann AG e Sony Corporation of America c. Independent Music Publishers and Labels Association*, Processo C-413/06-P, EU:C:2008:392

Acórdão do Tribunal de Justiça (Grande Secção) de 16 de setembro de 2008, *Sot. Lélos kai Sia EE e outros c. GlaxoSmithKline AEVE Farmakeftikon Proïonton, anteriormente Glaxowellcome AEVE*, Processos apensos C-468/06 a C-478/06, EU:C:2008:504

Acórdão do Tribunal de Justiça (Primeira Secção) de 2 de abril de 2009, *France Télécom SA c. Comissão das Comunidades Europeias*, Processo C-202/07 P, EU:C:2009:214

Acórdão do Tribunal de Justiça (Terceira Secção) de 4 de junho de 2009, *T-Mobile Netherlands BV, KPN Mobile NV, Orange Nederland NV y Vodafone Libertel NV c. Raad van bestuur van de Nederlandse Mededingingsautoriteit*, Processo C-8/08, EU:C:2009:343

Acórdão do Tribunal de Justiça (Grande Secção) de 16 de julho de 2009, *Der Grüne Punkt – Duales System Deutschland GmbH/Comissão das Comunidades Europeias, Interseroh Dienstleistungs GmbH, Vfw GmbH, Landbell AG für Rückhol-Systeme, BellandVision GmbH*, Processo C-385/07 P, EU:C: 2009:456

Acórdão do Tribunal de Justiça (Terceira Secção) de 6 de outubro de 2009, *GlaxoSmithKline Services Unlimited e Outros c. Comissão das Comunidades Europeias e Outros*, Processos apensos C-501/06 P, C-513/06 P, C-515/06 P e C-519/06 P, EU:C:2008:738

Acórdão do Tribunal de Justiça (Grande Secção) de 29 de junho de 2010, *Comissão Europeia c. Alrosa Company Ltd*, Processo C-441/07, EU:C:2010:377

Acórdão do Tribunal de Justiça (Segunda Secção) de 14 de outubro de 2010, *Deutsche Telekom AG c. Comissão Europeia*, Processo C-280/08, EU:C:2010:603

Acórdão do Tribunal de Justiça (Primeira Secção) de 17 de fevereiro de 2011, *Konkurrensverket c. TeliaSonera Sverige AB*, Processo C-52/09, EU:C:2011:83

Acórdão do Tribunal de Justiça (Segunda Secção) de 8 de dezembro de 2011, *Chalkor AE Epexergasias Metallon c. Comissão*, Processo C-386/10 P, EU:C:2011:815

Acórdão do Tribunal de Justiça (Segunda Secção) de 8 de dezembro de 2011, *KME Germany AG, KME France SAS, KME Italy SpA c. Comissão*, Processo C-272/09 P, EU:C:2011:810

Acórdão do Tribunal de Justiça (Grande Secção) de 27 de março de 2012, *Post Danmark A/S c. Konkurrencerådet*, (*Post Danmark I*), Processo C-209/10, EU:C:2012:172

Acórdão do Tribunal de Justiça (Terceira Secção) de 18 de abril de 2012, *Tomra Systems ASA c. Comissão Europeia*, Processo C-549/10 P, EU:C:2012:221

Acórdão do Tribunal de Justiça (Segunda Secção) de 13 de dezembro de 2012, *Expedia Inc. c. Autorité de la concurrence e o.*, Processo C-226/11, EU:C:2012:795

Acórdão do Tribunal de Justiça (Grande Secção) de 6 de novembro de 2012, Processos C-553/10 e C-554/10, *Comissão c Éditions Odile Jacob*, EU:385

Acórdão do Tribunal de Justiça (Sétima Secção) de 30 de maio de 2013, *Quinn Barlo Ltd e o. contra Comissão Europeia*, Processo C-70/12 P, EU:C:2013:351

Acórdão do Tribunal de Justiça (Segunda Secção) de 28 de fevereiro de 2013, *Ordem dos Técnicos Oficiais de Contas c. Autoridade da Concorrência*, Processo C-1/12, EU:C:2013:127

Acórdão do Tribunal de Justiça (Grande Secção) de 19 de dezembro de 2013, *Telefónica SA contra Comissão*, Processo C-274/12 P, EU:C:2013:852

Acórdão do Tribunal de Justiça de 11 de setembro de 2014, *CB c. Comissão*, C-67/13 P, EU:C:2014:2204

Acórdão do Tribunal de Justiça (Terceira Secção) de 11 de setembro de 2014 *MasterCard Inc. e o. c. Comissão*, Processo C-382/12 P, EU:C:2014:2201

Acórdão do Tribunal de Justiça (Quinta Secção) de 16 de julho de 2015, *Huawei Technologies Co. Ltd c. ZTE Corp. e ZTE Deutschland GmbH*, Processo C-170/13, EU:C:2015:477

Acórdão do Tribunal de Justiça (Segunda Secção) de 6 de outubro de 2015, *Post Danmark A/S c. Konkurrencerådet, (Post Danmark II)*, C-23/14, EU:C:2015: 651

Acórdão do Tribunal de Justiça (Segunda Secção) de 22 de outubro de 2015, *AC-Treuhand AG contra Comissão Europeia*, Processo C-194/14 P, EU:C:2015:717

Acórdão do Tribunal de Justiça (Quinta Secção) de 21 de janeiro de 2016, *Galp Energía España, SA, e o. contra Comissão Europeia*, Processo C-603/16, EU:C:2016

Acórdão do Tribunal de Justiça (Nona Secção) de 28 de janeiro de 2016, *Éditions Odile Jacob c. Comissão*, Processo C-514/14 P, EU:C:2016:55

Acórdão do Tribunal de Justiça (Grande Secção) de 14 de março de 2017, *Evonik Degussa GmbH contra Comissão Europeia*, Processo C-266/06 P, EU:C:2008:295

Acórdão do Tribunal de Justiça (Grande Secção) de 6 de setembro de 2017, *Intel Corporation Inc. c. Comissão Europeia*, Processo C-413/14 P, EU:C:2017:632.

Acórdão do Tribunal de Justiça (Segunda Secção) de 14 de setembro de 2017, *Autortiesību un komunicēšanās konsultāciju aģentūra/Latvijas Autoru apvienība contra Konkurences padome*, (*AKKA*), Processo C-177/16, EU:C:2017:689

Acórdão do Tribunal de Justiça (Terceira Secção) de 23 de novembro de 2017, *Gasorba SL e o. contra Repsol Comercial de Productos Petrolíferos SA*, Processo C-547/16, EU:C:2017:891

Acórdão do Tribunal de Justiça (Grande Secção) de 5 de dezembro de 2017, *M.A.S. e M.B.*, Processo C-42/17, EU:C:2017:936, nºs 46 a 48, e acórdão do Tribunal de Justiça de 8 de setembro de 2015, *Taricco e o.*, Processo C-105/14, EU:C:2015:555

Acórdão do Tribunal de Justiça (Quinta Secção) de 22 de novembro de 2018, *MEO – Serviços de Comunicações e Multimédia, AS c. Autoridade Tributária e Aduaneira*, Processo C-295/17, EU:C:2018:942

Acórdão do Tribunal de Justiça (Terceira Secção) de 10 de julho de 2019, *Comissão Europeia c. Icap Management Services Ltd e Icap New Zealand Ltd.*, Processo C-39/18 P, EU:C:2019:584

Acórdão do Tribunal de Justiça (Quarta Secção) de 30 de janeiro de 2020, *Generics (UK) Ltd e o. contra Competition and Markets Authority (Paroxetine)*, Processo C-307/18, EU:C:2020:52

Acórdão do Tribunal de Justiça (Terceira Secção) de 25 de março de 2021, *Deutsche Telekom, AG, c. Comissão Europeia*, Processo C-152/19 P, EU:C:2021:238

Acórdão do Tribunal de Justiça (Terceira Secção) de 25 de março de 2021, *Slovak Telekom, a.s., c. Comissão Europeia*, Processo C-165/19 P, EU:C:2021:239

Tribunal Geral (e Tribunal de Primeira Instância)

Acórdão do Tribunal de Primeira Instância (Segunda Secção) de 10 de julho de 1991, *Radio Telefis Eireann c. Comissão das Comunidades Europeias*, Processo T-69/89, EU:T:1991:39

Acórdão do Tribunal de Primeira Instância (Segunda Secção) de 12 de dezembro de 1991, *Hilti AG c. Comissão das Comunidades Europeias*, Processo T-30/89, EU:T:1991:70

Acórdão do Tribunal de Primeira Instância (Primeira Secção) de 10 de março de 1992, *Società Italiana Vetro SpA, Fabbrica Pisana SpA e PPG Vernante Pennitalia SpA c. Comissão*, Processos apensos T-68/89, T-77/89 e T-78/89, EU:T:1992:38

Acórdão do Tribunal de Primeira Instância de 18 de setembro de 1992, *Automec Srl c. Comissão das Comunidades Europeias*, Processo T-24/90, EU:T:1992:97

Acórdão do Tribunal de Primeira Instância (Segunda Secção) de 1 de abril de 1993, *BPB Industries Plc e British Gypsum Ltd c. Comissão das Comunidades Europeias*, Processo T-65/89, EU:T:1993:31

Acórdão do Tribunal de Primeira Instância (Segunda Secção) de 6 de outubro de 1994, *Tetra Pak International SA c. Comissão das Comunidades Europeias*, Processo T-83/91, EU:T:1994:755

Acórdão do Tribunal de Primeira Instância (Segunda Secção Alargada) de 8 de junho de 1995, *Schöller Lebensmittel GmbH & Co. KG c. Comissão das Comu-*

nidades Europeias, Processo T-9/93, EU:T:1995:99

Acórdão do Tribunal de Primeira Instância (Segunda Secção Alargada) de 8 de junho de 1995, *Langnese-Iglo GmbH c. Comissão das Comunidades Europeias*, Processo T-7/93, EU:T:1995:98

Acórdão do Tribunal de Primeira Instância (Primeira Secção Alargada) de 11 de julho de 1996, *Métropole télévision SA e Reti Televisive Italiane SpA e Gestevisión Telecinco SA e Antena 3 de Televisión c. Comissão das Comunidades Europeias*, Processos apensos T-528/93, T-542/93, T-543/93 e T-546/93, EU:T:1996:99

Acórdão do Tribunal de Primeira Instância (Segunda Secção Alargada) de 12 de junho de 1997, *Tiercé Ladbroke SA c. Comissão das Comunidades Europeias*, Processo T-504/93, EU:T:1997:84

Acórdão do Tribunal de Primeira Instância (Quarta Secção Alargada) de 22 de outubro de 1997, *Stichting Certificatie Kraanverhuurbedrijf (SCK) e Federatie van Nederlandse Kraanbedrijven (FNK) c. Comissão das Comunidades Europeia*, Processos apensos T-213/95 e T-1 8/96, EU:T:1997:157

Acórdão do Tribunal de Primeira Instância, (Terceira Secção Alargada) de 13 de maio de 1998, *Sarrió SA c. Comissão das Comunidades Europeias*, Processo T-334/94, EU:T:1998:97

Acórdão do Tribunal de Primeira Instância, (terceira secção Alargada) de 14 de maio de 1998, *Gruber + Weber GmbH & Co. KG c. Comissão das Comunidades Europeias*, (*Cartonboard*), Processo T-310/94, EU:T:1998:92

Acórdão do Tribunal de Primeira Instância (Quinta Secção Alargada) de 25 de março de 1999, *Gencor Ltd c. Comissão das Comunidades Europeias*, Processo T-102/96, EU:T:1999:65

Acórdão do Tribunal de Primeira Instância (Terceira Secção Alargada) de 20 de abril de 1999, *Limburgse Vinyl Maatschappij NV, Elf Atochem SA, BASF AG, Shell International Chemical Company Ltd, DSM NV, DSM Kunststoffen BV, Wacker-Chemie GmbH, Hoechst AG, Société artésienne de vinyle, Montedison SpA, Imperial Chemical Industries plc, Hüls AG e Enichem SpA c. Comissão das Comunidades Europeias*, Processos apensos T-305/94, T-306/94, T-307/94, T-313/94 a T-316/94, T-318/94, T-325/94, T-328/94, T-329/94 e T-335/94, EU:T:1999:80

Acórdão do Tribunal de Primeira Instância (Terceira Secção) de 7 de outubro de 1999, *Irish Sugar plc c. Comissão das Comunidades Europeias*, Processo T-228/97, EU:T:1999:246

Acórdão do Tribunal de Primeira Instância (Quinta Secção Alargada) de 26 de outubro de 2000, *Bayer AG c. Comissão das Comunidades Europeias*, Processo T-41/96, EU:T:2000:242

Acórdão do Tribunal de Primeira Instância de 12 de dezembro de 2000, *Aéroports de Paris*, Processo T-128/98, EU:T:2000:290

Acórdão do Tribunal de Primeira Instância (Segunda Secção) de 14 de fevereiro de 2001, *Société de distribution de mécaniques et d'automobiles (Sodima) c. Comissão das Comunidades Europeias*, Processo T-62/99, EU:T:2001:53

Despacho do presidente do Tribunal de Primeira Instância de 26 de outubro de 2001, *IMS Health Inc. c. Comissão das Comunidades Europeias*, Processo T-184/01 R, EU:T:2001:259

Acórdão do Tribunal de Primeira Instância (Terceira Secção) de 28 de fevereiro de 2002, *Atlantic Container Line e o c. Comissão*, Processo T-395/94, EU:T:2002:49

Acórdão do Tribunal de Primeira Instância (Quinta Secção Alargada) de 6 de junho de 2002, *Airtours plc c. Comissão das Comunidades Europeias*, Processo T-342/99, EU:T:2002:146

Acórdão do Tribunal de Primeira Instância (Primeira Secção) de 25 de outubro de 2002, *Tetra Laval BV c. Comissão*, Processo T-5/02, EU:T:2002:264:38

Acórdão do Tribunal de Primeira Instância (Terceira Secção) de 30 de setembro de 2003, *Manufacture française des pneumatiques Michelin c. Comissão das Comunidades Europeias*, Processo T-203/01, EU:T:2003:250

Acórdão do Tribunal de Primeira Instância (Terceira Secção) de 30 de setembro de 2003, *Atlantic Container Line AB e outros c. Comissão das Comunidades Europeias*, Processos apensos T-191/98, T-212/98 a T-214/98, EU:T:2003:245

Acórdão do Tribunal de Primeira Instância (Primeira Secção) de 17 de dezembro de 2003, *British Airways plc c. Comissão*, Processo T-219/99, EU:T:2003:343

Acórdão do Tribunal de Primeira Instância (Quinta Secção Alargada) de 21 de setembro de 2004, *Société française de transports Gondrand Frères SA c. Comissão das Comunidades Europeias*, Processo 169/80, EU:T:2004:270

Acórdão do Tribunal de Primeira Instância (Terceira Secção) de 18 de julho de 2005, *Scandinavian Airlines System AB c. Comissão das Comunidades Europeias*, Processo T-241/01, EU:T:2005:296

Acórdão do Tribunal de Primeira Instância (Segunda Secção Alargada) de 14 de dezembro de 2005, *General Electric Company c. Comissão das Comunidades Europeias*, Processo T-210/01, EU:T:2005:456

Acórdão do Tribunal de Primeira Instância (Quinta Secção) de 7 de junho de 2006, *Österreichische Postsparkasse AG e Bank für Arbeit und Wirtschaft AG c. Comissão das Comunidades Europeias*, Processos apensos T-213/01 e T-214/01, EU:T:2006:151

Acórdão do Tribunal de Primeira Instância (Segunda Secção) de 4 de julho de 2006, *easyJet Airline Co. Ltd c. Comissão*, Processo T-177/04, EU:T:2006:187

Acórdão do Tribunal de Primeira Instância (Quinta Secção Alargada) de 30 de janeiro de 2007, *France Télécom SA c. Comissão das Comunidades Europeias*, Processo T-340/03, EU:T:2007:22

Acórdão do Tribunal de Primeira Instância (Primeira Secção) de 24 de maio de 2007, *Der Grüne Punkt - Duales System Deutschland GmbH c. Comissão das Comunidades Europeias*, Processo T-289/01, EU:T:2007:155

Acórdão do Tribunal de Primeira Instância (Quarta Secção Alargada) de 11 de julho de 2007, *Alrosa Company Ltd c. Comissão*, Processo T-170/06, EU:T:2007:220

Acórdão do Tribunal de Primeira Instância (Quarta Secção) de 12 de julho de 2007, *Groupement des cartes bancaires (CB) c. Comissão das Comunidades Europeias*, Processo T-491/07, EU:T:2007:223

Acórdão do Tribunal de Primeira Instância (Grande Secção) de 17 de setembro de 2007, *Microsoft Corp. c. Comissão das Comunidades Europeias*, Processo T-201/04, EU:T:2007:289

Acórdão do Tribunal de Primeira Instância (Quinta Secção Alargada) de 10 de abril de 2008, *Deutsche Telekom AG c. Comissão das Comunidades Europeias*, Processo T-271/03, EU:T:2008:101

Acórdão do Tribunal de Primeira Instância de 8 de julho de 2008, *Lafarge SA c. Comissão das Comunidades Europeias*, Processo T-54/03, EU:T:2008:255

Acórdão do Tribunal de Primeira Instância (Quinta Secção) de 14 de janeiro de 2009, *Kronoply GmbH & Co. KG c. Comissão das Comunidades Europeias*, Processo T-162/06, EU:T:2009:2

Acórdão do Tribunal de Primeira Instância (Quinta Secção) de 9 de setembro de 2009, *Clearstream Banking AG e Clearstream International SA c. Comissão das Comunidades Europeias*, Processo T-301/04, EU:T:2009:317

Acórdão do Tribunal Geral (Sexta Secção) de 17 de dezembro de 2009, *Solvay SA c Comissão*, Processo T-57/01, EU:T:2009:519

Acórdão do Tribunal Geral (Sexta Secção) de 25 de junho de 2010, *Imperial Chemical Industries Ltd c. Comissão Europeia*. Processo T-66/01, EU:T:2010:255

Acórdão do Tribunal Geral (Sexta Secção Alargada) de 1 de julho de 2010, *AstraZeneca AB e AstraZeneca plc c. Comissão Europeia*, Processo T-321/05, EU:T:2010:266

Acórdão do Tribunal Geral (Terceira Secção) de 6 de julho de 2010, *Ryanair Holdings plc contra Comissão Europeia*, Processo T-342/07, EU:T:2010:280

Acórdão do Tribunal Geral (Sexta Secção) de 13 de setembro de 2010, *Éditions Odile Jacob c. Comissão*, Processo T-452/04, EU:385

Acórdão do Tribunal Geral (Segunda Secção) de 3 de março de 2011, *Siemens AG c. Comissão Europeia*, Processo T-110/07, EU:T:2011:68

Acórdão do Tribunal Geral (Quinta Secção) de 14 de abril de 2011, *Visa Europe Ltd e Visa International Service c. Comissão Europeia*, Processo T-461/07, EU:T:2011:181

Acórdão do Tribunal Geral (Segunda Secção) de 12 de julho de 2011, *Toshiba Corp. c. Comissão Europeia*, Processo T-113/07, EU:T:2011:343

Acórdão do Tribunal Geral (Oitava Secção) de 29 de março de 2012, *Telefónica, SA e Telefónica de España, SA c. Comissão Europeia*, Processo T-336/07, EU:T:2012:172

Acórdão do Tribunal Geral (Sétima Secção) de 24 de maio de 2012, *MasterCard, Inc. e o. c. Comissão*, Processo T-111/08, EU:T:2012:260

Acórdão do Tribunal Geral (Segunda Secção) de 27 de junho de 2012, *Microsoft c. Comissão*, Processo T-167/08, EU:T:2012:323

Acórdão do Tribunal Geral (Sexta Secção) de 27 de setembro de 2012, *Shell Petroleum NV e o. c. Comissão Europeia*, Processo T-343/06, EU:T:2012:478

Acórdão do Tribunal Geral (Quarta Secção) de 11 de dezembro de 2013, *Cisco Systems, Inc. e Messagenet SpA c. Comissão Europeia*, Processo T-79/12, EU:T:2013:635

Acórdão do Tribunal Geral (Sétima Secção alargada) de 12 de junho de 2014, *Intel Corp. c. Comissão Europeia*, Processo T-286/09, EU:T:2014:547

Acórdão do Tribunal Geral (Quarta Secção) de 12 de dezembro de 2014, *BPP c. Comissão*, Processo T-487/11, EU:T:2014:1077

Acórdão do Tribunal Geral (Oitava Secção) de 13 de maio de 2015, *Niki Luftfahrt GmbH c. Comissão Europeia*, Processo T-162/10, EU:T:2015:283

Acórdão do Tribunal Geral (Primeira Secção) de 16 de dezembro de 2015, *British Airways plc c. Comissão Europeia*, Processo T-48/11, EU:T:2015:988

Acórdão do Tribunal Geral (Nona Secção) de 8 de setembro de 2016, H. *Lundbeck A/S e Lundbeck Ltd c. Comissão Europeia*, Processo T-472/13, EU:T:2016:449

Acórdão do Tribunal Geral (Oitava Secção) de 15 de setembro de 2016, *Morningstar, Inc., c. Comissão Europeia*, Processo T-76/14, EU:T:2016:481

Acórdão do Tribunal Geral (Segunda Secção alargada) de 10 de novembro de 2017, *Icap plc e o. contra Comissão Europeia*, Processo T-180/15, EU:T:2017:795

Acórdão do Tribunal Geral (Primeira Secção) de 3 de julho de 2018, *Transtec c. Comissão*, Processo T-616/15, EU:T:2018:399

Acórdão do Tribunal Geral (Quarta Secção) de 26 de setembro de 2018, *European Association of Euro Pharmaceutical Companies (EAEPC), apoiada por GlaxoSmithKline plc e GlaxoSmithKline SA c. Comissão Europeia*, Processo T-574/14, EU:T:2018:605

Acórdão do Tribunal Geral (Quinta Secção) de 18 de outubro de 2018, *Terna – Rete elletrica nazionale SpA c. Comissão*, Processo T-387/16, EU:T:2018:699

Acórdão do Tribunal Geral (Quinta Secção) de 12 de dezembro de 2018, *Groupe Canal+ c. Comissão Europeia*, Processo T-873/16, EU:T:2018:904

Acórdão do Tribunal Geral de 12 de dezembro 2018, *Krka Tovarna Zdravil d.d. c. Comissão Europeia*, Processo T-684/14, EU:T:2018:918

Acórdão do Tribunal Geral (Nona Secção alargada) de 13 de dezembro de 2018, *Slovak Telekom, a.s., c. Comissão Europeia*, Processo T-851/14, EU:T:2018:929

Acórdão do Tribunal Geral de 9 de abril de 2019 (Segunda Secção), *Qualcomm e Qualcomm Europe c. Comissão Europeia*, Processo T-371/17, EU:T:2019:232

Acórdão do Tribunal Geral (Nona Secção alargada) de 10 de novembro de 2021, *Google LLC, anteriormente Google Inc. e Alphabet, Inc. c. Comissão Europeia*, Processo T-612/17, EU:T:2021:763

Acórdão de 14 de setembro de 2022, *Google and Alphabet v Commission (Google Android)*, T-604/18, EU:T:2022:541

Conclusões de Advogados-Gerais

Conclusões do Advogado-Geral Jean-Pierre Warner, apresentadas em 22 de janeiro de 1974, Processos apensos C-6 e 7-73, EU:C:1974:5

Conclusões do Advogado-Geral Fennelly apresentadas em 29 de outubro de 1998, *Compagnie maritime belge transports SA (C-395/96 P), Compagnie maritime belge SA (C-395/96 P) e Dafra-Lines A/S (C-396/96 P) c. Comissão das Comunidades Europeias*, Processos apensos C-395/96 P e C-396/96 P, EU:C:1998:518

Conclusões conjuntas do Advogado-Geral Léger apresentadas em 17 de fevereiro de 2005, *Rica Foods (Free Zone) NV c. Comissão das Comunidades Europeias*, Processo C-40/03 P, EU.C.2005:93

Conclusões do Advogado-Geral Dámaso Ruiz-Járabo Colomer apresentadas a 1 de abril de 2008, *Sot Lélos e outros c. GlaxoSmithKlein*, Processo C-468/06 a C-478/06, EU:C:2008:180

Conclusões da Advogada-Geral Kokott, apresentadas em 17 de setembro de 2009, *Comissão Europeia contra Alrosa Company Ltd*, Processo C-441/07 P, EU:C:2009:555

Conclusões do Advogado-Geral Mazák apresentadas em 2 de setembro de 2010, *Konkurrensverket c. TeliaSo-*

nera Sverige AB, Processo C-52/09, EU:C:2010:483,

Conclusões da Advogada-Geral Kokott apresentadas em 11 de novembro de 2010, *Maurits Casteels c. British Airways plc*, Processo C-379/09, EU:C:2010:675,

Conclusões do Advogado-Geral Jääskinen, apresentadas em 7 de fevereiro de 2013, *Bundeswettbewerbsbehörde c. Donau Chemie e o.*, C-536/11, EU:C:2013:67

Conclusões do Advogado-Geral M. Wathelet apresentadas em 20 de novembro de 2014, *Huawei Technologies Co. Ltd c. ZTE Corp. e ZTE Deutschland GmbH*, Processo C-170/13, EU:C:2014:2391

Conclusões do Advogado-Geral Nils Wahl, apresentadas em 20 de outubro de 2016, Processo C-413/14 P, EU:C:2016:788

Conclusões da Advogada-Geral Kokott apresentadas em 14 de setembro de 2017, *Gasorba SL e o. contra Repsol Comercial de Productos Petrolíferos AS*, Processo C-547/16, EU:C:2017:692

Conclusões do Advogado-Geral Nils Wahl apresentadas em 20 de dezembro de 2017, *MEO – Serviços de Comunicações e Multimédia SA c. Autoridade da Concorrência*, Processo C-525/16, EU:C:2017:1020

Conclusões do Advogado-Geral Henrik Saugmandsgaard Øe apresentadas em 9 de setembro de 2020, Processos C-152/19 P e C-165/19 P, *Deutsche Telekom AG* (C-152/19 P), *Slovak Telekom a.s.* (C-165/19 P) c. Comissão Europeia, EU:C:2020:678

Decisões da Comissão

Decisão da Comissão de 9 de dezembro de 1971 relativa a um processo de execução do artigo 86º do Tratado – Processo IV/26 811 – *Europemballage Corporation* (JO L 7 de 8.1.1972, p. 25-39)

Decisão da Comissão de 14 de dezembro de 1972, *ZOJA/CSC*, ICI, IV/26.911 (Decisão *Commercial Solvents*) (JO 1972, L 299, pp. 51-58)

Decisão da Comissão de 29 de outubro de 1975, *National Coal Board, National Smokeless Fuels e National Carbonizing*, 76/185

Decisão de 17 de dezembro de 1975, Chiquita, IV/26.699 (JO 1976, L 95, p. 1-20) (Decisão United Brands)

Decisão da Comissão 83/462/EEC de 29 de julho de 1983, *Akzo (medidas provisórias)*, (JO L 252 de 13.9.1983, pp. 13-21)

Decisão da Comissão de 4 de julho de 1984, *Fibras Sintéticas*, IV/30.810, (JO L 207 de 2.8.1984, pp. 17-25)

Decisão da Comissão de 14 de dezembro de 1985, *ECS/Akzo*, Proc. IV/30.698, (JO L374, 1985, p. 1)

Decisão da Comissão de 22 de dezembro de 1987, *Enichem/ICI*, IV/31.846, (JO L 50 de 24.2.1988, p. 18-28)

Decisão da Comissão de 22 de dezembro de 1987, *Hilti*, IV/30.787 (JO L 65 de 11.3.1988, p. 19-44)

Decisão da Comissão de 4 de novembro de 1988, *London European/Sabena*, IV/32.318, (JO L 317, 24-11-88, p. 47)

Decisão 89/205/CEE da Comissão, de 21 de dezembro de 1988, *Magill TV Guide/ ITP, BBC e RTE*, IV/31.851 (JO 1989, L 78, p. 43)

Decisão 92/163/CEE da Comissão, de 24 de julho de 1991, *Tetra Pak II*, IV/31.043 (JO 1992, L 72, p. 1-62)

Decisão da Comissão de 16 de janeiro de 1991, *Ijsselcentrale*, IV/32.732, (JO L 28 de 2.2.1991, p. 32-46)

Decisão da Comissão de de 26 de fevereiro de 1992, *British Midland*,

IV/33.544, (JO L 96 de 10.4.1992, p. 34-45)

Decisão da Comissão de 10 de novembro de 1992, *Warner Lambert/Gillette et al., e BIC/Gillette et al.*, IV/33.440 e IV/33.486, (JO L 116, de 12.5.1993, p. 21)

Decisão da Comissão de 23 de dezembro de 1992, *Astra*, IV/32.745, (JO L 20, 28.1.1993, pp. 23-39)

Decisão 93/82/CEE da Comissão, de 23 de dezembro de 1992, IV/32.448 e IV/32.450: *Cewal, Cowac, Ukwal*, IV/32.448 e IV/32.450: *Cewal* (JO L 34 de 10.2.1993, p. 20-43)

Decisão da Comissão de 21 de dezembro de 1993, *Porto de Rodby*, (JO L 55 de 26.2.1994, p. 52-57)

Decisão da Comissão de 21 de dezembro de 1993, *Stena Sealink – Medidas provisórias*, IV/34.689, (JO L 15, de 18.1.1994, p. 8)

Decisão da Comissão de 21 de setembro de 1994, *European Night Services*, IV/34.600, (JO L 259 de 7.10.1994, p. 20-26)

Decisão da Comissão de 13 de dezembro de 1994, *ACI- Chanel Tunnel*, IV/32.490, (JO L 354 de 31.12.1994, p. 66-74)

Decisão da Comissão de 16 de maio de 1995, *Irish Continental Group c. CCI Morlaix* IV/35.388

Decisão da Comissão de 14 de maio de 1997, IV/34.621, 35.059/F-3 – *Irish Sugar plc* (JO L 258 de 22.9.1997, pp. 1-34)

Decisão da Comissão de 14 de janeiro de 1998, IV/34.801, *Aeroportos de Frankfurt*, (JO L 72 de 11.3.1998, p. 30-50)

Decisão da Comissão de 11 de março de 1998, *Van den Bergh Foods*, Processos apensos IV/34.073, IV/34.395 e IV/35.436, (JO L 246, 4.9.1998, pp. 1-50)

Decisão 98/513/CE da Comissão, de 11 de junho de 1998, IV/35.613 – *Alpha Flight Services/Aéroports de Paris* (JO L 230, 18.8.1998, p. 10-27)

Decisão da Comissão CECED, de 24 de janeiro de 1999, 2000/475/CE, Proc. IV.F.1/36.178, (JO L 187/47 de 26.7.2000)

Decisão da Comissão de 20 de julho de 1999, *Campeonato Mundial de Futebol* de 1998, IV/36.888 (JO L 5, 8.1.2000, p. 55-74)

Decisão de 15 de março de 2000, processo COMP/M.1672 – *Volvo/Scania*

Decisão da Comissão de 7 de fevereiro de 2001, *EDF*, COMP/M.1853, (JO L 59 de 28.2.2002, p. 1-17)

Decisão da Comissão de 20 de março de 2001, *Deutsche Post AG*, COMP/35.141, (JO L 125, 5.5.2001, pp. 27-44)

Decisão da Comissão de 26 de setembro de 2001, *Grupo Villar Mir/EnBW/Hidroeléctrica del Cantábrico*, COMP/M.2434, (JO L 48 de 18.2.2004, p. 86-110)

Decisão da Comissão de 8 de maio de 2001, *GSK Spain*, 2001/791/EC (JO L 302 de 17.11.2001, pp. 1-43)

Decisão da Comissão, de 3 de julho de 2001, COMP D3/38.044 – *NDC Health/IMS Health (Medidas provisórias)* (JO 28.2.2002, L 59, p. 18-49)

Decisão da Comissão de 2 de abril de 2003, *Newscorp/Telepiù*, M. 2876, (JO L 110 de 16.4.2004, pp. 73-125)

Decisão da Comissão, de 13 de agosto de 2003, COMP D3/38.044 – *NDC Health/IMS Health (Medidas provisórias – retirada)* (JO L 268 de 18.10.2003, p. 69-72)

Decisão da Comissão, de 24 de março de 2004, COMP/C-3/37.792, *Microsoft*, (JO L 32, 06.02.2007, p. 23)

Decisão da Comissão, de 2 de Junho de 2004, relativa a um procedimento nos termos do artigo 82º do Tratado CE, Processo COMP/38.096 – *Clearstream (Clearing and Settlement)*, (JO C 165 de 17.7.2009, p. 7-11)

Decisão da Comissão de 23 de julho de 2004, *Scandlines Sverige c. Porto de Helsinborg*, e *Sundbusserne c. Porto de Helsinborg*, COMP/36.570

Decisão da Comissão de 6 de outubro de 2004, *Areva/Urenco*, COMP/M.3099, (JO L 61 de 2.3.2006, p. 11-16)

Decisão de 9 de dezembro de 2004, processo COMP/M.3440 – ENI/EDP/GDP

Decisão da Comissão de 22 de junho de 2005, *Coca-Cola*, COMP/39.140, (JO L 253, 29.9.2005, p. 21)

Decisão da Comissão de 10 de novembro de 2005, *Microsoft*, COMP/37.792

Decisão da Comissão de 22 de fevereiro de 2006, *De Beers*, COMP/B-2/38.381, (JO L 205 de 27.7.2006, pp. 24-25)

Decisão da Comissão de 12 de abril de 2006, *Repsol CPP*, COMP/B-1/38.348, (JO L176, de 30.6.2006, p. 104)

Decisão da Comissão de 26 de abril de 2006, *T-Mobile Austria/Tele.ring*, M.3916, (JO L 88 de 29.3.2007, pp. 44-46)

Decisão da Comissão de 19 de julho de 2006, *AstraZeneca*, COMP/A37.507/F3, (JO L 332 de 30.11.2006, pp. 24-25)

Decisão da Comissão de 12 de dezembro de 2006, *Metso/Aker Kvaerner*, COMP/M.4187, (JO C 153, 01.07.2006)

Decisão da Comissão de 19 de dezembro de 2007, *Mastercard*, COMP/34.579, (JO C 264, 6.11.2009, pp. 8-11)

Decisão da Comissão de 19 de fevereiro de 2008, *Thomson Reuters*, COMP/M.4726, (JO C 240 12.10.2007)

Decisão da Comissão de 11 de março de 2008, *Google/Double Click*, COMP/M.4731, (JO C 184 de 22.7.2008, p. 10-12)

Decisão da Comissão de 16 de julho de 2008, *CISAC*, COMP/C2/38.698, (JO C 323, 18.12.2008, pp. 12-13)

Decisão da Comissão de 15 de outubro de 2008, *Distrigaz*, COMP/M.5220, J(O C 38 de 17.2.2009, p. 8)

Decisões da Comissão de 26 de novembro de 2008, *German Electricity Wholesale Market*, COMP/39.388, e *German Electricity Balancing Market*, COMP/39.389, (*E.ON gas foreclosure*), (JO C 36, 13/2/2009, p. 8)

Decisão de 4 de março de 2009, sobre a eliminação do art. 7º da Decisão *Microsoft I* COMP/37.792 – Microsoft (não publicada)

Decisão da Comissão de 18 de março de 2009, *RWE gas foreclosure*, COMP/39.402, (JO C 133, 12.6.2009, pp. 10-11)

Decisão da Comissão de 13 de maio de 2009, *Intel*, COMP/37.990, (JO C 227, 22.9.2009, pp. 13-17)

Decisão da Comissão de 17 de novembro de 2009, *GDF Foreclosure*, COMP/39.316, (JO C 57, 9/3/2010, p. 13)

Decisão da Comissão de 9 de dezembro de 2009, *Rambus*, COMP/38.636, (JO C 30 de 6.2.2010, pp. 17-18)

Decisão da Comissão, de 16 de dezembro de 2009, relativa a um procedimento nos termos do artigo 102. o do Tratado sobre o Funcionamento da União Europeia e do artigo 54. o do Acordo EEE [Processo COMP/39.530 – Microsoft (JO C 36 de 13.2.2010, p. 7-8)

Decisão da Comissão de 18 de fevereiro de 2010, *Microsoft/Yahoo!*, Processo COMP/M.5727

Decisão da Comissão de 14 de abril de 2010, *Swedish Interconnec-*

tors, COMP/39.351, (JO L 385 de 31.12.1981, p. 27)

Decisão da Comissão de 8 de outubro de 2010, *SNCF/LCR/Eurostar*, M.5655, (JO C 272 de 8.10.2010, p. 2)

Decisão da Comissão de 29 de outubro de 2010, COMP/39.315, *ENI*, (JO C 352, 23/12/2010, pp. 8-10)

Decisão da Comissão de 16 de dezembro de 2010, COMP/39.530, *Microsoft*, (JO C 36, 13/2/2010, p. 7)

Decisão da Comissão de 16 de fevereiro de 2011, *Ferrovie dello Stato*, COMP/37.685, (JO 2004 L 11,p. 17)

Decisão da Comissão de 22 de junho de 2011, *Telekomunikacja Polska*, COMP/39.525 (JO C 324 de 9.11.2011, p. 7-10)

Decisão da Comissão de 7 de outubro de 2011, *Microsoft/Skype*, COMP/M.6281

Decisão do Presidente da Comissão Europeia, de 13 de outubro de 2011, relativa às funções e ao mandato do Auditor em determinados procedimentos de concorrência (JO L 275 de 20.10.2011, p. 29-37).

Decisão da Comissão de 13 de novembro de 2011, *IBM*, COMP/39.692, (JO C 18 de 21.1.2012, p. 6-7)

Decisão da Comissão de 29 de novembro de 2012, *Reuters Instrument Codes*, AT.39654, (JO C 326 de 12.11.2013, p. 3)

Decisão da Comissão de 20 de dezembro de 2012, *Rio Tinto Alcan*, COMP/39.230, (JO C 89 de 27.3.2013, pp. 5-6)

Decisão da Comissão de 10 de abril de 2013, *CEZ*, COMP/39.727, (JO C 251, 31/8/2013, p. 4)

Decisão da Comissão, de 6 de março de 2013, COMP/39.530 – Microsoft (venda ligada de produtos) (JO C 120 de 26.4.2013, p. 15-16)

Decisão da Comissão de 18 de dezembro de 2013, Deutsche Bahn I e II, AT.39.678 e AT.39.371 (JO C 86 de 25.3.2014, p. 4-5)

Decisão da Comissão de 5 de março de 2014, *OPCOM/Bolsa de eletricidade romena*, AT.39.984 (JO C 314, de 13.9.2014, p. 7)

Decisão da Comissão de 29 de abril de 2014, *Motorola*, AT.39985, (JO C 344 de 2.10.2014, pp. 6-8).

Decisão da Comissão de 4 de outubro de 2014, *Samsung*, AT.39939, (JO C 350 de 4.10.2014, p. 6-7)

Decisão da Comissão de 8 de abril de 2016, *Deutsche Bahn I e II*, AT.39.678 e AT.39.731

Decisão da Comissão de 20 de setembro de 2016, *ARA*, AT.39759, (JO C 432 de 23.11.2016, p. 6-8)

Decisão da Comissão de 6 de dezembro de 2016, *Microsoft/LinkedIn*, COMP/M.8124, (JO C 388 de 21.10.2016, p. 4)

Decisão da Comissão de 17 de março de 2017, *DuPont*, M.7932, (JO C 353 de 20.10.2017, p. 9-18)

Decisão da Comissão de 18 de maio de 2017, *Facebook/WhatsApp*, M.8228, (JO C 286 de 30.8.2017, p. 6-9)

Decisão da Comissão de 27 de junho de 2017, *Google Search (Shopping)*, AT.39740, (JO C 9, 12.1.2018, pp. 11-14)

Decisão da Comissão de 2 de outubro de 2017, *Transporte Ferroviário do Báltico (Baltic Rail)*, AT.39813, (JO C 383 de 14.11.2017, p. 7-8)

Decisão da Comissão de 4 de abril de 2018, *DE/DK Interconnector ("TenneT")*, COMP/AT.40461, (JO C 118 de 4.4.2018, p. 20-21)

Decisão da Comissão de 24 de maio de 2018, *Gazprom*, AT.39816, (JO C 258 de 23.7.2018, pp. 6-8)

Decisão da Comissão de 18 de julho de 2018, *Google Android*, AT.40099, (JO C 402, 28.11.2019, pp. 19-22)

Decisão da Comissão de 17 de dezembro de 2018, *BEH*, AT.39.849

Decisão da Comissão de 17 de dezembro de 2018, *Guess*, AT.40.428, (JO C 47 de 6.2.2019, p. 5)

Decisão de 18 de janeiro de 2018, M.8306, *Qualcomm/NXP Semiconductors*

Decisão da Comissão, de 24 de janeiro de 2018, *Qualcomm (preços predatórios)*, AT.40220 (JO C 269 de 31.7.2018, p. 25-26)

Decisão da Comissão de 20 de março de 2019, *Google Search (AdSense)*, AT. 40411 (JO C 369 de 3.11.2020, p. 6-10)

Decisão da Comissão de 18 de julho de 2019, *Qualcomm (exclusividade)*, AT.39711 (JO C 375 de 6.11.2019, p. 25-287)

Decisão da Comissão de 9 de setembro de 2019, *Sanrio*, AT.40432

Decisão da Comissão de 7 de outubro de 2020, *Broadcom*, AT.40608

Decisão da Comissão de 10 de fevereiro de 2021, Aspen, AT.40394

Nota: a partir de 2004, a publicação das decisões em JO corresponde a um sumário, e, por vezes, não há qualquer publicação. A versão integral de todas as decisões encontra-se em https://ec.europa.eu/competition/index_en.html ou em https://eur-lex.europa.eu/homepage.html?locale=pt

BIBLIOGRAFIA

AAVV (2019). Stigler Committee on Digital Platforms: Final Report. Zingales, L., Rolnyk, G. e Lancieri, F. M. (Eds.), *Stigler Center for the Study of the Economy and the State*. Disponível em https://research.chicagobooth.edu/-/media/research/stigler/pdfs/digital-platforms---committee-report---stigler--center.pdf?la=en&hash=2D23583FF8BCC560B7FEF7A81E1F95C1DDC5225E, consultado em 20.10.2019.

ACCC (2019). *Digital Reports Inquiry: Final Report & Executive Summary*. Disponível em https://www.accc.gov.au/focus-areas/inquiries-ongoing/digital--platforms-inquiry/final-report-executive-summary, consultado em 20.8.2019.

Adams, W. (1951). Dissolution, Divorcement, Divestment: the Phyrrhic Victories of Antitrust. *Indiana Law Journal*, *27*(1), 1-37.

AdC (2019). *Ecossistemas digitais, Big Data e Algoritmos: Issues Paper*. Disponível em http://www.concorrencia.pt/vPT/Noticias_Eventos/Comunicados/Documents/Issues%20Paper_%20Ecossistemas%20Digitais%20Big%20Data%20Algoritmos.pdf, consultado em 20.9.2019.

Adler, M., D. e Posner, E. A. (2006). *New Foundations of Cost-Benefit Analysis*. Cambridge, MA, USA: Harvard University Press.

Aguilera Valdivia, E. (2018). The Scope of the 'Special Responsibility' upon Vertically Integrated Dominant Firms After the Google Shopping Case: Is There a Duty to Treat Rivals Equally and Refrain from Favouring Own Related Business? *World Competition Law and Economic Review*, *41*(1), 43-68.

Ahlborn, C. e Bailey, D. (2006). Discounts, Rebates and Selective Pricing by Dominant Firms: Trans--Atlantic Comparison. *European Competition Journal*, *2*, 101-144.

Ahlborn, C. e Evans, D. S. (2009). The Microsoft Judgment and its Implications for Competition Policy towards Dominant Firms in Europe. *Antitrust Law Journal*, *75*(3), 887-932.

Ahlborn, C. e Grave, C. (2006). Walter Eucken and Ordoliberalism: An Introduction from a Consumer Welfare Perspective. *Competition Policy International*, *2*(2), 197-217.

Ahlborn, C. e Padilla, J. (2008). From Fairness to Welfare: Implications for the Assessment of Unilateral Conduct under EC Competition Law. In C.-D. Ehlermann & M. Marquis (Eds.), *European Competition Law Annual 2007:*

A Reformed Approach to Article 82 EC. Oxford: Hart Publishing, 55-101.

Akman, P. (2009a). "Consumer Welfare" and Article 82: Practice and Rethoric. *World Competition Law and Economic Review, 32*, 71-90.

Akman, P. (2009b). Searching for the Long-Lost Soul of Article 82 EC. *Oxford Journal of Legal Studies, 29*(2), 267-303.

Akman, P. (2010). 'Consumer' versus 'Customer': The Devil in the Detail. *Journal of Law and Society, 37*(2), 315-344.

Akman, P. (2012). *The Concept of Abuse in EU Competition Law*. Oxford and Portland, Oregon: Hart Publishing.

Akman, P. (2014a). The Relationship between Economic Duress and Abuse of a Dominant Position. *Lloyd's Maritime and Commercial Law Quarterly*, 99-131.

Akman, P. (2014b). The Role of Intent in the EU Case Law on Abuse of Dominance. *European Law Review, 39*, 316-337.

Akman, P. (2017a). A Preliminary Assessment of the European Commission's Google Search Decision. *CPI Antitrust Chronicle, September 2017*, 1-5.

Akman, P. (2017b). The Theory of Abuse in Google Search: A Positive and Normative Assessement Under EU Competition Law. *Journal of Law, Technology and Policy, 2017*(2), 301-374.

Akman, P. (2018). A Preliminary Assessment of the European Commission's Google Android Decision. *CPI Antitrust Chronicle, 3*(Fall), 17-21.

Albors-Llorens, A. (2007). The Role of Objective Justification and Efficiencies in the Application of Article 82 EC. *Common Market Law Review, 44*(6), 1727-1761.

Alexandrino, J. A. (2007). *Direitos Fundamentais*. Estoril: Principia.

Alexiadis, P. e Sependa, E. (2013). Structural remedies under European Union antitrust rules in Structural remedies: a unique antitrust tool. *Concurrences, 2*, 21-26.

Allendesalazar, R. (2008). Remedies and Sanctions for Unlawful Unilateral Practices, with Particular Reference to Exclusionary Abuses. In B. Hawk (Ed.), *International Antitrust Law & Policy: 2007 Fordham Competition Law Institute* (509-521). Huntington, EUA: Juris Publishing.

Almunia, J. (2012). Competition Enforcement in the Knowledge Economy. In B. Hawk (Ed.), *International Antitrust Law & Policy: Annual Poceedings of the Fordham Competition Law Institute* (Vol. 6, 1-8). Huntington, EUA: Juris Publishing.

Almunia, J. (2014). Statement on the Google Investigation [Press release]. Disponível em https://ec.europa.eu/commission/presscorner/detail/en/SPEECH_14_93

Amato, G. (1997). *Antitrust and the Bounds of Power*. Oxford: Hart Publishing.

Anastácio, C. (2010). O dever de colaboração no âmbito dos processos de contra-ordenação por infração às regras de defesa da concorrência e o princípio nemo tenetur se ipsum accusare. *Revista de Concorrência e Regulação, I*(1), 199 – 235.

Anastácio, G. (2012). Anotação ao Art. 101º TFUE. In M. Lopes Porto & G. Anastácio (Eds.), *Tratado de Lisboa: Anotado e Comentado* (494-499). Coimbra: Almedina.

Anderman, S. (2013). Innovation, IPRs and EU Competition Law. In I. Lianos & D. Geradin (Eds.), *Handbook of*

European Competition Law: Substantive Aspects (561-587). Cheltenham, UK e Northampton, MA, USA: Edward Elgar Publishing.

Andreangeli, A. (2010). Between Economic Freedom and Effective Competition Enforcement: The Impact of the Antitrust Remedies Provided by the Modernisation Regulation in Investigated Parties Freedom to Contract and to Enjoy Property. *Competition Law Review, 6*(2), 225-257.

Andreangeli, A. (2012). Competition Law and Human Rights: Striking a Balance between Business Freedom and Regulatory Intervention. In I. Lianos & D. D. Sokol (Eds.), *The Global Limits of Competition Law* (22-36). Stanford, California: Stanford University Press.

Andreangeli, A. (2013). The Public Enforcement of Articles 101 and 102 TFEU under Council Regulation 1/2003: Due Process Considerations. In I. Lianos & D. Geradin (Eds.), *Handbook on European Competition Law: Enforcement and Procedure* (138-180). Cheltenham, UK and Northampton, MA, USA: Edward Elgar Publishing.

Andriychuk, O. (2010). Rediscovering the Spirit of Competition: On The Normative Value of the Competition Process. *European Competition Journal, 6*(3), 575-610.

Andriychuk, O. (2012). The Dialectics of Competition Law: Sketching the Ordo-Austrian Approach to Antitrust. *World Competition Law and Economic Review, 35*(2), 355-384.

Andriychuk, O. (2017). *The Normative Foundations of European Competition Law: Assessing the Goals of Antitrust through the Lens of Legal Philosophy.* Cheltenham, RU; Northampton, EUA: Edward Elgar Publishing.

Aragão Homem, F. (2019). *O Tribunal Europeu dos Direitos Humanos e o Sistema de Protecção de Direitos Fundamentais Nacional.* Lisboa: Almedina.

Areeda, P. E. (1989). Essential Facilities: An Epithet in Need of Limiting Principles. *Antitrust Law Journal, 58*(4), 841-853.

Areeda, P. E. e Turner, D. (1978). *Antitrust Law.* Boston: Little Brown & Co.

Arnull, A. (2006). *The European Union and its Court of Justice.* New York: Oxford.

Arnull, A. (2015). Judicial Review in the European Union. In A. Arnull & D. Chalmers (Eds.), *The Oxford Handbook of European Law* (Edição em Papel 2017 ed., 376-402). Nova Iorque: Oxford University Press.

Art, J.-Y. e Ibañez Colomo, P. (2010). Judicial Review in Article 102. In F. Etro & I. Kokkoris (Eds.), *Competition Law and the Enforcement of Article 102* (99-113). Nova Iorque, EUA: Oxford University Press.

Ashton, D., Henry, D., Maier-Rigaud, F., Schwalbe, U. (2013). *Competition Damages Actions in the EU law and practice.* Cheltenham: Edward Elgar Publishing.

Auer, D. (2018). Structuralist Innovation: A Shaky Legal Presumption in Need of an Overhaul. *CPI Antitrust Chronicle, 3*(Fall), 45-51.

Autorité de la concurrence e Bundeskartellamt (2016). Competition Law and data. Disponível em https://www.bundeskartellamt.de/SharedDocs/Publikation/DE/Berichte/Big%20Data%20Papier.pdf;jsessionid=D338931D0038C5EA77E4FCF6FABBB5B3.1_cid362?__blob=publicationFile&v=2, consultado em 15.11.2017.

Autorité de la concurrence e Bundeskartellamt (2019). *Algorithms and Com-*

petition. Disponível em https://www.bundeskartellamt.de/EN/AboutUs/Publications/Reports/reports_node.html, consultado 10.12.2019.

Axinn, S. M. e Kalir, D. M. (2008). Towards Neutral Principles of Antitrust Enforcement. In B. Hawk (Ed.), *International Antitrust Law & Policy: 2007 Fordham Competition Law Institute* (523-548). Huntington, EUA: Juris Publishing.

Azevedo, I. (2018). A Utilização Jusconcorrencial de Compromissos como Mecanismo de Regulação. *Revista de Concorrência e Regulação, IX*(36), 147-188.

Bain, J. S. (1950). Workable Competition in Oligopoly: Theoretical Considerations and Some Empirical Evidence. *The American Economic Review, 40*(2), 35-47.

Bain, J. S. (2013). Industrial Organization: Chapter 10. In D. Crane & H. Hovencamp (Eds.), *The Making of Competition Policy: Legal and Economic Sources* (pp. 320-337). Nova Iorque: Oxford University Press.

Baker, J. e Salop, S. C. (2015). Antitrust, Competition Policy, and Inequality. *The Georgetown Law Journal Online, 104*, 1-28.

Banasevic, N. (2018). The European Commission's Android Decision and Broader Lessons for Article 102 Enforcement. *CPI Antitrust Chronicle, 3*(Fall), 12-16.

Baptista Machado, J. (1985). O Sistema Científico e a Teoria de Kelsen *Revista da Faculdade de Direito da Universidade de Lisboa, 26*, 11-45.

Baptista Machado, J. (2013). *Introdução ao Direito e ao Discurso Legitimador*. Coimbra: Almedina.

Barnett, T. O. (2008). Section 2 Remedies: A Necessary Challenge. In B. Hawk (Ed.), *International Antitrust Law & Policy: 2007 Fordham Competition Law Institute* (549-558). Huntington, EUA: Juris Publishing.

Barnett, T. O. (2009). Section 2: Remedies: What to do after Catching the Tiger by the Tail. *Antitrust Law Journal, 76*(1), 31-41.

Batura, O., van Gorp, N. e Larouche, P. (2015). Online Platforms and the Digital Single Market: A Response to the Call for Evidence by the House of Lord's Internal Market Sucommittee. *e-Conomics*. Disponível em https://ec.europa.eu/information_society/newsroom/image/document/2016-7/nikolai_van_gorp_-_response_e-conomics_to_the_uk_house_of_lords_call_for_evidence_14020.pdf, consultado em 7.12.2018

Behrens, P. (2018). The Ordoliberal Concept of "Abuse" of a Dominant Position and its Impact on Article 102 TFEU. In F. Di Porto & R. Podszun (Eds.), *Abusive Practices In Competition Law* (5-25). Cheltenham, Northampton, MA: Edward Elgar Publishing.

Bellis, J.-F. e Kasten, T. (2010). Will Efficiencies Play an Increasingly Important Role in the Assessment of Conduct under Article 102 TFEU? In F. Etro & I. Kokkoris (Eds.), *Competition Law and the Enforcement of Article 102* (129-137). Nova Iorque, EUA: Oxford University Press.

Bennett, M., Fingleton, J., Fletcher, A., Hurley, L. e Ruk, D. (2010). What Does Behavioral Economics Mean for Competition Policy? *Competition Policy International, 6* (111-137).

Berghe, P. (2019). Recent developments in the Case-Law on the ECtHR on the Right to a Fair Trial in Competition Proceedings. *Journal of European Competition Law & Practice, 10*(8), 485-490.

Bergqvist, C. (2018). Google and the Search for a Theory of Harm. *European Competition Law Review, 39*(4), 149-151.

Bergqvist, C. e Rubin, J. (2019). Google and the Trans-Atlantic Antitrust Abyss. *University of Copenhagen Faculty of Law Research Paper, 2019-73.* Disponível em https://papers.ssrn.com/sol3/papers.cfm?abstract_id=3354766, consultado em 27.3.2018.

Bermejo Gutiérrez, N. (2012). Recent developments of EU competition case-law: parent-subsidiary liability, proportionality and scope of control exercised by the General Court and access to documents not included in the Commission file. In J. Díez-Hochleitner, C. Martínez Capdevila, I. Blásquez Navarro, & J. Frutos Miranda (Eds.), *Últimas tendencias en la jurisprudencia del Tribunal de Justicia de la Unión Europea. Recent trends in the case law of the Court of Justice of the European Union* (317-337). Madrid: La Ley (Wolters Kluwer).

Bertin, C. (2019). "Faut-il Sauver le Bien Être du Consommateur?". *Concurrences, 1*, 2-5.

Birkinbine, B. (2016). Free Software as Public Service in Brazil: An Assessment of Activism, Policy, and Technology. *International Journal of Communication, 10*, 3893-3908.

Bishop, S. e Walker, M. (2010). *The Economics of EC Competition Law: Concepts, Application and Measurement* (3 ed.). Padstow, Cornwall: Sweet & Maxwell.

Bogus, C. T. (2015). The New Road to Serfdom: The Curse of Bigness and the Failure of Antitrust. *University of Michigan Journal of Law Reform, 49*(1), 1-120.

Bordalo Junqueiro, R. (2012). *Abusos de Posição Dominante*. Coimbra: Almedina.

Bork, R. H. (1993 (Reimpressão 1978)). *The Antitrust Paradox. A Policy at War with Itself.* New York: The Free Press.

Boscheck, R. (2009). The EU's Third Internal Market Legislative Package: Victory of Politics over Economic Rationality?. *World Competition Law and Economic Review, 32*(4), 593-608.

Bosco, D. (2013). Introduction. *Concurrences, Structural Remedies: A Unique Antitrust Tool*(2), 12-13.

Bosco, D., Gauer, C., Bretz, O., Schallenberg, K., Genevaz, S., Pfister, É., Lipsky, T. (2013). La Pratique de Tests de Marché dans les Procédures Antitrust et dans le Contrôle de Concentrations. *Concurrences, 1*, 1-26.

Bostoen, F. (2019). Regulating On-line Platforms: Lessons from 100 Years of Telecommunications Regulation. *Working apresentado ao Prémio AdC Política de Concorrência Edição de 2019*, disponível em http://www.concorrencia.pt/vPT/Estudos_e_Publicacoes/Premio_AdC/edicao2019/Documents/Regulating%20online%20platforms%20-%20Friso%20Bostoen.pdf, consultado em 10.1.2020.

Botelho Moniz, C., Vieira Peres, J., Maia Cadete, E., Machado Borges, G., Gouveia e Melo, P., Gouveia, I. e Nascimento Ferreira, L. (2016). *Lei da Concorrência Anotada*. Coimbra: Almedina.

Botta, M. e Wiedemann, K. (2019). Exploitative Conducts in Digital Markets: Time for a Dicussion after the Facebook Decision. *Journal of European Competition Law & Practice, 10*(8), 465-478.

Botteman, Y. e Patsa, A. (2013). Towards a more sustainable use of commitment decisions in Article 102 cases. *Journal of Antitrust Enforcement, 1*(2), 347-374.

Bourgeois, J. e Strievi, S. (2010). EU competition remedies in consumer cases: thinking out of the shopping bag.

World Competition Law and Economic Review, 33(2), 241-255.

Brinker, I. (2018). Artikel 102 [Missbrauch einer marktbeherrschenden Stellung]. In J. Schwarze, U. Becker, A. Hatje, & J. Schoo (Eds.), *Schwarze - EU-Kommentar* (1415-1436). Baden--Baden: Nomos.

Brisimi, V. (2016). *The Interface between Competition and the Internal Market: Market Separation under Article 102 TFEU* (Vol. 9). Oxford, RU, e Portland, Oregon, EUA: Hart Publishing.

Bruc, É. (2019). Data as an Essential Facility in European Law: How to Define the Target "Market" and Divert the Data Pipeline? *European Competition Journal, 15*(2-3), 177-224.

Bundeskartellamt (2019). comunicado de imprensa do *Bundeskartellamt* de 7 de fevereiro de 2019, disponível em https://www.bundeskartellamt.de/SharedDocs/Meldung/EN/Pressemitteilungen/2019/07_02_2019_Facebook.html, consultado em 3.8.2019.

Budzinski, O. (2003). Pluralism of Competition Policy Paradigms and the Call for Regulatory Diversity. *Philipps-University of Marburg Volkswirtschaftliche Beitraege,* (14/2003). Disponível em SSRN:http://ssrn.com/abstract=4529001.5.2017, consultado em 26.6.2018.

Burnside, A. e Kidane, A. (2018). Interim Measures: An overview of EU and national case law. *Concurrences, 86718,* 1-19.

Buttigieg, E. (2005). Consumer Interests under the EC's Competition Rules on Collusive Practices. *European Business Law Review, 16*(3), 643-718.

Buttigieg, E. (2009). *Competition Law: Safeguarding the Consummer Interest: A Comparative Analysis of US Antitrust Law and EC Competition Law.* International Competition Law Series (Vol. 40). Alphen aan den Rijn: Kluwer Law International.

Buxbaum, L. H. (2005). German Legal Culture and the Globalisation of Competition Law: A Historical Perspective on the Expansion of Private Antitrust Enforcement 23 *Berkeley Journal of International Law, 23*(2), 474-495.

Cabral de Moncada, L. (2018). *Direito Económico.* Coimbra: Almedina.

Calcagno, C., Chapsal, A. e White, J. (2019). Economics of Excessive Pricing: An Application to the Pharmaceutical Industry. *Journal of European Competition Law & Practice, 10*(3), 166-171.

Campos, M. (2019), Right of Defence – Article 3 of the ECN+ Directive, *Revista de Concorrência e Regulação, X*(39), 35-43.

Capobianco, A. e Nyeso, A. (2018). Challenges for Competition Law Enforcement and Policy in the Digital Economy. *Journal of European Competition Law & Practice, 9*(1), 19-27.

Capobianco, A. e Orgawa, S. (2016). Commitment Decisions in Antitrust Cases. *125th Meeting of OECD Competition Committee, DAF/COMP (2016) 7.* Disponível em https://one.oecd.org/document/DAF/COMP(2016)7/en/pdf, consultado em 5.1.2018.

Carlton, D. W. e Perloff, J. M. (2005). *Modern Industrial Organization* (4 ed.): Boston: Pearson Addison Wesley.

Carpagnano, M. e Pera, A. (2008). The Law and Practice of Commitment Decisions: A Comparative Analysis. *European Competition Law Review, 29*(12), 669-685.

Castanheira Neves, A. (1993). *Metodologia Jurídica: Problemas Fundamentais.* Coimbra: Coimbra Editora.

Castanheira Neves, A. (2010). *O actual problema metodológico da interpretação jurídica I (reimpressão)*. Coimbra: Coimbra Editora.

Castro Marques, N. (2019). *Contributo para a Autonomia do Direito Nacional da Concorrência - em particular na criminalização dos cartéis*. Porto: Universidade Católica Editora.

Caves, K. e Singer, H. (2018). When the Econometrician Shrugged: Identifying and Plugging Gaps in the Consumer-Welfare Standard. *George Mason Law Review, 26*(2), 395-425.

Cengiz, F. (2011). Judicial Review and the Rule of Law in the EU Competition Law Regime after *Alrosa*. *European Competition Journal, 7*(1), 127-153.

Chalmers, D., Davies, G. e Monti, G. (2014). *European Union Law* (3ª ed.). Reino Unido: Cambridge University Press.

Chamberlin, E. H. (1950). *The Theory of Monopolistic Competition. A Re-orientation of the Theory of Value*. Cambridge: Harvard University Press.

Chauve, P., Godfried, M., Kovács, K., Langus, G., Nagy, K. e Siebert, S. (2009). The E.ON Electricity Cases: An Antitrust Decision with Structural Remedies. *Competition Policy Newsletter*(1), 51-54.

Chirita, A. D. (2018). Google Android: Record-Breaking Fine on Anti-Competitive Practices under Article 102 TFEU. *CPI Antitrust Chronicle, 3*(Fall), 24-27.

Chow, D., Schoenbaum, T., (2015). *International business transactions problems, cases, and materials*. Nova Iorque, EUA: Wolters Kluwer.

Claassen, R. e Gerbrandy, A. (2016). Rethinking European Competition Law: From a Consumer Welfare to a Capability Approach. *Utrecht Law Review, 12*(1), 1-15.

Clark, J. M. (1940). Toward a Concept of Workable Competition. *The American Economic Review, 30*(2, Part 1), 241-256.

Comissão Europeia. (1972). *First Report on Competition Policy*. Bruxelas, Luxemburgo.

Comissão Europeia (1998a). Commission concentrates on nine cases of mobile telephony prices. *Comunicado de imprensa de 27 de junho de 1998, IP/98/707*, disponível em https://ec.europa.eu/commission/presscorner/detail/en/IP_98_707, consultado em 25.6.2017.

Comissão Europeia (1998b). Commission closes mobile telecommunications cases after price cuts. *Comunicado de imprensa de 26 de novembro de 1998, IP/90/1036*, disponível em https://ec.europa.eu/commission/presscorner/detail/en/IP_98_1036, consultado em 25.6.2017.

Comissão Europeia. (2006). European Commission's Contribution. *Policy Roundtables: Remedies and Sanctions in Abuse of Dominance Cases*. Disponível em http://www.oecd.org/competition/abuse/38623413, consultado em 22.4.2016.

Comissão Europeia. (2014). To Commit or not to Commit? Deciding between Prohibitions and Commitments. *Competition Policy Brief*(3), 1-4.

Comissão Europeia. (2019a). Antitrust: Commission fines Google €1.49 billion for abusive practices in online advertising. *Comunicado de imprensa de 20 de março de 2019*. Bruxelas. Disponível em https://ec.europa.eu/commission/presscorner/detail/en/IP_19_1770, consultado em 26.6.2019.

Comissão Europeia. (2019b). Antitrust: Commission opens investigation into

Broadcom and sends Statement of Objections seeking to impose interim measures in TV and modem chipsets markets. Comunicado de imprensa de 26 de junho de 2019. Bruxelas. Disponível em https://ec.europa.eu/commission/presscorner/detail/en/IP_19_3410, consultado em 27.7.2019.

Comissão Europeia. (2019c). Antitrust: Commission imposes interim measures on Broadcom in TV and modem chipsets markets. Comunicado de imprensa de 16 de outubro de 2019. Disponível em https://ec.europa.eu/commission/presscorner/detail/en/IP_19_6109, consultado em 16.10.2019.

Confraria, J. (2010). *Regulação e Concorrência: Desafios do século XXI*. Lisboa: Universidade Católica Editora

Connor, J. M. e Lande, R. H. (2006). The Size of Cartel Overcuharges: Implications for U.S. and EU Fining Policies. *Antitrust Bulletin, 51*(4), 983-1022.

Cook, C., Frisch, S. e Novak, V. (2019). Recent Developments in EU Merger Remedies. *Journal of European Competition Law & Practice, 10*(6), 394-410.

Coscelli, A. e Edwards, G. (2013). Dominance and Market Power in EU Competiiton Law. In I. Lianos & D. Geradin (Eds.), *Handbook on European Competition Law: Substantive Aspects* (pp. 350-384). Cheltenham, UK e Northampton, MA, USA: Edward Elgar Publishing.

Costa Ramos, V. (2010). Nemo tenetur se ipsum accusare e Concorrência – Jurisprudência do Tribunal de Comércio de Lisboa. *Revista de Concorrência e Regulação, I*(1), 175-198.

Costeira, M. J. (2018). Direito da concorrência: o controlo jurisdicional das decisões proferidas em processos sancionatórios. *Revista de Concorrência e Regulação, IX*(36), 19-38.

Craig, P. (2012). *EU Administrative Law*. Nova Iorque: Oxford.

Craig, P. e De Búrca, G. (2015). *EU Law: Text, Cases and Materials* (6ª ed.). Nova Iorque: Oxford University Press.

Crampton, P. (2002). Stricking the Right Balance between Competition and Regulation: The Key Is Learning from Our Mistakes. APEC-OECDCo-Operative Initiative on Regulatory Reform: Third Workshop, 16-17 October, 2002. Disponível em https://www.oecd.org/regreform/2503205.pdf, consultado em 20.1.2019.

Crandall, R. (2001). The Failure of Structural Remedies in Sherman Act Monopolization Cases. *Oregon Law Review, 80*(1), 109-198.

Crane, D. (2005). The Paradox of Antitrust Pricing. *Cornell Law Review, 98*(1), 1-66.

Crane, D. (2007a). Antitrust Modesty. *Michigan Law Review, 105*(6), 1193--1212.

Crane, D. (2007b). Rules versus Standards in Antitrust Adjudication. *Washington and Lee Law Review, 64*(1).

Crane, D. (2008). Patent Pools, RAND Commitments, and the Problematics of Price Discrimination(Cardozo Legal Studies Research Paper No. 32). Disponível em https://papers.ssrn.com/sol3/papers.cfm?abstract_id=1120071, consultado em 27.3.2018.

Crane, D. (2009). "Chicago, Post-Chicago and NeoChicago".Review of How Chicago Overshot the Mark: The Effect of Conservative Economic Analysis on U.S. Antitrust by Robert Pitofsky, ed. *University of Chicago Law Review, 74*(4), 1911-1933.

Crane, D. (2012). Tying and Consumer Harm. *Competition Policy International, 8*(2), 27-33.

Crane, D. (2016). Antitrust and Wealth Inequality. *Cornell Law Review, 101*(5), 1171-1228.

Crane, D. e Hovenkamp, H. (2013). *The Making of Competition Policy: Legal and Economic Sources.* USA: Oxford University Press.

Crémer, J., de Montoye, Y.-A. e Schweitzer, H. (2019). *Competition Policy for the Digital Era* Comissão Europeia (Ed.) Disponível em https://ec.europa.eu/competition/publications/reports/kd0419345enn.pdf

Cruz Vilaça, J. L. d. (2014). *EU Law and Integration: Twenty Years of Judicial Application of EU Law.* Oxford and Portland, Oregon: Hart Publishing.

Cruz Vilaça, J. L. d. (2018a). Challenges to the Judiciary in the Enforcement of Competition Rules in the Digital Age. *Revista de Concorrência e Regulação, IX*(36), 193-200.

Cruz Vilaça, J. L. d. (2018b). The intensity of judicial review in complex economic matters – recent competition law judgements of the Court of Justice of the EU. *Journal of Antitrust Enforcement,* 6, 173-188.

Cseres, K. (2005). *Competition Law and Consumer Protection.* A Haia: Kluwer Law International.

Cseres, K. (2007). The Controversies of the Consumer Welfare Standard. *Competition Law Review, 3*(2), 121-173.

David, E. (2010). Tools for an Optimal Enforcement of European Antitrust Law: Examples of Guidelines on the Method of Setting Fines and on Commitment Procedings. Is the European Commission Right? In I. Lianos & I. Kokkoris (Eds.), *The Reform of EC Competition Law* (Vol. 41, 139-160). The Netherlands: Kluwer Law International.

Davies, S. e Lyons, B. (2007). *Mergers and Merger Remedies in the EU: Assessing the Consequences for Competition.* Cheltenham, UK Northampton, MA, USA: Edward Elgar

Davies, S. e Olczak, M. (2008). Assessing the Efficacy of Structural Merger Remedies: Choosing Between Theories of Harm? *CCP Working Paper 08-28.* Disponível em http://competitionpolicy.ac.uk/documents/107435/107587/ccp08-28.pdf, consultado em 5.10.2019.

De la Mano, M. (2002). For the Customer's Sake: The Competitive Effects of Efficiencies in European Merger Control. *Enterprise Papers,* (11). Disponível em https://publications.europa.eu/en/publication-detail/-/publication/895e57a0-4f81-416b-8f36-b15f67888d60, consultado em 30.8.2019.

De la Mano, M., Nazzini, R. e Zenger, H. (2014). Article 102. In J. Faull & A. Nikpay (Eds.), *The EU Law of Competition* (329-538). Nova Iorque: Oxford University Press.

De Smijter, E. e Sinclair, A. (2014). The Enforcement System under Regulation 1/2003. In J. Faull & A. Nikpay (Eds.), *The EU Law of Competition* (91 182). Nova Iorque: Oxford University Press.

Déchamps, P. e Niels, G. (2018). The One Billion Euro Question for Intel: Moore's Law or Murphy's Law? *Journal of European Competition Law & Practice,* 9(2), 124-130.

Dethmers, F. e Blondeel, J. (2017). EU Enforcement Policy on Abuse of Dominance: Some Statistics and Facts. *European Competition Law Review,* 38(4), 147-164.

Diemer, C. (2006). The Green Paper on Damages Actions for Breach of the EC

Antitrust Rules. *European Competition Law Review, 27*, 309 e ss.

Dolmans, M. e Lin, W. (2017). Fairness and Competition Law: A Fairness Paradox. *Concurrences, 4*, 1-20.

Duarte D'Almeida, L. (2001). Questões de Hermenêutica Juscomunitária. *Revista da Faculdade de Direito da Universidade de Lisboa, XLII*(2), 955-973.

Dunne, N. (2014). Commitment Decisions in EU Competition Law. *Journal of Competition Law and Economics, 10*(2), 399-444.

Dunne, N. (2015). *Competition Law and Economic Regulation: Making and Managing Markets*. Cambridge, RU: Cambridge University Press.

Dunne, N. (2019). Dispensing with Indispensability. *LSE Law, Society and Economy Working Papers 15/2019*. Disponível em www.lse.ac.uk/collections/law/wps/wps.htm and the Social Sciences Research Network electronic library at: https://ssrn.com/abstract=3476938.

Dworkin, R. (1980). Is Wealth a Value? *Journal of Legal Studies, 9*, 191-226.

Easterbrook, F. H. (1984). The Limits of Antitrust. *Texas Law Review, 63*(1), 1-40.

Economides, N. (1996). The Economics of Networks. *International Journal of Industrial Organization, 14*(6), 673-699.

Economides, N. e Lianos, I. (2010a). A Critical Appraisal of Remedies in the EU Microsoft Cases. *Columbia Business Law Review*(2), 346-420.

Economides, N. e Lianos, I. (2010b). The Quest for Appropriate Remedies in the EC Microsoft Cases: A Comparative Appraisal. In L. Rubini (Ed.), *Microsoft on Trial: Legal and Economic Analysis of a Transatlantic Antitrust Case* (393-462). Cheltenham, UK Northampton, USA: Edward Elgar.

Edgeworth, F. Y. (1881). *Mathematical Psychics: An Essay on the Application of Mathmatics to the Moral Sciences*. London: Kegan Paul & Co.

Edlin, A. (2012). Predatory Pricing. In Elhauge Einer (ed.), *Research Handbook on the Economics of Antitrust Law*. Cheltenham: Edward Elgar, 144-173.

Edwards, L. M. e Wright, J. D. (2012). The Death of Antitrust Safe Harbors: Causes and Consequences. *George Mason Law Review, 23*(5), 1205-1250.

Eggerton, J. (2019). DoJ Asks Court to End Paramount Decrees: Would allow content producers to own theaters. *Multichannel News*. Disponível em https://www.multichannel.com/news/doj-asks-court-to-end-paramount-decrees, consultado em 1.10.2019.

Einav, L. e Levin, J. (2010). Empirical Industrial Organization: A Progress Report. *The Journal of Economic Perspectives, 24*(2), 145-162.

Elhauge, E. (2003). Why Above-Cost Price Cuts To Drive Out Entrants Are Not Predatory-and the Implications for Defining Costs and Market Power. *Yale Law Journal, 112*(4), 681-827.

Elhauge, E. (2003-2004). Defining Better Monopolisation Standards *Stanford Law Review, 56*, 253-344.

Elhauge, E. (2007). Harvard, Not Chicago: Which Antitrust School Drives Recent U.S. Supreme Court Decisions? *Competition Policy International 3*(2).

Elhauge, E. (2009). Disgorgement as an Antitrust Remedy. *Antitrust Law Journal, 76*, 501-517.

Elhauge, E. (2018). *United States Antitrust Law and Economics* (3ª ed.). EUA: Foundation Press.

Emmerich, V. (2018). Art. 102 – Missbrauchverbot. In M. A. Dauses & M. Ludwigs (Eds.), *Handbuch des EU--Wirtshaftsreschts* (Vol. 1, 1-70). München: C.H.Beck.

Esteva Mosso, C. (2010). Abuse of Article 82 EC? In C. Baudenbacher (Ed.), *Current Developments in European and International Competition Law: 16th St. Gallen International Competition Law Forum ICF 2009* (Vol. 11, 207-213). Basel: Helbing Lichtenhahn.

Etro, F. e Kokkoris, I. (2010a). Preface. In F. Etro & I. Kokkoris (Eds.), *Competition Law and the Enforcement of Article 102* (vii-ix). Nova Iorque, EUA: Oxford University Press.

Etro, F. e Kokkoris, I. (2010b). Toward an Economic Approach to Article 102 TFEU. In F. Etro & I. Kokkoris (Eds.), *Competition Law and the Enforcement of Article 102* (1-36). Nova Iorque, EUA: Oxford University Press.

Eucken, W. (2006). The Competitive Order and Its Implementation (tradução). *Competition Policy International (originalmente publicado em 1949 em ORDO - Jahrbuch für die Ordnung von Wirtschaft und Gesellschaft), 2*(2), 219-245.

Evans, D. S. (2017). *Why the Dynamics of Competition for Online Platforms Leads to Sleepless Nights but not Sleepy Monopolies*, disponível em https://papers.ssrn.com/sol3/papers.cfm?abstract_id=3009438, consultado em 15.12.2019.

Evans, D. S. e Hylton, K. N. (2008). The Lawful Acquisition and Exercise of Monopoly Power and Its Implications for the Objectives of Antitrust. *Competition Policy International, 4*(2), 203-241.

Evans, D. S., e Padilla, J. (2005a). Designing Antitrust Rules for Assessing Unilateral Practices: A Neo-Chicago Approach. *University of Chicago Law Review, 72*(1), 73-98.

Evans, D. S., e Padilla, A. (2005b). Excessive prices: Using economics to define administrable legal rules. *Journal of Competition Law and Economics, 1*(1), 97-122.

Ezrachi, A. (2006). Behavioural Remedies in EC Merger Control – Scope and Limitations. *World Competition Law and Economic Review, 29*(3), 459-479.

Ezrachi, A. (2017). Sponge. *Journal of Antitrust Enforcement, 5*(1), 49-75.

Ezrachi, A. (2018). *EU Competition Law: An Analytical Guide to the Leading Cases* (6ª ed.). Oxford and Portland, Oregon: Hart Publishing.

Ezrachi, A. e Gilo, D. (2009). Are Excessive Prices Really Self-Correcting? *Journal of European Competition Law & Practice, 5*(2), 249-268.

Ezrachi, A. e Stucke, M. E. (2018). The Fight over Antitrust's Soul. *Journal of European Competition Law & Practice, 9*(1), 1-2.

Faella, G. (2016). The Efficient Abuse: Reflections on the EU, Italian and UK Experience. *Competition Law & Policy Debate, 2*(1), 33-46.

Falconi, F. (2011). Commitment Decisions in the EU and the UK – Developments, Open Issues and Considerations for Companies and Competition Authorities. *Competition Law International, 10*(1), 41-56.

Farrell, J. e Katz, M. L. (2006). The Economics of Welfare Standards in Competition Law. *Competition Policy International, 2*(2).

FAS (Federal Antimonopoly Service) (2017). *FAS Russia Reaches Settlement with Google*. Disponível em https://en.fas.gov.ru/press-center/news/

detail.html?id=49774, consultado em 15.9.2019.

Faull, J. e Nikpay, A. (2014). Article 101. In J. Faull & A. Nikpay (Eds.), *The EU Law of Competition* (3ª ed., 183-327). Oxford: Oxford University Press.

Fausto de Quadros (2013). *Direito da União Europeia: Direito Constitucional e Administrativo da União Europeia* (3ª ed.). Coimbra: Almedina.

Federico, G. (2011). Tomra v Commission of the European Communities: Reversing Progress on Rebates? *European Competition Law Review, 32*(3), 139-141.

Feld, H. (2018). *Why Platform Regulation is both Necessary and Hard.* Disponível em https://wetmachine.com/tales-of-the--sausage-factory/why-platform-regulation-is-both-necessary-and-hard/, consultado em 5.7.2019.

Fenton, K. M. (2009). Introduction: Symposium on Remedies for Dominant Firm Misconduct. *Antitrust Law Journal, 76*(1), 1-3.

Fernández, C. (2018). Presumptions and Burden of Proof in EU Competition Law: The *Intel* Judgement. *Journal of European Competition Law & Practice, 10*(7), 448-456.

Ferreira da Cunha, P. (2009). *Iniciação à Metodologia Jurídica: Memória, Método e Direito.* Coimbra: Almedina.

First, H. (1995). Is Antitrust "Law"? *Antitrust, 10*(9), 9-12.

First, H. (2010). Netscape is Dead – Remedy Lessons from the Microsoft Regulation. *Revista de Concorrência e Regulação, I*(1), 319-364.

First, H. e Waller, S. W. (2013). Antitrust Democracy Deficit *Fordham Law Review, 81*, 2543-2574.

Fletcher, A. (2016). The Role of Demand--Side Remedies in Driving Effective Competition: A Review for Which?(1.2.2019). Disponível em https://www.regulation.org.uk/library/2016-CCP-Demand_Side_Remedies.pdf, consultado em 3.05.2018.

Foer, A. A. e Durst, A. (2018). The Multiple Goals of Antitrust. *The Antitrust Bulletin, 63*(4), 494-508. Disponível em https://awards.concurrences.com/en/awards/2019/academic-articles/the-multiple-goals-of-antitrust, consultado em 19.9.2019.

Fontaine Campos, M. (2000). *O Direito e a Moral no Pensamento de Friedrich Hayek.* Porto: Publicações Universidade Católica.

Fontaine Campos, M. (2014a). Princípio da Uniformidade na Interpretação e Aplicação do Direito da União Europeia: Acórdão do Tribunal de Justiça de 17 de setembro de 1997 – Processo C-54/96 *Dorsch Consult* Ingenieurgesellschaft c. Bundesbaugesellschaft. In S. Oliveira Pais (Ed.), *Princípios Fundamentais de Direito da União Europeia: Uma Abordagem Jurisprudencial* (198-219). Coimbra: Almedina.

Fontaine Campos, M. (2014b). Princípio da Uniformidade na Interpretação e Aplicação do Direito da União Europeia: Acórdão do Tribunal de Justiça de 30 de junho de 1966 – Processo 61/65 Viúva G. *Vaassen-Göbbels* c. Direção do Beamtenfonds voor het Mijnbedrijf (BFM). In S. Oliveira Pais (Ed.), *Princípios Fundamentais de Direito da União Europeia: Uma Abordagem Jurisprudencial* (2 ed., 179-198). Coimbra: Almedina.

Forrester, I. S. (2004). Article 82: Remedies in Search of Theories? *Fordham International Law Journal, 28*(4), 919-951.

Forrester, I. S. (2008). Remedies and Sanctions for Unilateral Conduct in Competition Cases. In B. Hawk (Ed.),

International Antitrust Law & Policy: 2007 Fordham Competition Law Institute (559-571). Huntington, EUA: Juris Publishing.

Forrester, I. S. (2009a). Due Process in EC Competition Cases: A Distinguished Institution with Flawed Procedures. *European Law Review, 34*, 817-843.

Forrester, I. S. (2009b). On Remedies, Abuses and the Links between. In C. Baudenbacher (Ed.), *Current Developments in European and International Competition Law: 15th St. Gallen International Competition Law Forum ICF 2008* (Vol. 10, 325-342). Basel: Helbing Lichtenhahn.

Forrester, I. S. (2010). Creating New Rules? Or Closing Easy Cases? Policy Consequences for Public Enforcement of Settlements under Article 9 of Regulation 1/2003. In C.-D. Ehlermann & M. Marquis (Eds.), *European Competition Law Annual 2008* (637-660). Oxford: Hart Publishing.

Forrester, I. S. (2011a). A Bush in Need of Pruning: The Luxuriant Growth of Light Judicial Review. In C. D. Ehlermann & M. Marquis (Eds.), *European Competition Law Annual 2009: Evaluation of Evidence and Its Judicial Review in Competition Cases* (407-452): Hart Publishing.

Forrester, I. S. (2011b). A Challenge for Europe's Judges: The Review of Fines in Competition Cases. *European Law Review, 36*(2), 185 e ss.

Forwood, N. (2011). The Commission's More Economic Approach: Implications for the Role of the EU Courts, the Treatment of Economic Evidence and the Scope of Judicial Review. In C. D. Ehlermann & M. Marquis (Eds.), *European Competition Law Annual 2009: Evaluation of Evidence and Its Judicial Review in Competition Cases* (255-269): Hart Publishing.

Fox, E. M. (1987). The Battle for the Soul of Antitrust. *California Law Review, 75*(3), 917-923.

Fox, E. M. (2005). Remedies and the Courage of Convictions in a Globalized World: How Globalization Corrupts Relief. *Tulane Law Review, 80*, 571-594.

Fox, E. M. (2008). The Efficiency Paradox. In R. Pitofsky (Ed.), *How the Chicago School Overshot the Mark: The Effect of Conservative Economic Analysis on U.S. Antitrust* (pp. 77-88). New York: Oxford.

Fox, E. M. (2013). Against Goals. *Fordham Law Review, 81*(5), 2157-2161.

Fox, E. M. (2016). Competition Policy: The Comparative Advantage of Developing Countries. *Law and Contemporary Problems, 79*(4), 69-84.

Fox, E. M. (2018). Competition Policy at the Intersection of Equity and Efficiency: The Developed and Developing Worlds. *The Antitrust Bulletin, 63*(1), 3-6.

Fox, E. M. e Gerard, D. M. B. (2017). *EU Competition Law: Cases, Texts and Context*. Cheltenham, RU; Northampton, MA, EUA: Edward Elgar Publishing.

Fox, E. M. e Sirkis, P. (2005). Antitrust Remedies – Selected Bibliography and Annotations. *American Antitrust Institute Working Paper*. Retrieved from http://ssrn.com/abstract=1103601, consultado em 17.01.2018.

Fox, E. M. e Sullivan, L. A. (1987). Antitrust – Retrospective and Prospective: Where Are We Coming From? Where Are We Going? *New York University Law Review, 62*.

Fragoso Martins, P. (2007). *Da Proclamação à Garantia Efetiva dos Direitos Fun-*

damentais: Em Busca de um Due Process of Law na União Europeia. Lisboa: Princípia Editora.

Fragoso Martins, P. (2014). Princípio do Primado do Direito da União Europeia: Acórdão do Tribunal de Justiça de 15 de julho de 1964 – Processo 6/64, Costa c. ENEL. In S. Oliveira Pais (Ed.), *Princípios Fundamentais de Direito da União Europeia: Uma Abordagem Jurisprudencial* (2 ed., 41-60). Coimbra: Almedina.

Fratea, C. (2018). Commitment Decisions and Private Actions for Damages in Light of Gasorba Judgement: A New Opening from the Cour of Justice of the European Union? *European Competition Law Review, 39*(12), 501-504.

Freitas do Amaral, D. (2011). *Curso de Direito Administrativo* (2 ed. Vol. II). Coimbra: Almedina.

Frenz, W. (2016). *Handbook of EU Competition Law*. Heidelberg, New York, Dordrecht, London: Springer.

Frese, M. J. (2016). *Sanctions in EU Competition Law: Principles and Practice* (Vol. 6). Oxford, RU, e Portland, Oregon, EUA: Hart Publishing.

Fuchs, A. (2012). Characteristic Aspects of Competition and Their Consequences for the Objectives of Competition Law – Comment on Stucke. In D. Zimmer (Ed.), *The Goals of Competition Law: The Fifth ASCOLA Workshop on Comparative Competition Law* (pp. 53-60). Cheltenham, RU; Northampton, MA, EUA: Edward Elgar Publishing.

Funk, M. e Jaag, C. (2018). The More Economic Approach to Predatory Pricing. *Journal of Competition Law & Economics, 14*(2), 292-310.

Furman, J., Coyle, D., Fletcher, A., Marsden, P. e McAuley, D. (2019). *Unlocking Digital Competition: Report of the Digital Competition Expert Panel* Disponível em https://assets.publishing.service.gov.uk/government/uploads/system/uploads/attachment_data/file/785547/unlocking_digital_competition_furman_review_web.pdf, consultado em 15.10.2019.

Furse, M. (2004). The Decision to Commit: Some Pointers from the US. *European Competition Law Review, 25*(1), 5-10.

Gal, M. S. (2013). Abuse of Dominance – Exploitative Abuses. In I. Lianos & D. Geradin (Eds.), *Handbook on EU Competition Law: Substantive Aspects* (pp. 385-422). Cheltenham, UK e Northampton, MA, USA: Edward Elgar Publishing.

Gal, M. S. (2017). The Social Contract at the Basis of Competition Law: Should we Recalibrate Competition Law to Limit Inequality? In I. Lianos & D. M. B. Gerard (Eds.), Competition Policy: between Equity and Efficiency. Cambridge, MA, USA: Cambridge University Press. Retrieved from https://papers.ssrn.com/sol3/papers.cfm?abstract_id=3014354, consultado em 3.6.2018.

Gaspar Martinho, H. (2010). O direito ao silêncio e à não auto-incriminação nos processos sancionatórios do direito comunitário da concorrênncia – uma análise da jurisprudência dos tribunais comunitários, *Revista de Concorrência e Regulação, I*(1), 145-174.

Gauer, C. e Kjølbye, L. (2014). Energy. In J. Faull & A. Nikpay (Eds.), *The EU Law of Competition* (3rd ed., 1581-1646). Oxford: Oxford University Press.

Gavil, A. e First, H. (2014). *The Microsoft Antitrust Cases: Competition Policy for the Twenty-First Century*. Cambridge

Massachussets; London, England: The MIT Press.

Gavil, A., Kovacic, W. E. e Baker, J. (2008). *Antitrust Law in Perspective: Cases, Concept and Problems in Competition Policy* (2nd ed.). Minnesota: Thomson West.

Georgiev, G. S. (2007). Contagious Efficiency: The Growing Reliance on U.S.-Style Antritrust Settlements in EU Law. *Utah Law Review, 4*, 971-1037.

Geradin, D. (2011). Refusal to Supply and Margin Squeeze: A Discussion of Why the 'Telefonica Exceptions' are Wrong. *TILEC Discussion Paper 2011-051*, disponível em https://ssrn.com/abstract=1750226, consultado em 24.8.2019.

Geradin, D. (2018). What Should EU Competition Policy do to Address the Concerns Raised by the Digital Platforms' Market Power? *TILEC Discussion Paper 2018-041*, disponível em https://papers.ssrn.com/sol3/papers.cfm?abstract_id=3257967, consultado em 24.8.2019.

Geradin, D., Hofer, P., Louis, F., Petit, N. e Walker, M. (2005). The Concept of Dominance in EC Competition Law: Research Paper on the Modernization of Article 82 EC. *Global Competition Law Centre*. Disponível em https://papers.ssrn.com/sol3/papers.cfm?abstract_id=77014425.9.2019, consultado em 25.9.2019.

Geradin, D. e Kerf, M. (2003). *Controlling Market Power in Telecommunications: Antitrust v. Sector-Specific Regulation*. Oxford: Oxford University Press.

Geradin, D. e Kuschewsky, M. (2013). Competition Law and Personal Data: Preliminary Thoughts on a Complex Issue. Disponível em https://papers.ssrn.com/sol3/papers.cfm?abstract_id=2216088, consultado em 20.11.2017.

Geradin, D., Layne-Farrar, A. e Petit, N. (2012). *EU Competition Law and Economics*. Oxford: Oxford University Press.

Geradin, D., Malamataris, C. e Wileur, J. (2013). The EU Competition Law Fining System. In I. Lianos & D. Geradin (Eds.), *Handbook on European Competition Law: Enforcement and Procedure* (pp. 328-361). Cheltenham, UK e Northampton, MA, USA: Edward Elgar Publishing.

Geradin, D. e O'Donoghue, R. (2005). The Concurrent Application of Competition Law and Regulation: The Case of Margin Squeeze Abuses in the Telecommunications Sector, *Journal of Competition Law and Economics*, 1, 355-425.

Geradin, D. e Petit, N. (2011). Judicial Review in European Union Competition Law: A Quantitative and Qualitative Assessment. *TILEC Discussion Paper 2011-008*. Disponível em https://papers.ssrn.com/sol3/papers.cfm?abstract_id=1698342, consultado em 5.1.2020.

Geradin, D. e Sidak, J. G. (2003). European and American Approaches to Antitrust Remedies and the Institutional Design of Regulation in Telecommunications. Disponível em https://papers.ssrn.com/sol3/papers.cfm?abstract_id=351100&download=yes, consultado em 10.5.2017.

Gerard, D. M. B. (2013a), Negotiated Remedies in the Modernisation Era: The Limits of Effectiveness, In Ph. Lowe and M. Marquis (eds.), *European Competition Law Annual 2013: Effective and Legitimate Enforcement*, Hart Publishing, Oxford, Portland, disponível em: https://papers.ssrn.com/sol3/papers.cfm?abstract_id=2395414, consultado em 6.2.2020.

Gerard, D. M. B. (2013b). Public enforcement: the ECN – network antitrust enforcement in the European Union. In I. Lianos & D. Geradin (Eds.), *Handbook on European Competition Law: Enforcement and Procedure* (181-227). Cheltenham, UK e Northampton, MA, USA: Edward Elgar Publishing.

Gerard, D. M. B. (2016). Negotiated Remedies in the Modernization Era: The Limits of Effectiveness. In P. Lowe, M. Marquis, & G. Monti (Eds.), *European Competition Law Annual 2013: Effective and Legitimate Enforcement* (137-184). Oxford, Portland: Hart Publishing.

Gerard, D. M. B. (2018). Fairness in EU Competition Policy: Significance and Implications. *Journal of European Competition Law & Practice, 9*(4), 211-212.

Gerber, D. J. (1994). Constitutionalizing the Economy: German Neo-liberalism, Competition Law and the "New" Europe. *The American Journal of Comparative Law, 42*, 25-84.

Gerber, D. J. (1998). *Law and Competition in the Twentieth Century Europe: Protecting Prometheus.* Oxford: Oxford University Press.

Gerber, D. J. (2006). Comparative Antitrust Law. In M. Reimann & R. Zimmermann (Eds.), *The Oxford Handbook of Comparative Law* (1195-1224). New York: Oxford University Press.

Gerber, D. J. (2008). Two Forms of Modernisation in European Competition Law. *Fordham International Law Journal, 31*(5), 1235-1265.

Gilliams, H. (2014). Proportionality of EU Competition Fines: Proposal for a Principled Discussion. *World Competition Law and Economic Review, 37*(4), 435-458.

Gjendemsjø, R, Hjelmeng, E. J., Sørgard, L. (2013). Abuse of Collective Dominance: The Need for a New Approach *World Competition, 36*(3), 355-371.

Gorjão-Henriques, M. (2017). *Direito da União, História, Direito, Cidadania, Mercado Interno e Concorrência*. Coimbra: Almedina, 8ª Ed.

Gorjão-Henriques, M. (2018). *Atribuição e Harmonização na União Europeia: o caso dos medicamentos.* Coimbra: Almedina.

Gorjão-Henriques, M., Farinhas, C. (2017). Anotação ao Artigo 25º. In M. Lopes Porto, J. L. Cruz Vilaça, C. Cunha, M. Gorjão-Henriques, & G. Anastácio (Eds.), *Lei da Concorrência: Comentário Conimbricense.* Coimbra: Almedina.

Graef, I. (2016). *EU Competition Law, Data Protection and Online Platforms: Data as Essential Facility.* A Haia: Wolters Kluwer.

Gray, M., Lester, M., Darbon, C., Facenna, G., Brown, C. e Holmes, E. (2006). *EU Competition Law: Procedures and Remedies.* New York: Oxford University Press.

Greaves, R. (Ed.) (2012). *Dominance and Monopolization* (Vol. II). UK: Ashgate Publishing Limited.

Guniganti, P. (2017). Google Separates Shopping for EU Remedy. *Global Competition Review.* Disponível em https://globacompetitionreview.com/article/1147711/google-separates-shopping-for-eu-remedy, consultado em 8.8.2019.

Gutierrez, G. e Philippon, T. (2017). Investmentless Growth: An Empirical Investigation. *Brookings Papers of Economic Activity.* Disponível em https://www.brookings.edu/wp-content/uploads/2017/09/2_gutierrezphilippon.pdf16.9.2019, consultado em 8.8.2019.

Hage, J. (2011). Methodologies of Legal Research. In M. Van Hoecke (Ed.),

Methodologies of Legal Research: Which Kind of Method for What Kind of Discipline? (pp. 19-44). Oxford and Portland, Oregon: Hart Publishing.

Haracoglou, I. (2007). Competition Policy Law, Consumer Policy and the Retail Sector: the systems' relation and the effects of a strengthened consumer protection policy on competition law. *The Competition Law Review, 3*(2), 175 ss.

Harbo, T. I. (2010). The Function of the Proportionality Principle in EU Law. *European Law Journal, 16*(2), 158-185.

Hartley, T. C. (2014). *The Foundations of European Union Law* (8 ed.). Oxford: Oxford.

Hayek, F. (1978). Competition as a Discovery Procedure. In F. Hayek (Ed.), *New Studies in Philosophy, Politics, Economics, and the History of Ideas*. Londres, RU: Taylor and Francis.

Hayek, F. (2014 (reimpressão de 1944)). *O Caminho da Servidão* (edição iBooks). Brasil: LVM Editora.

Heiner, D. A. (2009). Single Firm Conduct Remedies: Perspectives from the Defense. *Antitrust Law Journal, 75*(3), 871-886.

Hellström, P., Maier-Rigaud, F. e Bulst, F. W. (2009). Remedies in European Antitrust Law. *Antitrust Law Journal, 76*(1), 43-63.

Hellwig, M. (2018). Competition Policy and Sector-Specific Regulation in the Financial Sector. *Discussion Papers of the Max Planck Institute for Research on Collective Goods, Bonn 2018/7*. Disponível em http://homepage.coll.mpg.de/pdf_dat/2018_07online.pdf, consultado em 20.1.2019.

Hildebrand, D. (2016). *The Role of Economic Analysis in EU Competition Law: The European School* (4ª ed.). A Haia: Wolters Kluwer.

Hilgenfeld, M. e Hirst, N. (2019). Facebook secures interim measures win against German antitrust decision (update). *MLex Market Insight (26.8.2019)*. Disponível em https://www.mlex.com/GlobalAntitrust/DetailView.aspx?cid=1123295&siteid=190&rdir=1, consultado em 20.9.2019.

Hjelmeng, E. J. (2013). Competition law remedies: striving for coherence or finding new ways? *Common Market Law Review, 50*(4), 1007.

Hlina, E. (2010). *Dominant Undertakings in the Digital Era: A Call for Evolution of the Competition Policy Towards Article 102?* Disponível em http://www.icc.qmul.ac.uk/docs/GAR2016/191300.pdf, consultado em 3.11.2017.

Hoeg, D. (2014). *European Merger Remedies: Law and Policy* (Vol. 5). Oxford, RU, e Portland, Oregon, EUA: Hart Publishing.

Hoffmann, J. (2018). Art. 101 und 102 AEUV im Überblick. In M. A. Dauses & M. Ludwigs (Eds.), *Handbuch des EU-Wirtshaftsreschts* (Vol. 1, pp. 1-54). München: C.H.Beck.

Horspool, M., Humphreys, M. e Wells-Greco, M. (2016). *European Union Law* (9ª ed.). New York: Oxford University Press.

Hovenkamp, H. (1985). Antitrust Policy After Chicago. *Michigan Law Review, 84*, 213.

Hovenkamp, H. (2008). *The Antitrust Enterprise - Principle and Execution*. Harvard: Harvard University Press.

Hovenkamp, H. (2009). United States Competition Policy in Crisis: 1890-1955. *Minnesota Law Review, 94*, 311-367.

Hovenkamp, H. (2011). *Federal Antitrust Policy: The Law of Competition and its Practice* (4 ed.): West.

Hovenkamp, H. (2017). *Principles of Antitrust.* EUA: West Academic Publishing.

Hovenkamp, H. (2019). Is Antitrust's Consumer Welfare Principle Imperiled? *The Journal of Corporation Law, (45)*1, 101 a 130.

Hylton, K. N. (2003). *Antitrust law economic theory and common law evolution.* Cambridge: Cambridge University Press.

Hylton, K. N. (2009). Remedies, Antitrust Law and Microsoft: Comment of Shapiro. *Antitrust Law Journal, 75*(3), 773-786.

Ibañez Colomo, P. (2010). On the Application of Competition Law as Regulation: Elements for a Theory. In P. Eeckhout & T. Tridimas (Eds.), *Yearbook of European Law* (Vol. 29, pp. 261-306). Oxford: Oxford University Press, 261-306.

Ibañez Colomo, P. (2013). The Law on Abuses of Dominance and the System of Judicial Remedies. *Yearbook of European Law, 32*(1), 389-493.

Ibañez Colomo, P. (2016a). Beyond the 'More Economics-Based Approach': A Legal Perspective on Article 102 TFEU Case Law. *Common Market Law Review, 53.*

Ibañez Colomo, P. (2016b). Restrictions on Innovation in EU Competition Law. *European Law Review, 41*(2), 201-219.

Ibañez Colomo, P. (2018a). Discretionalists vs Legalists: the True Divide in the Competition Law Community. Disponível em https://chillingcompetition.com/2018/05/28/discretionalists-vs-legalists-the-true-divide-in-the-competition-law-community/, consultado em 5.8.2019.

Ibañez Colomo, P. (2018b). The Future of Article 102 after Intel. *Journal of European Competition Law & Practice, 9*(5), 293-303.

Ibañez Colomo, P. (2018c). *The Shaping of EU Competition Law.* Cambridge: Cambridge University Press.

Ibañez Colomo, P. (2019). Legal Tests in EU Competition Law: Taxonomy and Operation. *Journal of European Competition Law & Practice, 10*(7), 424-438.

Ibañez Colomo, P. (2021a). Indispensability in Google Shopping: what the Court did, and did not, address in Slovak Telekom. Disponível em https://chillingcompetition.com/2021/04/02/indispensability-in-google-shopping-what-the-court-did-and-did-not-address-in-slovak-telekom/, consultado em 4.12.2021.

Ibañez Colomo, P. (2021b). The General Court in Case T-612/17, Google Shopping: the rise of a doctrine of equal treatment in Article 102 TFEU. Disponível em https://chillingcompetition.com/2021/11/10/the-general-court-in-case-t%E2%80%91612-17-google-shopping-the-rise-of-a-doctrine-of-equal-treatment-in-article-102-tfeu/, consultado em 4.12.2021.

ICN Merger Working Group. (2005). *Merger Remedies Review Project.* Paper presented at the ICN Annual Conference, Bonn.

Ide, E., Montero, J.-P. e Figueroa, N. (2016). Discounts as a Barrier to Entry. *American Economic Review, 106*(77), 1849-1877.

Ioannidou, M. (2018). The Application of Article 102 TFEU in the EU Energy Sector: A Critical Evaluation of Commitments. In F. Di Porto & R. Podszun (Eds.), *Abusive Practices In Competition Law* (pp. 129-155). Cheltenham,

UK; Northampton, MA, EUA: Edward Elgar Publishing.

Italianer, A. (2012). Legal Certainty, Proportionality, Effectiveness: the Commission's Practice on Remedies. *Charles River Associates Annual Conference.* Disponível em https://ec.europa.eu/competition/speeches/text/sp2012_07_en.pdf, consultado em 26.6.2015.

Jacobs, M. S. (1995). An Essay on the Normative Foundations of Antitrust Economics. *North Carolina Law Review, 74*(1), 219-266.

Jaeger, M. (2011). The Standard of Review in Competition Cases involving Complex Economic Assessments: Towards the Marginalisation of the Marginal Review? *Journal of European Competition Law and Practice, 4*(2), 295-314.

Jenny, F. (2008). The "Coming Out" of Abuse of Superior Bargaining Power in the Antitrust World. *Ad-Hoc Expert Group on the Role of Competition Law and Policy in Promoting Growth and Development.* Disponível em https://unctad.org/sections/ditc_ccpb/docs/ditc_ccpb0008_en.pdf, consultado em 25.9.2019.

Jenny, F. (2015). Worst Decision of the EU Court of Justice: The Alrosa Judgment in Context and the Future of Commitment Decisions. *Fordham International Law Journal, 38*(3), 701-770.

Jessen, A. C. (2017). *Exlusionary Abuse after the Post Danmark I Case: The Role of the Effects-Based Approach under Article 102 TFEU* (Vol. 69): Kluwer Law International.

Joliet, R. (1970). *Monopolization and Abuse of Dominant Position: A Comparative Study of the American and European Approaches to the Control of Market Power.* Bruxelas: Martinus Nijhoff La Haye.

Jones, A. (2015). Competition Law Enforcement. In A. Arnull & D. Chalmers (Eds.), *The Oxford Handbook of European Law* (pp. 641-669). Nova Iorque: Oxford University Press.

Jones, A. e Lovdahl Gormsen, L. (2013). Abuse of Dominance: Exclusionary Pricing Abuses. In I. Lianos & D. Geradin (Eds.), *Handbook on EU Competition Law: Substantive Aspects* (pp. 423-472). Cheltenham, UK e Northampton, MA, USA: Edward Elgar Publishing.

Jones, A., Sufrin, B. e Dunne, N. (2019). *EU Competition Law: Text, Cases and Materials* (7ª ed.). Oxford, RU: Oxford University Press.

Kahneman, D. (2012). *Pensar, Depressa e Devagar*. Lisboa: Círculo de Leitores.

Kallaugher, J. e Sher, B. (2004). Rebates Revisited: Anti-Competition Effects and Eclusionary Abuse Under Article 82. *European Competition Law Review*(5), 263-285.

Kaplow, L. (2012). On the Choice of Welfare Standards in Competition Law. In D. Zimmer (Ed.), *The Goals of Competition Law: The Fifth ASCOLA Workshop on Comparative Competition Law* (pp. 3-26). Cheltenham, RU; Northampton, MA, EUA: Edward Elgar Publishing.

Kaplow, L. e Shavell, S. (2004). Notes on Welfarist vs Deontological Principles. *Harvard John M. Olin Center for Law, Economics, and Business, Discussion Paper Nº 460.* Disponível em http://ssrn.com/abstract=593525, consultado em 21.9.2019.

Kathuria V. e Globocnik, J. (2019). Exclusionary Conduct in Data-Driven Markets: Limitations of Data

Sharing Remedy. *Max Planck Institute for Innovation & Competition Research Paper No. 19-04*, disponível em https://papers.ssrn.com/sol3/papers.cfm?abstract_id=3337524, consultado em 20.12.2019.

Katz, M., Shapiro, C. (1994). Systems Competition and Network Effects. *Journal of Economic Perspectives 8*(2), 93-115.

Kaysen, C. e Turner, D. (2013). Antitrust Policy: An Economic and Legal Analysis (Chapter III: A Policy for Antitrust Laws; The Policy Goals). In D. Crane & H. Hovencamp (Eds.), *The Making of Competition Policy: Legal and Economic Sources* (pp. 337-360). Nova Iorque: Oxford University Press.

Kellerbauer, M. (2019). Article 102. In M. Kellerbauer, M. Klamert, & J. Tomkin (Eds.), *The EU Treaties and the Charter of Fundamental Rights: A Commentary* (pp. 1037-1058). Oxford: Oxford University Press.

Khan, L. (2017). Amazon's Antitrust Paradox. *The Yale Law Journal, 126*(3), 710-805.

Khan, L. (2018). The New Brandeis Movement: America's Antimonopoly Debate. *Journal of European Competition Law & Practice, 9*(3), 131-132.

Khan, L. (2019). The Separation of Platforms and Commerce. *Columbia Law Review, 119*, 973-1093.

Khan, L. e Vaheesan, S. (2017). Market Power and Inequality: The Antitrust Counterrevolution and Its Discontents. *Harvard Law & Policy Review, 11*, 235-294.

Killick, J. e Sakellariou, S. (2015). Huawei v ZTE – No More Need to Look at the Orange Book in SEP Disputes. *CPI Antitrust Chronicle, October 2015*(2), 1-9. Disponível em https://www.competitionpolicyinternational.com/assets/Uploads/KillickSakellariouOct-152.pdf, consultado em 18.7.2019.

Kingston, S. (2012). *Greening EU Competition Law and Policy*. Cambridge: Cambridge University Press.

Kinsella, S. e Went, D. (2013). The Use of Divestiture Remedies in UK Market Investigations: What Can be Learnt from the BAA Saga. *Concurrences, Structural Remedies: A Unique Antitrust Tool*(2), 27-31.

Kirkwood, J. B. e Lande, R. H. (2008). The Chicago School's Foundation is Flawed: Antitrust Protects Consumers, Not Efficiency. In R. Pitofsky (Ed.), *How the Chicago School Overshot the Mark: The Effect of Conservative Economic Analysis on U.S. Antitrust* (pp. 89-106). Cambrige, MA, USA: Oxford University Press.

Klein, B. (1993). Market Power in Antitrust: Economic Analysis after Kodak. *Supreme Court Economic Review, 3*, 43-92.

Klein, B., Murphy, K. M. (2008). Exclusive dealing intensifies competition for distribution. *Antitrust Law Journal, 75*(2), 433-466.

Kmiecik, A. (2018). The Spanish Supreme Court voids an exclusive--supply agreement in the energy sector that was previously subject to a commitments decision by the EU Commission (Repsol). *e-Competitions News Issue, February*. Disponível em http://www.concurrences.com30 agust 2018, consultado em 30.8.2018.

Kneepkens, M. (2018). *Competition Law and Public Interests: With an Application to the Banking Sector*. A Haia, Holanda: Eleven International Publishing.

Kobayashi, B. H. e Muris, T. J. (2012). Chicago, Post Chicago and Beyond:

Time to Let Go of the 20th Century. *George Mason Law & Economics Research Paper Series, Research Paper 12-31.* Disponível em https://ssrn.com/abstract=2021196, consultado em 26.8.2018.

Koch, O., Nagy, K., Pucinskaite-Kubik, I. e Tretton, W. (2009). The RWE Gas Foreclosure Case: Another Energy Network Divestiture to Address Foreclosure Concerns. *Competition Policy Newsletter*(2), 32-34.

Kokkoris, I. (2009). *A Gap in the Enforcement of Article 82.* London: British Instutute of International and Comparative Law.

Kølbye, L. (2012). Enforcement of Article 102 TFEU in Energy Sector. In P. Lowe & M. Marquis (Eds.), *European Competition Law Annual 2012: Competition, Regulation and Public Policies* (pp. 209-2014). Oxford and Portland, Oregon: Hart Publishing.

Komninos, A. P. (2008). *EC Private Antitrust Enforcement, Decentralised Application of EC Competition Law by National Courts.* Oxford: Hart Publishing.

Komninos, A. P. (2013). Private enforcement in the EU with emphasis on damages actions. In I. Lianos & D. Geradin (Eds.), *Handbook on European Competition Law: Enforcement and Procedure* (pp. 228-272). Cheltenham, UK e Northampton, MA, USA: Edward Elgar Publishing.

Komninos, A. P. (2018). Intel: The ECJ finally speaks – Time to listen! *Competition Law & Policy Debate, 4*(2), 42-50.

Kovacic, W. E. (1992). The Influence of Economics on Antitrust Law. *Economic Enquiry, 30*, 294-306.

Kovacic, W. E. (2006). Using Ex Post Evaluations to Improve the Performance of Competition Policy Authorities. *The Journal of Corporation Law, 31*(2), 503-547.

Kovacic, W. E. (2007). The Intellectual DNA of Modern U.S. Competition Law for Dominant Firm Conduct: The Chicago/Harvard Double Helix. *Columbia Business Law Review, 1*(1), 1-80.

Kovacic, W. E. (2015). The United States and its Future Influence on Global Competition Policy. *George Mason Law Review, 22*(5), 1157-1204.

Kovacic, W. E. e Shapiro, C. (2000). Antitrust Policy: A Century of Economic and Legal Thinking. *Journal of Economic Perspectives, 14*(1), 43-60.

Krattenmaker, T. G., Lande, R. H. e Salop, S. C. (1987). Monopoly Power and Market Power in Antitrust Law. *The Georgetown Law Journal, 76*, 241-269.

Kreps, M., Wilson, R. (1982). *Reputation and Imperfect Information. Journal of Economic Theory, 27*(2), 253-79.

Laitenberger, J. (2019a). *Competition Enforcement in Digital Markets: Using Our Tools Well and a Look at the Future.* Paper presented at the 14th Annual Conference of the GCLC "Remedies in EU Competition Law: Substance, Process & Policy", Bruxelas. http://ec.europa.eu/competition/speeches/text/sp2019_03_en.pdf, consultado em 2.2.2019.

Laitenberger, J. (2019b). *Fairness in EU competition law enforcement.* Paper presented at the British Chambers of Commerce EU & Belgium. https://ec.europa.eu/competition/speeches/text/sp2018_10_en.pdf, consultado em 10.10.2019.

Lamadrid de Pablo, A. (2017). Competition Law as Fairness. *Journal of European Competition Law & Practice, 8*(3), 147-148.

Lande, R. H. (1982). Wealth Transfers as the Original and Primary Concern of Antitrust: the Efficiency Interpretation Challenged. *The Hastings Law Journal, 34*, 67-151.

Lande, R. H. (2001). Consumer Choice as the Ultimate Goal of Antitrust *University of Pittsburgh Law Review, 62*(3), 503-525.

Landes, W. M. e Posner, R. A. (1981). Market Power in Antitrust Cases. *Harvard Law Review, 94*, 937-996.

Larenz, K. (1997). *Metodologia da Ciência do Direito* (6 ed.). Lisboa: Fundação Calouste Gulbenkian.

Larouche, P. (2000). *Competition and Regulation in European Telecommunications*: Hart Publishing.

Lawrance, S., Watson-Doig, N., Bond, E. e Mathew, H. (2019). Coty, Hoffmann-La Roche II, EAEPC, Commission SEP Communication and others: A Survey of Developments at the Intersection between Competition Law and IP Law in the Past Year. *Journal of European Competition Law & Practice, 10*(4), 253-266.

Leali, G. (2020). EU Big Four Press Vestager to Clear Path for Champions. *Politico, 6.2.2020*. Disponível em https://www.politico.eu/article/eu-big-four-france-germany-italy-poland-press-executive-vice-president-margrethe-vestager-to-clear-path-for-champions/, consultado em 6.2.2020.

Leandro Vasconcelos, R. (2015). Consumidores, ressarcimento e clemência: um balanço equilibrado? In S. Oliveira Pais (Ed.), *Cidadania Europeia: Desafios e oportunidades* (pp. 373-394). Porto: Universidade Católica Editora.

Leandro Vasconcelos, R. (2016). Remedies and Article 102 TFEU: Recent Public Enforcement Experience. In S. O. Pais (Ed.), *Competition Law Challenges in the Next Decade* (pp. 179-193). Brussels: Peter Lang.

Leandro Vasconcelos, R. (2017). Commitment Decisions: Is the Sky the Limit? – Commentary to Judgment of the General Court (Eighth Chamber) of 15 September 2016, Case T-76/14, Morningstar, Inc v. European Commission *Market and Competition Law Review, 1*(2), 195-212.

Leitão Marques, M. (2002). *Um Curso de Direito da Concorrência*. Coimbra. Coimbra Editora.

Lenaerts, K. (2013). Due Process in Competition Cases. *Neue Zeitschrift für Kartellrecht, 1*(5).

Lenaerts, K., Maselis, I. e Gutman, K. (2015). *EU Procedural Law*. New York, USA: Oxford University Press.

Leanerts, K., Van Nuffet, P. (2011). *European Union Law*. (3ª edição). Londres: Sweet & Maxwell.

Lévêque, F. (2000a). *The Conduct vs Structural Remedies Controversy: An Irrelevant Dichotomy of Antitrsut Policy Instruments*. CERNA, Ecole Nationale Supérieure des Mines de Paris working paper. Disponível em http://www.yumpu.com/en/document/read/29875049/the-conduct-vs-structural-remedies-controversy-an cerna, consultado em 15.12.2019.

Lévêque, F. (2000b). *The Controversial Choice of Remedies to Cope with the Anticompetitive Behavior of Microsoft*. Disponível em http://www.cerna.ensmp.fr/Documents/FL-MSBerkeley.pdf, consultado em 20.7.2014.

Lianos, I. (2010a). Are We Underenforcing Article 102? In F. Etro & I. Kokkoris (Eds.), *Competition Law and The Enforcement of Article 102* (pp. 139-

163). Nova Iorque, EUA: Oxford University Press.

Lianos, I. (2010b). Is the Availability of "Appropriate" Remedies a Limit to Competition Law Liability under Article 102? The Mishiefs of "Discrecionary Remedialism" in Competition Law. In F. Etro & I. Kokkoris (Eds.), *Competition Law and the Enforcement of Article 82* (pp. 165-202). Oxford: Oxford University Press.

Lianos, I. (2010c). "Judging" Economists: Economic Expertise in Competition Law Litigation. In I. Kokkoris & I. Lianos (Eds.), *The Reform of EC Competition Law: New Challenges*: Kluwer.

Lianos, I. (2012a). Competition Law in the European Union After the Treaty of Lisbon. In D. Ashiagbor, N. Countouris, & I. Lianos (Eds.), *The European Union After the Treaty of Lisbon* (pp. 252-284). Reino Unido: Cambridge University Press.

Lianos, I. (2012b). Competition Law Remedies: In search of a theory. In I. Lianos & D. D. Sokol (Eds.), *The Global Limits of Competition Law* (pp. 177-201). Stanford, California: Stanford University Press.

Lianos, I. (2013a). Competition Law Remedies in Europe: Which Limits for Remedial Discretion?. In I. Lianos & D. Geradin (Eds.), *Handbook on European Competition Law: Enforcement and Procedure* (pp. 362-455). Cheltenham, UK e Northampton, MA, USA: Edward Elgar Publishing.

Lianos, I. (2013b). Some reflections on the goals of EU competition law. In I. Lianos & D. Geradin (Eds.), *Handbook of European Competition Law: Substantive Aspects*. Cheltenham, UK e Northampton, MA, USA: Edward Elgar Publishing.

Lianos, I. (2016). The Principle of Effectiveness, Competition Law Remedies and the Limits of Adjudication. In P. Lowe, M. Marquis, & G. Monti (Eds.), *European Competition Law Annual 2013: Effective and Legitimate Enforcement* (pp. 105-136). Oxford, Portland: Hart Publishing.

Lianos, I. (2018a). Polycentric Competition Law. *Center for Law, Economics and Society, Research Paper Series: 4/2018*. Disponível em https://www.ucl.ac.uk/cles/sites/cles/files/cles_4-2018_final.pdf, consultado em 9.12.2019.

Lianos, I. (2018b). The Poverty of Competition Law: The Long Story. *Center for Law, Economics and Society*, (Research Paper Series: 2/2018). Disponível em https://papers.ssrn.com/sol3/papers.cfm?abstract_id=3160054&download=yes, consultado em16.9.2018.

Lianos, I. (2019). Competition Law for the Digital Era: A Complex System's Perspective. *Center for Law, Economics and Society, Research Paper Series: 6/2019*. Disponível em https://papers.ssrn.com/sol3/papers.cfm?abstract_id=3492730, consultado em 9.12.2019.

Lianos, I. e Andreangeli, A. (2013). The European Union: The Competition Law System and the Union's Norms. In E. M. Fox & M. J. Trebilcock (Eds.), *The Design of Competition Law Institutions: Global Norms, Local Choices* (pp. 384-443). Oxford: Oxford University Press.

Lianos, I. e Genakos, C. (2013). Econometric evidence in EU Competition Law: an empirical and theoretical analysis. In I. Lianos & D. Geradin (Eds.), *Handbook on European Competition Law: Enforcement and Procedure* (pp. 1-137). Cheltenham, UK and Northampton, MA, USA: Edward Elgar Publishing.

Lianos, I., Korah, V. e Siciliani, P. (2019). *Competition Law: Analysis, Cases and Materials* (1ª ed.). Nova Iorque, EUA: Oxford University Press.

Lindsay, A. (2003). *The EC Merger Regulation: Substantive Issues*. Londres: Sweet & Maxwell.

Littlechild, S. (2019). Promoting Competition and Protecting Customers? Regulation of the GB Retail Energy Market 2008-2016. *Journal of Regulatory Economics, 55*, 107-139.

Lock, T. (2019). Articles 6-19. In M. Kellerbauer, M. Klamert, & J. Tomkin (Eds.), *The EU Treaties and the Charter of Fundamental Rights: A Commentary* (pp. 2111-2157). Oxford: Oxford University Press

Lockheimer, H. (2018). Complying with the EC's Android Decision. *The Keyword*. Disponível em https://www.blog.google/around-the-globe/google-europe/complying-ecs-android-decision/25.11.2019, consultado pela última vez em 25.11.2019.

Loertscher, B. e Maier-Rigaud, F. (2020). On the Consistency of the European Commission's Remedies Practice. In D. Gerard e A. Komninos (Eds.), *Remedies in EU Competiiton Law: Substance, Process and Policy*. (53-72). Alphen aan den Rijn: Kluwer Law International.

Lopes Porto, M.C. (2017). *Teoria da Integração e Políticas da União Europeia*. Coimbra: Almedina.

Lovdahl Gormsen, L. (2010). Why the European Commission's Enforcement Priorities on Article 82 Should Be Withdrawn. *European Competition Law Review, 31*(2), 45.-51.

Lowe, P. (2007). *Consumer Welfare and Efficiency - New Guiding Principles of Competition Policy?* Paper presented at the 13th International Conference on Competition and 14th European Competition Day, Munich. http://ec.europa.eu/competition/speeches/text/sp2007_02_en.pdf, consultado em 20.6.2016.

Lowe, P. (2010). Foreword. In F. Etro & I. Kokkoris (Eds.), *Competition Law and the Enforcement of Article 102*. (pp. v-vi). Nova Iorque: Oxford University Press.

Lowe, P. e Maier-Rigaud, F. (2008). Quo Vadis Antitrust Remedies. In B. Hawk (Ed.), *International Antitrust Law & Policy: 2007 Fordham Competition Law Institute* (pp. 597-611). Huntington, EUA: Juris Publishing.

Lyons, B. (2007). The Paradox of the Exclusion of Exploitative Abuse *CCP Working Paper 08-1*. Disponível em http://competitionpolicy.ac.uk/documents/107435/107587/ccp08-1.pdf, consultado em 16.3.2017.

Maggiolino, M. e Colangelo, G. (2019). Antitrust Über Alles. Whither Competition Law after Facebook? *World Competition Law and Economic Review, 42*(3), 355-376.

Maier-Rigaud, F. (2012). On the Normative Foundations of Competition Law: Efficiency, Political Freedom and the Freedom to Compete. In D. Zimmer (Ed.), *The Goals of Competition Law: The Fifth ASCOLA Workshop on Comparative Competition Law* (pp. 132-168). Cheltenham, RU; Northampton, MA, EUA: Edward Elgar Publishing.

Maier-Rigaud, F. (2016). Behavioural versus Structural Remedies in EU Competition Law. In P. Lowe, M. Marquis, & G. Monti (Eds.), *European Competition Law Annual 2013: Effective and Legitimate Enforcement of Competition Law*. (pp. 207-224). Oxford: Hart Publishing.

Maier-Rigaud, F., Manca, F. e Koppenfels, U. (2001). Strategic Underinvestment and Gas Network Foreclosure – the ENI Case. *Competition Policy Newsletter*, 1, 18-23.

Mäihäniemi, B. (2017). The Role of Innovation in the Analysis of Abuse of Dominance in Digital Markets: The Analysis of Chosen Practices of Google Search. *Market and Competition Law Review*, *1*(1), 111-143.

Mancini, J. (2019). Digital Antitrust: An Emerging Consensus? *Concurrences*, *4*, 2-8.

Manne, G. A. e Wright, J. D. (2011). Google and the Limits of Antitrust: The Case against the Case against Google. *Harvard Law Journal & Public Policy*, *34*(1), 171-244.

Manoussakis, S. (2009). Liberalisation of the EU Electricity Market: Enough to Power Real Progress?: Analysis of Ownership Unbundling and the Project for Liberalisation of the European Union Electricity Market. *World Competition Law and Economic Review*, *32*(2), 227-247.

Marco Colino, S. (2018). The Antitrust F Word: Fairness Considerations in Competition Law. *The Chinese University of Hong Kong, Research Paper Nº 2018-09*. Disponível em https://ssrn.com//abstract=3245865, consultado em 8.11.2018.

Marco Colino, S. (2019). *Competition Law of the EU and the UK*. Nova Iorque, EUA: Oxford University Press.

Marcos, F. (2017). The Prohibition of Single-firm Market Abuses: U.S. Monopolisation versus E.U. Abuse of Dominance. *International Company and Commercial Law Review*, *9*, 338-345.

Mariano Pego, J.P., (2007). *O Controlo dos Oligopólios pelo Direito Comunitário da Concorrência. A posição dominante colectiva*. Coimbra: Almedina.

Mariniello, M. (2014). Commitmments or Prohibition? The EU Antitrust Dilema. *Bruegel Policy Brief*, *2014*(1), 1-8. Disponível em https://bruegel.org/wp-content/uploads/imported/publications/pb_2014_01.pdf, consultado em 8.7.2019.

Markovits, R. S. (2016). The Economics of Antitrust Law: a Comment on the Other Contributions to this Symposium: Economics and the Interpretation and Application of U.S. and E.U. Antitrust Law. *Antitrust Bulletin*, *61*, 198-227.

Marquis, M. (2008). Introduction, Summary, Remarks. In C.-D. Ehlermann & M. Marquis (Eds.), *European Competition Law Annual 2007: A Reformed Approach to Article 82 EC* (pp. xxv-cxxviii). Portland, OR, EUA: Hart Publishing.

Marsden, P. (2009). Article 82 and Structural Remedies after Microsoft. In C. Baudenbacher (Ed.), *Current Developments in European and International Competition Law: 15th St. Gallen International Competition Law Forum ICF 2008* (Vol. 10, pp. 349-359). Basileia: Helbing Lichtenhahn.

Marsden, P. (2013). The Emperor's Clothes Laid Bare: Commitments Creating the Appearance of Law, while Denying Access to Law. *CPI Antitrust Chronicle, October 2013*(1), 1-11. Disponível em https://www.biicl.org/files/6791_cpi_marsden_2013.pdf, consultado em 7.1.2020.

Marsden, P. (2018). *High Time for Rhyme and Reason "We have no antitrust hipsters at the CMA, not yesterday, not today, not anyday"*. Paper presented at the Annual Conference of the International Bar Association, Florença. Disponível em https://globalcompetitionreview.com/article/1174833/high-time-for-rhyme-and-reason, consultado em 8.7.2019.

Marsden, P. (2020). Google Shopping for the Empress's New Clothes –When a Remedy Isn't a Remedy (and How to Fix it). *Journal of European Competition Law & Practice, 11*(10), 553-560.

Martins Ribeiro, M. E. (2018). Quelques Réflexions sur le Rôle du Juge de l'Union *Liber Amicorum Antonio Tizzano - De la Cour CECA à la Cour de l'Union: le Long Parcours de la Justice Européene* (pp. 566-585). Torino: Giappichelli Editore.

Marty, F. e Pillot, J. (2018). With Uncertain Damage Theory Come Unpredictable Effects on Remedies: "Libre Propos" on the Android Case. *CPI Antitrust Chronicle, 3*(Fall), 38-44.

Marx, L. (2018). The European Commission's Enforcement of Abuse Cases: A Statistical Analysis. In F. Di Porto & R. Podszun (Eds.), *Abusive Practices In Competition Law* (pp. 26-46). Cheltenham, UK; Northampton, MA, EUA: Edward Elgar Publishing.

Mason, E. S. (1957). *Economic Concentration and the Monopoly Problem*. Cambridge: Harvard University Press.

Massarotto, G. (2018). From Standard Oil to Google: How the Role of Antitrust Law Has Changed. *World Competition Law and Economic Review, 41*(3), 395-418.

McDonnell, B. H. e Farber, D. A. (2003). Are Efficient Antitrust Rules Always Optimal? *Antitrust Bulletin, 48*, 807-835.

McGeowan, P. e Orologas, J. (2013). Your Made a Pledge, then Keep your Promise. *Competition Policy International, 3*, 1-7.

Melamed, A. D. (1995). Antitrust: The New Regulation. *Antitrust, 10*.

Melamed, A. D. (2006). Exclusive Dealing Agreements and Other Exclusionary Conduct: Are There Unifying Principles? *Antitrust Law Journal, 73*(2), 375-412.

Melamed, A. D. (2009). Afterword: The Purposes of Antitrust Remedies. *Antitrust Law Journal, 76*(1), 359-369.

Melamed, A. D. e Petit, N. (2018). Before "After Consumer Welfare" – A Response to Professor Wu. *Competition Policy International, July*, 2-11. Disponível em https://www.competitionpolicyinternational.com/wp-content/uploads/2018/07/North-America-Column-July-Full.pdf, consultado em 3.4.2019.

Melícias, M. J. (2017a). Concorrência. In A. P. Brandão, F. Pereira Coutinho, I. Camisão, & J. Covelo de Abreu (Eds.), *Enciclopédia da União Europeia* (pp. 97-100). Lisboa: Petrony Editora.

Melícias, M. J. (2017b). Policy Considerations on the Interplay between State Aid Control and Competition Law. *Market and Competition Law Review, 1*(2), 179-193.

Mertikopoulou, V. (2014). Evolution of the Objective Justification in European Competition Law and the Unchartered Waters of Efficiency Defences. *Concurrences, 2*, 10-14.

Mestmäcker, E.-J. (2008). A Legal Theory Without Law – Posner v. Hayek on Economic Analysis of Law. Disponível em https://papers.ssrn.com/sol3/papers.cfm?abstract_id=116842221.9.2019, consultado em 7.12.2018.

Miralles Murciego, G. (2012). Tomra, Fidelity Rebates and New Approaches to Abuse of Dominant Position. In J.

Díez-Hochleitner, C. Martínez Capdevila, I. Blásquez Navarro, & J. Frutos Miranda (Eds.), *Últimas tendencias en la jurisprudencia del Tribunal de Justicia de la Unión Europea. Recent trends in the case law of the Court of Justice of the European Union* (pp. 339-363). Madrid: La Ley (Wolters Kluwer).

Miranda, J. (2017). *Direitos Fundamentais.* Lisboa: Almedina.

Montagnani, M. L. (2007). Remedies to Exclusionary Innovation in the High-Tech Sector: Is There a Lesson from the Microsoft Saga? *World Competition Law and Economic Review, 30*(4), 623-643.

Monti, G. (2006). The Concept of Dominance in Article 82. *European Competition Journal, 2*(Special Issue), 31-53.

Monti, G. (2007). *EC Competition Law.* Nova Iorque: Cambridge University Press.

Monti, G. (2008). Managing the Intersection of Utilities Regulation and EC Competition Law. *Competition Law Review, 4*(2), 121-145.

Monti, G. (2011). *The Dominance Threshold in Article 102 TFEU Structure and Effects in EU Competition Law: Studies on Exclusionary Conduct and State Aid.* International Competition Law Series (Vol. 47, pp. 57-82). Alphen aan den Rijn: Kluwer Law International.

Monti, G. (2016). Behavioural Remedies for Antitrust Infringements – Opportunities and Limitations. In P. Lowe, M. Marquis, & G. Monti (Eds.), *European Competition Law Annual 2013: Effective and Legitimate Enforcement* (pp. 185-206). Oxford, Portland: Hart Publishing.

Monti, G. (2017). Article 102: Sources of Interpretation. In P. L. Parcu, G. Monti, & M. Botta (Eds.), *Abuse of Dominance in EU Law* (pp. 34-51). Cheltenham, RU e Nothampton, MA, EUA: Edwar Elgar Publishing.

Morais, L. (2006). *Empresas Comuns Joint Ventures: No Direito Comunitário da Concorrência.* Coimbra: Almedina.

Morais, L. (2009). *Direito da Concorrência, Perspectivas do seu Ensino.* Lisboa. Almedina.

Motta, M. (2004). *Competition Policy: Theory and Practice* Cambridge, New York, Melbourne, Madrid, Cape Town, Singapore, São Paulo: Cambridge.

Motta, M. e De Streel, A. (2006). Exploitative and Exclusionary Excessive Prices in EU Law. In C.-D. Ehlermann & I. Atanasiu (Eds.), *European Competition Law Annual 2003: What Is an Abuse of a Dominant Position?* (pp. 91-125). Oxford: Hart Publishing.

Moura e Silva, M. (2008). *Direito da Concorrência: Uma Introdução Jurisprudencial.* Coimbra: Almedina.

Moura e Silva, M. (2010a). A Tipificação do Abuso de Posição Dominante enquanto Ilícito Contraordenacional. *Revista de Concorrência e Regulação, I*(1), 269-295.

Moura e Silva, M., (2010b). *O Abuso de Posição Dominante na Nova Economia.* Lisboa. Almedina.

Moura e Silva, M. (2012). Os Abusos de Exploração sobre os Consumidores: Uma Revolução Silenciosa no Novo Regime Nacional de Proibição do Abuso de Posição Dominante? *Revista de Concorrência e Regulação, III*(9), 81-115.

Moura e Silva, M. (2018). *Direito da Concorrência.* Lisboa: AAFDL.

Moura Ramos, R. (2013). Contrôle Juridictionnel des Actes des Institutions Communautaires. In R. Moura Ramos (Eds.), Estudos de Direito da União

Europeia (pp. 9 a 52). Coimbra: Coimbra Editora.

Müller, A. (2016). Morningstar v Commission – Setting the Bar High for Third Parties Challenging EU Commitment Decisions. *Competition Policy International, October*, disponível em https://www.competitionpolicyinternational.com/morningstar-v-commission-setting-the-bar-high-for-third-parties-challenging-eu-commitment-decisions/, consultado em 2.12.2016.

Murray, G. (2015). In Search of the Obvious: Groupement des Cartes Bancaires and "by Object" Infringements under EU Competition Law. *European Competition Law Review, 36*(2), 47-51.

Nazzini, R. (2004). *Concurrent Proceedings in Competition Law: Procedure, Evidence and Remedies*. New York: Oxford University Press.

Nazzini, R. (2011). *The Foundations of European Union Competition Law, The Objectives and Principles of Article 102*. Oxford: Oxford University Press.

Nazzini, R. (2013). Abuse of Dominance: Exclusionary Non-pricing Abuses. In I. Lianos & D. Geradin (Eds.), *Handbook on EU Competition Law: Substantive Aspects* (pp. 473-516). Cheltenham, RU; Northampton, MA, EUA: Edward Elgar Publishing.

Nazzini, R. (2015). *Google* and the (Ever-stretching) Boundaries of Article 102 TFEU. *Journal of European Competition Law & Practice, 6*(5), 301-314.

Nazzini, R. (2017). Unequal Treatment by Online Platforms: A Structured Approach to the Abuse Test in Google. In D. Geradin, M. Merola, & B. Meyring (Eds.), *The Notion of Restriction of Competition: Revisiting the Foundations of Antitrust Enforcement in Europe* (Vol. 7, pp. 281-308). Bruxelas: Bruylant.

Nebbia, P. (2008). Damages Actions for the Infringement of EC Competition Law: Compensation or Deterrence? *European Law Review, 33*(1), 23-43.

Neumann, J. v. e Morgenstern, O. (1944). *The Theory of Games and Economic Behaviour*. Princeton: Princeton University Press.

Neven, D. e Röller, L.-H. (2005). Consumer Surplus vs. Welfare Standard in a Political Economy Model of Merger Control. *International Journal of Industrial Organization, 23*(9-10), 829-848.

Newman, J. M. (2019). Antitrust in Digital Markets. *Vanderbilt Law Review, 72*(5), 1497-1561.

Nicolaides, P. (2000). An Essay on Economics and the Competition Law of the European Community. *Legal Issues of Economic Integration, 27*(1), 7-24.

Nicolaides, P. e Kekelekis, M. (2004). An economic analysis of EC guidelines on state aid for the rescue and restructuring of companies in difficulty. *Intereconomics, 39*(4), 204-212

Niels, G. e Jenkins, H. (2005). Reform of Article 82: Where the Link between Dominance and the Effects Breaks Down. *European Competition Law Review, 26*(11), 605-610.

Niels, G., Jenkins, H. e Kavanagh, J. (2016). *Economics for Competition Lawyers* (2ª Edição). Oxford: Oxford University Press.

Nihoul, P. (2012). Freedom of Choice: The Emergence of a Powerful Concept in European Competition Law. *Concurrences, 3*, 55-70.

Nihoul, P. (2014). The Ruling of the General Court in Intel: Towards the End of an Effect-based Approach in European Competition Law? *Journal of European Competition Law & Practice*, 5(8), 521-530.

Norman, J. (2018). *Adam Smith: What He Thought, and Why it Matters.* Londres: Allen Lane.

O'Donoghue, R. (2018). The Quiet Death of Secondary-Line Discrimination as an Abuse of Dominance: Case C-525/16 MEO. *Journal of European Competition Law & Practice, 9*(7), 443-445.

O'Donoghue, R. e Padilla, J. (2020). *The Law and Economics of Article 102 TFEU* (Terceira ed.). Oxford e Nova Iorque: Hart Publishing.

O'Grady, C. (2014). The Role of Exclusionary Intent in the Enforcement of Article 102 TFEU. *World Competition Law and Economic Review, 37*(4), 459-486.

OCDE. (2006). Policy Roundtables: Remedies and Sanctions in Abuse of Dominance Cases, Executive Summary. Disponível em http://www.oecd.org/competition/abuse/38623413, consultado em 5.8.2014.

OCDE. (2008). Remedies and Sanctions for Abuse of Market Dominance. *OECD Policy Brief.* Disponível em http://www.oecd.org/daf/41814852.pdf, consultado em 5.8.2019.

OCDE. (2012). The Digital Economy. Disponível em http://www.oecd.org/daf/competition/The-Digital-Economy-2012.pdf, consultado em 24.1.2018.

OCDE. (2016). Big Data: Bringing Competition Poliy to the Digital Era. Disponível em https://one.oecd.org/document/DAF/COMP(2016)14/en/pdf, consultado em 5.8.2019.

OCDE. (2017). Safe Harbours and Leal Presumptions in Competition Law: Background Note by the Secretariat. Disponível em https://one.oecd.org/document/DAF/COMP(2017)9/en/pdf, consultado em 5.8.2019.

OCDE. (2019). Executive Summary of the Roundtable on Consumer-facing Remedies. Disponível em https://one.oecd.org/document/DAF/COMP/WP3/M(2018)1/ANN4/en/pdf, consultado em 20.8.2019.

Odudu, O. (2006). *The Boundaries of EC Competition Law: The Scope of Article 81.* Nova Iorque, EUA: Oxford University Press.

Odudu, O. (2015). Competition and Merger Law and Policy. In A. Arnull & D. Chalmers (Eds.), *The Oxford Handbook of European Union Law* (Reimpressão em papel de 2017 ed., pp. 612-640). New York: Oxford University Press.

Ofcom. (2019). *Online Market Failures and Harm: An Economic Perspective on the Challenges and Opportunities in Regulation Online Services* Disponível em https://www.ofcom.org.uk/__data/assets/pdf_file/0025/174634/online-market-failures-and-harms.pdf, consultado em 10.10.2019.

Oliveira Pais, S. (1996). *O Controlo das Concentrações de Empresas no Direito Comunitário da Concorrência.* Coimbra: Almedina.

Oliveira Pais, S. (2011a). *Entre Inovação e Concorrência – Em defesa de um modelo europeu.* Lisboa: Universidade Católica Editora.

Oliveira Pais, S. (2011b). O Critério do Bem-Estar dos Consumidores no Contexto da Renovação do Direito Comunitário da Concorrência *Estudos em Homenagem ao Professor Doutor Carlos Ferreira de Almeida* (Vol. I, pp. 587-627). Coimbra: Almedina.

Oliveira Pais, S. (2014). Princípio da Interpretação Conforme: Acórdão do

Tribunal de Justiça de 13 de novembro de 1990 – Processo C-106/89 Marleasing SA c. La Comercial Internacional de Alimentación SA. In S. Oliveira Pais (Ed.), *Princípios Fundamentais de Direito da União Europeia: Uma Abordagem Jurisprudencial* (2 ed., pp. 93-107). Coimbra: Almedina.

Oliveira Pais, S. (2018). Considerações de lealdade e equidade no direito da concorrência da União: breves reflexões. *Revista de Concorrência e Regulação, IX*(35).

Oliver, P. e Bombois, T. (2015). Competition and Fundamental Rights. *Journal of European Competition Law & Practice, 6*(8), 598-608.

Orbach, B. Y. (2011). The Antitrust Consumer Welfare Paradox. *Journal of Competition Law & Economics, 7*(133-164).

Ortiz Blanco, L. (2012). *Market Power in EU Antitrust Law*. Oxford and Portland, Oregon: Hart Publishing.

Ortiz Blanco, L. (Ed.) (2013). *EU Competition Procedure*. New York: Oxford University Press. A – 3 a 37 B – 629 a 696

Østerud, E. (2010). *Identifying Exclusionary Abuses by Dominant Undertakings under EU Competition Law: the Spectrum of Tests*: Kluwer Law International.

Paemen, D. e Baltrusch, V. S. (2017). Morningstar v. Commission: Raising the Threshold for Challenging Commission Commitments Decisions. *Journal of European Competition Law & Practice, 8*(2), 99-101.

Page, W. H. (1990). Optimal Antitrust Penalties and Competitors' Injury. *Michigan Law Review, 88*, 2151-2482.

Page, W. H. (2009). Mandatory Contracting Remedies in the American and European Microsoft Cases. *Antitrust Law Journal, 75*(3), 787-809.

Page, W. H. e Childers, S. J. (2008). Bargaining in the Shadow of the European Microsoft Decision: The Microsoft-Samba Protocol License. *Northwestern University Law Review Colloquy, 102*, 332-354.

Papandropoulos, P. (2008). Implementing an Effects-based Approach under Article 82. *Concurrences, 1*, 1-5.

Papandropoulos, P. e Tajana, A. (2006). The Merger Remedies Study – In Divestiture We Trust? *European Competition Law Review, 27*(8), 443-454.

Pappalardo, A. (2018). *Il Diritto della Concorrenza Dell'Unione Europea: Profili Sostanziali*. Milão: Wolters Kluwer Italia.

Parcu, P. L., Monti, G. e Botta, M. (2017). Introduction. In P. L. Parcu, G. Monti, & M. Botta (Eds.), *Abuse of Dominance in EU Competition Law* (pp. 1-11). Cheltenham, RU; Northampton, MA, EUA: Edward Elgar Publishing.

Pareto, V. (1909). *Manuel d'Economie Politique*. Paris: Giard & Brière.

Parret, L. (2012). The Multiple Personalities of EU Competition Law: Time for a Comprehensive Debate on Its Objectives. In D. Zimmer (Ed.), *The Goals of Competition Law: The Fifth ASCOLA Workshop on Comparative Competition Law* (pp. 61-84). Cheltenham, RU; Northampton, MA, EUA: Edward Elgar Publishing.

Patel, K. K. e Schweitzer, H. (2013). EU Competition Law in Historical Context: Continuity and Change. In K. K. Patel & H. Schweitzer (Eds.), *The Historical Foundations of EU Competition Law* (pp. 207 ss). New York: Oxford.

Peeperkorn, L. (2015). Conditional Pricing: Why the General Court is Wrong in Intel and What the Court of Justice Can Do to Rebalance the Assessment of Rebates. *Concurrences Review, 1-2015*, 43-63.

Peeperkorn, L. (2016). Coherence in the Application of Articles 101 and 102: A Realistic Prospect or an Elusive Goal? *World Competition Law and Economic Review, 39*(3), 389-411.

Peeperkorn, L. e Verouden, V. (2014). The Economics of Competition. In J. Faull & A. Nikpay (Eds.), *The EU Law of Competition* (pp. 3-90). Nova Iorque: Oxford University Press.

Peeperkorn, L. e Viertiö, K. (2009). Implementing an Effects-based Approach under Article 82. *Competition Policy Newsletter, 1*, 17-20.

Pereira Coutinho, F. (2013). Os Tribunais Nacionais na Ordem Jurídica da União Europeia: O Caso Português. Coimbra: Coimbra Editora.

Petit, N. (2009). From Formalism to Effects? The Commission's Communication on Enforcement Priorities in Applying Article 82 EC. *World Competition Law and Economic Review, 32*, 485--503.

Philippon, T. (2018). A Primer on Concentration, Investment and Growth. *Preparado para o Jackson Hole Economic Policy Symposium*. Disponível em https://www.kansascityfed.org/~/media/files/publicat/sympos/2018/papersandhandouts/824180819philipponhandout.pdf?la=en, consultado em 16.9.2019.

Philippon, T. (2019). The Great Reversal: How America Gave Up on Free Markets. Cambridge, MA: The Bellknap Press of Harvard University Press.

Picker, R. (2018). Google Android Antitrust: Dominance Pivots and a Business Model Clash in Brussels. *CPI Antitrust Chronicle, 3*(Fall 2018), 7-11.

Pierce de Azevedo, e Walker, M. (2002). Dominance: Meaning and Measurement. *European Competition Law Review*.

Pitofsky, R. (2002). Antitrust at the Turn of the Twenty-First Century: The Matter of Remedies. *Georgetown Law Journal, 91*.

Podszun, R. (2019). After Facebook: What to Expect from Germany. *Journal of European Competition Law & Practice, 10*(2), 69-70.

Posner, R. A. (1979). Some Uses and Abuses of Economics in Law. *The University of Chicago Law Review, 46*(2), 281-306.

Posner, R. A. (1980). The Ethical and Political Basis of the Efficiency Norm in Common Law Adjudication. *Hofstra Law Review, 8*, 487-507.

Posner, R. A. (2001a). *Antirust Law* (2ª ed.). Chicago e Londres: The University of Chicago Press.

Posner, R. A. (2001b). Antitrust in the New Economy. *Antitrust Law Journal, 68*(3), 925-943.

Posner, R. A. (2007). In Memoriam: Bernard D. Meltzer (1914-2007). *University of Chicago Law Review, 74*, 435--438.

Quadros, I. (2018). *O Controlo das Restrições Estaduais às Liberdades do Mercado Interno, a Revelação da Linguagem Jurisprudencial*. Coimbra: Almedina.

Rahman, K. S. (2015). Curbing the New Corporate Power. *Boston Review*. Disponível em http://bostonreview.net/forum/k-sabeel-rahman-curbing--new-corporate-power, consultado em 17.10.2019.

Raitio, J. (2003). *The Principle of Legal Certainty in EC Law*. Dordrecht: Springer.

Rat, D. (2015). Commitment Decisions and Private Enforcement of EU Competition Law: Friend or Foe? *World*

Competition Law and Economic Review, 38(4), 527-546.

Ratliff, John (2019). Unilateral Conduct in the Energy Sector: An Overview of EU and National Case Law. *e-Competitions Special Issue Energy & Dominance, 3 October 2019*, 1-54.

Rato, M. e Petit, N. (2013). Abuse of Dominance in Technology-Enabled Markets: Established Standards Reconsidered? *European Competition Journal, 9*(1), 1-65.

Reis, J. (2017). As Práticas Individuais e Coletivas no Direito da Concorrência. In *Estudos Comemorativos dos 20 anos da FDUP, I*, Lisboa: Almedina.

Reis Novais, J. (2019). *Direitos Fundamentais e Justiça Constitucional*. Lisboa: AAFDL.

Rey, P. (2003). Economic Analysis and the Choice of Remedy. In F. Lévêque & H. Shelanski (Eds.), *Merger Remedies in American and European Union Competition Law* (pp. 129-134). Cheltenham, RU; Northampton, MA, EUA: Edward Elgar Publishing.

Rey, P. e Venit, J. S. (2015). An Effects--Based Approach to Article 102: A Response to Wouter Wils. *World Competition Law and Economics Review, 38*(1), 3-30.

Reyna, A. (2019). The Shaping of a European Consumer Welfare Standard for the Digital Age. *Journal of European Competition Law & Practice, 10*(1), 1-2.

Ritter, C. (2016a). How Far Can the Commission Go When Imposing Remedies for Antitrust Infringements? *Journal of European Competition Law & Practice, 7*(9), 587-598.

Ritter, C. (2016b). Remedies for Breaches of EU Antitrust Law. Disponível em https://papers.ssrn.com/sol3/papers.cfm?abstract_id=278144, consultado em 20.1.2017.

Robinson, J. (1933). *The Economics of Imperfect Competition*: Macmillan.

Robinson, J. (1934). What is Perfect Competition? *The Quarterly Journal of Economics, 49*(1), 104-120.

Robinson, J. (1953). Imperfect Competition Revisited. *The Economic Journal, 63*(251), 579-593.

Rochet, J.-C. e Tirole, J. (2018). Competition Policy in Two-Sided Markets, with a Special Emphasis on Payment cards. In P. Buccirossi (Ed.), *Handbook of Antitrust Economics*: The MIT Press.

Rodger, B. J. e MacCulloch, A. (2015). *Competition Law and Policy in the EU and UK* (5 ed.): Routledge.

Rousseva, E. (2006). The Concept of "Objective Justification" of an Abuse of a Dominant Position: Can it Help to Modernise the Analysis under Aricle 82? *Competition Law Review, 2*(2), 27-72.

Rousseva, E. (2010). *Rethinking Exclusionary Abuses in EU Competition Law*. Oxford and Portland, Oregon: Hart Publishing.

Rousseva, E. (2014). Efficiency Defence under Article 102 TFEU: Retrospective and Perspective. *Concurrences, 2*, 4-9.

Rousseva, E. e Marquis, M. (2013). Hell Freezes Over: A Climate Change for Assessing Exclusionary Conduct under Artocle 102 TFEU. *Journal of European Competition Law & Practice, 4*(1), 32-50.

Sadowska, M. (2011). Energy Liberalization in Antitrust Straitjacket: A Plant Too Far? *EUI Working Papers, RCAS 2011/34*, disponível em https://cadmus.eui.eu/bitstream/handle/1814/18358/RSCAS_2011_34.

pdf?sequence=1&isAllowed=y, consultado em 20.1.2015.

Saint-Esteben, R. (2013). Structural Remedies: A Unique Antitrust Tool. *Concurrences*(2), 14-16.

Salop, S. C. (2005). Question: What is the Real and Proper Antitrust Welfare Standard? Answer: The True Consumer Welfare Standard. Disponível em https://papers.ssrn.com/sol3/papers.cfm?abstract_id=1491302&download=yes, consultado em 29.8.2019.

Salop, S. C. (2006). Exclusionary Conduct, Effect on Consumers, and the Flawed Profit-Sacrifice Standard. *Antitrust Law Journal, 73*, 311-374.

Santos Justo, A. (2011). *Introdução ao Estudo do Direito* (5 ed.). Coimbra: Coimbra Editora.

Sauter, W. (2013). Proportionality in EU Law: A Balacing Act?. *Cambridge Yearbook of European Legal Studies, 15*, 439-466.

Sauter, W. (2014). Proportionality in EU Competition Law. *European Competition Law Review, 35*(7), 327-332.

Sauter, W. (2016). *Coherence in EU Competition Law*. Nova Iorque, EUA: Oxford University Press.

Scherer, F. M. e Ross, D. (1990). *Industrial Market Structure and Economic Performance* (3 ed.). Boston: Houghton Mifflin.

Schneider, G. (2018). Testing Art. 102 TFEU in the Digital Marketplace: Insights from the Bundeskartellamt's Investigation Against Facebook. *Journal of European Competition Law & Practice, 9*(4), 213-225.

Scholz, U. e Purps, S. (2010). The Application of EC Competition Law in the Energy Sector. *Journal of European Competition Law & Practice, 1*(1), 37-51.

Schuhmacher, F. (2017). Finding Dominance in Austria and Germany – What Is the Proper Role of Presumptions of Dominance? In P. L. Parcu, G. Monti, & M. Botta (Eds.), *Abuse of Dominance in EU Competition Law* (pp. 97-118). Cheltenham, RU; Northampton, MA, EUA: Edward Elgar Publishing.

Schumpeter, J. (2013). Capitalism, Socialism and Democracy. In D. Crane & H. Hovencamp (Eds.), *The Making of Competition Policy: Legal and Economic Sources* (pp. 284-305). Nova Iorque: Oxford University Press.

Schwarze, J. (2007). Les Sanctions Imposées pour les Infractions au Droit Européen de la Concurrence selon l'Article 23 du Règlement nº 1/2003 CE à la Lumière des Principes Généraux du Droit. *Revue Trimestrielle de Droit Européen, 43*(1), 1-24.

Schweitzer, H. (2008a). Commitment Decisions Under Article 9 of Regulation 1/2003: The Developing EC Practice and Case Law. *EUI Working Papers LAW, 2008/22*. Disponível em http://cadmus.eui.eu/bitstream/handle/1814/9449/LAW_2008_22.pdf?sequence=1&isAllowed=y, consultado em 7.6.2018.

Schweitzer, H. (2008b). The History, Interpretation and Underlying Principles of Section 2 Sherman Act and Article 82 EC. In C.-D. Ehlermann & M. Marquis (Eds.), *European Competition Law Annual: A Reformed Approach to Article 82 EC* (pp. 119-164). Oxford e Portland, OR: Hart Publishing.

Schweitzer, H. (2012). Efficiency, Political Freedom and the Freedom to Compete. In D. Zimmer (Ed.), *The Goals of Competition Law: The Fifth ASCOLA Workshop on Comparative Competition Law* (pp. 169-181). Cheltenham, RU;

Northampton, MA, EUA: Edward Elgar Publishing

Schweitzer, H. (2013). Judicial Review in EU Competition Law. In I. Lianos & D. Geradin (Eds.), *Handbook on European Competition Law: Enforcement and Procedure* (pp. 491-538). Cheltenham, UK e Northampton, MA, USA: Edward Elgar Publishing.

Shapiro, C. (2009). Microsoft: A Remedial Failure. *Antitrust Law Journal, 75*(3), 739-772.

Shapiro, C. (2018). Antitrust in a Time of Populism. *International Journal of Industrial Organization, 61*, 714-748.

Shelanski, H. A. e Sidak, J. G. (2001). Antitrust Divestiture in Network Industries. *University of Chicago Law Review, 68*(1), 1-99.

Sibony, A.-L. (2012). Limits of Imports from Economics into Competition Law. In I. Lianos & D. D. Sokol (Eds.), *The Global Limits of Competition Law* (pp. 39-53). Stanford, California: Stanford University Press.

Sibony, A.-L. (2016). Predatory Pricing: The Paris Cout of Appeal Upholds the French Competition Authority's Decision Considering that No Predation Can Be Established on the French Market for Map APIs (Google/Evermaps). *Concurrences, 1*, 101-103.

Sidak, J. G. (2008). Abolishing the Price Squeeze as a Theory of Antitrust Liability. *Journal of Competition Law & Economics, 4*(2), 279-309.

Siems, M. M. (2011). A World whithout Law Professors. In M. Van Hoecke (Ed.), *Methodologies of Legal Research: Which Kind of Methods for What Kind of Discipline?* (pp. 71-86). Oxford and Portland Oregon: Hart Publishing.

Singer, H. (2017). Paid Prioritization and Zero Rating: Why Antitrust Cannot Reach the Part of Net Neutrality Everyone Is Concerned About. *The Antitrust Source (August 2007)*. Disponível em https://www.americanbar.org/content/dam/aba/publishing/antitrust_source/aug17_singer_8_2f.authcheckdam.pdf, consultado em 5.9.2019.

Singer, H. (2018). Inside Tech's "Kill Zone": How to Deal With the Threat to Edge Innovation Posed by Multi-Sided Platforms. *ProMarket (21.11.2018)*, disponível em https://promarket.org/inside-tech-kill-zone/, consultado em 29.1.2020.

Siragusa, M. (2008). Excessive Prices in Energy Markets: Some Unorthodox Thoughts. In C.-D. Ehlermann & M. Marquis (Eds.), *European Competition Law Annual 2007: A Reformed Approach to Article 82 EC* (pp. 643-649). Oxford, Portland OR: Hart Publishing.

Skorup, B. e Thierer, A. (2013). Uncreative Destruction: The Misguided War on Vertical Integration in the Information Economy. *Federal Communications Law Journal, 65*(2), 157-201.

Smith, A. (1999). *Inquérito sobre a Natureza e as Causas da Riqueza das Nações*. Lisboa: Gulbenkian.

Sokol, D. D. (2015). Tensions between Antitrust and Industrial Policy. *George Mason Law Review, 22*(5), 1247-1268.

Sokol, D. D. (2017). European Competition Law: Enforcement or Regulation after Intel? *CPI Antitrust Chronicle, November*, 1-4.

Sokol, D. D. e Comerford, R. (2016). Does Antitrust Have a Role to Play in Regulating Big Data? Disponível em https://papers.ssrn.com/sol3/papers.cfm?abstract_id=2723693, consultado em 19.11.2017.

Sousa Ferro, M. (2015). *A Definição de Mercados Relevantes no Direito Europeu e Português da Concorrência: Teoria e Prática*. Lisboa: Almedina.

Sousa Mendes, P. (2009). O dever de colaboração e as garantias de defesa no processo sancionatório especial por práticas restritivas da concorrência. *Julgar*, 9, pp. 11-27.

Sousa Mendes, P. (2010). As garantias de defesa no processo sancionatório especial por práticas restritivas da concorrência confrontadas com a jurisprudência do Tribunal Europeu dos Direitos do Homem, *Revista de Concorrência e Regulação, I*(1), 121-144.

Steenbergen, J. (2008). Proportionallity in Competition Law and Policy. *Legal Issues of Economic Ingtegration, 35*(3), 259-268.

Stigler, G. J. (1957). Perfect Competition, Historically Contemplated. *The Journal of Political Economy, 65*(1), 1-17.

Stigler, G. J. (2013). The Organization of Industry: Chapter 13. In D. Crane & H. Hovencamp (Eds.), *The Making of Competition Policy: Legal and Economic Sources* (pp. 393-396). Nova Iorque: Oxford University Press.

Stiglitz, J. (2012). *The Price of Inequality: How Today's Divided Society Endangers Our Future*. Nova Iorque, USA, Londres, RU: W. W. Norton and Company.

Stiglitz, J. (2016). Monopoly's New Era. *Social Europe*. Disponível em https://www.socialeurope.eu/monopolys-new-era, consultado em 15.9.2019.

Stiglitz, J. (2017). Towards a Broader View of Competition Policy. *Roosevelt Institute Working Paper*. Disponível em https://rooseveltinstitutc.org/wp-content/uploads/2017/06/durbanbricscompetition_FinalClean.pdf, consultado em 16.9.2019.

Stucke, M. E. (2012). What Is Competition? In D. Zimmer (Ed.), *The Goals of Competition Law: The Fifth ASCOLA Workshop on Comparative Competition Law* (pp. 27-52). Cheltenham, RU; Northampton, MA, EUA: Edward Elgar Publishing.

Stucke, M. (2013). Is competition always good? *Journal of Antitrust Enforcement, 1*(1), 162-197.

Stucke, M. E. (2018). Should We Be Concerned about Data-Opolies? *Georgetown Law Technology Review, 2*(2), 275-324.

Stucke, M. E. e Grunes, A. P. (2015). No Mistake About It: The Important Role of Antitrust in the Era of Big Data. Disponível em https://papers.ssrn.com/sol3/papers.cfm?abstract_id=2600051, consultado em 18.11.2017.

Subiotto, R., Little, D. R. e Lepetska, R. (2017). The Application of Article 102 TFEU by the European Commission and the European Courts. *Journal of European Competition Law & Practice, 8*(4), 263-270.

Sullivan, E. T. (2002). The Jurisprudence of Antitrust Divestiture: The Path Less Traveled. *Minnesota Law Review, 86*, 565-614.

Sullivan, E. T. (2003). Antitrust Remedies in the E.U. and the U.S.: Advancing a Standard of Proportionality. *Antitrust Bulletin, 48*(2), 377-425.

Talus, K. (2011). Just What is the Scope of the Essential Facilities Doctrine in the Energy Sector?: Third Party Access-Firendly Interpretation in the EU v. Contractual Freedom in the US. *Common Market Law Review, 48*(5), 1571-1597.

Tapia, J., Mantzari, D. (2013). The Regulation/Competition Interaction. In I. Lianos & D. Geradin (Eds.),

Handbook on EU Competition Law: Substantive Aspects (pp. 588-628). Cheltenham, UK e Northampton, MA, USA: Edward Elgar Publishing.

Temple Lang, J. (1979a). Monopolisation and the Definition of Abuse of a Dominant Position under Article 86 EEC Treaty. *Common Market Law Review, 16*, 345 ss.

Temple Lang, J. (1979b). Some Aspects of Abuse of a Dominant Position in EC Antitrust Law. *Fordham International Law Journal, 3*(1), 1-50.

Temple Lang, J. (1996). European Community Antitrust Law: Innovation Markets and High Technology Industries. *Fordham International Law Journal, 20*(3), 717-818.

Temple Lang, J. (2000). The Principle of Essential Facilities in European Community Competition Law – The Position since Bronner. *Journal of Network Industries, 1*, 375-405.

Temple Lang, J. (2006). Commitment Decisions and Settlements with Antitrust Authorities and Private Parties under European Competition Law. In B. Hawk (Ed.), *International Antitrust Law & Policy: 2005 Fordham Corporate Law Institute* (pp. 265-324). Huntington, EUA: Juris Publishing.

Temple Lang, J. (2016). Restriction of Competition and Exclusionary Abuse under Article 102 – The Solution. *12ª Conferência Global Competition Law Centre*. Disponível em https://www.coleurope.be, consultado em 2.12.2017.

Temple Lang, J. e O'Donoghue, R. (2002). Defining Legitimate Competition: How to Clarify Pricing Abuses under Article 82 EC. *Fordham International Law Journal, 26*(1), 83-162.

Temple Lang, J. e Renda, A. (2009). *Treatment of Exclusionary Abuses under Article 82 of the EC Treaty: Comments on the European Commission's Guidance Paper*. Retrieved from Centre for European Policy Studies, Brussels: https://www.ceps.eu/system/files/treatment-exclusionary-abuses-under-article-82-ec--treaty-comments-european-commissions-guidance.pdf, consultado em 27.3.2018.

Thaler, R. H. e Sunstein, C. R. (2003). Libertarian Paternalism. *The American Economic Review, 93*(2), 175-179.

The Economist. (2019, 24.10). Dismembering Big Tech. Secção *Business*.

Thompson, R., Brown, C. e Gibson, N. (2018). Article 102. In D. Bailey & L. E. Jonh (Eds.), *Bellamy and Child: European Union Law of Competition* (8ª ed., pp. 859-970). Oxford: Oxford University Press.

Tor, A. (2002). The Fable of Entry: Bounded Rationality, Market Discipline, and Legal Policy. *Michigan Law Review, 101*, 482-568.

Trebilcock, M. J. e Ducci, F. (2017). The Multifaceted Nature of Fairness in Competition Policy. *Competition Policy International*, 1-6. Disponível em https://www.competitionpolicyinternational.com/wp-content/uploads/2017/10/CPI-Trebilcock-Ducci.pdf17.9.2019, consultado em 20.3.2018.

Triantafyllou, D. (2002). The European Charter of Fundamental Rights and The "Rule of Law": Restricting Fundamental Rights by Reference. *Common Market Law Review, 39*, pp. 53-64.

Tridimas, T. (2006). *The General Principles of EU Law* (Reimpressão 2009 ed.). New York: Oxford University Press.

Tridimas, T. (2018). The Principle of Proportionality. In R. Schütze & T. Tridimas (Ed.), *Oxford Principles of EU Law, Volume I: The European Union Legal*

Order (pp. 243-264). Oxford: Oxford University Press.

Vaheesan, S. (2014). The Evolving Populisms of Antitrust. *Nebraska Law Review, 93*(2), 370-428.

Van Bael, I. (1986). The Antitrust Settlement Practice of the EC Commission. *Common Market Law Review*, 61-90.

Van Bael, I. (1995). Fining a la Carte: The Lottery of EU Competition Law. *European Competition Law Review, (16)*4, 237-243.

Van Bael, I. (2011). *Due Process in Competition Law Proceedings*. A Haia: Wolters Kluwer.

Van Bael, I. e Bellis, J.-F. (2010). *Competition Law of the European Community* I. Van Bael & J. F. Bellis (Eds.), *Abuse of a Dominant Position (capítulo atualizado a março 2019)* (pp. 797-878).

Van Cleynenbreugel, P. (2018). Presumptions and short-cut rules in abuse regulation: (where) do the EU and US antitrust approaches meet? In F. Di Porto & R. Podszun (Eds.), *Abusive Practices in Competition Law*. (pp. 47-67) Cheltenham, UK; Northampton, MA, EUA: Edward Elgar Publishing.

Van den Bergh, R. J. e Camesasca, P. D. (2006). *European Competition Law and Economics: A Comparative Perspective* (2ª ed.). Londres: Sweet & Maxwell.

van der Esch, B. (1991). The Principles of Interpretation Applied by the Court of Justice of the European Communities and Their Relevance for the Scope of the EEC Competition Rules. *Fordham International Law Journal, 15*(2), 366-397.

Van der Woude, M. (2019). *Judicial Control in Complex Economic Matters. Journal of European Competition Law & Practice 10*(7), pp. 415-423.

Van Gestel, R. e Micklitz, H.-W. (2014). Why Methods Matter in European Legal Scholarship. *European Law Journal, 20*(3), 292-316.

Van Hoecke, M. (2011a). Legal Doctrine: Which Method(s) for What Kind of Discipline? In M. Van Hoecke (Ed.), *Methodologies of Legal Research: Which kind of Method for What Kind of Discipline?* (pp. 2-18). Oxford e Portland, Oregon: Hart Publishing.

Van Hoecke, M. (2011b). Preface. In M. Van Hoecke (Ed.), *Methodologies of legal research: Which kind of Method for What Kind of Discipline?* (pp. v-ix). Oxford e Portland, Oregon: Hart Publishing.

Vanberg, V. J. (2004). The Freiburg School: Walter Eucken and Ordoliberalism. *Freiburg discussion papers on constitutional economics*, (04/11). Disponível em http://hdl.handle.net/10419/4343, consultado em 31.7.2018.

Vanberg, V. J. (2009). Consumer Welfare, Total Welfare and Economic Freedom: on the Normative Foundations of Competition Policy. *Freiburger Diskussionspapiere zur Ordnungsökonomik*, (09/3). Disponível em https://www.econstor.eu/bitstream/10419/36471/1/617387532.pdf, consultado em 15.9.2019.

Varian, H. (2017). *Use and Abuse of Network Effects*. Disponível em https://papers.ssrn.com/sol3/papers.cfm?abstract_id=3215488, consultado em 3.8.2019.

Varney, C. (2011). Antitrust Immunities. *Oregon Law Review, 89*(3), 775-784.

Venit, J. S. (2004). Article 82: The Last Frontier – Fighting Fire with Fire. *Fordham International Law Journal, 28*(4), 1157-1178.

Venit, J. S. (2014). Case T-286/09 Intel v Commission – The Judgment of the

General Court: All Steps Backward and No Steps Forward. *European Competition Journal, 10*(2), 203-230.

Venit, J. S. (2017). The Judgment of the European Court of Justice in Intel v Commission: A Procedural Answer to a Substantive Question? *European Competition Journal, 13*(2-3), 172-198.

Vestager, M. (2015a). Europe Antitrust Chief Nor Afraid of Starting a Fight. *Financial Times*. Retrieved from http://www.ft.com/content/aa6d25b4-c3ff-11e4-a02e-00144feab7de, consultado em 12.1.2017.

Vestager, M. (2015b). The values of competition policy. *Keynote speech at CEPS Corporate breakfast "One year in office"*. Disponível em http://ec.europa. eu/commission/2014-2019/vestager/announcements/values-competition-policy_en, consultado em 13.10.2015.

Vestager, M. (2016). *Competition in a Big Data World*. Paper presented at the DLD Munique. https://ec.europa.eu/commission/commissioners/2014-2019/vestager/announcements/competition-big-data-world_en, consultado em 20.9.2019.

Vestager, M. (2018). Hitting the sweet spot in antitrust enforcement. *Global Antitrust Enforcement Symposium*. Disponível em https://ec.europa.eu/commission/commissioners/2014-2019/vestager/announcements/hitting-sweet-spot-antitrust-enforcement_en, consultado em 20.9.2019.

Vestager, M. (2019a). The champions Europe needs. *WELT Economic Summit*. Disponível em https://ec.europa.eu/commission/commissioners/node/49/announcements/champions-europe-needs-welt-economic-summit-berlin-9-january-2019_en, consultado em 20.9.2019.

Vestager, M. (2019b). Fairness and Competition. *GCLC Annual Conference* Disponível em https://ec.europa.eu/commission/commissioners/2014-2019/vestager/announcements/fairness-and-competition_en, consultado em 20.9.2019.

Vesterdorf, B. (2005). Judicial Review in EC Competition Law: Reflections on the Role of the Community Courts in the EC System of Competition Law Enforcement. *Global Competition Policy, 1*(1), 3-27.

Vesterdorf, B. (2015). Theories of Self-Preferencing and Duty do Deal – Two Sides of the Same Coin? *Competition Law & Policy Debate, 1*(1), 4-9.

Vesterdorf, B. e Fountoukakos, K. (2018). An Appraisal of the Remedy in the Comission's Google Search (Shopping) Decision and a Guide to its Interpretation in Light of an Analytical Reading of the Case Law. *Journal of European Competition Law & Practice, 9*(1), 3-18.

Vezzoso, S. (2018a). Amazon and the Law of the Jungle. *CPI Antitrust Chronicle, 3*(Fall), 33-37.

Vezzoso, S. (2018b). Android and Forking Restrictions: On the Hidden Closedness of "Open". *Market and Competition Law Review, II*(2), 17-46.

Vickers, J. (2005). Abuse of Market Power. *The Economic Journal, 115*(504), 244-261.

Vidal Martínez, P. (2012). Comentarios a la Contribución de G. Miralles Murciego. Comments to G. Miralles's Paper. In J. Díez-Hochleitner, C. Martínez Capdevila, I. Blásquez Navarro, & J. Frutos Miranda (Eds.), *Últimas tendencias en la jurisprudencia del Tribunal de*

Justicia de la Unión Europea. Recent trends in the case law of the Court of Justice of the European Union (pp. 365-374). Madrid: La Ley (Wolters Kluwer).

Vieira de Andrade, J.C. (2019). *Os Direitos Fundamentais na Constituição Portuguesa de 1976*. Lisboa: Almedina.

Vilhena de Freitas, L. (2012). *Os Contratos de Direito Público da União Europeia – no quadro do Direito Administrativo Europeu*, Vol. I. Lisboa: Wolters Kluwer Portugal.

Vilhena de Freitas, L. (2014). *Direito dos Contratos Públicos e Administrativos*. Lisboa: AAFDL.

Waelbroeck, D. (2005). Michelin II: A per se rule against rebates by dominant companies? *Journal of Competition Law and Economics, 1*(1), 149-171.

Waelbroek, D. (2008). Le Développement en Droit Européen de la Concurrence des Solutions Négociées (Engagements, Clémence, Non-Contestation des Faits et Transactions): Que Va-t-Il Rester aux Juges? *GCLC Working Paper 01/08*. Disponível em https://www.google.com/url?sa=t&rct=j&q=&esrc=s&source=web&cd=1&ved=2ahUKEwjhzoDY2fLmAhVHAWMBHRs5B7oQFjAAegQIARAC&url=https%3A%2F%2Fwww.coleurope.eu%2Fsystem%2Ffiles_force%2Fresearch-paper%2Fgclc_wp_01 08.pdf%3Fdownload%3D1&usg=AOvVaw0rfZvxAgWj6W5JcPg1kqpm, consultado em 7.1.2016.

Waelbroek, D. (2010). The Assessment of Efficiencies under Article 102 TFEU and the Commission's Guidance Paper. In F. Etro & I. Kokkoris (Eds.), *Competition Law and the Enforcement of Article 102* (pp. 115-127). Nova Iorque, EUA: Oxford University Press.

Wagener, D. e Tollini, P. (2019). The European Commission's New Cooperation Procedure in Non-Cartel Cases. *Lexology*, (June 12, 2019). Disponível em https://www.lexology.com/library/detail.aspx?g=ed6fa80f-e083-4f21-9f09-3dadc64b9a4b4.1.2019, consultado em 4.10.2019.

Wagner-von Papp, F. (2012). Best and Even Better Practices in Commitment Procedures after *Alrosa*: The Dangers of Abandoning the 'Struggle for Competition Law'. *Common Market Law Review, 49*(3), 929-970.

Waller, S. W. (1998). Prosecution by Regulation: The Changing Nature of Antitrust Enforcement. *Oregon Law Review, 77*, 1383-1450.

Waller, S. W. (2008). Remedies for Monopolization and Abuse of Dominance: A Little History and Some Thoughts on Disclosure and Access. Disponível em http://www.biicl.org/files/3412_antitrust_marathon_(weber_weller).pdf, consultado em 7.1.2016.

Waller, S. W. (2009). The Past, Present and Future of Monopolization Remedies. *Antitrust Law Journal, 76*(1), 11-29.

Waller, S. W. (2012). Access and Information Remedies in High-Tech Antitrust. *Journal of Competition Law & Economics, 8*(3), 575-593.

Walker, M. (2017). Behavioural Economics: The Lessons for Regulators. *European Competition Journal, 13*(1), 1-17.

Wang, W. (2011). Structural Remedies in EU Antitrust and Merger Control. *World Competition Law and Economic Review, 34*(4), 571-596.

Ward, T., Bourke, J. e Kristoff, M. (2018). Enforcement and Procedure. In D. Bailey & L. E. Jonh (Eds.), *Bellamy and Child: European Union Law of Competition* (8ª, pp. 1123-1250). Oxford: Oxford University Press.

Wathelet, M. (2015). Commitment Decisions and the Paucity of Precedent. *Journal of European Competition Law & Practice, 6*(8), 553-555.

Weiser, P. J. (2003). Goldwasser, the Telecom Act, and Reflections on Antitrust Remedies. *Administrative Law Review, 55*(1), 1-22.

Weiser, P. J. (2009). Regulating Interoperability: Lessons from AT&T, Microsoft, and Beyond. *Antitrust Law Journal, 76*, 271-305.

Werden, G. J. (2006b). Identifying Exclusionary Conduct under Sction 2: The "No-Economic" Sense test. *Antitrust Law Journal, 73*(2), 413-433.

Werden, G. J. (2009). Remedies for Exclusionary Conduct Should Protect and Preserve the Competitive Process. *Antitrust Law Journal, 76*(1), 65-78.

Wesseling, R. (2000). *The Modernisation of EC Antitrust Law*. Oxford e Portland: Hart Publishing.

Westerman, P. C. (2011). Open or Autonomous? The Debate on Legal Methodology as a Reflection of the Debate on Law. In M. Van Hoecke (Ed.), *Methodologies of Legal Research: Which Kind of Methods for What Kind of Discipline?* (pp. 87-110). Oxford and Portland, Oregon: Hart Publishing.

Weyl, G. e White, A. (2014). Let the Right 'One' Win: Policy Lessons from the New Economics of Platforms. *Competition Policy International, 12*(2), 29-51.

Whish, R. (2015). Intel v Commission: Keep Calm and Carry On! *Journal of European Competition Law & Practice, 6*(1), 1-2.

Whish, R. e Bailey, D. (2018). *Competition Law* (9ª ed.). Nova Iorque, EUA: Oxford University Press.

Wils, W. (2004). The Combination of the Investigative and Prosecutorial Function and the Adjudicative Function in EC Antitrust Enforcement: A Legal and Economic Analysis. *World Competition Law and Economic Review, 27*, 202-224.

Wils, W. (2006a). Optimal Antitrust Fines: Theory and Practice. *World Competition Law and Economic Review, 29*(2), 183-208.

Wils, W. (2006b). Settlements of EU Antitrust Investigations: Commitment decisions under Art. 9 of Regulation No 1/2003. *World Competition Law and Economic Review, 29*(3), 345-370.

Wils, W. (2008). *Efficiency and Justice in European Antitrust Enforcement*. Oxford and Portland, Oregon: Hart Publishing.

Wils, W. (2009a). The Relationship Betwen Public Antitrust Enforcement and Private Actions for Damages. *World Competition Law and Economic Review, 32*(1), 3-26.

Wils, W. (2009b). The Use of Settlements in Public Antitrust Enforcement: Objectives and Principles. In C.-D. Ehlermann & M. Marquis (Eds.), *European Competition Law Annual 2008: Antitrust Settlements under EC Competition Law*. Oxford e Portland: Hart Publishing.

Wils, W. (2010). The Increased Level of Antitrust Fines, Judicial Review and the ECHR. *World Competition Law and Economic Review, 33*(1), 5-29.

Wils, W. (2014). The Judgement of the EU General Court in Intel and the So--Called More Economic Approach to Abuse of Dominance. *World Competition Law and Economic Review, 37*(4), 405-434.

Wimmer, M. (2014). The Dinghy's Rudder: General Principles of European Union Law Through the Lens of Proportionality. *European Public Law, 20*(2), 331-354.

Witt, A. C. (2016). *The More Economic Approach to EU Antitrust Law*. Oxford: Hart Publishing.

Wood, D. P. (1999). The Role of Economics and Economists in Competition Cases. *OECD Journal of Competition Law and Policy, 1*(1), 82-104.

Wright, J. D. (2009). Overshot the Mark? A Simple Explanation of the Chicago School's influence on Antitrust. *Competition Policy International, 5*(1), 1-34.

Wright, J. D. (2012). Abandoning Antitrust's Chicago Obsession: The Case for Evidence-Based Antitrust. *Antitrust Law Journal, 78*(1), 241-271.

Wright, J. D. e Stone, J. E. (2012). Misbehavioral Economics: The Case Against Behavioral Antitrust. *Cardozo Law Review, 33*(4), 1517-1553.

Wu, T. (2011). *The Master Switch: The Rise and Fall of Information Empires*. London: Atlantic Books.

Wu, T. (2018a). After Consumer Welfare, Now What? The "Protection of Competition" Standard in Practice. *CPI Antitrust Chronicle, April 2018*, 1-9. Disponível em https://www.competitionpolicyinternational.com/wp-content/uploads/2018/04/CPI-Wu.pdf, consultado em 20.8.2020.

Wu, T. (2018b). *The Curse of Bigness: Antitrust in the New Gilded Age*. Nova Iorque, EUA: Columbia Global Reports.

Yu, P. K. (2007). Reconceptualising Intellectual Property Interests in a Human Rights Framework. *U. C. Davis Law Review, 40*(3), 1030-1149.

Zenger, H. (2012). Loyalty Rebates and the Competitive Process. *Journal of Competition Law & Economics, 8*(4), 717-768.

Zenger, H. e Walker, M. (2012). Theories of Harm in European Competition Law: A Progress Report. In J. Burgeois & D. Waelbroek (Eds.), *Ten Years of Effects Based Approach in EU Competition Law* (pp. 185-209). Bruxelas: Bruylant.

Zimmer, D. (2008). On Fairness and Welfare: The Objectives of Competition Policy. In C.-D. Ehlermann & M. Marquis (Eds.), *European Competition Law Annual 2007* (pp. 103-107). Oxford, RU: Hart Publishing.